कोसंबी

कल्पना से यथार्थ तक

[इतिहास]

कोसंबी

कल्पना से यथार्थ तक

भगवान सिंह

राजकमल प्रकाशन
नयी दिल्ली पटना इलाहाबाद कोलकाता

ISBN : 978-81-267-2723-0

मूल्य : ₹ 600

पहला संस्करण : 2014

प्रकाशक : राजकमल प्रकाशन प्रा. लि.
1-बी, नेताजी सुभाष मार्ग, दरियागंज
नई दिल्ली-110 002

शाखाएँ : अशोक राजपथ, साइंस कॉलेज के सामने, पटना-800 006
पहली मंजिल, दरबारी बिल्डिंग, महात्मा गांधी मार्ग, इलाहाबाद-211 001
36 ए, शेक्सपियर सरणी, कोलकाता-700 017

वेबसाइट : www.rajkamalprakashan.com
ई-मेल : info@rajkamalprakashan.com

मुद्रक : बी.के. ऑफसेट
नवीन शाहदरा, दिल्ली-110 032

KOSAMBI : KALPANA SE YATHARTH TAK
History by Bhagwan Singh

आमुख

सत्तर के दशक में दामोदर धर्मानंद कोसंबी के लेखों और सुलभ पुस्तकों को पढ़ने के बाद मेरे मन पर उनकी विचक्षणता की गहरी छाप पड़ी थी। उनके सिद्धांत निरूपण ने, वर्तमान में भी अतीत के अवशेषों के अनगिनत रूपों में बचे रहने की बात ने और भारतीय इतिहास को समझने की बेचैनी ने मुझे प्रभावित ही नहीं किया था और 1973 में प्रकाशित अपनी पुस्तक *आर्य-द्रविड़ भाषाओं की मूलभूत एकता* में मैंने इनको अमल में भी लाया था। यह दूसरी बात है कि इन्हीं व्याख्याओं से मैं भारतीय बोलियों के उस स्तर पर भी पहुँच सका था जहाँ लगा कि आर्य और द्रविड़ दोनों भाषाओं का विकास परस्पर घात-प्रतिघात करते हुए भारतीय भूभाग में ही हुआ और हजारों वर्षों के लंबे विकास के बाद समृद्धि के चरण पर पहुँचने के बाद भारतीय आर्यभाषा का प्रसार भारोपीय क्षेत्र में हुआ था। इसके बाद अपने समस्त अध्ययनों में मैंने इसे ही अमल में लाया, परंतु उनके परिणाम कितने उलट थे!

कोसंबी पर कोई पुस्तक कभी लिखूँगा, यह पहले कभी सोचा भी न था। अपना इतिहास-लेखन कार्य हिंदी में करनेवाले प्राचीन भारत के इतिहासकारों–राहुल सांकृत्यायन, वासुदेवशरण अग्रवाल, हजारी प्रसाद द्विवेदी, भगवतशरण उपाध्याय, रामविलास शर्मा, गोविन्दचंद्र पांडे, आदि पर संपादकों के आग्रह पर समय-समय पर लेख लिखे थे। उन्हें संकलित करके एक पुस्तक का आकार देते समय ध्यान आया कि कोसंबी पर भी एक लेख होना जरूरी है, भले उनका लेखन हिंदी में नहीं रहा है। यह उनकी पद्धति की समीचीनता के प्रति मेरे गहन सम्मान का परिणाम था। उनकी कतिपय सीमाओं से तो मैं पहले से परिचित था और इनका हवाला भी दिया था, पर लेख लिखने के क्रम में उनकी ऐसी कमियों की ओर ध्यान गया जिनकी ओर पहले ध्यान दिया ही न था। कोसंबी की ख्याति और व्यक्तित्व को देखते हुए यह अविश्वसनीय प्रतीत हो रहा था। इन पहलुओं को सविस्तार समझना और प्रस्तुत करना आवश्यक था। अतः पहले जो मात्र एक अनुच्छेद बन सकता था वह अध्याय का

रूप लेता गया और उसका परिणाम है यह पुस्तक।

हमारा अपना प्रयत्न कोसंबी को समझने का रहा है परंतु जहाँ वह अपने ही सिद्धांत के विपरीत आचरण करते दिखाई देते हैं या किसी जड़सूत्र को निर्णायक मानकर अपनी सैद्धांतिकी के विपरीत दावे करते हैं, तथ्यों की तोड़-मरोड़ करते हैं, या दुर्भावना से प्रेरित दिखाई देते हैं, वहाँ हम उनकी निंदा के लिए भी बाध्य हुए हैं।

—भगवान सिंह

ए-6 सिटी अपार्टमेंट,
वसुन्धरा एन्क्लेव, दिल्ली-96
24 अक्तूबर, 2013

अनुक्रम

खंड : एक

खंड : दो

खंड : तीन

परिशिष्ट

खंड : एक

एक

व्यक्ति

विस्मय की बात यह है कि एक मार्क्सवादी समझे जानेवाले लेखक ने इन बातों की अवज्ञा की।[1]

दामोदर धर्मानंद कोसंबी की एक पुस्तक है, *मिथ एंड रिऐलिटी* (मिथक और यथार्थ)। कोसंबी स्वयं भी एक मिथक और यथार्थ हैं। मिथक ऐसा जिसे काल्पनिक उपकथाओं की सहायता से नहीं गढ़ा गया है। उनकी इतने क्षेत्रों में सक्रियता और सक्रियता के प्रत्येक क्षेत्र में स्थापित कीर्तिमान और उन कीर्तिमानों के लिए अपेक्षित धैर्य का अभाव अपनी सच्चाई के कारण ही अविश्वसनीय और मिथकीय लगते हैं।

उन्हें सुयोग्यतम पिता का संरक्षण और मार्गदर्शन मिला था; विख्यात शिक्षा संस्थाओं में शिक्षा का अवसर मिला था। उनके व्यक्तित्व के निर्माण में इनका भी हाथ रहा ही होगा। परंतु अपनी विलक्षण प्रतिभा, अनम्य व्यक्तित्व, विघटनकारी विश्लेषण-क्षमता और आत्मविश्वास के कारण वह अपने मनस्वी पिता की तुलना में भी बहुत ऊँचे दिखाई देते हैं।

हमें भाषा, विचार-सरणियाँ, कतिपय मान्यताएँ और विश्वास बने बनाए मिलते हैं। इस दाय को स्वीकार करके हम आगे बढ़ते हैं और इनमें कुछ जोड़ते बदलते हैं। ग्रहीत में सब कुछ आप्त नहीं होता, बहुत कुछ संदिग्ध और त्याज्य भी होता है, परंतु हम अपनी सीमित शक्ति को सर्वत्र खर्च नहीं करते। अतः हमारे अपने विचारों और निर्णयों में से अधिकांश उनसे प्रभावित होता है। हमारा अपना योगदान केवल उस सीमा तक

ही होता है जिसमें हम मान्य और ग्रहीत का भी विश्लेषण करते हुए जिन निष्कर्षों पर पहुँचते हैं उन्हें दबाव और प्रलोभन से मुक्त होकर कहने का साहस जुटा पाते हैं।

कोसंबी का ज्ञान विशद था; उस ज्ञान पर विश्वास और दंभ उससे भी विराट। भाषा के पक्ष को ही लें तो अंग्रेजी, जर्मन, फ्रेंच, इतालवी में तो उन्होंने थोड़ा बहुत लेखन किया है; संस्कृत, मराठी, कोंकणी और पालि का उन्हें आधिकारिक ज्ञान था और ग्रीक तथा लातिन की अच्छी समझ थी। विस्मय होता है कि वह तुलनात्मक भाषाविज्ञान की दिशा में आगे न बढ़ कर इतिहास की ओर क्यों मुड़ गए।

कम्बाइंड मेथड इन इंडोलोजी एंड अदर राइटिंग्स का संचयन और संपादन करनेवाले ब्रजदुलाल चट्टोपाध्याय पुस्तक की भूमिका में लिखते हैं, "अपने जीवन के अंतिम दिनों में, और खास करके अपनी मृत्यु के उपरांत, कोसंबी धीरे-धीरे एक ऐसी मूरत (icon) बनते चले गए, कि उनके नाम और काम की दुहाई, मौके-बेमौके, समाजशास्त्री और पत्रकार ही नहीं, विरोधी राजनीतिक विचारधाराओं के लोग भी देते रहते हैं।"[2] वह आगे इस बात पर आश्चर्य भी प्रकट करते हैं कि उनकी मृत्यु के इतने साल बाद (2003 तक, ले.) भी उनके कृतित्व और बौद्धिक लगाव के विषय में कोई गंभीर विचार-विमर्श नहीं हुआ।[3] इसका एक कारण यह हो सकता है कि कोसंबी को पढ़ने वाला व्यक्ति वैदिक और लौकिक संस्कृत साहित्य के ज्ञान, पुरातत्त्व और नृतत्त्व में उनकी पैठ, मुद्राविज्ञान की उनकी समझ से आतंकित हो जाता है। वह सोचने लगता है कि इससे अधिक जानना उसके बूते का नहीं, अतः इससे अधिक जानने की जरूरत भी नहीं। इसलिए छोटे रास्तों के महारथी उनका आलोचनात्मक पाठ करने तक की योग्यता अर्जित नहीं कर सके। समझने की बात तो उसके बाद आती है। विद्वान उनके ग्रंथों को स्वयं रट कर, उनको अपाठ्य मानकर स्वयं कोसंबी मेड ईजी लिखे बिना उन्हीं मान्यताओं को दुहराते या उनमें कुछ हेर फेर करते हुए अपने नाम से इतिहास लिखते रहे, अपने छात्रों को बलप्रयोग से रटाते रहे और एकहि साधे सब सधे के मंत्र और इसकी सिद्धियों का लाभ बताते हुए भारतीय सेवाओं में बिना पढ़े जाननेवाले और बिना सोचे समझने वाले दृढ़विश्वासी अमलों से भरते रहे।

कोसंबी को भारतीय इतिहास के संदर्भ में मार्क्सवादी इतिहास के जनक के रूप में याद किया जाता है, परंतु रीतिनिर्वाह के लिए उन पर इक्के-दुक्के लेखों को छोड़कर, अपने को मार्क्सवादी कहनेवाले इतिहासकारों द्वारा, उन्हें, यदा-कदा 'संकट-मोचक' के रूप में ही याद किया जाता है। कोसंबी मार्क्सवादी होने का दावा करते हैं या सचमुच मार्क्सवादी हैं, और यदि मार्क्सवाद वही है जिसे वह चरितार्थ करते हैं, तो मार्क्सवाद क्या है, यह एक शोध का विषय है। अपने को मार्क्सवादी कहनेवाले इतिहासकार कोसंबी का नाम तो दुहराते हैं, परंतु उन्हें उद्धृत करने में कुछ संकोच अनुभव करते हैं। डर यह कि यदि वे कोसंबी को उद्धृत करने चलें तो पता चलेगा, इतिहास में उनका अपना कोई योगदान ही नहीं है। इस तथ्य को सुमित सरकार ने अपने ढंग से रेखांकित किया है।

"उन्नीस सौ पचास के दशक में कोसंबी के साथ आरंभ होनेवाला भारतीय इतिहासलेखन, पूरी दुनिया में जहाँ भी दक्षिण एशिया का इतिहास पढ़ाया या पढ़ा जाता है, उसमें विदेशो में जो कुछ भी लिखा गया है उसके समतुल्य या उससे भी उत्कृष्ट माना जाता है। यही कारण है कि इरफान हबीब या रोमिला थापर या आर.एस. शर्मा ऐसी विभूतियाँ हैं जिन्हें घोर कम्युनिस्ट विरोधी अमेरिकी विश्वविद्यालयों में भी सम्मान दिया जाता है।"[4]

सुमित सरकार स्वयं भी मार्क्सवादी इतिहासकार हैं, और यदि उनकी मार्क्सवाद की समझ यही है कि अमेरिका सोवियत संघ के पतन के बाद, उसके अधूरे कार्यभार को पूरा करने के लिए भारतीय इतिहासकारों की मदद ले रहा है, तो किसी टिप्पणी की आवश्यकता नहीं रह जाती। यूरोप और अमेरिका में कोसंबी का और उनके नमूने पर इतिहास लिखने वालों का मोल इसलिए बढ़ाया गया है कि उनका इतिहास शाश्वत यूरोपीय वर्चस्व की हिमायत करता है। परंतु हमारे लिए यहाँ इतना ही प्रासंगिक है कि उनके आकलन में भी इन इतिहासकारों के पास कोसंबी को दुहराने के सिवाय अपना कुछ नहीं है।

सामंतवाद, जातिवाद, आर्यवाद, आदिम साम्यवाद, ब्राह्मणवाद, कोशल और विदेह, गंगाघाटी में कृषि का विकास, इतिहास और पुराण, रीति-विश्वास, यहाँ तक कि माडलों के हवाले से अतीत की व्याख्या आदि के विषय में कोसंबी ने जो बातें अधिक अधिकार के साथ, अपने तर्क देते हुए और अपने दृष्टिकोण की चूक के कारण, ढेर सारी गलतियाँ करते हुए कही हैं, उन्हें ही बाद के मार्क्सवादी कुछ अधिक भोंड़े रूप में, गलतियों और केवल गलतियों का विस्तार करते हुए, दुहराते रहे हैं। यदि एक वाक्य में उनका मूल्यांकन करना हो तो कहना होगा वह प्राचीन भारतीय इतिहास के पहले और अंतिम मार्क्सवादी इतिहासकार हैं और मार्क्सवादी चिंतन की सीमाओं, शक्तियों और विचलनों के प्रतीक हैं।

दुखद यह है कि कोसंबी के नाम-जाप से ही अपनी-अपनी ऊँचाइयों को छूने वालों में से किसी ने कोसंबी के सुझावों पर ध्यान देने की, या उनके अध्ययन की दिशाओं में आगे कुछ करने की जरूरत नहीं समझी। कोसंबी भले यह स्वीकार करें कि उनके विचारों को सिद्धांत के रूप में स्थापित करने से पहले अभी बहुत कुछ करने को बाकी है, परंतु इन्होंने मान लिया कि कोसंबी जो कुछ कर गए हैं, वह उनकी जरूरत से इतना अधिक है कि उसे सँभाल कर रखना ही एक चुनौती है। कोसंबी ऐसे मार्क्सवादियों के लिए अकादमिक कर्मकांड का हिस्सा हैं।

जो बातें हमारी दृष्टि में कोसंबी को महत्त्वपूर्ण बनाती हैं, और जिन्हें वह स्वयं भी रेखांकित करते हैं, वे हैं, उत्पादन के साधनों और संबंधों पर उनकी दृष्टि[5] और सूचना और विश्लेषण के स्रोतों का विस्तार और उनका इतिहासलेखन के लिए उपयोग। इसका लाभ यह है कि इससे एक स्रोत की चूक को दूसरे से या दूसरों की सहायता से पकड़ा और सुधारा जा सकता है। इसका खतरा यह है कि भाववादी रुख अपनाने पर किसी संदिग्ध क्षेत्र से प्राप्त किसी सूचना को अतिरिक्त महत्त्व देते हुए, उसी बिंदु पर अपेक्षाकृत अधिक विश्वसनीय सूचनाओं को निरस्त किया जा सकता है।

वह पहले लेखक हैं जिन्होंने इस तथ्य को रेखांकित किया कि सुदूर अतीत किसी समाज के वर्तमान में भी कई रूपों में तलाशा जा सकता है और इससे इतिहास की समझ को प्रखर बनाया जा सकता है। उनका यह विचार कि भारतीय समाज के विभिन्न स्तरों और क्षेत्रों के लोग पाषाण काल से लेकर आधुनिक काल तक के विभिन्न चरणों पर आज भी जीते मिल जाएँगे और अत्याधुनिक परिवारों में अनेक पाषाणकालीन उपादान–सिलबट्टे, खरल–मिल जाएँगे[6], अतीत को हमारे लिए ज्ञेय ही नहीं, दृश्य भी बनाता है। उत्पादन के साधनों को केंद्र में रखने के कारण और सूचनास्रोतों के वैविध्य के कारण कोसंबी वहाँ भी अनन्य लगते हैं, जहाँ उन्हें गलत पाया जा सकता है।

यह बात कुछ अटपटी लगती है कि इतिहास में इतनी गहरी रुचि होते हुए भी कोसंबी भाषाविज्ञान में नाममात्र की रुचि ही रखते हैं। तुलनात्मक भाषाविज्ञान भी अपने ढंग से इतिहास की ही खोज करता है। यह दूसरी बात है कि भाषिक आँकड़ों के कुनियोजन से भी ऐसा काल्पनिक इतिहास रचने का प्रयास किया जाता है जो विश्वसनीय लगे। कोसंबी ने संभवतः यह भाँप लिया था कि तुलनात्मक भाषाविज्ञान अपनी ही प्रतिज्ञाओं पर सही नहीं उतरता और इसलिए वह भाषाविज्ञान पर सबसे कम भरोसा करते हैं, यद्यपि जहाँ वह स्वयं भाषिक आँकड़ों का प्रयोग करते हैं वहाँ विश्वास का स्तर इतना ऊँचा होता है कि भाषाशास्त्रियों की भी खबर लेने में संकोच नहीं करते। दुर्भाग्य से उनकी आपत्तियाँ कतिपय दुराग्रहों से प्रेरित होती हैं।

यह सच है कि पुरातत्त्व, नृतत्त्व और भाषाशास्त्र का कुपाठ होता है और आगे भी होगा। मानविकी की अधिकांश शाखाएँ वर्चस्ववादी रुग्णता से ग्रस्त रही हैं और प्राच्यवाद भी इसी का एक रूप है। इससे पिछड़े समाजों और उनके भी पिछड़े वर्गों के बुद्धिजीवियों पर यह दायित्व आता है कि वे अगड़े समाजों और अपने समाज के अगड़े वर्गों के विद्वानों द्वारा मानविकी की किसी भी शाखा में लिखे गए ग्रंथों, निबंधों और वक्तव्यों को जिरह करते हुए पढ़ें; प्रतिवाद की तैयारी के साथ पढ़ें; यह मानकर पढ़ें कि इसमें सत्य की खोज से अधिक वर्चस्व कायम रखने का छद्म प्रयास हो सकता है। सत्य का उद्घाटन उन छद्मों को तोड़ने का एकमात्र उपाय है और इसलिए कोई भी अनुसंधान मात्र सत्य की खोज नहीं होता, वह पिछड़े और भटके हुए समाजों के पक्ष में खड़े होकर एक संग्राम का रूप ले लेता है। कोसंबी में इसका बोध है या नहीं, वह अपने अध्ययन, विवेचन और प्रस्ताव में इसका निर्वाह करते हैं या नहीं, इसे हम विविध प्रसंगों में देखने का प्रयत्न करेंगे। पर उससे पहले हम उस मानसिकता को समझना जरूरी समझते हैं, जिसके लिए कोसंबी को प्रायः याद किया जाता है।

कोसंबी की प्रतिभा विलक्षण थी। उनकी स्मृति को, कुछ रियायत देकर, हरदयाल की तरह, चित्रग्राही कहा जा सकता है।[7] वस्तुस्थिति को ग्रहण करने में, उसके संबंधसूत्रों को जोड़ने में, उनके विश्लेषण में, दूसरों को समझाने में, प्रशासन और आपदा निवारण

में, सैन्य संचालन में, प्रबंधन में इस तरह के व्यक्ति की समकक्षता में कोई आ ही नहीं सकता। उनका मस्तिष्क कंप्यूटर की तरह सूचना बहुल और अचूक होता है। अपनी प्रखर गति के कारण वे हमसे कई गुना और कई तरह की सूचनाएँ उतनी ही अवधि में जुटा लेते हैं।

पर कंप्यूटर की एक सीमा है। कहते हैं वह कविता नहीं कर सकता। वह सोच नहीं सकता। अपने तईं कुछ नहीं कर सकता, हँस और रो भी नहीं सकता। आदेश मिलने पर जो भरा गया है उसी के बीच आश्चर्यजनक गति से जोड़-तोड़ कर सकता है। कहें, यांत्रिक पूर्णता जैविक दृष्टि से एक दोष है। यह प्रकृत विज्ञानों में सर्वाधिक उपयोगी हो सकती है, जिसमें सांख्यिकी से लेकर भूविज्ञान और अंतरिक्ष विज्ञान तक का विपुल प्रसार आता है। जीवविज्ञान, चिकित्सा और मनोविज्ञान तक में इस पर भरोसा नहीं किया जा सकता।

जिसे हम प्रतिभा कहते हैं, वह अचूक स्मृति और चेतन की अतिसक्रियता से पैदा नहीं होती। यह अंतर्लोक या अवचेतन के रहस्यलोक से प्रेरित होती है। प्रायः यह एक तरह की क्षतिपूर्ति होती है–शारीरिक, बौद्धिक, मानसिक यहाँ तक कि नैतिक अशक्यताओं की क्षतिपूर्ति। इन विविध अशक्यताओं के बीच जो सर्वनिष्ठ तत्त्व है वह है अपनी अशक्यता पर विजय पाने की दुर्दम्य इच्छाशक्ति। सच कहें तो इसी ने पशुजगत में सबसे निरुपाय प्राणी को मनुष्य बनाया। यही कारण है कि विविध अशक्यताओं से ग्रस्त लोगों का सर्जनात्मक योगदान सभी दृष्टियों से सामान्य और स्वस्थ लोगों की तुलना में अधिक दिखाई देता है। अशक्यताओं से मुक्त व्यक्ति एक आदर्श नागरिक हो सकता है, व्यवस्था को अचूक बना सकता है, जो सिरजा और गढ़ा गया है उसका सम्मान कर सकता है, पर सिरज और गढ़ नहीं सकता। गढ़ने चलेगा तो कृतियाँ नहीं विकृतियाँ पैदा होंगी।

कोसंबी के साथ भी कुछ ऐसा ही है पर इसकी पड़ताल विविध प्रसंगों में स्वतः होती जाएगी। यहाँ केवल इतना ही कि इसके कारण उनका विवेचन प्रायः अंतर्विरोधी और यांत्रिक हो जाता है। इसको हल करने की चेष्टा में यांत्रिकता बलप्रयोग की सीमा तक बढ़ जाती है। उदाहरण के लिए एक ओर वह मानते हैं कि हड़प्पा का समाज मातृप्रधान था, उसमें मातृदेवियों की उपासना होती थी। हड़प्पा के पुरातत्त्व में वह पाते हैं कि इसकी मुहरों पर किसी मादा प्राणी का अंकन नहीं है।[8] अब वह अपने मंतव्य में सुधार करने के स्थान पर मंतव्य के अनुरूप यथार्थ को गढ़ने लगते हैं। वह बताते हैं कि नगर के व्यापारी पितृप्रधान रहे होंगे, किसान मातृप्रधान।[9] उन मातृदेवियों के पुजारी पितृप्रधान व्यापारियों के नगर में रहते हैं और वहाँ के स्नानागार में स्नान करनेवाली मातृदेवियों की उपासिकाओं के साथ स्नानागार के किनारे बनी कोठरियों में रतिलीला करते हैं। इस पर अपेक्षित विस्तार से चर्चा हम आगे करेंगे। यहाँ इतना ही कि इस तरह के दिवास्वप्न उनके निबंधों और पुस्तकों में बार-बार आते हैं और अनुपातहीन रूप में आते हैं क्योंकि ऐसे प्रसंगों में कोसंबी खो जाते हैं। ये इतिहास के विवेचन में तो सहायक नहीं होते परंतु कोसंबी के मनोरचना पर विश्लेषणात्मक अध्ययन की माँग करते हैं।

इस तरह की खींच-तान से गणित और सांख्यिकी के क्षेत्र में उनका काम कितना प्रभावित हुआ हो सकता है, इसका हमें अनुमान नहीं, परंतु इतिहासलेखन के क्षेत्र में कोसंबी ने इसे पराकाष्ठा पर पहुँचा दिया। यह उनका सौभाग्य है कि जिस अटपटेपन पर हँसी को रोकने का प्रयत्न करना होता है, उनको ही कोसंबी का अपूर्व योगदान मानकर उनकी प्रशस्तियाँ की जाती रहीं। सभी को इतना कुपढ़ और अंधानुरागी पाठक वर्ग नहीं मिलता जितना उन्हें भारतीय इतिहास के एक आपातिक मोड़ पर मिल गया।

अपनी प्रतिभा, तर्ककौशल और विश्लेषण क्षमता पर अनन्य विश्वास के कारण उनमें आत्मनिरीक्षण की क्षमता का अभाव था। सूचनाओं का उनका भंडार बहुआयामी था और यदि कोई उनके किसी दोष की ओर संकेत करे तो उसके बल पर वह उसे बौना और अपने मत को उचित सिद्ध कर सकते थे। बचपन से लेकर अंत तक कोसंबी ने वाग्युद्ध में कभी हार नहीं मानी, न ही अपनी स्थापनाओं में कोई विकास या सुधार किया। यह देखकर हैरानी होती है कि एक ही बात को, लगभग एक जैसे वाक्यों में वह अपने आरंभिक लेखों से लेकर अंतिम कृतियों तक दुहराते रहे। यहाँ तक कि अपनी युगदृष्टि और वस्तुदृष्टि का विस्तार तक नहीं किया। 'वादे वादे जायते तत्त्वबोधः' का मुहावरा पुराना है पर सच है। दूसरों के साथ विचार-विमर्श से क्रमशः वास्तविकता के वे पहलू हमारे समक्ष उजागर होते हैं, जिन पर हमारी दृष्टि न जा सकी थी। अपनी विशिष्ट स्थिति के कारण हम वस्तुस्थिति के कुछ पहलुओं को ही देख पाते हैं, उसका गहन साक्षात्कार उन व्यक्तियों के विचारों को जानने के क्रम में होता है जो भिन्न स्थितियों में होने के कारण उसी परिघटना को भिन्न कोणों और दूरियों से देख रहे हैं। कोसंबी किसी भारतीय विद्वान को इस योग्य नहीं समझते थे जिससे वह बौद्धिक आदान-प्रदान कर सकें। यूरोपीय, विशेषतः जर्मन विद्वानों से वह बिना जिरह किए अनर्गल और अतर्क्य विचार भी ले सकते थे, और यदि बारीकी से देखें तो पता चलेगा कि उनकी अधिकांश अनर्गलताएँ, जिनके लिए हम उन्हें उत्तरदायी मानते हैं, उन्हीं विद्वानों से ली गई हैं।

अध्यापन के दौर में, अपने से वरिष्ठ और अनुभवी आचार्यों को भी वह तुच्छ समझते थे और उनके उपहास या अवज्ञा का कोई अवसर चूकते नहीं थे। बनारस हिंदू विश्वविद्यालय से मुक्त किए जाने के बाद 1931 में उन्हें आंद्रे वील ने, जो अंतर्राष्ट्रीय ख्याति के गणितज्ञ और अलीगढ़ विश्वविद्यालय में गणित के प्रोफेसर थे, गणित के प्राध्यापक के रूप में आमंत्रित किया। उसी विश्वविद्यालय में दूसरे प्रख्यात गणितज्ञ प्रोफेसर विजयराघवन भी थे। परंतु हाल यह था कि विभाग के स्टाफ रूम के ब्लैकबोर्ड पर उन्हें रोज गणित की एक पहेली लिखी मिलती। हमें ऐसा लगता है, यह अपने वरिष्ठों को उनकी औकात बताने जैसा प्रयास था, यद्यपि इसको दर्ज करनेवालों ने इसे पर्याप्त भोलेपन से दर्ज किया है, मानो यह यूँ ही हो जाता रहा हो, या उनके प्रति भक्तिभाव से कि 'ऐसे थे कोसंबी जो जब प्राध्यापक बने-बने ही थे, उस समय भी अंतर्राष्ट्रीय ख्याति के दो प्रोफेसरों को ऐसी चुनौतियाँ देते थे, जिनका सामना वे नहीं कर सकते थे।' यही वह काल है जब कोसंबी ने अपने कई शोधलेख अंतर्राष्ट्रीय जर्नलों में प्रकाशित कराए। यही

वह अवधि है जब उनकी मैत्री तत्समय उसी विश्वविद्यालय के इतिहास विभाग में प्राध्यापक और प्रभावशाली प्रो. मुहम्मद हबीब से हुई जिनकी इतिहासदृष्टि ने कोसंबी की चेतना का रूप ही बदल दिया। कोसंबी ने आंद्रे वील और विजयराघवन के अलीगढ़ मुस्लिम विश्वविद्यालय से हटने के साथ ही अलीगढ़ मुस्लिम विश्वविद्यालय क्यों छोड़ दिया इसके कारणों के बारे में हमें कोई सूचना नहीं है। परंतु कोसंबी तब तक एक इतिहासकार के रूप में अल्पज्ञात या उपेक्षित थे जब तक नूर-उल-हसन शिक्षामंत्री नहीं बने और उसके बाद सभी सरकारी संस्थाओं और विश्वविद्यालयों में कोसंबी को प्राचीन भारत के इतिहास का और प्राचीन भारत को कोसंबी के इतिहास का पर्याय बनाने का अभियान सा आरंभ हो गया।

ब्रजदुलाल चट्टोपाध्याय ने कोसंबी के मरणोपरांत देवप्रतिम (आइकन) बनने की बात तो दर्ज की है, परंतु मूर्तिनिर्माण के पीछे कारण और कारक क्या थे, जिनसे पार्श्वभूमि से कोसंबी केंद्र में आ गए, देवोपम होते चले गए, और इतिहास का पर्याय बन गए, इसका उल्लेख करने से वह रह गए हैं। उनकी छवि निर्माण के लिए उन्हें मरणोपरांत सम्मान दिलाया गया, उनके नाम पर डाकटिकट तक छपा और आभामंडल का विस्तार किया गया।

अपने लेखन में भी कोसंबी बहस में नहीं उतरते। वह तथ्यों को अपने अनुमान से तोड़ और बदलकर एक काल्पनिक यथार्थ रचते हैं और उसी के बीच इस हद तक उलझ जाते हैं कि वास्तविकता उन्हें दिखाई ही नहीं देती। उनका सैद्धांतिक विवेचन अद्भुत है परंतु उसका विनियोग (ऐप्लिकेशन) हताशाजनक। इन विविध कारणों से उन्होंने इतनी भयंकर भूलें कीं जिनकी अपेक्षा उन जैसे विदग्ध व्यक्ति से नहीं की जा सकती थी। परंतु ध्यान रहे कि वह मुख्य रूप से अपनी भूलों के कारण ही पूजे जाने लगे। वह किसकी जरूरतें पूरी कर रहे थे?

आचार्य कोसंबी स्वयं युगांतरकारी चेतना-संपन्न व्यक्ति थे। वह संस्कृत, पालि और बौद्ध साहित्य के प्रकांड पंडित थे। आगे चलकर उनकी गहरी रुचि मार्क्सवाद और समाजवाद में हो गई थी। 1918 में उनको *हार्वर्ड ओरिएंटल सीरीज* के लिए *विसुद्धिमग्ग* के संपादन के लिए दूसरी बार आमंत्रित किया गया था, जहाँ चार साल रहने के बाद, किसी मतभेद के कारण, उन्हें काम पूरा किए बिना ही, पहली बार की तरह ही लौट आना पड़ा था। अनुमानतः इसका कारण अकादमिक नहीं था। उनके एक घनिष्ठ मित्र के पुत्र ने उनको याद करते हुए बाद में अपनी एक पुस्तक में उनके प्रसंग में लिखा था, 'वह भारत से शरणार्थी के रूप में आए थे...।' यह तथ्यविरुद्ध होते हुए भी उनके जीवन से सर्वथा परिचित व्यक्ति के पुत्र के द्वारा लिखा गया अवमाननापूर्ण वाक्य अकथ्य और अतर्क्य कारणों की ओर संकेत करता है। धर्मानंद की प्रकृति में नहीं था कि वे अप्रिय सत्य को उजागर करते, परंतु जिस तथ्य पर उन्होंने परदा डाला उसका अनुमान किया जा सकता है। वह भारत से भाग कर नहीं, हार्वर्ड विश्वविद्यालय के अनुरोध पर गए थे।

हार्वर्ड विश्वविद्यालय के ओरिएंटल सीरीज की स्थापना 1891 में चार्ल्स रॉकवेल लैनमैन, जो 1891-1934 की अवधि में प्रकाशित खंडों के सम्पादक भी रहे, और हेनरी क्लार्क वारेन ने, उसी प्रयोजन से की थी, जिससे बोडेन पीठ की स्थापना कर्नल बोडेन द्वारा की गई थी। बोडेन पीठ की स्थापना के संबंध में मोनियर विलियम्स ने बहुत स्पष्ट शब्दों में कहा था कि इसका लक्ष्य मिशनरियों को संस्कृत साहित्य समझने में सहायता करना और उस ज्ञान का उपयोग धर्मांतरण के निमित्त करने के लिए सामग्री सुलभ कराना था।[10] धर्मानंद को मिशनरी पूर्वाग्रहों के अनुरूप अनुवाद करने में आपत्ति रही होगी और इसने ही उस अवांछित टिप्पणी के लिए उनके मित्र के पुत्र को उकसाया होगा।

आचार्य जी अपने साथ दामोदर धर्मानंद को भी लेकर गए थे, जो तब 11 साल के थे। उनके भारत लौटने के बाद भी कोसंबी की शिक्षा हार्वर्ड में ही होती रही। आचार्य कोसंबी की बौद्ध धर्म में गहन आस्था थी और स्थायी जीवन चुनने से पहले वह नेपाल, श्रीलंका और ब्रह्मदेश या आधुनिक म्याँमार की यात्राएँ करते रहे थे। उनके मन में इस बात को लेकर गहरा क्लेश था कि भारत, जहाँ बुद्ध पैदा हुए, वहीं से बौद्धधर्म का सफाया हो गया। जन्मना सारस्वत ब्राह्मण होने के बाद भी, उनका उस ब्राह्मणवाद से खिन्न होना स्वाभाविक था जो भारत से बौद्धमत के उन्मूलन के लिए उत्तरदायी था। यद्यपि कोसंबी को पिता के साहचर्य में दस बारह साल से अधिक रहने का अवसर नहीं मिला, फिर भी पिता की इस व्यथा को समझने के लिए यह अवधि कम न थी।

हार्वर्ड में संस्कृत साहित्य, भारतीय समाज, हिंदू धर्म और विशेषतः ब्राह्मणवाद के विषय में मिशनरियों के विचारों को जो आप्तता दी जा रही थी, उससे युवक कोसंबी का अप्रभावित रह जाना असंभव था। प्रसंगवश यह याद दिला दें कि भारत में मिशनरियों की दिलचस्पी पहले दलितों और आटविक जनों को धर्मांतरित करने में नहीं थी। उनका ध्यान ब्राह्मणों को धर्मांतरित करने पर केंद्रित था। वे जानते थे कि धर्मांतरित व्यक्ति की सामाजिक हैसियत धर्मांतरण के बाद भी अधिक बदलती नहीं है। अतः यदि सबसे निचले सामाजिक स्तर के लोगों का धर्मांतरण हुआ तो समूचे ईसाई समाज का दर्जा भारतीयों की नजर में गिर जाएगा, जबकि ब्राह्मणों के धर्मांतरित होने पर, दूसरी जातियों के लोगों का रुझान ईसाइयत की ओर स्वतः हो जाएगा। इस प्रयत्न में विफल होने के बाद, पहले जो बाइबिल को पाँचवें वेद के रूप में पेश करके अपना लक्ष्य पूरा करना चाहते थे, अपनी हताशा में वे ब्राह्मणवाद और हिंदू समाज की कमियों को बढ़ा-चढ़ा कर बयान करने लगे। वे कमियाँ तो थीं, इसमें संदेह नहीं, परंतु कमियाँ किस समुदाय में नहीं होतीं। कोसंबी का मानस विविध अवसरों और बहानों से दुहराए जानेवाले उस 'मूल्यांकन' से भी प्रभावित हुआ होगा। वह बाद में भी हार्वर्ड के ओरिएंटल जर्नल से जुड़े रहे थे और उसमें उनके कई लेख प्रकाशित हुए थे।

संस्कृत के परंपरागत विद्वानों के अनुवाद हों अथवा टीकाएँ, उनमें एक खास तरह का लद्धड़पन और कामचलाऊपन पाया जाता है। उदाहरण के लिए अधिकांश में विषय सूची, पादटिप्पणी, सहायक ग्रंथों की सूची और अनुक्रमणिका का अभाव होता है। प्रस्तुति इतनी अतर्क्य और मुद्रण इतना ताड़पत्रयुगीन कि पढ़ने के लिए ताड़पत्रयुगीन मनोदशा में जाना पड़े, जैसे आप पुस्तक नहीं, पुरानी पांडुलिपि पढ़ रहे हों। यदि उसी ग्रंथ की अनेक पांडुलिपियाँ आंशिक भिन्नता के साथ देश के कई कोनों से मिली हों तो उनके तुलनात्मक और आलोचनात्मक अध्ययन और पाठशोधन का प्रयत्न सिरे से नदारद मिलेगा, जिससे संपादित कृति की अपनी साख कम हो जाती है। यदि उन्होंने अपना अंग्रेजी ज्ञान प्रकट किया तो भाषा की लद्धड़ता अंग्रेजी पर अच्छा अधिकार रखनेवाले के लिए किरकिरी का काम करती है। ऊपर से इन पंडितों का प्रकट ज्ञानदंभ उनकी विद्वत्ता को अधिक उथला बना देता है। टिप्पणियाँ प्रायः संस्कृत में दी जाती हैं, मानो आज भी वे केवल संस्कृतज्ञ ब्राह्मणों के लिए लिख रहे हों।

इन विविध कमियों के कारण संस्कृत विद्वानों की सहायता लेकर काम करनेवाले यूरोपीय विद्वानों की तुलना में उनकी सहायता करनेवाले विद्वान भी अपने लेखन, संपादन, अनुवाद और विश्लेषण में कुछ कम विश्वसनीय लगते रहे हैं। कोसंबी की काले पर की गई टिप्पणी इसका कुछ आभास करा सकती है।[11] इनकी तुलना में पाश्चात्य विद्वानों द्वारा किए गए काम श्रम, ज्ञाननिष्ठा, प्रवर्तन शैली, अंतर्वस्तु, संदर्भ और टिप्पणी, सहायक ग्रंथसूची, अनुक्रमणिका, सज्जा, जिल्दसाजी और ब्लर्ब सभी दृष्टियों से अधिक प्रभावकारी और अपेक्षाकृत विश्वसनीय लगते हैं, अतः वस्तुपरकता का भ्रम वहाँ भी बनाए रखता है जहाँ सचेत और सुनियोजित रूप में भ्रामक, निराधार या कुतर्कपूर्ण होते हैं।

कोसंबी इस अंतर के कारण एक ओर तो भारतीय पंडितों से बिदकते थे और दूसरी ओर पाश्चात्य अध्येताओं के विचारों, निष्कर्षों और मूल्यांकनों से इतने प्रभावित थे, कि वह उनकी उन कमियों को, जिसे एक अल्पज्ञ भी लक्ष्य कर सकता है, लक्ष्य करने, उनकी पड़ताल में जाने और उनकी प्रकट असंगतियों को पहचानने का ध्यान नहीं रखते।

इसका एक परिणाम यह हुआ कि उन्होंने मिशनरियों के अनुवादों, विचारों और उपनिवेशवादियों के मंतव्यों को आँख मूँदकर स्वीकार कर लिया। यह कुछ विचित्र लगता है कि कोसंबी संस्कृत ग्रंथों में प्रयुक्त एक-एक शब्द की इतनी बारीकी से जाँच करते हैं, परंतु उन्होंने पाश्चात्य लेखकों के मंतव्यों की छानबीन की कहीं जरूरत ही नहीं समझी।

पाश्चात्य शिक्षाप्राप्त अधिकांश विद्वानों की, विशेषतः कोसंबी की, सीमा को समझने में हमें सबसे अधिक मदद कोसंबी की ही एक टिप्पणी से मिलती है। इसका हमें सीधा पाठ भी करना होगा[12] और इसे उलटकर भी पढ़ना होगा : "ब्राह्मणों की लिखी पुस्तकों को लंबे समय तक पढ़ते रहने के कारण अधिकांश विख्यात पाश्चात्य विद्वान ब्राह्मणवादी प्रवृत्ति से बहुत गहराई तक प्रभावित हुए हैं और इससे मिथक और यथार्थ के बीच फर्क करने की उनकी क्षमता कुंठित हुई है।" मिशनरी और औपनिवेशिक रुझान

रखनेवाले और घोषित रूप से रंगभेद और संकीर्ण राष्ट्रवाद से ग्रस्त पाश्चात्य विद्वानों की पुस्तकों को पढ़ते-पढ़ते, उनकी वकालत को वस्तुपरक अध्ययन मानकर चलते रहने के कारण अकेले कोसंबी ही नहीं अधिकांश महत्त्वाकांक्षी विद्वान मुग्धता की स्थिति में पहुँच चुके थे और यह समझ खो चुके थे कि इन दोनों को सावधानी से पढ़ा और समझा जाना चाहिए।

सन्दर्भ सूची

1. "*What is surprising is that a sup-posedly Marxist writer should have ignored all this.*" सुलेकिन (Suleikin) पर कोसंबी की टिप्पणी।
2. Over the later years of his life, but more after his death, Kosambi has emerged as an icon, with his name and work often, and on disparate occasions, invoked by social scientists, journalists and even sometimes practitioners of contending political idealogies. *Combined Methods in Indology and Other essays*, P.1
3. And yet. curiously, after so many years of his death, no sustained debate on his work on his work and the intellectual position that he represented are available. वही।
4. "Indian Historiography, starting with D.D. Kosambi in the 1950s, is acknowledged the world over–wherever South Asian history is taught or studied - as quite on a par with or even superior to all that is produced abroad. And that is why Irafn Habib or Romila Thapar or R.S. Sharma are figures respected even in the most diehard anti-Communist American universities." Sumit Sarkar, cited in *Wikipedia*
5. At every stage, I have tried to ask myself the question: What were the means of production implied by this particular bit of evidence? This is the only essential in which my approach differs from that of the essays available to me; it will be found to account for most of the differences in the conclusions., *Early Stages of the Caste System in Northern India*, 191.
6. India is a country of enormous variation and long survivals; querns that might belong to the śtone Age are still used in our kitchens; red pigment on idols and stones by the road-side symbolizes blood-sacrifices most of which went out of afshion centuries ago so that the very idea would shock the particular worşippers.. *Early Stages of the Caste System in Northern India*, 191, वही। इसे वह अपने लेखन में बार-बार दुहराते हैं, जैसे, Primitive elements survive in all religious beliefs shared by any considerable number of people... The religious observances of the various human groups in India, particularly those that are lowest in the social, cultural and economic scale, show roughly the order, in which the particular groups were enrolltd into a grcater, productive society. In a general way, this is true of many higher strata as well. The fossilized and stratified remnants of primitive observances, combined with caste and religion, hold a particular group together. *Myth and reality, p.1-2*
7. भाषा सीखते समय हमारा ध्यान एक-एक अक्षर पर होता है, उन्हें मिलाकर हम पूरा शब्द दुबारा बोलते या चेतना में उतारते हैं और इस तरह एक-एक शब्द से गुजरते हुए पूरे वाक्य तक पहुँचते हैं। इस मंदगति का असर यह होता है कि वाक्य के अंत तक हम पिछले शब्द तक भूल चुके होते हैं, वाक्य का अर्थ भला क्या समझ में आएगा। फिर अभ्यास से पूरे शब्द को फिर पूरे वाक्य खंड को और अंततः पूरे वाक्य को, यदि वह बहुत जटिल न हुआ तो, एक साथ देख और समझ लेते

हैं। अधिक तीव्र गति से दृष्टिसंचार और मनोबिम्ब निर्माण की क्षमता रखनेवाले व्यक्तियों को पूरे पैराग्राफ जैसे एक साथ दिखाई दे जाते हों और उनका आशय समझ में आ जाता हो। कुछ वैसे ही जैसे मूवी कैमरे के साथ होता है।

चित्रात्मक स्मरणशक्ति तो सबमें होती है। पर सच्चाई यह है कि कुछ में यह चित्रात्मक होती है, शेष में विचित्रात्मक होती है। बीती घटनाओं या व्यक्तियों और वस्तुओं को हम चित्र के रूप में ही स्मृति में उतारते हैं, परंतु यह चित्र कुछ अधूरा या वस्तु से हटकर इसलिए होता है कि इसमें उसके कुछ ही ब्यौरे उभर पाते हैं और ऊपर से उसमें कुछ जुड़ भी जाता है, जिसके प्रति हम सदा सजग नहीं होते, परंतु यदि जिरह की जाए तो 'ऐसा था' से 'ऐसा रहा लगता है' पर आ जाते हैं। आपराधिक वादों में जिरह करनेवाले बचाव पक्ष के वकील यह जानते हैं कि इसका इस हद तक लाभ उठाया जा सकता है कि देखे को अदेखा सिद्ध करके अपराधी को बचाया जा सके। परंतु जिस चित्रात्मक स्मृति की बात हम कर रहे हैं उसमें वे घटनाएँ, तथ्य, दृश्य, परिस्थितियाँ लम्बे समय के बाद भी उनकी चेतना में अधिक विश्वसनीय रूप में उपस्थित होती हैं, और उनमें मामूली हेरफेर ही हो पाता है, जो अलक्ष्य रह जाता है। कहें, जो अधिक प्रखर गति से पढ़ते हैं, वे समझते भी अधिक अच्छी तरह हैं और उसे धारण भी अपेक्षाकृत लम्बे समय तक कर पाते हैं।

8. The merchants' seals do not show any female deity. The totem animals are male without exception. The very few human figures, where identifiable, seem also to be male. *The Culture*, p.70.
9. One possible implication is that the traders developed their own secondary cults in which the mother goddess had no direct share. This would then be true of the profits of the trade as well, in contrast to revenue from the land. वही. 70-71
10. "...and that its Founder, Colonel Boden, stated modt explicitely in his will (dated August 15, 1811) that the special object of his munifiscent bequest was to promote the translation of the scriptures into Sanskrit, so as to enable his countrymen to proceed in the conversion of the natives of India to the Christian religion." Monier Williams, preafce to the new edition of Sanskrit English Dictionary, Oxford, 1899, ix.
11. Well in keeping with the lopsided traditions of this uncritically appreciative class is the (sixth) edition, cited here, of the N. and the V. by M.R. Kale, still so popular as a text in our schools and colleges. Kale's own able Sanskrit commentary, with the slipshod printing of the text itself, and his positively gruesome English translation (which can be used only as a powerful argument against the employment of English as a medium of instruction in India) are all completely characteristic. In what follows N., N'. and V., V'. indicate the verses that Kale takes as authentic and as apocryphal in the two books respectively. 'The Working class in Amarakosa' in वही, 704.
12. The Brahmanizing tendency has seriously affected many distinguished foreign scholars whose long and exclusive concentration upon Brahmin documents seems to have impaired their ability to distinguish between myth and reality. **/ndo-/ ranianJoumal*, vol. 6 (1963), pp. 177-202; reprinted in Science and Human Progress, Professor D.D. Kosambi Commemoration Volume (Bombay : Popular Prakashan, 1974), वही, 4.

दो

प्रतिपादन शैली

कोसंबी ने जिस भी विषय को लिया है, वह इतिहास हो या पुरातत्त्व, नृतत्त्व हो या साहित्य उनकी विलक्षणता सर्वत्र दिखाई देती है और जहाँ वह बहुत बड़ी गलतियाँ करते हैं वहाँ भी हम प्रायः उनके तर्ककौशल पर ठगे-से रह जाते हैं। विज्ञान पर तो हम कुछ कहने के अधिकारी हैं ही नहीं—उनका मुख्य योगदान तो उसी क्षेत्र में था—परंतु नेने की मानें तो उन्हें स्वयं लगता था कि वह गणित में बेकार चले गए, उनका अपना क्षेत्र इतिहास ही था। अतः मान सकते हैं कि उनको सबसे अधिक आनंद इतिहासलेखन में ही आता था। संभवतः इसलिए कि यहाँ मौलिकता के लिए जितनी छूट थी, वह गणित में नहीं थी।

कोसंबी ने इतिहास और भारतीय संस्कृति और समाज को समझने के लिए एक नई विधि अपनाई, जिसे उन्होंने स्वयं पद्धतियों का समन्वय या समन्वित पद्धतियाँ (combined methods) नाम दिया। ऐसा नहीं है कि इन दृष्टियों से पहले अध्ययन किया ही नहीं जाता था। वस्तुतः इस बात का कोई न कोई प्रमाण किसी भी तरह जुटाने के प्रयत्न में कि भारत पर आर्यों का आक्रमण हुआ था और भारतीय समाज के उच्च वर्णों में गिने जानेवाले लोग भारत में बाहर से आए थे, भाषा, साहित्य, पुरातत्त्व, नृतत्त्व, पुराणगाथा सभी क्षेत्रों के विशेषज्ञ बहुत श्रम और निष्ठा से काम करते रहे। अपने क्षेत्र में कोई प्रमाण तलाश न कर पाने के बाद भी वे यह सुझाते रहे कि दूसरे अनुशासन में इसके प्रमाण तलाश लिए गए हैं। इसके बाद वह इन खयालों को सिद्धांत के रूप में प्रस्तुत करते और इसी की सापेक्षता में अपनी व्याख्याएँ करते रहे।

इस दुश्चक्र को दो उदाहरणों से समझा जा सकता है। इमेनो भाषाशास्त्र के पंडित माने जाते हैं। वह बताते हैं कि "दूसरी सहस्राब्दी ई.पू. में, संभवतः उस सहस्राब्दी की आरंभिक शताब्दियों में ही भारोपीय की एक शाखा भारतीय-आर्य भाषा, जिसे बाद में संस्कृत कहा गया, बोलने वालों का एक जत्था या जत्थे, भारत में पश्चिमोत्तर के दर्रों से दाखिल हुआ/हुए। यह हमारा भाषाशास्त्रीय अभिमत (डाक्ट्रिन) है *जिसे हम पिछले डेढ़ सौ साल से मानते आए हैं।* यद्यपि भारतीय परंपरा को इस तरह के किसी आक्रमण के विषय में कोई ज्ञान नहीं, और उसका सिद्धांत कि संस्कृत देवों की वाणी है और पुरानी परंपरा के कुछ संकीर्णतावादी रुझान वाले भारतीय विद्वान आज भी इसे पकड़े बैठे हैं, फिर भी इसके पक्ष में दिए जानेवाले तर्कों को नकारने का कोई कारण नहीं दीखता।

'संस्कृत देवों की भाषा थी' इससे मैं यह अटकल लगाता हूँ कि यह भाषा या तो निकट पूर्व (पश्चिम एशिया) से अथवा पाश्चात्य जगत से यहाँ आई थी।''[1] आगे वह बताते हैं, ''यदि पुरातत्त्वविदों की पुनर्रचना और घटनाओं के कालक्रम का कोई आधार है तो, भारत में प्रवेश करने पर उन्हें सिंधु की पूरी उपत्यका में एक उच्च संस्कृति (पुरातत्त्वविदों की हड़प्पा संस्कृति) मिली जो निकटपूर्व की उच्च संस्कृतियों की दूर की बहन या उनकी बच्चियों में से एक थी।''[2]

उद्धृत अंश से जो बातें स्पष्ट हैं वे हैं : (1) डेढ़ सौ सालों के अथक श्रम के बाद भी भाषाविज्ञान आर्य आक्रमण या घुसपैठ का एक भी निर्णायक प्रमाण नहीं तलाश कर पाया; (2) भारतीय परंपरा जिसमें स्वयं ऋग्वेद में ही दो प्राचीन परंपराओं का उल्लेख है[3], उसमें यह चेतना तक विद्यमान नहीं है कि उनके पूर्वज आक्रामकों अथवा आव्रजकों के रूप में बाहर से आए थे; (3) प्राचीन परंपरा से परिचित भारतीय विद्वान किसी भी ऐसे प्रस्ताव से असहमत हैं; (4) असहमत विद्वानों को संकीर्णतावादी आदि कहकर उनका तिरस्कार करते हुए उनके दृष्टांत से दूसरों को भी किसी ऐसी स्थापना से सहमत होने से विरत किया जा रहा था जो यूरोपीय पूर्वाग्रहों के विपरीत पड़ती हों; (5) तर्कों के नाम पर केवल एक तर्क इमेनो के पास है कि देववाणी अर्थात् देवभाषा का अर्थ होता है देवताओं की भाषा, अतः ये किसी दूर देश से आए रहे हो सकते हैं, वह देश पश्चिम एशिया हो या यूरोप; (6) इमेनो के समय तक किसी यूरोपीय विद्वान को देव, देवता, और देवसमाज के बीच का फर्क समझ में नहीं आया था। हमारे परंपरावादी विद्वानों में से जो इमेनो के अनुसार देववाणी के किसी भिन्न अर्थ से परिचित थे, वे यह जानते थे या नहीं कि देव एक समाज था जो इस धरती पर रहता था, यहीं उसकी असुरों से स्पर्धा चलती रही और उनके दबाव में ही असुरों के देशांतर में जाने की विवशता उत्पन्न हुई, इसका हमें पता नहीं। परंतु अपने को देव कहनेवाले एक अति प्राचीन समाज का हवाला ऋग्वेद सहित सभी वैदिक कृतियों में उपलब्ध है और इसका अध्ययन ऐसे सभी देसी विदेशी विद्वानों ने किया है।[4] पाश्चात्य अध्येताओं से हम किस समझदारी की उम्मीद कर सकते हैं जब इस सीधी सी बात को बार-बार पढ़ने के बाद भी उन्होंने देववाणी को देवताओं की वाणी कहकर एक देवलोक की कल्पना करके वहाँ की बोली के लिए प्रयुक्त मान लिया, जिनमें से कोई अपने को देव या देवता नहीं कहता था। देव का संबंध केवल भारतीय देवों से रहा है, पश्चिम एशिया में पहुँचने वाले तो कोसंबी के अनुसार अपने को क्षत्रिय कहते थे।

दूसरा उदाहरण स्वयं ह्वीलर का है जिसको प्रमाण बनाकर इमेनो ने यह स्थापित कर दिया कि भाषाविज्ञान में भले इस बात का कोई प्रमाण न हो कि इस भूभाग पर आर्यभाषी जनों का किसी भी रूप में बाहर से आगमन हुआ था, परंतु पुरातत्त्व में इसके अकाट्य प्रमांण मिल गए हैं। पुरातत्त्व में जो प्रमाण मिला है उस पर हमने आर्य आक्रमण और हड़प्पा सभ्यता में विचार किया है। यहाँ केवल इतना ही कि पुरातत्त्व में ऐसा कुछ नहीं था जिससे किसी आक्रमण की पुष्टि होती या आर्य जाति या आर्यभाषा की जानकारी

मिलती। यह एक जालसाजी थी जिसके लिए अनेक स्तरों, स्थितियों और कालों के कंकालों को एककालिक मानकर फर्जी प्रमाण बनाया गया था जिनमें से किसी के कंकाल पर चोट का कोई निशान तक न था, उनके कत्ल किए जाने का तो प्रश्न ही दूर था। परंतु ह्वीलर ने हड़प्पा की किलाबंदी और ऋग्वेद के पुरंदर शब्द पर एक कहानी गढ़ दी जिसके संदर्भों का उन्हें पूरा ज्ञान नहीं था।

सच तो यह है कि ज्ञान के किसी भी स्रोत से ऐसी सूचनाएँ मिल सकती हैं जो किसी अन्य से संभव ही नहीं। परंतु निहित स्वार्थ के लोग किसी भी शाखा, यहाँ तक कि प्रकृत विज्ञानों तक को विकृत कर सकते हैं और करते आए हैं। मानविकी की शाखाएँ तो सदा से अनेक रूपों में विकृत की जाती रही हैं। अतः ज्ञान के स्रोतों का विस्तार एक बात है, और इस विस्तार के क्रम में धुँधले और संदिग्ध स्रोतों से मिले किसी तिनके का पहाड़ बनाकर अपेक्षाकृत अधिक विश्वसनीय स्रोतों के साक्ष्यों को किनारे डालते हुए अपने मनोगत को स्थापित करना दूसरी बात। इसे समन्वित पद्धतियाँ के स्थान पर विखंडित पद्धतियाँ कहना अधिक समीचीन होगा। जैसा कि हम देखेंगे, समन्वित पद्धतियों का कोसंबी ने कभी प्रयोग किया ही नहीं। वहं अल्पज्ञात से सुविदित को, संदिग्ध से विश्वसनीय को, एकांगी से संर्वांगीण को निरस्त करते हुए एक नया और विचित्र इतिहास रचते हैं और इस विचित्रता के कारण ही वह अनुपम और अपूर्व प्रतीत होते हैं। परंतु इस अपूर्वता का भी श्रेय, उनको नहीं जाता। वह मामूली हेर-फेर से पुराने फिकरों का ही अपेक्षाकृत अधिक उत्कटता से प्रयोग करते हैं।

उदाहरण के लिए जेम्स मिल, जिसे भारत का प्रथम इतिहासकार होने का भी श्रेय जाता है और जिसने भारत और भारतीय समाज का नितांत गर्हित चित्र प्रस्तुत किया था, वह कोसंबी के समादृत इतिहासकारों में आता है। उसे ही 'आल थ्योरीज आउट ऑफ वेस्ट' का अभियान चलाने का भी 'श्रेय' जाता है। अठारहवीं शताब्दी के भारतविदों और चीनविदों ने इनकी प्राचीन सभ्यताओं की मुग्धभाव से प्रशंसा की थी और उससे यूरोप की महान विभूतियाँ भी प्रभावित थीं। जेम्स मिल का इतिहास उसकी क्षुब्ध प्रतिक्रिया में लिखा गया था। भारतीयों और चीनियों को समान रूप से गर्हित सिद्ध करने के लिए उसने एक सूत्र गढ़ा था, 'समान राष्ट्रों में एक जैसी कुटिलता पाई जाती है।'[5]

यहाँ हम तीन बातों पर ध्यान दे सकते हैं। कोसंबी के इतिहासलेखन में मिल की दृष्टि को अपनाया गया है और मिल ने अपना इतिहास मिशनरियों की भारत संबंधी रपटों के आधार पर लिखा था। दूसरे, जब एशियाई समाज की बात आए तो विशिष्टता (जिसमें गुण दोष दोनों आते हैं) कुटिलता (जिसमें केवल दोषदर्शन ही नहीं दोषों का आविष्कार भी आ जाता है) तक सीमित रह जाती है।[6] अंतिम बात उस सूत्र की है 'जिसमें समान राष्ट्रों में समान कुटिलताएँ पाई जाती हैं।' कोसंबी में यही सूत्र बदलकर 'जो लोग एक जैसा जीवन जीते हैं वे प्रायः एक ही तरह सोचते हैं,' हो जाता है।

इसकी ही परिणति है कि कोसंबी प्रतिदर्शों (मॉडेल्स) की बात करते हैं। यह भी उन्होंने जेम्स मिल से ही लिया है। जेम्स मिल के समय तक भारत को समझने के लिए

बहुत अपर्याप्त सामग्री उपलब्ध थी। इसकी पूर्ति के लिए वह उन विशेषताओं को, जिन्हें विलियम जोंस ने रेखांकित किया था, दूसरी सभ्यताओं में तलाशते हैं और फिर उन समाजों की विकृतियों को भारत पर आरोपित करके इसकी भर्त्सना करते हैं। उनका प्राचीन भारत विषयक लेखन विलियम जोंस की प्रतिक्रिया में और अंधनिषेध से प्रेरित था, इसलिए उनका बहुत समझदारी से पाठ और उपयोग किया जाना चाहिए था। कोसंबी के समय तक स्रोत सामग्री इतनी पर्याप्त थी कि उन्हें माडेलों की आवश्यकता भी न थी। माडेल पद्धति का सार यह है कि यदि हम किसी वस्तु, समाज या परिघटना को नहीं समझ पा रहे हैं तो उसे समझने में उसी से मिलती-जुलती परिस्थिति की दूसरी वस्तु, समाज या परिघटना सहायक हो सकती है। यह एक उपयोगी तरीका है। गलती वहाँ होती है जहाँ हम एक को जानते हैं अथवा जान सकते हैं, वहाँ दूसरे को उस पर आरोपित करके उसको पहली में उपस्थित मान लेते हैं। यह इतना गलत है कि इसे यांत्रिक तक नहीं कहा जा सकता। यह कुछ वैसा ही है कि आलू सब्जी है, कद्दू भी सब्जी है। आलू के विषय में केवल यह पता चल पा रहा है कि वह गोलाकार होता है, कद्दू भी गोलाकार है, अतः कद्दू का आलू पर आरोपण करके हम आलू के अज्ञात गुणों को समझ सकते हैं।

मार्क्सवादी इतिहास में यह कद्दूवाद कोसंबी के कारण इतना लोकप्रिय हुआ कि इतिहास की प्राचीन अवस्थाएँ पिछड़े हुए समाजों के उदाहरणों से समझी जाने लगीं। इसका एक ही उदाहरण पर्याप्त है। ऋग्वेद में राजा शब्द का प्रयोग हुआ है। यह एक विकसित प्रशासनिक व्यवस्था से जुड़ा पद है। परंतु ऋग्वेद का समाज तो कबीलाई था, यह पाश्चात्य डाक्ट्रिन का हिस्सा है। अतः इसमें राजा का प्रयोग सरदार के लिए किया गया होगा। अब ऐसे समाजों को सामने रखकर वैदिक राजा और तंत्र को समझा और समझाया जाने लगा जिनमें लूट या किसी तरीके से जुटाया गया माल सरदार को सौंप दिया जाता है और वह उसी समुदाय में उसका न्यायोचित वितरण करता है। ऋग्वेद के गहन अध्ययन से यह पता लगाने का प्रयत्न नहीं किया गया कि उसमें कबीलों के सरदारों के लिए कोई शब्द आया है या नहीं, या राजा का प्रयोग किन संदर्भों में किनके लिए किया गया है। ऋग्वेद में सरदार के लिए वर्षिष्ठ का व्यवहार हुआ है न कि राजा का। बृबु को सरदारों का शिरोमणि या वर्षिष्ठों में मूर्धन्य बताया गया है (अधि बृबुः पणीनां वर्षिष्ठे मूर्धन्नस्थात, उरुः कक्षो न गांग्यः, 6.45.31) अर्थात् सरदारों के बीच भी असाधारण प्रभाव रखने वालों के लिए राजा का प्रयोग नहीं होता था।

हमारा यह आशय नहीं कि पद्धतियों का समन्वय अव्यावहारिक है, अपितु यह कि इसके व्यवहार के लिए जिस सतर्कता और तटस्थता की अपेक्षा है वह कोसंबी में नहीं है। अन्यथा भारतीय इतिहास के अध्ययन के लिए इससे अधिक उपयोगी कोई अन्य पद्धति हो ही नहीं सकती। इसमें पुराण, धर्मशास्त्र, साहित्य, इतिहास, नृतत्त्व, पुरातत्त्व, कर्मकांड[7], विशेषतः उपेक्षित समुदायों और उपेक्षित वर्गों के बीच प्रचलित रीतियों, पर्वों, सामाजिक अनुष्ठानों, काम के औजारों आदि में से कहीं से भी अतीत से संबंधित महत्त्वपूर्ण सूचनाएँ प्राप्त की जा सकती हैं और उनकी ऐसी व्याख्या संभव है जिससे अकाट्य सच

तक पहुँचा जा सकता है। हमें स्वयं इसका बहुत लाभ मिला है। परंतु कोसंबी ने इनका जिस तरह चुनाव किया है और जिस सीमा तक छूट ली है, उससे हमारी गम्भीर असहमति है। इसके उदाहरण हम आगे अनेक प्रसंगों में देखेंगे।

कोसंबी की संदर्भ-ग्रंथों की जानकारी बहुत अच्छी है और हमारे जैसे किसी पाठक को ही नहीं, विद्वानों को भी आतंकित करने के लिए काफी है। उदाहरण के लिए अमरकोश का काल निर्धारण करते समय वह इसमें प्रयुक्त शब्दों के इतिहास में उतर जाते हैं। वह बताते हैं कि अमरकोश की तिथि पहली शताब्दी नहीं हो सकती, क्योंकि इसमें नालिकेर अर्थात् नारिकेल और दाड़िम का उल्लेख है। नारियल की बड़े पैमाने पर बागबानी सन् 71-121 के बीच पश्चिमी तट पर आरंभ हुई थी और इसके विषय में भारत में व्यापक जानकारी न थी। दाड़िम या अनार फारसी सौगात है और यह या तो गुप्त काल में आया होगा अथवा सातवाहनों के समय में। इसमें घटीयंत्र का उल्लेख है जिसकी चर्चा अर्थशास्त्र में नहीं है और पहली बार इसका उल्लेख हर्षचरित में मिलता है।[8]

इस तर्कयोजना से हम स्तब्ध रह जाते हैं। काल निर्धारण के लिए इस तरह की बारीक छानबीन का यह विरल नमूना है। इस आतंक में पाठक इसकी दुबारा पड़ताल करने का साहस नहीं जुटा पाता। कोसंबी अपनी बात इस विश्वास से रखते हैं जैसे पत्थर की लकीर खींच रहे हों और उनकी अधिकांश धारणाएँ वज्रकूट हैं भी। उनके पास विचारणीय कुछ नहीं है, सब कुछ सुविचारित अतः आदेशपरक अथवा निर्देशपरक है।

यदि कोसंबी आज जीवित भी होते तो उन्हें यह नहीं समझाया जा सकता था कि पहले मामले में वह स्वयं एक संदिग्ध प्रतीत होनेवाले साक्ष्य का प्रयोग कर रहे हैं। जैसा कि उन्होंने अन्यत्र उल्लेख किया है, यह भारत में संभवतः मलाया से आया लगता है[9], परंतु मुंडारी जनों में से वे जो दक्षिणपूर्व एशिया से आए थे और किसी न किसी पैमाने पर जिनका आना-जाना लगा भी रहता था, हड़प्पा सभ्यता से पहले से भारत में बसे हैं और लगभग पूरे भारत में बिखरे रहे हैं। यह इस बात का परिस्थितिजन्य साक्ष्य है कि नारियल उनके माध्यम से भारत में, अपेक्षित समय के कई हजार साल पहले आ चुका था। केरल में नारियल की बागबानी होती है, पर नारियल बंगाल, अंडमान-निकोबार आदि में भी उगता है, वहाँ इसकी बागबानी नहीं होती है। नारियल जैसे फल के प्रसार में समुद्री गतिविधियों की भूमिका पर भी ध्यान दिया जाना चाहिए जो फल को एक तट से दूसरे तट तक ले जाने में महत्त्वपूर्ण भूमिका प्रस्तुत कर सकती थीं। उपलब्धता और योजनाबद्ध रूप में बड़े पैमाने पर खेती या बागबानी में अंतर है। ताड़, खजूर लगभग पूरे भारत में पाए जाते हैं। खजूर का तो आर्थिक महत्त्व भी है, रेगिस्तानी भारत में तो खजूर बहुत उपयोगी पौधा हो सकता है, यह भारत में कम से कम हड़प्पा काल से पाया जाता है, फिर भी इसकी कहीं योजनाबद्ध बागबानी नहीं होती।

सिंधु नदी तक का भारत सिकंदर से पहले ईरानी साम्राज्य का अंग रह चुका था, बख्तर से भारत का संपर्क वैदिक काल से रहा है। इस सम्पर्कसूत्र से दाड़िम सहित दूसरी बहुत सी चीजें बख्तर से भारत तक आई हो सकती हैं।

कूचक्र का उल्लेख ऋग्वेद में आया है और अरघट्ट का उल्लेख पंचतंत्र में है। रहट जो अरघट्ट का घिसा हुआ नाम है, संस्कृत मूल का है। हम नहीं जानते इसे फारसी में क्या कहते हैं, परंतु राखीगढ़ी से उसके उत्खननकर्ता अमरेंद्र ने उसका एक खिलौने के आकार का नमूना पाया है। उसमें पहिये के अरे पुट्ठों से बाहर निकले हुए हैं। इन्हीं अरों में घट को फँसाकर पानी निकालने के कारण इसे वैदिक में कूचक्र और बाद के कालों में घटीचक्र अथवा घट कहा जाता था। अरायुक्त पहिए का आविष्कार भारत में द्रविड़ भाषी भृगुओं ने आज से कम से कम पाँच हजार साल पहले किया था।[10] यहाँ हमारा यह दावा कदापि नहीं है कि अमरकोश की रचना ईसा पूर्व पहली शताब्दी में ही हुई थी, परंतु इसकी कालावधि को संदिग्ध बनाने के लिए कोसंबी ने जिन साक्ष्यों का प्रयोग किया है, वे सभी संदिग्ध हैं।

कभी-कभी साक्ष्य के अभाव में कोसंबी अपनी कल्पना से एक खाका गढ़ते और फिर उसको सच्चाई पर मढ़ते दिखाई देते हैं। उदाहरण के लिए वह स्वीकार करते हैं कि हड़प्पा संस्कृति के लोग खेती किस तरीके से करते थे इसकी उन्हें कोई जानकारी नहीं है। इसके बाद भी वह यह कहने का जोखिम उठाते हैं कि हड़प्पा के लोगों के पास हल नहीं था। यदि था तो एक पाँचा जिससे वे जमीन में खरोंच मार लेते थे और इसका आधार यह है कि मेसोपोटामियाई मुद्राओं पर एक चिह्न है जिसे वह हल की प्रतिकृति मानते हैं और हड़प्पा की मुद्राओं पर पाँचे जैसी एक आकृति है।[11] मोटी बात यह कि कोसंबी के अनुसार हड़प्पा सभ्यता सुदीर्घ स्थायित्व वाली सभ्यता थी और इसमें खेती होती थी और उपज असाधारण होती थी जिसका प्रमाण इसका अन्नागार है, जिसकी तुलना में मेसोपोटामियाई अन्नागार कहीं टिकते नहीं। उनकी उसी समझ से वैदिक समाज यायावर अथवा अर्धयायावर अवस्था में था जो खेती नाम मात्र को करता रहा हो सकता है। दोनों की कालसीमा को भी ह्वीलर और उनके ही अनुकरण पर कोसंबी ने लगभग मिला दिया है। अब ऐसी स्थिति में यह हैरानी की बात होगी कि यायावर और पशुचारी आर्यों के ऋग्वेद के सबसे पुराने मंडलों में से एक (4.57) में ठीक उस हल का वर्णन मिलता है जो पिछली शताब्दी तक चलन में था और हड़प्पा के किसानों को हल का पता ही नहीं था।

अपने विशद ज्ञान और बहुमुखी पड़ताल और विश्लेषण के चलते, पेशेवर इतिहासकार न होते हुए भी, कोसंबी असाधारण ख्याति रखनेवाले इतिहासकारों को भी अपने विश्लेषण से निष्प्रभाव कर देते हैं। वह जब किसी की खबर लेने पर आ जाते हैं तो वह अदृश्य हो जाता है, बस उसके परखचे उड़ते हुए दिखाई देते हैं। कुछ के उदाहरण देना उपयोगी होगा। परांजपे आक्सफोर्ड से रैंगलर (wrangler) की डिग्री लेने वाले प्रथम भारतीय थे। वह फर्गुसन कालेज के प्रिंसिपल होकर जब भारत आए तो तिलक स्वयं उनकी अगवानी करने गए थे। कोसंबी फर्गुसन कालेज में अध्यापन करते थे। परांजपे पर उनकी टिप्पणी थी कि रैंगलर की डिग्री पाने के बाद उन्होंने मूँछें बढ़ाने के अलावा कोई काम नहीं किया। महाराष्ट्र के लोग उनका इतना आदर क्यों करते हैं।[12]

डांगे की पुस्तक *इंडिया फ्राम प्रिमिटिव कम्युनिज्म टु स्लेवरी* की समीक्षा करते हुए वह लिखते हैं, "यह एक ऐसे व्यक्ति की पुस्तक है जो भारतीय कम्युनिस्ट पार्टी के संस्थापक सदस्यों में से एक रहा है, पर है इतनी निराशाजनक कि इससे कष्ट होता है। इसे समीक्षा के योग्य नहीं समझा जा सकता, परंतु यदि इसकी समीक्षा न की जाए तो इससे मार्क्सवाद कलंकित होगा।"[13] पुस्तक में दोष तो हैं परंतु सबसे बड़ा दोष यह कि यदि भारतीय परंपरा अतीत में आदिम अवस्था तक जाती है तो इसका फलितार्थ यह हुआ कि आर्यों का और आर्यभाषा का निष्क्रमण भारत से देशांतर को हुआ न कि आर्यों का आक्रमण या आव्रजन देशांतर से भारत में। यह उस डाक्ट्रिन से अनमेल था जो कोसंबी को मान्य था। परंतु पुराने उपलब्ध स्रोतों से जाने कहाँ-कहाँ से अपने मंतव्य के पक्ष में प्रमाण लाने वाले कोसंबी क्या हमें कष्टदायक रूप में निराश नहीं करते कि वह विविध कृतियों में आदिम अवस्था के उल्लेखों को सीधे नकार देते हैं?

दि हिस्ट्री एंड कल्चर ऑफ दि इंडियन पीपुल[14] की समीक्षा करते हुए पहले वह इस योजना और प्रकाशित खंडों की छपाई, सज्जा, अनुक्रमणी, मूल्य आदि की प्रशंसा करते हैं और इस आवश्यकता को भी मानते हैं कि *केंब्रिज हिस्ट्री ऑफ इंडिया* या *विंसेंट स्मिथ* आदि के इतिहासों के स्थान पर नए इतिहास ग्रंथों की आवश्यकता है। फिर "इतना कह लेने के बाद समीक्षक इस दुखद स्थिति में पहुँच जाता है कि अब प्रशंसा में कहने को आगे कुछ बचता ही नहीं। कमियाँ भरी हुई हैं। विश्लेषण का स्तर आदि से अंत तक घटिया है। समन्वय बहुत ही घटिया है,...जब तक कोई अटकलबाजी थोपी जा सके तब तक कोई साक्ष्य कमजोर नहीं लगता। इस तरह के उदाहरण भरे पड़े हैं, विशेषतः पहले खंड में। सिंधुघाटी सभ्यता के मूल्यांकन में अलग-अलग लेखकों के मत इस बात को लेकर बिलकुल अलग-अलग हैं कि यह आर्य सभ्यता है अथवा आर्यों से पहले की। कुछ तो किसी मान्यता की हिमायत में बहुत अधिक विस्तार में चले गए हैं। पुसालकर ने मोहेंजोदाड़ो के सबसे निचले स्तर से घोड़े के जीन का सबूत जुटा लिया है, जबकि उस स्तर से ऐसा कोई पदार्थ नहीं मिलता जिससे जीन बनाए जाते हैं।...बी.के. घोष भाषाशास्त्री हैं और उन्होंने त्रिपोली के मध्य पाषाणकालीन भांडों का एक चित्र दे रखा है।...डॉ. सुनीति कुमार चटर्जी ने अपनी समझदारी का मोती हमें इस रूप में भेंट किया है कि सुमेरियन और आस्त्रिक जनों में संबंध हो सकता है।...बुनियादी प्रश्न यह है कि आस्त्रिक जनों ने दुनिया में इतनी महान सभ्यताएँ पैदा कीं और वे स्वयं आदिम अवस्था में ही रह गए।"[15] कोसंबी जब किसी की आलोचना करते हैं तो उनका तरीका एकदम ध्वंसात्मक हो जाता है और इसे छिपाने की वह चिंता भी नहीं करते, यद्यपि अपने अद्भुत व्यंग्य में भी वह एक विद्वान के रूप में कमजोर सिद्ध होते हैं। इस ग्रंथमाला में यह प्रस्ताव किया गया था कि मुस्लिम काल जैसी संज्ञा का प्रयोग नहीं किया जाना चाहिए। आज इतिहास ग्रंथों में इसके लिए मध्यकाल का ही प्रयोग होता है, परंतु कोसंबी इस उचित प्रस्ताव का भी उपहास करते हैं, "प्रथम खंड के आमुख में मुंशी और मजूमदार दोनों 'तथाकथित मुस्लिम काल' के

नामकरण को जुगुप्सा के साथ खारिज कर देते हैं। इस शब्द को भारतीय इतिहास ग्रंथों से निकाल देना ठीक होगा। परंतु जब यह प्रस्ताव ऐसे दो हिंदुओं द्वारा पेश किया जा रहा हो जिनके नाम में दो भले मुस्लिम पेशों, मुंशी और मजूमदार, का हाथ हो तो यह आश्चर्यजनक रूप से अटपटा लगता है।"[16]

उनकी उक्त आलोचना की अनेक टिप्पणियों से असहमत नहीं हुआ जा सकता। कुछ तो आत्मप्रक्षेपण भी हैं जबकि कुछ उनके अज्ञान और अविवेक का भी परिचय देतीं। उनका यह मानना कि जिन भाषाई समाजों के कुछ समुदाय आज तक आदिम अवस्था में जीवित हैं वे किसी महान सभ्यता के जनक नहीं हो सकते और इसके लिए सुनीति कुमार चटर्जी का उपहास करना उनको भी उतना ही हास्यास्पद बनाता है जब वह सुझाते हैं कि हड़प्पा सभ्यता के निर्माता द्रविड़ रहे हो सकते हैं। कारण द्रविड़ भाषी समुदायों में भी अनेक आज तक आदिम अवस्था में मिलते हैं।

इतिहासकार के रूप में नेहरू पर उनकी टिप्पणी डांगे वाले तर्ज में ही है पर वह जेल में सामग्री के अभाव की भी चर्चा करना नहीं भूलते। यही हाल दूसरे अनगिनत विद्वानों और राजनीतिज्ञों का है[17] जिनमें फिशर, स्पेंग्लर, ट्वायनबी भी आते हैं।[18] रोचक बात यह कि इन सभी को वह चुटकी बजाते हुए ठहाकेदार भाषा में ठिकाने लगाते हैं। 'स्पेंग्लर के *antergang des Abendlandes* ने अपने समय में अपनी धधकती लफ्फाजी से सनसनी सी फैला दी थी, जिसे आज कोई इतिहास के लिए गंभीर पाठ्यपुस्तक नहीं मानता।'

वह अपने को अपने ज्ञान-प्रदर्शन से रोक नहीं पाते। गजैसे कुछ वक्ताओं के साथ होता है कि वे अपने विषय से बहक जाते हैं और देर तक अवांतर विषयों पर बोलते रहते हैं, वैसा वह लिखने में करते हैं। इसका एक कारण यह हो सकता है कि वह अपने लेख एक ही ताव में पूरा करते थे और फिर उसमें संशोधन सम्पादन जरूरी नहीं समझते थे। सूचनाओं के अपने महत्त्व के कारण यहाँ भी पाठक पर उनका बहुत गहरा प्रभाव पड़ता है। इस बहकने का एक परिणाम यह होता है कि कोसंबी अवांतर सूचनाओं के दबाव में गलत नतीजे निकाल बैठते हैं। उदाहरण के लिए 'सातवीं शताब्दी में आए चीनी यात्री ह्वेनसांग के विवरणों में सिंधु तट पर बसे सैकड़ों ऐसे परिवारों का उल्लेख है जो नृशंस और क्रोधी स्वभाव के थे और खून-खराबा पसंद करते थे। ये मुख्य रूप से गोचारण करते थे। इनके बीच कोई मालिक न था, धनी गरीब का अंतर न था। वे अपना सिर मुँड़ाए रहते थे, और भिक्खुओं की तरह का कषाय वस्त्र पहनते थे और देखने में भिक्खु लगते थे।...' इसी आधार पर वह यह मान बैठते हैं कि ये उन्हीं पशुपालक आर्यों के वंशधर थे जिन्होंने भारत पर आक्रमण किया था। बस दुविधा यह रह जाती है कि उन्होंने बौद्धों से गैरिक वस्त्र पहनना सीखा था, या यह बहुत पुरानी रीति थी जिसे पूर्वी आर्यों ने अपना लिया था और जिसके ही प्रभाव से बुद्ध ने इसे अपना लिया था।[19]

कोसंबी को जो सिद्ध करना है उसके लिए मूल पाठ में तोड़-मरोड़ करने में संकोच नहीं करते और इसके लिए जो असाधारण श्रम करते हैं वह उनके पांडित्य को नहीं, उनके दुराग्रह को प्रकट करता है। उदाहरण के लिए द्विपदा विराट में एक ऋचा है जिसका अर्थ

अनुवादकों ने यह किया है कि राजा धनी व्यक्तियों को खा जाता है। ऋचा निम्न प्रकार है जिसमें हमने मुख्य शब्दों का जो अर्थ सायण ने किया है उसको अधक्षरों में दिया है :

जामिः सिंधूनां भ्रातेव स्वस्रां इभ्यान् न राजा वनानि अत्ति।

यत् वातजूतः वना व्यस्थात् अग्निः ह दाति रोमा पृथिव्याः ॥ ऋ.1.65.8

ग्रिफिथ ने इसका अनुवाद निम्न प्रकार दिया है :

Kin as a brother to his sister floods, he cuts the woods as a King eats the rich. When through the forest, urged by wind, he spreads, verily Agni shears the hair of earth.

इससे कोसंबी यह आशय निकालते हैं कि "आर्य राजा कबीलाई हैवानों को निर्ममतापूर्वक खा सकता था...।"

इस ऋचा में आए शब्दों का अर्थ सायण ने किया है उससे मेरी असहमति है। इभ्य का अर्थ धनी व्यक्ति की तुलना में गजयूथ अधिक समीचीन है। ग्रिफिथ ने सायण का ही अनुसरण किया है। कोसंबी ने जैसी कि उनकी आदत है गेल्डनर का जर्मन अनुवाद अंग्रेजी में उसका अनुवाद किए बिना दिया है, जिसे समझने की योग्यता मुझमें नहीं।[20] परंतु उनके मंतव्य से लगता है कि गेल्डनर ने भी यही अर्थ लिया है। परंतु गेल्डनर को इससे संतोष नहीं है और पादटिप्पणी में वह एक लंबी चर्चा करते हैं, जिससे अनुमान होता है कि गेल्डनर ने इसका अधिक समीचीन अर्थ हाथी किया है और इसके प्रमाण में मनु. *यांस्तत्र चौरान् गृह्णीयात् तान् राजा इभेन घातयेत्* को उद्धृत किया है। यदि हमारा अनुमान सही है तो हम गेल्डनर की पादटिप्पणी से सहमत हैं।

सूक्त का देवता अर्थात् विषय अग्नि है। जंगल में आग लगने पर जलते हुए वृक्षों के तड़क कर टूटने की ध्वनि और इसके साथ वृक्षों के नष्ट होने की तुलना हाथियों के दल के डालियों को तोड़ते हुए चबाने से दी गई है। अग्नि के लिए राजा का प्रयोग ऋग्वेद में नियमित है। इसका कारण है कि राजा स्वयं भी अग्नि का ही रूप है (*त्वमग्ने...नृणां नृपतिः जायते शुचि,* ऋ. 2.1.1)। इस मार्मिक साम्य को न समझने के कारण भाष्यकार और अनुवादक दोनों ने इसको नष्ट कर दिया है। कुशल है कि गेल्डनर को खयाल आया कि इभ का अर्थ हाथी होना चाहिए और इभ्य का हाथी रखनेवाला सामंत।

दृश्य दावाग्नि का या जंगल जलाकर खेती के लिए भूमि तैयार करने के अनुभव पर आधारित है। राजा अग्नि जंगल को उसी तरह चबा जाते हैं मानो हाथियों का दल पेड़ों को चबा रहा हो। परंतु जब विवाद की स्थिति हो तो हम अपने अर्थ को नहीं, उन अनुवादों को ही अपनी असहमति के बाद भी उद्धृत करते हैं, क्योंकि प्रमाण सुधारना/गढ़ना और फिर उसे प्रमाण के रूप में प्रयोग में लाना, अनुचित है। राजा धनी या हाथी नशीन लोगों से कर वसूल करता है, अथवा उनका उच्छेदन करके उनके शक्तिसंपन्न होकर खतरा बनने की संभावना को कम कर देता है, यह अर्थ खींच-तानकर लिया जा सकता था। कोसंबी ने अपनी ओर से उन्हें हैवान कैसे बना दिया?

कोसंबी ऐसा बार-बार करते हैं। वह इस संदर्भ में गेल्डनर के श्रम और अधिकार की प्रशंसा करते हैं, और फिर उससे असहमत इस आधार पर होते हैं कि क्या वैदिक

समाज में राजा होते थे, क्या उसमें ऐसे सामंत थे जो हाथी रखते रहे हों? और फिर वहः वनानि अत्ति, वृक्षों को खा जाता है, का मौलिक अर्थ करते हैं जंगली हैवानों को खा जाता है। कोसंबी जालसाजी की हद तक जाकर अर्थ का अनर्थ करते हैं, जो उनकी सद्भाविता को कम करता है। ध्यान रहे कि यह उनके उस विख्यात लेख की व्याख्या है जिसे इतिहास को उनकी अनुपम देन कहा जाता है। यह है उनका कंबाईंड मेथड्स का नमूना।

सन्दर्भ सूची

1. At some time in the second millennium B.C., probably comparatively early in the millennium, a band or bands of speakers of an Indo-European Language, later to be called Sanskrit, entered India over the northwest passes. This is our linguistic docrtine which has been held for more than a century and a half. There seems to be no reason to distruct the arguments for it, inspite of the traditional Hindu ignorance of any such invasion, their doctrine that Sanskrit is the language of gods,' and the somewhat schauvinistic clinging to the old tradition even to day by some Indian scholars. Sanskrit, 'the language of the gods,' I shall therefore assume to have been a language brought from the Near East or the western world by the nomadic bands. Murray B. Emeneau, Prehistory of India, in *Language and Linguistic Area*, ed.Anwar S. Gill, Standard aniversity Press, California, 1980, p. 85
2. These invaders did not penetrate into a linguistic vacuum. What did they find to the east of the passes? If the Archaeologists reconstruction and chronology of the events are at all well founded, they found over the whole Indus Valley a high culture (the Harappan culture of the archaeologists), which was a sibling or a remote cousin of the high culture of the Near East. वहीं।
3. द्वे स्रुती अशृणवं पितृणामहं देवानामुत मर्त्यानाम्।
   ताभ्यामिदं विश्वमेजत्समेति यदन्तरा पितरं मातरं च ॥ 10.88.15
4. देवासरायन् परशूँरबिभ्रन् वना वृश्चंतो अभि विड्भिरायन्।
   नि सुद्र्वं दधतो वक्षणासु यत्र कृपीटमनु तद्दहंति ॥ 10.28.8 अर्थात् यहाँ देव समाज का जिसने खेती का आविष्कार किया, उसका प्रसार किया, उसे निरापद बनाया और जिससे असुर प्रतिस्पर्धा कर रहे थे। यह सिद्ध हो गया कि असुर काल्पनिक सत्ता नहीं हैं, एक जनसमाज या एक विशेष उत्पादन पद्धति से आगे न बढ़ने वाले और उनके साथ शत्रुभाव रखनेवाले जन थे, फिर भी ऋग्वेद के और ब्राह्मणों के अनगिनत हवालों के बाद भी यह बात किसी विद्वान की समझ में नहीं आई और इसे किसी भारतीय, घोर परंपरावादी विद्वान ने भी ठीक से समझा इसका मुझे ज्ञान नहीं। परंपरावादी विद्वानों को तो कूड़ेदान के हवाले कर दिया गया और इस आतंक से आधुनिक सिद्ध होने के लिए आतुर विचक्षण विद्वान भी इतने सहमे रहे कि उन्होंने स्वयं यह समझ लिया कि कूपमंडूक सिद्ध होने से बचने के लिए यह जरूरी है कि पाश्चात्य विद्वानों के मतामत को निर्विरोध मान लिया जाए। कोसंबी ने अपने लिए यही रास्ता चुना, परंतु यह पाश्चात्य अध्येताओं और कोसंबी जैसे अधुनातन विद्वानों के खोखलेपन को भी प्रकट करता है।
5. भ. सिंह, हड़प्पा सभ्यता और वैदिक साहित्य, 2010 संस्क., पृ.20 पर उद्धृत।
6. अमेरिका और यूरोप में रहनेवाले कुछ अध्येता यह समझते हैं कि कोसंबी का उतना आदर भारत में नहीं है जितना विदेशों में हैं (Personal Reminiscences of DDK by R.P. Nene as told

to Arvind Gupta)। पूरा सच यह है कि हिंदुत्व के कुत्सित चित्रण के कारण कोसंबी सदा से ईसाइयत के लिए जितने उपयोगी औजार रहे हैं उतना दूसरा कोई इतिहासकार नहीं। 'विदेशों' में उनको प्रचारित किया जाता रहा है, समझने का प्रयत्न नहीं।

7. to dismiss ritual as mere superstition (or worse, to follow the afd of explaining it in psychoanalytic terms) is to throwaway a genuine opportunity to study both the history and the prehistory of India, वही., *Living Prehistory in India*, 33.
8. The author cannot be placed as early as (the legendary) king Vikrama of 57 BC, for he mentions the coconut *nalikera* (2.4.168; without any of the byproducts, unless coir is concealed in the doubtful variant *suma* for *sulba* of 2.10.27). The coconut tree was first extensively planted on the upper west coast between AD 71 and 121 not becoming well known in India for centuries afterwards. The pomegranate *(dadima* : 2.4.64; 3.5.42; perhaps 3.4.49), also cannot have been widely known at an early date, being of Persian origin, with logical spread during the Gupta period, or at any rete after the Satavahanas... The *ghatiyantra* (2.10.27), some form of Persian wheel for irrigation, is not known to the *Arthasastra* in spite of its preoccupation with increasing land yield; it occurs at least twice in the early seventh-century Harsacarita (p. 94, p. 104).
9. For example, the coconut so basic today in almost every Brahmin ritual has no scriptural authority, being in fact an import from the south-east (probably Malaya) not earlier than the Christian era, and certainly little cultivated before the fourth century AD.) वही। *On a Marxist Approach to Indian Chronology*, p. 51.
10. भगवान सिंह, जून, 2007 नयी कविता आंदोलन : पाँच हजार साल पहले, *नया ज्ञानोदय*, जून, 2007, 14-17
11. we have no contemporary information as to the actual method of agriculture used. Nevertheless, I venture to make the statement that the Indus people did not have the plough (which. is depicted on Mosopotamian seals; cf. fig. 14), but only a toothed harrow which may be recognised as one of the Indus script ideograms. Intro., 68 The Indus dams are not mentioned, as they had presumably been destroyed by the Aryans–who were then actually settled under that name (*Arioi, Arianoi;* Strabo 15.2.1, 15.2'.9) over an extensive region on the west bank of the Indus, through parts of Afghanistan and east Persia–to which last country they gave its name Iran (Ariana). Intro., 71.
12. Apart from growing long moustaches this man has done nothing afters getting his wrangler's degree. Why do people worship him so much in Maharashtra.
13. "This painfully disappointing book by one of the founders of the Communist Party of India would not have been worth reviewing, but for the afct that to let such a performance go unchallenged would bring Marxism into disrepute." *Annals of the Bhandarkar Oriental Research Institute*, vol. 29 (1948), pp. 271-7, published 1949
14. *The History And Culture Of The Indian People* vol. I, *The Vedic Age* (London 1951); II, *The Age Of Imperial anity* (Bombay 1951); III, *The Classical Age* (Bombay 1954).
15. What Constitutes Indian History, *Combined Methods in Indology*, 790-91
16. In the preliminary remarks to the first volume, both Munshi and Majumdar dismiss with contempt the nomenclature of the 'so-called Muslim period'; it may be correct to eliminate the term altogether from Indian histories, but the proposal is surpassingly incongruous when made by two Hindus with good Muslim

professional names, Munshi and Majumdar. वहीं, 793 A

17. An undated, poorly annotated edition was issued under the signature of Mulk Raj Anand at Allahabad between 1934 and 1938 as number 4 of the Socialist Book Club Publications. It is rather curious to read today that R. Palme Dutt, Edgell Rickward, Pandit Jawaharlal Nehru, Sajjad Zaheer, P. C. Joshi and z. A. Ahmad helped the editor. Messrs. Subbis Chandra Bose, Narendra Deva, Jayaprakash Narayan, M. R. Masini, Rimmanohar Lohia were foundation members of the club. NQIle of them saw fit to warn the reader that the work is incomplete without addition of later studies by Marx and Engels on primitive society. This lack of depth may explain the later political vicissitudes of this strange company, of almost every one of whom may be said, *quantum matatus ab illo.* Endnote 15 to Cha. I in *An Introduction....* P.16.
18. The choicest mess of this sort was cooked up by Spengler in his *Preussentum und Sozialismus* (Mirnchen 1920). but H. A. L. Fisher's *History of Europe* shows quite as pathetic a philosophy, and Arnold Toynbee's ten volumes on the philosophy of history make history immaterial. Endnote 18 to Cha. I in An Introduction.... P.16..
19. The later quotation is of the utmost interest because it shows what the still pastoral and tribal descendants of Aryans continued to do on the banks of the river which had been set free by Indra. Whether the robes were a Buddhist feature or a habit adopted much earlier which might actually have influenced the Buddha's choice through easter Ayrans, is not clear. *An Intoduction...*, 315
20. *Rgveda* 1.65.7 describes the fire-god Agni: *ibhyan na raja vanany atti* 'As a king the *ibhyas,* so eats he (Agni) up the forests'. K.F. Geldner14 translates this as 'Wie der Konig die Reichen frisst er die Holzer auf. The footnote to this gives an alternative: 'Oder: Wie ein Konig seine Vasallen'. Sāyaṇa commenting on the same *rk* gives *ibhya satravah . . . yad va dha-ninah; tan yatha dhanam apaharan raja hinasti tadvat.* Thus, Geldner has taken the second of Sāyaṇa's alternatives for a word that occurs just once in the whole of the *Rgveda.* That this did not entirely satisfy seems clear from his note on *RV.* 9.57.3 *ibho rajeva suvratah.* The footnote here reads: 'Die Verbindung von *ibha (ibhya* mit *rajan* 1.65.7; 4.4.1 und hier) ist für beide Worter bedeutsam und harrtnoch der sicheren Lasung. Andererseits ist die Bedeutung 'Elefant' für *ibha,* 'reich' für *ibhya* durch das spätere Sanskrit *(raja ibhena* Manu 8.34!) so gesichert, dass sie kaum zu umge-hen ist. *ibhya* wird sich zu *ibha* verhalten wie *dhtinya* zu *dhtina.* Pali *ibbha* in der bekannten Formel (s.P.D.) und *ibha* in *Chand. Up.* 1.10.1-2 sind aus dem Zusammenhang nicht mehr sicher zu bestimmen . . . Lehnt man aber die klassische Bedeutung für den Veda ab und sucht den Sinn in der von Roth gewiesenen Richtung, so empfiehlt sich statt 'Gesinde, Horige' (Roth)vielmehr für *ibha* und *ibhya* 'Vasall'. *ibho raja* ware dann der Vasallenkönig'. Combined Methods..., 7-8

तीन

कोसंबी किसके लिए लिख रहे थे

इस प्रश्न का उत्तर आसान है। कोसंबी ने अपना समस्त लेखन अंग्रेजी में किया इसलिए वह अंग्रेजों और अंग्रेजी जानने वाले भारतीयों के लिए लिख रहे थे। कोसंबी के लेखों में जहाँ भी संस्कृत का कोई अंश आता है, वहाँ उसके साथ वह उच्चारण की शुद्धता के लिए विकारी चिह्नों (डायक्रिटिकल मार्क्स) का इस्तेमाल करते हैं और उसका अंग्रेजी अनुवाद भी देते हैं, जो जरूरी भी है। परंतु जब वह यूरोपीय भाषाओं के लंबे उद्धरण देते हैं या किसी छोटे से मुहावरे या वाक्यांश का प्रयोग करते हैं तो उसके आगे उसका अंग्रेजीं अनुवाद नहीं देते। ऐसा अपवाद स्वरूप नहीं अपितु सर्वत्र देखने में आता है।[1] सामान्यतः मुख्य भाषा से भिन्न भाषा के ऐसे शब्दों को जो उसके अंग नहीं बने हैं, जैसे संस्कृत, लातिन और ग्रीक, जर्मन और फ्रेंच आदि के शब्दों को, अंग्रेजी में तिर्यक लिखावट में लिखा जाता है। कोसंबी स्वयं भी ऐसा करते हैं, परंतु जर्मन के शब्दों और उद्धरणों को खड़ी लिखावट में ही देते हैं। ऐसा क्यों है? व्यक्तिनामों स्थाननामों में विकारी चिह्नों का प्रयोग नहीं किया जाता, फिर भी कोसंबी भारतीय और केवल भारतीय नामों में इसका भी ध्यान रखते हैं और इसका पूरा निर्वाह न हो पाने के कारण कुछ अटपटे भी लगते हैं। अतः सुभाष (Subhas), जयप्रकाश नारायण (Jayaprakash Narayan) बन जाते हैं। जबकि इस परिशुद्धता के अनुसार सुभाष (Subhasa), जयप्रकाश नारायण (Jayaprakasa Narayana) होना चाहिए था। स्थान नामों में Bharat, land of the Bharatas, Afghanistan, Pakistan, Bharatpur[2] हो जाते हैं। वह जब बनारस हिंदू विश्वविद्यालय में गणित पढ़ाने थे तो अपने छात्रों को इस बात का भी कायल करना चाहते थे कि जो जर्मन नहीं जानता वह अच्छा वैज्ञानिक नहीं बन सकता। इसे आवश्यक मानकर अपने छात्रों के लिए जर्मन की अलग से क्लास लेते थे। क्या उनकी चेतना में कहीं यह भी था कि जो उनके लेखों और पुस्तकों को अच्छी तरह समझना चाहे उसे जर्मन तो सीखनी ही होगी।

भारतीय पौराणिक और मिथकीय संकल्पनाओं के साथ उन्हें उनसे मिलते-जुलते यूरोपीय प्रतिरूप याद आते हैं और कालगत विपर्यय के होते हुए भी उनको प्रस्तुत इस तरह करते हैं जैसे भारतीय प्रतिरूप उनके परवर्ती और उनसे प्रेरित या उन्हीं का विस्तार

हों। इला हवि है, उषा ग्रीक इओस और मेसोपोटामियाई इश्तर की प्रतिरूप हैं।[3] वरुण ग्रीक औरेनॉस (ouranos) के प्रतिरूप हैं। आत्मविश्वास इतना कि कहीं वह यह संकेत भी नहीं छोड़ते कि उन्हें ऐसा लगता है और इसकी पड़ताल होनी चाहिए।

वह जब भी किसी भारतीय कृति या भारतीय विशिष्टता की बात करते हैं, उन्हें तुरंत याद आता है कि यह कृतिकार यूरोप के अमुक लेखक के निकट पड़ता है और उस लेखक की तुलना में क्या सिद्ध होता है, जैसा कि वह भर्तृहरि के वैराग्यशतक के संदर्भ में दांते से तुलना करने पर पाते हैं कि दांते भर्तृहरि से बड़े हैं।[4] पूरा यूरोप एक तरफ, अकेला भारत दूसरी तरफ और तुलना भी ऐसे कवि से जिसे भारतीय साहित्य में अपने ढंग का अकेला तो माना जाता है, पर मूर्धन्य नहीं।

जहाँ वह भारतीय कृति को तुलनीय यूरोपीय कृति से श्रेष्ठ पाते हैं, जैसे विद्याकर के सूक्तिसंग्रह में संकलित शृंगारिक मुक्तकों को इतालवी के प्रसिद्ध परंतु अश्लीलता से भरे आख्यानों से, वहाँ वह कोई दूसरा बिंदु तलाश लेते हैं, जिससे यूरोपीय श्रेष्ठता को प्रमाणित किया जा सके और भारतीय प्रतिपक्षी को अपने पश्चिमी प्रतिभट से छोटा दिखाया जा सके। जैसे, उसी संकलन में ठीक इस स्वीकृति के बाद यह टिप्पणी कि इसमें शौर्यप्रदर्शन के यूरोपीय विवरणों की तुलना में शौर्य से संबंधित मुक्तकों का अभाव है।

पश्चिम के प्रबुद्ध जगत में एक युगांतरकारी चिंतक के रूप में अपनी स्वीकृति के लिए आतुर कोसंबी अपने लेखन को पश्चिमी पाठकों के लिए यथासंभव सुकर ही नहीं अपितु रुचिकर बनाकर प्रस्तुत करने का प्रयत्न करते हैं। रुचिकर बनाने का आसान तरीका है अपने समाज और इतिहास की हेयता और पश्चिम की श्रेष्ठता का प्रतिपादन। अतः भारतीय कृतियों और विकासों का मूल्यांकन करते हुए, वे उनकी प्रशंसा करने के तुरंत बाद यूरोप की किसी भाषा में लिखी, पूरे यूरोप में अनन्य मानी जानेवाली रचना के साथ उसका मिलान करते हुए यह बताना जरूरी समझते हैं कि उसके मुकाबले यह कृति कहीं ठहरती ही नहीं।[5] इस तुलना में वह पश्चिम की क्रूरता और पाशविकता तक को एक असाधारण उपलब्धि के रूप में पेश करने में संकोच नहीं करते। युद्ध की स्थिति में भी भारतीय नैतिक विवेक और मर्यादा के पालन के आग्रह को वह एक दुर्बलता के रूप में पेश करते हैं।[6]

कोसंबी जब ये टिप्पणियाँ लिख रहे थे उस समय तक विश्व राष्ट्रसंघ अस्तित्व में आ चुका था, और उससे बहुत पहले से युद्ध के समय भी कतिपय नैतिक मर्यादाओं का पालन और युद्ध तक में क्रूरता की निंदा और युद्ध-अपराध की अवधारणा पश्चिम के लिए भी आदर्श बन चुकी थी। भले अपनी बर्बरता की लंबी परंपरा के कारण उनके द्वारा इसके बाद भी जघन्यतम अपराध किए गए। जिन मर्यादाओं को आधुनिक युग में स्वीकार किया गया, वे भारतीय परंपरा में, अधिक प्रतिकूल परिस्थितियों में भी, हजारों साल पहले स्वीकृत थीं, और यह निंदनीय नहीं, सच्चे शौर्य की कसौटी थीं। किसी ऐसे व्यक्ति को जो सोया हुआ हो, नशे में हो, निहत्था हो, या किसी स्त्री और बालक पर प्रहार करने को, कहें जो अपनी रक्षा करने में असमर्थ हो उस पर प्रहार करने को अपराध मानना, शौर्य के अनुरूप है या नहीं इसकी चर्चा कोसंबी के यहाँ नहीं मिलती। वे इन मूल्यों से

अनजान रह ही नहीं सकते थे। अतः इस प्रश्न पर उनकी चुप्पी को और पश्चिम की अमानवीय और कायरतापूर्ण क्रूरता की प्रशंसा के लिए तर्क जुटाने को पश्चिम के परितोष की आंतरिक बाध्यता ही कहा जा सकता है। कोसंबी लोभ और लाभ से बहुत ऊपर थे, परंतु यशोलिप्सा उनमें बहुत प्रबल थी और इसकी सिद्धि वह पश्चिमी जगत में अपनी स्वीकृति से ही कर सकते थे। भारत के ऐसे दो-चार विद्वानों को छोड़कर जो उनके अनन्य प्रशंसक थे, सभी उन्हें तुच्छ लगते थे। और उनकी ख्याति के अनुपात में ही उनकी तुच्छता बढ़ जाती है अतः उनके विषय में कोसंबी के विचार ईर्ष्याजन्य लगते हैं।

एक ओर यूरोप के पूरे महाद्वीप की पिछले तीन हजार वर्षों में रची गई कोई कालजयी कृति और दूसरी ओर केवल संस्कृत भाषा में अधिक से अधिक एक हजार साल के भीतर की रचनाओं में से कोई एक उल्लेखनीय रचना, सांख्यिकीय आधार पर तो गलत है ही, काव्यात्मक औचित्य के आधार पर भी गलत है। यह किसी व्यक्ति या चीज को समझने से इंकार करने, उसकी निजता को नकारने और 'प्रतिमान' बनाए जानेवाले व्यक्ति, वस्तु या समाज की पक्षधरता का पर्याय है। तुलनात्मक आकलन केवल और केवल वहीं संभव है जहाँ अन्य सभी बातें समान रहते हुए किसी एक पक्ष की परख की जा रही हो, जैसा कि परीक्षाओं में होता है। यदि नाक की बनावट या त्वचा के रंग को योग्यता का मानदंड बना दें तो निश्चय ही यूरोप के गावदी भी पूरी दुनिया से श्रेष्ठ सिद्ध होंगे। एक समय में ऐसा किया भी जाता रहा और बताया जाता रहा कि ठंडी जलवायु के जानवर गर्म जलवायु की अपेक्षा अधिक बड़े और शक्तिशाली होते हैं, जैसे ध्रुव प्रदेश का भालू भारतीय भालुओं से; कि भारतीय जलवायु में व्यक्ति की क्षमता और गुणवत्ता का ह्रास हो जाता है और इसलिए इसे सदा से ऊर्जा उत्तर-पश्चिम के आक्रामकों से मिलती रही और इनमें से ही एक आर्य भी थे। आज भी उसका खुमार मिटा नहीं है इसे प्राच्यवादी व्याख्याओं से समझा जा सकता है। कोसंबी स्वयं भी प्राच्यवादी रुग्णताओं से ग्रस्त हैं।

जिन भारतीय मूल्यों या आचारों को वह हेय बताते हैं उनकी मीमांसा में भी उनसे चूक होती है। उदाहरण के लिए शौर्यपरक रचनाओं के अभाव के पीछे उन्हें राजाओं और सामंतों की अनुभव-सीमा दिखाई देती है। इन्हीं राजाओं के शौर्य का वह एक दूसरे प्रसंग में, जहाँ अपने युद्ध संबंधी अनुभवों को लिखित रूप में न रखने के लिए वह उनका दोष दिखाना जरूरी समझते हैं, वहाँ स्वीकार करते हैं कि युद्ध और पांडित्य में भारतीय राजा जिन्होंने स्वयं सैन्य संचालन किया और विजयें प्राप्त कीं, अपने यूरोपीय प्रतिरूपों की तुलना में बहुत आगे थे। युद्ध और परिहार्य हिंसा के प्रति भारतीय अरुचि के पीछे अहिंसा का पाठ पढ़ाने वाली मानवीय विचारधाराएँ उन्हें दिखाई नहीं देतीं, जो भारत में सबसे प्रबल थीं और बहुत पहले से सक्रिय थीं। जैनमत और बौद्धमत केवल उसे तार्किक परिणति पर पहुँचाने वाले दर्शन थे, न कि इनका आरंभ करनेवाले।

भारतीय सभ्यता का प्रेरक और निर्धारक तत्त्व कृषि और वाणिज्य रहा है। एक के लिए सुव्यवस्था और दूसरे के लिए सार्वभौम शांति की कामना प्रबल, प्रेरक और प्रवृत्ति

निर्धारक रही है, इसे रेखांकित करना जरूरी नहीं। शांति और व्यवस्था शस्त्रबल से स्थापित की जाए अथवा धर्मोपदेश के मनोवैज्ञानिक तरीके से, यह अप्रासंगिक है। वैदिक काल में दोनों तरीके अपनाए जा रहे थे, इसे समझने की कोसंबी ने कोशिश ही नहीं की। यहाँ तक कि रामायण और महाभारत का सार-सत्य युद्ध की व्यर्थता और शांतिपूर्ण उपायों और न्यायोचित व्यवस्था की महिमा है इसे भी उनके लेखन से नहीं समझा जा सकता। ऐसे समाज में निष्ठुर और कृपण प्राकृतिक परिवेश में जीने के लिए संघर्ष करती यायावर जातियों जैसी युयुत्सा नहीं पाई जा सकती, जिनके वैभव के स्वप्न लूट-मार पर ही पलते रहे हैं और जिन्हें हिंसा और परपीड़न में आनंद मिलता रहा है।

संक्षेप में कहें तो वह उसी समाज के लिए लिख रहे थे जिसके लिए अंग्रेजी में लिखने वाले अनेक साहित्यकार आज लिख रहे हैं जो इस बात का पूरा ध्यान रखते हैं कि पश्चिम में उनकी स्वीकार्यता में कौन सी चीजें सहायक और कौन सी बाधक हो सकती हैं। कोसंबी भी उस संसार में एक 'इतिहासदार्शनिक' के रूप में प्रतिष्ठा चाहते थे, यह मात्र अनुमान है, पर यह तो सच है ही कि उनकी छवि और कीर्ति को बढ़ाने में यूरोपीय और अमेरिकी जर्नलों की प्रमुख भूमिका थी। भारत में भी उन्हें केवल तीन ही लोग समझदार दिखाई देते थे, गोडे, वेल्लंकर और सुक्थांकर और ये तीनों *भंडारकर ओरिएंटल रिसर्च इंस्टीट्यूट* से जुड़े थे और उनके लेखन के अंध प्रशंसक थे।

उनको ध्यान से पढ़ने पर यह अंतर्ध्वनि भी आती है कि वह स्वयं सोच रहे थे, या इस प्रचार के कायल को गए थे, कि ब्राह्मणवाद, जातिवाद, और सम्प्रदायवाद की विकृतियों से यदि भारत को कोई बचा सकता है तो वह ईसाइयत ही है। सच तो यह है कि वह पाश्चात्य सभ्यता से इतने अभिभूत दिखाई देते हैं कि सभ्यता और धर्म में भेद करना तक भूल जाते हैं।[7] वह बौद्धधर्म और ईसाइयत और प्रकारांतर से सामी मूल के धर्मों में एक साम्य तलाशते हैं, धर्मांतरण। बौद्धधर्म भी तो अपने को एक मात्र धर्म मानता था। परंतु उसका धर्म तर्कसंगति पर आधारित था। अनुभव सापेक्ष्य था। इस बात का आह्वान करता था कि अपने विवेक से काम लो। किसी इतर कारण—ज्ञान, बुद्धि, वय, वेश, प्रभाव, अनुकूलता, लाभ, अथवा आस्था—के दबाव में आकर कुछ भी मत मानो, कुछ भी मत करो (कालामों के बीच बुद्ध का प्रवचन)। यदि सभी दृष्टियों से विचार करने के बाद कोई बात ठीक लगे तभी उसे मानो। नहीं, तब भी न मानो, उसके समीप जाओ, उसको अच्छी तरह परखो, फिर उस मार्ग पर चलो—आओ, देखो तब इसे अपनाओ या इस पर आचरण करो। बुद्ध आस्था और विश्वास के आधार पर कुछ मानने के आलोचक थे। कोसंबी बुद्ध को महायानी विचलनों का हिमायती बना देते हैं और जिस परिहार्य हिंसा के विरुद्ध उन्होंने आंदोलन छेड़ा था उसका समर्थन करने लगते हैं और ईसाइयत को उसी का विस्तार बना देते हैं। यदि ईसाइयत महायान का समकक्ष है और महायान बौद्ध मत का विगलन या डायल्यूशन है तो हमें इस बात का ध्यान रखना होगा कि कोसंबी बौद्धधर्म के विगलन को उसके प्राथमिक उद्देश्यों से श्रेयस्कर मानते हैं। इससे बुद्ध के अभियान पर तो कोई आँच नहीं आती, ईसाइयत पर अवश्य आती है। गणित की

संकेतभाषा में बौद्धमत, विगलन व ईसाइयत। यह कोसंबी का इरादा तो न था, पर उनसे ईसाइयत का ईसाईसुलभ मूल्यांकन भी नहीं हो सका।

संभव है यह भी एक कारण हो कि कोसंबी को बिना समझे-बूझे दुहराकर इतिहासकार कहलाने वाले अनेक मार्क्सवादी उन प्रचारकों को जो कल तक मार्क्सवाद का नाम सुन कर घबराते थे, बहुत प्रिय लगने लगे हैं और ये स्वयं भी उनकी योजनाओं को सफल बनाने के लिए आत्मोत्सर्ग करने को तत्पर हैं। समाज और व्यवस्था का क्रांतिकारी रूपांतरण तो हुआ नहीं, धार्मिक रूपांतरण ही हो जाए! यदि यह संदेह सही है तो कम से कम इतिहासबोध और वस्तुबोध के मामले में, अपने पिता की तुलना में कोसंबी खासे अपरिपक्व सिद्ध होंगे।

साधारण योग्यता का व्यक्ति कोई गलती करता भी है तो उसे पता चल जाता है कि उसने गलती की है। उसकी गलती से भी कुछ क्षति तो होती ही है। असाधारण मेधा के और अपनी मेधा के कारण ही प्रतीकपुरुष बन जानेवाले व्यक्ति का दुर्भाग्य यह है कि वह गलती करता ही नहीं, क्योंकि अपने ज्ञानावेश में उसे और उसके आभामंडल के कारण हमें वे गलतियाँ और उनसे होनेवाले नुकसान दिखाई नहीं देते, परंतु जब वे ऐसी गलती करते हैं जो आभामंडल को निस्तेज करके सचमुच भयानक गलती जैसी लगे, तब तक वे सत्यानाश कर चुके होते हैं। कोसंबी ने यही किया।

सन्दर्भ सूची

1. इसकी निरंतरता को प्रमाणित करने, जिन्हें इससे असहमति हो वे इसके खंडन और अपने मत के मंडन में उदाहरण दे सकते हैं, के लिए इतने उद्धरणों की आवश्यकता होगी कि यह लेख उन उद्धरणों से भी छोटा पड़ जाए, दो लेखों और एक पुस्तक से एक-एक अंश नमूने के रूप में प्रस्तुत करना पर्याप्त होगा।

   (1.b) As Zimmer (loc. cit., p. 125)* put it : 'Solche Redeweisen werden leieht formelhaft, werden beibehalten aus Ehrfurcht gegen das Hergebrachte, auch wenn die Verhaltnisse nieht mehr stimmen...So kann wirklich in jjüngeren Liedern in den Ausdrucköfters eine Bezeiehnung der Menschen uberhaupt liegen; dies beweist jedoch nichts für den ursprünglichen Sinn desselben'. 'The Vedic 'Five Tribes' in *Combined Methods in Indology*, p. 77

   (1c). In the judgment of Louis de la Vallee Poussin : *'Les savants de I'Inde sont excellents pour la lecture des textes, l'etude des dates, etc. Mais quelquesuns sont bien les neveux des philosophes bouddhistes ou brahmanisants. A ceux-ci toute explication est bonne des qu' elle est specie use, et ils jouent avec des abstractions du second degre comme avec des realites concretes'*. This criticism, unfortunately too true, applies not only to Indian savants...*Combined Methods in Indology*. p. 3-4 A

   Ranke, who laid down the ideal of pure colourless narrative : "Ich werde esa bloss sagen, wie esa eigentlich gewesen ist," could not resist German national sentiment in his Weltgeschichte. An Introduction to the Study of Indian History, 2008, p.12 यह दुबारा कह दें कि इस लम्बे उद्धरण का आशय अथवा शब्दशः अर्थ क्या है यह बताने

की आवश्यकता कोसंबी ने नहीं समझी है।

2. The Culture and Civilization of Ancient India, p.81.
3. Ija who seems merely the personified libation. Usas the dawn goddess (who is philologically equated to the Homeric Eôs but is afr more important here, nearer to the Mesopotamian Ishtar.
4. Many in India have tried to imitate his verses, without even approaching his success. If for nothing else, Bhartrhari would deserve a place in the front rank of world literature for his consummate handling of so difficult a language as Sanskrit. Variety, ease, afcility, clarity, emphasis, and, when necessary, ornate imagery are all at his'command without degenerating into the mere rank floridity of later 'poet's poets'. Few could exceed the force of his epigrams, the finality with which the sentiment is rounded out in many of his concluding half-lines. No ordinary versifier could possibly write such polished phrases, the translator's despair, as : 'Life leaks away like water from a cracked jug'...By contrast with the divine restlessness of Dante's Ulysses (*lnf.* XXVI, 112-20) Bhartrhari's efforts as well as his renunciation seem ignoble, earth-bound. No sense of adventure, none of the true explorer's spirit, the exhilaration of visiting absolutely unknown territory,
5. Quality of Renunciation in Bhartriharis Poetry, वही, 703-720
6. The physical bravery of the European characters stands out as for its own sake, without identification with the immense forces of Good and Evil whereby the Indian, war heroes mitigate the fundamental brutality of warafre to become purely symbolic...Myth and Reality, 7.
7. "As no real productive changes occurred until the advent of European 'civilization', (though usines without machine power had developed by the seventeenth century), which followed the Buddhistic pattern in sending its missionaries, traders, and armies, the sole method of amelioration was to dull the pain of living." Caste and Class in India, वही, 778-9.

चार

क्या कोसंबी नस्लवादी थे?

इस खयाल से मेरी तरह आपको भी आघात सा लग सकता है। परंतु जिस तत्परता से कोसंबी आर्य जनों की तलाश करते हैं, गोत्रों की पहचान करते हैं, दूसरे समुदायों को नस्ली रंग देते हैं, वह नस्लवाद के निकट पहुँच जाती है। नीचे की पंक्तियों पर ध्यान दें :

1. 'पतंजलि अपने समय में संस्कृत में (विभिन्न भाषाओं में नहीं) प्रयुक्त आंचलिक प्रयोगों का उल्लेख करते हैं, 'जाता है' के लिए कंबोजों में शवति, सुराष्ट्र में हम्मती, पूर्व (गांगेय प्रदेश) में रंहति का प्रयोग होता है परंतु *सच्चे आर्यों* के बीच गमति का।'[1]
2. 'हुंजा जनों के पास आर्यपूर्व भाषा हो सकती है परंतु इससे उनकी नस्ल का कुछ भी अता-पता नहीं चलता।'[2]
3. 'ब्राह्मणों की ये दोनों किस्में दो भिन्न क्षेत्र की और, हो सकता है, मूलतः दो भिन्न नस्लों की हों।'[3]
4. अपने प्रयोजन के लिए हमें ध्यान देना है कि ईरानियों में तीन कल्पित जातियाँ, वेंदिदाद 1.16 के अनुसार तीन नस्लें हैं।[4]
5. 'मीदियावासी जो उसी नस्ल की पश्चिमी शाखा थे... ।'[5]
6. '360 ई.पू. महापद्मनंद द्वारा आर्य जनों का विध्वंस।'[6]
7. 'भारत में कोई (एक) नस्ल नहीं है। गौरांग, नीलाक्ष जन उतने ही भारतीय हैं जितने कृष्णत्वक् और श्यामाक्ष।'[7]
8. 'आर्यों के रिश्ते नाते की शब्दावली में अद्भुत समानता पाई जाती है।...हम इससे यह निष्कर्ष निकाल सकते हैं कि उनका सामाजिक संगठन एक जैसा था और ये जन वास्तव में एक ही थे।'[8]
9. '...इस तरह गोरी चमड़ी, स्वच्छता की आदत, भूरी आँखें, ललौंहा साँवला केश– ये ब्राह्मणत्व के आंतरिक गुण हैं।'[9]
10. द्रविड़ भाषियों को वह एक भाषाई समूह मानने के साथ यह सुझाव भी देते हैं कि संभवतः ये एक ही नस्ल के थे।[10]

नस्ल की परिभाषा करते हुए वह कहते हैं कि यह गुणसूत्रों की संरचना का संकुल है[11] और यह बार-बार दुहराते हैं कि आर्यों की कोई नस्ल नहीं थी[12], कि नस्ल की अवधारणा

किसी भी चरण पर दुरुस्त नहीं है।[13] फिर भी उनको लगता है कि उनको नस्लवादी माना जा सकता है, इसलिए वह अपने लेखन में ही जोर देकर कहते हैं "मैं यह बात एक बार फिर कह दूँ कि इस बात के पर्याप्त प्रमाण एकत्र करने के बाद कि क्रमिक आर्यकरण में जिन लोगों के विश्वास में ब्राह्मणी कर्मकांड का प्रवेश हुआ उनका भी प्रभाव ब्राह्मणवाद पर पड़ा, मैंने कभी आर्य नस्ल में विश्वास नहीं किया।"[14] पर उनके सामने यह समस्या भी पेश आती है कि कुछ देशों या क्षेत्रों को आर्यस्थान, आर्याना, ईरान या एरनवेजो कहा जाता रहा है और कुछ लोग अपने को आर्य कहते रहे हैं : "स्त्राबो सिकंदर के समय में सिंधु के तट पर रहनेवाले आर्यों की बात करता है; दारा प्रथम अपने समाधि लेख में आर्य और आर्यवंशी–अरिय, अरियचिर–होने का दावा करता है।[15] दारा प्रथम की समाधि पर लिखे वाक्य में वह अलग-अलग स्थलों पर कुछ काट-छाँट भी करते हैं। उदाहरण के लिए उसमें उसे 'हख्मनीशिय', 'पार्श' (पारसी), 'पारसीपुत्र', 'आर्यकुलीन आर्य' भी कहा गया है।[16]

कोसंबी के समय से बहुत पहले ही आर्यों की एक अलग जाति की अवधारणा को लगभग त्याग दिया गया था। मैक्समूलर ने इस पर व्यंग्य करते हुए कहा था आर्यों की नस्ल की बात करना उतना ही हास्यास्पद है जितना 'लंबशीर्ष व्याकरण' की बात करना। कोसंबी इस फिकरे से परिचित हैं और इसे उद्धृत भी करते हैं, परंतु इससे अपनी असहमति प्रकट करने के लिए।

> "पाश्चात्य विद्वान उन्नीसवीं शताब्दी के बाद से आर्य शब्द का प्रयोग परस्पर निकट संबंध रखनेवाली भाषाओं के विशाल समुदाय के लिए करते आए हैं जिसमें संस्कृत, ग्रीक, लातिन, ट्यूटनिक, स्लाव और रोमांस जैसी भाषाएँ आती हैं। 'आर्य जाति' को उसी तरह हास्यास्पद अवधारणा माना जाता रहा है जैसे 'लंबशीर्ष व्याकरण' को। *यह निष्कर्ष आज भी मान्य रह सकता है परंतु इस कारण नहीं कि अतीत में आर्य नाम की कोई जाति नहीं थी,* (बल हमारी ओर से) अपितु इसलिए कि अस्थिरचना की माप, बालों के रंग, त्वचा के वर्ण, आँखों की रंगत आदि पर आधारित नृजाति की अवधारणा को आज आनुवंशिकता के निर्धारण के लिए संदिग्ध माना जाता है। फिर भी यह पाया गया कि *भारत से बाहर की कुछ जातियाँ अपने आर्य होने का दावा करती रही हैं।"*[17]

मैक्समूलर के सामने भी यह समस्या थी कि बहुत से देशों के साथ आर्य पद जुड़ा है। उन्होंने आर्याना (आर्याणाम्), ईरान (आर्यस्थान) या एरन वेजो (आर्यदेश) ही नहीं, आर्मीनिया, आरी और आयरलैंड का भी हवाला दिया था, परंतु उन्होंने अन्य नामों की तुलना में अधिक छोटा और व्यावहारिक मानते हुए उस समय प्रचलित इंडोजर्मनिक या इंडोयूरोपियन के स्थान पर आर्य के प्रयोग का प्रस्ताव रखा था। अन्यथा उनकी कल्पना में यूरोप की जातीयताओं में से सभी अपने मूल निवास छोटा पामीर में ही अलग हो चुके थे और एक के बाद एक वहाँ से पश्चिम की ओर प्रस्थान करते रहे थे। अंत में बारी आई थी बड़े भाई हिंदू की जो अलंघ्य पर्वतों को बाल-बच्चों सहित लाँघते हुए सीधे दक्षिण की ओर को रवाना हो गया। ईरानी अवश्य, उनके आकलन में, भारत से ईरान

पहुँचे थे, जिसके उनके पास पुष्ट प्रमाण थे। मैक्समूलर की अनेक बातें विलक्षण होते हुए भी अधकचरी और अटकलबाजी पर टिकी थीं, परंतु उनके जो तर्क प्रमाणों पर आधारित थे, उनका भी कभी खंडन करने की जरूरत नहीं समझी गई और कालगणना संबंधी उनका विचार नितांत यांत्रिक और उस समय के दूसरे सभी विद्वानों को बहुत संकुचित प्रतीत होते हुए भी बार-बार दुहराया जाता रहा। रोचक बात यह है कि उन सभी ने ऋग्वेद का काल कम से कम ढाई हजार से दो हजार ईसापूर्व माना था जो आगे चलकर भारत की पहली नगर सभ्यता का काल सिद्ध हुआ।

जो भी हो, मूल निवास को यूरोप में केंद्रित करने के प्रयास के साथ प्रस्थान करनेवाले आक्रमणकारियों में बदल गए और चरवाहे बन गए। कोसंबी ने इसी कल्पना को सच और इसके लिए जुटाए गए तीर-तुक्कों को प्रमाण माना था। यही उनके समय के दूसरे पाश्चात्य शिक्षाप्राप्त विद्वान भी मानते थे। मुख्य बात यह है कि आर्यजाति की कल्पना, आर्यभाषी जनों आदि के साथ नस्ली तेवर सदा बना रहा था। जब यह स्वीकार किया गया कि भाषा का नस्ल से संबंध नहीं है, तब भी। जब यह मानना पड़ा कि आर्य भाषा बोलने वाले अनेक समुदाय के थे, तब भी।

यहाँ केंद्र में भाषा को रखें तो उसका एक पाठ बनेगा, नस्ल को रखें तो दूसरा। भाषा को केंद्र में रखें तो कहना होगा अनेक जन-समाज आर्यभाषा अपना चुके थे, नस्ल को केंद्र में रखने पर पाठ बनता है, आर्य अनेक कबीलों में बँट गए थे। विचार के केंद्र में सदा नस्ल को ही रखा जाता रहा। उदाहरण के लिए *इंपीरियल गजैटियर* में अनेक कबीलों में बँटे होने के बाद भी वे अपने नस्ल और धर्म की एकता के प्रति सचेत थे।[18]

कोसंबी की सोच में नस्लवाद उनके अवचेतन में समाया हुआ था, यह उनके लेखन और विवेचन में अनेक रूपों में प्रकट होता है। उदाहरण के लिए ऊपर उद्धृत उनके कथन में भारतीय संदर्भ में उनके विचार में भी इसकी छाया हैं। नस्ल का प्रश्न आनुवंशिक परंपरा की पवित्रता या असंकरता से नहीं जुड़ा है अपितु जन्मना विशेष शारीरिक और मानसिक गुणों या अवगुणों की विद्यमानता से जुड़ा हुआ है। ठीक उस अर्थ में जिसमें अंग्रेज भारत की कुछ जातियों—राजपूत, जाट, सिख, पठान आदि—को मार्शल रेसेज कहते थे, अर्थात् इनमें जन्मजात युयुत्सा पाई जाती है, और कुछ दूसरों को उन्होंने अपराधी जातियों की कोटि में रख रखा था।

कोसंबी के आचरण में भी इसका रूपांतरण देखा जा सकता है। जो लोग शिथिल हैं, हमारे मानकों के अनुरूप नहीं हैं, वे तिरस्करणीय हैं, इसे प्रकटतः नस्लवादी अहम्मन्यता से नहीं जोड़ा जा सकता, परंतु इस चिंता का अभाव कि इनकी इन कमियों को किस तरह दूर किया जाए, और उनसे परहेज करने को ही एकमात्र उपचार मानना अस्पृश्यता का एक भिन्न संस्करण है। वस्तुवादी तरीका यह है कि यह समझने का प्रयास किया जाए कि उनमें ये कमियाँ किन कारणों से आई हैं और उनको दूर करने का सबसे व्यावहारिक तरीका क्या हो सकता है? इसकी गुंजायश न ब्राह्मणवाद में है, न नस्लवाद में और न यांत्रिक मार्क्सवाद में।

परंतु कोसंबी उतने यांत्रिक न थे जितने कोसंबी को स्कूल बनाकर उन्हीं को दुहराते रहनेवाले रहे हैं, जिनमें से बहुतों ने कोसंबी को ध्यान से पढ़ा भी न होगा। हार्वर्ड के अपने एक मित्र इंगल्स (Ingalls) को आपसी नोक-झोंक के क्रम में कोसंबी ने लिखा था, दुनिया में तीन तरह के लोग हैं। एक वे जो मार्क्सवाद की कसमें खाते हैं, दूसरे जो मार्क्सवाद को कोसते हैं, और तीसरे जो असंपृक्त रहते हैं। अपने बारे में उन्होंने कहा था कि वह पहली कोटि में आते हैं जो दूसरी या तीसरी में खिसकने के लिए तैयार रहते हैं, और अपने मित्र और उस जैसे लोगों पर फब्ती कसी थी कि वे दूसरी कोटि में आते हैं।[19] उनके पास 'मेरे साथ या मेरे शत्रु' के अतिरिक्त एक तीसरी कोटि भी थी जो यांत्रिक मार्क्सवादियों के पास नहीं होती। फिर भी अपने पूरे व्यवहार में वह नितांत शुद्धतावादी थे, यांत्रिक परिपूर्णता से तनिक भी विचलन पसंद नहीं करते थे और इसी के कारण उन्हें हिंदू विश्वविद्यालय से अपनी नौकरी भी गँवानी पड़ी थी। उनके सामने दो ही कोटियाँ थीं, आर्य और अनार्य। आप्त या अनाप्त।

उनके एक लेख का शीर्षक है 'भारतीय आर्यों की नाक के सूचकांक' ('Indo-Aryan' Nose Index)। यह लेख आज जितना अटपटा लगता है, उससे भी अधिक अटपटा इसलिए है कि यह नेस्फील्ड के कम से कम सत्तर साल पुराने अध्ययन के बाद आया था, और इसमें कोसंबी कोई ऐसी नई बात नहीं कह पाए हैं जिनका संकेत नेस्फील्ड की कृति में न हो। नेस्फील्ड की मान्यताओं को रिजली ने अपने समर्थन में दुहराया था। कोसंबी उनकी मान्यताओं का खंडन करने के लिए अपना अध्ययन कर रहे थे, इसलिए यह जानना रोचक होगा कि नेस्फील्ड किस निष्कर्ष पर पहुँचे थे :

> 'भारत के एक सिरे से दूसरे सिरे तक आँखों और बालों के लक्षणों में स्वल्प भिन्नताएँ दिखाई देती हैं। आबादी के विशाल हिस्से के बाल काले या कलौंहे भूरे हैं, जबकि ऊँची जातियों में कभी-कभी बाल का रंग पीताभ कलौंही रंगत का आभास देता सा पाया जाता है। सीधे बाल ही सबसे अधिक पाए जाते हैं, परंतु लहरदार या घुँघराले बाल उसी अनुपात में पाए जाते हैं जिस अनुपात में यूरोप में।[20]

नेस्फील्ड भारतीय आबादी को आर्यों और आदिवासियों में बाँटने के नए सिद्धांत का जोरदार निषेध करते हैं। उनका दावा था कि भारतीय आबादी में एक तात्विक एकता है। इसके समर्थन में वह यह कहते हैं कि ब्राह्मणों में बहुत बड़ी संख्या ऐसे लोगों की है जिनका रंग गोरा नहीं है। यदि कोई अजनबी बनारस के संस्कृत कालेज की कक्षाओं से गुजरे तो वह इन संस्थाओं के छात्रों को देखकर सपने में भी यह नहीं सोच सकता कि रक्त और रंग में ये उन भंगियों से अलग हैं जो सड़कों पर झाड़ू लगाते हैं।[21]

कोसंबी उनकी इस मान्यता को उलटकर आर्यों के आक्रमण का प्रमाण जुटाना चाहते थे।[22] नेस्फील्ड के निष्कर्षों को संदिग्ध बताते हुए वह तर्क देते हैं कि उनका अध्ययन विशाल भारतीय समाज में से कुछ हजार नमूनों पर आधारित था।[23] कोसंबी ने यह तो स्पष्ट नहीं किया कि उनका अध्ययन कितने क्षेत्रों, स्तरों और भाषाई समुदायों के कितने नमूनों पर आधारित था, परंतु वह स्वयं भी उन विशेषताओं की पहचान नहीं कर पाए

जिन्हें आर्य कहा जा सके। उन्हें वह नाक भी नहीं मिली जिसे चपटी बताकर उनसे पहले और बाद के लेखक और वह स्वयं भी आर्यों की ऊँची नाक को अपनी कल्पना में साकार कर लेते थे।[24]

आर्यवाद के पीछे गोरी जाति की निसर्गजात और इसलिए सनातन श्रेष्ठता की लालसा काम करती रही है। यह लालसा उस पाश्चात्य हीनताग्रंथि की देन है जिसमें वह अपने असाधारण अभ्युदय के शिखर से पीछे देखने पर पाता है कि जिस तरह आज दूसरे समाज उसे तुच्छ और असभ्य प्रतीत होते हैं, उसी तरह उनमें से कई के असाधारण उत्कर्ष के दिनों में वह स्वयं दिखाई देता रहा है। जिस सभ्यता को वह पाश्चात्य कहता है उसकी ईंट-गारे और तकनीक सभी पूर्व से जुटाए गए थे, क्योंकि आधुनिक काल से पहले तक किसी भी सभ्यता के जन्मदाता गोरे नहीं रहे हैं, न ही यूरोप में कोई स्वायत्त सभ्यता पैदा हुई। यूनानियों ने अपनी भाषा, दर्शन सब कुछ लघुएशिया, मिस्र और मेसोपोटामिया से पाया और उसी पर पाश्चात्य अर्थात् यूरोपीय सभ्यता की आधारशिला रखी गई। जिसे आज लेबनान कहा जाता है उसका यूरोपीय नाम लेवाँ है जिसका अर्थ है सूर्योदय का देश? यही अर्थ तुर्की के पुराने नाम अनातोलिया का भी है। समझ सकते हैं कि ये किसके लिए सूर्योदय के देश हैं। केवल सूर्य का प्रकाश नहीं, चेतना के विकास में भी पश्चिम पंद्रहवीं शताब्दी तक पूर्व का ऋणी रहा है। इसकी क्षतिपूर्ति के रूप में वह अपनी सफलता के दौर में इस ग्रंथि से उबरने के लिए पूर्व को, यह समझाता और स्वयं अपने को विश्वास दिलाता रहा कि पूर्व में अनेक निसर्गजात कमियाँ हैं और अतीत में इसकी अग्रता के पीछे भी पश्चिम या कहें गोरी जातियों का हाथ है। उदाहरण के लिए गोर्डन चाइल्ड मानते हैं कि कृषिक्रांति पश्चिम एशिया में हुई और इसका कारण था हिम युग में उत्तर की दिशा से गोरे लोगों का दक्षिण की दिशा में पलायन हुआ था। यह गलत नहीं है, अर्धसत्य है। उसी तर्क का विस्तार है ह्वीलर का यह कथन कि अशोक महान इसलिए हो सका कि चंद्रगुप्त ने सेल्युकस की पुत्री से विवाह किया था और उसके गुण अशोक में आए हो सकते हैं। हड़प्पा सभ्यता के स्थानीय चरित्र और अनन्य उपलब्धियों के बाद भी इस बात के लिए संकेत बिना किसी प्रमाण के दिए जाते रहे हैं कि इसे नगर की प्रेरणा पश्चिम एशिया की सभ्यताओं से मिली होगी। अधिक तर्कसंगत तो यह मानना होता कि दारा का साम्राज्य जो एक ओर यूनान तक फैला था तो दूसरी ओर सिंधुनद तक, उसकी महान उपलब्धियों का प्रचार दोनों दिशाओं में हुआ होगा और सिकंदर से लेकर चंद्रगुप्त मौर्य तक के उत्कर्ष में उसका हाथ रहा होगा। यह बताया जाता कि अशोक के जनकल्याणकारी कार्यों की भी प्रेरणा फारस से मिली होगी। सभ्यताएँ परस्पर विनिमय करती रहती हैं, संकरित होती हैं और अदृश्य लोकों, देशों और समाजों और कालों के तत्त्व उनमें रचे-पचे होते हैं। इसके विस्तार की यहाँ छूट नहीं। पर कोई भी समाज जब अपने को दूसरों से श्रेष्ठ सिद्ध करने के लिए निसर्गजात गुणों की बात करता है तो वह न केवल अहंकार में मूर्खतापूर्ण बातें कर रहा होता है, अपितु अपने झूठ को सच बनाने के लिए सच्चाई की पड़ताल के रास्ते भी बंद कर रहा होता है। नस्लवाद इसी का नाम है अन्यथा पूरा

यूरोप किसी एक नस्ल का नहीं है यह तो सर्वविदित है। इस नस्लवाद को कभी दिशा पर लागू किया जाता है, कभी जलवायु पर, और कभी जाति पर।

जहाँ तक भारत का प्रश्न है यहाँ की जलवायु में तो काठ ही नहीं आदमी के दिमाग में भी फफूँद लग जाती है। स्वभाव आलसी हो जाता है। सर्जनात्मकता चुक जाती है, जीवंतता समाप्त हो जाती है। इसके बाद भी यदि यह देश और यहाँ का समाज बचा हुआ है तो इसलिए कि इसे पश्चिम से होनेवाले आक्रमणों से नई ऊर्जा मिलती रही है। इसका इतिहास आक्रमणों और महामारियों और दुर्भिक्षों का इतिहास है। इसके लिए भारत में आने के बाद अपेक्षाकृत कम आयु में मरने वाले अंग्रेजों का दृष्टांत भी दिया जाता रहा है, परंतु भारत में रहे बिना कम आयु में क्षयग्रस्त होकर मरनेवाले ठंडे देशों के व्यक्तियों का हवाला नहीं दिया जाता। इस बात का उल्लेख तक नहीं किया जाता कि जलवायु में तीखी भिन्नता होने पर एक से दूसरे में पहुँचे जानवरों तक की यदि असाधारण देखरेख न की जाए तो उनके स्वास्थ्य में गिरावट आएगी और उनकी आयु-दीर्घता और मृत्युदर पर भी इसका प्रभाव पड़ेगा।

कोसंबी स्वयं भी उसी तरह की बातें करते हैं जैसे कोई प्राच्यवादी करता है। वह कई तरह से यह सिद्ध करने का प्रयत्न करते हैं कि आर्यों के आने के साथ इस देश का अभ्युदय हुआ और इसके लिए कई तरीकों से हड़प्पा सभ्यता का अवमूल्यन करने का प्रयत्न करते हैं। इनमें सबसे प्रमुख इसका आर्थिक आधार या कृषि उत्पादन ही है। यद्यपि हड़प्पा नगर-योजना विश्व की पहली सुचारु नगर-योजना है और इसके लगभग सभी पक्षों की ओर कोसंबी का ध्यान गया है, फिर भी वह कीथ के इस कथन से सहमति प्रकट करते हैं कि भारत में नगर योजना वैदिक काल के बाद की चीज है।[25] आश्चर्य यह कि वह यह भी स्वीकार करते हैं कि हड़प्पा सभ्यता के नगर दुनिया के सबसे प्राचीन, सुनियोजित और एक मानक के अनुसार बसे नगर हैं। कीथ ने जब यह बात कही थी तब हड़प्पा सभ्यता के किसी नगर की खुदाई पूरी नहीं हुई थी, परंतु सब कुछ जानने, हड़प्पा सभ्यता का हवाला देने के बाद भी कोसंबी ऐसी बात करते हैं, यह सोचकर हैरानी होती है। बह बताते हैं हड़प्पा सभ्यता की सबसे बड़ी कमी यह है कि उसमें फैलाव नहीं है। यह न तो गंगा घाटी की ओर बढ़ती है न दक्षिण की ओर और सिंधु घाटी में भी छोटे-छोटे गाँव ही मिलते हैं। विस्तार की अक्षमता का निषेध भी उनके ही लेखन से होता है जब वह स्वीकार करते हैं कि हड़प्पा सभ्यता का विस्तार कौआ उड़ान दूरी से नौ सौ मील है, जो मिस्र और मेसोपोटामिया दोनों से विशाल है और जब वह मानते हैं कि मेसोपोटामिया में हड़प्पा के व्यापारियों के अड्डे थे।[26] साथ ही वह सुझाते हैं कि दक्षिण के नवपाषाण काल से ही हड़प्पा सभ्यता से व्यापारिक संपर्क के संकेत मिलते हैं।[27] अतः प्रश्न विस्तार का नहीं, सभ्यता की प्रकृति का या कहें, समाज के एक विशेष तबके का है जिसकी रुचि कृषि में नहीं व्यापार में थी। सुमेरी सभ्यता में आरंभ से ही नगर बस्तियाँ हैं पर उनसे ग्रामीण बस्तियाँ नहीं हैं क्योंकि वह कलमी सभ्यता है, हड़प्पा में नगरों की तुलना में ग्रामीण बस्तियों की संख्या बहुत अधिक है क्योंकि यह देशज है। सबसे भी बड़ी बात सोचने के तरीके की है।

वह मानते हैं कि हड़प्पा सभ्यता का कृषिक्षेत्र नदी की घाटी तक ही सिमटा था, अतः इसका अतिरिक्त उत्पादन मेसोपोटामिया और मिस्र से कम था। यही कारण है कि यहाँ नगर इक्के-दुक्के हैं, जो आकार में भी छोटे हैं...जबकि इससे बहुत छोटे मेसोपोटामिया में बहुत सारे नगर थे जो एक दूसरे से लड़ते-झगड़ते रहते थे और इसमें बहुत पहले भी सात नगर थे।[28] कोसंबी को इसका एक ही कारण दिखाई देता है कि हड़प्पावासियों का खेती का तरीका उन्नत नहीं था।[29] सच कहें तो इसमें हल का प्रयोग होता ही नहीं था, होता था एक पाँचे (हैरो) का जिससे गीली रेती में खरोंच मार ली जाती थी।[30] यह गलत ही नहीं है, शिथिलता की पराकाष्ठा है।

इस चित्रण के पीछे उनका इरादा 'आर्ययुग' से पहले के सर्वविदित भारतीय उत्कर्ष को तुच्छ बताते हुए भारतीय सभ्यता और संस्कृतिक के उत्कर्ष का श्रेय आर्यों को देने का है। कोसंबी का भारतीय इतिहास एक तरह से आर्यों के आक्रमण के साथ आरंभ होता है, जिन्होंने पूर्ववर्ती सभ्यता को समग्रतः ध्वस्त कर दिया। इसमें हड़प्पा सभ्यता का महत्त्व परिशिष्ट जैसा है और यही इतिहास हम पिछले चालीस साल से पढ़ते रहे हैं। आर्यों ने हड़प्पा सभ्यता को ध्वस्त किया हो या नहीं, कोसंबी ने और उनके गणों ने हड़प्पा सभ्यता ही नहीं, प्राचीन भारतीय सभ्यता को ही मटियामेट कर दिया।

आर्यों के बारे में जो कहानियाँ बार-बार दुहराई जाती रहीं, उनमें उनके नॉर्डिक नाक-नक्श का ही उल्लेख नहीं रहता था, उनकी मानसिकता की भी चर्चा होती रहती थी, और इसके भारतीय वर्णव्यवस्था में, सवर्ण और असवर्ण दो पाठ बनते थे। असवर्ण पाठ (रामास्वामी नायकर, बाबासाहब आंबेडकर, वी.टी. राजशेखर) इसे औपनिवेशिक चाल मानकर नकारता है; सवर्ण-असवर्ण रक्तभेद को निराधार मानता है और नायकर का तो यह भी अभियोग है कि इसे ऊँची जातियों के भारतीय विद्वान शासकों से अपनी निकटता और शेष भारतीयों से अपनी श्रेष्ठता दिखाने की लालसा के कारण हवा देते रहे हैं। सवर्ण पाठ आर्य जाति, नाक-नक्श, आक्रमण आदि को मानता है और इसमें मार्क्सवादी (राहुल सांकृत्यायन, डी. पी. चट्टोपाध्याय, कोसंबी, भगवतशरण उपाध्याय, रामशरण शर्मा) और राष्ट्रवादी का अंतर न था। उदाहरण के लिए सुनीति कुमार चटर्जी आर्यों की चर्चा करते हुए उनके जातीय गुणों का हवाला देते हैं, "हम आदि भारोपीय जनों के भाषाई उत्तराधिकारियों (आर्यों) के चरित्र और मानसिक पृष्ठभूमि के आधार पर उनके विषय में यह कल्पना कर सकते हैं कि वे बहुत संगठित लोग थे, जिनमें अपार कल्पनाशीलता और व्यवहार बुद्धि और दुर्लभ किस्म की समायोजन क्षमता थी और वे जिन भी जनों के संपर्क में आते थे उनमें उनके सर्वोत्तम गुणों को ग्रहण करने की योग्यता थी।"[31]

सुनीति बाबू भाववादी सोच वाले ब्राह्मण थे अतः वे किसी जाति में निसर्गजात गुणों की बात कर सकते थे, परंतु जो मार्क्सवादी इतिहासकार, यह मानता है कि मनुष्य अपनी परिस्थितियों के अनुसार स्वयं अपना निर्माण करता है और उससे ही उसकी मनोरचना भी निर्धारित होती है[32], उसे इस बात पर ध्यान अवश्य देना चाहिए कि यदि आर्यों में

सचमुच ये गुण थे, तो ये किन भौतिक और सामाजिक परिस्थितियों में, उत्पादन के साधनों और संबंधों के किन चरणों से गुजरने के बाद विकसित हुए होंगे। यहीं उसे आर्यों की नस्ल और उनकी जीविका के साधनों पर पुनर्विचार करना आवश्यक हो जाता। कोसंबी ऐसा न करके ठीक सुनीति बाबू के स्वर में कहते हैं, "ऐतिहासिक काल के अनेक आर्य समुदायों को हम मिश्रित कोटि के शासकों, जैसे कस्साइटों और हित्तियों, या बाहरी हमलावरों और बाशिंदों, जैसे ग्रीकों के माध्यम से बहुत अच्छी तरह जान सकते हैं। इतिहास में उनके कायिक लक्षणों को कुछ निश्चितता से पुनर्गठित किया जा सकता है (बल हमारा): ताम्र युग के नितांत बहुमुखी प्रतिभासंपन्न, योद्धा, क्रूर, हमलावर, लुटेरे, पितृसत्ताक कबीले, *जिनकी जीविका का मुख्य साधन गोपालन था*।"[33]

भारत में चरवाही पर निर्भर करनेवाले समुदायों की कभी कमी नहीं रही, न आज है। तोदा, अहीर, ढाँगर, गड़रिये, अहीर, बकरवाल, गूजर आदि इसके प्रमाण हैं। कायिक रचना में भी ये कल्पित आर्यों की कायरचना के निकट पड़ेंगे, और कुछ तो सचमुच ऐतिहासिक कालों में मध्येशिया से आए थे। फिर भी इनमें से किसी को उस बहुमुखी प्रतिभा से संपन्न नहीं पाया जाता, न ही तकनीकी और सामाजिक विकास में इनकी कोई भूमिका दिखाई देती है। व्यवहारबुद्धि और अनुकूलन क्षमता भी इतनी साधारण कि हजारों वर्षों से कृषिकर्मियों के संपर्क में रहने के बाद भी कुछ तो स्थायी आवास भी नहीं अपना सके, क्योंकि यह पशुचारण के अनुरूप न था।

आर्यों के लक्षणों का अनुमान लगाने के लिए कोसंबी ने ऐसे जनों को आधार क्यों बनाया जो उनकी मान्यता के अनुसार भी मिश्रित या संकरित थे! भारत में या ठीक पड़ोस में उन्हें अधिक खरे नमूने मिल सकते थे।

कोसंबी की मुख्य समस्या रंगभेद की है। वह जेनेटिकली गोरे आर्यों की बात करते हैं और इसी तरह उनकी दृष्टि में जेनेटिकली काले लोग भी हैं।[34] आर्यों के आने का प्रमाण उन्हें यह लगता है कि भारत में सभी तरह के मिश्रणों के बाद भी ऐसे लोग पाए जाते हैं जिनकी चमड़ी का रंग गोरा माना जाता है जबकि दूसरे जन हैं जिनका रंग काला है। नेस्फील्ड ने अपने अध्ययन में भी इस पर बल दिया था, परंतु पाया यह गया था कि ब्राह्मणों में भी काली चमड़ी वाले बहुत बड़ी संख्या में पाए जाते हैं। कोसंबी इसे तार्किक परिणति पर पहुँचाते हुए कहते हैं कि काले रंग के ब्राह्मणों का रहस्य यह है कि आर्य आक्रमणकारियों के पुरोहितों में हड़प्पा सभ्यता के पुरोहित बड़ी संख्या में आ मिले थे।[35] आक्रमणकारी क्षत्रिय थे। इस तर्क से ब्राह्मण भले काले रहे हों, क्षत्रिय निश्चय ही गोरे रहे होंगे। कोसंबी ने प्राचीन कृतियों का हवाला ब्राह्मणों के कालेपन के समर्थन में दिया है, परंतु उनका ध्यान उस वाक्य पर न गया जिसमें क्षत्रियों को स्पष्ट रूप से काला कहा गया है। गोरा रंग वैश्यों का बताया गया है।[36] अतः यदि रंगभेद पर ही आक्रमणकारियों की कल्पना करनी थी तो कहना चाहिए था कि आर्य वैश्य थे, हड़प्पा के व्यापारियों के साथ व्यापार करने के लिए आए थे, पर अंग्रेजों की तरह भारत पर अधिकार भी कर लिया। कविता ही सही पर वह काव्यात्मक औचित्य का निर्वाह तो करे!

कोसंबी वैदिक काल से ही क्षत्रिय-ब्राह्मण संघर्ष की कल्पना करते हैं और इसका कारण यह है कि आक्रमणकारी क्षत्रिय पुराने पुरोहितों का उस समय भी संहार कर रहे थे जब विश्वामित्र को सुदास की पुरोहिती से हटा दिया गया था और उनका स्थान वसिष्ठ ने ले लिया था।[37] ब्राह्मणों की प्राचीन काल में आर्थिक दशा या दुर्दशा, उनके गोत्र विचार आदि पर किया गया कोसंबी का सारा काम नस्ल-निर्धारण या कम से कम आर्य-अनार्य विचार पर केंद्रित है, जबकि विचार उत्पादन और सामाजिक संबंधों में इनकी सहयोगी या बाधक भूमिका पर होना चाहिए था। अपने विवेचन में कोसंबी मार्क्सवादी नहीं रहते, भाववाद की भी पराकाष्ठा पर पहुँच कर खयाली खिचड़ी पकाने लगते हैं। वह मार्क्सवादी व्याख्या को जादू-टोने और तंत्र-मंत्र से स्थानांतरित करते हैं, जबकि जहाँ तंत्र मंत्र और जादू टोना हो वहाँ भी मार्क्सवादी व्याख्या में यह स्पष्ट होना चाहिए कि किन परिस्थितियों में ये विधान किन-किन रूपों में पैदा हुए और अपने को मान्य बनाए रखने के लिए किन तर्कों, युक्तियों और शक्तियों का सहारा लेते रहे। कोसंबी ऐसा नहीं करते। वह हमें सावधान तो करते हैं कि जब तक किसी ने पूरी जिंदगी ही इसके अध्ययन में न लगा दी हो, तब तक इन पुरातन और गतप्रयोग प्रणालियों का समग्र विवरण देने का प्रयत्न खतरनाक है[38], और इसलिए वह अपनी ओर से यथासंभव सावधानी भी बरतते हैं, परंतु फिर सब कुछ भूल कर उनको निर्णायक प्रमाण के रूप में ही नहीं अपितु कसौटी के रूप में भी इस्तेमाल करने लगते हैं। उदाहरण के लिए इससे ठीक पहले वह यह सुझा आए हैं कि राह चलते मंदिरों और मूर्तियों पर जो लाल रंग पुता मिलता है वह बहुत प्राचीन काल के रक्तबलि का अवशेष है। इस तरह की सूझ को अधिक से अधिक एक संभावना के रूप में ही रखा जा सकता है कारण दसियों हजार साल पहले गेरू का प्रयोग समाधियों आदि में मिलता है। इसके कृमिनाशक गुण के कारण ही गैरिक वस्त्रों का प्रचलन हुआ। अतः कोसंबी ने जो चेतावनी दी है वह इस उद्भावना से अधिक महत्त्वपूर्ण है।

अपनी बात को प्रामाणिक बनाने के लिए वह कई चीजों का घाल-मेल कर देते हैं। वह कहते हैं कि काश्यपों और भृगुओं ने आर्य समुदाय में मिलना आरंभ किया और फिर दूसरे बहुत से उसी राह पर चल पड़े। फिर बृहदारण्यक उपनिषद् का हवाला देकर कहते हैं कि इनमें से बहुत से यज्ञविधान सीखने के लिए उत्तर प्रदेश से तक्षशिला और सीमांत प्रदेश जाया करते थे।[39] जिन स्थलों का कोसंबी ने हवाला दिया है उनसे ऐसा कुछ प्रकट नहीं होता। यहाँ तत्त्वदर्शन और ब्रह्मविचार का प्रसंग है न कि यज्ञ का। संदर्भ याज्ञवल्क्य से शास्त्रार्थ का है जिसमें भाग लेने के लिए कुरु-पांचाल के भी विद्वान आए हुए हैं। यहाँ क्रमशः भुज्यु लाहयायनि और उद्दालक आरुणि मद्र देश में अपने विचरणों और अध्ययन काल में वहाँ निवास के समय हुए अनुभवों का हवाला देते हुए बताते हैं कि वहाँ (मद्र देश में) उन्होंने युवतियों को आविष्ट अवस्था (गंधर्वगृहीत अवस्था अर्थात् हिस्टीरिया) में देखा और जब उनसे पूछा कि तुम कौन हो तो उन्होंने क्रमशः सुधन्वा आंगिरस और कबंध आथर्वण के रूप में अपना परिचय दिया, आदि। इसका हवाला देकर वे याज्ञवल्क्य से अपने प्रश्न करते हैं। इससे यह व्यक्त नहीं होता कि उत्तर प्रदेश के

ब्राह्मण मद्र देश (तक्षशिला और सीमांत प्रदेश) में यज्ञविधान सीखने जाते थे। वास्तविकता यह है शिक्षा के लिए उदीच्य में जाने का हवाला बृहदारण्यक उपनिषद् में नहीं कौषीतकी ब्रा. में आया है और यह गमन यज्ञविधान सीखने के लिए नहीं होता था। दूसरे क्षेत्रों के लोग संस्कृत का सही उच्चारण सीखने को या तो स्वयं उदीच्य जाते थे अथवा वहाँ से जो लोग सही उच्चारण सीख कर आते थे उनको सुनकर अपना उच्चारण सुधारते थे।[40] यह बात तब की ही नहीं बीसवीं शताब्दी की भी रही है। बनारस के संस्कृत विद्वान भाषा को भाखा, ऋषि को रिखि पढ़ते रहे हैं और सबसे विचित्र नमूना बंगाल में देखने को मिलता है। कुरु-पांचाल में आकर ही हिंदी तक का सही उच्चारण पता चलता है और उच्चारण ठीक करने के लिए पुणे विश्वविद्यालय में उसी क्षेत्र के हिंदी विद्वान को अध्यक्ष बनाया जाता रहा है। संभवतः ऐसा ही कुछ गुजरात में भी हो।

ऐसा लगता है कि कोसंबी अपने आर्यवादी रुझान के कारण ही अंतर्विरोधी बातें करते हैं। एक ओर यह दावा कि वह नस्लवादी नहीं हैं, नस्लवाद किसी काल के संदर्भ में मान्य नहीं हो सकता और दूसरी ओर अपनी ही प्रतिज्ञाओं का प्रतिवाद करते हैं और यह बताते हैं कि भाषा और नस्ल के संबंध को हास्यास्पद मानना अब पुरानी बात हो गई, और फिर आर्यजनों की पहचान के प्रयत्न में अपना बहुत समय बर्बाद करते हैं।

सन्दर्भ सूची

1. Patañjali gives local usage in spoken Sanskrit (not different languages) of his day: 'goes was *savati* in Kamboja, *hammatī* in Suraṣṭra, *ramhati* in the east (the Gangetic regions), but *gamati* for 'real Aryans.' *Combined methods in Indology.*
2. the Hunzas might possess a pre-Aryan language, but this says nothing about their race. *Race and Immunity in India.*
3. These two strains of Brahmins belong to two different regions and originally perhaps to two different races. *Early Brahmins and Brahminism.*
4. For our main purpose, we have to note specifically the three supposed castes of the Iranians (*Vd.* i.16, three races, from the Azerbaijan). *Early Brahmins and Brahminism.*
5. Medians....who were a western branch of the same race, *Early Brahmins and Brahminism.*
6. 360 B.C. Mahapadma Nanda's destruction of Aryan tribes...*The Culture and Civilizationog Ancient India*, p.144
7. There is no Indian race. People with white skins and blue eyes are as unmistakably Indian as others with black skins and dark eyes. *ibid*
8. The, Aryan kinship terminology is startlingly uniform. Father, mother, brother, father-in-law, widow, etc., are named by very similar words in the lan-guages mentioned. We might conclude that the original social organisation was the same and that the people were really one. *The Culture*,75
9. Thus, afir skin, cleanliness of habit, brown (eyes), tawny hair-these are the intrinsic qualities that make Brahmanahood. 'Early Brahmins and Brahmanism', *Journal of the Bombay Branch of the Royal Asiatic Society*, vol. 23 (1947), pp. 39-46.
10. The Culture, 41, 73 and Index, p. 221.
11. race is considered as an assemblage of genotypes. *'Indo-Aryan'* Nose Index

12. *Stages of Indian History* 61-62.
13. *The Culture and Civilization of Ancient India*, p.33.
14. let me state once again that I have never believed in an Aryan race, having gathered a considerable amount of evidence for the progressive 'Aryanization' of people whose beliefs were penetrated by Brahmin ritual, with reciprocal influence upon Brahminism. *Brahmin clans*.
15. *Combined Methods in Indology...p. 14; The Culture and Civilization of Ancient India*, p. 75.
16. *The Culture and civilization of Ancient India*, 73.
17. An Introduction the the study Of Indian History, 80; The Culture and civilization of Ancient India, 75
18. Imperial Gazetteer Of India : Indian Empire, vol. II, 1908. p.221.
19. letter to Ingalls,. Bombay, May 23, 1953
20. The Imperial Gazetteer of India: The Indian Empire , Vol. I,Oxford ClarendonPress, 1909,284.
21. वही।
22. 'Indo-Aryan' Nose Index, Combined Methods in Indology में, 534
23. वही, 527. कोसंबी इसी बात को दूसरी कृतियों में भी दुहराते हैं, देखें, Introduction to the study of Indian History,113
24. To the aid of philology comes anthropometry, where skull-forms and nose-length are measured to reach the conclusion that there are three main types in the country: the afir, long-headed Aryan, the dark Dravidian. and the broad nosed tribal savage. Intro, 112
25. Keith's remark, that town-dwelling proper in India was post-Vedic, is essentially correct. Intro., p. 55.
26. वही, 60
27. वही, 61.62.
28. वही, 67.68
29. वही, p. 68
30. वही।
31. S.K.Chatterji, Balts and Aryans in their Indo-European Background, I.I.A.S., Simla,1968, 13
32. Intro..., p. 6.
33. वही, 82
34. वही, 99
35. it is dangerous to attempt without a lifetime of study any complete description of an ancient and obsolete system. Early Stages of the Caste System in Northern India, 191.
36. On the Origin of Brahmin Gotras, p. 120; ogh]a 117.
37. काठक संहिता, 11.6
38. पूर्वोद्धृत, 118.19.
39. पूर्वोद्धृत, 132.
40. तस्मात् उदीच्या दिशि प्रज्ञाततरा वाक् उद्यत उदं च उ एव एनं यंति वाचं शिक्षितुं यो वा तत आगच्छति तस्य वा शुश्रूषंते। कौ. ब्रा. 7.3.

पाँच

भारतीय इतिहासलेखन की समस्या

एक स्वतंत्र देश राजनीतिक स्वतंत्रता प्राप्त करने के साथ ही सांस्कृतिक बंधनों से भी मुक्त होना चाहता है। सांस्कृतिक बंधन उन व्याख्याओं और बार-बार दुहराए जानेवाले अर्धसत्यों से तैयार किए गए होते हैं जिनका लक्ष्य शासित वर्ग या समाज को शौर्य, साहस, ज्ञान, पहल या आविष्कार से निसर्गजात रूप में शून्य या असमर्थ सिद्ध करना होता है। इसमें इतिहास की भूमिका सबसे प्रमुख होती है। अतः उसका नैतिक दायित्व बनता है कि वह उन इतिहासग्रंथों का आलोचनात्मक पाठ करे और यह देखे और दिखाए कि इसमें कौन सी बातें निराधार हैं, कौन सी क्षीणाधार, कौन सी तोड़-मरोड़ कर प्रस्तुत की गई हैं और कौन सी अनुपातहीन रूप में बढ़ाकर। यदि सांस्कृतिक बंधन पारस्परिक सहयोग से बहुत परिश्रम और धैर्य से तैयार किए गए हों और जकड़बंदी इतनी मजबूत हो कि इसे तोड़कर बाहर आने का रास्ता ही न मिले, यहाँ तक कि बाहर आने की इच्छाशक्ति तक समाप्त हो जाए तो उस, युक्ति, श्रम, धैर्य और बंधन की मजबूती की तारीफ करने से अधिक जरूरी है यह बोध कि यह बंधन है और इससे हमें मुक्त होना है। कोसंबी में यह इच्छाशक्ति ही नहीं दिखाई देती। कोसंबी अधिक से अधिक औपनिवेशिक काल के शासकों के एक स्वामीभक्त सिपहसालार हो सकते थे, उनसे पुरस्कृत हो सकते थे, उन्हीं के द्वारा उन्हें भारत के तेजस्वी इतिहासकार के रूप में पेश भी किया जा सकता था, परंतु वह स्वतंत्र भारत के इतिहासकार नहीं हो सकते थे। कोसंबी पाश्चात्य साहित्य के गहन अध्ययन से इतने अभिभूत[1] हैं कि पाश्चात्य विद्वानों से असहमत होने को केवल वहीं तैयार होते हैं जहाँ उनके कथन या निष्कर्ष किसी रूप में मार्क्सवाद पर तीखी टिप्पणी प्रतीत होते हैं।

कोसंबी असाधारण अंतर्दृष्टि वाले इतिहासकार माने जाते हैं। सूक्ष्मदर्शिता सराहनीय लगती है। दुख तब होता है जब यह वस्तुदर्शिता के अभाव का रूप ले लेती है। इस अभाव का ही परिणाम है कि वह यह मानते हैं कि जिसे यूरोप की भाषाओं में भारतीय इतिहास पर जो कुछ सुलभ है, उसका ज्ञान नहीं है, वह भारत का इतिहास लिख ही नहीं सकता और इसी कमी के कारण वह अंग्रेजी स्रोतों तक सीमित इतिहासकारों का उपहास करते हैं।[2] वह यह भूल जाते हैं कि यूरापीय विद्वानों द्वारा लिखे गए इतिहास, किए गए अनुवाद, तुलनात्मक अध्ययन और विश्लेषण निहित योजना और उद्देश्य से

चलाए जाते रहे हैं और इन लेखकों में उससे भी कम मतभिन्नता पाई जाती है जो सामरिक स्थितियों में जनरलों में देखने में आ सकती है। भारत का इतिहास लिखने की पहली शर्त है उस लादी को उतारकर फेंकना जिससे कोसंबी को इतना प्रेम है। भारत के इतिहास लेखन की दृष्टि से उनकी यह कमी The History and Culture of The Indian People ग्रंथमाला के लेखकों की कमियों के सकल योग से अधिक बड़ी है, कारण उनमें उस बौद्धिक जकड़न से मुक्ति की आकांक्षा और इसके लिए एक नम्र प्रयास तो था। कोसंबी में वही नदारद है।

कोसंबी भारत का एक नए ढंग का इतिहास लिखना चाहते थे। कारण यह था कि "हमारे पास उस तरह की तिथियाँ और उपकथाएँ नहीं हैं जिनसे यूरोपीय इतिहास भरा हुआ है। वृत्तांत नहीं, पारिवारिक अभिलेख नहीं, चर्च के इतिहासवृत्त नहीं...इसलिए काटो और चेंपो वाला तरीका बदलना होगा। हमारा इतिहास वृत्तांतों के ठोस अभिलेखन के बिना ढीले-ढाले रूप में ही लिखा जा सकता है। साथ ही इतिहास को दैवी कारनामों या आपातों की हिलकोरों का सिलसिला मानने के स्थान पर इसे विज्ञान मानने से, मनुष्य का समन्वित प्रयास मानने से, हमें यह समझ में आता है कि भविष्य कोरा नहीं, कि वर्तमान घटकों के सही विश्लेषण से हमें यह पता चल जाता है कि आगे क्या आनेवाला है और इससे हम इतिहास के निर्माण में भी सक्षम होते हैं। फिर भी मनुष्य का वास्तविक इतिहास सार्वभौम वर्गनिरपेक्ष समाज के साथ ही आरंभ होनेवाला है।[3]

ऐसा लग सकता है कि कोसंबी के इस कथन में गहन अर्थवत्ता है, परंतु यह खासा भ्रामक है। पहली बात तो यह कि वह यह मानते हैं कि हमारे यहाँ कालांकित घटनाओं और उनके तथ्यपरक ब्यौरों का अभाव है, अतः हम पश्चिम जैसा इतिहास नहीं लिख सकते। दूसरी बात यह कि इस पद्धति को छोड़कर हम जो इतिहास लिखेंगे वह कामचलाऊ ही हो सकता है। फिर वह एक ऐसे इतिहास की कल्पना करते हैं जिसमें लौकिक घटनाओं को दैव लीला बताया जाता है। यह सच है कि लोक विश्वास में सभी ऐसे समाजों में जिनमें उन्नत धर्मों का प्रसार है, विधि के विधान को, ईश्वर की लीला को, एक ऐसे विधान को जिसके आगे हमारी कुछ नहीं चलती कर्ता और नियंता मानने की बाध्यता है। इसके बिना ईश्वर का कोई उपयोग ही नहीं रह जाता। मैन प्रपोजेज गॉड डिस्पोजेज, या ऊपर वाले की मरजी, या खुदा की कारस्तानी जैसे फिकरे, डेस्टिनी, भाग्य, मुकद्दर जैसे शब्द इसी को अभिव्यक्त करते हैं। परंतु लौकिक घटनाओं को दैवी लीला बताते हुए कोई इतिहास कभी नहीं लिखा गया। अतः वह एक अध्यास या मिथ्या प्रतीति पैदा करते हैं जिससे उनके कथन की स्वीकार्यता बढ़ जाए। इससे ही जुड़ा हुआ है वैज्ञानिक इतिहास, जिसमें यह दिखाया जाता है कि जो कुछ भी हुआ है वह मनुष्यमात्र के समन्वित प्रयासों से हुआ है। यह इतिहास की इतनी समीचीन व्याख्या है कि इससे असहमत होने का प्रश्न ही नहीं उठता।

परंतु यह बात तो गले नहीं उतरती कि इतिहास तो न था न है, वह साम्यवाद के साथ आरंभ होगा। फिर यह सीधा सुझाव क्यों नहीं कि अभी तक जो इतिहास लिखे

गए हैं, वे सत्ताधारी लोगों के समर्थन में अतीत की घटनाओं की व्याख्या हैं। उन्हें इतिहास कहा ही नहीं जा सकता। इतिहास लेखन तब आरंभ होगा जब इतिहास बनाने वाले, श्रम करनेवाले लोगों ने सभ्यता के निर्माण में क्या भूमिका निभाई इसको दर्ज किया जाएगा।

उनका ध्यान भविष्य के लिए इतिहास गढ़ने पर अधिक था, इतिहास को समझने पर कम। यह काम वह पहली बार नहीं कर रहे थे। इसलिए इतिहास शब्द के जन्म से पहले से अतीत के आख्यानों कों अपने धर्म, वर्ग या वर्ण, आदि के अभीष्ट लक्ष्य की प्राप्ति के लिए बदला और बीता हुआ सच बनाकर पढ़ाया और सुनाया जाता रहा है। ऐसा इतिहास वैज्ञानिक हो ही नहीं सकता। विज्ञान कहीं भी विश्लेष्य सामग्री में मनमाने घालमेल की अनुमति नहीं देता।

कोसंबी की भेदक विशेषता यह नहीं है कि वह मार्क्सवादी इतिहासकार हैं, अपितु यह कि वह आंदोलनकारी इतिहासकार हैं। इतिहास को बदलने में और एक नया इतिहास रचने में भेद नहीं कर पाते। 'इतिहास लिखने से अधिक महत्त्वपूर्ण है इतिहास को बदलना, जैसे मौसम के बारे में सिर्फ बात करने से अच्छा है कि इसके बारे में कुछ करना।' 'संसदीय लोकतंत्र में जैसे प्रत्येक व्यक्ति जब वह अपनी बात कहने और अपनी सुविधाओं के लिए अपने पर कर लगाने के लिए प्रतिनिधि चुनता है तो वह यह सोच सकता है कि वह इतिहास को स्वयं भी बदल रहा है। परंतु कुछ लोग यह संदेह करने लगे हैं कि इतना ही पर्याप्त नहीं है, (वे सोचने लगे हैं) कि यदि कुछ और न किया गया तो आणविक युग में समूचा इतिहास एक झटके में खत्म हो सकता है।'[4]

इतिहास क्या होता है? इस समस्या पर विचार करते हुए कोसंबी बताते हैं कि 'अतीत में जो कुछ घटा है उसका सब कुछ कोई इतिहासकार नहीं बता सकता।'

सच कहें तो कल क्या घटित हुआ अथवा आज क्या घटित हो रहा है, इसे भी कोई समग्रतः नहीं बता सकता और ज्ञान के सभी स्रोत यह बता भी दें तो सूचनाओं की उस भीड़ का हमारे लिए कोई अर्थ नहीं रह जाएगा, क्योंकि वे हमारे बोध को ही नष्ट कर देंगी। इसलिए अपने ज्ञान और अनुभव के भी बहुत बड़े अंश को हम विस्मृति से दबा कर उस अंधलोक में भेज देते हैं जिसे अवचेतन कहा जाता है। हमारे मस्तिष्क का सर्वाधिक उपचेतन और अवचेतन ने ही घेर रखा है। हमारे कालबोध का तो लगभग समग्र इतिहास ने घेर रखा है। वर्तमान तो जानने के साथ ही अतीत हो जाता है। अतः वर्तमान नामक कल्पित रेखा को भी हम उसके अतीत बन जाने के बाद ही देख और समझ पाते हैं।

अतीत के विषय में उपलब्ध सूचनाओं में से भी हम सभी का उपयोग नहीं करते, उसमें भी चुनाव करते हैं जिससे किसी काल के जीवन और महाकाल के भीतर मानव विकास की यात्रा को समझने में मदद मिल सके। गलती इस चुनाव के कारण भी होती है या हो सकती है। कोसंबी याद दिलाते हैं कि इतिहास विषयक हमारी अवधारणा समय-समय पर बदलती रहती है और इसका निर्णय सत्ताधारी वर्ग करता है।[5] अतः इतिहास की परिभाषा करते हुए वह लिखते हैं, ''उत्पादन के साधनों और संबंधों में आए परिवर्तनों का कालक्रमबद्ध विकास ही इतिहास है।'' अन्य किसी तरह के इतिहास

में केवल अधिरचना का विवेचन होता है, सारभूत तत्त्वों का नहीं।[6] इस परिभाषा से असहमत होना कठिन है। इसी तरह उनसे इस प्रश्न पर भी असहमत नहीं हुआ जा सकता कि इतिहास में इस बात का कोई महत्त्व नहीं कि कोई राजा किसी से पहले हुआ या बाद में, परंतु लोहे क़ा उत्पादन और उपयोग एक के समय में आरंभ हुआ या दूसरे के, इन दोनों में पहले क्या आरंभ हुआ, इस समस्या का महत्त्व कुछ और है। इसी से यह भी तय हो जाएगा कि इन दोनों में पहले कौन हुआ।[7] नृवंशों की पड़ताल में उनके जाने का भी एक कारण यह था कि वह उस समाज को समझना चाहते थे जिसने इतिहास की रचना की। पुरातत्त्व भी उनके लिए इसी कारण अधिक महत्त्वपूर्ण स्रोत प्रतीत होता है क्योंकि इससे उत्पादन के उपकरणों के विषय में बहुत सारी जानकारी मिल जाती है।'[8] उन्होंने इनके किस पक्ष को देखा और उसका किस रूप में इस्तेमाल किया यह दूसरी बात है।

भारत का इतिहास नए ढंग से लिखने का प्रयास करनेवाले भारतीय इतिहासकारों से उनको शिकायत यह है कि वे नया इतिहास लिखने की कोशिश करते हैं परंतु पाश्चात्य मध्यवर्गीय पूर्वाग्रहों के स्थान पर भारतीय मध्यवर्गीय पूर्वाग्रहों को थोपने में ही सफल हो पाते हैं।[9] इस दृष्टिकोण से यूरोप के कुछ क्षेत्रों में सुनिश्चित कालांकन के साथ जैसे इतिहास लिखे जा चुके हैं वैसा इतिहास लिखने का हम सपना तक नहीं देख सकते।[10] कारण यह है कि हमारे पास विश्वसनीय स्रोत और सुनिश्चित, कालबद्ध और ऐतिहासिक उपयोग की पर्याप्त सूचनाएँ नहीं हैं। इसके लिए इतिहासलेखन का तरीका बदलना होगा, नए स्रोतों की तलाश करनी होगी। वह ठीक इन्हीं शब्दों का प्रयोग नहीं करते परंतु जब वह कहते हैं कि हमें इतिहासलेखन का कोई दूसरा मानक अपनाना होगा अन्यथा हम उसी तरह हास्यास्पद बन जाएँगे जिस तरह यह दावा करके कि विक्रम 57 ई.पू. में हुए होंगे, क्योंकि इस बात का कोई प्रमाण नहीं है कि वह नहीं हुए थे'।[11]

वह उस तरीके को भी बहुत अटपटा पाते हैं जिसमें इतिहासकार भारत की, उसकी प्रेरक शक्ति और जातीय स्मृति, आदर्शों की जय (सत्यमेव जयते) और जाति प्रथा के गौरव की बात करते हैं, यद्यपि टॉयनबी जैसे प्रख्यात इतिहासकार भी ऐसा करते हैं और उन्हें कोसंबी ने ध्यान से पढ़ा भी था।[12] हम भी यह मानते हैं कि इस तरह के भटकावों से इतिहास के निर्माण में उसके निर्माताओं की ओर से नजर हट कर उस अदृश्य शक्ति की ओर चली जाती है और विचार का स्थान कवित्व और आवेग ले लेते हैं। परंतु केवल वस्तु पर ध्यान देने से भी बहुत सी बातें समझ में नहीं आतीं जिनके कारण तो होते हैं परंतु अप्रत्यक्ष होते हैं और जिनके तार एक दूसरे में इस हद तक उलझे होते हैं कि हमें अमूर्त और अव्याख्येय श्रेणियों की कल्पना करनी पड़ती है। हम उसे आत्मा न कहें मानस कहें, संस्कृति कहें, पर कैसे ऋग्वेद की पहेलियाँ संस्कृत साहित्य में दिखाई न देते हुए भी सिद्धों और संतों में प्रकट हो जाती हैं। जाहिर है लोक साहित्य की धारा में उतर गई वह कथनभंगी उसी में प्रवाहित रही। उसे लिपिबद्ध नहीं किया जाता रहा पर सुना सुनाया जाता रहा और वह फिर जहाँ लिपिबद्ध हुई लंबे अरसे तक दोनों के

बीच का संबंधसूत्र दिखाई ही नहीं दिया और फिर एकाएक एक आलोचक को इनमें समानता दिखाई दी। कोई समाज किसी खास तरीके की ही चीजों को किन्हीं विशेष स्तरों पर इतने जतन से बचाता है, दूसरे को वे व्यर्थ लगती हैं। इसकी ओर ध्यान तो देना ही होगा। कोसंबी स्वयं भी इस वैशिष्ट्य को लक्ष्य करते और इसे परिभाषित करना चाहते हैं। 'एशिया में सभ्यता के दो जीवंत स्रोत हैं जिनसे दूसरे सभी देशों ने प्रेरणा ली है। ये हैं चीन और भारत। अतः इस बात की छानबीन करना उचित है कि भारत का अपना वैशिष्ट्य क्या है? अपने से यह पूछना भारत दूसरे देशों से किन दृष्टियों से भिन्न है?''[13]

कोसंबी सिद्धांत-निरूपण में बहुत सुथरे लगते हैं। ये सिद्धांत उन्हें बने बनाए मिले हैं। जैसे 'इतिहास लिखने से अधिक महत्त्वपूर्ण है इतिहास को बदलना,' मार्क्स के प्रसिद्ध सूत्र का रूपांतर है। यदि कोसंबी को सचमुच इसमें विश्वास था तो उन्हें इतिहास लिखने की जगह सक्रिय राजनीति में उतरना चाहिए था। इतिहास को बदला नहीं जा सकता, उसे समझा जा सकता है और उस समझ से भविष्य को सँवारा जा सकता है। इस समझ के अभाव में या मध्यवर्गीय सुविधाओं के बीच वह मार्क्सवादी लफ्फाजी से काम लेते रहे और वह भी मार्क्सवाद की तिर्यक समझ रखते हुए, 'मौसम के बारे में बात करने से अच्छा है मौसम के लिए कुछ करना।'

एक व्यक्ति के रूप में पवित्र इरादों वाले कोसंबी स्वप्नजीवी थे। नेहरू से भी अधिक। नेहरू ने भी अपनी स्वप्नजीविता से भारतीय समाज को एक काल्पनिक स्वर्णयुग देना चाहा, परंतु यथार्थ में वह पश्चिम के बराबर आने की आकांक्षा से उसके पीछे दौड़ थी और इस दौड़ में वह कभी उसकी बराबरी पर नहीं आ सकता था। अपने सपनों को आरोपित करके यथार्थदर्शन के कारण उन्होंने इतनी गलतियाँ कीं कि उनका सपना उनके लिए प्राणांतक सिद्ध हुआ। हिमशैल के शिखर ने उनकी जान ले ली, परंतु हिमशिखर के अदृश्य ने तो वह किया जिसके लिए नेहरू के दुःस्वप्नों में भी जगह न थी।

स्वप्नजीवी होना गलत नहीं है। सपने हमें यथार्थ की गहराइयों में उतरने का अवसर देते हैं। भविष्य का साक्षात्कार करने अथवा उसको दिशा देने के सूत्र देते हैं, हमें यथास्थिति से उबारते हैं। परिवर्तन के रास्ते सपनों से होकर गुजरते हैं। परंतु उनकी कसौटी है यथार्थ। उन्हें यथार्थ में बदलने की संभावना। कोसंबी ने इसी स्वप्नजीविता के चलते परमाणु मुक्त जगत की आकांक्षा पाली थी, पर वह इससे केवल भारत को रोकना चाहते थे। या कहें भारत को इस अंधी दौड़ से बचाना चाहते थे। भाभा से उनकी घोर असहमति भी इसी को लेकर थी। भारत उस समय तक शांतिपूर्ण प्रयोजनों के लिए ही अणुशक्ति हासिल करना चाहता था। परंतु यदि सामरिक उपयोग के लिए भी इस दिशा में बढ़ता तो अपराध इसलिए नहीं था कि इतिहास में जो समाज हथियारों से वंचित कर दिया गया अथवा हथियार और रणनीति के मामले में पिछड़ गया वह यदि मिटा न दिया गया तो रौंद अवश्य दिया गया। उसके साथ मनचाहा व्यवहार किया गया। वह शांति के आंदोलन से जुड़े रहे, पर जिन देशों ने यह अभियान चला रखा था वे सभी परमाणुशक्ति अर्जित कर चुके

थे। शांतिवार्ता भी सामरिक तैयारी के बाद ही संभव होती है। उसके अभाव में यह दीन याचना होती है।

कोसंबी के इस व्यंग्य से पूरी तरह असहमत नहीं हुआ जा सकता कि 'भारतीय अतीत के गौरव के विषय में तथ्य और सामान्यबोध की परवाह किए बिना जो बातें की जाती हैं वे भारतीय चुनावों से भी अधिक बे सिर पैर की होती हैं।'[14] सच यह है कि भारतीय इतिहास के गौरव का न कोसंबी को बोध था न ही आज तक किसी दूसरे इतिहासकार को है। यह हड़प्पा से भी पीछे जाता है। कोसंबी यह तो दुहराते ही हैं कि हड़प्पा सभ्यता का नागर चरण एक ठहराव का और किंचित विगलन का काल है। गौरवकाल तो उसका निर्माण काल है। ठीक यही तस्वीर ऋग्वेद से उभरती है जिसका हमने यथास्थान उल्लेख किया है। अतः कहना यह होगा कि भारतीय इतिहासकार का प्रमुख दायित्व उस गौरव काल की खोज है जिससे विश्वसभ्यता का जन्म हुआ न कि ज्ञात इतिहास के कालों में से किसी एक को स्वर्णयुग सिद्ध करना। बाद के इतिहास में तो जब तब अपने सामान्य धरातल से ऊँची छलाँग लगाने के कुछ प्रयत्न मात्र दिखाई देते हैं।

भारतीय इतिहास के अध्ययन, लेखन और स्रोत सामग्री की खोज में भारतीय लेखकों की भूमिका औपनिवेशिक काल में नगण्य रही थी। इतिहास के नाम पर क्या पढ़ाया जाए इसका निर्णय उनके हाथ में था ही नहीं। स्वतंत्रता प्राप्ति के बाद भारतीय इतिहासकारों के सामने उससे भी बड़ी चुनौतियाँ थीं जो चीनी इतिहासकारों के सामने थीं। उन्होंने सामरिक दृढ़ता, आत्मविश्वास और अध्यवसाय से इस काम को पूरा किया और पूरी दुनिया को अपनी उपलब्धियों से अवगत कराया, भले उनमें कुछ प्रतिशत दावे निराधार या अतिरंजित हों। कोसंबी ने तो भारतीय अतीत को स्खलित और विच्छिन्न करके, उसका उपहास करके, उस संभावना को ही खत्म कर दिया और उनके प्रताप से इतिहास दुबारा उपनिवेशकालीन मान्यताओं और लांछनों के दुष्प्रचार का अभियान बना दिया गया। भारतीय इतिहास में कोसंबी की सबसे बड़ी देन यही है।

कोसंबी तथाकथित राष्ट्रवादी इतिहासकारों पर पश्चिम के मध्यवर्गीय पूर्वाग्रहों को भारतीय मध्यवर्गीय पूर्वाग्रहों से स्थानांतरित करने का जो आरोप लगाया था, वह अर्धसत्य है। परंतु कोसंबी स्वयं पश्चिमी सामाजिक-आर्थिक प्रतिरूपों को भारतीय इतिहास पर लगातार और अवांछित उत्साह के साथ आरोपित करते हैं, जैसा कि भारतीय सामंतवाद के प्रसंग में करते हैं। सामंतवाद यूरोपीय फ्यूडलिज्म से बिलकुल भिन्न अवधारणा है। सामंतों को बैरनों की छवि में ढालकर देखने पर सामंतवाद को कैसे समझा जा सकता है?[15] भिन्न-भिन्न समाज और उनकी संस्थाएँ-व्यवस्थाएँ कुछ मामलों में एक दूसरे जैसी होती हैं, परंतु उनका अपनी विशिष्ट आवश्यकताओं और दबावों के कारण एक निजी चरित्र होता है और उसी की सीमा में रखकर उन्हें समझा जा सकता है। कोसंबी इस तथ्य की ओर यथेष्ट ध्यान नहीं देते और यह भी याद नहीं रखते कि विवेक (डिस्क्रिमिनेशन) का अर्थ है अंतर करना, फर्क को देखना, न कि समानताओं को आरोपित करना है।

ऐसे जड़सूत्रों से जो बताते हैं कि जो लोग एक जैसा जीवन जीते हैं, वे प्रायः एक

ही तरह सोचते हैं, विशेषतः तब जब उनका ऐतिहासिक विकास समरूप मार्गों पर चला हो[16] विशिष्टताओं को तो समझा ही नहीं जा सकता, समानताओं को भी नहीं समझा जा सकता। ये एक तरह का आत्मविभ्रम (सेल्फडेल्यूजन) पैदा करते हैं जो मानसिक तो होता है पर दृष्टिमंदता से भी पैदा होता है। समानताओं का अध्ययन वहाँ अधिक महत्त्व रखता है जब भिन्नताएँ बहुत प्रखर हों। गोचर समानताओं के बीच भिन्नताओं या वैशिष्ठयों को केंद्र में रखकर ही हम किसी परिघटना को समझ सकते हैं। ऐसा करने पर हम पाएँगे कि एक जैसा इतिहास तो दूर, एक ही परिवार के लोग एक जैसा नहीं सोचते, और यदि ऐसा लगे तो मानना होगा कि सोचने वाला कोई एक है और दूसरे उसके दबाव में उसके सोचे हुए को सही मानकर उसका पालन करते हैं, जैसा कि केंद्रवादी राजनीतिक संगठनों में होता है।

अपने आवेश में कोसंबी उन स्रोतों का भी निषेध करने लगते हैं जिनका इतिहासलेखन में बहुत सार्थक उपयोग हो सकता है। वह आवेश में लिख जाते हैं कि संस्कृत भाषा के साक्ष्य भी भरोसे के नहीं।[17] साहित्यिक साक्ष्यों का वह मनचाहा उपयोग करते हैं और ऐसी रीतियों और विधानों के ऐतिहासिक महत्त्व को समझ ही नहीं पाते जो ब्राह्मणी परंपरा में बचे हुए हैं। हम इनमें से एक-एक को लेकर विचार करेंगे।

संस्कृत भाषा

इतिहास की समझ के लिए भाषा सबसे विश्वसनीय स्रोतों में से एक है। जैसा कि एक वैदिक कवि का कथन है, धरती और आकाश के प्रसार तक वाणी का प्रसार है–*सहस्रधा पञ्चदशान्युक्था यावद् द्यावापृथिवी तावदित्तत, सहस्रधा महिमानं सहस्रं यावद् ब्रह्म विष्ठितं तावती वाक्,* ऋ. 10.114.8। समस्त भौतिक जगत और मानसिक क्रिया व्यापार अपने पूरे वैभव में शब्दरूप बनकर उपस्थित होता है। संभवतः इसीलिए जब रेखांकन से शब्दों को व्यक्त करने की कला विकसित हो गई तो लोकविश्वास की भाषा में कहा गया कि विश्वामित्र ने ब्रह्मा की सिरजी प्रत्येक वस्तु का एक प्रतिरूप सिरज दिया है। विश्वामित्री सृष्टि कर दी है।

अतः इतिहास का अध्येता भाषाओं की उपेक्षा नहीं कर सकता और उनमें भी संस्कृत जिसकी मीमांसा से ही पता चलता है कि जिन लोगों ने ऋग्वेद में संचित सूक्तों की रचना की थी वे तीन भाषाई पृष्ठभूमियों से आए थे। जिस सच्चाई पर परदा डाला जाता है वह यह कि इन तीनों भाषाई समुदायों का भारोपीय के प्रसार में भी समान योगदान था, कि इनके रीति, नीति, विश्वास हड़प्पा के नगरों में भी प्रतिबिंबित हैं, जिसे समझ लेने के बाद कोसंबी को आर्य और अनार्य की एक भिन्न व्याख्या समझ में आती।

कोसंबी जैसा जिज्ञासु व्यक्ति इस समस्या पर उपलब्ध सामग्री से परिचित ही न हो यह संभव नहीं। वह इससे अवगत हैं, इसका आभास भी वह देते हैं, जब वह नागर सभ्यता के विकास में मुंडारी जनों की भूमिका को निराधार सिद्ध करने के लिए ऐसे साक्ष्यों की अवहेलना करते हैं। संस्कृत का महत्त्व तो इसलिए भी है कि नागर जीवन,

दर्शन, कला और विज्ञान, साहित्य, छंद, अलंकार, व्याकरण, धर्म और तत्त्वचिंतन सभी से संबंधित समृद्ध शब्दभंडार भारतीय भाषाओं में केवल संस्कृत में उपलब्ध है और दूसरी भाषाएँ एक सीमा से आगे बढ़ने पर मुक्त भाव से संस्कृत से ही शब्दावली उधार लेती रही हैं। अतः केवल शब्दभंडार के आधार पर ही हड़प्पा सभ्यता के निर्माताओं की भाषा तय की जा सकती थी और उसमें प्रयोग वैविध्य या एक ही शब्द के बहुल रूपों को और सामंजस्य की सुदीर्घ प्रक्रिया को समझा जा सकता था जिसमें हजारों साल का समय लगा।

ऐसा लगता है कि भाषा के निर्णायक साक्ष्यों से अवगत होने और उनके निष्कर्षों से सचेत होने के कारण ही कोसंबी ने अपने पूर्व निर्धारित मत पर कायम रहने के लिए इनका उपहास करके इन्हें व्यर्थ सिद्ध किया। संस्कृत को अविश्वसनीय सिद्ध करने के लिए वह किसी ताम्रपत्र में प्रयुक्त एक शब्द को लेते हैं। वह है भूमिच्छिद्रन्याय। वह बताते हैं कि इसका सही अर्थ क्या है यह आज कोई नहीं समझ सकता।[18] न समझे तो इसे बट्टे खाते में डाल दें। सभी भाषाओं में ऐसे कुछ प्रयोग तलाशे जा सकते हैं, जिनका प्राचीन अर्थ या तो लुप्त हो गया है या बदल गया है और इसके बाद भी हम उनका प्रयोग लगभग सही-सही ही करते हैं। जैसे, कपड़ा-लत्ता में लत्ता, भत्ता, आदि। इतिहास का विवेचन ज्ञात सामग्री को लेकर किया जाता है, जिसकी कमी नहीं है।

पर अपने अनुपातहीन आत्मविश्वास के कारण कोसंबी अपनी ज्ञानसीमा को सबकी सीमा मान लेते हैं। जिस वाक्य में भूमिच्छिद्रन्याय का प्रयोग हुआ है उसे जाने बिना निर्णायक स्वर में कुछ कहना उचित नहीं; परंतु जब पूरी भाषा और अर्थविचार को एक अप्रचलित प्रयोग के आधार पर अविश्वसनीय बनाया जा रहा हो तो इस पर अपना मंतव्य रखना जरूरी हो जाता है। भूमिच्छिद्रन्याय का अर्थ है, अक्षय जलभंडार वाले कुएँ जैसा, जिसमें से कितना भी जल निकाला जाए, वह सूखता नहीं। बोलचाल में एक अन्य शब्द प्रचलित है, समुद्रसोख कुआँ। भूमिच्छिद्रन्याय उस संकल्पना पर आधारित है जिसमें यह माना जाता था कि धरती जल पर स्थित है, एक अंतःसमुद्र भी है। जलाशय और कुएँ यदा-कदा ऐसे स्थल पर खोद लिए जाते हैं जिसके कुछ ही नीचे अंतःसलिला धारा हो या विपुल जल-भंडार हो। उसके निकट पहुँचने पर पानी इतने वेग से फूटता है कि खुदाई करनेवाले यदि किसी जुगत से बाहर न खींच लिए जाएँ तो वे उसी में डूबकर मर भी सकते थे। यदि संदर्भ को देखते हुए यह अर्थ सही है तो इतिहास विवेचन के लिए इस शब्द से (1) दान की अतिरंजित प्रशस्तियों की भारतीय परंपरा का पता चलता है। (2) इस अतिरंजना का इतिहास बहुत लंबा है। ऋग्वेद ऐसी अतिरंजनाओं से भरा पड़ा है। ठीक इसी भावभूमि पर ऋग्वेद की वह ऋचा है, जिसमें कहा गया है कि राजा तो केवल चित्र है, दूसरे तो सामंतों जैसे (राजक) हैं। उसने दान में उसी उदार भाव से जैसे धारासार बरसात हो रही हो, हजारों, लाखों का दान किया।[19] (3) इससे ऋग्वेद की अर्थव्यवस्था और समृद्धि के विषय में जो कुछ पता चलता है वह उस धारणा को बदलने के लिए पर्याप्त है जो कोसंबी ने इस काल के विषय में बना रखी थी।

(4) हजारों-लाखों प्रतीकात्मक धन का द्योतक है, भले वह ढला हुआ न हो परंतु उसका चलन था और उससे कोई भी वस्तु क्रय की जा सकती थी? भले वह कौड़ी हो या सोने या चांदी का पिंड, पण हो या निष्क; और (5) राजा और राजक संभवतः उसी संबंध को प्रकट करते हैं जिसे राजा और सामंत में पाया जाता है।

कोसंबी अपनी असावधानी को संस्कृत के ऊपर लाद देते हैं, परंतु जहाँ उनकी मनचाही व्याख्या में कोई लूला लंगड़ा शब्द भी सहायक होता है वहाँ वह उसको साक्ष्य के रूप में प्रयोग में लाने में संकोच नहीं करते।

यह दुहराना जरूरी है कि यदि हम भाषाई आँकड़ों का विश्लेषण करना जानते हों, तो अर्थविचार से उतनी ही विश्वसनीय सूचनाएँ पाई जा सकती हैं जैसी पुरातत्त्व से।[20] यदि हम लापरवाही या बदनीयती से काम लें तो पुरातत्त्व का भी उतना ही अनर्गल विवेचन किया जा सकता है जैसा कि ह्वीलर आदि ने किया भी था। पाणिनि की अष्टाध्यायी और वाणभट्ट की कृतियों में प्रयुक्त शब्दों की मीमांसा से वासुदेवशरण अग्रवाल यह दिखा चुके हैं कि कैसे अकेले भाषिक साक्ष्यों से किसी युग की पूरी तस्वीर उजागर की जा सकती है। इसका पता कोसंबी को भी रहा होगा यद्यपि भाषा की सीमा के कारण इसे सुनिश्चित रूप में नहीं कहा जा सकता। परंतु उस दशा में कहना होगा कि मात्र जर्मन से अनभिज्ञ व्यक्ति ही बहुमूल्य जानकारी से वंचित नहीं रह जाता, भारतीय भाषाओं से अपरिचित रह जानेवालों का भी हाल वही होता है। संस्कृत के विद्वानों में नए शब्द गढ़ने की एक व्याधि सी रही है, यह सच है। पर गढ़े हुए शब्द उपलब्ध शब्द-संपदा के घटकों पर ही आधारित होते हैं और वे भी सच्चाई का प्रतिबिंबन कर सकते हैं।

साहित्यिक साक्ष्य

साहित्य सत्य को प्रकट नहीं करता, सत्य को स्मृतिगम्य और बोधगम्य बनाता है और इसके लिए उपयुक्त कला-विधान अपनाता है। कवि अतिरंजना, अन्योक्ति, श्लेष, अपह्नुति आदि अलंकारों द्वारा कथ्य को अधिक मार्मिक और गूढ़ तो बनाता ही है यथार्थ में जो नहीं है उसे गढ़ता भी है। भारतीय साहित्य का इतना अच्छा ज्ञान होते हुए भी इतनी अल्प समझ चकित करती है। वह इस बात का ध्यान नहीं रखते देश, काल और सांस्कृतिक भेद से साहित्य में परिरक्षित यथार्थ की प्रकृति भी भिन्न होती है और एक में जो कुछ जिस रूप में सुलभ है वह दूसरे में उसी रूप में सुलभ हो यह जरूरी नहीं।

पश्चिम के प्रति अपने सुविदित अनुराग के कारण वह बताते हैं कि बाइबिल में इतिहास विषयक जितनी प्रचुर जानकारी है वैसी किसी भारतीय कृति में नहीं।[21] यही बात ऋग्वेद के प्रसंग में एक अन्य स्थल पर लगभग इसी भाषा में दुहराते हैं। इन पंक्तियों के लेखक ने साहित्यिक साक्ष्यों के आधार पर हड़प्पा सभ्यता की समग्र उपदान संस्कृति को इस दावे के साथ प्रस्तुत किया कि दोनों में ब्लाक और छापे जैसा साम्य है। इतना ही नहीं, उसने सैंधव सभ्यता के निर्माण की पूरी प्रक्रिया को साहित्यिक साक्ष्यों से उजागर करने का प्रयत्न किया जिसे पुरातत्त्व आज तक आधे-अधूरे रूप में ही प्रस्तुत कर सका

है। ऐसा बाइबिल के आधार पर किया जा सकता है या नहीं, इसका हमारे लिए कोई अर्थ नहीं है। यदि कोसंबी को आर्यों का पुरातत्त्व ही नहीं दिखाई देता है, यदि वह सरस्वती को ही अपनी जरूरत से देशांतरित कर देते हैं और सारस्वत क्षेत्र के पुरातत्त्व को ही, जो आज की जानकारी में सिंधु घाटी से भी अधिक समृद्ध है, लुप्त कर देते हैं तो उन्हें वह ऐतिहासिक सामग्री मिलेगी कहाँ से और पुरातत्त्व से उसकी पुष्टि होते कैसे दिखाई देगी?

हमने जब 1987 में यह दावा किया था कि सरस्वती के क्षेत्र में आकर बसने वाले किसान पूर्वोत्तर की–अपराजिता–दिशा से आए थे, उस समय तक उस दिशा में कोई ऐसा स्थल नहीं खोजा जा सका था। उसके दो दशक बाद लहुरादेवा सातवीं सहस्राब्दी में बसी बस्ती के प्रमाणों के साथ उपस्थित हो गया। यह अभी और पीछे जाएगा। कोसंबी में विदित कारणों से भारतीय इतिहास को समझने की आकांक्षा ही नहीं है, इसे ध्वस्त करने का उन्माद अवश्य है। व्यक्तिगत प्रतिशोध को इतने उग्र सांस्कृतिक प्रतिशोध का रूप मानसिक संतुलन के अभाव को प्रकट करता है। इसके नमूने तो उनके विवेचन में जगह-जगह मिलते हैं, इसलिए साहित्य के प्रसंग में उनकी जिस सचेत विचलन की ओर हम संकेत करना चाहते हैं वह है साहित्यिक सामग्री को नष्ट करके इतिहास के स्रोत के रूप में उसे व्यर्थ कर देने का अभियान।

भारतीय स्मृतियों, पुराणों, काव्यों और कथाओं का एक विशिष्ट चरित्र है। इनमें किसी कथन को प्रभावशाली और स्वीकार्य बनाने के लिए अपौरुषेय चरित्रों को पात्र बनाया जाता रहा है। अपौरुषेयता के लिए दैवीकरण आवश्यक नहीं, वैचित्र्य आवश्यक है। मनुष्य हुए तो उनको उन आस्थाप्रतीकों–ऋषियों मुनियों–में से चुनना होगा, नहीं तो आसमान तो है, जीवजंतु तो हैं। उनका कहा तो अदृश्य शक्ति का ही संदेश हो सकता है। इसी के कारण जो लोग समझदार लोगों की बात को नहीं मानते, वे एक तोते द्वारा निकाले गए कार्डों में से एक पर लिखी इबारतों अथवा वजन लेने की मशीनों से निकलने वाले कार्ड की पीठ पर दर्ज इबारत पर विश्वास कर लेते हैं। आदमी अपने स्वार्थ से सच बोल सकता है, पर एक पक्षी या पशु (नंदी) या एक मशीन तो पक्षपात नहीं कर सकती। इसी का दूसरा पहलू है, सुपठित लोगों पर यह संदेह कि पता नहीं वह सोचकर बोल रहे हैं अथवा पहले के विद्वानों के विचारों को आत्मसात् करके बोल रहे हैं और इसलिए बोल कुछ भी रहे हों, है तो वह गलतियाँ करनेवाले इन्सान का ज्ञान। इसीलिए परम ज्ञान या ईश्वरीय संदेश को मुखर करनेवालों को अक्षरज्ञान से शून्य दिखाया जाता है।

कबीर को भी क्या इसीलिए कहना पड़ा था कि उन्होंने न तो मसि या कागद छुआ न ही हाथ में कलम गही। पर यह बताना जरूरी नहीं समझा गया कि उन्होंने भले दूसरी किताबों से ज्ञान न पाया हो, परंतु उनके उद्गारों को बचाने के लिए रचना के बाद कोई लिख तो लेता ही था और इसी के फलस्वरूप वे हमें सुलभ हैं। यही संकट औपनिषदिक

चिंतन के साथ है जो कहते हैं वेद-शास्त्र आदि का ज्ञान तो मात्र अक्षर ज्ञान है, परम ज्ञान शिक्षा से नहीं तत्त्वचिंतन से प्राप्त होता है। अतः सनक, सनातन, सनंदन तीनों शिशुवत होते हुए अनंत काल से विद्यमान हैं और परमज्ञ हैं। वास्तव में ये भूत, वर्तमान और भविष्य को चिर शिशु के रूप में कल्पित करने और काल के प्रतिरूप होने के कारण सर्वज्ञ मानने की उनकी अपनी प्रतीक योजना है। पर रोचक है भाग्यफल बताने वाले तोते या नंदी का इतिहास। यह भी वैदिक काल से चली आ रही परंपरा है, जिसमें मछलियों, सार्पराज्ञी या धरती, गायत्री रूपा वाणी और नारायण, परमेष्ठी आदि को पात्र बनाया गया है। उपनिषदों में विविध मनोभावों के मूर्त रूप पीपल का गोदा खाने वाले, पैप्पलाद या तोता, लोभ मोह से वीतकाम होकर खटारे में लदे हुए माल को ढोने वाले गधे (रेंकने वाले रैक्व), श्वेताश्वतर या निर्मल खच्चर, गूलर का फल खाने वाले औदुंबर आदि को उपदेशक बनाया गया है। सत्यकाम को तत्त्वज्ञान कराने वाले कौन हैं? साँड़, आग, हंस, मद्गु (पानी में गहरा गोता लगाने वाला पक्षी) आदि! और सत्यकाम के आचार्य हारिद्रुमत तो टहनी पकड़कर उल्टा लटके रहनेवाले हारिल होने के साथ साँड़ होने का भी भ्रम पैदा करते हैं। ऐसी स्थिति में जाबाला भी मात्र प्रतीक हुई—गर्हित से गर्हित अवस्था में जीवन यापन करनेवाली स्त्री का पुत्र, जो वर्णसंकर की भी पराकाष्ठा है, उसके मन में यदि तत्त्वज्ञान की ललक हो तो वह इसे प्राप्त कर सकता है। सत्यकाम के तो नाम से ही प्रकट है तत्त्वज्ञान की उत्कट कामना रखनेवाले व्यक्ति। परंतु इनको इतना जीवंत बना दिया गया है कि ये ऋषियों जैसे लगते हैं।

कोसंबी ने अपने गहन गोत्र विचार में इस प्रतीक योजना को नहीं समझा। तत्त्ववेत्ताओं के अपने अलग अलग संप्रदाय बनने की बात उन्हें नहीं समझ में आई उन्हें व्यक्ति मान लिया और फिर उनके संप्रदाय की परंपरा से जुड़े लोगों को उनका वंशधर मान लिया। अतः उनके गोत्रादि के विवेचन भी, जिन पर उन्होंने इतना श्रम किया है, चमत्कृत तो करते हैं, परंतु आलोकित नहीं करते। यदि कोसंबी ने उपनिषदों के शांकर भाष्य पर दृष्टि डाली होती तो उन्हें पता होता कि उपनिषदों के तत्त्वविद् काल्पनिक हैं। शंकराचार्य ने इन्हें आख्यायिका कहा है। शंकर का यह विवेचन सही है इसे इस तथ्य से भी समझा जा सकता है कि जिस त्वाष्ट्र के वध का अंकन कोसंबी के अनुसार हड़प्पा की एक मुद्रा पर हुआ है, जो ऋग्वेद में वर्णित है, उसे उपनिषद् में एक ऋषि के रूप में प्रस्तुत किया गया है।[22] कोसंबी का ध्यान मुद्ग नामक उस गुरु पर भी नहीं गया, जिनका भी गोत्र नाम मुद्गल आज तक चलता है। परंतु मुद्गलानी का उल्लेख ऋग्वेद में भी है अतः ये कहानियाँ भी एक अधिक व्यापक काल प्रसार में ही समझी जा सकती हैं। कोसंबी इसके अभाव में श्वेतकेतु और गालव की ऐतिहासिकता को भी नहीं समझ पाते जिन्हें वह उत्तर वैदिक काल में पहुँचा देते हैं जबकि श्वेतकेतु को विवाह संस्था का जन्मदाता कहा जाता है। विवाह संस्था ऋग्वेद के प्राचीनतम मंडलों में भी कितनी पुरानी संस्था बन चुकी है, स्त्रियों को किस तरह परदे में रखा जा रहा है, इसका अलग से उल्लेख आवश्यक नहीं। अतः उपनिषद में भी यह पात्र बनकर ही आते हैं। अति प्राचीन अवस्था के 'इतिहासपुरुष'

और नए ब्रह्मज्ञान के लिए उत्सुक। यही श्वेतकेतु जनमेजय के नागयज्ञ के पुरोधा बनाए गए हैं। ये पात्र हैं, व्यक्ति नहीं यह महाभारत में भी स्पष्ट है क्योंकि इन्हें गालव का पुत्र बताने के साथ, इंद्र की सभा में रहकर उनकी उपासना करनेवाला भी बताया गया है (सभापर्व, 7.12)। कोसंबी को उपनिषद की भाषा में कहें तो शब्दज्ञान है, परिप्रेक्ष्य का ध्यान नहीं है। और इसका कारण पाश्चात्य स्रोतों पर उनकी निर्भरता है, न कि सतर्कता की कमी। परंतु जिस जर्मन और फ्रेंच ज्ञान को वह इतिहासकार के लिए वह अपरिहार्य मानते हैं, वह बाधक है न कि साधक। यदि मूल पाठ सुलभ हो तो एक अध्येता का सीधा साक्षात्कार उससे होना चाहिए, न कि उसके विषय में मतामत जानने और पूर्वग्रहीत हो जाने के बाद उसका रंगीन या धुँधला पाठ।

यदि कवि अपनी ओर से वे अनमोल विचार रखे जो गीता में श्रीकृष्ण से कहलवाए गए हैं, तो उस पर तर्क-वितर्क संभव है, परंतु उसके लिए जब वह युद्ध की आपातिक स्थिति तैयार करता है और नाटकीय कथोपथन का आयोजन करते हुए कृष्ण को पात्र बनाकर वे ही बातें कहता है और उस कथन को और प्रभावशाली बनाने के लिए वह कृष्ण को काल का मूर्त रूप, योगेश्वर आदि बताकर उनके विश्वरूप को उपस्थित करता है तो उसका प्रभाव तर्कातीत, युगातीत और लोकातीत हो जाता है।

भारतीय साहित्य में त्रिदेवों में से किसी का प्रकट हो जाना, कोई वर देना या समझाना, वटु या ब्राह्मण का भेस बनाकर परीक्षा लेना, आश्वासन देना और फिर लुप्त हो जाना या उनका धरती पर अवतार ले लेना, कथ्य को अधिकतम जनों तक प्रचारित करने का विधान है।

प्रभावोत्पादन की इसी युक्ति के कारण विश्वामित्र, वसिष्ठ, भरद्वाज, परशुराम, हनुमान आदि चरित्र ऋग्वेद से लेकर रामायण और महाभारत तक लगातार दुहराए जाते हैं। रामायण और महाभारत में उनका चरित्र और स्थान तक अलक्ष्य बाध्यताओं के कारण बदल जाता है, परंतु इतना अधिक नहीं कि पहचान बदल जाए। प्रभाव के लिए अतिमानवीय सत्ताओं, जैसे—मछलियों, साँपों, मेढकों आदि को पात्र बनाया गया। इसका ही विकास, इन्हीं कारणों से, जंतुकथाओं—फेबल्स—में हुआ। बोधिसत्व के पूर्वजन्मों में विविध प्राणियों के रूप में जन्म लेने की कथाओं में भी उसी युक्ति का प्रयोग किया गया। परंतु जंतुकथाओं का इतिहास ऋग्वेद से पीछे तक जाता है अतः हमें यह जानना चाहिए कि बुद्ध के सिद्धांतों की जड़ें ही नहीं, उनके द्वारा प्रचार के लिए अपनाई गई युक्ति की जड़ें भी भारतीय सांस्कृतिक धारा में बहुत गहरे उतरी हुई हैं।

अतः भारतीय इतिहास के अध्ययन का एक पक्ष यह है कि किस काल की कृतियों में किसी चरित्र का किस रूप में अंकन हुआ है। यह किन अपरिहार्यताओं की देन है और इसका क्या प्रभाव पड़ा। जो सूक्ष्म बदलाव किए जाते हैं उनके पीछे इतिहास की एक तरह की सच्चाई है और वर्तमान की दूसरे तरह की छाया। अतः भारतीय साहित्य में ऐतिहासिक सच्चाई के इतने गहन, जटिल और विविधतापूर्ण स्तर हैं कि इसको समझने में आक्रामकता की नहीं धैर्य की जरूरत है। धैर्य और सावधानी की इससे भी अधिक

जरूरत इसके प्रसार और रूपांतरण पर भी लागू होती है।

ग्रीक साहित्य में उसके देवों और देवियों की भूमिका से हम परिचित हैं। यदि यह सब किसी एक स्रोत से प्रेरित है तो वह कौन सा हो सकता है इसे कालक्रम, भूगोल और देशज परंपरा के आधार पर तय करना कठिन नहीं है। हमें जो बात आज तक मालूम नहीं है, वह है लघुएशिया में पहुँच कर वहाँ अपनी धाक जमाने वाले जनों की साहित्यिक गतिविधियाँ जो वैदिक परंपरा का विस्तार रही हैं और जिनके माध्यम से यह पहले पश्चिम एशिया में फैला और फिर ग्रीस में। होमर एशियाई ग्रीक था, इसे हम जानते हैं। वह इस अज्ञात कड़ी को कुछ और उजागर करने में सहायक अवश्य हो सकता है, परंतु अभी तक इस दृष्टि से उसकी कृतियों का अध्ययन विवेचन हुआ ही नहीं।

इतिहास की स्रोत सामग्री के रूप में मंत्र, तंत्र, कर्मकांड आदि की सूचनाओं का भी उपयोग हो सकता है यह कोसंबी का अपना योगदान था और इसका वह असाधारण उत्साह से उपयोग करते हैं। यह ऐसा क्षेत्र है जिसमें एक ही क्रिया के साथ धुंध की कई परतें जुड़ी होती हैं और इनकी भिन्न-भिन्न व्याख्याएँ हो सकती हैं, अतः इनको आधारभूत स्रोत न मानकर पूरक साक्ष्य के रूप में उपयोग करना अधिक समीचीन है। कोसंबी इन्हें ही अपनी व्याख्या से प्रधान बना देते हैं और फिर जो अपेक्षाकृत अधिक विश्वसनीय स्रोत हैं उनकी जाँच इसकी सापेक्षता में करने लगते हैं और संगति न पाने पर प्रधान स्रोत को ही खारिज कर देते हैं।

स्थानीय परंपराओं के विषय में उनकी आशंका सही है कि 'इनको मिलाने और सार्विक बनाने के विनाशकारी परिणाम कई रूपों में प्रकट होते हैं। इनमें से एक है कि एक ही समय में घटित घटनाओं को एक नकली क्रम में रख दिया जाता है और इससे कालक्रम के ढाँचे की नींव ही चरमरा जाती है।'[23]

वास्तव में किसी भी स्रोत को आँख मूँदकर स्वीकार नहीं किया जा सकता। उसकी बारीकी से पड़ताल आवश्यक है। यह बात कुछ दूर तक वर्तमान के सबसे सशक्त संचार माध्यमों पर भी घटित होती है। प्रश्न यह है कि हम उनकी छानबीन करने पर जो कुछ जान पाते हैं उसको अधिक प्रामाणिक बनाने में कहाँ-कहाँ से क्या सहायता मिल सकती है। दूसरे यह कि छानबीन के क्रम में हम सत्य को झुठलाने और अपने मनोगत के पक्ष में तर्क जुटाने के लिए तो उनका निषेध नहीं कर रहे हैं। जहाँ तक कालक्रम के ढाँचे का प्रश्न है, इसको कोसंबी ने अपने दुराग्रहों के कारण जितना अस्थिर बनाया है उतना पार्जिटर ने भी न बनाया होगा, जिनकी आलोचना करते हुए कोसंबी ने यह बात की है। कोसंबी ने उनके विवेचन में प्रकट अंतर्विरोधों की जो चर्चा की है, वह सही है, परंतु इसी से यह भी प्रकट है कि किसी भी कथन या अभिलेख के अंतर्विरोधों और असंगतियों को उजागर करते हुए हम उनके झूठ और सच तक पहुँच सकते हैं। उनको यथातथ्य मानकर नहीं। कोसंबी अपने पूर्वग्रह के अनुरूप पाने पर उनको आँख मूँदकर अपना लेते

हैं या नाममात्र का बदलाव करके उसको तथ्य के रूप में ग्रहण कर लेते हैं।

कोसंबी की सबसे बड़ी समस्या पच्छिम की लादी को पूर्व की पीठ पर लादने की है जिसके प्रतिनिधि वह स्वयं बनकर उसे अपनी पीठ पर ले लेते हैं। दूसरी समस्या उसे निष्ठापूर्वक गंतव्य तक पहुँचाने की है। लादी अपने असंतुलन से ही सरकने लगती है। वह वस्तुपरक होते तो उसे उसके अपने ही असंतुलन या अंतर्विरोध से गिरने को छोड़ देते और भारवाही की कोटि से मुक्त हो जाते। परंतु वह उस सरकती हुई लादी को सँभालने के लिए अपनी रीढ़ टेढ़ी कर लेते हैं और अकादमिक विकलांगता के शिकार हो जाते हैं।

उनका कालबोध इसलिए अकालबोध में बदल जाता है कि वह अपने को ही कालदेव मान बैठते हैं। वह केवल वैदिक सभ्यता के प्रसार काल को ही ताबीज में उतारने की कोशिश नहीं करते, उसके दूसरे पहलू, हड़प्पा सभ्यता को भी वैसी ही ताबीज में उतारने की कोशिश करते हैं। वह केवल वैदिक संस्कृति और सभ्यता के निर्माताओं को ही आक्रमणकारी नहीं मानते, हड़प्पा सभ्यता के निर्माताओं को भी आक्रमणकारी अथवा बाहर से आया हुआ सिद्ध करते हैं। इसका एक पक्ष यह है कि आर्यों और द्रविड़ों के 'आने' से पहले यहाँ हैवानों की बस्ती थी। सभ्यता के उत्थान और निर्माण में उनकी कोई भूमिका हो ही नहीं सकती थी। अतः हैवानों के इस देश में कुछ सभ्य लोग अल्प संख्या में आए होंगे, और उन्होंने ही स्थानीय युक्तियों का उपयोग करते हुए एक सभ्यता का आधार रखा होगा। दक्षिण एशियाई भूभाग में तब तक हड़प्पा से पूर्ववर्ती स्थलों का पता नहीं चला था। अब जब इसका इतिहास सातवीं-आठवीं सहस्राब्दी तक जा रहा है और हड़प्पाई लक्षणों का बहुत बड़े क्षेत्र में स्फुरण उससे चार-पाँच हजार साल पहले से होता प्रमाणित हो रहा है तो सभ्यता के उद्‌भव की कहानी ही बदल गई है। पहले इसे बीच से, अर्थात सुमेरिया से आरंभ करना होता था जहाँ एक बनी-बनाई सभ्यता लेकर कुछ लोग पहुँचे थे और अपनी सत्ता स्थापित की थी, अब हम उससे ढाई तीन हजार साल पहले की नींव के पास पहुँच रहे हैं।

कोसंबी अपने तर्क बल से उपनिषद काल को बौद्धकाल के बाद का सिद्ध कर देते हैं। बौद्ध साहित्य में इसकी महिमा के लिए गढ़ी गई कहानियों की आलोचना तक नहीं करते। अहिंसा के सिद्धांत को ब्राह्मणवादी यज्ञ के विरोध में उत्पन्न सिद्ध कर देते हैं। एक लंबे दौर में घटित घटनाओं के पीछे की भौतिक और आर्थिक परिस्थितियों को समझने की इच्छा तक नहीं प्रकट करते। वह भूल जाते हैं कि किसी नए विकास का भी एक इतिहास होता है, आर्थिक आधार होता है। वह हठात् पैदा नहीं हो जाता।

अपने आर्यवादी आग्रहों के कारण कोसंबी यदि वैदिक सभ्यता या कहें हड़प्पा सभ्यता के साहित्यिक, वैचारिक, सामाजिक पक्ष को नहीं समझ सके तो इसके लिए उन्हें क्षमा किया जा सकता है, परंतु वह हड़प्पा सभ्यता को भी नहीं समझ सके, जिसके पुरातत्त्व से वह परिचित थे, और पुरातत्त्व को ही वह इतिहास के विवेचन के लिए सबसे विश्वसनीय, कहें निर्णायक तत्त्व मानते थे[24], तो उनके इतिहासबोध पर भरोसा कम होता है। विस्तार से बचते हुए कहें तो :

1. वह यह न समझ सके कि हड़प्पा का अर्थतंत्र क्या था? वह मानते हैं कि हड़प्पा कालीन किसान मिस्र और मेसोपोटामिया के किसानों की तरह केवल नदी की रेती में खेती करता था। यह दोनों की भूभौतिक संरचना को समझने में उनकी असमर्थता को प्रकट करता है। दजला और फरात के क्षेत्र में बरसात नहीं होती। वहाँ उनके ग्रहण क्षेत्र की बर्फ पिघलने से गर्मी में बाढ़ आती है। नदी के उफान के साथ पानी दूर-दूर तक फैल जाता है, जहाँ नहीं फैलता था वहाँ इसे नहर और परनाले काटकर पहुँचाया और रोककर रखा जाता था। यही हाल मिस्र का था जहाँ नील नदी की बाढ़ से जो इतनी नियमितता से आती थी कि इससे वर्षगणना तक की जा सकती थी, जल उपलब्ध होता था। इसलिए इसके कछार क्षेत्र में फैलने के बाद पानी के उतरने पर कछार में बीज बिखेरकर उस पर सूअर दौड़ाए जाते थे और हल, बैल, पटेले की आवश्यकता न होती थी। परंतु भारत में सिंधु सभ्यता काल में खेती नदी उपत्यका तक सीमित न थी। यहाँ जल के भंडारण, दोहन और सदुपयोग की एक समझ थी जो अन्य सभ्यताओं में नहीं मिलती क्योंकि वहाँ भूतल जल उपलब्ध न था। कोसंबी के जीवनकाल में इसके सभी पक्ष भले उजागर न हुए हों परंतु विविध दायरों के कुओं का निर्माण, जलाशयों का निर्माण तो उनकी जानकारी में था ही। इससे यह प्रकट होता है कि खेती कछारों तक सीमित न रह गई थी। और इसका विस्तार उन क्षेत्रों में भी हो गया था जहाँ जल की उपलब्धता के लिए कृत्रिम और नैसर्गिक दोनों साधनों का उपयोग किया जा रहा था। कोसंबी ने स्वयं बच्चों के खिलौने के रूप में मिले एक माडल का जो हल है, उल्लेख किया है। उसकी पुष्टि कालीबंगा के हड़प्पापूर्व चरण से, कालीबंगा की बसावट से पहले के स्तर से मिले हलाई के निशानों से भी होती है। कोसंबी का ध्यान इस ओर नहीं गया, पुष्कर की ओर गया भी तो काल्पनिक रति-विलास के लिए।[25]
2. कोसंबी यह मानते हैं कि हड़प्पा सभ्यता में अतिरिक्त उत्पाद कम होता था। हमने ह्वीलर को ही आधार बनाकर स्थिति इससे उलटी पाई थी :

> "हम हड़प्पा सभ्यता और मोहेंजोदाड़ो में सुव्यवस्थित और कोटरबंद अन्नागार पाते हैं जिनके फर्श का क्षेत्रफल ही लगभग 9000 वर्गफुट है और जिनसे अन्न के भारी भंडार का पता चलता है। पश्चिम एशिया के नगरों में कहीं इतने विशाल अन्नागारों का प्रमाण नहीं मिला है। ऊर के एक अभिलेख में एक अन्नागार में 4220 दिनों की मजदूरी संचित करने का उल्लेख है, दूसरे में 10,930 मानव दिवसों की मजदूरी संचित रखने की जिम्मेवारी कोषपाल को दी गई है जो तीस मजदूरों के पूरे साल की मजदूरी हुई। एक अन्य विवरण में पाँच अन्नागारों का जिक्र है जिनमें से प्रत्येक में दो टन अनाज अर्थात् कुल दस टन अनाज के भंडारण का उल्लेख है।"[26]

3. अतः कोसंबी का यह कथन कि अतिरिक्त उत्पादन की कमी के कारण ही

हड़प्पा सभ्यता का विस्तार न हो सका, यथार्थ के विपरीत है। इसका देसी प्रसार क्षेत्र मिस्र और मेसोपोटामिया के योग से अधिक है और विदेशों में केवल इसी की उपस्थिति दिखाई देती है, अन्य किसी की नहीं। इस उपस्थिति को अभी तक हड़प्पाई उपादानों की सुलभता के आधार पर ही आँका गया है, परंतु अब इसका वैदिक सभ्यता से अभेद स्थापित हो जाने के बाद इसे आर्यभाषा के प्रसार क्षेत्र के रूप में भी देखा जाना चाहिए[27] जो एक ओर लिथुआनिया और लैटविया तक, दूसरी ओर लघु एशिया तक, और तीसरी ओर पश्चिमी चीन तक फैली थी। आगे यूरोप की ओर इसका प्रसार आर्य और तद्देशीय बोलियों के अधस्तरीय प्रभाव का परिणाम है जिसमें हड़प्पा सभ्यता से सीधे जुड़े लोगों की अपनी सक्रिय भूमिका न थी और यह प्रसार बहुत मंदगति से उन देशों में जागरूकता आने के अनुपात में हुआ। कोसंबी ने भारतीय भूभाग में आर्य भाषा के विषय में एक बहुत रोचक बात कही है, "आर्यों की सीधी विजय ही नहीं, उनके संपर्क में आने की प्रतिक्रिया भी पुरानी संस्कृतियों को समाप्त करने और साथ ही भारत में विद्यमान आदिम वन्य जनों को बदलने के लिए पर्याप्त थी।"[28] हम इसमें केवल इतना ही जोड़ना चाहेंगे कि यह परिघटना केवल भारत तक सीमित नहीं रही। यूरोप का भी भारोपीयकरण इसी प्रक्रिया का परिणाम था। इसके दो केंद्र थे। एक लिथुआनिया, लैटविया और स्लाविया से आगे और दूसरा लघु एशिया और क्रीत से आगे।

4. कोसंबी हड़प्पा सभ्यता की समृद्धि, प्रसार और तत्कालीन सभ्य और आदिम समाजों पर उसके दबदबे को नहीं समझ पाए। हड़प्पा सभ्यता की महिमा गाने वाले और वैदिक और हड़प्पा सभ्यता की अभिन्नता के कायल हो चुके पुरातत्त्वविद् भी आज तक इस भौतिक, बौद्धिक और सांस्कृतिक गतिविधियों को जोड़कर इसका महत्त्व नहीं आँक पाए। यह पुरानी मान्यताओं के दबाव का असर है। परंतु जिस तथ्य को कोसंबी ने सबसे भोंड़े रूप में प्रस्तुत किया वह थी हड़प्पा और वैदिक को अलग करने के लिए इनमें कालगत और दायगत विच्छिन्नता। इसे हम इतिहास का भग्नचेत विवेचन (सीजोफ्रेनिक इंटरप्रेटेशन) कह सकते हैं।

इसका परिणाम यह रहा है कि कोसंबी ही नहीं, दूसरे सभी विद्वान जिनमें दक्षिणपन्थी विद्वान भी आते हैं, भारतीय, और मोटे तौर पर कहें तो विश्व सभ्यता के उद्रेक और निर्माण की प्रक्रिया को समझने में विफल रहे। वह भारत से लेकर दक्षिण पूर्व तक फैले दक्षिणदेशीय (आस्ट्रोएशियाटिक) जनों की सभ्यता के निर्माण में किसी भूमिका का ही निषेध कर बैठते हैं[29], जबकि उसी सांस्कृतिक पृष्ठभूमि से निकले असुरों की भूमिका देव परंपरा में उनसे स्पर्धा के बावजूद बार-बार दुहराई गई है और यह कहा गया है कि नगर और दुर्ग निर्माण में अग्रणी भूमिका उन्हीं की थी।

पश्चिमी एशिया के संदर्भ में कोसंबी कम से कम यह मानने को तत्पर होते हैं।

वह बताते हैं कि असुरों का असीरिया से संबंध मानें या न मानें, उन्हें एक मानव समुदाय तो मानना ही चाहिए। वह यह तर्क देते हैं कि जितनी ही पुरानी घटना होगी उसके दैवीकरण की प्रवृत्ति उतनी ही बलवती मिलेगी। असुर अपार्थिव सत्ता नहीं थे, वे एक जन थे। वह ऋग्वेद से भी इसकी पुष्टि में कुछ ऋचाएँ उद्धृत करते हैं[30], परंतु वह यह नहीं देख पाते कि अपने को असुर कहनेवाले असीरियाई ही नहीं हैं, भारत का एक आदिम जन भी है और उसकी बोली उसी समुदाय की है जिसे कोसंबी हैवान कहते हैं और जिसे सांस्कृतिक योगदान में सर्वथा अक्षम मानते हैं। हड़प्पा सभ्यता के निर्माण में उसकी महत्त्वपूर्ण भूमिका थी, यह उसकी जातीय स्मृति में आज भी जीवित है। जिस तर्क से और जिस प्रकार असुरों को एक मानव समुदाय मानना जरूरी है उसी तर्क और न्याय से देवों को भी एक मानव समुदाय मानना अपरिहार्य है। कारण उनके विषय में ब्राह्मणों में जितनी ठोस और विश्वसनीय सामग्री उपलब्ध है, उसकी तुलना में असुरों के विषय में उपलब्ध जानकारी कुछ कम है।

परंतु देवों को एक मानव समुदाय मानने और उनकी इसी धरती पर असुरों से प्रतिस्पर्धा की पुरातन स्मृतियों को समझने के लिए जिस कालविस्तार की आवश्यकता थी उसका कोसंबी के पास अभाव था। इसके कारण उस विशेष इतिहास के लेखन की, जिसे वह उत्पादन के साधनों और संबंधों को दर्शाने वाला मानते हैं, सबसे विश्वसनीय और सबसे प्राचीन और बहुपक्षीय जानकारी रखते हुए भी वह उसका उपयोग नहीं कर पाते। आश्चर्य होता है कि कोसंबी ब्राह्मण, ब्राह्मणवाद, गोत्र-प्रवर-शाखा और गोमांस भक्षण के लिए जिन कृतियों को खंगाल चुके हैं, उनमें ही उपलब्ध कृषि के आरंभिक प्रयोगों, देव समाज की गतिविधियों, उनकी मूल्य व्यवस्था आदि के विषय में उपलब्ध विश्वसनीय सूचनाओं की अनदेखी क्यों कर जाते हैं? ऋग्वेद में भी यह हवाला है कि देव अपने साथ अपने जत्थे को लिए हुए पेड़ों को काटते हुए आए। उन्होंने उपयोगी लकड़ी को जलधारा में पहुँचाया और झाड़-झंखाड़ को जला दिया। कृषि के आविष्कार, प्रसार और एक भरोसे योग्य जीविका के रूप में स्थापित करने के प्रमाणों के होते हुए भी कोसंबी के ध्यान में यह बात क्यों न आई? वह इनके खंडन के लिए भी इनका हवाला क्यों नहीं देते?

पश्चिम की अग्रता की वकालत में वह जिस तरह के समीकरण करते हैं उसका एक नमूना है, 'जहाँ हम्मुरबी के विधान में विद्यमान संबंधों का विवेचन है, नारद (स्मृति) के मामले में कोई यह तय नहीं कर सकता कि यह कितना परंपराधारित है और कितना निरी कल्पना।'[31] नारद स्मृति में परंपरागत सत्य और कल्पना का मेल हो सकता है और स्मृतियों को युगानुरूप बनाने के क्रम में नए के समावेश और उसे युगयुगांतर से चली आनेवाली मान्यता के रूप में प्रस्तुत करना भी जरूरी था। यह कुछ विचित्र ही है कि ऋग्वेद में जिन नियमों का प्रतिबिंबन है वे अधिक लोकवादी है। इनके विस्तार में हम यहाँ नहीं जाएँगे। कोसंबी ने इस विधान को अवश्य देखा होगा कि 'यदि कोई व्यक्ति खरीदने के बाद विक्रेता से आकर कहता है कि मैं तो ठगा गया। तुम अपना माल ले

लो और मुझे मेरा धन वापस कर दो तो, इसे नहीं माना जाएगा; बिक्री के समय जो कुछ तय हुआ था वह अपरिवर्तनीय है।' यह उन अनेक विधानों में से एक है जिनका हवाला ऋग्वेद में आया है।

सन्दर्भ सूची

1. Anyone can enjoy a good translation of Polybius, Livy, or Tacitus for the clarity of style, restraint in panegyric, unadorned narative. Nevertheless, for a real history of Rome, one would have to read Theodor Mommsen's Romische Geschichte, or the corresponding volumes of the Cambridge History. Only a part of the difference is due to comparision of several writers. The results of internal and external text criticism are perhaps seen at their best in Grote's History of Greece, with its patient; beautifully written. Enduringly useful analysis of Athenian democracy. Mere textual erudition does not suffice to explain the greatness and validity of such a magnificent individual effort as Eduard Meyer's Geschichte des Altertums, let alone the works of cooperative scholarship on the history of antiquity that now hold the field. Intro. 3.
2. In the first place, our sources have been thoroughly discussed by able scholars in Europe, from Lassen down to the present day; perhaps the inability to follow a general discussion in European languages other than English affects the writers here but they manifest a singular reluctance even to state, let alone come to grips with many of the difficulties. What Constitutes Indian History, A review of The History And Culture Of The Indian People
3. We have not the dates and episodes which fill out European history. No chronicles, afmily records, church annals are to be found-a symptom oflocal rustic production, the idiocy of village life as lived from year to year, absence of the trader's influence. We have therefore to abandon the scissors-and-paste method. Our history has to be written without solid documentation of episodes, in large outline. At the same time treating history as a science, regarding it not as successive waves of emergency or acts of god but the combined effect of human effort enables one to realize that the future is not a blank, that a correct analysis of present afctors tells us what is to come, and may enable us to make history. After all, the real history of man can only begin with a universal classless society. Stages of Indian History 71
4. It is doubtless more important to change history than to write it, just as it would be better to do something about the weather rather than merely talk about it.
5. No historian can say everything that happened, having often to select from Sources that have already selected what seemed important enough for them to be recorded. Thus the conception of what constitutes history changes with the times, with the class in power. What Constitutes Indian History 794
6. history is the development in chronological order of basic changes in the means and relation of production. Any other type of history deals only with the superstructure, not with essentials. (बल कोसंबी द्वारा) तत्रैव।
7. It doesn't matter if king Tweedledum succeeded Tweedledee, or the reverse: but whether the production and use of iron was first developed under Dum or Dee is a problem of a totally different order of importance, which might then make it essential to determine which of the two came first.

8. Digging up the past tells us a good deal about the instruments' of production. To work back from the houses, grave-goodl. tools, and utensils found by' the archaeologists to the former productive relations, usually relations between classes and groups. needs a study' of ethnography. Introduction…7
9. The chief reason for censure is that they try to initiate a completely new type of Indian history, but succeed only in replacing foreign bourgeois prejudices with those of the Indian bourgeoisie. तत्रैव।
10. To put it bluntly, we cannot possibly dream of matching a European history of some European region in scope, detail, chronological accuracy. वही।
11. We shall have to adopt some other norm of historiography or become ridiculous as when maintaining (2, chap. x) that king Vikrama of 57 BC existed be cause there is no evidence that he didn't. वही।
12. I find it difficult, in spite of having read Arnold Toynbee, to handle such impondrables as certain of my countrymen think necessary for the historian: the Indian soul, race memory, the victory of ideals, the innate glory of the four-caste system, and so on. An Intro.27
13. Asia has two vital sources of civilization from which all its countries have drawn their inspiration: China and India. It is therefore reasonable to inquire what it was about India that was characteristic, to ask ourselves wherein the history of India differs from that of other countries. Stages of Indian History 59
14. Much that has been talked about India's glorious past, unhampered by afct or common sense, is even more free than Indian elections. The Culture, Preafce.
15. In India, there arose a class of armed barons who expropriated the surplus for trade; in Kasmir,…'Origins of Feudalism in Kashmir, … Combined Methods in lndology, 295; See also p., 296.; 301 and 307 Fn..
16. The main idea back of the suggestion is that people who live alike tend often to act and to think alike, especially if their historical development has followed parallel courses. Combined Methods in Indology, p.3
17. Even the Sanskrit langauge is so indefinite, with so many meanings for each word in literary usage, and virtually no meaning at all for the surviving technical terms, that the same phrase can give a dozen different translations; even now, no one can explain convincingly what the bhumicchidranyaya of copper-plate charters really meant. वही।294
18. Even the Sanskrit langauge is so indefinite, with so many meanings for each word in literary usage, and virtually no meaning at all for the surviving technical terms, that the same phrase can give a dozen different translations; even now, no one can explain convincingly what the bhumicchidranyaya of copper-plate charters really meant.
19. चित्र इद्राजा राजका इदन्यके यके सरस्वतीमनु। पर्जन्य इव ततनद्धिवृष्ट्या सहस्रमयुता ददत् ॥ 8.21.18
20. देखें, भ. सिंह, भारतीय सभ्यता की निर्मिति, 2004
21. Though a religious work, the Bible retains afr greater historical and archaeological value than any similar Indian book, because the people who transmitted it had continuous contact with the site and were used to describing places and events with a trader's accuracy. An Introduction to the Study of Indian History, p.4. Culture and Civilization of India, 76

22. This son Tvastra appears, nevertheless, as one of the earliest Upanisdic teachers. Intro., 90
23. The disastrous consequences of combining and universalizing local traditions are manifested in several ways. The first is that simultaneous events are arranged in a fictitious sequence, thus cracking the very foundations of a chronological structure. On a Marxist Approach to Indian Chronology 50
24. Only primary archaeological work can help us to evaluate the content, to fix the meaning of our written sources. On a Marxist Approach to Indian Chronology51
25. Lal, B.B. and B.K.Thapar 1967 `Excavations at Kalibangan, New Light on the Indus Civilization', Cultural Forum, 9, 4, PP. 78-88.
26. हड़प्पा सभ्यता और वैदिक साहित्य, 2010 सं., पृ. 86.
27. भगवान सिंह, हड़प्पा सभ्यता और वैदिक साहित्य, राधाकृष्ण, नई दिल्ली, 1987, खंड 2।
28. Not only direct conquest but the mere reaction to contact with Aryans sufficed to kill the older culture as well as to change the primitive forest tribes that also existed in India. This Aryanization continued in all marginal areas almost to the present day. Stages of Indian History 62
29. ध्यान रहे कि उनकी यह मान्यता उनके ही चिंतन के विरुद्ध जाती है और जिस दर्खीम-लेवी-बूल के समाजशास्त्र की (the Durkheim-Levy-Bruh1 type of sociology which takes 'pre-logical' mentality as a fixed characteristic of certain ethnic groups, not as the concomitant of the various stages of development through which the particular group reached its actual level of social production) वह आलोचना करते हैं उससे मेल खाने लगती है।
30. One is sometimes tempted to equate asura with Assyrian. It would make better sense to regard the Asuras as human, if not Assyrians, at least in x.138.3, ii.30.4 and vii.99.5, for the interpretation that these Asuras were gods worshipped by the foe is quite unconvincing. Their traditional battle-cry helayo helayah, reported by Patañjali as an example of barbarous speech, is still afmiliar and recog nizable in 'Hallelujah.' As a general principle, however, we may note that the more remote the event, the greater the tendency to regard it as super-human rather than human. On the Origin of Brahmin Gotras, 108
31. whereas a code like that of Hammurabi deals with existing relationships, one can never be certain with works like Narada just how much is traditional or even purely imaginary .

छह

मौलिक उद्भावनाएँ

एक विद्वान की विश्वसनीयता उसी अनुपात में बढ़ती या घटती है जिस अनुपात में वह मौलिकता से बचने का प्रयत्न करता है। यदि आधार सामग्री भी गढ़ या बदलकर तैयार कर ली जाए और व्याख्या भी इतनी मौलिक हो कि एक स्थल की अपनी ही व्याख्या दूसरे स्थल पर खंडित हो जाए तो दावे मनमाने किए जा सकते हैं, परंतु उन पर विश्वास वे ही करेंगे जिनको मूल का पता न हो और व्याख्या भी आदि से अंत तक न देखी हो। सूचनाएँ अधूरी होती हैं, कई स्रोतों से ली हुई होती हैं, और भ्रामक भी होती है अतः उनमें सामंजस्य लाने के लिए या उनके आधार पर एक विश्वसनीय चित्र बनाने के लिए इतिहासकार को कल्पना का सहारा लेना पड़ता है। परंतु यदि हम जो चित्र बनाएँ वही विचित्र लगे, तथ्यों से अनमेल लगे, अविश्वसनीय लगे, उसका समर्थन संदिग्ध प्रकृति के साक्ष्यों से किया गया हो और उसे मनोग्रस्तता वाले विश्वास से प्रस्तुत किया जाए तो मौलिकता मूलोच्छिन्न हो जाएगी। ऐसी मूलोच्छिन्न मौलिकता पर हमारा इतिहास जेम्स मिल के बाद से लगातार चलता आया है अतः कोसंबी का दोष केवल यह है कि उन्होंने उसे पराकाष्ठा पर पहुँचा दिया। इतिहासकार सत्य तक पहुँचने के लिए नए साक्ष्यों की खोज करता है, कोसंबी अपनी मौलिक उद्भावना को सच बनाने के लिए पहले से उपलब्ध साक्ष्यों को नष्ट करते हैं। तरीका भी मौलिक!

दो आर्य आक्रमणों का सिद्धांत

हार्नल (Hornle) ने उन्नीसवीं शताब्दी के सत्तर के दशक में आर्यों के दो आक्रमणों का सुझाव रखा था। ग्रियर्सन ने भाषातात्विक आधार पर इसका समर्थन किया था, रामप्रसाद चंद (1916) ने नृतात्विक आधार पर इनको दो भिन्न नस्लों का आर्यभाषाभाषी प्रमाणित किया था और सुनीति कुमार चटर्जी (1926) ने अपने तर्क देते हुए इसका खंडन किया था। हमने अपने तर्क देते हुए चटर्जी सहित इस पूरी मान्यता का खंडन (1987, पृ.44-47) किया है। भाषातात्विक तर्क यह था कि मध्यदेश के चतुर्दिक् भाषाओं में कुछ ऐसी समानताएँ पाई जाती हैं जो मध्यदेश की भाषाओं में नहीं पाई जातीं। अतः ये सभी आर्यभाषी होते हुए भी दो आर्य समुदायों से संबंधित हैं। नृतात्विक तर्क यह कि परिमंडल के जन गोलाकार शिर वाले लघुकपाल हैं जबकि मध्यदेश के लंबशीर्ष। इसका खंडन सुनीति बाबू

ने पश्चिमोत्तर के लंबशीर्ष जनों का दृष्टांत देते हुए, इसके पीछे अनेकानेक आर्य बोलियों के आरंभ से ही बने रहने का सुझाव दिया था। प्रश्न यहाँ यह नहीं है कि आक्रमण हुआ था या नहीं। कोसंबी के समय में अधिकांश लोग यही मानते थे और दो आक्रमणों की बात तो एस. आर. राव (1982; 1991) भी मानते हैं जो हड़प्पा की मुहरों की भाषा को पहले जत्थे की भाषा के बोलचाल वाले रूप के निकट मानते हैं जबकि, जैसा हार्नली, ग्रियर्सन और चटर्जी सभी मानते हैं, ऋग्वेद की रचना मध्यदेश की भाषा में हुई। अतः यदि कोसंबी भी दो आक्रमणों की बात मानते हैं तो इसमें कोई अनुचित बात नहीं।

परंतु कोसंबी इसके साथ जो मनमानी करते हैं और बिना किसी प्रमाण के करते हैं, वह उनसे पहले या बाद में किसी ने नहीं की। वह बताते हैं कि ऋग्वेद के प्रधान मंडलों की रचना कुछ बाद में पहले जत्थे के आर्य आक्रमणकारियों ने की। आक्रमण का काल वह 1750 ईसापूर्व के आस-पास मानते हैं। हड़प्पा के नगरों को उनके द्वारा ध्वस्त कराने के लिए वह हड़प्पा सभ्यता का काल 3000 -1500 ई.पू. बताते हैं। कहीं वह उत्तर हड़प्पा काल को भी परिपक्व या नागर हड़प्पा के साथ जोड़ लेते हैं। ऐसा, इसी कारण से, ह्वीलर ने भी किया था। नगर ध्वंस के मामले में उन्होंने ह्वीलर के उस तुक्के को बार-बार दुहराया है जिस पर हम आगे चर्चा करेंगे। यह कुछ समय तक तीर की तरह निशाने पर लगा प्रतीत होता था, परंतु पहली ही जाँच में ह्वीलर को लज्जित होकर कहना पड़ा कि वह एक तरंग में कह गए थे। कोसंबी तब तक दिवंगत हो चुके थे। इसलिए इस विश्वास के लिए कि हड़प्पा का अवसान आर्यों के आक्रमण से हुआ था, उन्हें अधिक दोष नहीं दिया जा सकता।

परंतु दोष इसके लिए तो देना ही होगा कि दो आक्रमणों की कहानी कहनेवाले सभी क्षेत्रों के विद्वानों का यह मत रहा है कि ऋग्वेद की रचना परिमंडल की भाषा में नहीं, अपितु मध्यदेश की भाषा में हुई थी। सभी का यह दृढ़ मत था कि ऋग्वेद की रचना दूसरा आक्रमण करनेवालों ने किया था। कोसंबी मानते हैं, कि ऋग्वेद के प्रधान अंशों का काल 1500 ई.पू. के आसपास है और दूसरे आक्रमण का काल 1100 ई.पू. के आसपास।[1] दोष इसके लिए भी दिया जा सकता है कि 1750 और 1500 और 1100 ईसा पूर्व की इन तिथियों को वह आगे पीछे सरकाकर दूसरी परिघटनाओं से तालमेल बैठाने में संकोच नहीं करते। अन्यत्र वह बताते हैं कि आर्यों का पहला आक्रमण 1500 ई.पू. में हुआ था।[2] फिर इन आर्यों ने किन नगरों को ध्वस्त किया? ऋग्वेद के रचनाकाल को नीचे लाने के लिए वह पहले हमले के लिए 1500 की तिथि सुझाते हैं, और इनकी रचना उससे कुछ बाद में दिखाते हैं और नगरों का ध्वंस कराने के लिए दूसरी सहस्राब्दी के आरंभ में चले जाते हैं।[3]

कोसंबी के सामने एक दूसरी से दूर बँधी तीन रस्सियों पर संतुलन बनाकर चलने की चुनौती है। इनमें से एक है, ह्वीलर की मान्यता, मोहेंजोदाड़ो का नरसंहार करनेवाले आर्य, जिन्हें इक्कीसवीं बाईसवीं शताब्दी ईसापूर्व में होना चाहिए, क्योंकि जिस स्तर से कंकाल मिले थे उसके बाद भी बस्ती बसी रही थी; इस रस्सी का दूसरा छोर हड़प्पा के

समाधि स्थल 'एच' से बँधा है, जो निश्चित रूप से वैदिक मान्यता वाले समाज़ का समाधि स्थल था। दूसरा है रस्सी का एक सिरा 1350 ई.पू. में हत्तूशा, लघु एशिया की ऊँचाई पर बँधा है, और दूसरा सिरा भारत में इस जुगत से बाँधा जाना चाहिए कि भारत की तुलना में लघु एशिया में आर्यों की उपस्थिति अधिक पुरानी सिद्ध हो। इसके लिए जो उतार-चढ़ाव हो सकता है, वह दो तीन शताब्दी से अधिक नहीं हो सकता। तीसरी डोर का एक सिरा अवेस्ता से बँधा है, और वह इस जुगत से बाँधा जाना चाहिए कि वह ऋग्वेद से पुराना और, लघु एशिया से बाद का सिद्ध हो, परंतु भाषा से लेकर देवशास्त्र तक इतने विचलित करनेवाले संकेत हैं कि लघुएशिया का तार बरास्ता ईरान भारत से नहीं जुड़ पाता। अतः जब भारतीय सिरे पर रस्सी बाँधने की मनमानी छूट मिलती है और वह इसे 1100 ई.पू. की ऊँचाई पर बाँधते हैं, तो यह दूसरे जत्थे के पाँव के नीच बँधता है और पहला जत्था उसके ही 1750 की ऊँचाई पर बँधे सिरे से साढ़े छः सौ साल नीचे चला जाता है। इन तमाम तकाजों से रस्सियाँ कसी रह नहीं पातीं और फिर भी इन तीनों पर चलने का विस्मयकारी चमत्कार कोसंबी दिखाते हैं। वह एक पर पाँव जमाए रहते हैं, दूसरी को हाथ से पकड़े रहते हैं और जरूरत पड़ने पर उछलकर तीसरी पर पहुँच जाते हैं। और उससे भी काम न सधा तो पाँच सौ साल नीचे एक चौथी रस्सी बाँध लेते हैं। इष्टाश्व और इष्टरश्मि की व्याख्या करते हुए वह यह कहने में संकोच नहीं करते कि ये ऋचाएँ छठी शताब्दी की हो सकती हैं और इनकी रचना मेसोपोटामिया में हुई हो सकती है।[4]

इंद्र आर्यों का सरदार था

कोसंबी बताते हैं: 'ऋग्वेद में लिखा है कि आर्यों का युद्ध का प्रमुख देवता इंद्र जो कांस्य-युग के लुटेरे सरदार का एक नमूना है, अदेवों की संचित निधि को अनवरत लूटने में ही लगा रहता है।'[5] प्रमुख देवता होते हुए भी वह एक ऐतिहासिक उपाधिधारी शासक है।[6]

इस बात पर बहस हो सकती है कि इंद्र युद्ध का देवता है या व्यापार का देवता है। कारण ऋग्वेद में जीत का अर्थ है उत्पादन, कमाई, अर्जन। यह अर्थ तेलुगु और कन्नड में आज तक प्रचलित है। अंग्रेजी में भी विन का अर्थ कमाना भी होता है। इसी आशय में हम ब्रेडविनर का प्रयोग करते हैं। इंद्र स्वर्जित (प्रकाश जीतने वाले) हैं। वह जल को जीतते हैं (समप्सुजित्मरुत्वाँ इंद्र, ऋ. 8.36.1); सोम के बदले कोई चीज पाई जा सकती है, अतः सोम सहस्रजित् (स पवस्व सहस्रजित्, 9.55.4) है। –जित् में धातु जन् या प्रादुर्भाव है और संदर्भों पर ध्यान दें तो दुविधा नहीं रहेगी कि ऋग्वेद में इसका अर्थ मुख्यतया उत्पादक, अर्जक है।[7] यदि हड़प्पा के नागरिक दास हैं और उनके पास घोड़े थे ही नहीं तो इंद्र उनके घोड़े कैसे लूटते या जीतते थे? वे अश्व तो उनके अपने हैं। गाय तो ये स्वयं चराते थे फिर दासों के गाय-बैल क्यों लूटेंगे। इन्हें तो अपने ही ढोर-डंगर घेर-घार कर बचाने की समस्या होगी। इसका जवाब यह कि वे आपस में भी लड़ते रहते थे। कल्पना की हद यह है कि दासों को पर्वत पर निवास करनेवाला कहा गया है तो कोसंबी हड़प्पा के टीले को ही पर्वत बता देते हैं जो कि सुमेरी जिग्गुरात की तर्ज पर बना था।[8]

वैदिक समाज आततायियों, चोरों और लुटेरों के आतंक से डरा हुआ समाज है। वह इनसे बचाव की तैयारी भी करता है। अपने माल, माल ढोने वाले जानवरों, सहायकों और रक्षकों के साथ यात्रा पर निकलने वाले व्यापारियों को अपनी रक्षा के लिए अपने साहस से अधिक देवों की कृपा पर भरोसा रहता था।

ऋग्वेद उस समाज का साहित्य है जो ऋत और सत्य, साधु मार्ग पर चलने की आकांक्षा रखता है, सर्वत्र स्वस्ति और शांति और कल्याण (शं) और माधुर्य की कामना करता है। उसके नागरिक मनाते हैं कि उन्हें, या उनके बेटों पोतों को दूसरों की कमाई पर न पलना पड़े, चोरों, लुटेरों, तस्करों से वे आतंकित रहते हैं, उनके देवता को कोसंबी मानवशासक और कांस्ययुग का लुटेरा सरदार बना देते हैं।

इंद्र व्यापारिक सार्थों का रक्षक है। व्यापारियों का युवा सखा है, वह भटके या विदेश में जाकर संकट में पड़े हुओं को सही रास्ता सुझाते हुए वापस लाता है (य आनयत् परावतः सुनीती तुर्वशं यदुम्, इंद्रः स नो युवा सखा, 6.45.1)। वह साथ हो और युद्ध का खतरा पैदा हो जाए तो भी बिना लड़े हुए ही वह अपने साथियों को बचा कर सकुशल वापस लाता है (अयुद्ध इद्युधा वृतं शूर आजति सत्वभिः, येषामिंद्रो युवा सखा ॥ 8.45.3)।

इंद्र प्रधान वैदिक देवता इसलिए है कि वह जल लेकर भाग रहे बादलों से लड़कर, उनका भेदन करके जल बरसाता है। जल ही परम धन है। उसी से मनुष्य, पशु, पौधे जीवित रहते हैं, अतः इस वृष्टि जल का स्वामी होने के कारण वह मघवा है, मघवंतम है और उदार दानी है। यह किसानों का देवता है, चरवाहों का नहीं। वृत्र का वध भी जल से ही जुड़ा है यह तो कोसंबी भी मानते ही हैं, यद्यपि उल्टे सिरे से।

सप्तनद को बाँधना

क्या पंजाब की नदियों की धारा को बाँध कर उनके प्रवाह को रोका जा सकता है? यह असंभव काम कोसंबी की मदद से पाँच हजार पीछे जाकर आज भी किया जा सकता है। वह कल्पना करते हैं, कि सिंधु सभ्यता का कृषिक्षेत्र नदियों की घाटी तक सिमटा हुआ था। नदियों के प्रवाह को बाँध से रोक दिया जाता था। ये बाँध कभी कभी मौसमी होते थे।[9] इससे बाढ़ का पानी दूर तक फैल जाता था और भूमि उर्वर हो जाती थी। उसमें इतनी अच्छी खेती की जाती थी और इतना अतिरिक्त उत्पादन होता था कि इससे हड़प्पा सभ्यता के नागरिकों की अनाज की आवश्यकता पूरी हो जाती थी। पानी दूर तक फैलने से भूमि दलदल हो जाती थी। इससे आर्य चरवाहों को अपने जानवर चराने में कठिनाई होती थी इसलिए उन्होंने इन बाँधों को तोड़ दिया था[10] और पानी नदी की धारा में बहने लगा था। परंतु इसका परिणाम यह हुआ कि घाटी क्षेत्र रेगिस्तान में बदल गया। बाँधों को कुछ इस तरह नष्ट किया गया था कि उन्हें फिर बनाया ही नहीं जा सका, क्योंकि सिकंदर के साथ आए इतिहासकारों ने सिंध के बाँधों का जिक्र नहीं किया है।[11]

वृत्र बाँध था

वृत्र बाँध था यह सूझ कोसंबी को ह्वीलर से मिली थी।[12] पुर का अर्थ किलाबंद बस्ती या नगर करने के बाद ह्वीलर की समस्या इतनी तरह के पुरों के लिए कोई संदर्भ तलाशने की थी। उसने शारदी पुर के विषय में यह अनुमान लगाया था कि ये शरद कालीन निवास के नगर हो सकते हैं। ह्वीलर का सोचना निराधार नहीं था, गर्मियों के दिनों अंग्रेज पहाड़ों पर चले जाते थे जहाँ उन्होंने अपनी बस्तियाँ बसा रखी थीं, हड़प्पा के निवासियों ने उसी तरह जाड़े के दिनों के लिए नगर बसा रखे हों तो हैरानी क्या! बात अटपटी लग रही थी इसलिए उसने वैकल्पिक रूप में सुझाया कि ये नदियों के तटबंध रहे हो सकते हैं। आखिर पुर से ही पुल का भी संबंध है और पुल का अर्थ बाँध तो हो ही सकता है। कोसंबी ने अपनी ओर से इसमें मौलिक योगदान किया था।

"जिन नदियों को इंद्र ने मुक्त किया वे 'कृत्रिम अवरोधों' से 'स्थिरीभूत हो गई थीं'। दानव वृत्र पहाड़ी के ढलान पर एक ओर से दूसरे तक साँप की तरह पड़ा हुआ था। जब इंद्र ने उसे ध्वस्त किया तो 'पत्थर इस तरह लुढ़क चले जैसे रथ के पहिये लुढ़कते हैं।' जलधाराएँ 'निश्चल पड़े हुए दानव के शव के ऊपर से बह चलीं।' इसका बाँध तोड़ने से अलग कोई अर्थ हो ही नहीं सकता। भाषाशास्त्र के जानकारों की पक्की व्याख्या के अनुसार वृत्र का अर्थ रुकावट या बाधा है, न कि दानव। इस विशेष कारनामे के कारण इंद्र को वृत्रघ्न कहा जाता है। इंद्र को वृत्रहन्, वृत्रहन्ता, उनके इस खास कारनामे के कारण ही कहा जाता है।"[13]

इस मिथक और रूपक से साफ पता चलता है कि अंततः हड़प्पा की कृषि को किस तरह बर्बाद किया गया था।'[14] कोसंबी को वृत्र के विषय में उस व्याख्या का पता है जिसमें उसे जल का अपहरण करनेवाले बादल का प्रतीक माना गया है। यह ज्ञान मैक्समूलर पर आधारित है जिन्होंने इसके कुछ पक्षों की अवज्ञा कर दी है। कारण उन्होंने उत्पादन पक्ष पर ध्यान नहीं दिया है। इनसे वृत्र की सम्यक व्याख्या नहीं होती। 'इंद्र ने अवरुद्ध नदियों को दानव वृत्र के चंगुल से मुक्त किया। वृत्र का विवेचन ईरानी और संस्कृत अभिलेखों में निष्णात भाषावैज्ञानिकों ने 'बाधा' 'बंध' या 'अवरोध' किया है न कि दानव।'[15] दानव नहीं हो सकता, यह बादलों का रूपकीय वर्णन है जिसमें वृत्र का उसी तरह मानवीकरण किया गया है जिस तरह इंद्र का। वृत्र के मामले में कोसंबी इसे समझ लेते हैं, इंद्र के मामले में नहीं समझ पाते और उसे आततायियों का सरदार बना देते हैं। यह सच है कि वृत्र का अर्थ मात्र रोकने वाला है जैसे इंद्र का जल बरसाने या मुक्त करनेवाला। वृत्र के इस शाब्दिक अर्थ के कारण इसका प्रयोग अवरोधी व्यक्ति या दल, अंधकार, मेघ, शत्रु, सोम, चंद्रमा, पर्वत आदि के लिए किया गया है। जाहिर है, बाँध के लिए, तटबंधों के लिए भी किया जा सकता है। सरस्वती को वार्त्रघ्नी कहा ही गया है। प्रश्न संदर्भ का है।

क्या सिंधु और उसकी सहायिकाओं की धारा को बाँधा जा सकता है? यदि इसे तटबंध मानें तो यह नदी की बाढ़ को फैलने से रोकने का प्रबंध हुआ, इससे कछार की

भूमि को उर्वर बनाने में कैसे मदद मिलेगी। उसके लिए तो बरसाती जल को निर्बन्ध चारों ओर फैलना चाहिए। जहाँ तक बाढ़ का प्रसार है उससे आगे बाँध का कोई औचित्य नहीं। कोसंबी मौसमी बाँधों की बात किस मौसम के लिए करते हैं यह समझ में नहीं आता, परंतु इन नदियों को किसी भी मौसम में बाँधा नहीं जा सकता। पहाड़ी ढलान पर भी नहीं। अतः इस असंभव को संभव बनाना ही यदि उत्पादन पद्धति पर बात करना है तो कोसंबी की उत्पादन पद्धति काल्पनिक जगत में ही अमल में आ सकती है।

इस दलील को गढ़ने के लिए कोसंबी पाठ को बदलने में संकोच नहीं करते। वृत्र को पर्वत पर लेटा हुआ (पर्वते शिश्रियाणं) दिखाया गया है। इसे बदलकर वह 'पहाड़ी ढाल पर विशाल सर्प की तरह घेरे एक सिरे से दूसरे सिरे तक फैला हुआ था' कर देते हैं। इंद्र ने जब अपने वज्र से इसे ध्वस्त किया तो 'पत्थर गाड़ी के पहियों की तरह नीचे की ओर लुढ़कने लगे और पानी वृत्र के निश्चल शरीर के ऊपर से बहने लगा। जिस वज्र से उसका वध किया था वह चमचमाता हुआ (विद्युत) वज्र था जिसे त्वष्टा ने स्वयं बनाया था (त्वष्टास्मै वज्रं स्वर्यं ततक्ष)।' यह तो वध की बात हुई परंतु इससे पहले वृत्र से ज़ात-घूँसे से लड़ने और गरजने का बहुत जीवंत वर्णन है जिसे कोसंबी ने पत्थरों के लुढ़कने की गड़गड़ाहट में बदल दिया। परंतु यदि पर्वतीय क्षेत्र में ही यह बाँध बाँधा गया था तो पानी तो पीछे ही रुका रह जाएगा। मैदानी भाग में खेतों को उर्वर बनाने के लिए उसे नीचे तो आना ही चाहिए। और यदि लगभग दो हजार साल या कोसंबी के अनुसार डेढ़ हजार साल बाद सिकंदर के साथ आए वृत्त लेखकों को पंजाब में उस बाँध का निशान नहीं मिला तो यहाँ तो वह था ही नहीं। वे पहाड़ों पर गए होते तो संभव है वहाँ वे पत्थर मिल जाते जो बाँध के टूटने के बाद भी वहीं बने रह गए थे और पानी उनके ऊपर से बह चला था। पाठ में वल के संदर्भ में कृत्रिम अवरोधों को छिन्न-भिन्न कर दिया (रिणक् रोधांसि कृत्रिमाणि एषां) आया है, उसे वलासुर से हटाकर वृत्र पर लागू कर दिया। कहाँ का कंकड़ कहाँ का रोड़ा...।

इस तरह की कल्पनाओं के पीछे मिल से उधार लिया कोसंबी का वह सूत्र है कि समान स्थितियों में लोग समान ढंग से सोचते और काम करते हैं। यदि हड़प्पा सभ्यता रेगिस्तानी क्षेत्र की सभ्यता है तो इसकी खेती भी नदी या नदियों के कछार तक ही सीमित रही होगी। वैसी दशा में रेगिस्तान में किसी जुगत से दूर तक बरसाती डाबर को पहुँचाना सिंचाई और भूमि की उर्वरता के लिए आवश्यक था। नहरें दिखाई नहीं पड़तीं इसलिए यह काम नदियों को बाँधकर किया गया।

पणि वणिक थे

पणि वणिक थे, यह बात अनेक भारतीय विद्वानों ने कही है। कुछ फीनीशियनों को भी पणि ही मानते हैं। उनके अपने अतीत की जो कहानी है उसके अनुसार वे भूमध्यसागर के तटीय क्षेत्र में कहीं बहुत दूर से भूचाल आदि की आवर्तिता से घबराकर पहुँचे थे और इसकी कुछ संभावना है कि वह क्षेत्र भारतीय तटदेश रहा हो सकता है।

पणि और वणिक को समानार्थी मानने के पीछे पणृ, पण्य, पण और कार्षापण का भी हाथ है और उस सूत्र का भी जिसमें पण वण का अर्थ खंडन दिया गया है। व्यापार और वितरण में, बाँटने और तोड़ने के आशयों में निकटता है। अतः इसके लिए कोसंबी को मुक्त कल्पना से काम लेने का दोषी नहीं माना जा सकता।[16]

परंतु वणिज् का प्रयोग ऋग्वेद में भी हुआ है। ऐसी दशा में पणियों को ऐसे वणिकों में गिना जा सकता है जो वैदिक धर्म और कर्मकांड में विश्वास नहीं करते थे, क्योंकि उन्हें अश्रद्धालु, अयज्ञ और अदेव आदि कहा गया है *(पणीन् अश्रद्धान् अवृधान् अयज्ञान्)*। कुछ लोग इसके आधार पर कल्पना करते रहे हैं कि संभवतः पणि जैनमतावलंबी व्यापारी रहे होंगे। उन्हें धनी भी बताया गया है क्योंकि उनकी छिपाकर रखी गई निधियों की चर्चा बार-बार आती है। इन निधियों के लिए 'गो' शब्द का प्रयोग किया गया है। कोसंबी का यह कहना ठीक है कि जिन गायों को पणियों के द्वारा छिपाकर या चुरा कर रखा गया है उसे व्याख्याकार वैदिक जनों की गायें बताते रहे हैं और कहते रहे हैं कि इन्हें पणियों ने चुरा कर छिपा दिया था और इंद्र इनका पता लगा कर इनको मुक्त कराने जाते हैं उसकी पुष्टि नहीं होती।[17] सच तो यह है कि यदि आप सिद्ध करना चाहें तो वैदिक जनों को ही चोर सिद्ध किया जा सकता है।[18] यहाँ तक कोसंबी से अंशतः सहमत हुआ जा सकता है, परंतु इसके आगे जब वह कल्पना करते हैं कि पणियों और सरमा के बीच संवाद एक अनुष्ठान का हिस्सा था जिसे गायों की लूट के लिए निकलने के पहले अभिनीत किया जाता था, तब वह फिर अपनी स्थिति हास्यास्पद बना लेते हैं। वह मराठों के सीमोल्लंघन के आयोजन को उस लूट का विस्तार बताते हैं।

पणियों, गायों और निधियों और इनके उद्धार की कथा इतनी उलझी हुई है कि इसको लेकर वैदिक व्याख्याकार पहले से ही बहुत उलझन में रहे हैं और यह भी सुझाते रहे हैं, कि यहाँ गो का अर्थ गोरू नहीं है। गो के कई अर्थ हैं, जैसे, जल, चल, चलनेवाला पशु, कोई भी गतिशील चीज, आँख, किरण और गो उत्पाद तो है ही। एक कीमती पत्थर को गोमेद कहते हैं। कठिनाई का एक कारण यह भी है कि इसे लेकर वैदिक कवि जान-बूझकर रहस्यमंडन करते हैं। आप कोई अन्य अर्थ करने चलें तो हठात् इनके संदर्भ में इष् मिल जाएगा जिसका एक अर्थ अन्न या रस है और दूसरा है किसी चीज से निकलकर बाहर आनेवाला जिससे संस्कृत इषु- बाण, इषित-भेजा हुआ और अंग्रेजी की संज्ञा और क्रिया पेनम का संबंध है। गो के भ्रम को बनाए रखने के लिए गोव्रज या गोठार की भी चर्चा कर देते हैं। जहाँ इन्हें छिपाया गया है उसे अद्रि, अश्म आदि कहा गया है और इन दोनों का एक अर्थ बादल भी होता है। पणियों का प्रसंग वल से भी जुड़ जाता है जिसे बिल भी कहा गया है। अतः अपनी हवाई उड़ान से इस समस्या को उलझाने से अधिक अच्छा था कि कोसंबी उन सभी स्थलों में दिए गए संकेतों का सम्मान करते हुए स्वयं यह समझने का प्रयत्न करते कि गो का अर्थ क्या है? ऋग्वेद में भी धरती पर स्वर्ग की कोई कल्पना है जैसे सुमेरिया में थी? यदि थी तो वह कहाँ अथवा कहाँ-कहाँ था, क्योंकि भारतीय परंपरा में अनेकानेक स्वर्गों की बात की गई है? यदि हाँ, तो उससे वैदिक

समाज का क्या वैसा ही व्यापारिक संबंध था, जैसे सुमेरियनों का दिलमुन से? इंद्र नाम का कोई उपाधिधारी शासक रहा हो या नहीं, पर इंद्र पुरियाँ थीं या नहीं।[19] क्या वे वैदिक व्यापारियों के व्यापारिक केंद्र थे और क्या वैदिक भाषा के प्रचार में उनकी भूमिका उत्प्रेरक की थी? कोसंबी बुनियादी प्रश्नों का सामना किए बिना आनन-फानन में जटिल समस्याओं को भी एकायामी बनाकर उनके विषय में जो सूझ गया वह लिख जाते हैं।

पणियों का निवास क्षेत्र वैदिक काल में भी क्या था इसे समझने में पणिसूक्त सहायक था। उससे कोसंबी ने कोई सहायता नहीं ली। वह देवों या इंद्र उपासकों के क्षेत्र से बहुत-बहुत दूर–दूरे ह्यध्वा जगुरिः पराचैः, ऋ.10.108.1–था। जगुरिः का अर्थ सायण न उद्गूर्णः, महता प्रयत्नेनापि गंतुं न शक्यत अर्थात् जहाँ बहुत प्रयत्न से भी पहुँचा न जा सके, किया है। इसलिए एक कुतिया के भी वहाँ पहुँचने पर पणियों को आश्चर्य होता है कि वह कैसे वहाँ पहुँच सकी। सबसे कठिन है रसा को पार करना। रसा को लेकर भी उसी तरह की कपोल कल्पनाएँ की जाती रही हैं और इसे एक काल्पनिक नदी बताया भी जाता रहा है। इसके लिए भी सायण ही दोषी हैं। वह रसायाः का अर्थ करते हुए लिखते हैं शब्दायमानाया अंतरिक्षनद्या योजनशतविस्तीर्णायाः। विद्वान कहे जानेवाले लोग इसे ही ले उड़े। परंतु ऋग्वेद में ऐसा कुछ नहीं है जिसके आधार पर इसे काल्पनिक मानना पड़े। ऋग्वेद में केवल तीन बार रसा नदी का उल्लेख आया है।[20] तीनों एक ऐसी नदी की ओर संकेत करते हैं जो उत्तरी अफगानिस्तान में थी, अर्थात् सिंधु से आरंभ करें तो खुर्रम, काबुल नदियों के आग अनितभा (पंजशीर?) से आगे पड़ती है। यह एक ऐसी नदी थी जो बहुत बड़ी न होते हुए भी बहुत खतरनाक थी।

यह सूक्त अभिनय के लिए हो या अनुष्ठान के लिए, जो बात असंदिग्ध है वह यह कि इंद्र (इंद्रोपासक) पणियों से इतनी दूरी पर रहते थे कि उन्हें इनके रूप, आकार आदि का पता नहीं था (कीदृङ् इंद्रः सरमे का दृशीका, ऋ.10.108.3)। इस सूक्त में ही यह भी स्पष्ट है कि 'गो' पणियों के अधिकार में पड़ी हुई निधि के लिए प्रयोग में आया है (इंद्रस्य दूतीः इषिता चरामि मह इच्छंती पणयो निधीन वः, ऋ.10.108.2)। यह निधि ऐसी है जिससे गोरू और घोड़े सभी पैदा हो सकते हैं, या उनसे इसे पाया जा सकता है। गायें किस तरह छिपाकर रखी गई हैं? जैसे पक्षी अपने गर्भ (अंडे) को रखता है उसी तरह पत्थरों से चारों ओर से घेर कर, पत्थर के भीतर उन्हें छिपाकर रखा गया है।[21] पणि इन्हें किसी से चुरा कर नहीं ले गए हैं, अपितु वे इनकी रक्षा करते हैं और इस दृष्टि से वे बहुत अच्छे रखवाले, सुगोपा, हैं।[22] पत्थर में पाई जानेवाली गायें, जिनके नीचे पत्थर हैं (अद्रिबुध्न) और जो पत्थर से चारों ओर से घिरी हैं, उन्हें बाहर निकालने के लिए उन पत्थरों को तोड़ना पड़ता है। तोड़ने की इस क्रिया में अंगिरसों की बहुत बड़ी भूमिका है जो धातुविद्या में सिद्धहस्त हैं।[23] इस तोड़ने, भेदने, गायों तक या उनके अड्डे (व्रज) तक पहुँचने की वास्तविकता से ही वल या बिल या सुरंग का प्रसंग जुड़ जाता है[24] जिसके संदर्भ में प्रायः विभेदन (3.34.10;), चीरने, विदीर्ण करने का प्रयोग किया गया है। एक स्थल पर इन गायों को पत्थरों को तोड़ कर अलग करते हुए इस तरह निकालने की बात

है जैसे उनकी पाषाणी चमड़ी उतार कर बाहर किया जा रहा हो। यहाँ वित्वच या चमड़ी उतारने की बात ध्यान देने योग्य है।[25]

इस बात पर ध्यान दिया जाना चाहिए कि वैदिक कवि अपनी उपमाओं और प्रयोगों में इतने सावधान थे कि उनकी व्यंजनाओं को समझने में किसी तरह की शिथिलता से अर्थ का अनर्थ हो सकता है। कोसंबी ने अनर्थ अधिक किया है, अर्थ को कम ही पकड़ पाए हैं। अन्यथा जैसे मैक्डनल ने लक्ष्य किया था कि वृत्र के साथ वध का प्रयोग मिलता है, वल के साथ वध का नहीं, उसे खोलने, उसे खोदने, उसे विदीर्ण करने के ही प्रयोग क्यों मिलते हैं? यदि कोसंबी इस पर ध्यान देते तो पता चल जाता कि यहाँ सुरंग की बात की जा रही है और सायण ने वल को बिल से अभिन्न मानते हुए कोई चूक नहीं की है। वल के साथ बिल का प्रयोग ऋग्वेद में भी हुआ है।[26] वैदिक उद्यमियों की खनन की गतिविधियाँ इन रूपकों को समझने के बाद इतनी उजागर हो जाती हैं[27] कि हवा में तीर चलाने की आवश्यकता नहीं रह जाती। यहाँ केवल इतना ही सुझाया जा सकता है कि चट्टानों को तोड़ कर निकाली गई ये तेजी से लुढ़कने वाली, गतिशील, काम्य, चमकती हुई, अनवद्यरूप गायें इस तरह हिलोरी जाती हैं जैसे सूप से जौ।[28]

यद्यपि ऋग्वेद से यह स्पष्ट है कि चुराने या बलपूर्वक निकालने का काम वैदिक जन स्वयं कर रहे हैं जो 'अमुष्णात्' के प्रयोग से प्रकट है, परंतु व्याख्याकारों ने पणियों को गायें चुराकर रखने का और उन गायों को वैदिक प्रभुओं की मानने की भूल इसलिए की कि इनके प्रसंग में निरोध या अनधिकार रोककर रखने का प्रयोग हुआ है (निरुद्धा...पणिनेव गावः)। यह पणियों द्वारा अपने क्षेत्र में आकर खनन करनेवालों का विरोध करने के कारण प्रतीत होता है। सूक्त 10.108 में ध्यान देने की एक बात है कि पणियों का प्रस्ताव है कि इंद्र आएँ तो हम उनके साथ मित्रता कर लेंगे और उन्हें अपनी गायों का स्वामी (गोपति) भी बना सकते हैं। परंतु उसमें उनके साथ लाभ में साझेदारी का संकेत भी है (आ च गच्छात् मित्रं एन दधाम अथा गवां गोपतिः नो भवाति, 10.108.3) और वैदिक व्यापारियों को यह स्वीकार नहीं, अतः इस कथोपकथन में पणियों को वहाँ से दूर भाग जाने की सलाह दी गई है और इसके उत्तर में पणिगण कहते हैं कि कोई इन गायों को बिना मुकाबला किए तो दे नहीं सकता। हमारे आयुध भी खासे पैने हैं।[29]

समस्त विवरणों को सूत्रबद्ध करने के बाद जो चित्र उभरता है वह यह कि उत्तरी अफगानिस्तान में आखेट और आहार संचय की अवस्था में जीवित कबीलों में से एक का नाम पणि था। हिल्लेब्रांट ने इन्हें पार्नियन के रूप में पहचाना था।[30] वे व्यापारी न थे, जैसा कि कोसंबी ने मान लिया।[31] हिल्लेब्रांट की चूक यह थी कि उन्होंने सरस्वती और दिवोदास को और छठे मंडल की रचना को भी उसी पड़ोस में रखने का प्रयास किया था, जो उनके आर्य आक्रमण की मान्यता के अनुरूप था, परंतु जैसा कि हम देख चुके हैं पणि देवों के क्षेत्र से अगम्य क्षेत्र में और बहुत लंबी दूरी पर थे। अतः हिल्लेब्रांट का भी आलोचनात्मक पाठ ही वस्तुस्थिति को समझने में सहायक हो सकता है। उत्तरी

अफगानिस्तान की एजरबैजान, माजंदरान, दिजमार और किरमान की खनिज संपदा के दोहन की रूपकीय कथा पणियों के साथ सरमा के संवाद में आई है। जिस नदी को रसा कहा गया है वह कोकचा नदी प्रतीत होती है जिसके प्रवाह को बहुत खतरनाक माना जाता है परंतु लाजवर्द गर्भित संगमरमरी चट्टानों तक पहुँचने का रास्ता इसके माध्यम से ही था। रसा को ही आगे चलकर कोकनद कहा जाने लगा था और उत्तरी अफगानिस्तान का भारतीय नाम कोकनद प्रदेश था। इसी में काइजिलकुम में हड़प्पा के व्यापारियों की बस्ती थी और उत्खनन की ये गतिविधियाँ संभवतः उसी से संचाालित होती थीं।

हमने यहाँ केवल कुछ उदाहरणों से यह दिखाने का प्रयत्न किया है कि कोसंबी को अपने दुराग्रह के कारण संस्कृत का अच्छा ज्ञान होते हुए भी वैदिक साहित्य ही नहीं, साहित्य मात्र की समझ नहीं थी क्योंकि उन्हें बार-बार अपने साध्य के लिए पाठ से छेड़छाड़ करनी पड़ती थी। इसके नमूने उनके इतिहास विषयक लेखन में सर्वत्र देखने में आएँगे। वह बताते हैं जिन पशुओं को टोटेम बनाया गया, जिनका आहार वर्जित है, वे कभी उनके मुख्य आहार हुआकरते थे। विश्वामित्र उलूक टोटेम से जुड़े थे क्योंकि कौशिक का अर्थ उल्लू होता है। परंतु उल्लू ही उनका मुख्य आहार हुआकरता था, यह कोसंबी सोचते हों तो उन्हें कोई रोक कैसे सकता था!

सन्दर्भ सूची

1. Chap. III, Foundation of the Indus cities' circa 3000 B.C., say Jamdet-Nasr period in Mesopotamia. Hammurabi's dates are taken as 1728-1686; 'Chronological Outline', in An Introduction to the Study of Indian History, popular Prakashan, Bombay, 2008, p. xxvii; Indus valley culture (3000-1500 BC) which left its mark on later tecqnique, iconography, and probably social institutions. Stages of Indian History Combined Methods in Indo logy, 59; Chap IV: First Aryan invasion circa 1750 B.C. Main Rigvedic period about 1500 B.C. Second Aryan invasion circa 1100 B.C., 'Chronological Outline', in The main advances may be taken as follows: (1) The urban but stagnant Indus valley culture (3000-1500 BC) which left its mark on later tecqnique, iconography, and probably social institutions. Stages of Indian History, Combined Methods in Indology, 59
2. There are enough grounds to think that around 1500 B.C. Aryans invaded the territory of the urban Indus Valley culture. There are more certain evidences that Aryans and pre-Aryans amalgamated with each other, resulting in the formation of new tribal communities with an Aryan language and organization, but with an, 'Indo-Aryan' Nose Index,532
3. The aryans who destroyed the Indus cities made their first appearance about the beginning of the second millennium B.C. An Introduction to the Study of Indian History, popular Prakashan, Bombay, 2008(ed.), p.81:
4. "RV. X.I 06.6 which might be of Mesopotamian origin, as also perhaps the insistence upon clay bricks for the fire-altar, hardly to be expected of nomads such as the Aryans were in earlier Vedic times. The I?tasva and I?tarasmi of RV. 1.122.13 may even be Achaemenid kings of the sixth century BC, which would not invalidate the claim to antiquity for the body ofthat Veda." 'Origin of Brahman Gotra', 1946, Comonined Methods…98-166

5. There (Rigveda) we read of the chief Aryan war-god Indra, a model of the marauding bronze-age chieftain as busy ceaselessly looting the stored treasures of the godless: ... Intro. 72
6. Indra who is at once the chief of the gods and historically the titular ruler of the Aryan invaders. Early Stages of Caste system in Northern India, 192.
7. विश्वजिते धनजिते स्वर्जिते सत्राजिते नृजिते उर्वराजिते। अश्वजिते गोजिते अब्जिते भरेंद्राय सोमं यजताय हर्यतम्। 2.21.1. ग्रिफिथ इसी दुविधा के कारण इस ऋचा में जित् का अर्थ 'लॉर्ड' **करते** हैं जो भी समीचीन नहीं है। यहाँ जनक या उत्पादक का भाव ही प्रधान है।

   "To him the Lord of all, the Lord of wealth, of light; him who is Lord for ever, Lord of men and tilth, Him who is Lord of horses, Lord of kine, of floods, to Indra, to the Holy bring sweet Soma juice."Griffith.
8. The citadel mound was, in fact, the Indus counterpart of the Mesopotamian ziggurat. The Culture, 64, 68.
9. The Indus people seem to have increased the flooded area, not by canals but by dams that impeded the flow. These dams were at times seasonal. The Culture, 62. See also . Intro., 75
10. the conquerors were not primarily agriculturists. They shattered the dams by which flood irrigation was made to deposit silt on a wider expanse of land. Id.71. देखें वही P. 80 भी।
11. The Indus dams are not mentioned, as they had presumably been destroyed by the Aryans - who were then actually settled under that name (Arioi, Arianoi; Strabo 15.2.1, 15.2'.9) over an extensive region on the west bank of the Indus, through parts of Afghanistan and east Persia - to which last country they gave its name Iran (Ariana). Intro.71.
12. 'शारदी पुरों का सम्बन्ध आर्य-आक्रमण में इस मौसम में जीते हए दुर्गों से हो सकता है या उमड़ती नदियों से बचाव के लिए बने बाँधों से हो सकता है।'—ह्वीलर
13. The rivers Indra freed had been 'brought to a standstill' by 'artificial barriers'. The demon Vritra 'lay like a great snake across the hill-slope'. When this demon was. smashed by the Indra, 'the stones rolled away like wagon wheels', the waters 'flowed over the demon's inert body'. This can heardly mean anything except the destruction of a dam, for all the figures of speech. The word vritra as analysed by good philologists means' 'obstacle' or 'barrier', but not 'demon' as such. Indra was called vritrahan, Vritra-killer, for this spectacular feat. ...
14. The myth and metaphors give a clear account of the methods where- by the Indus agriculture was ultimately ruined. *The Culture*, 79.

   The demon lay like a dark snake across the slopes. The rivers were brought *to* a standstill *(tastabhānāh)* ; when the "demon" was struck by Indra's shattering weapon *(vajra),* the ground buckled, the stones rolled away like chariot wheels, the pent-up waters flowed over the demon's recumbent body (cf. *RV.* 4.19.4-8; 2.15.3)... *Intro.*, 74-75
15. Vedic Indra is described again and again as freeing the streams. This was taken as a nature-myth in the days of Max Müller, a poetic representation of the rain-god letting pent-up waters loose from imprisoning clouds. Recorded but ignored details of the feat make such an explanation quite impossible. Indra freed the rivers from the grip of a demon Vrtra. The word has been analysed by two most competent

philologists [with full knowledge of Iranian (Aryan) as well as Sanskrit records] who did not trouble to theorise about the means of production. Their conclusion from purely philological considerations was that vrtra meant" obstacle," "barrage," or "bloquage," not a demon. Intro., 74.

16. The main non-Aryan people specifically named, though not very often, were the Panis. Wealthy, treacherous, covetous, unable to stand up to Indra in battle-such is their general description. The Culture, 80
17. Actually the hymn says nothing about stolen catte, but is a direct, blunt demand for tribute in cattle, which the Panis scornfully reject. They are then warned of dire consequences. This sounds very much like the standard Aryan procedure for invasion. *The Culture*, 80; Later explanations add that the cattle had been stolen from Indra and the gods, but there is nothing to that effect in the hymn. What we have is a blunt ultimatum for tribute or ransom, rejected by the paṇis. Eventually, the paṇis were labelled demons, as enemies of the god Indra. This hymn was undoubtedly acted out in the ritual to commemorate great raids and loot in days gone by. Such ritual imitated history, which was thus encouraged to repeat itself. The cur-rent Marātha ceremony of *sīmollanghana* and the symbolic loot of gold (represented by certain leaves) is a modern example; it commemorates the 18th century custom of annual raids. The rite survives the special form with changed content. In *RV.* 6.45.31-33, Brbu, highest of the paṇis, is praised for his generosity by the seer Bharadvaja, who as brahmin and Aryan should have been on the other side. This caused some embarrassment to later brahmins, who admit that Bṛbu was a *takṣan* ('carpenter') certainly not an Aryan, but that the seer was blameless in accepting the gifts. . they appear in general as mercenary, rich, greedy, treacherous enemies of the Aryans; their stored treasures were looted in *RV.* 2.24.6-7. As said before, some sort of *modus vivendi* was ultimately worked out, perhaps because some Aryans became traders, *vaṇik.* The major enemies are not the Paṇis but the Dasyu or Dāsa. *Intro.* 92
18. अरोदयत् पणिं आ गा अमुष्णात्, ऋ.10.67.6
19. देखें, भगवान सिंह, 'अतिरिक्त उत्पादन और स्वर्ग की तलाश', हड़प्पा सभ्यता और वैदिक साहित्य (1987), खंड 2 में पृ. 89-108.
20. याभी रसां क्षोदसोद्गः पिपिन्वथुरनश्वं याभी रथमावतं जिषे, ऋ. 1.112.12; मा वो रसानितभा कुभा क्रुमुर्मा वः सिंधुर्नि रीरमत् , ऋ.5.53.9; कथं रसाया अतरः पयांसि, ऋ. 10.108.1
21. अविंदद् दिवो निहितं गुहा निधिं वेः न गर्भं परिवीतमश्मन्यनंते अंतरश्मनि। ऋ. 1.130.3
22. अयं निधिः सरमे अद्रिबुध्नो गोभिरश्वेभिर्वसुभिर्न्यृष्टो, रक्षंति तं पणयः ये सुगोपा रेकु पदं अलकं आ जघन्थ, ऋ. 10.108.7
23. देखें : भगवान सिंह, भस्मासुर और भारतीय संस्कृति, नया ज्ञानोदय (53), जुलाई, 2007 16-19
24. इंद्रो वलं रक्षितारं दुघाना करेणेव वि चकर्ता रवेण।
स्वेदांजिभिराशिरमिच्छमानोघ्रोदयत्पणिमा गा अमुष्णात्॥ 10.67.6
25. बृहस्पतिः उद्धरन् अश्मनः गा भूभ्या उद्गेव वि त्वचं बिभेद, 10.68.4
26. त्वं वलस्य गोमतोघ्पावरद्रिवो बिलम्। 1-11-5

27. See, 'Bhagwan Singh, Mineral Resources of Vedic Merchants', in The Vedic Harappans, 1995, pp.196-224

28. साध्वर्या अतिथिनीरिषराः स्पार्हाः सुवर्णा अनवद्यरूपाः।
बृहस्पतिः पर्वतेभ्यो वितूर्या निर्गा ऊपे यवमिव स्थिविभ्यः॥ 10-68-3

In Griffith's rendering, "Brhaspati, having won them from the mountains, strewed down, like barley out of winnowing-baskets, The vigorous, wandering cows who aid the pious, desired of all, of blameless form, well-coloured.

29. कस्त एना अव सृजात् अयुध्वी उत अस्माकं आयुधा संति तिग्मा॥ 10.108.5

30. A.Hillebrandt, 'Panis in the Ṛgveda', Appendix II, pp.332-53. in Vedic Mythology, vol.I. Tr. By Ramulu Rajeswara Sarma, Motilal Banarsidas, 1980.

31. "No where do we find mention of their trade, but only their predatory expeditions, of their wealth, of the booty that was taken away from them with the help of Indra. It is clear that it is mere etymology – the purely superficial connection with the verb *paṇ* 'to buy' – which gave rise to the theory that they were traders. Ibid, p.339

सात

समन्वित पद्धतियाँ

"प्राचीन भारतीय संस्कृति की समस्याओं का भाषावैज्ञानिक अध्ययन उस दशा में अधिक लाभकर होगा जब उसके पूरक के रूप में पुरातत्त्व, नृतत्त्व, समाजशास्त्र और उपयुक्त ऐतिहासिक परिप्रेक्ष्य का समझदारी से इस्तेमाल किया जाए। इन सभी क्षेत्रों में जो भी आँकड़े उपलब्ध हैं उनको बहुत अधिक और ईमानदारी से क्षेत्रीय काम से प्रखर बनाया जाए। इन विविध तकनीकों में से कोई क्षेत्र अपने तई प्राचीन भारत के विषय में प्रामाणिक निष्कर्ष तक पहुँचने में सहायक नहीं हो सकता, इसलिए समन्वित पद्धतियाँ अपरिहार्य हो जाती हैं।"[1] संक्षेप में कहें तो किसी समस्या पर जितनी भी दिशाओं से सूचना मिल सकती है, उन सभी को ध्यान में रखते हुए यह समझा जाए कि वस्तुतः वह है क्या। यह विशेषीकरण के विरुद्ध अपनाई गई पद्धति नहीं है, विशेषीकृत अध्ययनों को अपर्याप्त अथवा भारतीय संदर्भ में अव्यावहारिक पाकर अन्य विशेषीकृत अध्ययनों की रोशनी में उसे देखने की विधि है।

पुरातत्त्व में अनेक विशेषज्ञताओं का उपयोग किया जाता है–भूगर्भविज्ञानी, जीवविज्ञानी, नृतत्त्वविद्, पुरावानस्पतिकी विज्ञानी, रसायनशास्त्री, भाषाविज्ञानी, पुरालिपि विशेषज्ञ और इसके अभिलेखन के लिए चित्रकार, फोटोग्राफर, रपट लेखक। फिर भी यह गूँगा अनुशासन है। हम यह तो जान पाते हैं कि यह किस काल सीमा में आता है, परंतु यह नहीं जान पाते कि इससे जुड़े हुए लोगों का जीवन कैसा था।

इसे जानने में साहित्य और भाषा की असाधारण भूमिका होती है। परंतु यदि साहित्य उपलब्ध हो, भाषा का अनुमान होता हो तो भी समग्र विधियों का एक साथ उपयोग हमें इतिहास की सच्चाई तक नहीं पहुँचा सकता। हम उन सूत्रों और संकेतों को मिलाकर देखना भी नहीं चाहेंगे जो हमारी सैद्धांतिकी के अनुरूप हैं परंतु हमारे अपने मंतव्य का खंडन करते हैं।

भारत और सामाजिक इतिहास

कोसंबी समन्वित पद्धतियों की बात करते हैं, परंतु उनका उपयोग अपने मंतव्य के लिए दलील गढ़ने के लिए करते हैं। हम देख आए हैं कि वह आँकड़ों के साथ स्वयं छेड़-छाड़ और साहित्य का कुपाठ करते हैं। वह पश्चिम से तुलना करते हुए इस बात पर खिन्न अनुभव करते हैं कि हमारे यहाँ इतिहास की सच्चाई जानने के लिए सूचना के स्रोतों

का अभाव है।[2] सच्चाई इसके विपरीत यह है कि भारत में एक सुदीर्घ कालबोध बना रहा है जो सच्चाई के इतना निकट जान पड़ता है कि अविश्वसनीय लगता है और पाश्चात्य शिक्षा पद्धति ने उसका उपहास करके उस ओर से ध्यान हटाने का प्रयत्न किया है।[3] अतः काल की अनंतता में जीवन की क्षणिकता का बोध अहंमन्यता को नियंत्रित करने, शक्ति का विनय के साथ प्रयोग करने की प्रकृति और अपनी कीर्ति को सिक्कों, मूर्तियों और चरित्रगाथाओं द्वारा अमर करने के प्रति अरुचि सी रही है। यह गुण है या दोष इसका निर्णय हम नहीं करने जा रहे हैं। मात्र इतना कि यह एक वास्तविकता है। परंतु सामाजिक अनुभवों को अपनी अगली पीढ़ियों को हस्तांतरित करने की जो विधियाँ निकाली गईं वे अन्यत्र उतने प्राचीन कालों के विषय में उपलब्ध नहीं हैं।

सामाजिक इतिहास लिखने की जितनी विपुल और वैविध्यपूर्ण सामग्री भारत में उपलब्ध है उतनी विश्व के किसी अन्य देश में नहीं। पाषाण काल से चली आ रही वह अव्याहत सांस्कृतिक धारा अन्यत्र नहीं पाई जाती जो भारत में पाई जाती है—चीन तक में नहीं, यद्यपि भारत की स्पर्धा में चीन ही आ सकता है।

प्रश्न सामग्री के अभाव का नहीं है, प्रश्न साहस की कमी, दृष्टि की भिन्नता, पाश्चात्य आतंक से मुक्त होने का है और प्रश्न उस यांत्रिक सोच से भी मुक्त होने का है जिसमें समान परिस्थितियों में जीने वाले लोग भौतिक पिंडों की तरह एक ही तरह चालित होते, एक ही तरह सोचते और एक ही तरह काम करते हैं इसलिए एक सभ्यता में जो कुछ है, दूसरी में उसका प्रतिरूप अवश्य होगा यह मानकर कल्पना को ही यथार्थ बना दिया जाता है। सच तो यह है कि परिस्थितियों या जीविका के साधनों की समानता भी यथार्थ पर आरोपित एक कल्पना ही है। सभी आहार संचयी समाजों का जीवन एक जैसा नहीं होता, न उनकी प्रकृति एक जैसी होती है, न सभी नरभक्षी या नरबधिक होते हैं। यह समानता हमें उनकी विशिष्टता को न समझ पाने के कारण दिखाई देती है और एक तरह का अध्यास है। उनमें से प्रत्येक को उसी की विशिष्टताओं के माध्यम से समझा जा सकता है। यह अध्ययन पूरा हो जाने के बाद समानताओं को भी लक्ष्य करना जरूरी है। इससे उनके आदान-प्रदान का भी पता चलेगा और उनकी परस्पर निर्भरता का भी जिसमें एक का ह्रास या उत्कर्ष दूसरे को प्रभावित करता है और सभ्यता के केंद्रों में भी बदलाव लाता है। अतः एक को दूसरे के साँचे में ढाल कर देखने-समझने का अर्थ है समझने से इंकार करना और निजता पर बहुत अधिक बल देने का अर्थ है उसे अधूरे रूप में ही जान पाना।

संस्कृत में उपलब्ध सामग्री का कोसंबी ने बहुत अधकचरे रूप में और बहुत कम इस्तेमाल किया है, यद्यपि कुछ आलसी इतिहासकारों को यही अगाध लगता है और उन्हें यह कहते संकोच नहीं होता कि संस्कृत में जानने योग्य जो कुछ था, वह जाना जा चुका है, इसलिए प्राचीन भारत के इतिहासकार के लिए संस्कृत भाषा और साहित्य का ज्ञान अनिवार्य नहीं है। संस्कृत भाषा के ऋग्वेद पूर्व के इतिहास को समझने का तो रजवाड़े को छोड़कर आज तक किसी ने गंभीर प्रयास ही नहीं किया जबकि उस विकास रेखा से सुदूर इतिहास पर प्रकाश पड़ता है। इसका यह अर्थ नहीं कि रजवाड़े से हम सभी

मामलों में सहमत हैं। लोकजीवन में सूचना के सभी स्रोतों पर कोसंबी का ध्यान इसलिए न जा सका कि वह आदिम अवस्था में जीने वाले या उससे हाल ही में निकले हुए समुदायों और उनके विश्वासों की ओर मुड़ गया, यद्यपि अन्य दिशाओं का क्षीण बोध उन्हें है और उनमें से कुछ की ओर वह हमारा ध्यान भी दिलाते हैं।

सभ्य कहे जानेवाले भारतीय जनसमाज में सूचना के असंख्य स्रोत हैं। हम उन सभी दरबों को जानते तक नहीं जिनमें भारतीय इतिहास लेखन की सामग्री बची हुई है। स्थानों के नाम, जातियों के नाम, विविध स्तरों और समुदायों की बोलियाँ, भाषाओं के कुल की अन्य भाषाओं से समानताएँ और भिन्नताएँ और इन दोनों के कारणों की तलाश, एक ही भाषा या बोली में पाई जानेवाली स्थानीय भिन्नताएँ, महिलाओं की भाषा, उनके गीत, नानी-दादी की कहानियाँ और लोरियाँ, बच्चों के खेल, कर्मकांड, विश्वास, लोककथाएँ, देवी-देवताओं और प्रेतों-पिशाचों से जुड़े स्थान और कथाएँ, सांस्कृतिक प्रतीक, संस्कार, समारोह, पर्व, व्रत और व्रतकथाएँ, भित्तिचित्र और शैल-गृहों के रेखांकन, घरेलू उपयोग की चीजें सभी में कुछ नाभिकीय सूचनाएँ मिल जाएँगी जो आज से हजारों साल पहले की किसी सच्चाई से हमें अवगत करा सकें। इनसे मिली सूचनाएँ बहुआयामी होती हैं और इतिहास के कई पहलुओं को आलोकित करती हैं। इनमें से अनेक का कोसंबी ने उपयोग भी किया, परंतु उनकी परंपरा को 'आगे बढ़ाते हुए' उसे तार्किक परिणति पर पहुँचाने वालों में से किसी ने इन पर काम नहीं किया, क्योंकि जैसा कि कोसंबी ने रेखांकित किया था, यह काम आर्मचेयर हिस्टोरियन्स के बस का नहीं था। इसके लिए क्षेत्रीय काम जरूरी होता। इसके एक-एक पक्ष पर अनेक शोधकर्ताओं को काम करना चाहिए था, परंतु इतिहास-अनुसंधान-परिषद तक ने इस तरह की किसी योजना को प्रोत्साहन नहीं दिया। वह नए बादशाहों का इतिहास लिखने और उन्हें अमर बनाने के विराट आयोजनों में लगी रही। संभव है परिषद की स्थापना करने और कराने वालों का भी यही उद्‌देश्य रहा हो।

कोई एक व्यक्ति न सभी चीजें सही कोण से देख सकता है न ही उसकी व्याख्या पुनर्विचार से परे मानी जा सकती है। कोसंबी तो अग्रदूत थे जिनका महत्त्व दिशा दिखाने के कारण होता है, पूर्णता और निखोटता के लिए उन्हें सम्मान नहीं दिया जाता जो बाद की पीढ़ियों का काम होता है।

समय में गाँठें

1955 में एक भौतिकविज्ञानी को नोबेल मिला। उसने हवा में बुलबुले होने का प्रमाण दिया था। तब हमें यह विचार जितना विचित्र लगा था, उतना समय में गाँठें लगा कर सही काल और मुहूर्त का निर्धारण करने की भारतीय सूझ भी लग सकती है। पर्व का अर्थ है गाँठ। यह स्मृति की सहायता के लिए किसी लता या रस्सी में गाँठ लगाने की, या आवर्तिता के साथ एक-एक गाँठ लगाने की यायावरी अवस्था की पद्धति से संबंध रखती है जो स्थायी निवास के बाद, जब गाँठ का स्थान 'बार' या लकीर ने ले लिया, तब भी कई रूपों में जारी रही, जिनमें से एक मनका या रोजरी है। कश्मीरी में अंक

के लिए ग्रंद या गाँठ का प्रयोग होता है। यह कैसे पता चले कि वर्ष के कितने दिन बीत गए और कितने बाकी हैं और अब किस काम का सही समय या मुहूर्त आनेवाला है? इसके लिए वे गाँठें लगाते थे और पक्की तौर पर याद रखने के लिए 'गाँठ बाँधने' और याद दिलाने के लिए गाँठ के प्रतीक 'हल्दी या सुपारी' भेज कर आमंत्रित करने का आज भी चलन है। मुहूर्त का भी अर्थ है वह तिथि या घड़ी जो बार-बार आती है। काल में गाँठें लगाना भी 'आर्य' परंपरा की ही विशेषता है और इसका संबंध कृषि के विकास से है। बोआई के लिए सही तिथि या समय का ध्यान न रहने पर आरंभ में बहुत हानि उठानी पड़ती थी। इसे प्रतीकभाषा में ऋतुओं के रूठने के रूप में प्रस्तुत किया गया है।[4]

हिंदू समाज में शायद ही कोई ऐसी तिथि हो जो किसी व्रत, पर्व या उत्सव के लिए विख्यात न हो। अधिकांश को आस्था से जोड़कर सर्वमान्य बनाने के लिए उनको विशिष्ट फल या कामना पूर्ति या देवनाम से जोड़ दिया गया है। परिवा, दूज, तीज, चौथ, पंचमी, छठ, सप्तमी, अष्टमी, नवमी, दसमी, एकादशी, द्वादशी, तेरस, चतुर्दशी, अमावस और पूर्णिमा। इनमें क्या जोड़-तोड़ हुई है इसका विवेचन हमारे लिए संभव नहीं है। परंतु चार पर्वों का आहार-संचय से लेकर आहार-उत्पादन के चरणों से संबंध है। इनमें से एक है होली।

कोसंबी ने होली के विषय में ठीक ही कहा है कि यह पाषाणकाल से चला आ रहा पर्व है जब मनुष्य हैवान था। परंतु उन्होंने इससे जुड़ी अश्लीलता और उल्लास के पक्ष पर ही ध्यान दिया है और उसकी जो व्याख्या की है उससे सहमत होना जरूरी नहीं है, यद्यपि उनकी यह टिप्पणी ठीक है कि आरंभ में अश्लीलता का प्रदर्शन इतना बेहूदा नहीं था जो कृषि के बाद होता चला गया।[5] यह एक संश्लिष्ट पर्व है जिसमें कई चरणों के अनुभव एक दूसरे में पिरोए गए हैं और कई कहानियाँ गढ़ी गई हैं। अतः इसका वैदिक पुराणगाथा में भी वार्त्रघ्नी पूर्णमासी, मदनोत्सव, अग्निष्टोम जो इसके साथ आरंभ होकर कई दिनों तक चलता था और जिससे यज्ञसत्र की अवधारणा विकसित हुई, उल्लेख पाया जाता है। इसका कई दिनों तक या एक सत्र के रूप में चलना इसके उस प्राचीन संगम और मिलनोत्सव के चरित्र को बनाए हुआ है जब फल-मूल की प्रचुरता के समय में किसी क्षेत्र में विविध जनों का जमाव होता था। यदि खाद्यान्न की प्रचुरता है तो एक दूसरे से दुश्मनी क्या, यदि अभाव है तो अपनी जान बचाने के लिए कुछ भी किया जा सकता है। इस सीधे और व्यावहारिक सिद्धांत पर टिका था वह समाज जिसका दाय होली है।

कोसंबी का मानना है कि आहार-संग्रह के उन दिनों में जब खाद्य की आपूर्ति अनिश्चित थी, मनुष्य सुपोषित न था, संतानवृद्धि के लिए कामोत्तेजन पैदा करने के लिए उद्दीपक के रूप में अश्लीलता का प्रदर्शन जरूरी था। परंतु यह वर्ष में एक ही बार क्यों? दूसरे जानवर जो मनुष्य की हैवानी अवस्था के निकट पड़ते हैं और उन्हीं स्थितियों में आज भी जीवित हैं, जिनमें आहार संग्रही मनुष्य रहता था, वे ऋतुकाल आने पर स्वतः उत्तेजित हो जाते हैं, अतिरिक्त उत्तेजन की आवश्यकता नहीं पड़ती। यह बात छोटे बड़े सभी जानवरों पर लागू होती है। अतः यह व्याख्या कोसंबी की अनेक मौलिक उद्भावनाओं में से एक है जिन पर पुनर्विचार अपेक्षित है।

एक भिन्न संदर्भ में कोसंबी स्वयं इससे उल्टी बात कहते हैं, जब वह बताते हैं कि पूर्वैतिहासिक मनुष्य की हड्डियाँ अधिक भारी थीं, जिसका निश्चय ही यह कारण है कि उसका आहार अधिक अच्छा था, वह अधिक मांस खाता था और कैल्शियम की आपूर्ति अच्छी थी।[6] वस्तुतः लोकस्मृति में भी यह याद बनी रही है कि हमारे पूर्वज हमसे अधिक शक्तिशाली रहे हैं।

होली के काम पक्ष का अधिक सही विवेचन यह होगा कि अश्लीलता की अवधारणा भारतीय चिंतन में थी ही नहीं। यह आदिम पाप की अवधारणा का तार्किक परिणाम है और अपने आप में अश्लीलता से भी अधिक निंदनीय है क्योंकि इससे इसे मानने वाले सभी आजीवन अपराधबोध से ग्रस्त रहते हैं, या ग्रस्त न हों तो पापलिप्त रहते हैं। यह याद दिलाने की आवश्यकता नहीं है कि ईसाइयत पर बौद्धमत का बहुत गहरा असर पड़ा था और इसने अपनी मठ प्रणाली, आचार्य, प्रचारक भिक्षुओं और भिक्षुणियों और ग्रामर स्कूल का पूरा ढाँचा बौद्ध धर्म से अपनाया था। काम अपने आप में सर्वाधिक आनंददायक पर्व है। पुरुषसत्ता के स्थापित होने और बहुविवाह के बाद यौन प्रतिबंध और यौनशुचिता के मूल्य विकसित हुए जो यौन स्वतंत्रता का निषेध करते थे। पहले की कामांगों को सजाने की विधियों पर अब उन्हें छिपाने की विधियाँ विकसित हुईं जिन्होंने अपने चरम पर पहुँच कर एक ओर तो पर्दाप्रथा का रूप लिया और दूसरी ओर काम चेष्टा को ही गर्हित माना जाने लगा।

जो भी हो आहार संग्रह के चरण पर जिन क्षेत्रों में अन्न की सुलभता अपेक्षाकृत अधिक होती थी उसमें अनेक जत्थे एकत्र होते थे, नाचते गाते थे, मुक्त भाव से संभोग भी करते थे और इसमें जो स्त्री जितने ही अधिक व्यक्तियों के साथ सहवास कर सकती थी उसे उतना ही आदर मिलता था। कुछ वैसे ही जैसे दंगल जीतने वाले पहलवान को। इसी का अवशेष अश्वमेध के अवसर पर राजमहिषी के अश्व के साथ प्रतीकात्मक साहचर्य में बना रह गया था और नगरवधू के भी सम्मान का कारण बना था। जैसे राजा का प्रधान गुण उसका सौंदर्य नहीं उसका शौर्य हुआकरता था, उसी तरह राजमहिषी का गौरव वीर-प्रसू होने और उसकी प्रभूत कामक्षमता में था।

इसका दूसरा पक्ष है कि संतुलित आहार, स्थायी आवास, पितृप्रधानता और विवाह और उससे जुड़े यौनसंबंधों पर प्रतिबंध और यौनांगों को अदर्शनीय मानकर उनको ढकने छिपाने आदि के साथ कामोत्तेजन का पुराना संतुलन और कालचक्र भंग हुआ। अवरोध से कामातुरता में वृद्धि होती गई। सतयुग के विषय में कहा गया है कि उनमें कामेच्छा नहीं होती थी, वे मन या प्राकृतिक प्रेरणा से ही विषयों में प्रवृत्त होते थे (मनसा विषयः तासां निरीहाणां प्रवर्तते, वायु 8.64)। कहें, दूसरे वन्य पशुओं की तरह ही, मनुष्य में भी कामोत्तेजन के नियत मौसम होते थे और काम-क्रीड़ा वर्ष भर न चलती थी, अपितु उस मौसम तक ही सीमित थी। इसी को बाद में भी धर्मपूर्वक काम का आचरण माना जाता था। कोसंबी का ध्यान होली के अश्लील पक्ष पर ही गया और उसे भी वह सही संदर्भ इसलिए न दे पाए क्योंकि उन्होंने होली को रोमन पर्व सैटर्नैलिया के माध्यम से समझने का प्रयत्न किया, न कि सैटर्नैलिया को कामोत्सव के माध्यम से।

इस पर्व का और दूसरे कुछ पर्वों का कृषि के विकास की दृष्टि से क्या महत्त्व है इसकी ओर उनका ध्यान गया ही नहीं। इनमें से एक है नवान्न। नवान्न में पकवान तो विविध प्रकार के बनते हैं, परंतु साँवाँ को आग पर भून कर उसे मसल कर उसके साथ गुड़ मिलाकर थोड़ा-थोड़ा प्रसाद के रूप में बाँटा जाता है और प्रतीकात्मक रूप में कुछ अंश पकवानों में मिला दिया जाता है। संभव है गाँवों में यह आज भी बचा रह गया हो। यह स्मृति को जीवित रखने के संकल्प से जुड़ा है कि एक अवस्था थी जब अन्न उगाए नहीं जाते थे, और वन्य अन्नों में कुछ का ही उपभोग किया जाता था। तब बर्तन न थे, न पकाने का उपाय था। खाद्यान्न सीधे आग पर झुलसकर उनकी टूँड़ और भूसी जलाकर हाथ से ही मसल कर खा लिया जाता था। अतीत से अपने को जोड़ने की, अपने पितरों के अनुभवों को याद करते हुए उनका सम्मान करने की यह आत्मीय विधि उनकी संवेदनात्मकता को तो प्रकट करती ही है, सामाजिक इतिहास की कतिपय महत्त्वपूर्ण कड़ियों को बचा कर रखने के संकल्प को भी प्रकट करती है।

होली के पर्व पर जव की बाली को सीधे तोड़ कर आग पर सेंक कर उसका टूँड़ जलाकर हाथ से मसलकर खाया जाता है। इसकी आग को घर लाया जाता है और उस आग से ही चूल्हा जलाकर होली के पकवान बनने आरंभ होते हैं। इसकी राख को अगले दिन झोली में लेकर होली खेली जाती है। रंग की होली बाद में आरंभ होती है। होली पर साँवा का स्थान जव की बाली ले लेती है। यह इस बात का द्योतक हो सकता है कि नवान्न की तुलना में होली का यह पक्ष कुछ बाद का है। होली के अवसर पर भाँग की मस्ती और हुड़दंग में भी आदिम मिलनोत्सव के अवशेष तलाशे जा सकते हैं।

तैयार होने से पहले, गन्ना, मटर या आम के टिकारे खाना वर्जित था। इन्हें वरुण का प्रतिबंध कहा जा सकता है जिसकी अवज्ञा होने पर भारी दंड मिल सकता था।

दो अन्य प्रमुख त्यौहार हैं। इनमें एक है सतुआन, जिसमें एक मात्र सत्तू को पानी से सान कर खाते हैं और चटनी आदि में आम के टिकोरे का भी इसी के साथ उपयोग आरंभ होता है। दूसरा मकर संक्रांति जिसमें खिचड़ी खाई जाती है। इन दोनों में से किसी के साथ अन्य व्यंजनों या पकवानों का चलन नहीं है। इतने बड़े समारोह और खाद्यपदार्थ इतना साधारण। पर इतिहास को जातीय स्मृति का अंग बनाए रखने के इस निश्चय के कारण दस बीस हजार साल पहले तक के सामाजिक जीवन को हम स्वल्प आयास से ही प्रत्यक्ष देख सकते हैं। जाहिर है ये दोनों पर्व उन नवान्न पर्वों से हजारों साल बाद के हैं जिनमें अनाज को झुलस कर, हथेली से मसल कर खाया जाता था। अब अनाज को भूनने और पकाने की युक्तियाँ विकसित हो गई हैं, उसे पीसने के लिए सिल-बट्टे और खिचड़ी पकाने के लिए पात्र बनने आरंभ हो गए हैं, वे जितने भोंड़े क्यों न रहे हों।

इन पर्वों का आरंभ करनेवाले पहले यव-बहुल क्षेत्र में नहीं, धान-प्रधान क्षेत्र में रहते थे। जौ का सत्तू खाने से पहले वे धान का सत्तू खाते थे और यवचूर्ण का पूर्वरूप 'शालिचूर्ण' था। मार्क्सवादी इतिहास लेखन के लिए कामपर्व वाले पक्ष से यह अधिक महत्त्वपूर्ण पक्ष है। कामपर्व के लिए तो तांत्रिक इतिहासदृष्टि भी पर्याप्त है।

निष्कर्ष और विवेचन में जो भी भिन्नता हो, परंतु हम इनको समन्वित पद्धतियों के माध्यम से ही देख और समझ सकते हैं। परंतु आँकड़ों पर तटस्थता से विचार करना जरूरी है। ऊपर हमने जिन पर्वों की बात की है, उनमें से होली को छोड़कर दूसरे पर्व केवल उस समाज में पाए जाते हैं, जिसे कोसंबी वर्ग समाज, या आर्य-समाज या ब्राह्मणवादी समाज कहते हैं। वह इस बात को रेखांकित करते हैं कि ये सभी खाद्य उत्पादन से जुड़े पर्व हैं और आहार संग्रह से आगे बढ़ने वाले समाज के, आर्य आक्रमण की गढ़ी हुई कहानी से, छह सात हजार साल पीछे तक के इतिहास से जुड़े हुए हैं। अतः टकराव आक्रमणकारियों और आक्रमितों के बीच नहीं, अन्न उत्पादकों और आहारसंग्रहियों के बीच है। हड़प्पा के चरण पर आकर बात करें तो यह हड़प्पा के नगरों के आर्यों और उनके निकट और दूर जंगली और पर्वतीय क्षेत्रों के आखेटजीवी जत्थों के बीच है। तभी पता चलता कि कृषि का भारतीय इतिहास बहुत पीछे जाता है। स्यात्, पश्चिम एशिया से भी पीछे जिसके अतिरंजित प्रचार ने दूसरे क्षेत्रों में अन्न उत्पादन के प्रयत्नों को समझने में बाधा पहुँचाई है। साक्षरता के अभाव में इतिहास को पर्वों और अनुष्ठानों में बाँध कर जातीय स्मृति में सुरक्षित रखने की यह दूरदर्शिता भी उन कारणों में से एक है जिसने आर्यों को दूसरों की अपेक्षा इतना विशिष्ट बनाया था। खगोल विद्या में वे अन्य सभ्यताओं से अग्रणी दिखाई देते हैं।

कोसंबी बताते हैं :

1. जितने भूभाग में (एक वर्गमील) आहारसंग्रह पर आधारित समाज के दो से तीन व्यक्तियों का ही निबाह हो सकता है, पशुपालन से उसी में दस और कृषि से सौ व्यक्तियों का निबाह हो सकता है।[7]
2. 'ना' और 'रा' को वह अनार्य पद मानते हैं। नारायण का संबंध इससे जोड़ते हुए बताते हैं कि इसे आर्यों के बीच स्वीकृति मिली, यह शांतिपूर्ण आत्मसातकरण का परिणाम है।[8]
3. यदि दो या अधिक समुदाय एक दूसरे के तत्त्वों को आत्मसात् करते हुए एक समाज की रचना करते हैं तो यह इस बात का प्रमाण है कि यह किसी हिंसक क्रिया के परिणामस्वरूप नहीं हुआ।[9]
4. वह मानते हैं कि सांस्कृतिक परिवर्तन की प्रक्रिया भारत में हजारों साल से चलती आई है और इतनी पुरानी है कि इसकी सही तिथि नियत नहीं की जा सकती।[10]
5. 'जब दो संस्कृतियाँ एक दूसरे के संपर्क में आती है तो उन्नत उत्पादन पद्धति वाली संस्कृति प्रायः अपनी भाषा अवर उत्पादन पद्धति वाली संस्कृति पर लाद देती है।"[11]

कोसंबी ने यदि इन सिद्धांत सूत्रों का सम्मान किया होता तो उनको इस आधार पर ही किसी आक्रमण या उत्पीड़न या हिंसा को अमान्य कर देना चाहिए था और सामाजिक आर्थिक भेद की भिन्न व्याख्या करनी चाहिए थी। ब्राह्मणों और उपनिषदों से उन्होंने केवल गोत्र और टोटेम (गणप्रतीक) निकाले, उत्पादन पद्धति के हवालों की ओर ध्यान ही नहीं दिया। इस ओर ध्यान देते तो पाते ऊपर की समस्त प्रतिपत्तियों की पूर्ति भारतीय परिदृश्य में होती है और यह अनंतकाल से चली आ रही है। उनके सूत्र तथाकथित आर्यों पर

जो पहले देव कहे जाते थे, उनके और इतर जनों से उनके संबंध पर घटित होते हैं। ये सूचनाएँ शतपथ ब्राह्मण में उसकी अपनी भाषा में लिखित पाई जाती हैं। इन्हें सूत्रबद्ध करें तो :

'देव और मनुष्य इसी धरती पर (एषु लोकेषु) साथ-साथ रहते थे (सह आसुः)। दोनों प्रजापति की संतान (उभये प्राजापत्याः) थे। असुर संख्या में अधिक (भूयांसः) थे, देवता कम। असुर बलवान (बलीयांसः) थे और देवों से बड़े थे। दोनों में प्रतिस्पर्धा हुई (पस्पृधिरे) और यह प्रतिस्पर्धा बहुत लंबे समय तक चलती रही। देव असुरों को पराजित करते तो वे पुनः उठ खड़े होते (ते ह स्म यद्देवाघ्सुरान् जयंति ततो ह स्मै वैनान् पुनरुपोत्तिष्ठंति)। वे हथियारों से, डंडे और बाण से लड़ते रहे, परंतु कोई दूसरे को हरा न सका (ते दंडैः धनुर्भिः न व्यजयंत)।

जो अनाज खेती से उगाए जाते हैं वे वारुणी हैं। व्रीहि और यव मुख्य वरुण प्रघासें हैं। ये यव और व्रीहि तो वन्य रूप में भी उत्पन्न होते हैं, परंतु जो जोती गई भूमि में पैदा होते हैं वे वारुणी औषधियाँ है (वरुण्या वा एते ओषधयः याः कृष्टे जायंते, शतपथ ब्रा. 5.3.3.8)। देवों ने असुरों से साकमेध यज्ञ के द्वारा विजय पाई (साकमेधैः वै देवा वृत्रमघ्नन् तैः एव व्यजयंत)। यह विजय संभवतः वर्षा ऋतु में उगाई जानेवाली फसल से मिली क्योंकि वर्षा काल को चतुर्मास कहा जाता है (देवाः चातुरर्मास्यैः वृत्रं अघ्नन्)। अतः कह सकते हैं कि पहले जहाँ व्रीहि था वहाँ अंचल भेद से यव भी जुड़ गया। जो भी हो, अन्न के प्रभाव से स्वस्थ, पापरहित संतानें पैदा होने लगीं (अनमीवा, अकिल्विषा प्रजाप्राजायंत) और इस तरह कम क्षेत्र में बहुत अधिक लोगों के जीविका लाभ से देवों की संख्या में आनुपातिक वृद्धि हुई और वे अधिक संगठित होकर आहारसंग्रही लोगों का प्रतिरोध और दमन करते हुए अपनी फसलों और पशुओं का बचाव तो करने ही लगे, साथ ही आस-पास के वन क्षेत्र को कृषिभूमि में बदलते हुए निरंतर प्राकृतिक उत्पाद पर समग्रतः निर्भर करनेवाले जनों या कहें असुरों से संघर्ष की स्थिति में रहे। इस अग्रधर्षण की प्रकृति आक्रमण से अधिक भिन्न न थी, परंतु न तो इसे किसी एक काल से जोड़ा जा सकता है, न ही किसी नगर पर किए जानेवाले आक्रमण के रूप में पेश किया जा सकता है। सांस्कृतिक रूपांतरण की प्रक्रिया ही अनवरत नहीं बनी रही है अपितु यह स्वैच्छिक से अधिक विवशताजन्य रही है। इस ओर भी कोसंबी का ध्यान नहीं गया। दो तथ्य और ध्यान देने के हैं, देवों को असुरों से कभी अधिक शक्तिशाली नहीं बताया गया है। वे शक्ति से नहीं युक्ति से उन पर भारी पड़ते रहे। दूसरा कि वैदिक कालीन आक्रमणों या उपद्रवों में पहल सदा दासों/दस्युओं की ओर से होती दिखाई गई हैं न कि आर्यों की ओर से है।'

यदि बर्बर और पशुधन पर निर्भर, यायावर आर्य संस्कृति जैसी कोई चीज होती और वह भारत में प्रवेश करती तो भी सांस्कृतिक श्रेष्ठता और उत्पादन की अग्रता के तर्क से उसे उच्च हड़प्पा सभ्यता की भाषा अपनानी पड़ी होती। इसका एक ही विकल्प था कि वैदिक चरवाहे ऐतिहासिक काल के यायावर चरवाहा समुदायों की तरह अपने ढोर

डंगर लिए घूमते रहते और अपनी बोली को अपने दायरे में बचाए रहते, परंतु स्थायी बसे हुए समाज से जो अल्पकालिक संपर्क होता उसमें वे उसे अपने गाय, बछड़े, दूध-उत्पाद बेचने या उसके खेतों को उर्वर बनाने के लिए फसल कटने के बाद उनमें हिराए रखने के बदले में अनाज आटा आदि पाने के लिए उनकी बोलियों से परिचय रखते। उस दशा में भी हड़प्पा की भाषा ही भारत में जीवित रहती। अतः हड़प्पा की भाषा, कोसंबी के ही नहीं अन्य सभी इतिहास-दार्शनिकों की अपनी ही सैद्धांतिकी से, ऋग्वेद की भाषा से भिन्न हो ही नहीं सकती थी।

'हम पूरी धरती के समस्त लोगों को सभ्य बनाएँगे' (कृण्वामः विश्वमार्यम् अधिक्षमि) के संकल्प से भरे हुए आर्य सुदूर देशों में सदाचार का पाठ पढ़ा रहे हैं, और इतनी स्पष्ट घोषणा के बाद भी उन्हें बर्बर और नगरद्वेषी समझा जाता रहा। इस सूत्र को समझने के बाद न तो भारत से बाहर किसी मूल क्षेत्र के लिए भटकने की जरूरत थी, न सिर पीटने की कि आर्य तो बर्तन तक प्रयोग में नहीं लाते थे। यह अजीब है कि जिनके बर्तन नहीं पहचान में आ रहे हैं उनके गोरू पहचान लिए जा रहे हैं। वे दुनिया को सभ्य क्यों बनाना चाहते थे इसका विवेचन यहाँ जरूरी नहीं।[12]

प्रश्न यह उठता है कि जब कोसंबी सुलभ स्रोतों का भरपूर उपयोग नहीं कर पाते तो वह समन्वित पद्धतियों की तलाश में कर्मकांड और पूजा की ओर क्यों मुड़ते हैं और उसी पर सबसे अधिक समय क्यों लगाते हैं? इसका उत्तर यह समझ में आता है कि साहित्यिक स्रोतों में सुलभ होनेवाली सामग्री को अपने खयाली इतिहास के प्रतिकूल पाकर या तो उसका विध्वंस करते हैं या उसकी छानबीन से बचते हैं। उनका ध्यान मातृदेवियों के काम पक्ष पर अधिक है और उत्पादन पद्धति और सामाजिक संबंधों पर कम, इसे हम मातृदेवियों के चरित्र की व्याख्या में देख सकते हैं।

कोसंबी यह मानते हैं कि कृषि का आरंभ स्त्रियों ने किया, परंतु वह इसकी समुचित व्याख्या नहीं कर पाते। मातृदेवियाँ स्वयं कृषि उत्पादन से जुड़ी रही हैं, अतः खेती के लिए सबसे सत्यानाशी सिद्ध होनेवाले भैंसों के दल के उपद्रव की हम कल्पना ही कर सकते हैं। उन्हें रोकना और भगाना प्राणघाती हो सकता है। अतः मातृदेवी का शाकंभरी रूप ही नहीं है, वह महिषासुरमर्दिनी भी है। महिषासुर और म्सोबा और रुद्र और मातृदेवी के आगे चलकर उनसे विवाह की व्याख्या करते समय महिषासुर का मर्दन करनेवाली देवी का कृषिवाला पक्ष (शाकंभरी) चर्चा में आता ही नहीं।

वह मानते हैं कि दक्षिण भारत में खेती का आरंभ छठीं शताब्दी ईसापूर्व से पहले नहीं जा सकता। फिर म्सोबा और मातृदेवियों का विवाह भी उसके बाद की परिघटना हुई। ऐसे में म्सोबा को ढाई तीन हजार साल पहले के रुद्रशिव का पूर्वरूप कैसे माना जा सकता था? म्सोबा स्वयं रुद्र का लोकीकृत रूप क्यों नहीं हो सकता। साहित्य में देश, काल और विकास के चरणों की वैसी छूट नहीं ली जा सकती जो कोसंबी उस धुँधलके का लाभ उठा कर लेते हैं, जिसके कारण वह समन्वित पद्धतियों के जन्मदाता बने। हम इस पद्धति को बहुत उपयोगी मानते हैं परंतु इसके साथ मनमानी छेड़छाड़ को अनिष्टकर मानते हैं।

सन्दर्भ सूची

1. This note suggests that the linguistic study of problems of ancient Indian culture would be more fruitful if supplemented by intelligent use of archaeology, anthropology, sociology and a suitable historical perspective.l Available Indian data in each of the fields listed need to be augmented by a great deal of honest and competent field work. None of the various techniques can, by itself, lead to any valid conclusion about ancient India; combined operations are indispensable. Combined Methods, p.3
2. 'भारत की साहित्यिक विरासत महान हुआकरे, इसमें हेरोडोटस, थ्यूसीडाइड्स, पोलिनियस, लिवी, टैसिटस के जोड़ का कोई इतिहास-परक लेखन करनेवाला नहीं पैदा हुआ। मध्यकाल के अनेक भारतीय सम्राट, जैसे हर्ष, शिक्षा और साहित्यिक योग्यता में यूरोप के अपने समकालीन सम्राटों से इतने श्रेष्ठ थे कि वे इनकी तुलना में कहीं टिकते ही नहीं; इन्होंने स्वयं विशाल सेनाओं का नेतृत्व स्वयं करते हुए विजयश्री पाई थी, फिर भी इनमें से किसी ने सीजर के कमेंटरीज या खेनोफेन की अनाबैसिस जैसी कोई विजयगाथा लिखने की बात सोची तक नहीं।... ले देकर कल्हण की राजतरंगिणी है जिसे भी संस्कृत में पद्य में लिखा गया है। प्राचीन इतिहास के स्रोत के रूप में पुराण बच रहे हैं जो अपने वर्तमान रूप में मात्र धार्मिक जीवकथाएँ बनकर रह गए हैं। यूरोपीय ऐतिहासिक अभिलेखों से भी पाठक को पूरा अर्थ समझ में नहीं आता, न तो उनसे कोई संतुलित इतिहास बनता है। इन विविध समस्याओं का पश्चिमी उदाहरणों से तुलना करते हुए कोसंबी पूरे सात पन्नों में यह स्पष्ट करते हैं कि हमारे सूचना के स्रोत अत्यंत क्षीण हैं, इनका भी अधिकांश संदेह से परे नहीं है, अतः पश्चिमी ढंग का इतिहास न तो लिखा जा सकता है न ही वह इतिहास की समझ के लिए जरूरी है। अप्रासंगिक विस्तार में जाने और उसी में खो जाने की कोसंबी में आदत सी है। जो बात दो वाक्यों में कही जा सकती है, क्योंकि यह सर्वविदित है उसके लिए अनावश्यक ज्ञानप्रदर्शन और इससे पैदा की गई धुंध में स्वयं भटक जाने की बीमारी।
3. यही स्थिति द्रव्य की रही है जिस अदृश्य रेणुओं के संपुंजन से विश्व-ब्रह्मांड की रचना की बात तो की ही जाती रही है, उन रेणुओं को चेतना संपन्न या कहें ऊर्जा से युक्त मानने, विराट संख्याओं, उनके सूक्ष्मतम अंशों, आदि के विषय में भी रही है, यहाँ तक कि सत-रज-तम जिसे आधुनिक भाषा में पोजिट्रान, इलेक्ट्रॉन, न्यूट्रान के बोध से पहले किसी अन्य चिंताधारा में सोचा ही न जा सका था।
4. कृषिक्रांति और देवासुर संग्राम, हड़प्पा सभ्यता और वैदिक साहित्य, खंड 2, 65-66 तथा पाटि. 63.
5. The Holi spring festival, now regarded by law and public opinion as obscene, licentious and depraved, can be traced to remotest savagery. Yet, at the time when food gathering was the norm, with a most uncertain supply of food and meagre diet, a considerable stimulus was necessary for procreation. Obscenity was then essential in order to perpetuate the species. But the original saturnalia was never depraved, as it became inevitably when. agriculture meant heavy labour as well as regular .nourishment, with a corresponding change in man's appetites and sexual function. Myth, 10
6. The bones of the prehistoric skeletons were heavier, due undoubtedly to the better diet, rich in meat and calcium. Review of Piklihal Excavations: By F.R. Allchin. Andhra Pradesh Govt. Archaeol. Ser., No. I, Hyderabad, 1960. Man (A Record of Anthropological Science), vol. 64 (1964), pp. 163-4
7. an inevitable consequence of having iron and the cattle, permitted attaining a density of population in many fertile tracts of the country more than 100 persons per square mile. Such density was unthinkable for a tribal or pastoral way of food harvesting even in a single district. 'Indo-Aryan' Nose Index 534 Food-gatherers,

as were most tribes in India till most recently, may survive only on condition that over one square mile of their territory there are not more than 2-3 persons (usually much less). 534 Where agriculture will support as many as a hundred people per square kilometre, the most efficient hunting and food-gathering could not support even one person, and the richest pastoral life less than three on a rough calculation. The Culture,51.

8. The vedas have a Viṣṇu, but no Nārayaṇa. The etymology seems to be 'he who sleeps upon the flowing waters *(nâ râ)'* and this is taken as the steady state (fig. 1.1) of Nā rā yaṇa.[15] It precisely describes the Mesopotamian Ea or Enki, who. Sleeps in his chamber in the midst of the waters, as Sumerian myth and many a Sumerian seal, (fig. 1. 2) tell us. The word *nā rā* (plural for 'the waters' is not Indo-Aryan. Both the word and the god might conceivably go back to the Indus Valley. The later appearance in Sanskrit only means that the peaceful assimilation of ,the people who transmitted the legend was late. *Myth*., 20-21
9. It was not at base a violent action, since both the more advanced and the less advanced elements in the formation of a new society borrowed from each other. Intro. 50
10. These examples show that acculturation in India was a continuous process extending over the millennia, very difficult to date for that very reason. Intro. Id.
11. when two cultures are in contact the stronger form of production often imposes its language upon the other. Culture..p.43 कोसंबी यह बात अपनी ओर से नहीं कह रहे थे। यह बात टॉयनबी ने सभ्यताओं के संपर्क और आत्मरक्षा के संघर्ष के संदर्भ में बहुत सलीके से कही है, कि इस द्वन्द्व में अबल संस्कृति प्रबल संस्कृति के सबसे गौण समझे जानेवाले तत्त्व को अपना लेती है। फिर वह उत्प्रेरक का काम करता है। वह दूसरे घटकों को अनिवार्य बनाती हुई अबल संस्कृति को तोड़ती और ध्वस्त करती चली जाती है। उदाहरण के लिए यदि भारतीय ने निरापद समझ कर धोती छोड़ पैंट अपना लिया तो उसे गद्दी पर बैठना भी छोड़ना होगा। अब उसे कुर्सी अपनानी होगी, जिसके साथ मेज तो जरूरी है ही। पालथी मार कर खाना भी छोड़ना होगा, पद्मासन जैसी मुद्राएँ भी छोड़नी होंगी। इस तर्क से कोई साधारण चीज भी अकेली नहीं होती, वह एक आवयविकता (गेस्टाल्ट) का अंग होती है। एक के आने के बाद एक-एक कर के समग्र को आना ही है। कोसंबी को इसे पूरी व्याप्ति में प्रस्तुत करना चाहिए था या विचारक का नाम लेकर अपने को उत्तरदायित्व से मुक्त कर लेना चाहिए था। यह विचार भी आंशिक रूप में ही सही है। पणिक्कर ने जो विख्यात इतिहासकार तो थे ही, नेहरू युग में पेरू में भारत के राजदूत भी रहे थे, उन्होंने पेरू के समाज पर पड़े स्पेनी प्रभाव का विवेचन करते हुए कहा था, 'किसी गिलास में पानी लो, उसमें दो बूँद स्याही डाल कर घोल दो, कुछ समय के लिए लगेगा पानी नीला हो गया, प्रबल संस्कृति ने अबल को अपने जैसा बना दिया। फिर उसे वैसे ही रहने दो। कुछ देर के बाद पता चलेगा पानी नीला नहीं है, साफ है पर ठीक पहले जैसा साफ नहीं, इतना कम बदला हुआ कि आप इसे साफ कह सकते हैं। नीला रंग तलहटी में बैठ गया है। उनका बहुत विवेकपूर्ण निष्कर्ष था कि अंततः स्थानीय संस्कृति ही प्रबल सिद्ध होती है। संभवतः यह टॉयनबी का जवाब भी रहा हो। इन दोनों के जो नोट मैंने साठ के दशक में लिए थे उनमें से कोई मेरे पास नहीं है। इसे मैं भारतीय उदाहरणों से कहकर अपना भी बना सकता था, पर वह वैचारिक तस्करी होती। कोसंबी कई मामलों में बहुत सख्त थे, पर मैं इस मामले में सख्त हूँ कि जिसके विवेचन या विचार ने आपका ध्यान वस्तुस्थिति के किसी पहलू की ओर ध्यान खींचा हो, यदि याद हो तो उसको उसका श्रेय अवश्य दो। कोसंबी ऐसा नहीं करते।
12. देखें, भगवान सिंह, 1987, खंड 2, 'कृषिक्रांति और देवासुर संग्राम'।

खंड : दो

आठ

ब्राह्मण और ब्राह्मणवाद

कोसंबी स्वयं भी ब्राह्मण थे। पिता ने बौद्ध मत अपनाया था। इसके बाद उनका परिवार वर्णवाद से मुक्त हो चुका था। न होता तो भी यदि उन्हें ब्राह्मणवाद की कमियाँ दिखाई देतीं तो वह उन पर परदा न डालते, इसका आश्वासन नहीं दिया जा सकता। कारण, उनमें आत्मनिरीक्षण का दारुण अभाव दिखाई देता है। ब्राह्मण वर्ण के प्रति उनके मन में उग्र क्षोभ और आक्रोश दिखाई देता है। इसके कई कारण हैं जिनमें सबसे प्रबल वह प्रतीत होता है जिसका कोसंबी ने कभी नाम ही नहीं लिया।

कोसंबी पौरोहित्य और ब्राह्मणत्व को अलग मानते हैं। "सबसे पहले पुरोहित उल्लू वंश के विश्वामित्र थे। ऋग्वेद में पौरोहित्य अभी विशेषीकृत नहीं हुआ था...वसिष्ठ एक नए किस्म के पुरोहित थे।" ब्राह्मणवाद अर्थात् पौरोहित्य का काम अब केवल ब्राह्मण ही करेंगे, यह परंपरा उनके साथ आरंभ हुई, "उनका जन्म मित्र और वरुण दो के वीर्य से हुआ था जो कभी सूर्य और आकाश के देवता रह चुके थे। उनकी माँ का उल्लेख नहीं आया है। इसके विपरीत उसी प्रसंग में उन्हें उर्वशी (एक अप्सरा या मातृदेवी) के मस्तिष्क से, एक घड़े से उत्पन्न बताया गया है जिसमें दोनों देवताओं ने वीर्यषेक किया था और उन्हें एक पुष्कर में विद्युत् ज्योति से आवृत देखा गया था। ऊपर से ऊटपटांग लगने वाला यह विवरण वास्तव में बहुत संगत और सीधा है। इसका मतलब है कि वसिष्ठ आर्यों से पहले की मातृदेवी के मानवीय प्रतिनिधि थे और इसलिए उनका कोई पिता न था। पितृप्रधान आर्यों में प्रवेश करने के लिए किसी समादृत पिता की और साथ ही अनार्य माता के निषेध की आवश्यकता थी।...घट गर्भ का और इस तरह मातृदेवी का प्रतीक है।"[1]

वसिष्ठ की गणना सप्तर्षियों में होती है, परंतु "मुख्य ब्राह्मण वंशों के सातों आदि पुरुषों, सप्तर्षियों की प्राचीनता सुमेरिया अथवा सिंधु सभ्यता के प्रत्यूष काल तक पहुँच सकती है। सप्तर्षियों के जो नाम विभिन्न ग्रंथों में मिलते हैं उनमें समानता नहीं पाई जाती।"[2] 'विश्वामित्र आठवें ऋषि हैं और यह अकेले सच्चे आर्य ऋषि हैं।'[3]

वसिष्ठ जो शतपथ ब्राह्मण (गौतम, भरद्वाज, विश्वामित्र, जमदग्नि, वसिष्ठ, कश्यप और अत्रि) और महाभारत (मरीचि, अत्रि, अंगिरा, पुलह, क्रतु, पुलस्त्य और वसिष्ठ) दोनों की सप्तर्षि गणनाओं में हैं। कोसंबी के गोरे काले के तर्क से सभी ऋषियों में वही अकेले

हैं जिनको गोरा या श्वित्यंच (7.33.1) बताया गया है। दूसरों के साथ जहाँ रंग का कहीं कोई संकेत है, उन्हें श्याव या श्याम कहा गया है। एक का तो नाम ही श्याव है (1. 117.8)। कृष्णांगिरस के विषय में किसी टिप्पणी की आवश्यकता नहीं। कालों के बीच में यह गोरा ऋषि, कोसंबी के रंगभेदी तर्क से अकेला आर्य हुआ।

इसका जन्म भी अलौकिक है। यह देवपुत्र है और एक ही नहीं दो-दो देवों के जो ऋत और धर्म, ज्ञान और दूरदर्शिता में अनन्य हैं, उनकी शक्ति लेकर पैदा हुआ है। दोनों के गुण इसमें हैं, वरुण का विशद ज्ञान और मित्र का व्रत (मित्रस्य व्रता वरुणस्य दीर्घश्रुत्, ऋ. 8.25.17) या वरुण का ऋत और मित्र का धर्म। वरुण रात्रि का देवता और मित्र दिन का। इसलिए अन्य ऋषियों से उत्कृष्ट यह विद्युज्ज्योति विकीर्ण करता प्रकट हुआ था। परंतु यह है बहुत पुरानी घटना, संभवतः पिछले जन्म की (विद्युतो ज्योतिः परि संजिहानं मित्रावरुणा यत् अपश्यतां त्वा, तत्ते जन्म उत एकं वसिष्ठ अगस्त्यः यत् त्वा विश आजभार, 7.33.10)। जिस सूक्त में यह ऋचा है उसके ऋषि मैत्रावरुणि वसिष्ठ कहे गए हैं। यह कुछ विचित्र है कि मैत्रावरुणि वसिष्ठ के किसी अन्य जन्म की बात उनके द्वारा ही की जा रही है।

व्यक्ति की असाधारणता दिखाने के लिए उसे देवपुत्र बनाना, सूर्यपुत्र बनाना, अग्निपुत्र बनाना, नदीपुत्र बनाना सर्वविदित तथ्य हैं। भारतीय साहित्य में और संभवतः इसके प्रभाव से ग्रीक साहित्य में इसकी भरमार है। अयोनिज, अनैसर्गिक जन्म दिखाने और मानसपुत्र बनाने को भी पवित्रता और असाधारणता का द्योतक माना जाता रहा है। वसिष्ठ का महिमामंडन संभवतः इनमें सबसे पुराना हो। वह पितृपक्ष से ही दो सर्वोच्च माने जानेवाले देवों के अंश से ही नहीं पैदा हुए हैं, मातृपक्ष भी विद्युत है। जैसे शिशु मातृगर्भ का मोचन करता हुआ प्रकट होता है उसी तरह वह विद्युज्ज्योति का मोचन करते हुए प्रकट होते हैं। इसीलिए उन्हें या कहें वासिष्ठों को श्वित्यंच कहा गया है। कोसंबी इस ऋचा के अर्थ को अनेक दूसरी नाभिकीय महत्त्व की ऋचाओं की ही तरह समझ नहीं पाए हैं और इसे कुछ भोंड़े रूप में प्रस्तुत करते हैं। इस असाधारणता और तेजस्विता के बल पर ही वह पहले ब्रह्मा या ब्राह्मण पुरोधा हुए और पौरोहित्य को ब्राह्मणों का विशेषाधिकार बना दिया। उनका यह दावा कितना सच्चा या गलत है, इसका निर्णय हमारी चर्चा के केन्द्र में नहीं आता।

सप्तर्षियों की अवधारणा हड़प्पा सभ्यता के ही नहीं सुमेरियाई सभ्यता के भी प्रत्यूषकाल से जुड़ी है, पर ऋग्वेद स्वतः उस चरण तक जाता है और उसकी पृष्ठभूमि उससे भी बहुत-बहुत पीछे जाती है। यह ध्यान रखना होगा कि सुमेरी सभ्यता के निर्माता कृष्णकपाल थे। उसके सबसे निकट उनकी नींव से भी कुछ हजार साल पहले की व्यापक संपर्क वाली स्थायी बस्तियाँ दक्षिण एशिया में ही (लहुरादेवा, कोल्डिहवा, महगरा, लूकनसर, भिर्राना, मेह्रगढ़, खंभात की खाड़ी) पाई जाती हैं। यह भारतीय परंपरा ही है जिसमें देवों से पहले असुरों द्वारा पुरियाँ बसाने का और उसकी सूचना पाकर देवों द्वारा भी पुरियाँ बसाने के संकल्प का उल्लेख है।[4]

उनकी भाषा क्या थी, यह हम भी नहीं जानते। मुंडा नहीं थी। द्रविड़ नहीं थी। संस्कृत या आर्य नहीं थी। उन अनगिनत भाषाओं में से कौन सी भाषा या भाषाएँ बोलने वालों ने सुमेरी सभ्यता की नींव रखी थी और भारतीय भूभाग में उनको किन अनुभवों से गुजरना पड़ा था यह हम धुंधले रूप में ही जानते हैं, परंतु वह धुँधली सूचना और उस भाषा के अवशेष भारतीय पृष्ठभूमि में ही बाद तक बचे रहे।

यदि हम यह न मानें तो अथर्ववेद में साँप का विष उतारने वाले सूक्त में सुमेरी भाषा और विश्वासों को मूर्त करनेवाले शब्दों को देखकर यह मानना होगा कि अथर्ववेद का कालगत साम्य सुमेरिया से है, जो सही नहीं लगता। अतः अवांतर स्पष्टीकरण यही हो सकता है कि जिस भाषाई समुदाय के लोग किसी भी अनुपात में सुमेरिया पहुँचे थे, उनके सगोत्र भारत में बचे रह गए थे और सर्पविष के उपचार का मंत्र और विश्वास उनकी ही देन है। कहीं वे हाशिए पर रहे हों या केंद्र के निकट, परंतु लोक में उनका प्रभाव था, जैसा कि बाद के कालों में जोगियों, कापालिकों, सिद्धों आदि का भारतीय लोक पर बना रहा था।

सात ऋषियों को खगोलीय सात नक्षत्रों के पुंज के रूप में कल्पित करने के तार्किक आधार को कोसंबी समझते थे, इसमें संदेह है। वैदिक कवियों के श्रद्धेय ऋषि इस बात के लिए याद किए जाते हैं कि उन्होंने विविध दिशाओं में क्रांतिकारी आविष्कार किए थे। ये आविष्कार और खोज बहुल लंबे दौर में हुए थे। इन क्रांतिकारी चिंतकों के प्रति जो गहन आभार या उनकी सर्जनाशक्ति में जो अनन्य विश्वास था उसी ने उनका महिमामंडन किया था। वे सब कुछ जानते थे। वे कुछ भी कर सकते थे। सृष्टि भी। वे अपने शरीर को त्याग करने के बाद नक्षत्र बन जाएँ यह तो मामूली सी बात थी। उन्होंने ही नक्षत्रों का निर्माण किया या उन्हीं से आकाश नक्षत्रों से भरा लगता है। ''जैसे किसी काले घोड़े को समग्रतः मोती की लड़ियों से सजाया जाए उसी तरह पितरों ने आकाश को नक्षत्रों से सजाया।'' (अभि श्यावं न कृशनेभिरश्वं नक्षत्रेभिः पितरो द्यामपिंशन्, ऋ. ।10.68.11)। अतः नामों का उतना महत्त्व नहीं है जितना रात के समय काल और दिशा के निर्धारण में सप्तर्षियों का है। दिशासूचक यंत्र से पहले रात के समय दिशा का सही ज्ञान और काल का बोध नाविकों को सप्तर्षियों से ही होता था। जैसे प्राचीन काल में पितरों ने मार्गों का निर्माण किया था और उनके दिखाए मार्ग पर ही वे चल रहे थे, उसी तरह नक्षत्र मंडल में पहुँचकर आज भी मार्गदर्शन कर रहे हैं।

इसमें नाम और सूची का कोई महत्त्व इसलिए भी नहीं है कि नामावलियाँ बाद में तैयार की गई हैं। सात की जगह सत्रह तारे होते तो सत्रह नाम जुड़ जाते। परंतु यह अवधारणा नौचालन के क्रम में विकसित हुई यद्यपि ऋग्वेद के उपलब्ध रूप से पहले विकसित हो चुकी थी। ऋग्वेद के प्राचीनतम मंडलों से ही परिवहन के साधनों, पशुओं, रथों, नौकाओं आदि के हवाले मिलने लगते हैं जिसका अर्थ है ये इससे पहले ही उपयोग में लाए जा रहे थे।

2

कोसंबी के इस कथन में सच्चाई है कि ब्राह्मण समाज की ओर उसका शोषण करने के लिए ही देखता था, अन्यथा उसकी समाज में कोई दिलचस्पी न थी।[5] परंतु इस तरह के कथनों का विस्तार किया जाए तो कहा जा सकता है कि क्षत्रिय अपनी भूसंपदा और राज्य की रक्षा के लिए प्राण निछावर करता रहा है, समाज की रक्षा में उसकी कोई रुचि नहीं थी। वैश्य धन जोड़ने के लिए चोरी, बेईमानी और फरेब तक का सहारा लेकर अपना कारोबार चलाता रहा है, समाज की आवश्यकताओं की पूर्ति में उसकी कोई रुचि न थी। शूद्र तो लाचारी में अपने को जीवित रखने के लिए सौंपे गए काम करता ही रहा है। काम में उसकी कोई रुचि हो ही नहीं सकती। अंततः हम याज्ञवल्क्य के उस तत्त्वज्ञान पर पहुँचेंगे जो उन्होंने मैत्रेयी को दिया था कि सगे लोग भी अपने लिए ही दूसरों से सगापन रखते हैं, उनके लिए नहीं।

> "मैत्रेयी संसार के सारे संबंध स्वार्थ के संबंध हैं। परोपकार भावना से कोई भी कोई काम नहीं करता। कोई स्त्री पति से प्यार करती है तो उसके लिए नहीं, अपितु अपने मतलब से करती है। यदि पति भी उसे उसी तरह प्यार न करे तो वह उसे प्यार करती न रह पाएगी।..."[6]

इसकी यह परिणति तो होनी ही है कि कोसंबी अपनी यशोलिप्सा के लिए इतिहास लेखन कर रहे थे, इतिहास में न तो स्वतः उनकी रुचि थी, न इतिहास की समझ। प्रदर्शनप्रियता इतनी अधिक थी कि अपने सीमित आर्थिक साधनों के बाद भी वह रेल के फर्स्ट क्लास में सफर करते थे जिस पर व्यंग्य करते हुए इंगैल्स ने लिखा था कि वह स्वयं एक अमेरिकी पूँजीवादी होते हुए भी भारत में दूसरे दर्जे से ऊपर यात्रा नहीं कर पाया पर मार्क्सवादी कोसंबी ने उसे डकन क्वीन में पहले दर्जे में यात्रा करने के लिए आमंत्रित किया।[7] इसमें यह भी जोड़ा जा सकता है कि वह आत्मरति के शिकार थे, उन्हें अपने सिवाय किसी से प्रेम न था, न अपने देश से, न समाज से, न भाषा से, न परिवार से। उनका कुत्ता अवश्य अपवाद रहा हो सकता है। इसीलिए लोग उनसे डरते भले रहे हों, उन्हें कोई भी प्यार नहीं करता था। उनके अपने छात्र, पत्नी और बच्चे तक नहीं।[8] वह मार्क्सवादी से अधिक अस्तित्ववादी थे और थे आत्मनिर्वासन के शिकार।

इससे भी बुरा यह कि वह इतिहास लेखन बनारस हिंदू विश्वविद्यालय से निकाले जाने के अपमान का बदला लेने के लिए कर रहे थे, न कि इतिहास की गुत्थियों को सुलझाने के लिए। उनको निकाला तो टाटा इंस्टीट्यूट ऑफ फंडामेंटल रिसर्च से भी गया था परंतु उसमें उन्हें इसे छोड़ने का अवसर दिया गया था।[9] हिंदू विश्वविद्यालय में तो उनको अपना पक्ष रखने का अवसर तक न दिया गया था। आमंत्रण दिया था अलीगढ़ मुस्लिम विश्वविद्यालय ने। कोसंबी का जैसा स्वभाव था, वह अपने अपमान का बदला लेने के लिए तड़पते रहे होंगे और बदले के तरीके पर ऊहापोह में लगे रहे होंगे। अतः इतिहास में घुस कर मदनमोहन मालवीय और उनके ब्राह्मणत्व और हिंदुत्व से बदला लेने

पर अमल कुछ विलंब से आरंभ हुआ।

यदि बौद्ध और जैन धर्मों से खिन्न ब्राह्मणों ने पूरी क्षत्रिय जाति को गालियाँ देने के ऐसे कलात्मक तरीके निकाले कि उनको स्वयं इन जातियों के लोगों को भी सुनाकर उन्हें धर्मलाभ कराते रहे, और लोग उनकी गालियों का अपनी भाषा में प्रयोग करते रहे–चाई, लुच्चा, नंगा, पाखंडी, घृणित, आदि जिनका उन्होंने अर्थ ही बदल दिया था–तो कोसंबी की गालियों को सबसे अधिक ब्राह्मण ही इतिहास मानकर पढ़ते-पढ़ाते रहे। कौन कह सकता है कि कोसंबी ब्राह्मणवादी नहीं थे। उन्होंने अपना बदला लेने के लिए ब्राह्मणवाद का आजमाया हुआ तरीका ही अपनाया। छात्रावस्था का बाबा, अंत में बाबा ही बनकर सामने आया।

जातिवाद और ब्राह्मणवाद पर एक मार्क्सवादी के रूप में विचार करते समय हमें इतिहास में घुस कर किसी को कोसने से बचना चाहिए। मार्क्सवाद तो सभ्यता के विकास में गुलामी की प्रथा, गुलाम-व्यापार में लिप्त जनों और उन्हें अपना पशु समझने वालों तक की प्रगतिशील भूमिका की बात करता है। वस्तुपरक अध्ययन में इतिहास के किसी चरण पर जो जैसा है, वह एक तथ्य है। मीमांसा इसकी होनी चाहिए कि किसी वर्ग, संस्था या व्यवस्था का जन्म किन परिस्थितियों में हुआ, वह अपनी शक्ति कहाँ से ग्रहण करती आई है, उसमें विकृतियाँ किन स्थितियों में आईं और आज तक वह कैसे बची हुई है।

ब्राह्मण के संदर्भ में अपेक्षाकृत अधिक विचारणीय यह है कि बाहुबल, धनबल और तकनीकी दक्षता के अभाव में भी वह अपनी श्रेष्ठता इस हद तक कैसे बनाए रख सका कि वह समाज और सत्ता की मर्यादाएँ निर्धारित कर सके और अपने विरुद्ध चलनेवाले दर्जनों आंदोलनों को निष्प्रभाव कर सके? साथ ही उन परिस्थितियों का भी विश्लेषण किया जाना चाहिए था जिसमें यह शारीरिक श्रम को और शारीरिक श्रम करनेवालों को हेय बनाकर समाज के प्रभावशाली वर्गों को निकम्मा, उपजीवी बनाकर वह प्रगति में अवरोध डालने लगा? वह कौन सी चूक थी जिसके कारण इसे इतने तनाव, अभाव और आत्मग्लानि में जीना पड़ा और इसकी क्षतिपूर्ति करते हुए पाखंड, आत्मवंचना, परपीड़न, धूर्तता और घोर स्वार्थपरता का रास्ता भी अपनाना पड़ा?

कोसंबी इनमें से केवल अंतिम लक्षणों को ही देखते हैं, पर उनके कारणों पर ध्यान नहीं दे पाते। यह फात्सी तरीका है, जिसका अंत ऐंटी-सेमेटिज्म (इस मामले में ब्राह्मणद्रोह) में होता है।

कोसंबी के समूचे लेखन में उन कारणों, कारकों और सामाजिक-आर्थिक परिघटनाओं का पता नहीं चलता जिनसे यह वर्ण अस्तित्व में आया। उन्हें वह कूटनीतिक परिपक्वता दिखाई नहीं देती जिसे अग्रणी देशों द्वारा अपनाया तो गया है पर आज भी उस सफलता से अपनाया नहीं जा सका है, जिस सफलता से ब्राह्मणवाद इसे व्यवहार में ला सका था। यह था अपनी श्रेष्ठता और वर्णव्यवस्था को उनकी चेतना का भी अंग बना देना जो

इसके शिकार थे। यह थी किसी को कुछ दिए बिना, बल्कि जिनका खा रहे हैं उनको लूटते हुए, उन्हें दबा और झुका कर रखने की चतुरता; खुले शक्तिप्रयोग के बिना, अल्पतम हिंसा से, अधिकतम प्रतिघात की कूटनीतिक दक्षता। इसे स्वीकार करते ही हम यह भी मानने को बाध्य होते हैं कि यह कूटनीतिक दक्षता इसके अनुरूप उन्नत सभ्यता में ही संभव थी, जिसे स्वीकारने को कोसंबी तैयार न थे। फिर भी उन्हें इस बात का श्रेय जाता है कि इसे उन्होंने भारतीय इतिहास का एक प्रमुख विचार-बिंदु माना और इस पर कुछ ध्यान देने योग्य मंतव्य प्रकट किए, यद्यपि यहाँ भी अपने आर्य-अनार्य के खाँचे में बँधे होने के कारण उन्होंने सबसे बेतुके सुझाव भी दिए।

परंतु यह बेतुकापन उनके महत्त्व को कम करने के स्थान पर उसे बढ़ाता है। कारण, जब तक उनका इतिहास ब्राह्मणों की भर्त्सना का औजार बना रहता है तब तक उस औजार को प्रभावशाली बनाने के लिए कोसंबी का अतिमानवीकरण जरूरी है। अतिमानवीकरण के साथ विचार विश्वास का रूप ले लेता है और तर्क और प्रमाण इसको भेद नहीं पाते। अतः अक्सर किसी प्रश्न पर तर्क या प्रमाण देने के स्थान पर यह दुहराया जाता है कि कोसंबी ने 'इस पर यह कहा है।' यह ठीक वही तेवर है जिसमें 'धर्मग्रंथ में ऐसा लिखा है' कहकर सामाजिक कुरीतियों को जारी रखा जाता है। यह कहनेवालों को कि लिखा भले हो, पर यह तर्क और अनुभव के आधार पर सही नहीं है, दुस्साहसी, गर्हित, यहाँ तक कि उपद्रवी तक मान लिया जाता है। अतः जिन निहित कारणों से कोसंबी का अतिमानवीकरण किया गया, एक व्यक्ति से मूरत (आइकन) में ढाला गया उनको समझे बिना कोसंबी को नहीं समझा जा सकता। ब्राह्मणवाद की आलोचना करने के स्थान पर इसकी भर्त्सना करते हुए इससे जुड़ी हर चीज को जघन्य बना देना भी इस योजना का ही अंग था।

ब्राह्मणवाद वर्णवाद का प्रतीक है, अतः सामाजिक न्याय का विरोधी है। हिंदुत्व का प्रतीक है, इसलिए इस्लाम, ईसाइयत और धर्मनिरपेक्षता का विरोधी है। रूढ़िवादिता का प्रतीक है, इसलिए प्रगति और क्रांति का विरोधी है। राजनीति में इसका लाभ दक्षिणपंथियों को मिलता है इसलिए यह दूसरे सभी राजनीतिक संगठनों का शत्रु है। ऐंटीसेमिटिज्म के लिए इससे अधिक क्या चाहिए! पर मजा यह है कि इस हुड़दंग में सबसे ऊँची आवाज ब्राह्मणों की ही रही और इसका सबसे अधिक लाभ भी ब्राह्मण को ही मिला। ब्राह्मणवाद की लोच और शक्ति का यह भी एक पहलू है।

ब्राह्मण वर्ण की उत्पत्ति के संबंध में कोसंबी के विचारों पर चर्चा हम हड़प्पा सभ्यता के प्रसंग में करेंगे इसलिए यहाँ इतना ही कि वे नितांत काल्पनिक हैं।

कोसंबी रंगभेद के आधार पर दो तरह के ब्राह्मणों की कल्पना करते हैं, एक स्थानीय, जो हड़प्पा सभ्यता के दौर में मातृदेवियों के पुजारी थे और समूचा कृषिधन उनके अधिकार में था। यह हवाई सूझ भारतीय इतिहास को कोसंबी के मौलिक योगदानों में से एक है।

सुमेर में सभ्यता का विकास नहीं हुआ था। वह वहाँ बनी बनाई पहुँची थी। उसके संस्थापक वहाँ बाहर से पहुँचे थे। वे थोड़ी संख्या में थे। वे कला और विज्ञान की अपने

समय तक की पूरी जानकारी लेकर वहाँ पहुँचे थे और आरंभ में सुरक्षा की चिंता से वे अपनी रातें नौकाओं पर ही गुजारते थे, अतः आरंभ से ही वे स्थानीय जनों को अर्धमानव-अर्धजलचर या अर्धदेव जैसे लगे थे। अपने अजनबीपन और विचित्र व्यवहार और असाधारण ज्ञान के बल पर स्थानीय आबादी में अंधविश्वास पैदा करके उस पर शासन करना उनके लिए आसान था। अतः वहाँ सत्ता केंद्र के रूप में शक्तिशाली पुजारीवाद का जन्म हुआ था। हड़प्पा सभ्यता अपने पूरे चरित्र में इहदेशीय थी और इसने अपना विकास हजारों साल के दौर में किया था और इसलिए इसमें चामत्कारिकता की संभावनाएँ बहुत सीमित थीं। इसमें उस तरह अनन्य और विचित्र लगने वाला कोई अल्पमत नहीं हो सकता था जो पुजारीवाद से सत्ता पर हावी हो सके। अतः इसमें वर्णवाद का उदय कार्यविभाजन से ही संभव था, जिसके बिना हड़प्पा सभ्यता का काम चल ही नहीं सकता था। वैदिक सभ्यता से अलग करके देखने पर यह प्रश्न कुछ सार्थकता रख सकता था कि हड़प्पा सभ्यता के कार्यविभाजन ने वर्णविभाजन का रूप ले लिया था अथवा नहीं और वर्णविभाजन ने जाति का अर्थात् जन्म निर्धारित वर्ण का रूप लिया था या नहीं। कोसंबी इन प्रश्नों को नहीं उठाते और अच्छा ही करते हैं, क्योंकि उनकी दूर की नजर कमजोर थी।

ब्राह्मणवाद ने अपनी रक्षा और अपनी श्रेष्ठता बनाए रखने के लिए जो कुछ भी किया उसमें उसके दो अवदानों को नहीं भुलाया जा सकता। पहला यह कि बौद्धिक श्रेष्ठता ही सामाजिक श्रेष्ठता का निर्धारण करती है। श्रेष्ठता के दूसरे सभी आधार इसके सामने तुच्छ हैं। आज के संदर्भ में यदि हम कहें तो एक महान विचारक, वैज्ञानिक, रचनाकार अपने समय के बड़े से बड़े पूँजीपति, प्रशासक या सेनानी से अधिक महत्त्वपूर्ण है, तो यह गलत तो न होगा। यह भी सच है कि दूसरी कोटि की तुलना में पहली कोटि के लोग शारीरिक अथवा धन की शक्ति में बहुत पीछे और यदा-कदा दयनीय आर्थिक अवस्था में जीने को बाध्य हो सकते हैं। इसे आज से पाँच हजार साल या उससे भी पहले मानक बनाना ब्राह्मणों की दूरदर्शिता को प्रकट करता है।

इसे श्रेष्ठता का आधार बनाने के बाद श्रेष्ठता प्रमाणित करने के लिए वादों या वैचारिक प्रतिस्पर्धाओं का आयोजन या किसी के चुनौती देने पर उसे पराजित करने के आयोजन होने लगे जिसमें शर्त यह होती थी कि वाद में विजयी व्यक्ति पराजित व्यक्ति को जो भी करने को कहे उसे मानना होगा। इस तरह के आयोजन ऋग्वेद की रचना से बहुत पहले से होने लगे थे, ऋग्वेद के समय में हो रहे थे और बाद में भी यह परंपरा जीवित रही इस बात के प्रमाण हैं। ऋग्वेद से पहले के समय से इसके चलन का हवाला एक काल्पनिक कथा के रूप में आया है। यह कहानी कुछ बदले रूप में ब्राह्मणों में और महाभारत में आई है और कुछ और बदले रूप में उपदेश कथाओं में दुहराई जाती रही है। ये कहानियाँ पहेलियों के रूप में या किसी प्रश्न को सुलझाने के लिए गढ़ी गई हैं। प्रश्न था कि सोम तो आकाश में था। धरती पर आया कैसे? इसी को सुलझाने के लिए यह कहानी है।

धरती सार्पराज्ञी है। सरकने वाले सभी जीवों और पदार्थों में सबसे तेज गति से चलती है। वाणी भी बहुत तेज गति से चलती है। दोनों में विवाद हुआ। वाद में वाणी हार गई। अब उसे विजेता की आज्ञा मानने की बाध्यता थी। धरती ने कहा, वह जो आकाश में सोम है उसे लेकर आओ। वाणी ने पक्षी (सुपर्ण/श्येन) का रूप धारण किया और सोम की रक्षा में नियुक्त गंधर्वों (सूर्य किरणों) को धोखा देकर सोम को ले उड़ी। तभी गंधर्वों ने उस पर बाण चलाया। उस बाण से सुपर्णी वाणी का एक पंख कट गया। इसीलिए गायत्री के तीन ही चरण होते हैं, चौथा चरण वह है जो कट गया था। कटा हुआ पंख का क्या हुआ और इस कथा के भीतर जो खगोलीय रूपक हैं उन पर कभी किसी ने नहीं लिखा।

हम यहाँ केवल यह कहना चाहते हैं कि वैदिक रचना काल से पहले से ही वाद-गोष्ठियों में अपनी श्रेष्ठता सिद्ध करने की इस प्रतिस्पर्धा ने विचार और अभिव्यक्ति की स्वतंत्रता का रूप लिया जो हिंदू समाज की अनन्य विशेषता रही है और जिसे पश्चिमी जगत ग्रीक चिंतकों के बाद आधुनिक काल में पहली बार प्राप्त कर सका यद्यपि अनेक वर्जनाएँ उसमें पूरी तरह समाप्त नहीं हो सकी हैं। अतः दूसरे समाज जहाँ नए चिंतन और आंदोलन का दमन शस्त्रबल से करते रहे हैं, ब्राह्मणवाद अपनी लड़ाई उपेक्षा, प्रतिवाद, दुष्प्रचार, अभिशाप और गाली-गलौज से करता रहा है। ध्यान दें तो पाएँगे कि आज के उन्नत देश भी आधुनिक संचार-माध्यमों और अभिलेखागारों का उपयोग करते हुए इसी ब्राह्मणवादी औजार का इस्तेमाल करते हैं। इस वैचारिक खुलेपन ने भारतीय मानस के निर्माण में एक महत्त्वपूर्ण भूमिका निभाई है जिसकी सोच में यह गहरे उतरा हुआ है कि यदि कोई बात उचित है, तर्कसंगत है, तो उसका विरोध नहीं किया जा सकता। जो गर्हित है उसे शस्त्रबल से रोकने के स्थान पर उपेक्षा से प्रभावशून्य किया जा सकता है। इसी से खुले अवकाश (ओपन स्पेस) की आधुनिक अवधारणा ने जन्म लिया, जो चीन के एकमात्र अपवाद को छोड़कर अन्यत्र दुर्लभ था।

ब्राह्मणवाद का दूसरा अवदान एक निर्भीक और आत्मविश्वासी बुद्धिजीवी वर्ग का निर्माण था जिसकी अवसरवादी भूमिकाएँ भी कम नहीं थीं, और इसके लिए कुछ रियायतों का विधान था जो हमें पक्षपातपूर्ण लगता है, चौंकाता भी है, परंतु इसका प्रावधान कुछ वैसा ही है जैसा दूतों और शिष्टमंडलों को दिया जाता रहा है और जिसकी माँग बुद्धिजीवी समाज भी करता है। यह दूसरी बात है कि स्वयं विधाता होने के कारण ब्राह्मण ने अपने रचे विधान में दंडमुक्ति कुछ अधिक ही ली है।

ब्राह्मणवाद की सबसे बड़ी सूझ शिक्षा पर एकाधिकार की थी और उसका सबसे बड़ा अपराध श्रम के प्रति वितृष्णा का रहा है। कोसंबी के अनुसार वेदों के लंबे और कठोर अध्ययन और प्रशिक्षण ने ब्राह्मणों को हल या धनुष चलाने योग्य नहीं रहने दिया।[10] इसी तर्क से यह कहा जा सकता है कि धनुर्विद्या के कठोर और लंबे प्रशिक्षण ने क्षत्रियों को हल की मूठ पकड़ने योग्य न रहने दिया। पर इस तरह की उद्‌भावनाओं से हमारा मनोरंजन भले हो जाए, समाज और इतिहास दोनों में से किसी की समझ पैदा नहीं हो

सकती। श्रम के प्रति वितृष्णा को उस पराकाष्ठा पर पहुँचा दिया गया था कि हल की मूठ पकड़ने मात्र से कोई ब्राह्मण या क्षत्रिय जाति-बहिष्कृत हो सकता था।

श्रमकार्य के अनुपात में व्यक्ति की सामाजिक हैसियत में गिरावट आ जाती थी। साहित्य को छोड़कर दूसरी सभी कलाओं को जिनमें श्रम अपेक्षित था—नाटक, नृत्य, तक्षण, वास्तु, संगीत—शूद्रों का काम बना दिया गया। इसका प्रभाव साहित्य पर भी पड़ा। यह अनावश्यक रूप में बोझिल और अलंकृत हो गया।

इसका दुर्भाग्यपूर्ण परिणाम यह हुआ कि तकनीकी दक्षता और दृष्टि रखनेवाले शिक्षा और सैद्धांतिक ज्ञान से वंचित रहे, सैद्धांतिक ज्ञान रखनेवाले कोई उत्पादक काम कर ही नहीं सकते थे अतः भारतीय समाज का तकनीकी गतिरोध पिछले पाँच हजार साल से जारी है और इसका सबसे प्रधान कारण ब्राह्मणवाद है। इसे इस रूप में कोसंबी देखने में असमर्थ थे, क्योंकि इसी बीच तो उनके आर्यों ने वे सारे कमाल कर दिखाए जो अज्ञात कुलशील हड़प्पाई समाज से इतनी उन्नति के बाद भी नहीं हो सका था।

फिर भी कोसंबी ने इस डिबिया भर जगह में अनेक मार्मिक विश्लेषण भरे हैं। जगह की कमी के कारण वे घूमकर उल्टे खड़े हो जाते हैं। उदाहरण के लिए आदिम जड़ों से ऊपरी शिखर तक प्रवहमान सांस्कृतिक धारा को वह निम्न रूप में देखते हैं: "निम्न जातियों में कबीलाई रीतियाँ, व्यवहार और मिथक प्रायः सुरक्षित रहते हैं। उससे कुछ ही ऊपर हमें ये धार्मिक अनुष्ठान और अनुश्रुतियाँ प्रायः अन्य समवर्ती परंपराओं में संक्रमण की अवस्था में दिखाई देती हैं। उससे एक सीढ़ी और ऊपर बढ़ने पर ब्राह्मणों द्वारा इनको पुनः अपने अनुकूल बनाकर लिखा पाया जाता है, जिससे पौरोहित्य में ब्राह्मण जाति का वर्चस्व बना रहे जो कि निचली जातियों आम तौर पर यह ब्राह्मणों के हाथ में नहीं होता।"[11] इसी तरह वह एक अन्य स्थल पर स्वीकार करते हैं कि भारत के समूचे इतिहास में यह देखने में आता है कि कबीलाई तत्त्व मुख्यधारा में (कोसंबी ने इसके लिए सामान्य समाज का प्रयोग किया है) मिलते चले आए हैं। भारतीय इतिहास के मूलाधार से ही इसका सबसे भेदक सामाजिक लक्षण, जाति भी प्राचीन भारतीय इतिहास का आधारभूत तथ्य है।"[12]

यह एक विलक्षण विश्लेषण है जिसमें हम ब्राह्मणवादी पौरोहित्य पर एकाधिकार के क्रमिक विकास को समझ सकते हैं। इस अंतिम अवस्था से ठीक पहले की स्थिति को भी हम इससे ही समझ सकते हैं जिसमें सभी वर्णों के लोग पौरोहित्य कर सकते थे, या जिसमें यजमान स्वयं पुरोधा भी होता था अतः क्षत्रिय भी स्वयं अपने यज्ञ का पुरोधा हुआकरता था जिसकी स्मृति ऋग्वेद में बची रह गई है (असिक्न्यां यजमानो न होता, 4.17.15)। पुरोधा करता क्या है? जो मंत्र या वाक्य या संकल्प यजमान को करना है, उसे उसके स्थान पर वह प्राक्सी बनकर स्वयं बोलता, या उससे कहलवाता है। शिक्षा पर उसके एकाधिकार के बढ़ने और पूर्व इतिहास का एकमात्र संरक्षक होने के उसके दावे के समानांतर पुरोधा पर यह निर्भरता बढ़ती जाती है। वह यज्ञ (विविध अनुष्ठानों) के कर्मकांड को अपनी ओर से अधिक जटिल भी बनाता है। इस स्वाभाविक

विकास को लक्ष्य करने के बाद भी कोसंबी इसे सही संदर्भ नहीं दे पाते। यह विकास केवल कर्मकांड में नहीं अपितु धर्म और विश्वास के सभी पक्षों में है। आदिम अवस्था का ईश या इंद्र कृषिकर्म के साथ एक नई भूमिका के साथ नए इंद्र के रूप में कल्पित किया जाता है। इसके साथ पुराना ईश या इंद्र अपने वन्य परिवेश और यज्ञविरोधी तेवर के साथ, यज्ञ में सहभागिता के बिना भी, प्रभावशाली बना रहता है। नए ईश या इंद्र के साथ या कहें कृषिकर्म (यज्ञ) की स्थापना के बाद वह महेश हो जाता है, महेंद्र माना जाता है। उसके चढ़ावे उसके परिवेश में ही चढ़ाए जाते हैं। परंतु उसकी ज्येष्ठता और श्रेष्ठता को चुनौती नहीं दी जाती। ये तथ्य कोसंबी के ज्ञानक्षेत्र में भी, पर यह विकासरेखा उनके बोधवृत्त में नहीं अट पाती। इसीलिए वह क्षत्रियों को, कम से कम पुराने क्षत्रियों और वैश्यों को आर्य मान लेते हैं और ब्राह्मणों और शूद्रों को मुख्यतः हैवानियत की अवस्था में जीने वाले आदिम समाज से उत्पन्न बताते हैं। यह ब्राह्मणों को नीचा दिखाने के लिए बहुत कारगर व्याख्या है, ब्राह्मणवाद को समझने के लिए नहीं। इसकी जड़ों को आदिम समाज में तलाशना गलत नहीं है, परंतु उस लंबी विकास रेखा के समानांतर जिसमें कृषि के आरंभिक प्रयासों का विरोध होता है, फिर झूम खेती या डाँवाँडोल कृषिकर्म जड़ें जमा लेता है और अंततः स्थायी कृषि की स्थापना या कहें यज्ञ की स्थापना होती है, फिर यज्ञ के प्रसार का अभियान चलता है और बड़ा खेतिहर समुदाय अस्तित्व में आता है और फिर उद्योग, व्यापार, नगरों की स्थापना आदि के चरण आते हैं। कोसंबी के बोधवृत्त में केवल बीच का एक कल्पित चरण आता है पूर्णकालिक चरवाहों का जिन्होंने स्थायी जीवन नहीं अपनाया और उस विकासधारा के हाशिए पर सीमित अंतर्क्रिया के साथ जीते रहे। कोसंबी ठीक कहते हैं कि यदु ऋग्वेद में भी आते हैं और आज तक यादव/जाधव के रूप में बने हुए हैं। ऋग्वेद में भी उनका स्पष्ट उल्लेख पशु के संदर्भ में ही–याद्वानां पशुः–आता है और आज भी यादव चरवाहा संस्कृति से ही जुड़े हैं।[13]

ब्राह्मणवाद यज्ञ अर्थात् कृषि-उत्पादन की विकास प्रक्रिया से जुड़ा रहा है। यही कारण है कि असुरों की शत्रुता क्षत्रियों से नहीं ब्राह्मणों से है। आरंभिक अवस्थाओं में इस विकास में उसकी अग्रणी भूमिका रही है। कोसंबी द्वारा ब्राह्मणवाद की इतनी विस्तृत चर्चा में ब्राह्मणों से असुरों की शत्रुता का प्रसंग कहीं नहीं आता। उनकी व्याख्या में यह भी नहीं आता कि ब्राह्मणवाद आदिम जड़ों से और प्राचीन परंपराओं से विच्छेद का नाम नहीं है। यह उनकी रक्षा का प्रयास करता है। उसके वेदाचार के सभी आयोजनों के बाद और कुछ मामलों में पहले लोकाचार अर्थात् आदिम रीतियों और कर्मकांडों का निर्वाह भी आता है।

आर्यवाद और आर्य आव्रजन दोनों का सबसे बड़ा दोष यह है कि ये हमें सामाजिक, भौतिक, सांस्कृतिक, भाषाशास्त्रीय सभी पहलुओं को समझने में बाधक बनते हैं। नितांत

हास्यास्पद सरलीकरणों और छोटे रास्तों का सहारा लेते हैं और किसी भी दृष्टि से जाँच करने पर धराशायी हो जाते हैं।

सन्दर्भ सूची

1. Vasiştha, however, was a new type of priest. He was begotten of the seed of two Vedic gods Mitra and Varuna, once the sun and the sky god respectively. His mother is not mentioned. On the contrary, he was-in one and the same account-'born of the mind of arvasi' (an *apsaras* or water goddess); born also of a jar which received the combined semen of the two gods; and discovered 'clad in the lightning' in a *pushkara.* This apparently confused narrative is really quite consistent and straight-forward. It means that Vasiştha came of the human representatives of a pre-Aryan mother goddess and as such had no afther. Going over to the patriarchal Aryans required some respectable afther and at the same time a denial of the non-Aryan mother. Agastya, founder of another major brahmin clan group still extant, was similarly born of ajar. The jar represents the womb and thereby the mother goddess. Culture, 82-83
2. The seven main brahmin clan progenitors may go back to hoary Sumerian or Indus antiquity as the 'seven sages'; their names do not tally in the various lists given by brahmin scriptures. Culture, 83
3. Visvāmitra is an eighth, the only genuine Aryan of the lot. Culture, 83
4. असुराणां एषु लोकेषु पुर आसन् अयस्मय अस्मिंल्लोके रजतांतरिक्षे हरिणी दिवि, ते देवा संस्तम्भं संस्तम्भं पराजयंता ह्यासं स्त एताः प्रतिपुरोऽमिन्वत,...3.8.1
5. However, there is no question of the Brāhmaṇa.as turning 'their attention to the masses', except to help in their exploitation. वही।
6. भ. सिंह, उपनिषदों की कहानियाँ, ने.बु.ट्र., 1993, पृ.184.
7. I recall my departure from Poona. Kosambi rode with me down to Bombay on the "Deccan Queen". I, the American capitalist, had never travelled in India by other than second class afre. My Marxist friend insisted that I join him in his first class compartment. Ingalls, My Friendship with D. D. Kosambi, Intro.
8. "His afmily life was sad. Except for the first 3-4 years, his wife Nalini was sufferer of his toughness and rudenss.... His younger daughter always lived in fear of the afther. Elder daughter Maya, married to Joy Sarkar, archtect, passed away in Swe-den of Cancer...

   "Even in TFIR Kosambi never groomed students. No one talks approvingly of D.D.Kosambi in TIFR." Personal Reminiscences of D.D.Kosambi byR.P. Nene as told to Arvind Gupta.
9. नैतिक दृष्टि से कहें तो कोसंबी को इस संस्थान में जाना ही नहीं चाहिए था, गए तो यह समझ में आने के बाद ही कि इसके उद्देश्य ठीक नहीं हैं, उसे छोड़ देना चाहिए था। जो भी हो, भाभा ने उन्हें त्यागपत्रा के लिए छह महीनों का समय दिया था, और यह अवसर भी दिया था कि वह उनके कक्ष में आकर समस्या पर बात कर सकते हैं। कोसंबी ने छह महीने की जगह तत्काल प्रभाव से अपने त्यागपत्रा को स्वीकार करने का अनुरोध करते हुए त्यागपत्रा सौंप दिया था। निष्कासन में भी शालीनता बनी रह गई थी। Bhabha wroteto Kosambi, "As you have so many interests to pursue, you should retire. Howeve, you may discuss the problem in my cabin." Personal Reminiscences of DDK byR.P. Nene as told to Arvind Gupta
10. The long, rigid training in the vedas which gave the brahmins solidarity beyond the tribe which helped them loosen tribal bonds to form a a society, also made them

unfit to handle plough or bow. Intro., 134.

11. The lowest castes often preserve tribal rites, usages, and myths. A little higher up we see these religious observances and legends in transition, often by assimilation to other parallel traditions. Another step above, they have been rewritten by brahmins to suit themselves, and to give the brahmin caste predominance in the priesthood, which in the lower castes is generally not in the hands of the Brahmins. The Culture, 15-15
12. THR ENTIRE COURSE OF INDIAN HISTORY SHOWS TRIBAL ELEMENTS BEING FUSED INTO A GENERAL SOCIETY. This phenomenon, which lies at the very foundation of the most striking Indian social feature, namely caste, is also the great basic afct of ancient Indian history. An Intro.27
13. The name of Yadu goesback to Ṛgveda, while plenty of Yadavas or Jadhavas survive to this day, whether descended from the ancient tribe or only claiming such distin-guished origin with the indispensable help of brahmin legend. *The Culture*, 128

नौ

भारतीय समाज की समझ

यदि हम किसी नृतत्त्ववेत्ता से बात करें तो वह बताएगा कि भारतीय समाज तीन भाषाई समुदायों से बना है, जिसके साथ एक चौथा तिब्बती-बर्मी समुदाय भी जोड़ा जा सकता है। परंतु जैसा कि इसके नाम से ही प्रकट है यह मूलतः भारतीय नहीं है। ठीक यही बात भाषाविज्ञानी भी दुहराएगा। समाजशास्त्री को इस मामले में नृतत्त्ववेत्ता पर निर्भर करना होगा। परंतु ये सभी अलग-अलग क्षेत्रों में काम करने के बाद भी एक जैसी बातें इसलिए करते हैं कि अपनी स्कूली किताबों में इन सभी को यही पढ़ाया गया था और उस चक्रव्यूह को जो विदित कारणों से गढ़ कर, साक्ष्यों के विपरीत, तैयार किया गया था। हम किसी भी क्षेत्र की विशेषज्ञता का दावा न करते हुए भी यदि इन सभी क्षेत्रों में हुए काम को संदेह से देखते हैं तो इसका कारण यह है कि एक ही नींव पर खड़े ये विशेषज्ञता के क्षेत्र उस नींव के धँसने या खिसकने के साथ ही ध्वस्त होने या लुढ़कने को बाध्य हैं। प्रश्न यह है कि आप पुरानी मान्यताओं को ही इसके बाद भी दुहराते रहते हैं अथवा आधार सामग्री का नए सिरे से विश्लेषण करने का भी प्रयत्न करते हैं। हमारे पास शंकाएँ ही हो सकती हैं, और वे शंकाएँ इन शाखाओं में हुए कामों पर प्रश्नचिह्न लगाने के लिए पर्याप्त हैं।

उदाहरण के लिए भाषापरिवार की मूल प्रतिज्ञा यह है कि अनेकानेक भाषाएँ एक भाषा से पैदा हो सकती हैं और वह मूल भाषा बोलियों से मुक्त होनी चाहिए। भाषाविज्ञानी पिछले दो सौ साल से उस मूल भाषा की तलाश करते हुए पंद्रह हजार साल पीछे तक चले गए। वहाँ भी उन्हें बहुत सारी भाषाओं के ही नहीं, भाषापरिवारों के तत्त्वों वाली भाषा मिली जिसे उन्होंने नोस्त्रातिक का नाम दिया, परंतु कोई शुद्ध भाषा नहीं मिली। इस तथ्य से अवगत होने के लिए किसी का प्रशिक्षित या प्रकांड भाषाशास्त्री होना जरूरी नहीं है।

इसी तरह भारत में रूप-रंग की इतनी विविधता है और यह विविधता अलग-थलग रहनेवाले जनों में भी है, कि कायिक नृतत्त्व की सीमित संभावनाओं के बीच भी, इनको तीन-चार कोटियों में रखना संभव नहीं। जब हम उनका ऐसा वर्गीकरण कर रहे होते हैं तो हम उनको समझने का प्रयत्न नहीं कर रहे होते हैं, अपितु अपनी ओर से बनाए गए तीन-चार बाड़ों में घेरकर रखने का प्रयत्न कर रहे होते हैं।

दूसरे शब्दों में कहें तो भारतीय समाज कितने जनों के मिलने से बना है यह तय करना संभव नहीं। इसकी रचना किन्ही तीन या चार आदिम भाषाएँ बोलने वालों के इस भूभाग में बसने या घुसने से नहीं हुई है। आज की भारतीय भाषाएँ उन आद्य बोलियों के विशाखन या विघटन का परिणाम नहीं हैं जिनको प्रोटो द्रविडियन, प्रोटो मुंडा और प्राचीन आर्यभाषा कहा जाता है। भाषाएँ विघटित नहीं होतीं, लगातार नई चुनौतियों के अनुसार अथवा नए भाषाई परिवेश में पुनर्गठित होती रहती हैं। इस क्रम में एक ही भाषा के अपने मानक रूप से अलग कई रूप हो जाते हैं जैसे महाराष्ट्र, गुजरात, हैदराबाद और बंगाल की ही नहीं, स्वयं हिंदी भाषी प्रदेश में पूर्वी और पश्चिमी हिंदी में अंतर आ जाता है। किन्हीं भाषाई समुदायों के वर्चस्व के कारण उनके संपर्क में रहनेवाले भाषाई समुदायों की संख्या में गिरावट या लोप के कारण अनेक स्वतंत्र भाषाओं का लोप भी होता रहता है।

कोसंबी भारतीय समाज का नृतात्विक विवेचन करने चले तो यह देखने का प्रयत्न नहीं किया कि इसमें कितना वैविध्य है और इसके संदर्भ में आर्य-अनार्य कोटियाँ कितनी हास्यास्पद हैं। उन्हें आर्य नाक-नक्श नहीं मिला तो सफाई देते रह गए कि काय-रचना और रूप-रंग में किन कारणों से परिवर्तन होते रहते हैं, अतः इन परिवर्तनों के कारण वह नाक कहीं खो गई है।

कोसंबी स्वयं बोलियों की विविधता को कई तरह से रेखांकित करते हैं, 'गोआ में एक दिशा में बीस मील आगे जाने पर 'मैं...जाना चाहता हूँ' 'जाउमका होयो' से बदलकर 'वाचुमका जायो' हो जाएगा और उसी दिशा में बीस मील और आगे जाएँ तो यह 'वचका' रह जाएगा। यह तो उसी जाति और हैसियत के किसानों की बात हुई, फिर भी वे एक दूसरे को समझ लेते हैं।'[1] वहीं 'जाता है' के लिए संस्कृत में ही कंबोज में शवति, सुराष्ट्र में रंहति, और मध्यदेश में गमति प्रयोग का हवाला वह पतंजलि के माध्यम से देते हैं।[2] ये सभी उस लोकानुभव की ही पुष्टि करते हैं जिसमें कहा जाता है कि चार कोस की दूरी पर बानी बदल जाती है।

भारतीय समाज को समझने के लिए बोलियों की इस असाधारण विविधता को समझना जरूरी है। दुनिया का कोई ऐसा क्षेत्र नहीं है या तथाकथित नृजाति और उसका कल्पित लक्षण नहीं है जो भारतीय समाज में देखने को न मिल जाए। यह एक दिन में घटित नहीं हो गया, न यूरोपीय जरूरतों से तीन डिब्बों में बंद की गई विविधता से हो गया।

भारतीय समाज की रचना में सबसे प्रधान भूमिका विगत हिम युग की थी। उस समय बर्फ की चादर के फैलाव से असंख्य जन और जीव प्राण-रक्षा के लिए उत्तरी भूभाग से दक्षिण की ओर पलायन करने को बाध्य हुए थे। यह पलायन सीधे भी हुआ और टेढ़े भी। अनुमान किया जा सकता है कि सीमित साधनों पर असीमित दबाव पड़ने के साथ अस्तित्व रक्षा के लिए प्राकृतिक स्रोतों की लूट-खसोट आरंभ हुई होगी और इससे आहार का संकट और गहराया होगा। किसी अंचल में अधिक शक्तिशाली या बड़े समुदायों के प्रतिरोध के कारण आगंतुकों को अथवा उनकी अल्पसंख्यता की स्थिति में अरक्षणीयता के अनुपात में ही दक्षिण में पहले से रहनेवाले लोगों अथवा आगंतुकों को इधर से उधर

भागना पड़ा होगाा। अपनी विनाशकारी भूमिका के बाद भी मानवीय संदर्भ में हिमयुगीन आपदा ने एक अदृश्य मथानी से मथ कर एक ही समुदाय के लोगों को जाने कहाँ से कहाँ-कहाँ तक पहुँचा दिया और केवल पुरानी दुनिया में ही नहीं नई दुनिया में भी इस महापलायन के कारण अनेक क्षेत्रों में ऐसा हुआ।

कोसंबी ने फ्रांस आदि के हिमयुगीन रेखांकनों की तुलना हड़प्पा सभ्यता की मुहरों पर प्राणियों बहुमिश्र अंकनों से की है, परंतु वह इसे सही संदर्भ न दे सके। ऐसे साम्यों को वह 'समान परिस्थितियों में मनुष्य एक जैसा सोचता है' सूत्र के कारण स्वतःस्फूर्त मान बैठे, जबकि हिमयुगीन और हड़प्पाकालीन मनुष्यों में तो परिस्थिति की समानता तक न थी। ये अंकन हड़प्पा के कलाकारों को सुदीर्घ परंपरा से प्राप्त हुए थे और इसकी दीर्घता एक ओर तो हिमयुग से पीछे तक और दूसरी ओर दुनिया के छोर तक चली जाती है। यदि हमारा यह आकलन सही है तो जिन युगों की मानव गतिविधियों के प्रमाण स्वरूप हमें केवल पत्थर के औजार ही सुलभ हो पाते हैं, उन युगों में भी उन निपट हैवानों के बीच अनेक कलात्मक और तकनीकी क्रियाएँ चल रही थीं, जिसमें नवीनता की तुलना में परंपरा का निर्वाह अधिक प्रधान था, परंतु ठहराव कदापि न था। हम कह सकते हैं कि सभ्यताओं के निर्माण में जिन कौशलों और युक्तियों और कल्पनाओं का उपयोग होता है वे कुछ सौ या हजार नहीं, अपितु दसियों हजार वर्षों के दौरान विकसित हुई होती हैं और इनके इस दीर्घ गर्भकाल का जितना अच्छा परिचय भारतीय नृतात्विक महासंगम में मिल सकता है, वह अन्यत्र दुर्लभ है।

दो संभावनाएँ ध्यान देने योग्य हैं। पहला यह कि फ्रांस के हिमयुगीन गुहावासी स्वयं भी और उत्तर की ओर से पलायन करके आए होंगे और हिमपात में घिर जाने के कारण आगे न बढ़ पाए होंगे क्योंकि फ्रांस में महागज हिमयुग से पहले भी नहीं होते थे। भूगर्भविदों का मानना है कि हिमयुग में भी यूरोप के कुछ क्षेत्रों की जलवायु इतनी नहीं बिगड़ी थी कि उसमें जीवनरक्षा संभव ही न हो। जिन जनों ने उत्तरी भूभाग में रहते हुए वे चित्र बनाए थे, वे जितने बड़े भूखंड में बसे रहे हों, पर इस आपदा में उनमें से पलायन करनेवालों में से कुछ जत्थे भारत में भी पहुँचे थे। दूसरा यह कि उनकी यह अंकन परंपरा हजारों साल तक जीवित रही और उसकी अभिव्यक्ति अनेक रूपों में–भारतीय देवकथाओं में, हड़प्पा के भावांकनों में, और साहित्यिक रचनाओं में–भी हुई। प्रस्तुत संदर्भ में महत्त्वपूर्ण यह है कि साइबेरिया पर्यंत के क्षेत्र से अनेकानेक जनों का भारत में प्रवेश बहुत प्राचीन काल में हुआ था और यह आक्रमण न होकर जीवन रक्षा के लिए पलायन था, इसलिए चमड़ी के जिस रंग को लेकर कोसंबी इतने परेशान रहे उसका भेद बहुत प्राचीन काल से बना हुआ है। फिर भारत में ऐसे पहाड़ी क्षेत्र तो हैं ही जिनकी ठंड में चमड़ी का रंग निखर जाए।

उक्त अंकनों के अतिरिक्त कुछ और भी घटक हैं जिनसे उस प्राचीन चरण में ही भारत में शीतप्रधान क्षेत्रों के जनों का आगमन सिद्ध होता है। इनमें से एक है हाथी का शिकार। हाथी मूलतः साइबेरिया क्षेत्र का प्राणी था या नहीं, और दक्षिणी भूभाग में

यह उसी प्राकृतिक विपर्यय के कारण पलायन करके आया था या नहीं, इसकी जानकारी हमें नहीं है। इन क्षेत्रों में हाथी के कंकाल कितने प्राचीन चरणों पर पाए गए हैं इसका भी ज्ञान नहीं। परंतु हाथी का शिकार साधारण बात नहीं है। फिर जिस भूभाग में कम संकट मोल लेकर या बिना संकट के भी दूसरे बहुत से जानवरों का शिकार किया जा सकता हो, उसमें हाथी का शिकार किया जाए, यह मूलतः यहाँ बसे लोगों की सोच नहीं हो सकती थी। परंतु हाथी का शिकार भारत में होता था। कालिदास ने कुमार संभव में वटुक वेशधारी शिव द्वारा शिव के जिस जुगुप्सु रूप का चित्रण किया गया है उसमें उन्हें हाथी का तत्काल उतारा गया ऐसा चमड़ा पहने दिखाया गया है जिससे खून टपक रहा हो। यह हाथी के शिकार का ही प्रमाण नहीं है, अपितु इस बात का भी संकेत है कि हिमालय पर विराजने वाले देवता भी उत्तर से आए इन जनों के ही हो सकते हैं। कोसंबी ने ठीक ही संकेत किया है कि एक दंत महादंत गणेश की उद्‌भावना के पीछे हिमक्षेत्रीय आशयों का योगदान है परंतु भारत में हाथी का शिकार करनेवाले समुदाय रहते थे यह पहली बार मौर्य काल में हाथी का शिकार करने के लिए मृत्युदंड के प्रावधान से प्रकट होता है।[3] यदि हमारा यह अनुमान सही है कि हाथी का शिकार साइबेरिया से हिमयुग के आरंभ में पलायन करके आए हुए लोगों के वंशधरों द्वारा किया जाता रहा होगा, तो इस पूरे प्रसार क्षेत्र से जिसमें एक ओर दक्षिणपूर्व एशिया और दूसरी ओर पश्चिम एशिया से जनसंख्या के उसी दबाव के कारण इधर-उधर भाग कर रक्षा का उपाय करनेवाले जनों की अनंत विविधताओं का रंगस्थल भारतीय भूभाग बना होगा।

टाइम्स आफ इंडिया (25.9.2009) में प्रकाशित एक गुणसूत्रीय अध्ययन के अनुसार भारत में मानव जातियों का अस्तित्व आज से 65 हजार साल पहले आरंभ हो गया था। इस अध्ययन की सबसे नई बात यह है कि बहुत प्राचीन काल में यहाँ के विविध जनों का रक्त मिश्रण आरंभ हो गया था। इसलिए नाक-नक्श के आधार पर ही इस आबादी को एक दूसरे से अलग कर पाना असंभव नहीं लगता, अपितु गुणसूत्रीय आधार पर भी इनमें पारस्परिकता पाई जाती है। वर्तमान भाषाओं के आधार पर किए गए बँटवारे भी इस अध्ययन में गलत पाए गए। 'लाल जी सिंह जो कोशिकीय और नाभिकीय जीवविज्ञान केंद्र (सेंटर फॉर सेलुलर एंड मॉलीक्यूलर बायॉलोजी) के निदेशक हैं, कहते हैं कि "इस निबंध द्वारा इतिहास को नए सिरे से लिखा गया है।"

अब आर्य और द्रविड़ का भेद मिट गया है। यह अध्ययन उक्त केंद्र द्वारा कराया गया था जिसमें हार्वर्ड मेडिकल स्कूल, हार्वर्ड स्कूल ऑफ पब्लिक हेल्थ, हार्वर्ड के ब्राड संस्थान तथा एमआईटी के अनुसंधानकर्ता भी सम्मिलित हुए थे। इसके अनुसार आज के भारतीयों में उत्तर-दक्षिण का भेद नहीं है। दोनों एक दूसरे में मिले हुए हैं जिनमें दो सुदूर पूर्वजों के जीनोम पाए जाते हैं। इसके अनुसार जातियों का उदय मानव यूथों या दलों (कबीलों) से हुआ। ठीक यही निष्कर्ष भाषाई अध्ययनों से भी निकलता है।[4] गुणसूत्र आधारित अध्ययनों के विषय में हम किसी प्रकार की टिप्पणी करने की स्थिति में नहीं हैं, परंतु भाषाई विश्लेषण में हमने पाया कि भाषा के प्राथमिक विकास के चरण से ही

इन दोनों के बीच गहरी समानता है। कोसंबी की समन्वित पद्धतियों पर विचार करते हुए हम कह आए हैं कि इतिहास लेखन की सामग्री ऐसे अनगिनत कोनों में दुबकी पाई जा सकती है जिनका न तो कोसंबी को भान था न कोई और जानने का दावा कर सकता है, परंतु अपने उक्त अध्ययन में हमने महावतों द्वारा हाथी को रोकने, चलने और बैठने के लिए प्रयुक्त और हिंदी या भोजपुरी में निरर्थक प्रतीत होनेवाले शब्दों–चई, मलै, धत्त का, बच्चों के एक नितांत निरर्थक प्रतीत होनेवाले फिकरे का जिसे हम किसी चिड़िया को खूँटे आदि पर बैठी देखकर गाते थे–किले किलहँटी, किल पर बैठी, किलवा टूटल किले हो, किले हो, और चिक्का के खेल में प्रयुक्त शब्दों उल्ला, चिक्का, पटगो आदि दरबों से कुछ सामग्री जुटाई थी और इन युक्तियों से भाषाविज्ञानी या नृतत्त्ववेत्ता न होते हुए भी हम उस समय इतना विचित्र प्रतीत होनेवाला दावा करने का साहस जुटा सके थे। इतिहास में हमारी रुचि भी इसी का परिणाम था।

परंतु कोसंबी ने तो इतिहास लेखन में भाषिक विश्लेषण की भूमिका को ही इतना हास्यास्पद बना दिया कि उसका उपयोग करने का प्रश्न ही नहीं उठता था। इससे भारतीय समाज की उनकी समझ भी प्रभावित हुई। इसके बाद भी वह अनेक जनों को नाग समुदाय में समेटने के भारतीय पंडितों के और सभी को तीन भाषाई समुदायों में समेटने के पाश्चात्य प्रयत्न से असंतोष प्रकट करते हैं, यह ध्यान देने योग्य है। वह इस तथ्य को भी लक्ष्य करते हैं कि पूरे भारतीय उपमहाद्वीप में भौगोलिक, जलवायविक और नृजातीय भिन्नताओं के होते हुए भी एक ऐसा समाज पाया जाता है जिसे समरस भारतीय समाज कहा जा सकता है। इसके विपरीत मेसोपोटामिया, मिस्र और ग्रीस अपने प्रसार क्षेत्र में भी इस तरह की समरसता पैदा नहीं कर सके। इससे जाहिर है कि भारतीय समाज का यह रूप व्यावहारिकता और बदलती हुई परिस्थितियों से समायोजन की क्षमता का परिणाम है।'[5]

यहाँ फिर वह उस कालदीर्घता और अंतरावलंबन और मेल-जोल के पक्ष की ओर ध्यान न देकर ऐसी व्याख्या करते हैं जिससे लगे कि ये दोनों गुण भारतीय जन समाज के नैसर्गिक गुण हैं। कारण, इस समरसता के विकास के लिए पश्चिम एशियाई सभ्यताओं की तुलना में कई गुना समय लगा हो सकता है। यह सहज बोध उनकी संकीर्ण कालसीमा के विपरीत पड़ता है। फिर भी यह तो रोचक है ही कि इसी भारतीय समाज को जब जी में आया अधिक व्यवहारकुशल और परिस्थितियों से तालमेल में अधिक सक्षम बता दिया जाए और इसे ही जरूरत पड़ने पर अविकसित और दूसरे समाजों से अधिक लद्धड़ बता दिया जाए।[6]

जिस समरसता का नाम भारतीयता है वह ओढ़ी या लादी हुई चीज नहीं है। वह इसकी नींव में है–उस मेले में जो उन अनगिनत जनों के इस भूखंड में प्रवेश के साथ लगा था और जिसके रंग-बिरंगेपन में कुछ कमी आई है तो कुछ वृद्धि भी हुई है। कमी किसी समुदाय के यहाँ से विदा होने के कारण नहीं आई है अपितु सांस्कृतिक विकास के क्रम में। अनेक अनर्गलताओं के घटने, या दो या अधिक समुदायों के एक में मिल जाने के बाद संख्या, समझ या जुझारूपन में आगे पड़ने वाले समुदाय की विशेषताओं

को दूसरों द्वारा अपनाए जाने के बाद उसकी उनकी पुरानी रंगत धूमिल हो गई, पूरी तरह मिटी नहीं।

जैसा हम कह आए हैं यह मेला आज से बीसियों हजार साल पहले, हिमयुग के आगमन के साथ लगना आरंभ हुआ था और हिमयुग के प्रखर होने के साथ अधिक रंगारंग होता गया था। पर इसके लिए मेला शब्द का प्रयोग गलत है। यह मेला से अधिक झमेला था। झगड़े और तकरार से भरा मिलाप जिसमें सुखी कोई नहीं था। शांति तो थी ही नहीं। उपद्रव का एक लंबा दौर जिसमें जीवन रक्षा इतनी प्रधान हो गई थी कि इसके लिए कुछ भी अनैतिक न था।[7] यद्यपि भारत इनकी सबसे बड़ी रंगस्थली था, और उसके बाद अफ्रीका जिसमें दक्षिण की ओर बढ़ते जाने का भारत से अधिक अवसर था, पर एक किनारे पड़ने के कारण और उसके अपार प्रसार में आगंतुकों के बिखर जाने के कारण उसमें उतनी गहन अंतर्क्रिया संभव न थी। तीसरे नम्बर पर पश्चिम एशिया और दक्षिण पूर्व एशिया आते हैं। भारत का महत्त्व इसकी केंद्रीयता के कारण था। इसमें सीधे उत्तर से भी रास्ते थे—वे जिनसे भारत तिब्बत से जुड़ा रहा है। पश्चिम एशिया और ईरान में बढ़ते दबाव के कारण भारत को मिलाने वाले रास्ते थे और दक्षिणपूर्व में आबादी के दबाव में समुद्र-तट रेखा को पकड़ कर भारत पहुँचने के रास्ते भी थे। भारत के उत्तरी भाग की तुलना में दक्षिण अधिक संभावनापूर्ण क्षेत्र रहा होगा जो हिमयुग में समुद्र का स्तर गिरने के बाद लंका को जोड़ने वाले सेतु के माध्यम से सामान्य मार्ग रहा होगा। यह बहुत बेढंगा चित्र है, कल्पना से गढ़ा हुआ। इसमें अनेक कमियाँ भी हो सकती हैं जिनको सुधारा जा सकता है, परंतु मोटे तौर पर ऐसी ही तस्वीर बनती है।

कहें, भारत समग्र मानवता का प्रातिनिधिक केंद्र हिमयुग के प्रभाव से बना था और बना अपनी भौगोलिक स्थिति के कारण था। यदि सभ्यता की नींव भारत में रखी गई तो इसमें विश्व-मानवता की संयुक्त भूमिका थी, एकत्र वे भले एक कुयोग के कारण हुए हों।

ऊष्म युग आरंभ होने के साथ जीवन-निर्वाह के क्षेत्र का पुनः विस्तार आरंभ हुआ और इन सीमित दक्षिणी क्षेत्रों में सिमटी मानवता को फैलने का नया अवसर प्राप्त हुआ। अतः ऐसे बहुत से जन हैं जिनकी भारतीय भूभाग में उपस्थिति के अज्ञात काल से प्रमाण मिलते हैं और उनसे मिलते-जुलते नामों वाले जन भूमध्य सागर और मध्येशिया तक और दक्षिण पूर्व में सुदूर द्वीपों तक मिलते हैं। आहार संग्रह के चरण पर वे एक सिरे से दूसरे सिरे तक क्रमशः बढ़ते और पुनः लौटते हुए एक बृहद अटन क्षेत्र का निर्माण करते हैं और एकत्र निर्वाह की सुविधा होने पर अस्थायी और फिर स्थायी बस्ती बसाते हैं। महासंगम से वापसी के चिह्न आज भी पाए जा सकते हैं।

इस तथ्य को दुहराना जरूरी है कि यह पारस्परिकता सौहार्दपूर्ण नहीं थी। आबादी के अधिक दबाव और प्राकृतिक साधनों की सीमा के कारण इनके बीच लगातार घमासान होता रहा। कृषि की दिशा में कुछ मनस्वी जनों के बढ़ने के साथ तो इसने गृहयुद्ध तक का रूप ले लिया और इसे एक दार्शनिक तेवर भी दे दिया गया। लंबे समय तक चलते

रहनेवाले इस युद्ध को ही देवासुर संग्राम या कृषिकर्मियों (देवों) और उंछजीवी जनों (असुरों) के बीच चलनेवाले संघर्ष के रूप में याद किया जाता रहा है जो विकास के अगले चरणों पर भी जारी रहा। कृषि की दिशा में बढ़नेवालों को देव कहा गया जिनके लिए बाद में ब्राह्मण शब्द का भी प्रयोग हुआ। देव और ब्रह्म दोनों का अर्थ है अग्निसाधक या आग का प्रयोग करनेवाला। दी/ती का अर्थ आग है, जो आगे चलकर प्रकाश, ज्ञान आदि के आशय को व्यक्त करनेवाले शब्दों का भी जनक बना। ती-आग, तिक्त-कड़वा, तिथि-दिन, तिग्म-पैना, तेज-धार, प्रकाश, प्रताप आदि की प्रखरता, अं. थिंक-सोचना; दी-आग, दीपन-आग लगाना, दीपक/दिया-प्रकाश देने वाला, दिन/दिवस, देव-प्रकाशित, तेजस्वी, द्यौस्-आकाश; थिंक-सोचना, थियो-देव, थियोलोजी-धर्मशास्त्र, थिअरी-ज्ञानसिद्धांत; धी-बुद्धि, धिकाना-गर्म करना, धिक्कार-गर्हणा, धधाना-आग का तेजी से प्रज्वलित होना, धाम-प्रकाश, धाम-प्रकाश से बचाने वाला, अर्थात् घर, आदि। इसी तरह ब्र का भी अर्थ आग था। इससे भोजपुरी का बरना, अं. बर्न-जलना, और ब के भ में बदलने के बाद भर्ज-भूनना, भ्राजते-चमकता है, भर्ग-प्रकाश, भृगु-प्रकाशमान, अग्निसाधक आदि बने हैं। यही ब्रह्म-आग, प्रकाशपुंज, सूर्य और परमपुरुष, मंत्र, यज्ञ, यज्ञ कराने वाला, और ब्राह्मण आदि का मूल है। परंतु जिस कारण उस समाज को पहले देव या ब्रह्मा कहा गया वह था आग से झाड़-झंखाड़ को जलाकर इसमें खाद्य वन्य धान्यों को एकत्र उगा कर और उनकी देखभाल और रखवाली करते हुए तैयार करके उन अभाव के दिनों के लिए खाद्य भंडार तैयार करना था जब फलों, कंदों, बदरियों आदि का अभाव हो जाता था और भुखमरी की स्थिति आ जाती थी। परंतु ये झाड़-झंखाड़ ही उन फलों, बदरियों आदि के स्रोत थे जिसे पुरातनपंथी समाज किसी कीमत पर नष्ट नहीं होने देना चाहता था और इसलिए वह इनको तरह-तरह से परेशान करके जहाँ भी ये यह प्रयोग करते वहाँ से कुछ समय बाद भगा देता था। झूम खेती में वैसे भी भूमि की उर्वरता समाप्त होने के बाद उसे छोड़कर नए क्षेत्र में जाने की बाध्यता थी। इस तरह वह लंबा संघर्ष आरंभ हुआ जिसमें असुर ब्राह्मणों या देवों के रक्त के प्यासे बन गए थे और ब्राह्मण किसी तरह अपनी खैर मनाते हुए कृषिकर्म को जारी रखना चाहते थे।

कहें, यह सामाजिकता हजारों साल के सहयोग, विरोध और उपेक्षा के क्रम में विकसित हुई है जिसे दो चार हजार साल की छोटी अवधि में रखकर समझने वाले समझ नहीं पाते। भारत की मिट्टी में कोई ऐसा जादू नहीं था कि उसमें वह सामाजिक समरसता पैदा हो जाए, जो सुमेर, मेसोपोटामिया, मिस्र और ग्रीस में नहीं पैदा हो सकी। वहाँ की सभ्यताएँ आरोपित थीं। अभिजात वर्ग बाहर से आया था अतः उसकी जड़ें ऊपरी समानताओं के बाद भी नीचे तक नहीं पहुँच सकती थीं। भारतीय भूभाग में इसका विकास बहुत लंबे दौर में स्थानीय रूप में हुआ था और इसलिए भौगोलिक, सांस्कृतिक, भाषाई, नृतात्विक भिन्नताओं के बावजूद वह समरसता पैदा हुई।

अतः यदि हम उन जनों की क्षीण झलक पाना चाहें जिनका पृथक अस्तित्व मिट गया या जो समाज में रच-पच गए तो हमें समानताओं का नहीं, उन विरल भिन्नताओं

का आकलन करना होगा ज़ो बोली में, आहार में, एक ही शब्द के देशज पर्यायों में, पूजा और विश्वास में, देव समाज में देखने में आता है। विलयन के समय उनकी तुलनात्मक सामाजिक हैसियत क्या थी, यह भी उनके देवों के अन्य देवों से संबंध में देखा जा सकता है। स्वयं वे ही सेवक बनने को बाध्य नहीं होते, उनके देवता भी सेवक बना दिए जाते हैं। सेवक, सहायक, पुत्र अथवा वाहन बनने से पहले उन्होंने कितने लंबे समय तक अपने सम्मान के लिए संघर्ष किया होगा, इसकी हम आज कल्पना करना चाहें तो कल्पना भी नहीं कर सकते।

अपनी लघु कालसीमा के कारण कोसंबी भिन्नताओं को भी समझने में चूक करते प्रतीत होते हैं और समानताओं को समझने में भी असफल रहते हैं। परंतु उन्हें इस बात का श्रेय देना होगा कि वह इन भिन्नताओं और समानताओं को पहचानते हैं और इनके तनाव और समायोजन की ओर भी उनका ध्यान जाता है। वह इनके स्वाभाविक विकास के लिए अपेक्षित कालावधि की कल्पना ही नहीं कर पाते इसलिए वह अपने खयालों को उन पर लादते हैं। उदाहरण के लिए वर्षा के देवों में रुद्र जो आगे चलकर जलाष भेषज बन जाते हैं, वरुण, मरुत्, वृषाकपि और इंद्र हैं। सूर्य के रूपों में सविता, मित्र, पूषा, इंद्र आदि हैं। यदि जैसा कि हमने सुझाया है, हिमालय पर विराजने वाले शिव ध्रुव प्रदेश से आए हुए हाथी का शिकार करनेवालों के देवता रहे हैं और पुरुष देवता पुरुष प्रधान समाज का संकेत देते हैं तो पितृप्रधान समाज मातृप्रधान समुदायों के साथ-साथ बहुत पुराने चरण से विद्यमान रहे हैं। इस संभ्रम में कई सत्य वस्तुस्थिति के विलोम बनकर प्रकट हुए हैं। एक समय था जब हमारे पूर्वज आत्ममुग्ध होकर गाया करते थे कि भारत में जो पैदा हुआ है वह धन्य है, यहाँ जन्म लेने के लिए देवता भी तरसते रहते हैं। इस गान में भी उस प्राचीन चरण की हल्की स्मृति बची रह गई है कि बहुत पहले देव भारत में सशरीर रहते थे और मनुष्य थे। आज का भारत ऐसा है जहाँ देवता तक आने से डरते हैं। देखिए धार्मिक भावना कितनी क्षीण हो गई है और धार्मिक राजनीति कितनी उग्र।

हमारा इतिहास बहुत लंबा ही नहीं है बहुत उलझा हुआ भी है। हमारा समाज बहुत जटिल है, सबसे बहुमेल, जिसका कोई अन्य उदाहरण नहीं मिलेगा। बाल्कन और काकेशस के क्षेत्र को भी बहुत जटिल माना जाता है। अकेले काकेशस क्षेत्र में चालीस बोलियाँ बोली जाती हैं और कम से कम दो भाषा परिवार भी हैं, परंतु उसकी जटिलता भारतीय जटिलताओं की तुलना में मामूली सी दिखाई देगी। वहाँ पाषाणयुग में, भांडपूर्व और वस्त्रपूर्व अवस्था में कोई न मिलेगा। जबकि भारत में इन विविध चरणों पर ठहरे हुए कुछ समुदाय तो मिल ही जाएँगे। भाषाओं/बोलियों की संख्या यहाँ 325[8] है जिनमें कुछ ऐसी कि जिनको बोलनेवाले इक्के-दुक्के लोग ही रह गए हैं। मानव समुदायों की मान्य संख्या 6748 है जिनमें से 4635 नए समुदायों की पहचान पीपुल ऑफ इंडिया योजना से जुड़े दल ने की थी।[9] सामाजिक संबंध ऐसे कि आज प्रत्येक समुदाय अपनी पहचान और नए अवसरों की तलाश के लिए दूसरे समुदायों से प्रतिस्पर्धा की स्थिति में है।[10]

नई चेतना और सूझ के लिए यहाँ सामाजिक तानाबाना अधिक समृद्ध था क्योंकि यहाँ प्रकृति प्रदत्त आहार की सुलभता अधिक थी, आबादी का दबाव अधिक था, अभाव–जब फलों और कंदों का मौसम नहीं होता–के दिनों के लिए क्या प्रबंध करें और कैसे करें की चुनौती भी थी। अतः न तो उत्पादन की दिशा में अग्रसर होने के लिए किसी अन्य भूभाग से प्रतिभा का आयात करने की बाध्यता थी, न ही सभ्यता की दिशा में बढ़ने के लिए। हाँ, यह चुटकी बजाते नहीं हुआ।

एक बार पुनः दुहरा दें कि जिस मानव समुद्र के मंथन से सभ्यता का उदय हुआ वह विशिष्ट अर्थ में ही भारतीय था। प्रकृति द्वारा थोपे गए उस महा-आयोजन में विश्व के सभी कोनों के प्रतिनिधि उपस्थित थे। जैसे प्रकृति ने सर्वोत्तम मेधाओं को घेर कर एकत्र कर दिया था कि बचना है तो पशुता से ऊपर उठो, स्वयं उत्पादक बनो, स्रष्टा बनो, विधाता बनो और यह भी इतने अचेत रूप में इतनी मंदगति से घटित हुआ कि जैसे प्रकृति मनुष्य को निमित्त बनाकर स्वयं किसी नए लक्ष्य तक पहुँचना चाहती हो।

सन्दर्भ सूची

1. During a walk of twenty miles in Goa, 'want to go' changes from *jāūmka hoyo* to *vacūmka jāya,* while another twenty miles in the same direction reduces it to *vacakā;* this is for peas-ants of the same caste and status who manage nevertheless to understand each other. Combined Methods, 5.
2. Pātañjali[8] gives local usage in spoken Sanskrit (not different languages) of his day: 'goes was *savati* in Kamboja, *hammatī* in Suraṣṭra, *ramhati* in the east (the Gangetic regions), but *gamati* for 'real Aryans'
3. The elephant forests were not cleared; anyone convicted of killing an elephant would be put to death. The Culture, 149
4. भगवान सिंह, आर्य-द्रविड़ भाषाओं की मूलभूत एकता, लिपि, नई दिल्ली, 1973
5. Now it is clear that a characteristically Indian form of society did spread over the entire subcontinent (as the Egyptian, Sumerian, Greek did not over their own) in spite of its tremendous geographical, climatic, racial variety. It follows that the form was viable, and adaptable to changing conditions. Stages of Indian History , 59.
6. People could and did survive in the food-gathering stage when immediate neighbours had become food-producers centuries earlier. Peasants and tribal people, especially in out-of-the-way places in the jungle, normally know over a hundred other natural products beyond the staples, which may be gathered without cultivation: fruits, nuts, roots, tubers, honey, mushrooms, leaf vegetables, etc. With the older mode there would always remain older beliefs and ways of life. The Culture, 34.
7. नैतिकता के विषय में आश्चर्य प्रकट किया जा सकता है कि कहाँ हैवानियत की अवस्था, कहाँ नैतिकता! पर नैतिकता आरोपित मूल्य नहीं है, अपितु जीवन मूल्य है। अर्थात् मनुष्य ही नहीं सभी जीवों में कतिपय ऐसे मूल्यों का निर्वाह किया जाता है जो उसकी अतिजीविता के लिए अपरिहार्य हैं। इनमें त्याग और उत्सर्ग जैसे अनुपम गुण तक आते हैं जो चींटियों और मधुमक्खियों तक में पाए जाते हैं, हो सकता है उनसे नीचे के स्तर पर भी पाए जाते हों। अतः नैतिक मूल्य बदलते रहे हैं, नैतिकता प्राणिमात्र में विद्यमान है।

8. ...the first definite list of languages / dialects : 325 of them, as against 1961 Census list of 1652 languages.. K.S. Singh, ISI, 1992.p. 68.
9. id., p.14
10. We have different ethnic groups in relationship of rivalry, competion and conflict with each other in the context of access to the resources such as education, jobs etc. M.N Srinivas, Preafce to People of India: An Introduction. p. 5

दस

वर्ण और वर्ग

भारतीय समाज की जटिलता और इसके विलगाव और जुड़ाव को हम देख आए हैं। परंतु इस जटिलता को और रहस्यमय बनाती है इसकी वंशचेतना, जिसमें उस आदिम अवस्था की क्षीण याद बची हुई है; जाति-व्यवस्था और वर्णव्यवस्था जिनकी छाया एक दूसरे पर इस तरह पड़ती रहती है कि कई बार एक से दूसरे का भ्रम पैदा होता है। इसके विश्लेषण के लिए बहुत सावधानी की आवश्यकता थी और आज भी है। नृतत्त्वविद्, समाजशास्त्री, भाषाविज्ञानी और इतिहासकार सभी इसके सम्मुख अवाक् खड़े रह जाते हैं। अपनी समझ से जो कुछ कहते हैं उसमें इतनी पंगुता मिलती है कि दूसरे पहलू ही नहीं, वह पहलू भी उजागर नहीं हो पाता जिसको वे प्रमुखता देते हैं। कोसंबी की सीमाएँ तो और गंभीर थीं। वह तथ्यों और प्रमाणों से जो कुछ उनके सामने आ रहा था उसे समझना तक नहीं चाहते थे, देखना तक नहीं, क्योंकि उन्हें जो साबित करना था उसमें बाधक प्रमाणों और तर्कों के लिए स्थान न था।

आर्य आक्रमण की कहानियों से आरंभ करके वह इस उलझन को समझ नहीं सकते थे। आर्यों को बाद के समस्त विकास का श्रेय देने के लिए उन्हें हड़प्पा सभ्यता को किस तरह बर्बाद करना पड़ा, उसकी चर्चा हम आगे करेंगे। आर्यों की जैसी तस्वीर गढ़नी पड़ी वह फिल्मी कहानियों में ही मिल सकती है। पर उसके बाद के सामाजिक विकास की जो तस्वीर तैयार की वह फिल्मी कहानियों के लिए भी कल्पनातीत है।

मोटे तौर पर कह सकते हैं कि कोसंबी वर्णव्यवस्था और जातिव्यवस्था का अतिसरलीकृत समाधान प्रस्तुत करते हैं जिससे उनके प्रभामंडल के भीतर भी उनको अकादमिक अपेक्षा के अनुरूप नहीं पाया जाता।[1] वह एक ओर तो कार्यविभाजन को पाषाणकाल तक पीछे ले जाते हैं, जो बहुत ही विलक्षण और सही सूझ है।[2] दूसरी ओर तथाकथित आर्यों के बीच कार्यविभाजन की संभावना नहीं देख पाते, क्योंकि चरवाहों के बीच किसी तरह का कार्यविभाजन संभव नहीं। परंतु चरवाहों के बीच गाड़ी और नाव की भी संभावना नहीं, और यदि कोसंबी के आर्य इनका उपयोग करते थे तो यह कार्यविभाजन के बिना तो संभव न था। कोसंबी असुविधाजनक पक्षों की ओर नजर तक नहीं डालते। अतः उन्हें कार्यविभाजन की नए सिरे से तलाश करनी पड़ती है। असल समस्या सेवक वर्ग या शूद्रों की थी। आर्यों के तीन वर्ण तो उसी आर्य समुदाय से निकाले

जा सकते थे, जिनमें कार्यविभाजन नहीं था। शूद्र उन्हें बनाने नहीं पड़े, वे बने बनाए मिल गए। 'यह कल्पना की जा सकती है कि दास सिंधु सभ्यता के मूल बाशिंदों के वंशधर थे जो अपना अतिरिक्त उत्पाद बल प्रयोग से इतर किसी ऐसे तरीके द्वारा, मिसाल के लिए धर्म द्वारा, प्रेरित किए जाने के कारण नगरों को दिया करते थे।' इस सूझ पर किसी टिप्पणी की आवश्यकता नहीं, फिर भी दास या शूद्र पहले से थे और उनके लिए किसी खास झंझट की जरूरत नहीं थी। परंतु हड़प्पा सभ्यता के नगरों का प्रशासन और कार्यसंचालन जिस तरह चल रहा था उसमें सैनिकों, शासकों, व्यापारियों या वैश्यों के बिना भी काम नहीं चल सकता था। अतः क्षत्रिय और वैश्य हड़प्पा के क्षत्रियों और वैश्यों के वंशधर क्यों नहीं हो सकते थे? इसे नकारने का कोई आधार ही नहीं है। ब्राह्मण तो हड़प्पा सभ्यता के पुजारियों की औलाद थे ही। इस तरह चारों वर्ण हड़प्पा सभ्यता में ही विद्यमान थे और यदि जातिव्यवस्था और वर्णव्यवस्था की जड़ों को तलाशना है तो यह तलाश करना होगा कि हड़प्पा सभ्यता में ये व्यवस्थाएँ कैसे आ गईं। हमारे लिए रोचक यह भी है कि दासों और ब्राह्मणों, कहें पुजारियों के साथ वंशधरता को जोड़ने के बाद जन्मना वर्णव्यवस्था की समस्या का भी समाधान हो जाता है।[3]

वह वर्ण को ही वर्ग मान लेते हैं;[4] परंतु समस्या यह आती है कि वर्ण केवल हिंदू समाज तक सीमित है, जबकि वर्ग का आधार धार्मिक नहीं है।[5] फिर वह वर्ण को जाति का पर्याय बना देते हैं।[6] कहें वह इन दोनों में से किसी को सही परिप्रेक्ष्य में नहीं रख पाते, ''जातियों का सामाजिक कार्यभार वहाँ बहुत स्पष्ट रूप में तय कर दिया गया है जहाँ यह कहा गया है कि यज्ञ की परिक्रमा में बाहर की ओर जाते समय क्षत्रिय आगे रहेगा और वापसी में ब्राह्मण।''[7] हमें तो परिक्रमा में बाहर जाने और जाते समय किसी एक के और वापसी में किसी दूसरे के आगे रहने का चक्कर ही समझ में नहीं आता। जिस स्थल का उन्होंने हवाला दिया है वह शतपथ ब्राह्मण का है। यह जाति-व्यवस्था के आरंभिक चरण की कृति नहीं है। उनकी कालव्यवस्था में हड़प्पा सभ्यता–ऋग्वेद-अथर्ववेद-कृष्णयजुर्वेद-शुक्लयजुर्वेद-संहिताएँ–और इनके बाद और आरण्यकों/उपनिषदों से पहले ब्राह्मण आते हैं। अतः जातिव्यवस्था के आरंभ के प्रमाण इससे नहीं लिए जा सकते।

दूसरी आपत्ति पाठ को लेकर है। पाठ निम्न प्रकार है :

...अश्वः प्रथम एति तस्मात् क्षत्रियं प्रथम अथ यत् अमुत आयजतां अजः प्रथम एति तस्मात् ब्राह्मणः प्रथमं यंतम् इतरे त्रयो वर्णाः पश्चात् अनुयंति...

ग्रिफिथ ने इस ब्राह्मण का अनुवाद निम्न रूप में किया है :

And in as much as, in going from here, the horse goes first, therefore the Kshatriya, going first, is followed by the three castes; and in as much as, in returning from there, he-goat goes first, therefore the Brahman, going first, is followed by the three castes.And in as much as ass does not go first, either in going from here, or in coming back from there, therefore the Brahman and Kshatriya never go behind the Vaisya and Sudra.And, moreover, he thus encloses those two castes (the Vaisya and Sudra) on both sides by the priesthood and nobility, and makes them submissive.

हमने उद्धृत अंश का अनुवाद तिर्यक छापे में दिया है। प्रसंग यज्ञ का नहीं, उखानिर्माण का है। उखा एक मिट्टी की कड़ाही होती थी जिसके कई आकार थे। यज्ञ के प्रयोजन से बनाई जानेवाली उखा के साथ यह नाटकीयता जुड़ी है। लगता है मिट्टी के लोंदों को लेकर प्राचीन सार्थों का अभिनय करते हुए कुछ दूर तक जाना होता है और फिर वापस आना होता है। यह नाटक उपनयन के समय ब्राह्मण बालकों के साथ किए जानेवाले कर्मकांड जैसा है। अभियान के समय या जाते समय अश्व आगे जाता है इसलिए क्षत्रिय आगे रहता है, वापस घर या उस आहवनीय की ओर वापस आते समय ब्राह्मण आगे रहता है जो अज स्वरूप है।

हमारा पौराणिक साहित्य यह बताता है कि तीन सवर्णों का विभाजन स्थायी कृषि अपनाने के साथ ही हो गया। मनु विवस्वान पहले किसान हैं, पहले संहिताकार हैं और पहले राजा हैं। कारण स्पष्ट है। उन दिनों जब खुली भूमि जंगलों से घिरी थी और जंगली जानवरों और कबीलों द्वारा खड़ी फसल चर या नोच कर बर्बाद की जा सकती थी, दिन रात की चौकसी रखनेवाले एक निडर और शक्तिशाली युवा दल की जरूरत थी। किसान या वैश्य इस संरक्षण के बिना कृषिकर्म और पशुचारण नहीं कर सकते थे। अतः वर्णविभाग कार्यविभाजन के रूप में स्थायी खेती के साथ ही अस्तित्व में आ गया था। भारतीय संदर्भ में चरवाहों का कृषिकर्मियों से, गोपाल कृष्ण का कृषि के उन्नायक इंद्र से (इंद्रः सीतां नि गृह्णातु तां पूषा अनु यच्छतु। सा नः पयस्वती दुहां उत्तरां उत्तरां समाम्, 4.57.7) विरोध संबंध है। चरवाहे कृषि के प्रवर्तक नहीं हो सकते थे, दोनों की प्रकृति भिन्न है।

पशुचारण करनेवाले गोपाल कृष्ण ऋग्वेद में असुर हैं और लोक परंपरा में भी दोनों में विरोध है। अर्थात् वैदिक जन कृषिकर्मी थे। किसान पशुपालक उपयोगी पशुओं को पालता है और उनमें वैविध्य होता है। एक ही व्यक्ति गाय, भैंस, घोड़ा, ऊँट आदि पाल सकता है। परंतु पशुचारण केवल एक ही पशु का हो सकता है अतः भेड़ पालनेवाला बकरी तक नहीं चराता। ऊँट और घोड़े चराने का तो सवाल ही नहीं। वैदिकों के पूर्वज या देव/ब्राह्मण पशुपालन तो करते थे, परंतु चारणजीवी नहीं थे। चारणजीवी समुदायों को वे उसी तरह असुर मानते थे जैसे कृषिकर्म का विरोध करनेवाले आदिम जनों को, जो पर्यावरण को कोई क्षति पहुँचाने वालों के शत्रु थे। वे मूर्ख न थे, उनका एक दर्शन था। परंतु वह नैतिक अधिक और व्यावहारिक कम था।

कोसंबी इसी तरह आश्रम व्यवस्था को वर्णव्यवस्था से जोड़ देते हैं और गुरुकुल आश्रमों को आश्रम व्यवस्था से, "वेदों से ही जाहिर है कि कुछ ब्राह्मण बहुत गरीब थे जिन्हें आर्य गणों का संरक्षण नहीं मिला था, जो चुपचाप जंगल में चले जाते थे कि जैसे भी होगा दिन काट लेंगे, सामान्यतः आहार संचय से और अधिक से अधिक कुछ गायें रखकर। अध्ययन की ब्राह्मण परंपरा में, जो लगभग ईस्वी काल तक बनी रही और सैद्धांतिक रूप में तो आज तक अनिवार्य बनी हुई है, उसमें प्रत्येक शिशिक्षु से इस बात की अपेक्षा की जाती थी कि वह बारह साल तक किसी ऐसी ही वनस्थली में किसी वरिष्ठ अध्यापक की सेवा में लगा रहेगा। उसके गाय-गोरू की देखभाल करेगा। अलिखित वेदों को कंठस्थ

करेगा, कर्मकांड की बारीक से बारीक जानकारी पाएगा और अंततः स्वयं पूर्णतः दीक्षित बनकर प्रकट होगा। इन आश्रमों में आखेट और किसानी दोनों वर्जित थे।''[8]

वास्तविकता यह है कि वानप्रस्थ और संन्यास की व्यवस्था उस आदिम समाजवादी अवस्था की ओर लौटने के प्रति बची रह गई आसक्ति का परिणाम थी, जिसका कुछ ही लोग पालन करते रहे होंगे। इसका गरीबी से कोई संबंध न था, न यह केवल ब्राह्मणों तक सीमित था। गार्हस्थ्य के समय किए गए पापों का प्रच्छालन करके परलोक और जन्मांतर को सुधारने से अवश्य था। जहाँ तक आश्रमों में छात्रों के वन्य स्रोतों पर निर्भर करने का प्रश्न है, आश्रमों के पास अपनी भूमि होती थी, पशुधन होता था और उनकी शिक्षा अक्षरज्ञान तक सीमित नहीं थी, कृषिकर्म और पशुपालन का भी प्रशिक्षण बन जाती थी। लगता है कोसंबी ने सत्यकाम जाबालि की कथा को ही अपनी चेतना के केंद्र में रखा है, परंतु इसमें अपने पशुओं की वृद्धि करता हुआ, प्रकृति से गहन सान्निध्य रखता हुआ जाबालि वेद नहीं रटता। वेदज्ञान को उपनिषदीय शिक्षा में हेय माना जाता था और अपने एकांत जीवन में वह वेद रटता भी तो किताबों के होने और अक्षरज्ञान तथा व्याकरण की समझ होने पर ही। छात्र खेती के काम में भी भाग लेते थे, परंतु उनका मुख्य स्रोत भिक्षाटन था, अतः आश्रम न तो वन में हो सकते थे, न ही छोटे गाँवों के पास, जहाँ से प्राप्त भिक्षा उनके दैनंदिन के निर्वाह के लिए पर्याप्त नहीं हो सकती थी। अतः ऐसे आश्रम बड़े नगरों या बड़ी बस्तियों से कुछ ही दूरी पर एकांत में हुआकरते थे। नगर सीमा से कुछ ही आगे वनांचल आरंभ हो जाते थे, यह तो मुगल कालीन दिल्ली से ही समझा जा सकता है।

वर्ण का निर्धारण करते समय कोसंबी का ध्यान काले और गोरे पर बना रहता है। काला अर्थात् भारतीय, गोरा अर्थात् घुसपैठिया। इसी आधार पर उन्होंने यह कल्पना भी की थी कि ब्राह्मण वैदिक समाज में हड़प्पा सभ्यता के उत्तराधिकारियों में से लिए गए हो सकते हैं, क्योंकि ब्राह्मणों में बहुत से काले रंग के भी होते थे। इसका तार्किक विस्तार करते हुए वह यह सोच बैठते हैं कि आर्यजन केवल क्षत्रिय रहे हो सकते हैं। काले गोरे का भेद काल्पनिक नहीं है, न ही यह सोचना गलत है कि गोरे जन ठंडे अंचलों से गर्म मैदानी भाग में आए हो सकते हैं। यदि चूक है तो काल सीमा में, भारत के ही पर्वतीय अंचलों की उपेक्षा में, रंगों को दो में सीमित करने में और फिर वर्ण का एक ही अर्थ 'रंग' करने में, और इसे ही सर्वत्र लागू करने में।

वस्तुतः जाति का संबंध आदिम जनजातीय पहचान से है जो अधिक पुरातन, अवचेतन में अधिक गहरे उतरी हुई, रक्त से संबंधित है और इसलिए अपनी मूल पहचान खो देने के बाद भी वर्ण से अधिक शक्तिशाली है। परंतु यह जाति का एक पक्ष है। पेशों आदि से भी जातियाँ बनती रही हैं। वर्ण का एक मात्र अर्थ रंग नहीं है, इसका एक अर्थ विभाजन है। वैदिक साहित्य में अनेक ऐसे संदर्भ हैं जिनसे वर्ण रंगत की ओर भी इंगित करता है। उदाहरण के लिए विधाता ने देवों को दिन में और असुरों को रात में सिरजा, इसलिए देवों का रंग शुक्ल है और असुरों का कृष्ण। परंतु यह प्रतीकात्मक ही नहीं है, अपितु

बाद में ज्योतिष्मान तत्त्वों को देवता और अंधकार, धुंध, अभाव, निकम्मापन और अपराध आदि को इसके विपरीत मानकर यह भेद किया गया है। जिस चरण पर हम वर्णव्यवस्था को लक्ष्य करते हैं उस चरण तक यह अपनी लोच खो चुकी थी। फिर भी इसका ढाँचा अभेद्य न था। वन्य जनों या समुदायों के लोग अलग-अलग समयों में अपना अभ्युदय करते हुए अलग-अलग वर्णों में खपते चले गए। जिन्होंने आगे बढ़ने का प्रयत्न नहीं किया वे आज तक आदिम अवस्था में ही हैं। कहें एक ही जनजाति के कुछ लोग ब्राह्मण हो गए, कुछ क्षत्रिय बन गए, कुछ वैश्य या शूद्र बन गए और जो अपने एकांत में जीते रहे वे बाद में भी आदिम अवस्था पर ही रुके रह गए। परिवर्तन से वे भी अछूते नहीं रहे परंतु वे अपनी जीवनशैली और जीविका के तंत्र में परिवर्तन के लिए तैयार न थे या उनमें पहल का अभाव था। अतः जिन कामों को वे स्वेच्छा से करने से बचते रहे, उन्हीं कामों को चाकर बनकर करते रहे हैं।

कोसंबी इस तथ्य को जानते हैं,[9] और इसे कई प्रसंगों में दुहराते भी हैं। उदाहरण के लिए वह बताते हैं कि गोत्रनाम जनजातियों के नामों से मेल खाते हैं;[10] वह पांडुवंशी क्षत्रियों के शबर मूल की समस्या की ओर संकेत करते हैं और कहते हैं कि यदि यह गलत भी हो तो भी इसका कोई महत्त्व नहीं, जबकि यह मान्य है कि ऐसे अधिकांश वंशों का मूल किसी स्थानीय कबीले से धुँधले रूप में जुड़ा है। इस बात की अधिक संभावना है कि नल निषाद रहे हों और इससे नैषध बना हो। पाल, भौम और इस तरह के दूसरे ब्राह्मण खास तौर से स्थानीय (जनजातीय) मूल के रहे हैं। पांडुवंशी पांडो मूल के हो सकते हैं जिनका 1931 की जनगणना रिपोर्ट में उल्लेख है।[11] सबसे रोचक उदाहरण ढांगरों का है जिनके विषय में कोसंबी कहते हैं कि ये एक जनजाति से अधिक एक जाति हैं, क्योंकि कुछ ढांगर वन्य अवस्था में हैं, दस्तकारी का काम करते हैं, कुछ पशुचारण (भेड़ पालन) करते हैं, कुछ खेती करते हैं और एक बार तो एक ढांगर राज्यसत्ता तक पहुँचने में सफल रहा।[12] विकास की गति को दर्शाने में इससे अच्छा उदाहरण नहीं मिल सकता। वह बताते हैं कि ब्राह्मणवादी देवसमाज में सम्मिलित अनेकानेक देवताओं की जड़ें आदिम समाज में हैं।[13] यह तथ्य बहुत रोचक है कि जाति एक होते हुए भी उससे अनेक वर्ण पैदा हो सकते हैं और इसी स्थिति में आरंभ में वर्णव्यवस्था पैदा हुई थी। वह यह बताते हैं कि विभिन्न पेशों में लगे हुए लोगों ने आगे चलकर ब्राह्मणत्व प्राप्त किया और पुरोहिती करने लगे और उनके गोत्र आज भी ब्राह्मणों में पाए जाते हैं।[14]

परंतु कोसंबी इन सूचनाओं के बाद भी कुछ अस्थिर दिखाई देते हैं और इस प्रक्रिया को उलट भी देते हैं। वह बताते हैं कि उदुम्बर नामक एक नीची जाति गुजरात में पाई जाती है और साथ ही कुछ उदुम्बर ब्राह्मण भी पाए जाते हैं। संस्कृत के महान कवि और नाटककार भवभूति भी उदुम्बर ब्राह्मण थे। पर इसका अर्थ यह नहीं है कि ब्राह्मणों का कोई विशाल संघ था, अपितु ब्राह्मण कबीलों में अपना लिए गए, अथवा कबीलों के पुरोहितों में शामिल हो गए।[15]

यदि हम इसे सुलझे रूप में रखें तो आरंभ में आहारसंचय और आखेट पर निर्भर

समाजों ने कृषि के प्रयोग का विरोध किया, परंतु कृषि की स्थापना के बाद वे दबाव में आते गए। कृषि के लिए क्षेत्र विस्तार के क्रम में जिन जंगलों या वनखंडों को जलाया गया उनमें रहनेवाले आदिम जनों के सामने दो ही विकल्प थे। एक था किसी अन्य क्षेत्र की ओर पलायन, दूसरा आर्यों (देवों/ब्राह्मणों) या कृषिकर्मियों के साथ सहयोग। शूद्रवर्ण का उदय इसका ही परिणाम था। यह वेदों की रचना से बहुत पहले अस्तित्व में आ चुका था। विविध कारणों से खेतिहर समाज के संपर्क में आनेवाले आदिम समुदायों ने कृषि के लाभ से आकर्षित होकर स्वयं खेती करना आरंभ कर दिया। शौर्य की इनमें कमी नहीं थी। अतः इन्होंने क्षत्रिय होने का दावा किया, यद्यपि आरंभ में ये अपने खेतों की जुताई आदि स्वयं करते थे। पर अपने को सच्चा क्षत्रिय दिखाने के लिए इससे विरत होते चले गए। जो आग्रहशील रहे उनके क्षत्रिय होने के दावे के बाद भी क्षत्रियों द्वारा समानता का अधिकार नहीं दिया गया, जैसे सैंथवारों, कुर्मियों आदि को। परंतु यही बात उन ब्राह्मणों के विषय में नहीं कही जा सकती जिन्होंने बौद्ध काल के बाद क्षात्रव्रत अपनाया था और एक बार शस्त्रबल से भूस्वामीत्व और स्वाभिमान का स्वाद चखने के बाद पुनः पुरोहितवादी ब्राह्मणत्व की ओर नहीं लौटे, और बाहुबल से सामाजिक प्रभाव जमाए रहे—भूमिहारों, त्यागियों आदि की स्थिति यही प्रतीत होती है। ब्राह्मण इन्हें अपने से हेय मानते रहे और ये ब्राह्मणी परजीविता को तिरस्कार की दृष्टि से देखते रहे।

इसी तरह व्यापारिक गतिविधियों से किसी भी रूप में संबद्ध आदिम जनों ने मुख्य धारा से जुड़ने के बाद अपने को वैश्य कहना आरंभ किया। इनको अपनी जातियों में स्वीकृति ब्राह्मण से नहीं मिलती थी, अपितु वैश्यों से मिलती थी और स्वीकृति का द्वार जैसे क्षत्रिय के मामले में बाहुबल से खुलता था, उसी तरह वैश्य के मामले में धनबल से खुलता था। कुछ झिझक के साथ रोटी-बेटी का नाता बहुत लंबे समय के बाद स्थापित हो पाता था।

वर्णविशेष में इनके अपनाए जाने की एक निश्चित प्रक्रिया थी। पहले लंबे समय तक उस वर्ण का दावा करते रहना। फिर इनके आर्थिक हैसियत या वर्णगत अपेक्षाओं के अनुरूप विशिष्टता प्राप्त करने के बाद आरंभ में केवल इनकी लड़कियों को अपने घोषित वर्ण में ब्याहने का अवसर मिलता था और लंबे अंतराल के बाद इनके संपन्न परिवारों को आसपास के पहले से उस वर्ण में मान्य परिवारों की लड़कियों से विवाह का अवसर मिलता था। वर्ण में प्रवेश पा जाने के बाद भी इनकी एक अलग जाति जिसे वर्ण के जाति में बदल जाने के कारण उपजाति कहना अधिक समीचीन होगा, बनी रहती थी। पुरोहित की इसमें कोई भूमिका नहीं होती थी। पुरोहित तो जो भी दक्षिणा देने को तैयार हो उसकी पुरोहिती करने को आरंभ से ही तैयार रहता था। वह वर्णव्यवस्था से मुक्त समाज में भी वर्णव्यवस्था लागू करने को तैयार था और जिसकी जैसी योग्यता हो उसे उस वर्ण में स्वीकृति दिलाने का पक्षपाती था। बाहर से आनेवाले विविध आक्रमणकारी जत्थों को इसी तर्क से वर्णव्यवस्था में स्थान मिला, परंतु उनकी भी जाति या उपजाति पृथक बनी रही और आज तक बनी हुई है।

यह प्रक्रिया ऐतिहासिक कालों में भी जारी रही और आज भी जारी है, परंतु इतनी

मंद गति से कि लगता है इसमें कोई बदलाव संभव ही नहीं। बाद के कालों के लिए इस तथ्य को कोसंबी भी स्वीकार करते हैं। कोसंबी आज की अनगिनत जातियों के विषय में मानते हैं कि पुराने चार वर्णों के विभाजन से यह अनमेल पड़ता है।[16] वह यह भी स्वीकार करते हैं कि आधुनिक जातियों में इतनी विविधता इसमें कबीलाई तत्त्वों के समावेश के कारण है, ब्राह्मण की श्रेष्ठता का एक कारण वह यह मानते हैं कि विभिन्न जनों को शांतिपूर्वक वर्णव्यवस्था में समाहित करने के लिए पुरोहित की आवश्यकता होती थी[17], जो सच्चाई का केवल एक पहलू है।

यदि वर्ग के रूप में इसे देखना हो तो कहेंगे वर्णसमाज दो वर्गों में विभक्त है। एक श्रम और कौशल से जुड़ा हुआ उत्पादक वर्ग और दूसरा श्रम से विरत और सामाजिक नियंत्रण और उत्पाद के अपहरण से जुड़ा अनुत्पादक वर्ग। जैसे श्रम और कौशल से जुड़े वर्ग के लोग विविध प्रकार के काम करते हैं, उसी तरह अनुत्पादक वर्णों के लोग सामाजिक और आर्थिक नियंत्रण के लिए विविध कार्य करते रहे हैं और ये दोनों आनुवंशिक रूप लेते चले जाने के कारण जाति में बदल गए। चारों वर्णों के पृथक वर्गों की बात समझ में नहीं आती। जिन देशों या समाजों में वर्णव्यवस्था नहीं है उनमें भी उत्पादक और नियंत्रक वर्गों में आनेवाले लोग विविध कार्यों से जुड़े पाए जाते हैं। कोसंबी यद्यपि स्पष्टतः यह दावा नहीं करते हैं, परंतु उनके विवेचन से ऐसा लगता है कि वह शिल्पियों को स्वामिवर्ग या आर्यवर्ग और दास या शूद्र वर्ग के बीच मध्यवर्ग के समकक्ष मानते हैं, परंतु वास्तविकता यह है कि इनकी भी स्थिति शूद्रों जैसी ही रही है। ऋग्वैदिक काल के विषय में कुछ ढीले-ढाले रूप में हम शिल्पियों और कुशल कर्मियों को आधुनिक मध्यवर्ग या बुद्धिजीवी वर्ग की समकक्षता में अवश्य रख सकते हैं, परंतु यह नहीं कहा जा सकता तब तक वर्ण ने जाति का रूप ले लिया था।

कोसंबी ही नहीं, वाम-दक्षिण की सीमाओं के आर-पार, दूसरे अध्येता भी वर्ण व्यवस्था की पहचान उस चरण पर करते रहे हैं जब यह अपना नैतिक औचित्य और व्यावहारिक सार्थकता खो रहा, या खो चुका था। अतः वर्ण-व्यवस्था की प्रकृति और जातिव्यवस्था के मूल को समझने में चूक होती रही है।[18]

भारतीय इतिहास के संकुचित कालबोध के कारण कोसंबी केवल जाति और वर्ण की समस्या को ही नहीं अपितु प्राचीनतम भारत की सभी समस्याओं को उलझा देते हैं। वह बताते हैं कि गोत्र का अर्थ गायों का जत्था या बाड़ा होता है और होता है वह इकाई जिससे बाहर ही विवाह संबंध हो सकते हैं। यह तो सर्वविदित है कि एक जत्थे के गोरू दूसरों से अलग एक खास निशान या छापे वाले या कानों की एक अलग काट वाले होते थे। संपत्ति सामाजिक इकाई के नाम होती थी जिसकी वह संपत्ति होती थी और इसी से बाद के कालों की स्मृतियों में संपत्ति का वह नियम बना कि यदि किसी व्यक्ति का कोई सगा उत्तराधिकारी न हो तो वह उसके गोत्र की हो जाएगी।[19]

कोसंबी के चिंतन में कालसीमा के कारण कई उलझनें दिखाई देती हैं फिर भी उनकी अपनी विशेषता यह है कि उनकी नजर इन तथ्यों की ओर गई है और इसका कोई समाधान तलाशने के लिए वह गोत्र, प्रवर, वर्ण, जाति पर निरंतर विचार करते और लिखते रहे, परंतु वह इनके जो समाधान देते हैं, उनमें अंतर्विरोध पाया जाता है। अब हम उनके विचारों को सूत्रबद्ध करें तो चित्र निम्न प्रकार बनेगा :

पुरोधा–हड़प्पा सभ्यता में कार्यविभाजन था, परंतु जातिभेद और वर्णभेद न था; उसमें एक पुरोधा वर्ग भी था।[20]

क्षत्रिय–सच्चे आर्य क्षत्रिय ही थे। इन आर्यों का ही भारत पर आक्रमण हुआ।

ब्राह्मण-क्षत्रिय उच्चवर्ण–क्षत्रिय आर्यों के आक्रमण के कुछ समय बाद हड़प्पा सभ्यता के पुरोहितों के वंशधरों ने आर्य जनों में मिलकर उनके पुरोहित का काम सँभाल लिया और दोनों का स्थानीय समाज पर दबदबा बना रहा। ब्राह्मणों ने इन्हीं क्षत्रियों की भाषा सीख कर उनके देवताओं की प्रशस्ति में वैदिक और परवर्ती संस्कृत की रचनाएँ भी कीं।

वैश्य–हड़प्पा सभ्यता के व्यापारी आदि ने अपनी अलग पहचान बनाई और वैश्य वर्ण बन गया, और अंततः आर्यसमाज के उस तबके का भी रुतबा घट गया जो न तो पुरोहिती करते थे न ही युद्ध और इस तरह वैश्य वर्ण की उत्पत्ति हुई।

शूद्र–स्थानीय निवासियों को पहले ही दास बनाया जा चुका था, वे इन वर्णों की सेवा में नियुक्त शूद्र हो गए।

परंतु इस चातुर्वर्ण व्यवस्था में शिल्पियों को नहीं समेटा गया।

जातियाँ–कबीलाई अवस्था से उठ कर खेती की ओर अग्रसर समूह पुरोहितों को प्रसन्न करके अपने लिए वर्णसमाज में स्थान बनाते चले गए और इस तरह जातियों की संख्या बढ़ती चली गई। अर्थात् जातियों का बाहुल्य परवर्ती विकास है और इसका मूल रूप है वर्णविभाग।

प्राचीन आर्यवर्ण–वर्णविभाग केवल भारत में नहीं पाया जाता, अपितु कुछ अविकसित रूप में ईरान में भी पाया जाता है।[21] ऐसी दशा में उनके सामने दो विकल्प थे। पहला यह कि वर्ण-व्यवस्था का संबंध आर्यों की प्राचीन अवस्था से है न कि हड़प्पा सभ्यता या ब्राह्मणवाद से। दूसरा यह कि यह विकास भारत में हुआ और हड़प्पा काल में ही आरंभ हो गया था और इसका प्रसार भारत से देशांतर की ओर हुआ परंतु वह वहाँ उतना मूलबद्ध नहीं हो सका जितना भारत में।

आश्रम व्यवस्था–कोसंबी अब्राहम से ब्राह्मण ऋषि का साम्य बैठाते हुए बताते हैं, "वानप्रस्थ अपनाने वाले ब्राह्मण अब्राहम के समान हैं जिन्होंने खल्दियों के ऊर को इस नगर की गरिमा समाप्त हो जाने के बाद ऊर को छोड़कर घुमंतू जीवन अपना लिया। ब्राह्मणों को निश्चय ही नगरों के खंडहरों से बाहर भगा दिया गया होगा और उन्हें इसके चलते, विशेषतः बुढ़ापे के दिनों में, बहुत कष्टकर जीवन जीना पड़ा जो आदर्श हिंदू जीवन का अभिन्न अंग बन गया।"[22]

वर्णव्यवस्था और आश्रम व्यवस्था का इससे भोंड़ा विवेचन किसी मिशनरी से भी संभव नहीं हो पाया था। ध्यान दें कि कोसंबी के अनुसार ही वे लाचारी में जंगल को भागे थे और बूढ़ों के लिए यह अति कष्टकर अवस्था रही होगी, इसलिए वे स्वतः किसी जुगत से जंगल से बाहर आकर आर्यों के पुरोहित बन गए, अर्थात् जंगल से नगर को आए, जबकि आश्रम व्यवस्था में संन्यास लेने वाला व्यक्ति सर्वथा असहाय हो जाने के बाद उस कष्टसाध्य जीवन की ओर लौटने को अपना आदर्श मानने लगा जिससे घबरा कर वह जोड़-तोड़ बैठाकर या कहें विजेता आर्यों को मूर्ख बनाकर उनका पुरोधा बना था। उसी पौरोहित्य के बल पर उनसे ऊपर भी हो गया और विजेता ने उसे शिरोधार्य भी कर लिया। अतः शिकायत हमें केवल यह हो सकती है कि कौसंबी के विवेचन में तर्क और औचित्य का निर्वाह नहीं हो पाता और इतनी विपुल सूचना के बाद भी उनके कथन अंतर्विरोधों से भरे हुए हैं।

सन्दर्भ सूची

1. his wide-ranging methodologies, often eclectic in the best sense of the term....his style is often perceived as difficult, and his formulations too sweeping....Kusum Roy, Kosambi on Questions of Caste, Sunday, August 24, 2008, download from Ourblogtemplates.com 2008..
2. At places like Rohri in upper Sind, extensive plots covered with flakes show the early manuafcture of stone tools, indicating also some division of labour; the tool-makers would probably have exchanged their products for other necessities instead of using them all personally.An Introduction, 19.
3. It may be supposed that these *dāsas* were the descendants of the Indus settlers who had provided the surplus for Indus cities, being persuaded thereto by some method other than force, say religion. This was the beginning of the caste system in India. *An Introduction,* 98.
4. "The *Rgveda* speaks of the four major castes", *Early Stages of the Caste System in Northern.* 192. "Sayaṇa in his *bhāṣya* to the *Ṛgveda* takes the Five to mean the four class-castes *(varṇa)* with the autochthonous savages *(niṣāda)* as the fifth." *The Vedic 'Five Tribes'* 76; "Caste in the days of the Buddha was, probably, quite near to the class system that Rosas ascribes to the *jati.* But its stronghold was nearer the Indus valley than to Magadha, and it was extremely rigid and conserva-tive." *Caste and Class in India,*777.
5. ...Caste is supposed to exist only for the Hindus, but here class phenomena cut across the religious barrier. Caste and Class in India 773
6. The word for caste *varṇa* means colour. In the *Ṛgveda,* there are only two human *varṇas,* that of the Aryans and that of their *dāsa* opponents. *On a Marxist Approach to Indian Chronology*52
7. "Social functions of caste are clearly set forth when it is stated that the Kṣatriya precedes on the outward sacrificial round, the Brahmaṇa on the return," *Early Stages of the Caste System in Northern India, 193.*
8. The Vedas themselves show that there were poor brahmins not sheltered by any Aryan tribe, who would go in peace into the wilderness to live as they could, usu-

ally by food-gathering supplemented at most with a few cattle. The brahmin tradition of study, which remained in force nearly till tlle Christian era and theoretically remains obligatory to this day, required each acolyte to serve an apprenticeship of twelve years under a senior teacher settled in some such clearing; to tend his cattle, master the unwritten Vedas by heart, perfect himself in every detail of ritual, and finally emerge as a fully initiated brahmin himself. Neither hunting nor agriculture were practised in these study colonies. The Culture, 94.

9. Salva is given as tree with edible fruit by some commentators on Paṇi. 4.3.166; a large number of Brahmin *gotra* names[45] are edible tree- or ani-mal-totems as among so many savages and for that matter among Latin gentes. *Combined Methods in Indology* 18
10. That tribal names agree also with gotra names, so that tribes could develop into, or give rise to, gotras is seen from the gaṇapatha. *Brahmin Clans,* 185
11. "The Śabar leneage of the Paṇdòuvmòśis admitted by DHI p.269 has been disputed like almost any other detail of Indian history. The point is of little importance when it is admitted that most such dynasties had an obscure, local tribal origin. The Nalas seem much more likely to be Niṣādas turned into Naiṣadha (EI.XXVIII.pp. 12-17, particularly p. 15)… The Palas, Bhaumas, and others of the sort had a local origin too. The Paṇdòuvmòśis may be identical with the Pṇdòos of the 1931 Census, vol. 1, part 3." F.Note on page 41 'The basis of Ancient Indian History', Reprinted from Journal of Americal Oriental Society, vol.75, No. 1, Jan.-March 1955.
12. Scientific American (February 1967)

    Another primitive group in the Deccan-the Dhangars-are a caste rather than a tribe. Some of them are afrmers; others specialize in the manuafcture of woolen blankets. At least one Dhangar afmily, the Holkars, took up the military life early in the eighteenth century and rose to princely status as the maharajas of Indore. Today the members of one Dhangar group follow tribal ways and earn a living as itinerant herdsmen. Each Dhangar band numbers about twelve people. Leading a flock of perhaps 300 sheep, the band spends the eight dry months of the year in a round of travel that rarely covers less than 200 miles and may range as afr as 400 miles. 'Living Prehistory in India', Scientific American, February 1967
13. Many of the supposedly 'Hindu' gods of the Brahmin pantheon, for example, have their actual origin in tribal cults. 'Living Prehistory in India', Scientific American, February 1967
14. Finally, there are the additional ten afmilies which are ascribed to just two major groups: Vitahavya, Mitrayu, Vena, Sunaka toBhrgu; Rathitara Mudgala, Viṣṇuvrddha, Harita, Kaṇva, Sankrti to Aṅgiras. These are the *kevala* or 'occasional' Bhargavas and Angirasas respectively, for they had followed professions other than those of priesthood (as can amply be confirmed by tradition, independently of these *gotra* lists) before becom-ing priests. *On the Origin of Brahmin Gotras,101*
15. There still exist low-caste Udumbaras in Gujarat and a few Udumbara Brahmins as well. The great Sanskrit poet and dramatist Bhavabhuti was such an Udumbara Brahmin.[37] This doẹs not mean organization by the Brahmins of a 'vast confederation' but that Brahmins were adopted into the tribes, or joined the tribal priesthood. This process continued down to the last century[38] and is in afct the principal method

whereby successive devel-oping groups of *ātavika* savages were enrolled as endogamous castes into general Indian society-the formal aspect of 'Aryanization', even in Dravidian regions. *Combined Methods in Indology* 15

16. This contemporary division into an almost innumerable set of castes does not, however, agree with the oldest theoretical division into just four.." Early Stages of the Caste System in Northern India, 190;
17. a Brahmin (as high priest) was essential to enlist new tribes, associated peacefully as components of the new society on a caste basis. 'Indo-Aryan' Nose Index 534-35
18. देखें, सिंह, अक्तूबर, 2007 ब्राह्मण: कस्य मुखमासीत्, नया ज्ञानोदय (56), 9-12; जून, 2008 जाति जाति में जाति है ज्यों केले के पात, नया ज्ञानोदय, (64)।
19. The word gotra, literally 'cowpen', also means the exo-gamous clan unit. It is known that the cattle of a gotra had some special mark, brand, or ear notch to distinguish them from the others. The form of property imposed its name upon the social unit that owned it, and has left us a rule in later canon law to the effect that the property of a man who dies without immediate heirs passes to the gotra. The Culture, 86
20. उनकी इस मान्यता को दूसरे मार्क्सवादी इतिहासकार भी मामूली हेरफेर से दुहराते आए हैं।
21. A rudimentary four-caste (= class) system similar to the Indian can also be traced in Iranian tradition. Early Stages, in BDC 2003, 96.
22. "The Brāhmaṇa sages in the wilderness correspond to **Abra-ham**, who left ar of the **Chaldees** for a nomadic life when the days of the city's glory had passed; of course, the Brāhmaṇas may have been driven out by the ruin of their cities, and had in any case a afirly hard time of it: retreat to the wilderness, particularly in old age, remains thereafter an integral portion of the ideal human life for Hindus." . Early Stages, in BDC 2003, 96., p.42

ग्यारह

दासता और शूद्रत्व

कोसंबी मानते हैं कि वर्णव्यवस्था की किसी समय प्रगतिशील भूमिका थी। 'जाति प्रथा के विषय में हमें यह नहीं भूलना चाहिए कि भारत ने बहुत पहले ही शूद्रों को भूदास या अनुदास बना दिया जिसका लाभ यह कि भारत दासता और बड़े पैमाने पर दास-व्यापार से बचा रहा। इसी से परती भूमि को जोत की भूमि बनाना और स्थायी कृषि-अर्थव्यवस्था बहुत पहले स्थापित हो गई, जिससे यह देश एक आर्थिक शक्ति बन गया और स्थानीय भिन्नताओं के बाद भी एक आधारभूत एकता स्थापित हो सकी। यह सच है कि जब विस्तार रुका तो इससे समाज का एक गतिहीन आदर्श, एक गतिहीन दर्शन, (यहाँ तक कि व्यायाम की एक गतिहीन पद्धति योग) और इसलिए अंततः अवरुद्धता ने जन्म लिया।'[1]

यह एक बहुत लंबा और जटिल दावा है जो उतने ही जटिल वाक्य में पेश किए जाने के कारण और भी जटिल हो गया है। इसे तोड़कर हमने दो वाक्यों में रखा फिर भी कथ्य की जटिलता में अंतर नहीं आया। कोसंबी मानते हैं कि :

1. गुलामी या अर्धगुलामी के बिना समाज उन्नति नहीं कर सकता था;
2. यदि भारत में वर्णव्यवस्था स्थापित करके शूद्रों को श्रम कार्य पर न लगाया गया होता, तो उन्हें गुलाम बनाया जाता और ऐसे गुलामों का व्यापार किया जाता;
3. वर्णव्यवस्था को वह एक नैतिक व्यवस्था मानते हैं और कृषि के त्वरित विस्तार भारतीय अर्थव्यवस्था की उन्नति के मूल में यह व्यवस्था ही रही है;
4. विस्तार रुक जाने के कारण इसी वर्णव्यवस्था से ठहराव की स्थिति पैदा हुई और उसके बाद यह अवांछनीय हो गई;
5. यदि विस्तार और प्रगति जारी रहती तो आज भी इसका समर्थन किया जा सकता था।

हम इसमें यह भी जोड़ सकते हैं कि यदि शोषण, उत्पीड़न और परदोहन से समाज के कुछ लोगों को लाभ होता हो, तो इसे प्रगतिशील माना जा सकता है और पूँजीवाद इस आधार पर आज तक की सबसे प्रगतिशील व्यवस्था है क्योंकि मार्क्स के समय तक के लाखों वर्षों में मानवता ने जितनी प्रगति की थी इसने उसके कुल योग से कई गुना

अधिक प्रगति डेढ़ सौ वर्ष के भीतर ही कर दिखाई है। मजदूर आंदोलनों और परिवर्तनों की माँग की भूमिका प्रतिगामी है क्योंकि इससे इस प्रगति में बाधा पहुँचती है कि साम्यवाद का सपना एक यथास्थितिवादी माँग है क्योंकि गुलामों और शूद्रों के अभाव में उसमें प्रगति रुक जाएगी और ठहराव की वही स्थिति आ जाएगी जिसके कारण वह आज की तिथि में वर्णव्यवस्था को प्रतिगामी मानते हैं।

इनमें से किसी बात से सहमत नहीं हुआ जा सकता। सच तो यह है कि अतिरिक्त उत्पादन जैसी चीज होती ही नहीं। मनुष्य अतिरिक्त उत्पादन करता ही नहीं। जैसे वह कुछ इच्छाओं की पूर्ति के लिए कुछ पैसे अपनी जरूरतें काटकर जमा करता है, या जैसे, उसी के लिए, यदि सुविधा हो तो, अतिकालिक काम करता है, उसी तरह वह अपनी खेती-बारी में भी करता है। वह जितनी वस्तुएँ प्रयोग में लाता है, सभी स्वयं नहीं पैदा करता, अतः उनको पाने के लिए उसे जो कुछ वह पैदा करता है, उसे अपनी आवश्यकता से अधिक पैदा करता है। यह विनिमय एक अनगढ़ रूप में पाषाणकाल से चला आ रहा है, जिसकी ओर कोसंबी का भी ध्यान गया है, जहाँ वह श्रमविभाजन की बात करते हैं। पथरकट आज तक पत्थर के औजारों और बर्तनों के सहारे ही अपनी दूसरी आवश्यकताएँ पूरी करते हैं। यदि ऐसा हो और उत्पादक अपने जीवन को अधिक से अधिक संपन्न बनाने के लिए और अपने कार्यक्षेत्र और श्रम को बढ़ा कर चीजें पैदा करें तो भी इसे अतिरिक्त उत्पादन नहीं कहेंगे। खेती के मामले में तो अगली फसल के विषय में भी अनिश्चितता बनी रहती है। अतः उसका ध्यान रखते हुए कुछ बचा कर रखने को भी अतिरिक्त उत्पादन नहीं कह सकते।

मार्क्स जिस अतिरिक्त उत्पादन की बात करते हैं वह उत्पादन करनेवालों के उत्पाद की शक्तिशाली जनों द्वारा जो स्वयं उत्पादन नहीं करते, उत्पादकों के निर्वाह के लिए अत्यावश्यक से भी कम उनके पास छोड़कर समस्त का अपहरण या लूट है। मार्क्स की चिंतापरिधि में केवल पश्चिम था। क्रांति भी पश्चिम में ही हो सकती थी। समाजवाद और साम्यवाद उन्हीं में आ सकता था। यूरोप से बाहर की दुनिया को तो पूँजीवाद की प्रतीक्षा करनी थी। उसके आने पर ही प्रबुद्ध मजदूर वर्ग पैदा हो सकता था। उसी को उसकी दुर्गति का बोध कराकर, उसे अपने शोषण से मुक्ति पाने के लिए संगठित किया जा सकता था।

हमें मार्क्सवादी लफ्फाजी का सही अर्थ भी समझना होगा :

1. 'दुनिया के मजदूरो एक हो!' का अर्थ था जहाँ पूँजीवाद स्थापित हो चुका है, उसके मजदूरो एक हो, और उससे कुछ और रियायतें माँगो, क्योंकि जहाँ पूँजीवाद आया ही नहीं है वहाँ मजदूर वर्ग कमजोर है और संगठित होकर भी कुछ कर नहीं सकता।
2. 'तुम्हें खोने को सिर्फ बेड़ियाँ हैं और पाने को पूरी दुनिया' का व्यावहारिक अर्थ है कि खोने को अपनी मजदूरी है और पाने को है वेतन में इजाफा और काम की शर्तों में सहूलियत। संगठित रहे तो काम से निकाले नहीं जाओगे, अन्यथा

तुम्हारा मालिक तुम्हें, स्वयं बेड़ियों से मुक्त करने के किसी अवसर पर चूक नहीं करेगा।

3. 'इन्कलाब जिन्दाबाद' का अर्थ है इन्कलाब के बाद यह नारा दुहराने तक की आजादी नहीं।

कहें मार्क्सवादी भाषा में अंतर्वस्तु की तुलना में उसका उद्घोष अधिक प्रभावशाली है। उसका मानवतावाद भी निर्विशेष मानवतावाद नहीं। उसमें सामाजिक उत्पीड़न के लिए किसी तरह की चिंता नहीं है। स्त्रियों के प्रति मानवीय व्यवहार के विषय में कोई चिंता नहीं है। अपने ही समाज के धनाढ्य और भूस्वामी रहे वर्ग के प्रति ऐसा रुख है मानो ये लंबे समय में विकसित व्यवस्था के प्रतिनिधि न होकर सामाजिक अपराधी हों जिन्हें स्वत्व-वंचित करना ही पर्याप्त नहीं है, प्रतिशोध लेना भी आवश्यक हो, भले उसे श्रमशिविरों का ही नाम क्यों न दिया जाए। इसमें दूसरी और तीसरी दुनिया के प्रति एक तिरस्कार भाव है, जिसे उस मैत्रीभाव के पर्दे के कारण नहीं समझा जाता जो सोवियतसंघ की एक महाशक्ति के रूप में कूटनीतिक आवश्यकता थी। इसमें अतीत में हुए ऐसे सभी अमानवीय कृत्यों का नैतिक समर्थन था जिससे पूँजी निर्माण में सहायता मिली हो और इसलिए यह वर्तमान में चलनेवाले ऐसे ही कुकृत्यों की भर्त्सना करने का नैतिक अधिकार खो चुका था।

परंतु हम जिस तथ्य की ओर ध्यान दिलाना चाहते हैं वह यह कि ऐतिहासिक और द्वन्द्वात्मक मार्क्सवाद का ऐतिहासिक पक्ष इतिहास की अधूरी समझ का परिणाम था। इसमें नवजात पूँजीवाद की लोच और शक्ति का सही आकलन नहीं था जिसने यूरोपीय फ्यूडल तंत्र को चुटकी बजाते समाप्त कर दिया था और उन्हीं भूखे और विपन्न लोगों को 'मुक्ति' देकर अपनी फौज तैयार की थी। उसी फौज को समाजवाद उसके विरुद्ध वैसे ही आश्वासनों से इस्तेमाल करके क्रांति करना चाहता था जो पूँजीवाद के स्वतंत्रता, बराबरी और बंधुता के नारों की उपज थे परंतु जिसमें स्वतंत्रता के लिए कोई जगह न थी। जिस सामंतवाद को पूँजीवाद ने फतह किया था वह जहाँ मजबूत था और पूँजीवादी विकास नहीं होने पाया था, वहीं पर समाजवाद को भी सफलता मिली। अतः व्यवहारतः देखें तो समाजवाद पूँजीवाद के बाद की अवस्था तभी हो सकती थी जब पूँजीवाद सार्वभौम हो जाता। व्यवहारतः पूँजीवाद और समाजवाद दोनों जहाँ सफल हुए उन्होंने अपने-अपने ढंग से सामंतवाद को स्थानान्तरित किया। दोनों औद्योगिक क्रांति की संतानें हैं और समाजवाद ने सामंती व्यवस्था में केवल औद्योगिकीकरण को गति दी और यदि चीन पर ध्यान दें तो कह सकते हैं कि पूँजीवादी और साम्राज्यवादी लालसाएँ साम्यवादी आदर्शवाद से अधिक शक्तिशाली हैं।

सामाजिक विकास में जातिव्यवस्था की जिस प्रगतिशील भूमिका की बात कोसंबी करते हैं, वह सही नहीं है, यद्यपि पाश्चात्य विद्वानों में से अनेक ने जो दासता की प्रगतिशील

भूमिका की बात करते हैं, दासता की तुलना में शूद्रत्व की तुलना करते हुए इसे अधिक वैज्ञानिक, अधिक मानवीय और प्रगतिशील माना है। कोई अन्यायपरक व्यवस्था प्रगतिशील हो ही नहीं सकती। दासप्रथा एक ओर उनके स्वामी को नरपिशाच बनाती है और दूसरी ओर दासों को पशुओं से भी अधम अवस्था में पहुँचा देती है। वर्णव्यवस्था उसी काम को अधिक दूरदर्शितापूर्वक करती है, जिसमें शूद्र को उस तरह बाँध कर तो नहीं रखा जाता, पर ऐसी परिस्थितियाँ पैदा की जाती हैं कि वही परिणाम कम क्रूरता, कम लागत, कम निगरानी से युगों तक प्राप्त किया जा सके। उदाहरण के लिए दासों का स्वामी उनको खरीदने पर पैसा लगाता था, उनको कार्यक्षम बनाए रखने के लिए उनके खाने-कपड़े और हारी-बीमारी का भी उसी तरह ध्यान रखता था जिस तरह अपने पशुओं का रखता था। दंड देते समय भी उसका इरादा डराने का अधिक और शारीरिक क्षति पहुँचाने का कम होता था, क्योंकि यह उसके लिए आर्थिक रूप में घाटे का कदम था। वर्णव्यवस्था के आनुवंशिक बनने के बाद शूद्रों के एक बड़े वर्ग को पशु बनाकर तो नहीं रखा जाता था, परंतु कुछ मामलों में पशुओं से भी बुरी स्थिति में रहने को विवश किया जाता था, कारण इनके स्वामिवर्ग के प्रति जो भी कर्तव्य हों, स्वामिवर्ग का इनके प्रति कोई कर्तव्य नहीं था। उतना भी नहीं जो दास प्रभुओं का अपने दासों के प्रति था। इनके जीने मरने का उस पर सीधा प्रभाव नहीं पड़ता। अतः किसी भी काल में किसी के साथ हुए एकल या सामूहिक अन्याय को उससे कुछ लोगों के भौतिक लाभ और उनके हाथ में संपत्ति के संग्रह के आधार पर उचित नहीं ठहराया जा सकता। परंतु मार्क्सवाद भौतिकवादी और अर्थतांत्रिक होने के कारण आर्थिक लाभ पहुँचाने को ही परम उपलब्धि मानता है और इसके लिए कुछ लोगों या समाजों द्वारा शेष मानवता के साथ पाशविक व्यवहार को इतिहास में उचित ठहराता है तो वह इसे वर्तमान में कैसे गलत सिद्ध कर सकता है। कौन नहीं जानता कि पूँजी के अकूत संग्रह और उस पर अपना नियंत्रण बनाए रखने की युक्तियों के अनंत विस्तार के परिणाम स्वरूप विगत तीस वर्षों में विज्ञान के क्षेत्र में जितनी प्रगति हुई है, वह साम्यवाद के लिए असंभव थी। यदि वैश्विक साम्यवाद होता तो उसकी जरूरत ही न पड़ती और मानवता की समग्र खुशहाली आज की इस अकूत प्रगति के युग में भी समग्र मानवता की समग्र खुशहाली की तुलना में कई गुना होती। ऐसी स्थिति में प्रगति और विकास की अनंत संभावनाओं के द्वार खोलने वाले पूँजीवाद और पूँजीवादी प्रतिस्पर्धा के मार्ग में व्यवधान डालने वाले साम्यवाद को हम या तो पश्चगामी दर्शन मानें अथवा इतिहास में उस चरण से ही जब दूसरों को अमानवीय अवस्था में रखकर कुछ लोगों द्वारा अपने लिए अधिकतम सुख सुविधाएँ जुटाने का आरंभ हुआ इसे प्रगतिविरोधी मानें। ऐसा तभी हो सकता है जब हम अधिकतम की खुशहाली और समग्र मानवता के नैतिक और भावनात्मक विकास को प्रगति का मानदंड मानें।

यह तो मानना ही होगा कि आर्थिक असंतुलन में वृद्धि के अनुपात में ही मानवमूल्यों का क्षरण होता है। मानवता की समग्र ऊर्जा का नब्बे प्रतिशत सामरिक तैयारियों पर, पुलिस पर, अपराध के विविध रूपों पर, और ऊपरी ढाँचे के उस विस्तार और निगरानी

पर खर्च होता है जो सर्वथा अनुत्पादक है, मानवीयता का क्षरण करता है और काम के साथ जुड़े सर्जनात्मक आनंद से काम करनेवाले को वंचित करता है। दुनिया का कोई उत्पादक श्रम श्रमिक के लिए आनंद का अनन्य स्रोत है परंतु केवल उस दशा में ही जब यह काम विवशता में न चुना गया हो, इसका पूरा लाभ जिसमें आय और यश दोनों आते हैं श्रम करनेवाले को मिले। यश या उत्कृष्टता की सामाजिक स्वीकृति ही उस आनंद का भी स्रोत है जिससे गुणवत्ता आविष्कार और तकनीकी सर्जनात्मकता को भी बढ़ावा मिलता है।

हम इसे दुहराना चाहेंगे कि मानवीय शोषण, उत्पीड़न और अपहरण को न तो वर्तमान में मानवीय विकास का कारण माना जा सकता है, न इतिहास में। दासप्रणाली की प्रगतिशील भूमिका की बात निराधार है। दास प्रथा में दास अपने को थकने से बचाने के लिए कामचोरी करते हुए काम करते थे, स्वामिवर्ग काम करता ही नहीं था, और जो काम किया जाता था उसमें सर्जनात्मकता का अभाव होता था क्योंकि उसमें दास की कोई रुचि नहीं थी। उसे जिंदा रहने और दंड से बचने के लिए काम करने का दिखावा करना होता था। अतः बहुतों के श्रम का लाभ किसी एक व्यक्ति को मिलने को प्रगति से नहीं जोड़ा जा सकता। यदि उन्हीं कामों पर उन्हीं मालिकों द्वारा उन्हीं दासों के साथ बटाईदार के रूप में काम पर लगाया जाता तो वे ही दास उससे कम समय में अधिक प्रसन्नता से उससे दूना काम कर सकते थे और यदि सकल उत्पाद को प्रगति से जोड़ा जाए तो उत्पादन दास प्रथा से दूना होता।

विषम समाज में दास प्रथा को एक ही स्थिति में अधिक प्रगतिशील माना जा सकता है। वह है मृत्यु के वरण की तुलना में यातनापूर्ण परिस्थितियों में जीने की छूट। यह सर्वविदित है कि प्राचीन कालों में कुछ जातियाँ युद्धबंदियों को मौत के घाट उतार दिया करती थीं। मारने की अपेक्षा उनसे जघन्य अथवा अमानवीय परिस्थितियों में श्रम कराने का विकल्प अधिक चालाकी का था। अपनी संतानों का भरण-पोषण न कर पाने की स्थिति में निर्धन लोग उन्हें कुछ पैसों में बेच दिया करते थे; कर्ज न चुका पाने की दशा में या स्वतः भूख से विकल होकर पेट भरने के लिए कुछ भी करने को तैयार हो जाते थे। कहते हैं कि अमेरिका में गुलामी प्रथा के अंत के बाद अनेक गुलाम कुछ दिनों की बेकारी और भुखमरी का अनुभव करने के बाद अपने पुराने मालिकों के पास आकर अनुनय करते थे कि उन्हें पुनः गुलाम बनाकर रख लिया जाए। ढोर डंगर आदि भी यही करते हैं। अतः बेकारी, मृत्यु या अभाव में आत्महत्या से बचने के लिए गुलामी को, और गुलामी की तुलना में शूद्रत्व को अधिक प्रगतिशील कदम कहा जाए तो कहा जा सकता है। परंतु यह उत्पादन के साधनों पर कुछ लोगों के अधिकार और दूसरों के वंचित किए जाने का परिणाम है।

जिस दौर में कोसंबी वर्णव्यवस्था की प्रगतिशील भूमिका को लक्ष्य करते हैं उस दौर में कोई विकास हुआ ही नहीं। यह मात्र संयोग ही है कि इतिहासबोध द्वारा आयोजित कोसंबी व्याख्यानमाला के प्रथम व्याख्यान[2] में हमने यह दिखाया था कि कैसे ऋग्वेद

के रचनाकाल के आरंभ तक जो तकनीकी और प्रौद्योगिक विकास हो चुके थे उसके बाद भारत में कोई उल्लेखनीय विकास हुआ ही नहीं। तब से लेकर मुगल काल तक अवरुद्धता की स्थिति बनी रही। यह अवरुद्धता उस वर्णव्यवस्था की देन है जिसमें आरामतलबी सामाजिक प्रतिष्ठा का मानदंड मानी जाती है और शारीरिक श्रम के अनुपात में ही सामाजिक हैसियत में ह्रास आता जाता है। यह अवरुद्धता उस कामचोरी की देन है जिसका आदर्श है–अक्लेशेन शरीरस्य कुर्यात धनसंचयम्। अर्थात्, शरीर को कष्ट दिए बिना धनसंचय करना चाहिए। इसकी कोई प्रगतिशील भूमिका हो ही नहीं सकती। यह सूत्र या इसका सार भारतीय चेतना में इतनी गहराई तक उतर गया है कि इसका जीवट ही मर गया है और यह उस चरण से आरंभ होता है जहाँ से वर्ण जाति का रूप लेता है।

सच मात्र यह नहीं है कि भारतीय समाज में विगत चार-पाँच हजार सालों में प्रौद्योगिकी के क्षेत्र में कोई विकास नहीं हो सका, बल्कि यह भी कि कुछ (जैसे सुलेखन, मूर्तिकला आदि) में गिरावट आई और बाकी में ठहराव बना रहा और विरल मामलों में ही कोई निखार दिखाई पड़ता है परंतु आविष्कार नहीं। इसका ही प्रभाव सैद्धांतिक चिंतन पर पड़ा, जिसका उल्लेख कोसंबी ने भी किया है। कोसंबी इसका संबंध विस्तार के रुक जाने से अर्थात् नई कृषिभूमि न जुड़ने से मानते हैं, जो इसलिए ठीक नहीं लगता क्योंकि पिछले पाँच हजार साल से जंगल लगातार सिकुड़ते गए, और कृषिभूमि का विस्तार होता गया है। वह स्वयं ह्वेनसांग की यात्रा के प्रसंग में इसका जिक्र करते हैं। अवरोध का वास्तविक कारण जातिव्यवस्था है जिसकी किसी भी चरण पर कोई प्रगतिशील भूमिका नहीं रही, क्योंकि इसमें अपनी प्रतिभा के अनुसार कार्यक्षेत्र चुनने का रास्ता बंद हो गया और तीन-तीन अनुत्पादक परजीवी वर्ण बन गए, अतः सर्जनात्मक ऊर्जा और उद्यमशीलता दोनों में कमी आई। परंतु जो सबसे बड़ा कारण था वह था शूद्रों को सैद्धांतिक ज्ञान और शिक्षा से वंचित कर देना और सैद्धांतिक ज्ञान रखने वालों का प्रायोगिक श्रम से कट जाना। अतः सभी उत्पादक क्षेत्रों में गतानुगतिकता बनी रही जिसे ही ठहराव कहा जाता है।

आश्चर्य यह कि पाँच हजार साल पहले की तकनीकी और इसके बाद के दौर की सैद्धांतिक पूँजी के बल पर भारत शताब्दियों तक अपने को जगद्गुरु मानता रहा और दूसरे भी इससे सहमत होते रहे। यद्यपि इस पूरी अवधि में तकनीक, यंत्र और उपकरण के क्षेत्र में जो भी नया तत्त्व जुड़ा वह बाहर से आया। यही उस धारणा के पीछे भी है कि भारत में सर्जनात्मकता और ऊर्जा बाहर से ही आती रही है।

कोसंबी और दूसरे सभी विद्वान जो हड़प्पा सभ्यता से परिचित हैं, यह जानते और मानते हैं कि अपने पूरे सैंधव चरण में यह सभ्यता ठहराव की स्थिति में पड़ी रही। इसके तीन पहलुओं पर विचार किया ही नहीं गया। पहला है कि यदि सैंधव हड़प्पा ठहराव और किंचित् ह्रास का काल है तो उसके विकास और उत्कर्ष का दौर कौन सा है और उसको तलाशा कैसे जा सकता है? विकास और उत्कर्ष की बात कोसंबी की समझ से

बाहर है, क्योंकि वह हड़प्पा सभ्यता के अनन्य और भारतविशिष्ट चरित्र को स्वीकार करते हुए भी इसे बाहरी तत्त्वों द्वारा निर्मित मानते हैं।

विकास की तरह ठहराव भी उद्‌विकास का एक नियम है। इसे जुगाली का दौर या प्लेटो ऑफ लर्निंग कहा जा सकता है। अतः यह जानना भी जरूरी है कि ठहराव के सामान्यतः क्या कारण होते हैं और उनमें से कौन से हड़प्पा सभ्यता या वैदिक समाज के ठहराव को समझने में सहायक हो सकते हैं।

ठहराव का एक कारण तो यह है कि जब सभ्यताएँ अपने युग के तकनीकी ज्ञान और विज्ञान के शिखरबिंदु पर पहुँच जाती हैं तब वे अपने को दुहराने लगती हैं। इसे हम उपलब्धि का पठार कह सकते हैं।

दूसरा कारण है श्रेष्ठताबोध। अपने समकालीन सभ्यताओं से आगे बढ़ जाने या उन पर हावी हो जाने के बाद वे श्रेष्ठताबोध का शिकार हो जाती हैं। अन्य सभ्यताओं से सीखने में अपना अपमान समझने लगती हैं। अतः वे अपने में बंद हो जाती हैं। उनका प्रसार क्षेत्र सांस्कृतिक कूर्मांचल में बदल जाता है।

तीसरा दूसरे से जुड़ा हुआ है। अपनी उपलब्धियों पर गर्व के कारण वे परंपरावादी हो जाती हैं। योग की पहल घट जाती है, क्षेम की चिंता बढ़ जाती है।

और अंतिम है, सामाजिक संबंधों में ऐसा बदलाव जो प्रगति में बाधक बन जाता है।

एक अन्य विचारणीय पक्ष यह था कि क्या हड़प्पा सभ्यता के ठहराव को समझने में वैदिक साहित्य हमारी कोई सहायता कर सकता है? कोसंबी इस पक्ष पर सोचने की स्थिति में ही नहीं थे। तब भी नहीं जब कम से कम हड़प्पा के अवसान काल से कुछ शताब्दी पहले ही उसके वैदिक संपर्क में आने की बात करते हैं।

सच्चाई यह है कि जो कार्य या व्यवस्था अपनी बुनियाद में ही गलत है उसके परिणाम भी गलत ही होंगे। दासप्रथा दंडभय से दासों को घोर अमानवीय स्थितियों में रखकर, उनके साथ पैशाचिक व्यवहार करते हुए, उनके श्रम के उत्पाद का दासों के स्वामी के हाथ में केंद्रीकरण था; एक के असाधारण सुख और वैभव के लिए अनगिनत लोगों को पशु बनाकर रखने की हविश थी। इस तर्क से तो तस्करी, लूट, मिलावट, धोखाधड़ी और दूसरे कदाचारों की भी प्रगतिशील भूमिका की तलाश की जा सकती है। इससे न्यायोचित व्यवस्था जन्म ले ही नहीं सकती थी और प्रगतिशीलता की नैतिकता से शून्य कोई व्याख्या विवेकशून्यता का परिणाम है।

अतः न तो दासता की मानव इतिहास के विकास में कोई भूमिका है, न मानवीय मानदंडों पर इसे सही माना जा सकता है, न ही इसका इतिहास के किसी चरण पर समर्थन किया जा सकता है। सम्पदा के कुछ लोगों के हाथ में केंद्रित होने, सामाजिक विषमता को बढ़ाने और आज भी अधिसंख्य मानवता को अमानवीय स्थितियों में झोंकने और इसे न्यायोचित सिद्ध करने में इसका हाथ अवश्य हो सकता है। अपराध, लोभ, अराजकता, व्यभिचार, लूट, चोरी, तस्करी, युद्ध और नरसंहार जैसी बुराइयों (जिनमें छोटे पैमाने पर की जानेवाली उन्हीं बुराइयों को अपराध कहा जाता है, जिन्हें बड़े पैमाने पर करने को

गौरव से जोड़ दिया जाता है) को रोकने या कम करने पर मानव ऊर्जा की अधिकतम की बर्बादी का कारण इसे अवश्य माना जा सकता है।

यदि ग्रीस या रोम गुलामी प्रथा से मुक्त होते तो उससे उनके अभ्युदय में कोई कमी आ जाती? सच यह है कि अपने अभ्युदय के बाद उन्होंने गुलामों को रखना आरंभ किया। यूरोप के गुलाम व्यापार और कारोबार में लिप्त देशों ने अपना उत्कर्ष और अपने उपनिवेश अपने बूते पर प्राप्त किए थे और उनके जीवट का क्षरण गुलाम रखने के बाद आरंभ हुआ। दास प्रथा ने अपने रूप बदले हैं परंतु मशीन ने दासता को खत्म नहीं किया है। मुक्त श्रमिकों को उद्योगपतियों ने किस तरह की क्रूर और नई दासता में झोंक दिया था, यह किसी से छिपा नहीं है। दासों की दशा यह थी कि मालिकों के अत्याचार से बचने के लिए वे आत्महत्या कर लेते थे। जमैका में आइवरी कोस्ट के कद्दावर गुलाम थे इसलिए जब तंग आ जाते थे तो हथियार उठा कर अपने मालिकों का कत्ल करके जान बचाने के लिए जंगलों में भाग जाते थे। फिर शिकारी कुत्तों की मदद से तलाश कर सार्वजनिक रूप से उनका यातना वध किया जाता था। यातना वध क्या होता है इसे देखने वाले अंग्रेज स्त्री-पुरुषों की भीड़ जुट जाती। वे ठहाके लगाते, उनको खिझाते, सीटियाँ बजाते और प्रतिहिंसक आनंद में मग्न हो जाते। फिर बार-बार के ऐसे कांडों से ब्रिटिश संसद को यह समझ में आया कि 'तुम शेरों को हल में नहीं जोत सकते'। यह समझ में आया कि दास के रख-रखाव पर जितना खर्च आता है वह मजदूरों पर आनेवाले खर्च से अधिक है क्योंकि दास से इतने लंबे समय तक काम लिया जाता है कि वह अपनी ताकत बनाए रखने के लिए कभी मन से काम ही नहीं करता। दासता की जघन्यता को रेखांकित करें तो (1) दासता दास को ही नराधम नहीं बनाती, स्वामीयों को भी नराधम बना देती है; (2) दासश्रम में कभी वह तल्लीनता नहीं होती जो कार्य की उत्कृष्टता की पहली शर्त है और जिससे कलात्मकता में निखार आता है; (3) दास प्रथा को इसलिए समाप्त नहीं किया गया कि उसका स्थान लेने वाली मशीनें आ गई थीं, अपितु इसलिए कि वह मुक्त श्रम की तुलना में अधिक व्ययसाध्य और जोखिम भरा था; (4) दासप्रथा सभ्यता की पूर्ववर्ती नहीं उत्तरवर्ती है, क्योंकि सभ्य होने, सत्ता प्राप्त करने और दमन तंत्र कायम कर लेने के बाद मनुष्य ने खरीद कर या जीत कर अथवा आदिम जनों को घेर कर उन्हें दास बनाया, न कि दासों के बल से सत्ता और समृद्धि हासिल की; और (6) दासप्रथा आज भी अपने बदले रूप में जारी है। इसने एक ठेकापद्धति का रूप ले लिया है। बहुराष्ट्रीय कंपनियाँ एक लक्ष्य निर्धारित करती हैं और अपने पद पर बने रहने के लिए कर्मचारियों को उस लक्ष्य को पूरा करने के लिए इतने घंटे काम करना पड़ता है जो पुनः दि जंगल की याद दिला देता है।

भारतीय इतिहास का अनुभव यह है कि शूद्रत्व दासता का ही भारतीय संस्करण था और एक ओर तो दासता से अधिक सह्य था और दूसरी ओर उससे अधिक मजबूत।

सन्दर्भ सूची

1. It should not be forgotten, on the credit side of the caste system, that the early reduction of the *śūdra* to serfdom or helotage freed India from slavery and slave-trading on a large scale. It also al-lowed new land to be opened up and settled with an early development of a stable agrarian economy which gave the country its economic power as well as its basic unity in spite of great local variations. Of course, when expansion stopped, this led inevitably to a static ideal of society, a static philosophy (even to the static yogic system of exercise), hence ultimately to stagnation." 'Early Stages of the Caste system in northern India,' *Combined Methods in Indology,* 196
2. 'भारतीय संस्कृति : कल आज और कल' इतिहासबोध, इलाहाबाद, जुलाई 2008।

बारह

एशियाई उत्पादन पद्धति और प्राच्य निरंकुशता

पूर्व के विषय में मार्क्स के अपने विचार जेम्स मिल और हीगेल से प्रभावित थे। जेम्स मिल ने प्रशासनिक तकाजे से प्राच्यविदों द्वारा भारत के विषय में बनाई गई धारणा को नकारते हुए, अब समस्त सैद्धांतिकी यूरोप से बाहर गई सिद्ध की जाएगी–नो थ्योरी आउट ऑफ वेस्ट।

"'पश्चिम के बाहर कोई सैद्धांतिकी नहीं' की धारणा को खास तौर से जेम्स मिल ने ब्रिटेन में और हीगेल ने महाद्वीप में विकसित किया। इस सिद्धांत को कि यूरोप ही सार्वभौम ज्ञान का महानगरीय केन्द्र है, कि प्राचीन ग्रीस और आधुनिक यूरोप से बाहर कोई ऐसा सिद्धांत नहीं जो किसी काम का हो, हीगेल को सिर के बल खड़ा करनेवाले मार्क्स ने भी ग्रहण किया और इसलिए यह दक्षिण से वाम तक यूरोप के एक सिरे से दूसरे सिरे तक के पूरे परिदृश्य पर छाया हुआ है।"[1]

इस प्राधिकारवादी रुख से प्रेरित या प्रभावित कोई व्यक्ति न तो यूरोप का सही मूल्यांकन कर सकता था, न ही किसी गैरयूरोपीय देश या समाज का, सभ्यता के चरित्र को तो वह समझ ही नहीं सकता था। दुनिया पर आधिपत्य जमाने के विश्वास से भरा यूरोप विश्व इतिहास की समूची उपलब्धियों पर आधिपत्य जमाने को कटिबद्ध था। मिल के इस सुझाव को अन्य देशों की सैद्धांतिकी को अपनी सिद्ध करने के एक अभियान का आरंभ भी कहा जा सकता है। यह अभियान उससे बहुत पहले से जारी है और हाल के दिनों में दो दूसरे देशों की प्राकृतिक संपदा और खोजें–बासमती चावल, नीम, हल्दी, लहसुन आदि के पेटेंटों की मुहिम और विविध पादपों के औषधीय गुणों की प्राचीन खोजों, यहाँ तक कि योग मुद्राओं तक को भी अपनी बनाने की कोशिश में व्यक्त हुई हैं।

प्राच्यविदों का प्राच्य सभ्यताओं–भारत और चीन–से संबंधित आकलन पूर्णतः सही था या नहीं, इस समय यह हमारी समस्या नहीं है। समस्या इन देशों की, और विशेषतः भारत की ऐतिहासिक उपलब्धियों की खुली लूट के प्रयास की है। प्राच्यवाद ने प्राच्यविदों को ही उलटने का प्रयास नहीं किया, अपितु यूरोप से इतर सभ्यताओं को निकृष्ट सिद्ध करने का एक अभियान छेड़ दिया जिसमें यूरोप के छोटे-बड़े सभी विद्वान अपने-अपने ढंग से शामिल रहे हैं और आज भी सक्रिय हैं।

इस सैद्धांतिकी का ही परिणाम था कि भारोपीय भाषा और संस्कृति के प्रसार को उलट कर दिखाया जाने लगा और आर्य आक्रमण आदि की तर्कहीन बातें इतिहास के सच के रूप में दुहराई जाने लगीं क्योंकि भारत को भारोपीय का उत्स देश मानते ही न केवल भाषा और संस्कृति अपितु विज्ञान और दर्शन का भी प्रेरक भारत सिद्ध हो जाता और यूनान के जिस शिखर पर हीगेल और मार्क्स दोनों का अनन्य विश्वास था वह भी भारत से प्रेरित सिद्ध हो जाता। भारत विषयक अध्ययनों में आए इस मोड़ को जो इतिहासकार नहीं समझते या इसकी ओर जिनका ध्यान नहीं गया है, वे भारतीय इतिहास को नहीं समझ सकते। दुर्भाग्य या प्रलोभन के कारण अभिजात भारतीय इतिहासकार प्राच्यविदों और प्राच्यवादियों के बीच फर्क नहीं कर पाते जबकि दोनों के अध्ययन और निष्कर्ष एक दूसरे के विपरीत हैं। कोसंबी अकेले प्राच्यवाद के समर्थक नहीं हैं, वह इसके अंध समर्थक अवश्य हैं और इसके पीछे है जर्मन पांडित्य के आतंक में उनके मानस का आर्यीकरण।

जेम्स मिल ने ब्रिटिश भारत का जो इतिहास लिखा था, वह पादरियों की रपटों के आधार पर लिखा गया था। पादरियों के लिए यह जरूरी था कि वे सभ्य से सभ्य देश को भी अज्ञान और अपधर्मों के अंधकार में ग्रस्त सिद्ध करते हुए सद्धर्म के प्रचार का औचित्य सिद्ध करें। यह कठिन काम नहीं है। वितृष्णा पैदा करना हो तो इस मानव तन को ही मल-मूत्र का आगार बताया जा सकता है जैसा कि भर्तृहरि करते भी हैं। यदि हम किसी समाज के मात्र निकृष्ट प्रचलनों की ही तालिका बनाकर इसे ही उसका समग्र सिद्ध करने पर कटिबद्ध हों तो इस बात की भी वकालत की जा सकती है कि ऐसे अमानवीय समाज का अस्तित्व ही विश्व मानवता के लिए अशुभ है इसलिए इसका संहार कर दिया जाना चाहिए। इसे यूरोप के देश और अमेरिका विविध अनुपातों में अमल में लाते भी रहे हैं।

मिल ने अपने इतिहास में भी भारत और चीन के विषय में गर्हित टिप्पणियाँ की थीं जिनके खंडन तक की आवश्यकता नहीं। इनका हवाला कुछ विस्तार से हमने अन्यत्र[2] दिया है। यहाँ इतना कहना ही पर्याप्त है कि यह चित्रण एकांगी और गर्हित था और इसमें साहित्यिक, कलात्मक, बौद्धिक और दार्शनिक पक्षों की उपेक्षा करते हुए इसकी कुरीतियों और विकृतियों को मूल्यांकन का आधार बनाया गया था।

हीगेल ने भारत के विषय में अपना मत व्यक्त करते हुए लिखा था, भारत में ऐतिहासिक चेतना है ही नहीं और भारतीय दर्शन के विषय में जो कुछ उन्होंने प्राच्यविदों की कृतियों से, जिनका उन्होंने मनोयोग से अध्ययन किया था, समझा था, वह प्राचीन ग्रीक दार्शनिकों के स्तर पर पहुँच नहीं पाता। मार्क्स ने हीगेल के इस निष्कर्ष को इसकी तार्किक परिणति पर पहुँचा दिया था।[3] मार्क्स ने न्यूयार्क डेली ट्रिब्यून में अपना मंतव्य इस रूप में व्यक्त किया था, "गृहयुद्धों, आक्रमणों, क्रांतियों, विजयों, अत्यंत जटिल, त्वरित और विनाशकारी दुर्भिक्षों से भारत लगातार त्रस्त रहा है, जिससे यहाँ न सामाजिक परिवर्तन हुआ न ही उन्नति हो पाई। इसका इतिहास प्रगतिविहीन रहा है। इसके सिंचाई के विशाल

निर्माण कार्यों के लिए एक निरंकुश, केंद्राभिमुखी सरकार जरूरी थी। भारतीय समाज परिवर्तनहीन, आत्मनिर्भर, आत्मलीन और प्रकट रूप में अनुपद्रवी ग्रामीण समुदायों से बना है जो प्राच्य निरंकुशता के सुदृढ़ आधार थे। उन्हें इस बात की चिंता ही नहीं थी कि उनका शासक कौन है। ऊपर से मानव मेधा को, अंधविश्वासों और पुरातन विधानों का दास बनाकर, इसे शान-शौकत के सभी रूपों से और साथ ही ऐतिहासिक ऊर्जा से शून्य करके, छुद्रतम दायरे में समेट रखा गया था।'' पूँजी, खंड एक में जो कुछ वह लिख आए थे, यह उसी का तार्किक विस्तार था।

इस आलोचना की अधिकांश बातें गलत अथवा अर्धसत्यों पर आधारित हैं और जो सच हैं वह भी अनुपातहीन हैं। हीगेल यदि सचमुच प्राच्यविदों के लेखन से परिचित थे, तो उन्हें विलियम जोन्स के उस कथन का ज्ञान रहा होगा, कि 'पाइथागोरस और प्लेटो ने अपने सिद्धांत उसी स्रोत से लिए होंगे जिससे भारतीय ऋषियों ने (जिसे वैदिक और ग्रीक काल रेखा पर ध्यान दें तो पता चल जाएगा किसने किससे लिया होगा), कि यूरोप कलाओं और विज्ञानों में एशिया की सभ्यताओं के योगदान के लिए उनका आभारी है'[4] और यह कि 'सभ्यता का जन्म एशिया में हुआ।'[5] शून्य की अवधारणा, दाशमिक अंक प्रणाली, रसायन, भौतिकी और ज्यामिति के सिद्धांत भारत से अरब खलीफाओं के माध्यम से यूरोप तो पहुँचे ही हैं। इसे नकारना चाहें तो भी ज्यामिति के अनुवाद ज्योमीटरी तथा अलजब्रा और अलकेमी में अरबी उपसर्ग 'अल' से प्रकट हो ही जाएगा। सच कहें तो आर्टिकल (a, an, the) की अवधारणा भी अरबी प्रभाव है जो कुछ यूरोपीय बोलियों में ला, ले, एल बन जाता है। परंतु यहाँ हम यह याद दिलाना चाहेंगे कि प्राच्य उपलब्धियों का सर्वनिषेध जिस जर्मन राष्ट्रवादी मनोवृत्ति का लक्षण है उसका जन्म संस्कृत की श्रेष्ठता और इस बोध की प्रतिक्रिया था कि इस तरह तो गोरे कालों के वंशधर सिद्ध हो जाएँगे जबकि मिल की प्रतिक्रिया के मूल में उनकी पुरानी धर्मनिष्ठा थी।

कोसंबी ने मार्क्स की आलोचना उनकी पुस्तक पूँजी में आई टिप्पणियों को केंद्र में रखकर An Introduction to the Study of Indian History में और प्राच्य निरंकुशता की अवधारणा की आलोचना कार्ल विटफॉजल की पुस्तक A comparative Study of Total Power की समीक्षा[6] में की है। उन्हीं मुद्दों पर इन दोनों के संदर्भ में उनकी प्रतिक्रियाएँ दो तरह की हैं। एक में जिसका खंडन करते हैं, दूसरे में वह उसे नम्रता से स्वीकार करते हैं।

पहले तो वह इस भ्रांत धारणा का खंडन करते हैं कि मार्क्सवाद आर्थिक नियतिवाद है, क्योंकि यदि ऐसा होता तो यह स्थितियों की बात करता कारणों की नहीं।[7] हम इस पड़ताल में नहीं जाएँगे कि नियतिवाद के लिए कार्य-कारण का प्रयोग संभव है या नहीं, या किन्हीं लक्षणों को पर्याप्त कारण मानकर उनके कार्य का अनुमान नियतिवाद में परिणत हो सकता है या नहीं। परंतु उनके इस उद्गार से असहमत नहीं हुआ जा सकता कि 'मार्क्स के सिद्धांत (मार्क्सवाद) को मानने का अर्थ यह नहीं है कि मार्क्स के सभी निष्कर्षों को आँख मूँद कर स्वीकार कर लिया जाए।'[8] वह पाते हैं कि मार्क्स ने भारत के विषय

में जो कुछ कहा है, उसे उसी रूप में स्वीकार नहीं किया जा सकता।[9] 'सच कहें तो खीझ इस बात पर होती है कि मार्क्स ने इसका कहीं विवेचन नहीं किया कि एशियाई उत्पादन-पद्धति से उनका आशय क्या है।'[10] इसके साथ ही कोसंबी चीन और भारत के महत्त्व को रेखांकित करते हैं, "हम यह देखेंगे कि चीन और भारत सांस्कृतिक दृष्टि से पूरे एशिया पर हावी रहे हैं।"[11] फिर वह भारतीय ग्राम समाजों के विषय में मार्क्स के कथन को विस्तार से उद्धृत करते हैं:

> "ये छोटे और अतिशय पुरातन भारतीय (ग्राम) समुदाय, जिनमें से कुछ आज तक चलते चले आए हैं, ये भूमि के साझे अधिकार पर, खेती और हस्तशिल्पों के मिले-जुले रूप पर, और अपरिवर्तनीय श्रम-विभाजन पर आधारित हैं। जो भी नया समुदाय आरंभ होता है, उसे इस विद्यमान और सत्वहीन आयोजन और जुगत के अनुसार ढलना पड़ता है। ये ग्राम-समुदाय सौ एकड़ से लेकर कई हजार एकड़ तक फैले होते हैं और इनमें से प्रत्येक एक स्वतः पूर्ण एकक होता है जो अपनी जरूरत की हर चीज स्वयं पैदा कर लेता है। उत्पादन का अधिकांश समुदाय के अपने उपयोग के लिए नियत होता है और माल का रूप नहीं ले पाता। इसलिए यहाँ का उत्पादन उस श्रम विभाजन से मुक्त है जो पूरे भारतीय समाज में अदला-बदली के रूप में पाया जाता है। इनके उपयोग से जो कुछ बचता है वही माल का रूप ले पाता है, और इसका एक अंश तो तब तक माल का रूप नहीं ले पाता जब तक वह राज्य के पास नहीं पहुँच जाता जिसके हाथ में अनादिकाल से उस उत्पाद का एक अंश राजभाग के रूप में पहुँचता रहा है।...इन स्वतःपर्याप्त समुदायों में जो लगातार उसी रूप में जन्म लेते रहे हैं, और जो यदि अकस्मात् नष्ट हो गए तो फिर उसी स्थान पर उसी नाम से पैदा हो जाते रहे हैं, उत्पादों की व्यवस्था की सादगी में ही एशियाई समाजों की अपरिवर्तनीयता का रहस्य छिपा है। यह अपरिवर्तनीयता लगातार बिखरने और पुनः स्थापित होनेवाले एशियाई राज्यों से और वंशावली में लगातार होनेवाले परिवर्तनों से एकदम अलग पड़ती है। समाज के आर्थिक तत्त्वों की संरचना पर राजनीतिक गगन के तूफानों का कोई असर नहीं पड़ता।" (कैपिटल, 1, 391 और आगे)[12]

कोसंबी कुछ मामलों में स्वयं गंभीर असमंजस में दिखाई देते हैं, जिनमें से एक श्रम-विभाजन और वर्णव्यवस्था का प्रश्न है। अतः वह यह दावा नहीं कर सकते थे कि खेती करनेवाले लोग उद्योग और शिल्प की दक्षता भी रखते थे और इसके लिए वे अपने क्षेत्र के विशेषज्ञों या इन पेशों से जुड़े लोगों पर निर्भर नहीं करते थे क्योंकि यह स्थिति वैदिक काल के सबसे पुराने मंडलों में भी देखी जा सकती है। इसलिए भारत के विषय में एक सीमा तक एशियाई उत्पादन पद्धति की बात स्वीकार करते हैं।[13]

वह अपनी सीमाओं के भीतर जिन बातों का विरोध कर सकते थे, उसमें वह शिथिलता नहीं बरतते। अतः वह मार्क्स की उक्त टिप्पणियों को पैनी और विलक्षण बताने के साथ यह भी याद दिलाते हैं कि इनके कारण इनसे भ्रमित नहीं होना चाहिए। इनकी पड़ताल करते हुए वह अपने ढंग से इनको गलत सिद्ध करते हैं। उनका तर्क है कि इन गाँवों

में न तो नमक पैदा होता था, न धातुएँ। इन्हें विनिमय से ही पाया जा सकता था। अतः इनसे ही यह भी प्रकट है कि माल का उत्पादन भी होता था। फिर गाँव अनादि काल से नहीं बसे हुए थे। हल आधारित खेती के बंजर क्षेत्रों में प्रसार से कबीलाई उत्पादन-पद्धति में आनेवाला बदलाव अपने आप में ही भारतीय इतिहास की एक महत्त्वपूर्ण उपलब्धि है। फिर गाँवों की सीमा यदि अपरिवर्तित रह जाती रही हो तो भी उनकी सघनता का प्रभाव तो पड़ना ही था। परिमाण-भेद से गुणात्मक भेद आता ही है। उसी क्षेत्र में दो, या दो सौ या बीस हजार गाँव हो जाएँ तो स्वामीत्व का रूप, अधिरचना का रूप, अवदोहन की विधि में अंतर आएगा ही। "इसी तरह हम मार्क्स के इस कथन को भी चुनौती दिए बिना नहीं रह सकते कि 'भारतीय समाज का कोई इतिहास, कम से कम कोई ज्ञात इतिहास, नहीं है। जिसे हम इतिहास कहते हैं, वह एक के बाद एक आनेवाले घुसपैठियों का इतिहास है जिन्होंने अपरिवर्तित और अप्रतिरोधी निष्क्रिय ग्राम समुदायों के आधार पर अपने साम्राज्य स्थापित किए।' सच तो यह है कि मौर्य, सातवाहन, गुप्त आदि भारतीय इतिहास के महानतम कालों में किसी घुसपैठिए का कोई योगदान नहीं है। इनके साथ आधारभूत ग्राम समुदायों का निर्माण और विस्तार होता है या नए व्यापारिक केंद्र स्थापित होते हैं।"[14]

कहें, मार्क्स की आलोचना वह मार्क्सवादी औजारों से करते हैं। जहाँ वह अतर्क्य हैं, वहाँ उनसे अलग हटकर सोचने और मार्क्सवाद को स्वतः समझने और उन मामलों में मार्क्स तक से असहमत होने की माँग करते हैं। परंतु मार्क्स की आलोचना के समय उनको इस बात का सदा ध्यान रहता है कि इससे मार्क्सवादी लक्ष्यों को कोई क्षति न पहुँचे।

कार्ल विटफॉजल की पुस्तक में सर्वहारा के अधिनायकत्व की तुलना प्राच्य निरंकुशता से की गई थी। यह कोसंबी को उत्तेजित करने के लिए काफी था। उन्होंने इसकी आलोचना अधिक तीखेपन से की है।

पहले तो उन्होंने 'प्राच्य' की अतिव्याप्ति पर ही प्रश्न खड़ा किया था, "प्राच्य का कभी-कभी प्रयोग एशियाई के आशय में किया जाता है, यद्यपि इसमें प्रायः मिस्र, मेक्सिको और पेरू के भी संदर्भ आते रहते हैं जिससे यह प्रकट होता है कि इसके लिए भौगोलिक सीमाएँ अनिवार्य नहीं हैं।" और फिर बताते हैं, 'नीरो और कैलिगुल किसी प्राच्य निरंकुश शासक से निश्चित रूप से अधिक शक्तिशाली और अधिक निरंकुश थे, परंतु न तो उनका नाम लिया जाता है न ही टाइबेरियस का नाम लिया गया है जो निश्चित रूप से अधिक गर्हित और अकथनीय बुराइयों से भरा पाया जाएगा।'[15]

इस समीक्षा में कोसंबी ने मार्क्स की प्राच्य निरंकुशता, सनातन अव्यवस्था और अराजकता आदि की अवधारणाओं का बहुत तर्कपूर्ण ढंग से विरोध किया है। उन्हें सबसे तीखी आपत्ति इसे पूर्व और पश्चिम के रूप में देखने पर है, या इसे पूर्व में देखने और पश्चिम में न देख पाने पर है, जिससे ग्रस्त मार्क्स भी थे। जैसा कि वह स्पष्ट करते हैं, "स्वेच्छाचारिता को प्राच्यवाद अनिवार्य नहीं बनाता है, न ही जल-व्यवस्था। इसे अनिवार्य बनाता है एक विशेष प्रकार का उत्पादन–यह तथ्य कि अतिरिक्त उत्पादन का कितना

भाग राज्य द्वारा अपने लिए अर्थात् मुख्यतः अपने अमलावर्ग के लिए जबरदस्ती वसूल किया जाता है। डेस्पाटिज्म की एक आदिम समाज में कोई भूमिका नहीं हो सकती।''[16]

कोसंबी ने मार्क्स की उन टिप्पणियों को केंद्र में रखकर अपना दृष्टिकोण नहीं प्रस्तुत किया है जो न्यूयार्क डेली ट्रिब्यून में प्रकाशित हुई थीं, जिनमें अधिकांश बातें एकांगी हैं। यह सच है कि भारत का मौसम अनिश्चित रहा है और यहाँ जब तब सूखे पड़ते रहे हैं और लोग दुर्भिक्ष के शिकार होते रहे हैं। इनका कोई लेखा-जोखा हमें प्राचीन भारत के विषय में उपलब्ध नहीं है, यद्यपि प्राचीन काल में बहुत भयानक दुर्भिक्ष पड़ने का हवाला कहानियों से लेकर महाकाव्यों तक में आता है। ऐसा ही एक दुर्भिक्ष वैदिक काल में भी पड़ा था। परंतु इनकी प्रकृति और आवर्तिता की समझ न मार्क्स को थी, न ही कोसंबी को। उदाहरण के लिए दुर्भिक्ष या अनावृष्टि का असर चरवाहों पर नहीं पड़ता, क्योंकि वे चरागाहों के सूखने के साथ खिसक कर सुदूर क्षेत्रों में जा सकते हैं। असर केवल खेती पर निर्भर मनुष्यों और उनके जानवरों पर पड़ता है, जो बहुत निराश हो जाने के बाद, पानी का निपट अभाव हो जाने के बाद, कम से कम अपने मवेशियों को बचाने की चिंता में जब तक पलायन करें तब तक भारी क्षति हो चुकी रहती है। यदि वैदिक काल में अकाल से कभी बहुत भयानक तबाही हुई थी तो यह स्थायी खेती का प्रबल प्रमाण था, परंतु कोसंबी इसे देख नहीं पाते।

प्राचीन भारत में अधिकांश महाकार जलाशयों का निर्माण ऐसे राजाओं ने किया जो आदर्श राजा के रूप में विख्यात हैं। कई बार महाश्रेष्ठियों और व्रतनिष्ठ आंदोलनकारियों या साधुओं ने जनसमर्थन जुटा कर बड़े जलाशयों का निर्माण किया। इनके कारण भारत में कर का बोझ नहीं बढ़ाया गया। पहली बार मध्ययुग में सिंचित क्षेत्रों, जैसे दोआब, की राजस्व दर प्राचीन भारत की तुलना में चार गुना बढ़ाई गई, अतः जिसे मार्क्स प्रेरणा का स्रोत मानते हैं, उसमें सैन्य दमन के साथ आर्थिक उत्पीड़न आरंभ हुआ। इसकी परिणति अकाल आदि थे, यह बहुत विश्वास के साथ नहीं कहा जा सकता। इनके तुलनात्मक आँकड़े हमें उपलब्ध नहीं हैं, न मार्क्स को थे, अतः हम इसे आधिकारिक रूप में गलत तक नहीं कह सकते।

प्राचीन भारत के राजाओं का अपनी प्रजा से जीवंत संबंध हुआकरता था। हमारी जानकारी सीमित है, परंतु उसमें दूसरा कोई ऐसा देश नहीं जिसमें राजा को प्रजा का हितैषी मित्र (हितमित्रो न राजा) अथवा आदर्श राजा को प्रतापी सूर्य से जो तारों को अदृश्य कर या प्रजा का अतिदोहन करके इतना विपन्न बना देता है कि उनका अपना अस्तित्व ही मिट जाता है। अपनी लोकप्रियता के कारण उन्हें जनविद्रोह के दमन की आशंका न होती थी न ही जनता के दमन और उत्पीड़न के लिए सैन्यबल का प्रयोग किया जाता था। मात्र शत्रु के आक्रमण से बचाव अथवा राज्यविस्तार के लिए सैन्यबल जरूरी था। मध्यकाल के कुछ सौ वर्षों को छोड़कर भारतीय शासक उदार और प्रजावत्सल दिखाई देते हैं।

अतः अकालों का शासन की निरंकुशता से कोई संबंध नहीं था, यद्यपि इससे अकालों

की भयानकता कम नहीं हो जाती। सच कहें तो जिस राजभाग को मार्क्स एक दोष मानते हैं, उसके भंडार का ऐसे अवसरों पर यथासंभव राहत के लिए खर्च किया और उनसे भावी जलभंडारण के लिए निर्माण कार्य किया जा सकता था और प्रायः किया जाता था। मध्यकाल के बाद अकालों की आवर्तिता बढ़ गई। इन्हीं की कहानियाँ पादरियों के माध्यम से यूरोप तक पहुँची थीं। परंतु ब्रिटिश शासन भी इनके लिए कम कुख्यात न था जिसमें लगभग हर चौथे साल कहीं न कहीं छोटे या बड़े अकाल पड़ने लगे थे और कुछ अकाल तो ऐसे भयानक होते थे जिनमें दसियों लाख लोगों की जान चली जाती थी। वारेन हेस्टिंग्स के समय में आए बंगाल के अकाल में वहाँ की आबादी दो तिहाई रह गई थी। दकन के अकाल की भयावहता का हृदयविदारक चित्रण इंपीरियल गजेटियर में पढ़ा जा सकता है जो कंपनी काल में आया था। पिछली शताब्दी में चालीस के दशक में आए बंगाल के अकाल के लिए तो ब्रिटिश शासन के कुप्रबंध को ही उत्तरदायी माना जाता है।

पाश्चात्य अध्येता जरूरत पड़ने पर मेसोपोटामिया, मध्येशिया सभी की बुराइयों को भारत पर लागू कर देते रहे हैं, इसलिए इन आकलनों में भौगोलिक, ऐतिहासिक और विवेचनात्मक सभी तरह की गड़बड़ियाँ एक साथ पाई जाती हैं। वास्तव में उनके सम्मुख जो भेद रेखा है वह गोरे और रंगीन की है और दिशा बोध में गोरी जाति भौगोलिक दृष्टि से जहाँ भी हो वह पश्चिम बन जाता है और पूरी दुनिया के रंगीन जन, जिसमें अमरीका तक के जन आ जाते हैं, वे पूर्व अर्थात् प्राच्य दुर्गुणों से ग्रस्त दिखाई देते हैं। अतः वे भारत पर चर्चा करते समय इन सबकी बुराइयों को भारत पर लादने के आदी रहे हैं। ध्यान इस पर दिया जाना चाहिए था कि इनके बाद भी भारत दुनिया का सबसे समृद्ध देश, अंग्रेजों की नजर में मुकुटमणि और दूसरों को सोने की चिड़िया मालूम होता था और आरंभिक यूरोपियों को यहाँ के निर्धन लोगों की दशा भी अपने देश की तुलना में ईर्ष्याजनक रूप से सुखी दिखाई देती थी।

फिर भी मार्क्स के इस कथन में दम था कि भारतीय जनता में अपने शासकों के प्रति उदासीनता सी आ गई थी। यह उदासीनता बौद्ध और जैन सम्प्रदाय के भिक्षुओं और श्रमणों के कारण आई न कि ब्राह्मणों के कारण। इस एक बात की समीक्षा एक प्रसंग में कोसंबी ने बहुत अच्छी की है।[17]

प्रसंगवश कह दें कि प्राच्य निरंकुशता मुहावरे का आविष्कार जेम्स मिल ने नहीं किया था जिसे मार्क्स ने अपना लिया था। इस निरंकुशता को एक विचित्र रूप में परिभाषित करते हुए अरस्तू ने कहा था कि प्राच्य निरंकुशता अत्याचार (शक्ति के प्रयोग) पर नहीं, अपितु सहमति पर आधारित है। किसी लोकप्रिय शासन को निरंकुशता कहना पद-व्याघात है, अर्थात् बात ही उल्टी है, परंतु ग्रीस की जरूरत ग्रीस की जरूरत थी। मार्क्स ने शासक के प्रति जनता के अविरोध को इसी कारण प्रजा की उदासीनता और निरीहता बताया था।

और भारतीय ग्रामसमाज की स्वतः पर्याप्तता की निंदा और वह भी मार्क्स द्वारा, कुछ अटपटी लगती है। भारतीय ग्राम ही नहीं, एकांत वनांचलों के आश्रम और मठ भी

व्यापार तंत्र से, शिक्षा तंत्र से, प्रशासनिक तंत्र से जुड़े रहे हैं और कभी अपने आप में ही सिमटे और स्वतः पर्याप्त नहीं रहे। बाणभट्ट ने हर्षचरित में अपने गाँव के शैक्षिक, साहित्यिक और कलात्मक पर्यावरण का जो चित्रण किया है वह आज के छोटे नगरों को भी लज्जित कर सकता है। फिर भी यदि वे कुछ दूर तक ऐसे थे तो इस कारण कि वर्णविभाजन ने जिस कार्यविभाजन को जन्म दिया था या जिस पर वह आधारित था, उसमें कबीलाई समुदायों की तरह पूरा कबीला आपदा का सामना करने के लिए नहीं खड़ा हो जाता था। सार्थों के सदस्य भी आपातिक स्थितियों में सभी के सभी एक साथ लड़ने को तैयार हो जाते थे जिन्हें सर्वसेन[18] कहा गया है। अन्यथा उन्नत समाजव्यवस्था और प्रशासन तंत्र में सैनिक ही लड़ते हैं और भारतीय इतिहास उन दुर्दांत दैत्यों के आक्रमणों को, जिन्हें ह्वाईट हूण (तुषार?) कहा जाता है, विरल अपवादों को छोड़कर लगातार विफल करता रहा है, जिनका नाम सुनते ही यूरोप को आज भी कँपकँपी छूटने लगती है। ब्रिटेन के छोटे से इतिहास में इस पर रोमनों, डचों, जर्मनों, नार्वेजियनों, फ्रीजियनों, स्पेनियों, ट्यूटनों के जितने आक्रमण हुए और जितनी बार उसे रौंदा गया इसका ऐसी तुलनाओं में कभी उल्लेख नहीं किया जाता रहा।

हमारी मार्क्सवाद की जानकारी गहन नहीं है, पर जितनी है उसमें लगता है साम्यवादी कम्यून भारतीय गाँवों का ही कुछ अधिक सुथरा रूप है जो अपनी अधिकांश आवश्यकताओं की पूर्ति स्वयं कर लेता है और सुरक्षा, खनिज पदार्थों, जिनमें नमक से लेकर लोहा, ताँबा, सोना-चाँदी आदि भी आते हैं, के लिए राजतंत्र और विपणनतंत्र पर निर्भर करता था। वह अपने अतिरिक्त उत्पाद इन वस्तुओं को खरीदने पर खर्च करता था और कृषि-उत्पादों के अंतर्देशीय संचलन को संभव बनाता था। मामूली कपड़े-लत्ते उसके आसपास के जुलाहे तैयार कर लेते थे, परंतु मूल्यवान रेशमी वस्त्रों और सीप, लाख, शीशे की चूड़ियों से लेकर शंख, सस्ते रत्न, टिकुली, सिंदूर, करायल, पत्थर के सिल-बट्टे, पथरी या घीया पत्थर के बर्तन आदि बहुत सी वस्तुओं का उपयोग करता था और कई तरह के आपूर्ति सूत्रों से जुड़ा रहता था। बैलों, बछड़ों, गायों, भैंसों के विशाल पशु मेले जिनमें हाथी, घोड़े और कुछ एक में दूल्हे तक बेचे-खरीदे जाते थे, साल में एक बार लगते और महीनों चलते। ये संपर्क की एक धुरी का काम करते। तीर्थाटन का साहस सभी को नहीं होता, परंतु अनेक को होता और वे सुदूर देशों की यात्राएँ करके लौटते और रास्ते में पड़ने वाले अंचलों की बोली-बानी, रीति-व्यवहार और प्राकृतिक वैभव की कहानियाँ विश्वकोशीय तेवर से आजीवन सुनाते रहते। अतः बाहरी दुनिया से पूरी तरह कटे और आत्मकेंद्रित ग्राम इकाइयों से बने भारत की छवि उनके द्वारा गढ़ी गई थी जो भारत को न तो समझना चाहते थे, न ही समझने की योग्यता रखते थे।

फिर भी बाहरी दुनिया से भारत का संबंध सीमित था। इसका भौगोलिक ज्ञान कई विचारश्रेणियों को सममूल्य पर रखने या उनमें से जो तर्कशः सही था उसे छोड़कर शेष को न नकार पाने के कारण बहुत उलझा हुआ था। पुराणों में वर्णित भूगोल में एक ओर तो धरती महाकच्छप की पीठ पर टिकी हुई है, और दूसरी ओर शेषनाग के फन पर।

यदि यही तय हो जाता कि धरती दोनों में से किस पर टिकी हुई है, या कहें भारतीय मुख्यधारा में प्रभावशाली संख्या में मिलने वाले दो पिछड़े समुदायों के अनगढ़ विचारों में से ही किसी एक को सही मानकर दूसरे को गलत मान लिया अथवा भुला दिया गया होता, तो भी भटकाव का दायरा कुछ कम तो हुआ होता। यदि इतना ही तय कर लिया गया होता कि सांप के फन के हिलने या कमठ के करवट बदलने से पैदा हुए असंतुलन को दूर करने के लिए महाहस्ती के रूप में कल्पित दिक्पालों की शिथिलता से भूचाल आते हैं अथवा कमठ की डगमगाहट के इतना बढ़ जाने के कारण कि दिक्पालों के भी संतुलन गड़बड़ हो जाएँ, तो भी कुछ दायरा तो घटता। परंतु भारतीय समाज में घुले-मिले अनेकानेक जनों के अपने 'विज्ञान' और 'दर्शन' और 'विश्वास' उनके बीच जीवित रहे और उनके घुलते मिलते जाने के क्रम में पूरे समाज के विश्वास या आदिम कथाओं का हिस्सा बन गए। अच्छा ही है कि वे बने रहे, कारण इनके प्रचलन से भारत के वैज्ञानिक चिंतन में कोई व्यवधान नहीं आया। परंतु यदि अध्येता आज इन विविध विश्वासों की बारीकी से छान बीन करें तो उन्हें उस सुदूर अतीत में भारतीय समाज में मिलने वालें जनों की कुछ पहचान हो सकती है। उदाहरण के लिए विशालकाल गजों के रूप में दिक्पालों की उद्‌भावना क्या साइबेरिया से आए जत्थों ने की होगी जिन्होंने वहाँ महागजों को देखा था और उनकी कहानियाँ उनकी वंश परंपरा में दुहराई जाती रहीं।

हम इस दिशा में इसलिए संकेत कर रहे हैं कि जब अपने को प्रमाण मानकर अपनी अपेक्षाओं के अनुसार कोई समाज और उसके पंडित किसी दूसरे समाज के मूल्यों, मानों और विश्वासों को समझना चाहते हैं तो उन्हें वह हर मानी में बेतुका लगता है। वे उस पर हँस सकते हैं पर समझ नहीं सकते। भारतीय विश्वासों और सांस्कृतिक व्यवहार को पश्चिम का कोई अध्येता समझ नहीं सकता न ही हम भारतीय मूल्यों और विश्वासों के मानक पर पश्चिम को समझ सकते हैं। सच कहें तो एक ही समाज अपने ही ऐतिहासिक कालों को केवल कामचलाऊ रूप में ही समझ पाता है। इसलिए जेम्स मिल हों या हीगेल या मार्क्स, इनके भारतीय मूल्यांकन हमारे लिए कोई महत्त्व नहीं रखते, परंतु वे यूरोपीय सोच और अहंकार को समझने में सहायक अवश्य हो सकते हैं।

मार्क्स ने जो खाका तैयार किया था वह भानुमती के पिटारे से सामग्री जुटा कर तैयार किया गया था और इसी के आधार पर उन्होंने कहा था, ऐसे देश के अतीत में कभी स्वर्णयुग रहा ही नहीं हो सकता। इसका खंडन करने की आवश्यकता नहीं, यह काम हड़प्पा सभ्यता के उद्‌घाटन ने कर दिया। फिर भी हम मानते हैं कि कोई युग कभी भी स्वर्णयुग नहीं हुआकरता। वह आपेक्षिक रूप में अधिक संपन्नता और अधिकतम लोगों के लिए राहत का युग हुआकरता है और अक्सर तो यह इसके सुविधा संपन्न वर्ग का ही स्वर्णयुग हुआकरता है। हड़प्पा काल में संपन्नता का आपेक्षिक विस्तार था यह बात सभी ने स्वीकार की है। ठीक ऐसा ही चित्र ऋग्वैदिक समाज का उभरता है जिसमें शिल्पियों को ऋषियों जैसा सम्मान प्राप्त था और असाधारण दक्षता रखनेवाले शिल्पी धनी-मानी व्यक्तियों के साथ बैठ कर खानपान कर सकता था।

रोचक बात यह है कि अपने इस लेख में कोसंबी ने प्राच्य निरंकुशता के विषय में मार्क्स के किसी कथन का विरोध नहीं किया है, अपितु उसे अपने समर्थन में, कहें, निरंकुशता की व्याख्या दुरुस्त करने के लिए उद्धृत किया है और कार्ल विटफॉजल की आलोचना इस कारण की है कि उसने मार्क्स, ऐंगेल्स और यहाँ तक लेनिन पर भी आरोप लगाया था कि वे समाजवाद के नाम पर प्राच्य निरंकुशता को ही कार्यान्वित कर रहे थे।[19]

वास्तविकता यह है कि प्राच्यनिरंकुशता और उत्पादन पद्धति का अपना चरित्र है। हमने अन्यत्र कहा है कि वर्णव्यवस्था में ऊँची जातियों के श्रम से विरत रहने, श्रमिक जनों को शिक्षा, शस्त्र और धन से वंचित रखने का जो दुश्चक्र था वह तकनीकी विकास में घातक और सकल राष्ट्रीय उत्पाद के लिए बाधक था। भारत के विशाल उत्तरी मैदान में दुनिया का सबसे विशाल उपजाऊ भूभाग था जिसमें मौसम सामान्य होने पर दो और कहीं-कहीं तीन फसलें उगाई जाती थीं अतः उत्पाद नकारात्मक पहलुओं के बाद भी दूसरे देशों को विस्मित करनेवाला है। थोड़ी देर के लिए कल्पना करें कि क्षत्रियों और ब्राह्मणों ने भारत के सबसे प्रगतिशील उच्चवर्णों–भूमिहारों/त्यागियों और सैंथवारों या पश्चिमी उत्तर प्रदेश से पंजाब तक के उतने ही प्रगतिशील जाटों का अनुकरण करते हुए अर्थ व्यवस्था में अपना भी योगदान किया होता तो हालत क्या होती। भारत और चीन दोनों में मध्येशिया और मंगोलिया के अभावग्रस्त और उसी के अनुरूप दुर्दान्त जनों का आक्रमण और विलय होता रहा अतः इनके क्षेत्रफल को देखते हुए इन पर आबादी का दबाव बढ़ता गया। ये आगन्तुक जातियाँ और डरते-सहमते सभ्य समाज की धारा में मिलने वाली वन्य जातियाँ अपने साथ अनेक कुरीतियाँ भी लाती रहीं जिनमें से सबसे क्षोभकर सतीप्रथा और बालिकावध रहा है। ध्यान रहे कि हूणों और मंगोलों में अपनी लड़की किसी को देना अपना अपमान और उसे लड़की देने पर विवश करना उसे झुकाने का पर्याय माना जाता था अतः मुगलों की कितनी शहजादियों का विवाह हो पाया इसे मध्यकाल के इतिहासकार ही बता सकते हैं, परंतु इनमें से प्रत्येक बादशाह के हरम का कोई हिसाब न था। सबसे उदार माने जानेवाले अकबर का हरम सबसे बड़ा रहा हो सकता है। यह मात्र प्रवाद नहीं है कि राजपूतों में सम्मिलित होनेवाले हूण आक्रांता थे और उनके साथ उनकी कुछ रीतियाँ सम्मान के साथ अपनाई गईं। अफीम का सेवन भी जिसके और जो भी प्रभाव हों, चोट की पीड़ा को वह कम कर देता है और इसलिए शौर्य की एक जरूरत बना रहा।

सन्दर्भ सूची

1. "This idea, 'No theory outside the West' was developed especially by James Mill in Britain and G.W.F. Hegel on the continent, both of them theorists of Europe as the metropolitan centre of universal knowledge… The view that there was no theory worth considering outside ancient Greece and modern Europe survived Marx's transformation of Hegel, so that it dominates the spectrum of European thought from edge to edge, right to left." Thomas R. Trautmann, Languages and Nations, p.42.

2. हड़प्पा सभ्यता और वैदिक साहित्य, 1987, खंड 1, 4-5.
3. "India had no historical consciousness, and what passed for Indian philosophy - ...what he knew of it through the existing Oriental scholarship, which he examined with care, - did not rise to the level of the ancient Greeks." Op.cit. 2006, p. 228
4. William Jones, 'Third Annual Discourse', Asiatic Researches, I, 1788,p.2
5. Discourse at the Royal Asiatic Society of Great Britain and Ireland: Miscellanous Essays, I' 1837, 3, 1, 196, cite by David Kopf, 196.
6. The Basis of Dispotism, The Economic Weekly, vol. IX, no. 44, November 2, 1957. (Bombay, Nov. 1957), pp. 1417-19. [This is a review of Oriental Despotism: A Comparative Study of Total Power by Karl A Wittfogel. Yale aniversity Press 1957].
7. Marxism is afr from the economic determinism which its opponents so often take it to be. For that matter, any intelligent determinism must discuss "conditions" rather than "causes", and take full cognizance of the course of historical development. An Introduction to the Study of Indian History, 208. 10 कारणों की बात वहाँ भी की जा सकती है जहाँ घोर भाग्यवादी व्याख्याएँ दी जा रही हों। दशरथ को पुत्रवियोग इसलिए सहना पड़ा कि उन्होंने अमुक पाप किया था और विष्णु को मनुष्य रूप इसलिए लेना पड़ा था कि...या पहले ब्राह्मणों का प्राधान्य था, फिर क्षत्रियों का हुआ, अब वैश्यों का है, अतः आगे शूद्रों की प्रधानता होगी। विवेकानन्द के इस भविष्यकथन में तो ऐतिहासिकता और मार्क्सवाद दोनों का सहयोग माना जा सकता है।
8. The adoption of Marx's thesis does not mean blind repetition of all his conclusions (and even less, those of the official, party-line Marxists) at all times. Ibid.
9. What Marx himself said about India15 cannot be taken as it stands. Ibid.
10. The really vexed question is what is meant by the Asiatic mode of production' never clearly defined by Marx. Ibid
11. Asia is dominated culturally by China and India. Ibid
12. "These small and extremely ancient Indian (village) communities, some of which have continued down to this day, are based on possession in common of the land, on the blendmg of agriculture and handicrafts, and on an unalterable division of labour, which serves, whenever a new community is started as a plan and scheme ready cut and dried. Occupying areas from 100 up to several thousands acres, each forms a compact whole producing all it requires. The chief part of the products is destined for direct use by the commanity itself, and does not take the form of a commodity. Hcnce production here is independent of the division of labour brought about in Indian society as a whole, by means of the exchange of commodities. It is the surplus alone, that becomes a commodity and a portion of even that, not until it has reached the hands of the State, into whose hands from time immemorial a certain quantity of those products has found its way in the shape of rent in kind ...The simplicity of the organisation of production in these self-sufficing communities that 'constantly reproduce themselves in the same form, and when accidentally destroyed spring up again on the spot and with the same name - this simplicity supplies the key to the secret of the unchangeableness of Asiatic societies, an unchangeableness in sueh striking contrast with the constant dissolution and refounding of Asiatic States and the neverceasing changes of dynasty. The structure of the economic elements of society remains untouched, by the storm-clouds of the political sky" (Capital, I. 391 ff). p.11

13. To this extent and at a low level of commodity production, it is clear that an Asiatic mode did exist, reaching over several stages; at least, the term is applicable to India, whatever the case elsewhere. Stages of Indian History 59
14. Similarly, we cannot let pass without challenge Marx's statement" Indian society has no history at all, at least no known history. What we call its history, is but the history of successive intruders who founded their empires on the passive basis of that unresisting and unchanging (village) society." In afct, the greatest periods of Indian history, the Mauryan, Sātavāhana, Gupta owed nothing to intruders; they mark precisely the formation and spread of the basic village society, or the development of new trade centres.ibid, p.12.
15. The word 'Oriental' is sometimes used as synonymous with' Asiatic' though frequent references to Egypt, Mexico and Peru show that the geographic limits are not essential. Nero and Caligula were certainly more powerful and more despotic than any oriental despot; but neither they nor Tiberius, with his unspeakable vice and cruelty appear in the book. वही।
16. What makes despotism inevitable is not Orientalism, nor hydraulics, but the particular type of production: how much surplus is forcibly expropriated by the state for its own use and that of the class it mainly serves. Despotism would have no function in a primitive tribal society; Op.cit.p.801
17. On the other hand, what resistance there was to invaders after the ruin of the Śunga empire, parti-cularly in the first century BC seems to have been supported by fire-sacri-fices if not inspired by the Brāhmaṇas in the name of religion, while there is no possibility, or at least no records of Buddhist monks having done so. The Brāhmaṇa had personal property and a afmily. He had the ritual for success in battle. *Early Stages of the Caste System in Northern India,*वही, 207.
18. ऋ.1.33.3, 5.30.3 आदि
19. The clear and imminent danger against which the book warns is that of communism. Apparently, communism is the most dangerous form of Oriental despotism and total power. Marx, even more Engels and Lenin (so the author tells us), used all their intellectual power to disguise the afct that they were really introducing Oriental despotism into the West. It is, therefore not surprising that the Chinese, in trying to introduce Western civilization, mistakenly adopted the Soviet system which was really their own Oriental despotism imposed upon Russia by Lenin! वही, 798

खंड : तीन

तेरह

कोसंबी और सभ्यता-विमर्श

यह अलग से कहने की आवश्यकता नहीं कि कोसंबी का सभ्यता-विमर्श मुख्यतः पाश्चात्य, और विशेषतः जर्मन, नस्लवादी चिंतन से प्रभावित रहा है। यह सीमा आर्यजाति में विश्वास करनेवाले सभी सवर्ण भारतीय अध्येताओं की रही है, भले ही वे ब्राह्मणवाद के आलोचक क्यों न रहे हों। हम सचेत रूप में जिसे दबाते हैं, वह अचेत रूप में अपनी अतिजीविता का चोर दरवाजा तलाश लेता है।

ब्राह्मणवाद और आर्यवाद के बीच एक चोर दरवाजा है जिसमें एक से बचने वाला दूसरे में प्रकट होता है। दोनों की संधिभूमि है जन्मना गुण, प्रकृति और योग्यता या अयोग्यता का निर्धारण। हम ध्यान दें तो अपने को मार्क्सवादी और धर्मनिरपेक्षतावादी मित्रों की जाति पर बन आए तो चमत्कार की तरह वह जनेऊ जिसे उन्होंने कभी का फेंक दिया था, चमड़ी के भीतर से प्रकट हो जाता है। चेतन से निष्कासित के लिए उपचेतन और अवचेतन के अनगिनत तलघर हैं जहाँ से छलांग मार कर सतह पर आने में देर नहीं लगती। परंतु इसी के कारण ऐसे लोगों को ढोंगी कहना ठीक है। हम चेतन को नियंत्रित करते हैं पर अवचेतन हमें और हमारे चेतन दोनों को नियंत्रित करता है।

सभ्यता-विमर्श में इसका निहितार्थ है कि कोई एक ही जाति सभ्यता का निर्माण करने की योग्यता रखती है। पीछे हम देख आए हैं कि यह समझ सही नहीं है। यह रक्त की शुद्धता और निसर्गजात गुणों की स्वीकृति का ही तार्किक विस्तार है, परंतु इसे साफ-साफ कहा नहीं जाता। यदि विश्व की किसी भी सभ्यता की आधारशिला किसी गोरी जाति ने रखी होती तो यह दावा भी बिना किसी संकोच किया गया होता। नहीं किया जा सकता था, इसलिए प्रयत्न यह रहा है कि यह रंग से नहीं जुड़ता तो दिशा से ही जोड़ दें। इसका पहला फलितार्थ यह है कि सभ्यता यूरोप में न सही, एशिया में ही पैदा हुई, पर उसकी धर्मभूमि के आसपास तो हुई। अतः पश्चिम सभ्यता का जनक है। दूसरा फलितार्थ, पश्चिमी सभ्यताओं के कालांकन को पीछे ले जाने और पूर्व की सभ्यताओं को उनका उपनिवेश अथवा उनसे प्रेरित मानने का आग्रह है।

कोसंबी शुद्धरक्त सभ्यता के हामी दिखाई देते हैं, इसलिए वह हड़प्पा सभ्यता को सीधे और व्याज रूप में भी, शुद्ध द्रविड़ सभ्यता मानते हैं। इतना ही नहीं, द्रविड़ का

ध्वनिसाम्य सीजर कालीन गालों में ड्रुइड्स (Druids) प्राचीन ब्राह्मणों के समान हैं।[1] तर्क सीधा हैः आर्य तो इसके निर्माता हो नहीं सकते, उन्होंने तो इसका ध्वंस किया था। मुंडा, नाग या मोटे तौर पर आस्त्रिक कहे जानेवाले जनों की सभ्यता के निर्माण में कोई भूमिका ही नहीं है, वे तो आज तक हैवानियत की अवस्था में हैं। बच रहे द्रविड़, जिनकी भाषा में ही स्वतंत्र शब्द गढ़ने की क्षमता है।[2] अतः हड़प्पा सभ्यता जिस सीमा तक स्वायत्त है, उस सीमा तक, उनके द्वारा ही निर्मित हो सकती है, क्योंकि कोसंबी यह भी नहीं मानते कि इसके निर्माण में भारतीय मेधा का निर्णायक योगदान था। उनकी दृष्टि क्षीण से क्षीण संकेत या साम्य पर पश्चिम की ओर डोल जाती है।

सभ्यताएँ बहुमिश्र होती हैं; विशाल जलधाराओं की तरह। इनके निर्माण में अनेक जातियों, भाषाभाषियों और संस्कृतियों का योगदान होता है। महानदी में पहुँचने वाली जलराशि जिन क्षुद्र और अगण्य से लेकर लघु और विशाल जल धाराओं से होकर उसमें पहुँचती है, उसके परिमाण और गुणता को प्रभावित करती है, उन सबका उससे सीधा मिलन नहीं होता। कितने तिर्यक और नामहीन स्रोतों की क्रियाओं, योग्यताओं, अवदानों, अवरोधों और प्रतिस्पर्धाओं की परिणति कोई सभ्यता होती है और अपने उत्कर्ष के बाद भी कितनी भीतरी और बाहरी सहयोगी और विघ्नकारी शक्तियों से निपटने के लिए उसे एक जटिल तंत्र की रचना करनी होती है इसका विवरण तो दूर, सही अनुमान तक नहीं किया जा सकता। इनमें सभी की भूमिका विधायक नहीं होती फिर भी वे उसके चरित्र को प्रभावित करती हैं।

सांस्कृतिक धारा को समझने में जलधारा का साम्य कुछ दूर तक ही हमारा साथ दे सकता है, क्योंकि संस्कृतियाँ अदृश्य सूत्रों से जुड़कर भी अपना स्वतंत्र, स्थानीय या आंचलिक विकास करती रहती हैं और यदि उनका दूसरी संस्कृतियों से सीमित संबंध बनता है तो, उनसे अपने को कम न मानकर, लंबे समय तक स्पर्धा की स्थिति में रहती हैं। इन सांस्कृतिक धाराओं में से किसी एक की गतिविधियाँ अपेक्षाकृत अधिक प्रखर हो जाती हैं और अब तक जो अदृश्य तार था वह उजागर होने लगता है। ऐसा इसलिए होता है कि इन प्रतिस्पर्धी संस्कृतियों के बीच सत्ता और संपन्नता के केंद्र और उपकेंद्र बन जाते हैं जिनसे लाभान्वित होने के लिए दूसरी संस्कृतियाँ सहर्ष उसकी श्रेष्ठता को स्वीकार करके उससे जुड़ने का प्रयत्न करती हैं और उसकी कुछ विशेषताओं को अपनाती भी हैं। केंद्रीकरण और विकेंद्रीकरण की प्रक्रिया ज्वार-भाटे की तरह चलती रहती है। इस तरह संस्कृतियों के बीच अंतर्क्रिया से एक विराट सभ्यता का निर्माण होता है। यदि हड़प्पा सभ्यता पर ही ध्यान दें तो इसकी ऊपरी सतह पर मान-बाट, नगरयोजना, भवन निर्माण आदि की समानताओं के नीचे अनेकानेक क्षेत्रीय संस्कृतियाँ हैं जो इससे जुड़ी होने के बाद अपना निजी चरित्र बनाए रही हैं जिसकी पुरातत्त्व भी पुष्टि करता है।

यह अंतर्क्रिया आर्थिक गतिविधियों के कारण, प्रशासनिक अपरिहार्यता के कारण, अथवा किसी धार्मिक आंदोलन का केंद्र बनने के कारण आरंभ होती है, या हम कहें कि ये तीनों कारक एक के बाद एक अस्तित्व में आते हैं। संस्कृति और सभ्यता में हम एक मोटा भूभौतिक भेद कर सकते हैं। प्राचीन सभ्यताएँ व्यापारिक केंद्रों के उदय के साथ पैदा हुईं, इसलिए उनके केंद्र किसी समुद्रगामी नदी पर स्थापित हुए। कारण परिवहन के साधनों और मार्गों के बिना वे अपना माल दूर देशों और स्थानों को नहीं भेज सकती थीं। संस्कृतियों के लिए परिवहन का पक्ष प्रधान नहीं है। वे जीवन निर्वाह की सुविधा वाले किसी भी क्षेत्र में उत्पन्न हो सकती हैं। उनका संबंध तकनीक के विकास से अधिक होता है।

सभ्यता या संस्कृति दोनों में से किसी का सीधा संबंध नस्ल या वंश से नहीं होता, पर कुछ संस्कृतियाँ विशेष दक्षताओं के आधार पर क्षेत्रविशेष में उपलब्ध कच्चे माल के कारण विकसित होती हैं। इसमें पाषाणी संस्कृतियों से लेकर ताम्र-कांस्य संस्कृतियाँ तक आती हैं। इनका कच्चा माल नगर केंद्र या इच्छित स्थल पर लाकर उनका परिशोधन अलाभकर था। अतः धातुओं का शोधन करने का स्थान उनकी उपलब्धता वाला क्षेत्र ही होता था। उन कौशलों की प्रेरणा जिससे भी मिली हो, उसकी दक्षता उसी क्षेत्र तक सीमित होती थी। अशोक का स्तंभ सारनाथ में लगा हो, रामगिरि में, साँची में लगा हो या कहीं अन्यत्र, यह उस पत्थर की उपलब्धता वाले क्षेत्र में गढ़कर वहाँ ढोकर पहुँचाया गया था।

चाणक्य प्राचीन खानों की पहचान की खोज में सहायता देने के निमित्त एक सुझाव देते हैं कि इस बात पर ध्यान रखा जाए कि वहाँ जले हुए कोयले, या मुषा (वह खरल जिसमें धातुओं को गला कर उनका शोधन किया जाता है) मिलता है या नहीं। पुराने समय में ही नहीं, आज भी लोहे के शोधन और उसे विनिमेय खंडों और आकारों में काटने वाले कारखाने उन धातुओं की खानों के क्षेत्र में ही होते हैं। कारण, कच्ची धातु या लोहमटिया को ढोने और गन्तव्य स्थल तक पहुँचा कर उनका परिष्कार करने की तुलना में इनको सिद्ध और परिष्कृत करने के बाद पण्य इकाइयों में ढोकर ले जाना अधिक सुकर और अल्पव्ययसाध्य है।

राज्य संस्था आर्थिक गतिविधियों को निर्विघ्न चलाने के लिए जन्म लेती है। प्राथमिक रूप में यह कृषि के स्थायी होने के साथ ही अस्तित्व में आ जाती है और आर्थिक विकास के क्रम में अधिक जटिल होती जाती है। धर्म इससे भी बाद में सत्ता और व्यवस्था के विरोध में नैतिक तेवर के साथ, एक चुनौती के रूप में उभरता है। जो भी हो, एक बार यह चुंबकीय ध्रुव काम करने लगता है तो इससे खिंच कर दूसरे केंद्र परस्पर सहयोग की स्थिति में आते हैं और उसके विकास और उन्नयन में सहायक होकर अपना भी उन्नयन करने लगते हैं। इस तथ्य को समझे बिना किसी भी सभ्यता को नहीं समझा जा सकता, यहाँ तक कि मुख्य धारा और गौण धारा, अथवा उच्च संस्कृति और अवर संस्कृति के द्वारा भी नहीं, क्योंकि इनके बीच भी अनेक तरह के घात-प्रतिघात चलते रहते हैं जो इन सरलीकरणों के कारण ओझल हो जाते हैं।

इसी का दूसरा पक्ष यह है कि जिन्हें हम नितांत तुच्छ और निरुपाय समझते हैं, महान संस्कृतियों के निर्माण, प्रसार और रख-रखाव में उनका बहुत निर्णायक योगदान होता है। केवल लब्धि पर ध्यान देने पर वे दिखाई तक नहीं देते, सत्ता द्वारा अनुमोदित संस्थाओं द्वारा उन्हें अल्पतम दिया जाता है और उसमें भी कुछ अतिरिक्त का जुगाड़ हो जाए तो उसे उनसे छीन लिया जाता है, अन्यथा भी वे उपेक्षा के शिकार तो रहते ही हैं, जैसे सफाई कर्मचारी, परंतु उनकी तनिक भी ढील या असहयोग वैभवशाली सभ्यताओं को कूड़े के ढेर में बदलने के लिए पर्याप्त है। जिन निषादों को सबसे हेय जनों में गिना जाता रहा है, उनके बिना नौवहन, यातायात और सुदूर व्यापार की क्या दशा हो सकती थी, इस पर कुछ कहने की आवश्यकता नहीं।

कोसंबी के अनुसार आहार संग्रह के चरण पर ठहरे हुए समुदायों में बौद्ध, जैन और दूसरे साधुओं तथा ब्राह्मण पुराहितों के माध्यम से आहार उत्पादन आरंभ हुआ। इसमें सैनिक हस्तक्षेप से भी यदा-कदा प्रोत्साहन मिला और अन्न उत्पादन के साथ वर्गभेद (a class structure) भी आरंभ हुआ। इस चरण के आगे उनको वर्ण समाज में अंतर्भुक्त किया जाना उनकी आपसी समृद्धि और सैन्यबल पर निर्भर करता था। महत्त्वपूर्ण बात यह है कि यह सदा दो-तरफा प्रभाव के कारण संभव हुआ।[3]

इससे मल्लों, लिच्छवियों, मोलियों (मौर्यों), भल्लों, शाक्यों, बघेलों, काकों, कूकुरों, यहाँ तक कि यादवों, जाटों, मराठों के सामाजिक उत्कर्ष को नहीं समझा जा सकता। वास्तविकता यह है कि आटविक समाज को भी एकाश्मवत् नहीं देखा जाना चाहिए। इसमें भी कई आकांक्षाओं और विचारों से प्रेरित समुदाय थे। मोटे तौर पर कुछ अपनी जड़ परंपरा पर अभिमान करनेवाले समुदाय थे और कुछ अपने चतुर्दिक् कृषिजीवी समुदायों की संपन्नता से आकृष्ट होकर प्रगतिशील सोच रखनेवाले और उस दिशा में अग्रसर होने के लिए उत्सुक। इनमें से दूसरे वर्ग ने ही समय-समय पर अपने क्षेत्रों में कृषि और पशुपालन अपनाते हुए और सैन्यशक्ति से अपनी रक्षा करते हुए आगे बढ़ कर अपने क्षत्रिय होने का दावा किया।

इनके विपरीत अपनी परंपरा पर गर्व करते हुए कृषि से विरत रहनेवाले जन भी उस अन्न को प्राप्त करने के लिए प्रयत्नशील रहते थे, जिन्हें किसान पैदा करता था—उसके लिए फल, मधु, कंद, बूटियाँ, मनोरंजन के लिए पक्षिशावक आदि लाकर उसके बदले अनाज ले जाते थे। इनके ही माध्यम से इनके स्थानीय प्राकृतिक संसाधनों का पता लगाने के बाद अपनी पहल से कृषिजीवी, विशेषतः नागर समाज द्वारा उनके साधन और परिष्करण के बाद इच्छित ठिकानों पर पहुँचाने के लिए उनका भरपूर उपयोग किया। इस क्रम में इनमें असाधारण दक्षताओं का विकास हुआ, परंतु इसके बाद भी ये स्वतंत्र उत्पादक बनने के स्थान पर सेवाकर्मी ही बने रहे और इनकी सामाजिक हैसियत शूद्रों जैसी ही रही। मोटे तौर पर भारत की संपदा पर वर्णसमाज का अधिकार बना रहा और प्रौद्योगिकी के समस्त रूपों पर आटविक पृष्ठभूमि से आए समाज का एकाधिकार बना रहा। इनके बिना सभ्यता की नींव तक नहीं पड़ सकती थी। कृषक समाज इन योग्यताओं से शून्य नहीं

था। इनका उपयोग करते हुए ही वह उस चरण तक पहुँचा था जिस पर वह काट-कपट कर कुछ अतिरिक्त बचा सके जिसके बदले दूसरों की सेवाएँ प्राप्त कर सके। परंतु एक बार श्रम और कौशल के लिए इन पर निर्भर होते चले जाने के क्रम में वह इन योग्यताओं से शून्य होता चला गया। सत्ता और प्रौद्योगिकी का विभाजन पूर्णता पर पहुँच गया।

परंतु सत्ता और संपदा में भागीदारी के अभाव में असाधारण दक्षता रखने या प्राप्त करने के बाद भी, उनकी स्थिति शूद्रों जैसी ही बनी रही।

अतः मुख्य अंतर उस पहल के कारण आया जहाँ दूरदर्शी और प्रगतिशील जनों ने स्वयं कृषि कर्म अपना कर, स्वयं को अपने क्षेत्र का राजा घोषित करके कर-भार से मुक्त रहकर सम्पदा पर स्वामीत्व अर्जित किया और वर्णसमाज में सम्मानजनक स्थान पा सके। हमें ऐसे किसी साधु, संन्यासी, या पुरोधा का ज्ञान नहीं है जिसकी पहल से आटविक समाज में कृषि और पशुपालन को प्रोत्साहन मिला हो। जैन तो अहिंसा के चरम पालन के कारण रास्ता चलने में भी बहुत सारी कठिनाइयों का सामना करते थे। खेती के साथ हिंसा की धारणा बौद्धों में भी मान्य रही लगती है। कोसंबी एक स्थल पर बक दाल्भ्य और गालव मैत्रेय की कथा को कुछ फैलाकर यह यह सिद्ध करते हैं कि कुछ ब्राह्मण अनार्य कबीलों में प्रवेश कर जाते थे, नया कल्ट (उनकी रीतिनीति) अपना लेते थे और इस तरह उनको आहारसंग्रही से अन्न उत्पादक बनने में सहायक होते थे।[4] परंतु इसी पृष्ठ पर वह यह विचार भी व्यक्त कर चुके हैं कि 'वेद के लंबे और कठोर प्रशिक्षण से ब्राह्मणों को अपनी कबीलाई सीमा पार कर एकजुटता कायम करने, कबीलाई पाबंदियों को ढीला करके एक समाज के निर्माण में मदद मिली और इसने उन्हें हल चलाने तक के लिए अयोग्य बना दिया।[5] जो ब्राह्मण स्वयं ही उत्पादन से विरत थे वे दूसरों को उत्पादन का प्रशिक्षण कैसे देंगे? ब्राह्मण पुरोधा ऐसे क्षेत्रों को आर्यवर्ज्य मानते थे और संन्यास लेकर वर्णादि बंधनों से मुक्त होकर जो वन में जाते थे वे तो स्वयं कंद-मूल-फल पर निर्वाह करते थे। अतः आटविक समाजों के वर्णसमाज में प्रवेश के तंत्र को भी समझने में कोसंबी से चूक हुई लगती है। उनमें से जिन्होंने भी यदि कुछ प्राप्त किया, अपने पराक्रम से प्राप्त किया। क्षत्रियत्व का दावा ब्राहण की स्वीकृति से नहीं अपने शौर्य से अर्जित किया और शिल्प और प्रौद्योगिकी में असाधारण दक्षता अपनी मेधा से प्राप्त की और उस स्तर तक प्राप्त की जिसमें पुराणों में ब्रह्मा के लिए जो शब्द प्रयोग में आए हैं वे या उनसे मिलते-जुलते शब्द ऋभुगणों के लिए भी आए हैं। इसमें किसानों की या वर्णसमाज की कोई प्रत्यक्ष भूमिका न थी।

कोसंबी मानते हैं कि पहले कुछ जन थे जो आज के किसी भाषा परिवार में नहीं गिने जा सकते। उनका लोप हो गया और उनकी याद तक न रही। यह ध्यान देने की बात है। लोप और विलय की यह प्रक्रिया आज भी समाप्त नहीं हुई है। वह इन विस्मृत जनों के अस्तित्व की पुष्टि उनके कृषिदेवों के अतिप्राचीन नामों की अतिजीविता से, विशेषतः मातृदेवियों–सिरकाई, तुकाई, बोल्हाई, मेंगाई, लुंबिनी आदि–से करते हैं जिनकी कोई स्वीकार्य व्युत्पत्ति नहीं की जा सकी है। वह यह भी याद दिलाते हैं कि इनकी जो

व्युत्पत्ति स्थानीय जन सुझाते हैं वे नितांत बेढंगे होते है।[6] ऐसे नामों से (और बहुत सारे शब्दों से भी) यह सिद्ध होता है कि भारतीय भाषाओं का परिवारों में वर्गीकरण अवैज्ञानिक है। कोसंबी को ऐसा अनेक कारणों से लगता है जिसके विस्तार में जाना उचित नहीं। उनकी यह खिन्नता सर्वथा उचित है कि ब्राह्मण परंपरा इन सभी को बटोर कर इन्हें नाग या तक्षक श्रेणी में रख देती है[7] जिससे इस समस्या को समझने में मदद नहीं मिलती। ठीक यही समस्या उनको तीन या चार भाषा परिवारों में रखने पर भी पैदा होती है।

कोसंबी के अनुसार कृषि का आरंभ मातृप्रधान समाज ने किया। कृषिकर्मियों का देव-समाज देवता-विहीन देवियों का है। इस तर्क से भारत में कृषि के आविष्कारक और उन्नायक वे समाज हुए, जो उन आदिम देवियों की उपासना करते हैं और मोटे तौर पर वनांचलों में या पहाड़ियों पर रहते हैं, परंतु इस कला को सीखने के लिए उन्हें दुबारा आर्यों की प्रतीक्षा करनी पड़ी। इसके प्रसारक यायावरी में जीने वाले आर्य थे। यह अपने आप में अंतर्विरोधी है। कृषि की पहली शर्त है स्थायी निवास न कि मैं आया, मैंने देखा और मैने उन्नत कृषि का आविष्कार और प्रसार करके भारत को आर्यमय बना दिया।

कोसंबी इन विरोधों को सीधे प्रश्न के रूप में भी नहीं उठाते, परंतु इनके समाधान के लिए कई तरह के जोड़-तोड़ करते हैं। वह ऋग्वेद की रचना को भी आर्यों के दोनों आक्रमणों में आधा-आधा बाँट देते हैं। मुख्य मंडलों की रचना पहले आक्रमणकारियों ने की, गौण अर्थात् जिन्हें कुछ बाद का माना जाता है, उनकी रचना दूसरे आक्रमणकारी जत्थे ने। ऐसी मौलिक सूझ उनके अलावा किसी दूसरे के यहाँ न मिलेगी। जैसा कि हम पीछे देख आए हैं, माना यह जाता था कि पहला जत्था कब आया था यह पता नहीं, परंतु पश्चिमी हिंदी क्षेत्र के चतुर्दिक् की आर्य भाषाओं में कतिपय समानताएँ पाई जाती हैं जबकि पश्चिमी हिंदी क्षेत्र से इन मामलों में भिन्नता मिलती है। अतः दूसरे जत्थे के आने से पहले पूरे उत्तर पश्चिमी भाग में जो आर्यभाषी थे उन्होंने दूसरे जत्थे के आने पर उसके लिए उसी तरह जगह बना दी और चारों ओर बिखर गये मानो यह एक खेल था और खेल के नियम में चतुर्दिक् फैल जाना शामिल था। इस मान्यता का भी एक हास्यास्पद पक्ष यह था कि दूसरे जत्थे के आर्यों ने पहले बसे आर्यों पर ही आक्रमण किया और उन्हें भागने पर विवश किया होगा।

इस मान्यता के अनुसार ऋग्वेद के लेखन का पूरा काम दूसरे जत्थे ने किया था। इसी के साथ हिंसा और लूट आदि के किस्से गढ़े गए थे। कोसंबी ने अपने प्राधिकार से इस क्रम को उलट और बाँट दिया, साथ ही ऐसी गुत्थियाँ पैदा कर दीं जिनके कारण वह अपने ही प्रस्तावों और तर्कों का सामना करने की स्थिति में नहीं रह जाते।

एक ओर हड़प्पा के विशाल अन्नागार और दूसरी ओर उनकी यह कल्पना कि हड़प्पा का कृषि उत्पाद मेसोपोटामिया से कम था। पुरुष देवता उसी समाज के व्यापारियों के हैं, मातृदेवियाँ उसी के किसानों की।

वह बताते हैं कि आर्यों का पहला जत्था चरवाहों का था, दूसरा जत्था कृषि के प्रसारक यायावरों का जो हल कंधे पर लादे घूमते थे।

वह बताते हैं कि भारत में आर्यों का आगमन तुर्की से हुआ था जहाँ वे सत्ता पर हावी थे और अपने को क्षत्रिय कहते थे। फिर भारत की ओर बढ़ने के साथ वे अपनी पहचान क्यों बदलने लगे।

बताते हैं कि भारत पर क्षत्रियों का आक्रमण हुआ था, और वर्णों के संदर्भ में बताते हैं कि वैश्य हड़प्पा सभ्यता के उत्तराधिकारी थे, इसीलिए हड़प्पा के मान बाट और उनका क्रम उस सभ्यता के नष्ट हो जाने के बाद भी बना रह गया, परंतु अवेस्ता में वइसपुथ्र या वैश्यपुत्र की ओर ध्यान नहीं देते। ब्राह्मण तो हड़प्पा के पुजारी थे जो जंगलों में भाग गए थे फिर मौका देखकर इतनी तैयारी से आए कि अपने विजेताओं के बाप के बाप (बाबा) बन गए और उनको अपनी धुन पर नचाने लगे। कौन कह सकता है कि मंत्र बल शस्त्र बल से अधिक बलवान है! कुछ लोगों को यह भी मानना चाहिए कि कोसंबी इतिहास में जादूगर की तरह आते हैं, जादूगर की तरह लोगों को सम्मोहित करते हैं, जादूगर की तरह असंभव को संभव बनाते हैं, और उनका सही स्थान इतिहास में नहीं गोगिया पाशा के क्षेत्र में था। सम्मोहन ग्रस्त विद्वानों की सही जगह क्या है इसे तो हम कभी जानते हुए भी कह ही न पाएँगे। मुसीबत यह है कि पुरोहित या ब्राह्मण (दस्तूर) भी ईरानी समाज में थे। कहें पूरी वर्ण व्यवस्था–क्षत्रिय, ब्राह्मण, वैश्य और इनके होने से ही चौथी जमात शूद्र। कोसंबी को बताना था कि आर्य अपने साथ पूरी वर्णव्यवस्था लेकर भारत में आए थे और मात्र इस तर्क से ही वे चरवाहे नहीं हो सकते थे। फिर उन्हें इस समस्या पर एक वैज्ञानिक की तरह सोचना चाहिए था। उन्होंने वैसा नहीं किया, किसी अन्य मार्क्सवादी इतिहासकार ने नहीं किया। वे उस अंड-बंड-संड को उसके कूड़े-करकट के साथ हजम करते रहे। किसी अन्य के बस का यह काम था ही नहीं।

हम जानते हैं कि किसान जमीन और पशुधन से इस तरह बँधे होते हैं कि वे उसके विस्तार की चिंता में, या फसल और पशुओं की रखवाली के लिए थोड़ा बहुत डंडा छड़ी घुमा भले लें, परंतु वे उपद्रव से परहेज करते हैं। वे आक्रामक जत्थों में संगठित होकर हजारों मील की दूरी पार करके आक्रमण करने नहीं जाते। कोसंबी जब कल्पना से काम लेते हैं तो कलात्मक औचित्य का ध्यान नहीं रखते जिसकी शर्त है कुछ चीजों के होते हुए कुछ चीजें हो ही नहीं सकतीं। अन्यथा वह कृषि का प्रसार करनेवाले आर्यों को नई कृषिभूमि की तलाश में कहीं से आया हुआ मानते भी तो उन्हें आक्रमणकारी न दिखाते।

आर्य आरंभ से ही पितृप्रधान थे, पर इसलिए नहीं कि वे पशुचारी थे, अपितु इसलिए कि वे कृषिकर्मी थे। उन्होंने कृषिकर्म उस चरण पर आरंभ किया था, जब प्रकृति को किसी प्रकार की क्षति पहुँचाना वर्जित और जघन्य माना जाता था। इस दुस्साहस का मूल्य भी उन्होंने चुकाया था, यह इस देश की लोक कथाओं से लेकर साहित्य तक में अनगिनत रूपों में बयान किया गया है। उसमें जाना विषयांतर होगा। यहाँ इतना ही

कि कृषि-उत्पादन का उन समाजों में प्रजनन से गहरा सादृश्य माना जाता था। यह बोध कि जिस तरह व्यक्ति भूमि का खनन करके उसमें बीज डालता है और उससे वैसा ही अनाज पैदा होता है, उसी तरह पुरुष योनि का खनन और उसमें अपने बीज का वपन करता है, इसका एक चित्र ऋग्वेद में भी आया है (अगस्त्यः खनमानः खनित्रैः प्रजामपत्यं बलमिच्छमानः, 1.179.6)। हलाई या सीता को इसीलिए योनि कहा गया है और लिंग और लांगल में भी समस्रोतीयता है। अतः उनके देवसमाज में मातृदेवियाँ न हों यह अचरज की बात होगी। उनकी अपनी सोच में धरती, जिससे अन्न उपजाया जाता है स्वयं माता जैसी है और वृष्टि से इसे उर्वर बनाने वाला आकाश या द्यौस् पिता तुल्य है। पृथ्वी उत्तान पड़ी गर्भधारण करती स्त्री जैसी प्रतीत होती है—आसीन ऊर्ध्वा उपसि क्षिणाति न्यक् उत्तानां अन्वेति भूमिम्, 10.27.13। कारण जो भी हो, कोसंबी इस अंतरावलंबन को समझने की स्थिति में नहीं थे जिसमें धरती को ही मातृदेवियों के रूप में कल्पित किया गया था, और इसलिए उसका लक्ष्मी होना, शाकंभरी होना, अन्नपूर्णा, इळा, मही आदि होना स्वाभाविक था, परंतु वही धरती अनावृष्टि के समय प्रचंड रूप धारण कर लेती है और फिर बड़े पैमाने पर नरसंहार और पशुओं की मृत्यु का भी कारण बनती थी या मानी जाती थी। इसे मौसम की गड़बड़ी से अधिक पृथ्वी का प्रकोप माना जाता था। हारी-बीमारी को भी उसका प्रकोप मान लिया जाता था। इन विश्वासों ने धरती को लक्ष्मी से लेकर कपालकुंडला तक अनगिनत रूपों में कल्पित और तुष्ट करने को प्रेरित किया है। धरती की दिशाओं के आधार पर ही उसको चतुर्भुजा, अष्टभुजा या दशभुजा (दश दिशाओं वाली) आदि कहा जाता रहा। धरती की भाँति ही अन्नवृद्धि में सहायक और जीवनदायिनी होने के कारण नदियों को भी माताओं के रूप में कल्पित किया गया। अतः सरस्वती, गंगा आदि के साथ मातृत्व का भाव जुड़ा रहा है। आहार के बिना चेतना भी काम नहीं करती, इसका सुंदर विवेचन एक उपनिषद कथा में है जिसमें प्रथम पाठ में पिता पुत्र को बताता है कि अन्न ही ब्रह्म है। अतः सरस्वती मात्र अन्नदा न रहकर ज्ञान और कला की भी देवी बनी। यूँ भी ज्ञान और प्रकाश के शब्द जल से निकले हैं। जल अग्नि का निवास है। परंतु इन संकल्पनाओं के विकास में बहुत लंबा समय लगा।

काली को रात्रि या यमी के रूप में तथा काल को दिन, सूर्य, यम, विवस्वान आदि रूपों में कल्पित किया गया और इनको लेकर कथाएँ रची गईं। फिर तो काल और काली में भेद ही नहीं रह जाता। कुछ स्थानों पर, जैसे तरकुलहा, देवरिया, पू. उत्तर प्रदेश में काली की प्रतिष्ठा समय माई के रूप में है। इन अवधारणाओं के विकास में अवश्य बुद्धिजीवी वर्ग या ब्राह्मणवर्ग की भूमिका देखी जा सकती है। यह वर्ग अपनी चिंता से विचार को भ्रमजाल का रूप देने में भी संकोच नहीं करता, कोसंबी की इस टिप्पणी से हम सहमत हो सकते हैं और मान सकते हैं। उसने अपने स्वार्थ-साधन के लिए बहुत सी अनर्गल बातें दार्शनिक सूझ में मिला दी हैं। परंतु ब्राह्मण एक दुष्ट जाति थी, जिसने समाज को अंधकार में रखकर अपना वर्चस्व बनाए रखा, लेकिन इसकी कोई विधायक

भूमिका नहीं रही है, ऐसा विचार उतना ही गलत है जितना यह कि यह एक पवित्र, सामाजिक कल्याण के लिए समर्पित, त्यागी और निस्पृह वर्ण है। ये दोनों अर्धसत्य हैं और पहला तो खतरनाक भी।

हड़प्पा सभ्यता की मुहरों पर केवल नर प्राणियों का अंकन है। मादा का अंकन अपवाद है, और यदि कहीं है तो उसका कृषिकर्म से संबंध स्पष्ट है। कोसंबी के अनुसार मुहरों का संबंध वणिकों से रहा हो सकता है, जबकि मातृदेवियों को पूजने वाले कृषिकर्म से संबंधित रहे हो सकते हैं। इस सरलीकरण से पूरी तरह सहमत नहीं हुआ जा सकता। मुहरों का संबंध व्यापारियों से, माल को सुरक्षित रखने और निरापद पहुँचाने से है, इस पर असहमति नहीं हो सकती, परंतु इस कारण ही उन पर केवल नर आकृतियाँ अंकित हैं, क्योंकि मादा अपेक्षाकृत कमजोर होती है अतः उसे स्वयं सुरक्षा की अपेक्षा होती है। गजयूथ में गजराज हो, या गोसमूह में वृषभ हो, या वानरयूथ में दलपति हो, या मानव समाज में पुरुष हो, शक्ति और सुरक्षा के मामले में पुरुष और सौंदर्य और उत्पादन के मामले में स्त्री आगे पड़ती है। यद्यपि इसका एक पक्ष यह है कि प्रकृति ने पुरुष को अधिक सुंदर बनाया, वर्ह से लेकर, केसर और दाढ़ी-मूँछ से उसने स्वतः पुरुष को सजाया और स्त्री इस कमी को विविध प्रकार से अपने को अलंकृत करके पूरा करती है। जो भी हो मुहरों पर अंकित प्राणी मात्र पशुओं की नराकृतियाँ ही नहीं हैं, अपितु उन रूपों में कल्पित देवों की प्रतिकृतियाँ भी हैं, यह तथ्य कोसंबी के बोधवृत्त से बाहर न था, परंतु ये देव ऋग्वेद में इसी रूप में वर्णित देव हैं यह स्वीकार करते ही आर्यों का आक्रमण ध्वस्त हो जाता, जिसके लिए कोसंबी तैयार न थे।

कोसंबी के अनुसार पशुपालक समुदाय पितृप्रधान होते हैं। परंतु हम पाते हैं कि पशुचारी और यायावर समाजों में स्त्री को कृषिजीवी समाजों की तुलना में अधिक स्वतंत्रता प्राप्त रहती है, जहाँ गोपियों, गोरियों और गुजरियों को नारी की मोहकता और मुक्ताचार का प्रतीक सा माना जाता है। वस्तुतः आदिम अवस्था जिसे कोसंबी हैवानियत की अवस्था कहते हैं, उसमें स्त्री को पूर्ण स्वतंत्रता प्राप्त थी। विकास के अगले चरणों पर इसमें क्रमशः कमी आती गई और कृषि व्यवस्था आने पर जैसे भूमि पर व्यक्तियों का स्थायी अधिकार हो जाता है, उसी तरह अपने स्वजनों पर भी पूरा अधिकार हो जाता है। केवल स्त्री ही दासी नहीं समझी जाती, पुत्र भी सेवक या प्रजा माना जाता है और उसके साथ वैसा ही अनुराग और अधिकार का भाव बना रहता है जैसा स्त्री पर।

आरंभिक रोपाई और देखभाल के काम में स्त्रियों की अग्रणी भूमिका रही है जो आदिम कृषि तक में प्रचलित रही जिसमें पुरुष यदि हरीस के पूर्व रूप, अरे या खंती से बँधी बरही को खींचता था तो पीछे स्त्री उसकी मूठ को दबाए रहती थी, या कहें बैल का काम पुरुष करता था तो हलवाहे का काम स्त्री करती थी। दंपती के संयुक्त प्रयास से आरंभिक चरण पर कृषि का विकास हुआ। कृषि के उन्नत होने के साथ अन्न उत्पादन के साथ ही प्रसाधन–अनाज को साफ करना, कूटना, पीसना, पकाना आदि और साथ ही शिशुओं और बच्चों-बूढ़ों की देखभाल के साथ शिल्प का–सूत कातने, कपड़े बुनने,

सिलाई और कशीदाकारी करने आदि के काम का—जंजाल बढ़ गया और इस तरह एक लिंग-आधारित कार्यविभाजन ने जन्म लिया।

परंतु जितने सरलीकृत और इकहरे रूप में हमने इसे प्रस्तुत किया है, यह विकास उतना सरल और इकहरा न था। यह बहुत उलझा हुआ विकास है और इसके एक-एक सूत्र को अलग करने चलें तो अनावश्यक विस्तार होगा। परंतु इतना उल्लेख जरूरी है कि खंती के आदिम रूप में सिरा चपटा नहीं, नुकीला होता था। उससे पहले सींग का विशेषतः हिरन और संभवतः बारहसिंगे के सींग का उपयोग किया गया और उसके बाद सींग में नुकीले पत्थर को फाल की तरह घुसा कर भूमि में जब नमी पर्याप्त रहती थी, उस समय खरोंच कर कुछ गहरी लकीरें बनाई गईं और इसके बहुत बाद, हजारों साल बाद, कई पूर्वरूपों से गुजरते हुए उस लांगल या हल का आविष्कार हुआ जिससे हम परिचित हैं और जो ऋग्वेद में मिलता है। लांगल के प्रभेदों—वृक्ण और सीर का भी उल्लेख ऋग्वेद में ही मिलता है और उसके पूर्वरूपों और विविध प्रयोगों के उल्लेख भी वैदिक साहित्य में ही मिलते हैं।

कोसंबी की कालसीमा में इस विकास का क्षुद्रतम अंश तक नहीं सिमट सकता था अतः वह इसे समझने की स्थिति में न थे। यंत्रों के विकास, पशुबल के प्रयोग और पशुपालन के समानांतर समाज में पुरुष-प्रधानता बढ़ती गई और व्यापारिक प्रसार और सामंतवादी विकास के साथ यह इतनी प्रबल हो गई कि स्त्री ऋग्वैदिक काल में ही पुरुष की भोग्या बनकर रह गई है। पुरूरवा प्रसंग में ही, जिसे कोसंबी एक बहुत प्राचीन आख्यान मानते हैं, पुरुष स्त्री का राजा बन चुका है—राजा में वीर तन्वः तत् आसीः (तुम मेरी काया के स्वामी हो, ऐसा ही बने रहो)। जीवनमूल्य कितने सूक्ष्म रूप में, कितने रहस्यमय तरीके से, हजारों साल तक लोकजीवन में उतरते रहते हैं, इसे भोजपुरी के एक लोकगीत की पंक्ति से समझा जा सकता है—सज्जी देहिया बलम के जमींदारी बा (मेरा पूरा शरीर पति की जमींदारी है)। इसमें पुरूरवा संवाद की यह पंक्ति ही नहीं सूर्या विवाह की उस अवधारणा का अवतरण भी देखा जा सकता है जिसमें स्त्री को क्षेत्र और पुरुष को उसमें बीज वपन करनेवाला बताया गया है।

किन विश्वासों, विचारों, तकनीकों और संबंधों की उत्पत्ति किन आर्थिक-सामाजिक परिस्थितियों में होती है, और अपने उत्पन्न होने के बाद वे सामाजिक-आर्थिक कारणों से ही स्वयं उन परिस्थितियों के चरित्र को अपव्याख्या से बदलने का प्रयत्न करती और इस प्रयत्न में विकास की दिशा में किस तरह के व्यवधान और विचलन पैदा होते हैं, इसकी व्याख्या के बिना मार्क्सवादी व्याख्या की बात करना आश्वस्त नहीं करता।

कोसंबी पाश्चात्य मान्यताओं के कुचक्र को तोड़ कर केवल वहीं बाहर आ पाते हैं जहाँ वह किसी न किसी रूप में आर्य आक्रमण की मान्यता के लिए समस्या पैदा करती प्रतीत होती हैं। वहाँ उनका विवेचन इतना भेदक होता है कि लगता है नीर-क्षीर-विवेक का प्रयोग इसी तरह की व्याख्याओं से पैदा हुआ होगा। ऐसा ही एक विवेचन 'दुहिता'

शब्द का है। इसके व्याज से यह सुझाया जाता रहा है कि वैदिक समाज में पहले कन्याएँ ही दूध निकालने का काम करती थीं। यह सूझ जैसा कि कोसंबी बताते हैं, लास्सेन की थी, जिसे बाद के विद्वान आँख मूँदकर दुहराते चले गए। कोसंबी ने इसकी जो व्याख्या की है वह ध्यान देने योग्य है। परंतु ध्यान रहे कि कोसंबी इसका प्रतिवाद इसलिए करते हैं कि चरवाहा समाज, उनकी व्याख्या के अनुसार, पितृप्रधान होता है, जबकि दोहन पशुचारण के उन्नत चरण पर आता है, रेवड़बंदी के चरण पर नहीं।

> अंग्रेजी शब्द 'डाटर', जर्मन 'तोख्टेर', ग्रीक में 'थाइगातेर', आयरिश में 'डियर', लिथुआनी 'दुक्तेर', रूसी में 'दोख' और संस्कृत 'दुहितृ' एक ही मूल से निकले हैं। संस्कृत धातु दुह् का अर्थ होता है दूध निकालना। अतः इस सिद्धांत के अनुसार मूल शब्द रूप दोग्ध्री था। इसका अर्थ था, 'वह जो दूध निकालती है' जिससे यह प्रकट होता है कि आदिम आर्य समुदाय में दूध निकालने का काम लड़की करती थी। यह मोहक चित्र लगता है जो सबसे पहले लास्सेन ने खींचा था। इससे मैक्समूलर ने अपनी सहमति जताई थी, और फिर तो बिना यह बताए कि यह किसकी सूझ है बहुत सारे भारतीय लेखकों ने अपने भ्रामक लेखों में इसे दुहराना आरंभ कर दिया, जहाँ से यह मराठी में भी आ गया और अब तो उस पुस्तक का रूसी में भी अनुवाद हो जाने के बाद कुछ खास श्वामपंथी बुद्धिजीवियों को अधिक कुछ पढ़ने और स्वयं सोचने की झंझट ही न रही। दुर्भाग्यवश इस आकर्षक अटकलबाजी से आज तक इस बात की व्याख्या न हो पाई कि आर्य भाषाओं में 'दुहने वाली' के लिए समान शब्द कैसे बचा रह गया जबकि दूध के लिए समान शब्दावली नहीं है। प्रसंगवश इस बात का ध्यान दिलाना उचित है कि चरवाहा जीवन को सामान्यतः पुरुषप्रधान माना जाता है; गो-दोहन रेवड़बंदी के अपेक्षाकृत बाद के चरण पर आरंभ होता है जो पुरुषों का काम माना जाता था। इसलिए ये न तो आदिम आर्य हुए न ही यह सबसे पहले महिलाओं का काम हुआ। भाषाशास्त्रियों ने ऐसी उद्भावनाओं का उपहास करते हुए टिप्पणी की है कि भारोपीय भाषाओं में पाँव के लिए तो सर्वनिष्ठ शब्द हैं, परंतु हाथ के लिए नहीं, अतः इस तर्क को इसकी परिणति पर पहुँचाते हुए यह निष्कर्ष निकाला जा सकता है कि साझे चरण पर आर्यों के पाँव तो होते थे, परंतु हाथ उनके अलगाव के बाद अंकुरित हुआ होगा।[8]

कोसंबी की टिप्पणी अपनी जगह है, उनका व्यवहार अपनी जगह। ध्यान रहे कि वह ऐसे ही नकारात्मक प्रमाणों का प्रयोग करने में स्वयं संकोच नहीं करते। सबसे रोचक है उनकी एक खास तरह के मार्क्सवादियों के विषय में टिप्पणी जो और कुछ पढ़ने या अपने दिमाग से काम लेने की झंझट से किसी लेखक को मार्क्सवादी मान लेने के बाद बच जाते हैं। यह जितने सटीक रूप में कोसंबी का नाम जपते हुए अपना बेड़ा पार लगाने वाले मार्क्सवादी इतिहासकारों की एक पूरी जमात पर लागू होता है, उतना डांगे को प्रमाण मानने वालों पर नहीं। कोसंबी जिन बातों पर हँसते हैं, उनमें से अनेक को समझते तक नहीं, यद्यपि जिन लोगों पर हँसते हैं वे कभी-कभी इसके पात्र प्रतीत होते हैं।

जहाँ पूर्व और पश्चिम में समानताओं का सामना होता है वहाँ यह ध्रुव नियम है कि पूर्व में पश्चिम का अनुकरण या आनयन हुआ होगा, जहाँ कोई मेल न बैठे वहाँ आर्यपूर्व अतिजीविता का हाथ मानना जरूरी हो जाता है, क्योंकि उस संक्षिप्त कालावधि में उनकी व्याख्या नहीं हो पाती जिसे कोसंबी ने अपनाया था। अतः उनका निम्न कथन बहुत शिक्षाप्रद है :

> काव्यों में वैदिक देवता इंद्र और पवित्र अग्नि का उल्लेख प्रायः आता है, परंतु अवर अवस्था में। कुछ दूसरे तत्त्व जो प्रकट होते हैं उनको पुरातन अवशेष मानकर गणना से बाहर रखा जा सकता है, विशेषतः विष्णु के अवतारों को जिनका बाद में एक खास ढंग का ब्राह्मणवादी सांप्रदायिक समाहार किया गया। इनमें से मत्स्य, कच्छप, वराह तो मेसोपोटामियाई भी हो सकते हैं, क्योंकि इनका संबंध महाप्लावन की कथा से है, (बल हमारा) जो वूली के ऊर के उत्खनन के अनुसार वास्तव में एक ऐतिहासिक घटना थी। वामन अवतार आर्यों के असीरियाई जनों से संघर्ष को प्रस्तुत करता लगता है और यही हाल उससे कुछ पूर्ववर्ती नृसिंहावतार का हो सकता है। परशुराम एक भार्गव योद्धा हैं, जो आर्यों से पहले के एक प्राचीन नायक राम हैं। यद्यपि उनके मामले में मनोवैज्ञानिक पक्ष ट्राय की हेलेन के आशय से लिया गया हो सकता है। मनोविश्लेषकों ने हमें सिखाया है कि कर्ण की तरह अपनी माँ द्वारा नदी में प्रवाहित करने और उसे एक पालनहार पिता द्वारा बचा लिये जाने की कहानियों को, जन्म की प्रतीकात्मक प्रस्तुति मानना चाहिए।[9] परशुराम आर्यों से पहले के भार्गव योद्धा हुआकरें, भृगु नाम फ्रीजियन से निकला हो सकता है।[10]

ऐसी व्याख्याएँ किसी समस्या को समझने में हमारी सहायता नहीं करतीं, यद्यपि भक्तिभाव से इन्हें दुहराया जा सकता है और कोसंबी का नाम लेकर दुहराया जाता रहा है। ये इस बात को प्रमाणित करती है कि पाश्चात्य व्याख्याओं के प्रति अपने अंधानुराग के कारण कोसंबी कितने उलझे और भ्रमित इतिहासकार सिद्ध होते हैं और पहले से चले आ रहे भ्रम को बढ़ाने में अपनी ओर से चौंकाने वाले करतब करते हैं। गिलगमेश कथा और जलप्रलय की घटना की विस्तार से व्याख्या हमने अन्यत्र की है।[11] जलप्रलय मानसून प्रधान क्षेत्र की घटना सिद्ध होती है जिसके साथ भूगर्भीय उपद्रव भी जुड़ गया था। इसके पुरातात्त्विक प्रमाण भारत में उसी काल रेखा पर तलाशे जा सकते हैं जिसमें सिंधु की धारा ही रुक गई थी और एक विशाल बाँध सा बन गया था। जहाँ तक वूली का प्रश्न है, पुरातत्त्वविदों ने उनकी इस मान्यता पर उनकी खिल्ली उड़ाई थी, क्योंकि वह मिट्टी की मोटी पर्त जहाँ से मिली थी वह पहले का एक गड्ढा था, और उसमें बाढ़ का गाद भर गया था। पुरातत्त्व में कुछ जोड़, तोड़ और छोड़कर विख्यात पुरातत्त्वविद् भी अपने आग्रहों या कल्पनाओं को सत्य सिद्ध करते आए हैं, जिनमें कुछ विश्वप्रतिष्ठ हैं, जैसे वूली, मार्शल, ह्वीलर, उसने पुरातत्त्व की प्रामाणिकता को भी संदिग्ध बनाया है।

भारतीय आटविक समाज की अपनी पुराणकथाएँ हैं। उनकी प्रकृति और अंतर्वस्तु बिलकुल भिन्न है। भारतीय परंपरा बार-बार इस बात को दुहराती है कि वह स्वयं भी ऐसी ही आटविक अवस्था में रहती थी अतः उसके देवसमाज, रीतिविधान, और धर्म की जड़ें भी उसमें हों, यह स्वाभाविक है। जिन देवों को आटविक समाज ने ब्राह्मणवादी प्रभाव से लिया, उनको भी उन्होंने अपने कल्पनालोक में ले जाकर अपने ढंग से गढ़ा है।

सभ्यताओं के चरित्र की ही तरह वह अति प्राचीन संस्कृतियों के चरित्र, विकास और पारस्परिक अंतरावलंबन को भी समझने में चूक करते हैं। उदाहरण के लिए वह कुछ हिमयुगीन फ्रांसीसी चित्रों का उल्लेख करते हैं :

French Ice-age cave painting (Les Trois Freres) of masked dancer

इसके संदर्भ में वह नृत्यरत गणेश की एक मूर्ति को रखते हैं।

Dancing Ganesa

कोसंबी लिखते हैं, "हमें ले त्रोइस फ्रेरे या फ्रांस के मुखौटा लगाए हिमयुगीन नर्तक की तुलना नृत्यलीन नटराज और भैंसे के सींगों वाले सिंधु सभ्यता के शिव से करनी है। गजानन गणेश भी कभी-कभी नृत्त गणेश या नृत्य करनेवाले गणेश के रूप में दिखाई देते हैं। इनका यूरोपीय हिमयुगीन नर्तक से कोई संबंध नहीं है जो महागज के मुखौटे को शिरोधान के रूप में प्रयोग में लाता था, और महागज के दंत की नकल अपने हाथों से करता है :

"क्या ये नर्तक इस बात की व्याख्या नहीं कर सकते कि गणेश के एक ही दाँत क्यों है? भारतीय कबीलाई नर्तक एक ही समय में अपने दोनों हाथों से गजदंतों की अनुकृति में सफल न हुआ होगा। बानर-मुख हनुमान, जिन्हें एक हाथ में पर्वत लेकर जाते दिखाया जाता है, उसी तरह कूदते हैं जैसे हैवानियत की अवस्था में ओजस्वी नृत्य करनेवाला।...जो लोग यह सोचकर उन्मेष का अनुभव करते हैं कि शिव मूलभूत सृष्टि-विधान के प्रतीक हैं और उनके नृत्य में समस्त ब्रह्मांड–

इसका द्रव्य, गति, बुद्धि और क्रिया-समाहित है उन्हें इससे खिन्न नहीं होना चाहिए। उन्होंने आदि मानव के बिंब-विधान को त्यागे बिना ही उसकी आदिम सीमाओं से ऊपर उठने का प्रयत्न किया है।"[12]

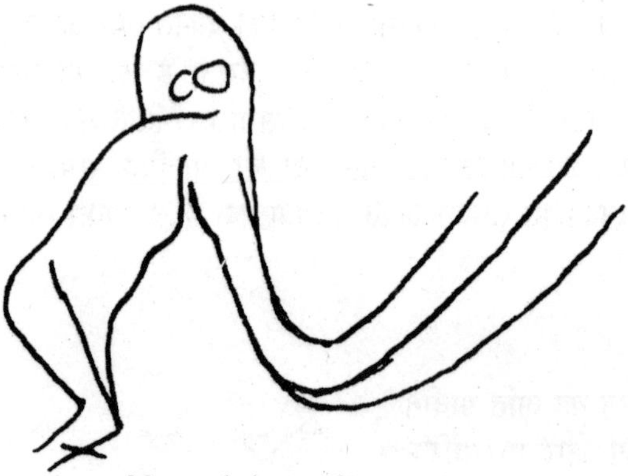

Mammoth-dancer of Ice-age France

कोसंबी आगे यूरोप के हिम-युगीन रेखांकनों और कतिपय देवों की आधुनिक भारतीय आकृतियों में समानता की ओर ध्यान आकृष्ट करते हैं और इसके साथ ही यह जोड़ना नहीं भूलते कि "इसका यह अर्थ नहीं कि ये उसी की देन हैं। विचारों के प्रसार संबंधी विविध मान्यताओं की चर्चा किए बिना, मैं इतना ही कहता हूँ कि जो लोग समान तरीकों और तकनीकों से जीते हैं वे अक्सर एक जैसी आराधना-पद्धति (कल्ट) अपना लेते हैं जैसे वे पत्थर के एक जैसे उपकरण तैयार कर लेते हैं। उदाहरण के लिए हमारे यहाँ बहुत सारे रेखांकन हैं जिससे मिलते-जुलते आरिग्नेशियन फ्रांस के माडल के आधार पर गुहामानव ने पूरे आकार के जानवरों के रेखांकन किए। इनकी वैसी ही नकल निश्चय ही जनन अथवा शिकार में वृद्धि के इरादे से की गई थी।"[13] ध्यान रहे कि कोसंबी यहाँ फ्रांस के हिमयुगीन वटिकाओं (पेबल्स) पर अंकित इन बहुमिश्र रेखांकनों की हड़प्पा सभ्यता की मुहरों के बहुमिश्र अंकनों और अर्धनारीश्वर की अवधारणा आदि से साम्य का विवेचन कर रहे हैं। परंतु प्रश्न यह है कि क्या हड़प्पा की मुद्राएँ बनाने वाले शिकार में आसानी के लिए अपने रेखांकन कर रहे थे?

कोसंबी जिस बात को मिथ एंड रिएलिटी में नहीं कह पाए उसे वह ऐन इंट्रोडक्शन टु दि स्टडी ऑफ इंडियन हिस्ट्री में पूरा बल देकर कहते हैं, "हमारे गणेश निश्चित रूप से उन उद्भावनाओं से जुड़े हुए हैं जिनसे जानवरों के रेखांकनों के बीच जानवर का मुखौटा लगा कर नृत्य करते नरपशुओं को चित्रित किया गया है। इनमें सबसे प्रसिद्ध ले त्रोइ फ्रेर का ओझा और एक बाँसुरीवादक है जो ग्रीक पैन का पूर्वरूप है। इन अंधविश्वासों

के भारत में अधिक लंबे समय तक बने रहने का कारण यह है कि हिमयुग के गहराने के साथ यूरोप में आहार दुर्लभ होता गया अतः यह परंपरा वहाँ खत्म हो गई जबकि भारत उससे इतना अधिक प्रभावित नहीं हुआ था।[14]

जिस तरह तकनीकी आविष्कारों में जटिल आविष्कार दूरस्थ ठिकानों या बाद के कालों में एक दूसरे से प्रेरित और शिक्षित हुए बिना नहीं हो सकते, उसी तरह जटिल संकल्पनाओं की समानताएँ भी आकाशपतित नहीं होतीं। समान जीवन पद्धति वाले समाजों के सोचने या तकनीक में समानताएँ नहीं होतीं। इसी के आधार पर हम पाषाणयुगीन औजार बनाने के केंद्रों में अंतर करते हैं। जहाँ सादृश्य दिखाई देता है वहाँ अदृश्य संपर्क सूत्र सक्रिय होते हैं, जिसके लिए कभी ह्वीलर ने 'विचारों के पंख' वाला मुहावरा गढ़ा था और जिसे विसरण सिद्धांत (डिफयूजन थियरी) के नाम से जाना जाता है। इसका बहुत विरोध हुआ था और इसकी लोकप्रियता लगभग समाप्त हो गई। कई बार सही सिद्धांतों को जनभावना के कारण वापस लेना पड़ता है और कई बार उन्हें उल्टे सिरे से लागू किया जाता है जिसके कारण वे स्वयं हास्यास्पद हो जाते हैं। यही ह्वीलर के विसरण सिद्धांत के साथ भी हुआ था और यही कोसंबी के समान जीवन पद्धति समान तकनीक-बराबर समान विचार और उद्भावना के साथ भी है।

कोसंबी की मान्यता का अटपटा पक्ष यह है कि इसके अनुसार यूरोपीय हिमयुगीन मानव की जीवनपद्धति और तकनीक तथा इतिहासकालीन भारत और हड़प्पाकालीन भारतीय संस्कृति और जीवनपद्धति में समानता होनी चाहिए। इस पर आगे कोई टिप्पणी शब्दों की बर्बादी होगी।

जहाँ तक विसरण सिद्धांत की बात है, विचारों के पंख की बात है, ये किन रूपों में अदृश्य होकर जीवित रहते हैं और क्या रूप लेकर पुनः प्रकट हो जाते हैं, इस पर इन पंक्तियों के लेखक से पहले डा.परशुराम चतुर्वेदी ने ध्यान दिलाया था और दिखाया था कि कैसे वैदिक उलटबांसियाँ संस्कृत और प्राकृत साहित्य में नहीं मिलतीं, फिर भी सिद्धों और संतों की रचनाओं में हजारों साल के बाद दृष्टिगोचर हो जाती हैं। हमने अपने लेखन में केवल इसके आयामों का विस्तार किया कि कैसे भाषा में, मुहावरों में, लोकगीतों में, हमारी रुचि और पसंद में, जाहिर है, अंधविश्वासों तक में इतिहास जीवित रहता है और ऊपरी सतह पर अदृश्य बना रहता है। उदाहरण के लिए वैदिक जनों के पूर्वजों ने पशुपालन बकरी पालने से आरंभ किया और कर्मकांड का आरंभ उस समय ही हो गया था, यह तथ्य यज्ञ में प्रयुक्त आज्य (न कि गव्य) में, ब्राह्मणों के इस कथन में कि देव आज्य-प्रिय हैं और मनुष्य घृतप्रेमी तथा अश्वमेध में बलि पशुओं के जलूस में सबसे आगे बकरे को रखने में और अज को अग्नि का वाहन मानने आदि विविध रूपों में बचा रहा, जबकि यह चरण आज से साढ़े छह हजार साल से भी पीछे जाता है। इसी तरह गाढ़े दिन, जीवन की नैया को पार लगाने, दुख को भवसागर के रूप में कल्पित करने, आराध्य देव को नाविक या बेड़ा पार लगाने वाला बताने वाले मुहावरे सीधे ऋग्वेद से आए हैं जबकि संस्कृत साहित्य में इनका अभाव सा प्रतीत होता है।

कोसंबी यूरोप के हिमयुगीन अंकनों से समानता रखनेवाले भारतीय रेखांकनों को उस परंपरा से काटकर रखना चाहते हैं। पर इनकी संश्लिष्टता और जटिलता के कारण इनमें संबंध होना अनिवार्य है। हमारा ध्यान कोसंबी के इस विश्लेषण पर तब नहीं गया था परंतु हमने भाषा पर विचार करते हुए जो निष्कर्ष निकाले थे, उनका उल्लेख यहाँ उचित लगता है :

"यह कहना भी सरलीकरण है कि भारत में चार भाषा-परिवार हैं और दूसरी बोलियाँ उनसे ही उत्पन्न हुई हैं। विगत हिमयुग के संकट काल में भारत असंख्य भाषाई समुदायों का शरणस्थल बन गया था। भौगोलिक निकटता, कबीलाई गठन, सांस्कृतिक आदान-प्रदान, राजनीतिक शासन और आर्थिक अंतर्क्रियाओं के कारण समान भाषाई तत्त्वों वाले जो समुदाय बने उनसे पारिवारिकता का भ्रम पैदा होता है।"[15]

कहें हमने भारतीय संस्कृति, भाषा, रीति-नीति के निर्माण की प्रक्रिया में उन विविध जनों की भागीदारी को रेखांकित किया था न कि आर्य या अनार्य या द्रविड़ जैसी किसी जाति को। इस महायज्ञ में उन सबकी समिधाएँ पड़ी थीं जो हजारों साल तक अदृश्य और अचेत रूप में चलता रहा था। इसी अर्थ में हम सभ्यता के उत्स और विकास में भारत की अग्रणी भूमिका को पहचान सकते हैं।

सभ्यता के उत्स और विकास को समझने के लिए जिस कालप्रसार और मानव समुदायों की रासलीलाओं और तांडवनृत्यों के महारंगस्थल की पहचान अपेक्षित थी, उसकी कुछ छूट कोसंबी पश्चिमी एशिया को तो देने को तैयार थे, परंतु भारत को नहीं, अतः वह सिंधु सभ्यता का भी अवमूल्यन करते दिखाई देते हैं। यह काम वह उसकी समृद्धि को कम करके आँकने[16], आर्थिक-शोषण और उत्पीड़न को महान सभ्यता का एक अनिवार्य लक्षण मानकर सिंधुघाटी में उसके आपेक्षिक अभाव[17], और दंभ प्रदर्शन के मूर्त रूप भव्य प्रासादों और मंदिरों के अभाव को रेखांकित करते हुए[18], इसके चरित्र को समझे बिना इसके परिपक्व काल में परिलक्षित लंबे ठहराव को रेखांकित करते हुए[19], इसके उत्थान में पश्चिमी एशिया की भूमिका की ओर संकेत करते हुए करते हैं।[20] वह उसके इस पक्ष को भूल जाते कि यदि उस काल में पूरा का पूरा नगर योजनाबद्ध रूप में बाढ़ के खतरों से बचाव की व्यवस्था के साथ बसाया गया था तो स्वविशिष्ट चरित्र वाली इस सभ्यता के विकास और शिखर तक पहुँचने का चरण भारत में ही किसी दूसरी समुद्रगामी नदी के तट पर संपन्न हुआ होगा और वह सरस्वती है। कोसंबी को पता था कि हड़प्पा सभ्यता के पतन का कारण नदियों की धारा में आया बदलाव भी हो सकता है[21], परंतु वह इसकी चर्चा अपने विश्लेषणों में नहीं करते क्योंकि उससे आर्यों द्वारा नगरों के ध्वंस और नागरिकों के संहार की कहानी में मजा नहीं आएगा। इससे जो असंगतियाँ पैदा होती हैं वे उससे भी विकट होती हैं जिन्हें सुधारने के लिए वह तोड़-मरोड़ का सहारा लेते हैं।

कोसंबी भारत की उपलब्धियों का भी उपहास करते हैं जिन पर उन्हें गर्व होना चाहिए। दिक् और काल और द्रव्य के मानों में उन्नीसवीं शताब्दी तक किसी अन्य देश के लिए कल्पनातीत बड़ी संख्याओं और सूक्ष्मातिसूक्ष्म विभागों की अवधारणा को इस आधार पर बेतुका बताते हैं कि इनके माप के यंत्र उस समय बन ही नहीं सकते थे।

वे भारतीय सभ्यता की प्रकृति को समझने के लिए तैयार ही नहीं थे। भारत को पश्चिम के अनुरूप देखना चाहते थे, वह भी उस पश्चिम के अनुरूप जो संस्कृति, ज्ञान और मनुष्यता से नहीं, ईसाइयत से जुड़ा हुआ था। भारत को भी वह मुख्यतः ब्राह्मणवाद से जुड़ा मानते थे। वह यह नहीं समझ सके कि जो धर्म कुकर्मों का दंड प्रलय के दिन दिए जाने की कल्पना से जुड़े थे, उनका कालबोध सीमित रहने को बाध्य था। यदि प्रलय लाखों, करोड़ों या अरबों साल बाद आनेवाला हो, तो इस अंतिम न्याय का प्रभाव नगण्य रह जाएगा। यही उनके सृष्टि काल को भी सीमित करता था। इसी तरह जिनके परमेश्वर की कल्पना दुनिया से ऊपर सबसे ऊँचे आसमान पर बैठे एक शासक की थी जो इतना प्रतापी था कि उसका मानवता से सीधा संपर्क ही नहीं हो सकता था। उसके दूत ही प्रजा तक उसका संदेश पहुँचाते थे, उसके ब्रह्मांड की अवधारणा भी छोटी होने को बाध्य थी। अनंतानंत दूरी की अवधारणा के साथ परमेश्वर भी वायवीय हो जाता। द्रव्य के मामले में भी यही तर्क काम करता है और अधिक जटिल रूप में काम करता है। हम उसके ब्यौरे में नहीं जाएँगे। परंतु जो धर्म यह मानते थे कि मनुष्य अपने अच्छे-बुरे कर्म का मरने के बाद ही नए जन्म में पाता रहता है; जो मानता था कि स्रष्टा सृष्टि में ही है, इसके कण-कण में व्याप्त और कहीं से प्रकट हो सकता है, उसके लिए काल और दिक् को संकुचित रखने की आवश्यकता न थी।

हम यहाँ उस तरह की तुलना नहीं कर रहे हैं जिसमें एक संस्कृति दूसरी से महान और अनुकरणीय बन जाती है, जो कोसंबी की सोच है। कहना केवल यह है कि संस्कृतियों के अपने साँचे होते हैं, और उनमें एक सीमित लोच होती है, परंतु उन साँचों की आनम्यता के दायरे में ही उनकी उड़ान संभव होती है। सामी मतों और विश्वासों ने अपने गुलामों पर मनमानी करनेवाले 'सर्वशक्तिसंपन्न' फराऊनों की छवि में अपने परमेश्वर को गढ़ा था जिस तक उसके पुजारियों (फरिश्तों) की ही पहुँच थी। वह उन संस्कृतियों से भिन्न साँचा था जिसमें परम तत्त्व अपने ही विराट के रूप में, अपने सखा, माता, पिता, बंधु आदि रूपों में कल्पित किया जा सकता था न कि निरुपाय बंदों या बंदियों के दंड विधाता के रूप में। जिसमें उसे सर्वव्यापी अग्नि के रूप में प्रत्यक्ष किया गया था क्योंकि पाषाण युग में ही अपने औजार बनाते हुए उसने यह पाया था कि पत्थर पर किसी जगह चोट करो, उससे चिनगारी निकलती है। जाहिर है, यह चकमक के उपयोग के साथ ही आरंभ हुआ होगा, और जरूरी नहीं कि चकमक से आग पैदा करनेवाले मूल रूप से भारतीय भूभाग के ही रहे हों। वे अन्यत्र से आए हुए भी हो सकते थे। परंतु इस बीज प्रत्यय का यह दार्शनिक विवेचन तो भारतीय परिवेश में ही संभव था कि अग्नितत्त्व आकाश में विराजमान है, जहाँ से उल्काओं के रूप में प्रकट होता है, यह अपने प्रकट होने के

साथ ही शुचिता उत्पन्न कर देता है, यह जल से बडवानल और विद्युत के रूप में प्रकट होता है, पत्थर से पैदा होता है, लकड़ी से प्रकट होता है, ओषधियों से अर्थात् अन्न से पैदा होता है, और मनुष्यों के बीच यह (प्रतापी) राजा के रूप में प्रकट होता है—त्वमग्ने द्युभिः त्वं आशुशुक्षणिः त्वं अद्भ्यः त्वं अश्मनः परि। त्वं वनेभ्यः त्वं ओषधीभ्यः त्वं नृणां नृपते जायसे शुचिः, ऋ.2.1.1।

इसे हम चिंतन का सर्वोत्कृष्ट रूप न कहकर भारतीय सांस्कृतिक साँचे में, जिसकी रचना अज्ञात क्षेत्रों से आए भारतीय महाकटाह में दैव विपाक से निक्षिप्त किए गए अनंत जनों की सक्रियता, अक्रियता, हिंसा, प्रतिहिंसा के कारण विविध गतियों से विविध कोनों में चलती रही थी, उसी से हुई थी और इस बोध तक पहुँचने में पाश्चात्य सभ्यता को ग्रीक युग से ढाई हजार साल की यात्रा के बाद आधुनिक युग तक आना पड़ा और तब पता चला कि अणु की संरचना भी सूर्यमंडल की संरचना का क्षुद्रतम रूप है और उपआणविक जगत आध्यात्मिक जगत जैसा रहस्यमय और प्रबल है। इन दोनों योग्यताओं से शून्य हम लौट कर इतना ही कह सकते हैं कि प्रकृति और परिस्थिति और उसमें संभव उपलब्धि के भीतर यदि सभ्यताओं का मूल्यांकन न हो तो बहुत सारे गुण-अवगुण रक्त में, दिशा में, और दैवकृपा में तलाशे जाते हैं। वस्तुवादी विश्लेषण में इनके लिए जितना ही कम अवकाश मिलेगा उतना ही अधिक वस्तुपरक कोई विश्लेषण हो पाएगा।

तकनीकी सीमाओं के कारण सूक्ष्मतम और महत्तम के माप के लिए यंत्रों का विकास नहीं हो सकता था, न लेन-देन में उतनी बड़ी संख्याओं की आवश्यकता हो सकती थी, परंतु अवधारणा के रूप में इनका महत्त्व क्या है इसे हम आधुनिक युग में ही आकर जान सके हैं जिसमें सृष्टि, ब्रह्मांड, इसकी नियति आदि के संबंध में आधुनिक विज्ञान ही उस चिंतन से कुछ आगे बढ़ पाया। एक सीमा पर पहुँच कर इसके औजार भी बेकार हो जाते हैं परंतु अवधारणाएँ और अनुमान काम में आते हैं। पश्चिम में इनकी अवधारणाएँ बहुत संकुचित थीं अतः यह विराट संख्या पश्चिमी अध्येताओं को आतंकित करती रही और वे इसका उपहास करते रहे, जबकि विज्ञान की प्रगति ने उनको हास्यास्पद सिद्ध कर दिया। परंतु प्राचीन भारतीय उपलब्धियों के संदर्भ में कोसंबी का दृष्टिकोण इतना नकारात्मक बन गया था कि वह जिन निष्कर्षों तक स्वयं अपने आँकड़ों और विश्लेषण से पहुँचते हैं, उनसे भी किसी न किसी बहाने लौट आते हैं। उन्हें भारत के सांस्कृतिक अवमूल्यन में मूर्तिभंजन का आनंद आता है। यह आनंद स्वयं उन्हें अपेक्षा से अधिक असंतुलित और अरक्षणीय बना देता है।

सन्दर्भ सूची

1. "Druids in Caesar's Gaul, similar to ancient Brahmins, 160" Index to The Culture. परन्तु इस पुस्तक के पृष्ठ 160 पर या उसके आगे पीछे के पन्नों पर पूरे वाक्य में प्रयुक्त किसी शब्द का उल्लेख नहीं है। यह सोचकर कि संभव है, यह पृष्ठ 60 पर हो, परन्तु पृ. 53-113 तक को जाँचने पर ऐसा कुछ न मिला। क्या ऐसा तो नहीं कि कोसंबी यह सोचते रहे हों कि अधिकांश आलसी अनुसंधाता इंडेक्स से ही काम चला लेते हैं, पुस्तक में जो बात न लिखी उसे

यहाँ तो नहीं भर दिया हो। जिम्मेदारी से भी बचे रहे, दोष इंडेक्स तैयार करनेवाले के सर। पर ऐसी चूक इंडेक्स तैयार करनेवाले से हो सकती है, विश्वास नहीं होता? समझ में नहीं आता किसे उत्तरदायी मानें। ऐसा एक दो अन्य स्थलों पर भी मिला इसलिए हम अनुसंधान करनेवालों से अपेक्षा करेंगे कि वे कोसंबी के इंडेक्स पर भरोसा न करके, पाठ में साक्ष्य तलाश करें। परन्तु यहाँ जिस बात पर ध्यान दिया जाना चाहिए वह यह कि इसके माध्यम से कोसंबी बिना किसी प्रमाण के यह ध्वनित करना चाहते हैं कि हड़प्पा सभ्यता के निर्माता द्रविड़ थे और उनके ही पुरोधा ब्राह्मण बनकर चरवाहे आर्यों पर हावी हो गए। इसमें यह भी ध्वनित है कि हड़प्पा सभ्यता के निर्माण में ही नहीं, आगे वैदिक काल में भी हैवान मुंडा भाषियों का कोई योगदान न था। कारण इनमें दक्षिण एशियाई होने का प्रमाण है, परन्तु भारत में सभ्यता का बीजारोपण करनेवालों को तो पश्चिम से ही आना चाहिए। उसका एक मात्र समाधान उन्होंने तलाश लिया। कहाँ हड़प्पा का निर्माण काल और कहाँ कैसर कालीन गालों के पुरोधा द्रुइड। पर यहाँ कोसंबी से एक भारी चूक हुई लगती है। द्रविड़ ध्वनिसीमा में यह शब्द संभव ही नहीं। यह तमिल, तमिष् का संस्कृत उच्चारण है जो उसकी ध्वनि-प्रवृत्ति के कारण द्रविड़ बनता है। इसका द्रुइड् से ध्वनिसाम्य द्राविड़ प्राणायाम है।

2. The only people that adopted this without the Aryan idiom are Dravidians, not Austro-Asiatics. So afr as I know, neither the primitive Australians nor those aborigines whose languages (e.g. Munda, Khmer, etc.) serve as source-material for the Austro-Asiatic theory produced any striking innovation in food production. Whatever they know of serious agriculture, metal work, pottery and handicrafts (except weaving baskets and fishing-nets) seems to have been learned after the 'Aryan invasion', so that they still remain nearer to the food-gathering stage than any other people in the East. Combined Methods in Indology, 15
3. "Buddhist, Jain and other monks, Brahmin priests and an occasional adventurer of some military capacity would generally introduce food-production and a class structure. From that stage, the course of assimilation depended upon the relative wealth and armed strength of the environment. The important point is that there was always a reciprocal influence." Combined Methods in Indology,19.
4. The story of Baka Dālbhya or Glāva Maitreya *(ChUp.* 1.12) shows, if it has any rational meaning, how brahmins could penetrate non-Aryan tribes, take over new cults, and so ultimately help food-gatherers turn into food-producers. *Intro.,* 134
5. The long, rigid training in the vedas which gave the brahmins solidarity beyond the tribe which helped them loosen tribal bonds to form a a society, also made them unfit to handle plough or bow. Ibid.
6. "It seems to me that forgotten tribes show their existence in the onomasticon of peasant deities, particularly the mother-goddesses; Sirkai, Tukāī, Bolhāī, Meṅgāī, Soiṅgzal, Kumbhaljā (and of course the pre-Sakyan Lumbinī seem to have no acceptable deri-vation." वही।
7. "But there is nothing to show that any of these were Austro-Asiatic nor that they all belonged to one pre-Dravidian or pre-Aryan group. Brahmin tra-dition lumped all kinds of aborigines together under the generic title *nāga* (cobra or more rarely elephant), presumably as snake-worshippers." वही।
8. The English word *daughter,* German *Tochter, thygatêr* in Greek, *dear* in Irish,. Lithuanian *dukte, doch* in Russian are of common derivation with the Sanskrit

duhitṛ. The Sanskrit root *duh* means' to milk,' so the word was, according to this theory, originally *dogdhrī* = 'she who milks,' to indicate that it was the daughter of the primitive Aryan afmily who did the milking. This charming picture seems to have been drawn first by Lassen, quoted with approval by Max Muller, plagiarised by various Indian authors in deservedly obscure writings, re-adopted from the Marathi, and now gains an unforeseen sanctity by translation of the last such repeti-tion into Russian, which saves a certain type of ' left intelluals from reading anything else or thinking for himself. anfortunately, this attractive conjecture still afils to explain why the Aryan languages preserved a common word for 'she who milks' without a common word for 'milk'. It might be noted in passing that the 'pastoral life is_usually admitted to be patriarchal; milking the cow comes at a com-paratively late stage in herding what was male property, so that it would not be primitive Aryan, nor at first the work of women. It has been remarked by 'derisive philologists that there exists a common root-derivation for 'foot,' but none for 'hand' in the Indo-European languages, whence the same logic consistently applied would demand the conclusion that the unseparated Aryans possessed feet, but not hands, which must have sprouted after the separation! *An Introduction to the Study of Indian History*, Popular Prakashan, Bombay, 2008, p.6

9. Vedic deities, Indra and the sacred fire, occur often enough, but in a subordinate position. Some of the elements that appear can be discount-ed as ancient survivals, particularly the *avatāras* of Viṣṇu which contain a typical later Brāhmaṇic synthesis of various cults -of which the Fish, Tortoise, Boar, may even be Mesopotamian, connected as they are with the legend of the flood which actually was a historical event according to Woolly's excavations at ar. The dwarf Vamana may represent some struggle of the Aryans against Assyrians, as perhaps his predecessor the man-lion Nòṛsimha. Parasurama is a Bhargava hero, Rama some ancient Indian hero apparently pre-Aryan, though with him the psychological element may account for the Helen-of- Troy motif. Psychoanalysts have taught us to regard such themes as Karṇa's being set afloat on the river by his mother and drawn from the waters by his foster-parents as a sym-bolic representation of birth. *Early Stages of the Caste System in Northern India, 201*
10. Most surprising of all, however, is the name Bhrigu among Sudās's enemies, obviously then a tribe. The word is philologically related to 'Phrygian'. The Culture, 82.
11. भ.सिंह: हड़प्पा सभ्यता और वैदिक साहित्य, 1987, खंड 2, 222-233
12. Myth and Reality, 2008, 5-6
13. ibid. 8-9
14. Our Ganesa is surely not unconnected with the ideas that led to the human diablotins with animal head-dresses, dancing among the beasts drawn on cave walls (AlA. figs. 30. 31, 70), of which the most afmous are the . sorcerers at Les Trois Freres (AlA fig. 142) and a piper, forerunner of the Greek Pan (AlA fig. 143). The reason for longer survival of these superstitions in India was that the glaciations did not affect the food supply as severely as in Europe, where the remarkably intense Ice Age cults were killed off by the bitter climate.Intro.. 46.

15. It is simplistic to say that India is the home or haven of four language afmilies, of which all the other Indian dialects are born. India became the haven of hundreds of tribes during the plight of the last glaciations. Language groups sharing much in common due to geographical proximity, tribal organisations, cultural exchange, political governance and economic interactions create an illusion of afmily relationship." The Vedic Harappans, 1995, 346.
16. The Indic Aryans did not survive as rulers superposed upon the older culture, unlike their fellows in Mesopotamia, Asia Minor, and perhaps Egypt. This means that Indus surplus production was less than in the west and quickly ruined. 'Stages of Indian History', Combined Methods in Indo logy, 62
17. But the mechanism of violence was trifling when compared to similar wealthy cities elsewhere. Stages of Indian History 61
18. There seem to be no large public monuments worth the mention. Neither great palace nor great temple dominates the city. Stages of Indian History 61
19. Its stagnant nature is further revealed by the virtual absence of change over a thousand years.
20. There was, in afct, a stratum common to the Indus and Sumerian cultures.
21. ...Indus valley culture, discovered by our archaeologists; a culture that may have been destroyed by Aryan invaders or died out because of the shift of the Indus. Early Stages of the Caste System in Northern India,201

चौदह

आर्यों की छवि और आर्यों का आक्रमण

भारत से लेकर यूरोप तक की भाषाओं में गहन समानताओं को लक्ष्य करने और इनके किसी एक ही भाषा से उत्पन्न होने के विचार के साथ उस भाषा के बोलने वालों की कल्पना स्वाभाविक थी। उसे बोलने वालों के किसी एक रक्त से जुड़े होने की कल्पना उसका ही विस्तार थी जिसे किसी अन्य की तुलना में जर्मनों ने अधिक उत्साह से पकड़ा। जर्मनों पर अपने को शुद्ध रक्त का सिद्ध करने का एक मनोवैज्ञानिक दबाव था। शुद्ध आर्य रक्त पर बल और स्वयं को किसी अन्य से अधिक खरा आर्य सिद्ध करने की प्रबल आकांक्षा एक तरह की क्षतिपूर्ति थी। इसी के चलते कुछ समय तक आर्यों के नोर्डिक कायिक लक्षणों की बात की जाती रही जिसे आगे चलकर अतर्क्य और अग्राह्य पाया गया।

कोसंबी जर्मन आर्यवाद को जघन्य मानते हैं[1], और आर्य जाति को आर्यभाषा बोलने वाले समुदायों के आशय में ग्रहण करते हैं, परंतु उस वंशधरता से पूरी तरह मुक्त नहीं हो पाते।[2] वह आर्य को भारोपीय जनों का पर्याय बना देते हैं[3], और फिर उनके कुछ जन्मजात गुणों की बात करते हैं जिनके कारण वे अपने समय के समूचे सभ्य जगत पर छा गए।[4] यह व्याख्या शुद्ध-रक्तवाद के इतने निकट पहुँच जाती है, यह हम पीछे देख आए हैं।

नगर सभ्यताओं के शत्रु

यह कल्पना कि आर्यों ने दूसरी सहस्राब्दी ईसापूर्व के मध्य में मध्येशिया से फैल कर अपने समय की नगर सभ्यताओं को ध्वस्त कर दिया इतिहासकारों के शेखचिल्लीपन का सबसे बड़ा नमूना है, परंतु यह इस बात का भी उदाहरण है कि किसी भी वाहियात बात को लगातार दुहराकर लोगों के मस्तिष्क में उतारा जा सकता है। ऐसी बात जितनी ही अनर्गल होती है, उसकी ताकत उतनी ही अधिक होती है, क्योंकि वह विश्वास का रूप ले लेती है अतः उसका निराकरण उसकी अतार्किकता को उजागर करने पर भी नहीं होता। किसी भी टकराव के पीछे हितों का टकराव अवश्य होता है। इसके बिना जानवर भी एक दूसरे पर आक्रमण नहीं करते; और हितों का टकराव होने पर लोग अपनों को भी नहीं छोड़ते। चरवाहे आर्यों का नगरवासियों से हितों का क्या टकराव हो सकता था

कि वे अपने समय की सभी सभ्यताओं पर उन्हें केवल नष्ट[5] करने के लिए आक्रमण कर रहे थे?[6] इतना ही नहीं भारत में तो उन्होंने कृषि व्यवस्था को भी नष्ट कर दिया।[7] (अजीब शौक है!) सबसे बड़ी बात यह कि उन्हें ध्वस्त करने के बाद वे उन नगरों पर अधिकार कर लेते हैं, उनकी कुछ पीढ़ियाँ वहाँ बसी रहती हैं जैसा कि हड़प्पा के समाधि स्थल 'एच' के संदर्भ में कहा गया, और फिर भी पशुचारी और घुमक्कड़ ही बने रहते हैं। सिर्फ ऐसे इतिहासकारों को ही पता है कि नगरों के खंडहर गोचारण के लिए चरागाहों से अधिक उपयुक्त होते हैं।

गोधन और मध्येशिया

जिस गोकुल को चराते हुए वे आगे बढ़े थे, वे उन्हें कहाँ मिल गए? मध्येशिया भेड़ों और घोड़ों के लिए तो विख्यात है, परंतु गोकुल के लिए नहीं। फिर वे जिन गायों-साँड़ों को लेकर आए थे उनका क्या हुआ? भारत से बाहर ककुद वाले गोरू कम ही पाए जाते हैं। ककुदहीन गोरू कहीं दिखाई नहीं देते। भारत में वे ही गोरू क्यों पाले जाते रहे जिनके अंकन हड़प्पा की मुहरों पर पाए जाते हैं। इस तरह के प्रश्न कोसंबी के सामने आते ही नहीं। रोचक बात यह है कि गायों के ककुद नहीं होते। इस पर विचार किया जाना चाहिए था कि भारतीय गोजाति में गो प्रजाति की सीधी गर्दन और ककुद का विकास क्यों हुआ। पशुपालन का एक परिणाम है काया में कार्यभार के अनुरूप परिवर्तन। संभव है इसका कारण जुआठ के दबाव को झेलने के लिए क्रमशः हुआ कायिक परिवर्तन हो। यदि यह सच हो तो भारत में सघन खेती का इतिहास हड़प्पा काल से बहुत पीछे से चलते आने का यह भी एक प्रमाण होगा।

आर्य गोरू और घोड़े लिए आए ये दोनों बातें निराधार हैं। जिस रास्ते से उन्हें आता दिखाया जाता रहा है उससे घोड़े भी मुश्किल से ही आते हैं, गोरू और पहियागाड़ी तो आ ही नहीं सकती। ऋग्वेद में जिस अश्व का उल्लेख है वह कच्छ से अर्थात् रन के द्वीपों से आता था। समुद्र मंथन से अन्य वस्तुओं के अतिरिक्त गाय, अश्व और गजराज की उत्पत्ति समुद्र से मानने का भी यही अर्थ है कि ये उत्तर भारत में कच्छ के रन और गुजरात से लाए जाते थे। कोसंबी जो मिथकीय सूचनाओं का बहुत सार्थक उपयोग करते हैं, उनकी नजर समुद्रमंथन के रूपक के अंतःसत्य की ओर क्यों नहीं गई। हड़प्पा की मुहरों का वाचन नहीं हो पाया, परंतु उन पर अंकित पशुओं की आकृतियों के पाठ में कोई संदेह नहीं है। इनमें सबसे प्रभावशाली संख्या गोप्रजाति की ही है जो इसके गोधन में असाधारण संपन्न होने का भी द्योतक है। आर्यों का गोधन को महत्त्व देना उनको भारतीय सिद्ध करता है न कि मध्येशियाई। यदि यह कहा गया होता कि वे भेड़ चराते थे, भारत में आकर उन्होंने गाय को अधिक उपयुक्त पाकर अविपालन छोड़कर गोपालन आरंभ कर दिया तो भी यह उतनी अटपटी बात न लगती। व्यापार के संदर्भ में यदि पशु-व्यापार पर ध्यान दिया गया होता तो ऋग्वेद में गोधन का एक नया पक्ष सामने आता।

इहदेशीयता और परदेशीयता

कोसंबी उन लोगों को पूर्वाग्रही मानते थे जो 'आज भी यह मानते हैं कि हड़प्पा सभ्यता के निर्माता भी आर्य थे।'[8]

पाश्चात्य विद्वान द्रविड़ और आस्त्रिक जनों को भी पश्चिमोत्तर से आया हुआ सिद्ध करते रहे हैं। कोसंबी इसे हद दर्जे की अटकलबाजी मानते हैं परंतु जहाँ तक आर्यों का प्रश्न है, वे तो निश्चित रूप से बाहर से आए थे।[9] ऐसी स्थिति में उन साक्ष्यों, तर्कों और प्रमाणों को देखना उपयोगी होगा जिनसे उनके मन के इस प्रश्न पर कोई दुविधा या द्वन्द्व रह ही न गया था।

सबसे पहले तो भाषा को ही लीजिए। 'आदिम भाषाओं में जातिवाचक संज्ञाएँ, जैसे पेड़, जानवर, मछली आदि के लिए संज्ञाएँ नहीं होतीं, जबकि हर तरह के पेड़, प्राणी, मछली के लिए पृथक संज्ञा होती है। भाषाविदों ने अनेक आर्य भाषाओं में नितांत स्थानीय नामों को दरकिनार करते हुए पेड़ के मूल के लिए प्रयुक्त शब्दों की तुलना की है। आर्य भाषा का मूल वृक्ष बर्च प्रतीत होता है जो उत्तरी यूरोप और हिमालय पर उगता है, परंतु ऊष्ण जलवायु में नहीं। निष्कर्ष यह कि मूल आर्य जन यूरेशिया के उत्तरी क्षेत्र से परिचित थे और संभवतः वहीं से उनकी उत्पत्ति हुई।'[10] बर्च और भूर्ज में समानता तो है, परंतु मध्येशिया के आर्य उत्तरी यूरोप गए बिना उस वृक्ष से परिचित नहीं हो सकते थे। उसका कोई विशेष उपयोग न होने पर उसका नाम भी नहीं जान सकते थे, उसे अपनी जातीय स्मृति में रखना तो दूर की बात।

पर हड़प्पा सभ्यता में नश्वर लेखन सामग्री का उपयोग होता था। भूर्जपत्र अर्थात् उसकी छाल की परतों का प्रयोग लेखन सामग्री के लिए होता रहा है। ऋग्वेद में हिमालय के सुदूर क्षेत्रों से परिचय का प्रमाण है क्योंकि इसमें सिंधुनद के विषय में यह कहा गया है कि यह धरती से अधिक दूरी तक पर्वत पार्श्वों से प्रवाहित होता है (भूम्या अप्रि प्रवता यासि सानुना, 10.75.2)। यह विवरण तथ्यों के अनुरूप है। अतः भूर्ज उगता दुनिया में कहीं हो, यह उनकी ही स्मृति में टिका रह सकता था जो इसके किसी भी उत्पाद का प्रयोग करते रहे हों। यह तथ्य आक्रमण का प्रमाण नहीं, उसके विरुद्ध प्रमाण है और एक भिन्न सांस्कृतिक स्तर को बिंबित करता है।

'अनातोलिया की हित्ती भाषा का आधार आर्यभाषा है। उसमें थत्ती पाया जाता है जो संभव है संस्कृत के क्षत्रिय शब्द से संबंधित हो। ये हित्ती जन अनातोलिया के किसानों पर शासन करने के लिए वहाँ जम गए थे।'[11] यदि थत्ती का संबंध क्षत्रिय से है तो वहाँ पहुँचने वाले वर्णविभाजन के बाद वहाँ पहुँचे। चरवाहों में वर्णविभाजन का प्रश्न नहीं उठता था, इसलिए कोसंबी वर्णव्यवस्था को भारतीय परिघटना मानते हैं। आर्य अनातोलिया में बाहर से गए थे और अपनी भाषा की शुद्धता को बचाए नहीं रख पाए थे। वे अपने को आर्य कहते थे इसका कोई संकेत नहीं, परंतु वे अपने को क्षत्रिय कहते थे यह कोसंबी बता रहे हैं। यदि कोसंबी के ही साक्ष्य पर ध्यान दें तो वे भारत से वहाँ पहुँचे थे। न कि वहाँ से भारत आए थे। कोसंबी का ध्यान इस ओर न गया न सही, उन्हें यह तो

मानना चाहिए था कि भारत में आए आर्यों ने जो इतने प्रभावशाली थे कि उनकी भाषा का वर्चस्य यहाँ आज तक बना रह गया है, यहाँ के किसानों पर शासन करने के विकल्प को त्याग कर चरवाहा रहना ही क्यों पसंद किया?

मूल निवास और भारत का रास्ता

अनातोलिया उनका मूल निवास न था, इसे सभी मानते हैं। वहाँ वे अपने ढोरों के साथ नगर सभ्यताओं को नष्ट करने के लिए पहुँचे थे, फिर ढोरों का साथ छोड़कर वहाँ का शासन सँभाल लिया, यह कोसंबी मानते हैं। वह बताते हैं कि उनका मूल निवास आज के उज़्बेकिस्तान में या उसके आसपास था। वहाँ से, दूसरी सहस्राब्दी के मध्य में वे एक साथ, एक झटके में, दलबल के साथ ज्वार की तरह उमड़ चले थे। उनके एकाएक कूच करने के पीछे उनकी बाध्यता थी। संभवतः सूखे के किसी लंबे दौर में वहाँ के चरागाह उनके ढोरों और स्वयं उनके निबाह के उपयुक्त नहीं रह गए।[12] परंतु यदि ऐसा था तो यह पता लगाया जाना चाहिए था कि उस सूखे का प्रकोप कितने बड़े भूभाग पर हुआ था, भारत में पड़े उस सूखे से जिसमें सदानीरा को छोड़कर सभी नदियाँ सूख गई थीं, उसका कोई तालमेल बैठता है या नहीं? यदि हाँ तो सूखे से प्रभावित एक क्षेत्र से इतने दूर की यात्रा वे सूखे से प्रभावित क्षेत्र में पहुँचने के लिए क्यों कर बैठे? उस सूखे के पुरातात्त्विक साक्ष्यों को देखते हुए उसे किस कालखंड में रखा जाएगा? क्या उस समय तक हड़प्पा सभ्यता जीवित थी, कि वह उनके आक्रमण से नष्ट होती?

कोसंबी बताते हैं, 'उनका प्रव्रजन हमेशा एक ही दिशा में नहीं हुआ।' ऐसी दशा में हो भी नहीं सकता था। परंतु जो महत्त्वपूर्ण बात है वह यह कि वे आक्रमणकारी के रूप में नहीं चल सकते थे, शरणार्थी के रूप में ही चल सकते थे। उन्हें अपने ढोरों के लिए चरागाहों की तलाश थी, मटियामेट करने के लिए नगरों की नहीं। उनका विरोध केवल ऐसे चरवाहे कर सकते थे जिनके चारण क्षेत्र में उनका प्रवेश होता, या किसान कर सकते थे, जिनकी फसल को उनसे क्षति पहुँचती। इसके अतिरिक्त दूसरी कोई उद्भावना कुतर्कपूर्ण ही नहीं, कदाशयपूर्ण भी है, इसकी ओर कोसंबी का ध्यान नहीं गया।

वह एक बार बताते हैं कि "भारत पहुँचने से पहले वे दूसरी नगर संस्कृतियों को मटियामेट कर चुके थे।"[13] इसका मतलब यह कि वे उज्बेकिस्तान से बरास्ता अनातोलिया भारत आए थे। भारत पहुँचने के बाद भी 'अनातोलिया के आर्यों से उनका संपर्क बना रह गया था यद्यपि यह न तो अनवरत था, न ही बहुत प्रगाढ़। इसमें व्यवधान पड़ते रहे और यह थोड़े समय तक ही रहा।'[14]

सच्चाई यह है कि मूल निवास और वहाँ से देशांतर में प्रसार के कारण के विषय में कोसंबी को, या कहें, किसी को भी कुछ मालूम नहीं। अतः कोसंबी यह भी कहते हैं कि उन जनों के देशांतर गमन का क्या कारण था यह पता नहीं और फिर कयास भिड़ाते हैं कि हो सकता है आबादी में लगातार बढ़ोतरी होने के कारण उन्हें अपना निवास छोड़ना पड़ा हो और फिर उनका एक दल ख्वारेज्म से रूसी घास के मैदानों को जीतने

चला गया हो, दूसरे कैस्पियन सागर का चक्कर मारते हुए लघु एशिया में पहुँच गए हों, और इनका ही एक परशुधारी जनों का जत्था डेन्यूब के उत्तर और यूरोप के उत्तर की ओर फैल गया हो।[15]

पहली बात तो यह कि यदि आर्य उपद्रवी चरवाहे बनकर अनातोलिया पहुँचे थे, और फिर सत्ता पर अधिकार कर लिया था, तो फिर वहाँ से भारत आने की विवशता क्या थी? जब वे प्रशासक बन गए थे तो फिर भारत की ओर प्रयाण करते समय वे फिर से चरवाहे क्यों बन गए? भारत में पहुँच कर अपनी विजय के बाद उन्होंने अपनी पिछली सफलता को दुहराते हुए सत्ता पर अधिकार क्यों न किया? नगरों को मिटाने के बाद घास चरने और चराने पर क्यों जुट गए?

हरियूपीया पर आक्रमण

कोसंबी को भारत पर उनके आक्रमण का साहित्यिक और पुरातात्त्विक प्रमाण मिल गया था। ऋग्वेद में वृचीवान ने हरियूपिया अर्थात् हड़प्पा नगर पर आक्रमण कर दिया था। युद्ध यव्यावती (रावी) नदी के तट पर पर चयमान और वरशिख के वंशधर वृचीवान के बीच हुआ था जिसमें इंद्र ने अभ्यावर्ती चयमान के लिए आक्रमणकारियों का सफाया कर दिया था। वरशिख, वृचीवान, अभ्यावर्ती, चयमान, यव्यावती, हरियूपीया ये सभी संस्कृत के शब्द हैं, कोसंबी इसके कारण खासी दुविधा में पड़ जाते हैं कि यह आर्य-अनार्य का टकराव था अथवा एक आर्य का दूसरे आर्य से टकराव।[16]

अनार्य की संभावना के पीछे पुरातत्त्व है। हड़प्पा नगर पर आर्यों ने धावा बोला था और उसे मटियामेट कर दिया था। ऐसी स्थिति में अभ्यावर्ती चयमान अनार्य हुआ और वृचीवान आर्य। परंतु इस घटना के प्रसंग में कोसंबी स्वयं मानते हैं कि इंद्र की कृपा से आक्रमणकारियों को ही परास्त होना पड़ा था, इसलिए इसका हड़प्पा के विनाश से कोई संबंध नहीं बनता। उल्टे हड़प्पा आर्यों का नगर सिद्ध होता है। हरियूपीया स्वर्णिम यूप का नगर, संस्कृत का शब्द है। यदि यह संज्ञा सचमुच हड़प्पा की ही थी, तो यह संभव नहीं है कि नगर का विनाश करनेवालों ने विनाश के बाद उसे यह नाम दिया हो।[17] यह नाम उसके जीवन और वैभव काल का ही हो सकता है और यह स्वयं इसके आर्यभाषियों का नगर सिद्ध करने के लिए पर्याप्त है।

पुरातात्त्विक प्रमाण यह था कि हड़प्पा की खुदाई करनेवालों को वहाँ के समाधि स्थल से जो भांड मिले थे उनसे यह अकाट्य रूप में सिद्ध होता था कि इस समाधि स्थल से जुड़े लोग वैदिक रीतिविधान का निर्वाह करते थे। इसका विस्तार से विवेचन शवाधान पात्रों पर अंकित आशयों की तुलना ऋग्वेद के यामायन सूक्तों के विवरणों से करते हुए किया गया था। इसकी सूचना मिलने पर चाइल्ड भी इसकी पड़ताल करने गए थे और उन्होंने भी इस व्याख्या को स्वीकार किया था। इस पुरातात्त्विक प्रमाण को उलट कर ह्वीलर ने यह समझा दिया कि यह हड़प्पा नगर पर आर्यों के आक्रमण का और कुछ समय तक वहाँ बसने का प्रमाण है। कोसंबी ने इसे तर्क-वितर्क किए बिना मान लिया,

और अपनी ओर से भी कुछ जड़ा। ऊपर की उलझी व्याख्या के बाद "यह विश्वास करने का प्रलोभन होता है कि हड़प्पा का समाधि स्थल 'एच' जो आर्यपूर्व नागर संस्कृति के उत्तर चरण पर आता है, उसकी ऊपरी सतह पर आर्यों की समाधियाँ हैं।"[18] इसके बाद उन्हें एक और प्रलोभन पैदा हो जाता है, "इसी तरह, हम मोहेंजोदाड़ो की नार्मणी नगरी में भी पाते हैं परंतु वहाँ इसका कोई प्रमाण ऋग्वेद से नहीं मिलता, सिवाय इसके कि नगर को आगजनी से नष्ट किया गया था।"[19] हड़प्पा सभ्यता का विनाश आर्यों ने किया था इसके लिए वह हड़प्पा सभ्यता के अवसान की कालरेखा में भी बदलाव करते हैं पर इसे 1750 से पीछे नहीं ले जाते।[20] जब वह ढाई सौ साल पीछे चले ही गए थे तो ढाई सौ साल और पीछे चले जाते तो कम से कम हड़प्पा सभ्यता के नगरों के अवसान से तो यह काल रेखा मिल जाती। कारण वह स्वयं मानते हैं कि यह सभ्यता 3000 से 2000 ई.पू. तक अस्तित्व में रही थी। फिर यह तो न स्वीकार करना पड़ता कि यह सभ्यता आर्यों के मारे नहीं मरी थी, अपितु मरणासन्न थी और इसके ह्रास और अंत के लिए किसी आक्रमण की आवश्यकता नहीं थी। यह अर्थव्यवस्था का संकट था और एक मार्क्सवादी इतिहासकार से यह अपेक्षा थी कि वह इस संकट के कारणों और परिणतियों को रेखांकित करता। कोसंबी ऐसा नहीं करते।

इस आपदा के चरित्र को समझने के स्थान पर वह मानते हैं हड़प्पा सभ्यता के अवसान का संबंध आर्यों से है जो इस समय वहाँ पहुँच चुके थे और मोहेंजोदाड़ो को आग के हवाले कर दिया था। आगजनी उन्होंने हड़प्पा में भी की होगी परंतु वहाँ का ऊपरी स्तर बर्बाद कर दिया गया।[21] पहले वह आर्यों के भारत पर आक्रमण का समय 1500 ई. पू. मानते थे, परंतु नई जरूरत से इसे बदलकर 1750 ई.पू. करना पड़ा। 1750 की तिथि का एक अन्य पुरातात्त्विक साक्ष्य यह है कि पश्चिम एशिया के अभिलेखों में सिंधु सभ्यता के लिए मेलुख्खा का प्रयोग किया जाता था। 1750 ई.पू. के बाद उनमें मेलुख्खा का उल्लेख एकाएक बंद हो जाता है और यह इस कारण हुआ होगा कि हमलावरों ने व्यापारिक तंत्र को नष्ट कर दिया होगा।[22] व्यापारिक तंत्र को नष्ट करना किसी नगर को नष्ट करने से अधिक मुश्किल काम है। भारत पर जितने आक्रमण ऐतिहासिक कालों में हुए उनमें से कोई ऐसा न कर सका। परंतु आर्यों ने यह भी कर डाला।

सामान्य बोध का अभाव

यह सोचकर विस्मय होता है कि कोसंबी इतनी असावधानी बरत सकते थे। सबसे पहले तो जो कुछ, जिस रूप में, उन्होंने सुझाया है उसी के निष्कर्ष पर ध्यान दें : (1) यदि हड़प्पा नगर का विनाश करने के बाद आर्य वहाँ बस गए थे तो उन्होंने नागर जीवन अपना लिया था। चरवाहे नहीं रह गए थे, इसलिए ऋग्वेद की घसियारी व्याख्या बदल जानी चाहिए थी; (2) यदि उन्होंने ठीक वही भांड अपने शवाधानों के लिए अपना लिए थे जो हड़प्पा के नागरों के थे तो अपने दैनिक व्यवहार में भी इनको अपना लिया होगा। अतः इसके बाद हड़प्पा का ही भांड आर्यों का भी भांड बन जाता है। अतः यह कहने

का औचित्य नहीं रह जाता कि आर्यों का कोई भांड नहीं था और सलेटी भांडों से उनकी पहचान तो और भी गलत है।[23] कारण हड़प्पा का भांड अपना लेने के बाद इसकी आवश्यकता नहीं थी क्योंकि वे तो बर्तन बनाने की योग्यता रखते ही न थे। यदि इसके साथ हम उनके भारत पर आक्रमण की तिथि 1750 को मान लें और कोसंबी की ही साखी पर यह मान लें कि दूसरी शताब्दी के मध्य में आर्य जन अपने मूल निवास से निकले थे, तो उनका यह सुझाव निराधार सिद्ध होता है कि भारत में वे दूसरी सभ्यताओं को ध्वस्त करने के बाद पहुँचे थे। सिद्ध केवल यह होता है कि आर्यभाषा बोलने वालों की कालांकित उपस्थिति जहाँ भी है वे नगर निवासी, सभ्य और प्रशासनिक तथा व्यापारिक गतिविधियों में व्यस्त दिखाई देते हैं और उनको अपराधी बनाने का अपराध यूरोपीय विद्वानों ने अपनी राष्ट्रवादी आकांक्षा, प्रशासनिक अपरिहार्यता और प्राच्यवादी मानसिकता के कारण किया और सस्ती और जल्दी स्वीकार्यता पाने के लिए अनेक भारतीय विद्वान अपनी विवेकशून्यता का परिचय देते हुए उसमें सहअपराधी बनते रहे जिनमें कोसंबी अकेले नहीं आते।

कोसंबी को ऐसे पुरातात्त्विक प्रमाण भी मिले थे जो उनके अनुसार भी आर्यों के भारत से लघु एशिया की ओर जाने की कहानी कहते थे। इनमें से एक था ककुद्मान सैंधव वृषभ जो दूसरी सहस्राब्दी के हित्ती मुहर पर अंकित पाया जाता है। कोसंबी इसे भी उलट कर प्रस्तुत करते हैं। उन्हें लगता है कि भारत में आनेवाले आर्यों में कुछ को या तो परास्त होकर लघु एशिया की ओर भागना पड़ा अथवा यह देश उन्हें पसंद नहीं आया होगा और वे इसे छोड़कर वहाँ चले गए होंगे।[24] वस्तुपरक व्याख्या की एक शर्त है कि वस्तु से जो भी व्यक्त हो रहा है उसे प्रस्तुत किया जाए न कि उस साक्ष्य को मिटाने या बदलने के लिए अपनी ओर से कुछ जोड़कर पेश किया जाए। इस साक्ष्य का सीधा अर्थ था कि अनातोलिया में आर्यभाषी वहाँ भारत से पहुँचे थे जो ही उनके अपने लिए क्षत्रिय शब्द का प्रयोग करने से भी सिद्ध हुआ था।

आर्यों के जिस आक्रमण का कोई निर्णायक प्रमाण नहीं था, उसे ही प्रमाण मानकर वह दूसरी मान्यताओं का खंडन करने लगते हैं। उदाहरण के लिए नेस्फील्ड और रिजली के अध्ययन से निकले इस निष्कर्ष को कि आर्यों के आने का 'नया' विचार नृतात्विक मानों पर सही नहीं सिद्ध होता, वह आर्यों के हड़प्पा सभ्यता पर आक्रमण को प्रमाण बनाकर अमान्य करते हैं।[25]

समाधि स्थल 'एच' और 'आर-37'

अब हम हड़प्पा के समाधि स्थल 'एच' पर, तथा मोहेंजोदाड़ो के उस अग्निकांड पर और उस हत्याकांड पर विचार कर लें जिसे कोसंबी बहुत सशक्त पुरातात्त्विक प्रमाण मानकर साहित्यिक, पुरातात्त्विक और नृतात्विक साक्ष्यों को नकारते चले जाते हैं।

पहले हड़प्पा में उसी समाधि स्थल का पता चला था जिसे समाधि स्थल 'एच' कहा जाता है। इसके दो स्तर थे जिन्हें क्रमशः पहले और दूसरे स्तर के रूप में जाना जाता

था। 1937 में अकस्मात् एक अन्य समाधि स्थल का पता चला, जिसकी खुदाई के. एन. शास्त्री ने नृतत्त्व सहायक एच. के. बोस के साथ की। इसे आर-37 की संज्ञा दी गई। इसका अपेक्षाकृत अधिक लंबे समय तक उपयोग किया गया था अतः शास्त्री का मत था कि यह अधिक पुराना है। 1946 में ह्वीलर ने स्तरभेद का निर्णय करने के लिए हड़प्पा आर -37 से 'एच' तक एक लंबी खाई खोदी और इससे भी यह सिद्ध हुआ कि स्थल 'एच' बाद का है। परंतु जहाँ तक दोनों स्थलों में चित्रित आशयों का प्रश्न था, दोनों में बहुत सारी समानताएँ थीं और कुछ मामूली भिन्नताएँ भी थीं। हड़प्पा समाधि स्थल 'एच' के आधार पर ही पहले व्याख्या की गई थी और यह पाया गया था कि इसका संबंध वैदिक समाज से है। आशयों में कतिपय भिन्नताओं और समाधि स्थल आर-37 की आपेक्षिक प्राचीनता को आधार बनाकर ह्वीलर ने इसे आक्रमणकारी आर्यों के आने का प्रमाण बनाया था। अब प्रश्न आक्रमण की कहानी के साथ जुड़ी तिथि का था, अतः ह्वीलर ने हड़प्पा सभ्यता का काल 2500-1500 ई.पू. ठहराया। ह्वीलर के समय तक हड़प्पा का नागर चरण 2000 ई.पू. से पहले रखा गया था और आर्य आक्रमण की तिथि 1500 बताई जा रही थी। इससे पीछे ले जाना खतरनाक था। तब भारत में वैदिक जनों की उपस्थिति लघु एशिया से प्राप्त तिथियों से बहुत पीछे चली जाती। ह्वीलर ने इस तिथि को वहीं रहने दिया पर हड़प्पा के नागर चरण को 500 वर्ष नीचे तक उतारकर 1500 ई.पू. पर इसलिए पहुँचाया कि हड़प्पा के नगरों का विध्वंस आर्यों के हाथों दिखाया जा सके। कोसंबी ने मेसोपोटामियाई अभिलेखों में मेलुख्खा का अंतिम हवाला 1750 ई. पू. में पाकर, जैसा हम देख आए है, मेलुख्खा को सिंधु सभ्यता के क्षेत्र के रूप में पहचानते हुए इसका कारण आर्यों का हमला माना और हमले की तिथि को बदलकर 1500-2000 के बीच 1750 ई.पू. कर दिया। हड़प्पा सभ्यता और वैदिक रचनाकाल और आर्यों के कल्पित आक्रमण के बीच तिथियों को लगातार बदलते रहने का रहस्य यही है। परंतु इसका सबसे रोचक पहलू यह है कि कार्बन-सी विश्लेषण के आधार पर एक विद्वान ने हड़प्पा का नागर काल 2200-1800 ई.पू. तय करके कोसंबी की कालरेखा पर पहुँचा दिया[26], क्योंकि कार्बन तिथि में सौ-पचास साल के जोड़-तोड़ की छूट रहती है। कुछ सालों तक इसकी धूम भी रही, यद्यपि फिर 2500-2000 ई.पू. की ही तिथि मान्य रही। आगे चलकर जब कॉलिन रेनफ्रू को लगा कि हड़प्पा सभ्यता वैदिक आर्यों की सभ्यता है तो उन्होंने उसी अनातोलिया से आर्यों के आने की तिथि को 4500 ई.पू. में पहुँचा दिया और वहाँ उनकी उपस्थिति 6500 ई.पू. से ही दिखा दी जब उस क्षेत्र में कृषि आधारित स्थायी बस्तियों का आरंभ हुआ था। यह एक बहुत महत्त्वपूर्ण तथ्य है जिस पर यहाँ विचार करने की आवश्यकता नहीं। आर्य जाति और आर्य आक्रमण और उसकी तिथि है ही इतनी लोचदार कि सिकुड़े तो दिले आशिक, फैले तो जमाना है।

वत्स मानते थे कि समाधि स्थल 'एच' हड़प्पा सभ्यता के अंतिम चरण से संबंध रखता है और इसे सिंधु सभ्यता से अलग नहीं किया जा सकता।[27] के.एन. शास्त्री जिनको अप्रत्याशित रूप में समाधि स्थल आर-37 मिल गया था, उनकी पुस्तक तो 1965 में आ गई

थी जिसमें उन्होंने दोनों की तुलना करते हुए यह प्रतिपादित किया था कि पुरातात्त्विक प्रमाण हड़प्पा सभ्यता को वैदिक सिद्ध करते हैं। संभवतः वत्स और शास्त्री को ही लक्ष्य करके कोसंबी ने व्यंग्य किया था कि कुछ लोग आज भी सिंधु सभ्यता को वैदिक मानते हैं।

उत्खननकर्ता शास्त्री के अनुसार, "दोनों समाधि स्थलों में शव आयताकार कब्रों में रखे गए थे और अंत्येष्टि के पात्र सामान्यतः सिर के आसपास रखकर दफनाए गए थे। इन दोनों का जिन लोगों से संबंध है वे एक मरणोत्तर दिव्य आनंदलोक में विश्वास रखते थे जिसमें मनुष्य की आत्मा अपने पापों के प्रच्छालन के बाद पहुँच पाती थी। वे अश्वत्थ को पवित्र मानते थे और यह विश्वास करते थे मयूर में कुछ रहस्यमय शक्तियाँ होती हैं जिनके बल पर यह आत्मा को स्वर्ग तक पहुँचा सकता है। दोनों मानते थे कि शरीर में कोई सूक्ष्म, अज्ञेय, अनश्वर तत्त्व होता है जो काया का नाश हो जाने के बाद भी बचा रह जाता है। आनंदलोक की यात्रा बहुत लंबी और कष्टकर होती है और उसकी आवश्यकताओं की पूर्ति के लिए वे खाने-पीने के सामान अंत्येष्टि पात्रों में भर कर मृतक के पास रख देते थे।"[28]

इसके साथ कुछ मामूली भिन्नताएँ भी थीं, जिनसे यह भी पता चलता है कि ये ठीक वे ही लोग नहीं थे जो स्थल आर-37 का उपयोग करते थे। इसके अतिरिक्त समाधि स्थल 'एच' जो 'आर-37' से दूरी पर था, उसके स्तर लगभग अवसान से पहले के कालों के थे और इसे ही लक्ष्य करके गोर्डन चाइल्ड ने भी इसे आर्य आक्रमणकारियों का समाधि स्थल मान लिया था। ह्वीलर भी इसे दुहराते रहे। कोसंबी भारतीय विशेषज्ञों को जितने संदेह से देखते थे और पाश्चात्य अध्येताओं पर जितना भरोसा करते थे (मार्क्सवादी हुआ तो क्या कहना!), उसमें उन्होंने अपनी मोटी बुद्धि से भी काम नहीं लिया कि समाधि स्थल 'एच' से संबंधित लोग आर्य नहीं हो सकते, क्योंकि इससे तो आर्यों की जो छवि तैयार की गई थी उसकी सभी कड़ियाँ बिखर जाती थीं। इस समाधि स्थल के दो स्तर थे। यह 'आए, देखा, जीता और चल दिए' का चलता मामला नहीं था। दो स्तर की समाधियों के लिए लंबे समय की बसावट जरूरी है।

कोसंबी आर्यों का हवाला आने पर उनके लिए घुमंतू का प्रयोग करना नहीं भूलते।[29] अब जिनके स्थायी आवास के आपकी अपनी व्याख्या के अनुसार भी एक पूरा स्तर (समाधि स्थल 'एच' के दो स्तर हैं, कोसंबी ने दो को एक कर दिया, मानो निचले स्तर की कब्रें या शवाधान ऊपर वाले से भिन्न हों) उपस्थित है[30], उन्हें घुमंतू नहीं कहा जा सकता।

वह बताते हैं कि इन आर्यों ने सिंधु संस्कृति को जड़-मूल से नष्ट कर दिया।[31] परंतु यह तो उस प्रतिज्ञा के विपरीत हुआ कि आर्य का चारित्रिक लक्षण यह था कि वे जहाँ जाते थे उसका सर्वोत्तम आत्मसात् कर लेते थे। जो भी हो, यदि समाधि स्थल 'एच' का उपयोग करनेवाले आर्य हैं तो उन्होंने तो उस संस्कृति का कुछ भी नष्ट नहीं किया। उन्होंने हड़प्पा के नागरों का विश्वास, उनके सांस्कृतिक प्रतीक, पक्षी, वृक्ष सभी को रहने दिया। यहाँ तक कि उनके पवित्र वृक्ष 'अश्वत्थ' या पीपल को भी अपना पवित्र वृक्ष

बना लिया। जैसा कि ऊपर शास्त्री की तुलना से प्रकट है, उन्होंने लगता है समर्पित भाव से सैंधव संस्कृति की रक्षा की।

कोसंबी बताते हैं कि आर्यों का अपना कोई भांड नहीं था, अपने औजार नहीं थे, अपने हथियार नहीं थे।[32] परंतु यहाँ तो इतने तरह के अंत्येष्टि के ही पात्र है, उन पर स्पष्ट वैदिक (कोसंबी की भाषा में आर्य) आशयों के अंकन भी हैं। दोनों समाधि स्थलों के भांडों में जो मामूली भिन्नताएँ हैं वे भी सांस्कृतिक विकास की सूचक हो सकती हैं। फिर यह तो कोसंबी का भी मानना है कि हड़प्पावासियों के हथियार अविकसित थे[33] और आर्य उन्नत हथियार लेकर आए थे[34], इसलिए भारतीय संदर्भ में उनके हथियार अलग हुए। इसके नमूने भी उन्होंने पेश किए हैं। परंतु विडंबना यह है कि इनके हथियार से लेकर बर्तन बनाने तक के सारे काम सिंधु सभ्यता के लोहारों और कुम्हारों के वंशज ही कर रहे थे।[35] इसका सीधा पुरातात्त्विक अर्थ तो यह हुआ कि तकनीक, औजार और हथियार के मामले में भी हड़प्पा और वैदिक समाज अभिन्न हैं।

वह कहते हैं कि आर्यों ने कोई पुरातात्त्विक निक्षेप छोड़ा ही नहीं, परंतु यदि समाधि स्थल 'एच' उनका ही है तो कोई यह कैसे कह सकता है।[36] इसलिए उन्होंने जहाँ से जो कुछ भी सीखा या लिया हो (तकनीक सार्वभौम है, अपना लेने के बाद उसके वे तत्त्व आपके हो जाते हैं जिन्हें आपने आत्मसात् कर लिया।) भारतीय संदर्भ में उसकी भी जाँच तो होनी ही चाहिए थी। यदि बाहर से आकर ही सही, आर्यों ने हड़प्पा के बर्तन अपना लिए तो इस तरह के भांड को आगे भी चलना चाहिए था। यदि नहीं चला तो जिन कारणों से इस भांड का लोप हुआ उन्हीं कारणों से उस सभ्यता का भी क्षय हुआ जो केवल दो नगरों तक सीमित नहीं थी।

मोहेंजोदाड़ो की 'विनाशलीला'

कोसंबी मोहेंजोदाड़ो के अंत के विषय में कभी बाँध तोड़ कर उसकी कृषि को नष्ट करने की बात करते हैं[37], कभी हत्याकांड की और कभी आगजनी की।

जहाँ तक हड़प्पा में नरसंहार का प्रश्न था, इसे पुरातात्त्विक फरेब कहना गलत न होगा। जिन कंकालों के आधार पर यह दावा किया गया था, उनकी खुदाई ह्वीलर ने नहीं की थी। उनके स्तर आदि के विषय में आधिकारिक साहित्य उपलब्ध था। कंकालों की संख्या इतनी कम थी कि इसको नरसंहार से जोड़ा ही न जा सकता था। वे अनेक स्तरों और स्थितियों में पाए गए थे। उनमें से किसी पर चोट के निशान न थे। एक की हड्डी पर कटने के निशान थे, परंतु वह भर चली थी इसलिए उसका उस व्यक्ति की मृत्यु से संबंध नहीं हो सकता था। कोसंबी के जीवित रहते, कहें उनकी अंतिम कृति 'दि कल्चर एंड सिविलाइजेशन ऑफ इंडिया' के प्रकाशन से दो वर्ष पहले ऐंटीक्विटी का वह विशेषांक प्रकाशित हो चुका था जिसमें डेल्स ने इसकी विस्तार से छानबीन करने के बाद इसे मिथक सिद्ध किया था। कोसंबी इसके बाद भी इस फरेब से उबर नहीं पाए।[38] हैरानी की बात यह है कि कोसंबी सचेत रूप में पुरातात्त्विक स्तरभेद के साथ छेड़छाड़

कर रहे हैं। कहना यह चाहिए कि अग्निकांड की घटना का उन स्तरों से कोई संबंध नहीं जिनसे कंकाल मिले थे और जिन स्तरों से कंकाल मिले थे वे भी अंतर्वर्ती चरण हैं। परंतु इसे गलत ढंग से प्रस्तुत करते हुए वह बताते हैं कि उसके बाद कुछ (उनके शब्दों में नगण्य) समय तक नगर का जीवन चलता रहा जो आर्यों की बसावट थी। फिर कैसे कहा जा सकता है कि इन्होंने कोई पुरातत्त्व छोड़ा ही नहीं।[39] तब तो उस ऊपरी सतह से मिले अवशेषों को आर्यों का पुरातात्त्विक अवशेष ही नहीं मानना अपितु बार-बार दुहराया जानेवाला यह फिकरा भी बदलना होगा कि नगरों में उनकी कोई रुचि न थी, इसलिए गोरू ही चराते रहे। यदि ये अवशेष सिंधु सभ्यता से अभिन्न हैं तब तो यहाँ भी सिंधुघाटी का पुरातत्त्व वही हुआ जो भारतीय आर्यों का है।

वह नरसंहार की जगह बार-बार लूट और नरसंहारों की बात करते हैं और यह भूल जाते हैं कि इससे वैदिक आर्य हड़प्पा सभ्यता के समकालीन सिद्ध हो जाते हैं और उस दशा में भारत में यह तिथि उससे भी पीछे चली जाती है जिसे उन्होंने मध्येशिया से उनके चतुर्दिक् बिखरने या महाभियान पर निकलने के लिए निर्धारित किया था।

जहाँ तक मोहेंजोदाड़ो के अग्निकांड का प्रश्न है, यह समझ में नहीं आता कि पहले आग लगाई गई और उसके बाद नरसंहार किया गया या नरसंहार के बाद आग लगा दी। वहाँ एक चरण पर सचमुच बहुत भयानक आग लगी थी और उसमें कुछ लोग झुलस भी गए थे। इसका उल्लेख मार्शल ने अपनी रपट में भी किया है, परंतु वह भी अंतिम चरण की घटना नहीं है। उसके बाद नगर का जीवन पूर्ववत् हो गया था। इसका कारण जो भी रहा हो, इसे उस नगर के विनाश से नहीं जोड़ा जा सकता परंतु कोसंबी के लिए यह जरूरी था।[40]

कोसंबी को आर्यों के आक्रमण पर विश्वास का एक कारण भौगोलिक है। 'प्राचीन अवस्था में भी भारत से बाहर आर्य मौजूद थे और इस बात का कोई साक्ष्य नहीं मिलता कि वे भारत से वहाँ गए थे। इसलिए ऋग्वेद में वर्णित आर्यों को आक्रमणकारी मानना ही होगा।[41] उनका यह तर्क भी साक्ष्यों के विपरीत है। वह मानते हैं कि मध्य दूसरी शताब्दी में आर्य एकाएक आँधी की तरह या कहें वात्याचक्र की तरह सभी दिशाओं में फैल गए। इसे देखते हुए कोसंबी की ही मान्यता के अनुसार वे सिंधु घाटी में 1750 ई.पू. में मौजूद थे। लघु एशिया में उनकी उपस्थिति के ठोस प्रमाण 1350 ई.पू. और इसके बाद पाए जाते हैं। ईरानी पृष्ठभूमि में भी उनके इससे पहले पहुँचने का कोई प्रमाण नहीं। सिद्ध तो यह हुआ कि दूसरी सहस्राब्दी के मध्य से भी पहले भारतीय आर्यभाषी भारत में थे। यहाँ से वे मध्येशिया और लघु एशिया दोनों दिशाओं में गए। भारत से उनका संपर्क बाद में भी बना रहा। जहाँ तक पुरातत्त्व का प्रश्न है हड़प्पा का पुरातत्त्व समूचे आर्यभाषा क्षेत्र में किसी न किसी रूप में पाया जाता है।

इंद्र और पुरंदर

यह उद्भावना कि इंद्र एक सरदार था, जिसका दैवीकरण कर दिया गया, कोसंबी की यह उद्भावना विलक्षण है। वह आर्यों का नेतृत्व ही नहीं करता, कई बार सोमपान के

लिए उसका आह्वान किया जाता है और उससे अनुरोध किया जाता है कि वह शत्रुओं के विरुद्ध हमले का नेतृत्व करे।[42] कोसंबी को यह भी तय कर लेना था कि उसने भारत पर आक्रमण का नेतृत्व किया था या ईरान पर या लघु एशिया पर, कारण उससे परिचित तो इन सभी क्षेत्रों के आर्यभाषी हैं। यह तय करना भी था कि वह सचमुच बाहर से आया था या आर्यों के भारत में आने के बाद पैदा हो गया था। यदि वह प्रयत्न करते तो निराश नहीं होना पड़ता, क्योंकि एक स्थल पर इंद्र को कौशिक तो कहा ही गया है (आ तू न इंद्र कौशिक मन्दसानः सुतं पिब, ऋ.1.10.11)। तब उन्हें यह भी पता चल जाता कि इंद्र उलूक गोत्र का था, जो वह कौशिक का मानते हैं। फिर उन्हें यह भी बताना था कि आग भी पहले आदमी था, फिर दैवीकरण होने के बाद आग बन गया, क्योंकि अग्नि से भी अनुरोध किया जाता है कि वह सही रास्ते से उनको लेकर चले—अग्ने नय सुपथा राये अस्मान्। यह भी कि वायु भी आदमी से वायु बने क्योंकि वायु को भी सोमपान के लिए बुलाया जाता है—वायु आयाहि दर्शत इमे सोमा अरंकृता, तेषां पाहि श्रुधी हवम्।

पुरंदर का शाब्दिक अर्थ पुरों को ध्वस्त करनेवाला नहीं है। पुरंदर का अर्थ पुर-विदारक या भेदक अवश्य है। पुर के साथ प्रयुक्त विशेषण जिनमें चरिष्णु या चलनेवाला (त्वं पुरं चरिष्ण्वं वधैः शुष्णस्य सं पिणक्, ऋ. 8.1.28) कहा गया है नगर तो दूर, स्थायी बस्ती से भी मेल नहीं खाता। मन के वेग से चलनेवाले अयमान आयसीपुर की कल्पना करें और ध्यान दें कि यहाँ आकाश में जाकर गरुड़ द्वारा सोम का आहरण करने की बात की गई (मनोजवा अयमान आयसीं अतरत् पुरम, दिवं सुपर्णो गत्वाय सोमं वज्रिण आभरत्, ऋ. 8.100.8) तो स्पष्ट हो जाएगा कि ऐसे स्थलों पर वस्तुतः पुर बादलों के लिए प्रयुक्त है, जिन्हें अपने विद्युत् वज्र से विदीर्ण करके इंद्र जल की वृष्टि करता है। इसका संबंध पूर्वी हिंदी में प्रचलित पूर बाधना या बादलों का घटाटोप, सं. के पुः, पुष्—जल, पुष्कर जलज, जलाशय (पोखर, पोखरी), और अंग्रेजी के पोर (pour) और (pure) से है। पुष् के जलर्थक मूल को न समझ पाने के कारण कोसंबी पुष्कर का अर्थ भी लोटस पांड ही करते हैं।

जो भी हो अनुवादक और भाष्यकार पुर् का अर्थ दुर्ग या प्राचीरबद्ध नगर भी करते आए हैं। कुछ स्थलों पर आयसी पुरी का भी उल्लेख आया है जिससे दुर्ग की कल्पना को बल मिलता है। परंतु केवल एक स्थल को छोड़कर आयसी पुरियों का संबंध वैदिक समाज से है (पुरः कृणुध्वं आयसीः अधृष्टा मा वो सुस्रोत् चमसः दृंहता तम्, 10.101.8)। लौह दुर्ग तो ठीक है, परंतु एक भी चम्मच पानी रिसने न पाए का प्रयोग कुछ रुक कर सोचने को विवश करता है। एक स्थल पर सरस्वती को आयसी पुरी बताया गया है, (सरस्वती धरुणमायसी पूः, 7.95.1) जिसका अनुवाद ग्रिफिथ ने our sure defence, our fort of iron किया है। दस्युओं की हत्या करके आयसी पुर को छिन्न-भिन्न करने की चर्चा के साथ इसकी पहली पंक्ति में अर्णसातौ आया है, जिसका अर्थ सायण ने उदकस्य लाभ निमित्ते अर्थात् 'जल प्राप्ति के लिए' किया है। (हत्वी दस्यून् पुर आयसीः नितारीत्,

2.20.8) में दस्युओं की हत्या करके उनकी सुदृढ़ बाधा को पार पाने का उल्लेख है परंतु यहाँ सायण ने नितारीत का अर्थ नितरां अनाशयत् 'पूरी तरह से नष्ट किया' और ग्रिफिथ ने इसी का अनुगमन किया है। एक अन्य स्थल पर वामदेव गौतम के गर्भ में ही विश्वप्रपंच के आरंभ को जान लेने और सैकड़ों आयसी पुरों से घिरे होने पर भी उनका श्येन की तरह वेग से बाहर आने की बात की गई (गर्भे नु सन् अनु एषां अवेदं अहं देवानां जनिमानि विश्वा। शतं मा पुर आयसीः अरक्षन् अध श्येनः जवसा निरदीयम्, 4.27.1)। पुर के साथ सर्वत्र भेदन या विदारण की बात की गई है, कहीं विनाश या ध्वंस की नहीं। पुर के एक ही आघात में भेदन करने, पत्थर की तरह तोड़ने, जीर्ण वस्त्र की तरह चीर देने, आदि के विवरण आते हैं। अतः यदि कोसंबी का ऋग्वेद से अच्छा परिचय होता तो वह इस पर गंभीरता से विचार करते और पाते कि इनका नगरों से कोई संबंध नहीं है। बादलों के घटाटोप से कितना संबंध है, तटबंध से कितना संबंध है, दस्युओं की बाधा पार करने से कितना संबंध है, यह अवश्य विचारणीय था।

•आज यह पूरी तरह सिद्ध हो चुका है कि भारत पर संदर्भित काल में कोई आक्रमण नहीं हुआ था, यहाँ तक कि प्रभावशाली संख्या में किसी जत्थे का प्रवेश भी नहीं हुआ था, परंतु हम कोसंबी के समय तक के अध्ययनों के आधार पर उनको गलत नहीं ठहरा सकते। उनके समय में जो सामग्री उपलब्ध थी उसी का आलोचनात्मक पाठ करने पर वह यह समझ सकते थे कि यह कोरी बकवास है और इसके प्रचार के पीछे पाश्चात्य वर्चस्व की चिंता है, परंतु वह ऐसा नहीं कर सके। कोसंबी ने इतिहासलेखन के विषय में अपने मंतव्य अनेक स्थलों पर प्रकट किए हैं। उनके समर्थन में एक स्थल पर वह प्रसिद्ध इतिहास दार्शनिक ई.एच. कार को उद्धृत करते हैं :

> "इतिहास का अपना काम न तो अतीत को प्यार करना है न ही अपने को अतीत से मुक्त कर लेना है, बल्कि उसका काम है इसे वर्तमान को समझने की कुंजी मानकर समझना और इस पर अधिकार करना। महान इतिहास ठीक उस दौर में लिखे जाते हैं जब इतिहासकार की अतीत दृष्टि वर्तमान की समस्याओं की गहरी पैठ से आलोकित होती है।...इतिहास से सीख लेना एकतरफा मामला नहीं है। वर्तमान को अतीत की रोशनी में देखने का अर्थ अतीत को वर्तमान की रोशनी में देखना भी है। इतिहास का काम अतीत और वर्तमान के अंतःसंबंध के माध्यम से दोनों की अधिक गहरी समझ को बढ़ाना भी है।"[43]

प्रश्न यह है कि इन्हें उद्धृत करनेवाले कोसंबी इसे कितना समझते थे। कोसंबी ने न तो वर्तमान को समझा न ही अतीत को और इसका प्रधान कारण, अपने उधार के चश्मे पर अपनी नजर से अधिक भरोसा करना है। चश्मा पश्चिमी जरूरतों से, उन्हीं के द्वारा, भारतीय पंडितों को गुमराह करने और समाज के मनोबल को तोड़ने के लिए, संकीर्ण राष्ट्रवादी और रंगभेदी रंगत देकर तैयार किया गया था। कोसंबी स्वयं उन वाक्यों को दुहराते हैं, 'नस्ल को जितनी भी छूट देकर इसकी व्याख्या की जाए यह विश्वास करना कि गोरे चिट्टे स्कैंडिनेवियाई और काले बंगाली एक ही नस्ल के हैं बहुत मुश्किल

है।'[44] यही वह मुहावरा था जिसका प्रयोग करते हुए जर्मन विद्वान बंगालियों की संतान होने के विकल्प के रूप में पश्चिम से भारत की ओर बढ़ने वाले गोरे आर्यों के लिए कोई युक्ति तलाशने लगे और वह आक्रमण के रूप में आई। कोसंबी को इस इतिहास को समझते हुए इतिहास लेखन में आए बदलाव को, वर्तमान में उसके क्रियान्वयन को और इसके परिणाम स्वरूप पैदा किए जानेवाले पराजित, निःसत्व और पश्चमुखी भारतीय समाज के षड्यंत्र को समझना चाहिए था और इससे अपने को मुक्त करना चाहिए था। फिर इतिहासलेखन, अभिलेखन, अनुवाद, विवेचन और मूल्यांकन आदि के क्षेत्र में पाश्चात्य विद्वानों के कामों की बारीकी से पड़ताल करते हुए उनकी ही असंगतियों और विसंगतियों को उजागर करते हुए उन्हें नंगा करते हुए सच्चाई को सामने लाना चाहिए था। उल्टे वह उनके रंगरूटों में भर्ती हो गए और अपनी शूरता का प्रदर्शन करते हुए उनके बिना भाड़े के सिपाही (भट) बन गए। उनके इतिहास का असर योजना के अनुरूप ही हुआ, आज का प्रबुद्ध कहा जानेवाला भारतीय सोचता नहीं है, पश्चिम की ताजी से ताजी पुस्तक से अपने मतलब की बातें सीख कर जैसे का तैसे दुहराता है, क्योंकि कोसंबी के प्रताप और प्रभाव से वह 'समझ' चुका है कि कोई भारतीय, वह कितना भी बड़ा हो, सोच नहीं सकता, समझ अवश्य सकता है, और वह भी बड़े लद्धड़ रूप में और संकीर्ण आशयों से प्रेरित होकर। पहली दुनिया के होते हुए, दूसरी या तीसरी दुनिया के लोगों को सोचने और असहमत होने जैसा जोखिम भरा काम करना ही नहीं चाहिए। प्रशासन हो या पत्रकारिता, शिक्षण संस्थान हो या शोधसंस्थान, हर शाख पर कोसंबी के प्रेत का निवास है।

परंतु पश्चिम के रंग में रँग जाने का असर स्वयं कोसंबी पर यह हुआ कि उनके अपने विचार सूत्र ही उनकी मान्यताओं का विरोध करते हैं। वह उन मान्यताओं को, जो उन्होंने पाश्चात्य और विशेषतः जर्मन राष्ट्रवादियों से लिए थे, सही ठहराने के लिए लीपा-पोती करने लगते हैं और इतने पैंतरे बदलते हैं कि ध्यान उनके विचारों से हट कर उनकी कलाबाजी पर चला जाता है। इतनी तीखी टिप्पणी बिना दृष्टांत के की जाए तो इसे अनुचित तो माना ही जाएगा, कठोरता के कारण यह अशोभन और प्रतिफलदायी भी होगी। अतः निम्न समीकरणों पर ध्यान दें :

1. कोसंबी मानते हैं कि वैदिक जन आपस में भी लड़ते रहते थे;
2. मानते हैं कि हड़प्पा का वैदिक नाम हरियूपीया है;
3. मानते हैं कि हरियूपीया पर आक्रमण हुआ था। उसका शासक चयमान और आक्रमण करनेवाला वरशिख का पुत्र वृचीवत् था।
4. मानते हैं कि ये दोनों नाम आर्यभाषा के हैं इसलिए यह ऊपर 1 का प्रमाण है। इंद्र की कृपा से चयमान का बचाव हो गया और हरियूपीया के आर्य राजा पर आर्य आक्रमणकारी वृचीवान का आक्रमण विफल हो गया।
5. क्या ऐसी स्थिति में, कोसंबी के अपने संज्ञान वृत्त में, हड़प्पा (उनकी सिंधु) सभ्यता आर्य सभ्यता नहीं सिद्ध होती?

6. फिर नागर जीवन जीने वाले आर्यों को चरवाहा मानने का, उनके अपने बोधवृत्त में, कोई औचित्य था?
7. क्या उनके पास यह सोचने का कारण था कि हड़प्पा के ऊपरी स्तर (समाधि स्थल एच) के लोग ही आर्य थे, उससे पहले के नहीं? और यदि उनके आकलन के अनुसार आर्य राजा (कोसंबी के सरदार) एक दूसरे पर आक्रमण करते रहते थे तो हड़प्पा या मोहेंजोदाड़ो में किसी स्तर से आक्रमण के यदि निश्चित प्रमाण मिल भी जाते तो, इसके लिए इन नगरों को अनार्य बनाकर ही उन पर किसी आर्य राजा द्वारा आक्रमण कराना जरूरी था?
8. क्या नगर पर अधिकार करने, उसको एक नयी संज्ञा देने—क्योंकि हरियूपीया भी उतना ही 'आर्य' (हरित-यूपीय) है जितने चयमान, वृचीवान (नाम ही में संस्कृत उपसर्ग लगा हुआ)। फिर क्या कोई आक्रमण बिना बसे उसका नाम बदलने के लिए या केवल उतनी अवधि तक बसने के लिए किया गया था जब तक उसका आर्य नाम इतना लोकप्रिय न हो जाए कि वह चार हजार साल तक लोगों की याद में बना रह जाए?
9. आर्य नाम हड़प्पा को ही नहीं दिया गया मोहेंजोदाड़ो को भी दिया गया। यह रहस्य केवल कोसंबी को ही पता था कि इसका पुराना नाम नार्मणी था। हो सकता है यहाँ वे बसे नहीं। पुराने नाम को बदला और उसको तहस-नहस करके उस पर जम गए।

कोसंबी के सामने दो ही विकल्प थे। या तो वह अपने विचारों, निष्कर्षों पर दृढ़ रहते या जो मान चुके थे उसे ही दुहराते रहते। अपनी ओर से कोई तीर-तुक्का न भिड़ाते। उस दशा में गलत होकर भी वह इतने विचित्र नहीं लगते। यह दूसरी बात है कि वे मान्यताएँ भी विचित्रताओं को जोड़कर ही तैयार की गई हैं।

कोसंबी एक इतिहासकार से अधिक इतिहास की लाठी हैं और इस लाठी का प्रयोग उन पर किया जाता रहा है जो इतिहास को समझना चाहते हैं।

भारतीय अतीत और वर्तमान के रिश्ते को समझने के कई पहलू थे। सबसे पहला तो यह कि इसको कौन लोग खोज रहे हैं और हमें क्या बनाए रखने के लिए वे इसे एक विशेष कोण से देख रहे हैं। उनके द्वारा प्रस्तुत इतिहास से हमारी अपनी, अपने बारे में समझ बढ़ी है या उलझी है। हमें विविध कुतर्कों से सभी योग्यताओं से शून्य और अपने ऊपर पूरी तरह निर्भर बने रहने की सलाह देने वाले हमें कहाँ पहुँचाना चाहते हैं। यह समझने के बाद ही यह समझा जा सकता था कि अपने वर्तमान को समझने और सही दिशा देने के लिए हमें इतिहास से क्या प्रेरणा लेनी चाहिए और उसके किन पहलुओं को रेखांकित करना चाहिए।

The History And Culture Of The Indian People के लेखकों की सबसे बड़ी कमी उन्हें यह लगी थी कि वे अंग्रेजी छोड़कर यूरोपीय भाषाओं में चलनेवाली आम बहस से अनभिज्ञ हैं।[45] इस लेखक की सीमाओं का तो कोई अंत ही नहीं। परंतु उसने सबसे

पहले अपनी सीमित समझ और ज्ञान के बावजूद मूल सामग्री को देखने का प्रयत्न किया, सही गलत पाठ किया, फिर यह जाँचने का प्रयत्न किया कि उसका पाठ कितना सही या गलत है। कोसंबी गौण से मूल तक पहुँचे। ऐसे में दूसरों की व्याख्या से उत्पन्न ज्ञान एक धुंध पैदा करता है। कोसंबी इसी धुंध के शिकार हैं।

सन्दर्भ सूची

1. The hideous racial implication given to 'Aryan' by the late Nazi regime and its official philosophy has increased the confusion. The Culture...72
2. Though used in later days as the equivalent of the formal term of respect 'Sir', it designated some special tribe or tribes as an ethnic group at the earliest stage. The Culture.., p.72
3. The outstanding Aryan feature, the one characteristic that justifies the name for a large group of people, is a common afmily of languages. These important languages spread right across the Eurasian continent. Sanskrit, Latin, Greek were the classical Aryan languages. From Latin developed the Romance language group (Italian, Spanish, French Rumanian, etc.) in southern Europe. In addition, the Teutonic (German, English, Swedish, etc.), the Slavic (Russian, Polish, etc.) are also sub-groups of the Aryan linguistic group. The Culture...72
4. देखें, 'क्या कोसंबी नस्लवादी थे?'
5. The devastation left in their wake was often irreparable for the people overrun. The Culture...76
6. The Aryans were not civilised as compared with the great third-millennium urban cultures which they attacked and often ruined. *The Culture*...76. Some of the invaders even in Egypt were Aryans. id., p.71, The devastation left in their wake was often irreparable for the people overrun. Nevertheless, the difference between Aryan and Egyptian (and later Assyrian) invasions was fundamental. id, 76; the chief Aryan war-god Indra, a model of the marauding bronze-age chieftain, as busy ceaselessly looting the stored treasures of the godless: *nidhīn adevan amṛṇad ayāsyah (RV.* 10.138.4).... After the Aryans, the Indus cities, as well as urban life itself, vanished completely. *Introduction*, p.72
7. the cities vanished soon after their, arrival, in spite of a millennial past. This would be inexplicable unless the basis of food-production had also been ruined at the same time. Introduction, p.74
8. Most histories of India begin with these ancient Aryans. Some writers still maintain that the Indus people must have been Aryans, from the prejudice that every peak of Indian cultural achievement must have been Aryan. The Culture...72
9. The theory was that these primitive people were pushed into odd corners of the jungle by Dravidians, whom the Aryans in turn drove southwards. The Aryan invasion is historic and well attested. The rest is extremely dubious conjecture. The Culture and ... p.41
10. What kind of people were the original speakers of the primitive Aryan language? As pointed out before, primitive languages have separate terms for every kind of bird, beast, fowl, and plant rather than generic words like 'tree', 'animal', 'fish', etc. Philologists have compared the common root words for 'tree', for example, in

many Aryan languages, omitting the strictly local words. The original Aryan tree then seems to have been the birch, which grows in northern Europe and along the Himalayas, but not in warmer climates. ... the conclusion is that the original Aryans were afmiliar with and probably originated in the northern regions of Eurasia. The Culture75

11. Tile Hittite language had an Aryan base; the word thatti which means Hittite may possibly be connected with Sanskrit kskatriya and Pali kkattiyo. The Hittites settled down to rule over a conquered peasant population in Anatolia. ibid.
12. Two main Aryan waves started from Central Asia in the second millennium, the first about the beginng and the second towards the end. Both affected India, and probably Europe, too. Neither was a deliberate, planned, or directed movement. The pasture of the particular home land (approximately modern Uzbekistan) was insufficient to support the cattle and their owners, perhaps because of a long dry spell. The Culture77; the land from which they came could not support a greater population than most of the civilised and cultivated regions they invaded.76
13. The Aryans had destroyed other urban cultures before coming to India. The Culture and, 79
14. Contact between them and India was neither continuous nor very strong. The intercourse, however interrupted and brief...ibid. 77
15. Just why the emigrations began is not clear, for there is no evidence of any great internal catastrophe. Perhaps steady mcrease of population sufficed as cause. Some of these pastoral nomads went from Khorezm as conquerors to the Russian steppes. Others rounded the Caspian into Asia Minor. Another group appears as the Battle-Axe people of the Danube valley and upper Europe. Intro. 83-84
16. Indra wiped out the remnants of the Varasikhas at Hariyupiya on, behalf of Abhyāvartin Cāyamāna, an Aryan chief. The tribe destroyed was that of the Vricivats, whose front line of 130 panoplied warriors was shattered like an earthen pot by Indra on the Yavyavati (Rāvi) river, the whole opposing army being ripped apart 'like old clothes'; the rest fled in terror. Such vigorous language describes some actual fight at Harappā, whether between two Aryan groups or between Aryans and non-Aryans. *ibid,* 79
17. 'city of the golden sacrificial pillars,' an obvious Sanskritization of a pre-Aryan name. Intro., 72.
18. It is tempting to believe that cemetery H at Harappa, which comes later than pre-Aryan urban culture, represents Aryan burials in its top layer. ibd.
19. Simi-larly, we are tempted to discover Mohenjo-dāro in the city Nārmini, but no details can be extracted from the Rigveda except perhaps that the city was destroyed by fire. *ibid*
20. The duration of the Indus urban culture may roughly be taken as 3000-2000 B.C. Its end came soon after 1750 B.C. at the latest. id. 55.
21. There was a long period of gradual decay before the end, but the actual termination was abrupt. At Mohenjo-daro, the city was set on fire the inhabitants slaughtered, and occupation after the massacre was negligible. The corresponding evidence at Harappa is poor, because the top layers have been devastated. The Culture, p. 55
22. The Indus region seems to have been called Meluhha by the Mesopotamians. All

mention of Meluhha ceases by about 1750 B.C., which means that trade contacts were then interrupted, 'presumably by invaders.. id.,59

23. There was no special Aryan pottery, though the northern (painted) grey ware would soon assume this position; no particular Aryan or Indo-Aryan technique is to be identified by the archaeologist even at the close of the second millennium. Id. P.84
24. The migration was not always in a fixed direction. Some of those who penetrated into India recoiled, either because they were beaten back or were otherwise dissatisfied with conditions in new territory. This is shown by the characteristic Indian humped bull on some Hittite seals late in the second millennium.ibid 77.
25. This heterogeneity plus the Aryan intrusions from outside into a part of the country, already populated by a highly civilized people, repudiates the theory of Nesfield as much as the theory of Risley, if the relative number of various caste elements in the population remained unchanged. Indo Aryan Nose Index, Combined Methods in Indology,534
26. Agrawal, D.P.& A.Ghosh(eds.) 1973 Radiocarbon and Indian Archaeology, Bombay, Tata Institute of Fundamental Research.
27. K.N.Sastri, New Light on the Indus Civilization, II, 1965, p.40. Fn. 2.
28. वही, पृ. 40-41
29. See, . Stages of Indian History, Combined Methods.. 59; 62; On the Origin of Brahmin Gotras149; Culture and civilization of Ancient India, 53. etc.
30. Harappa shows a cemetery that can be called Aryan, and distinct traces of a total layer occupied by a new type of society; the City is men- tioned in the *Rgveda* as Hariyūpīyā. *Stages of Indian History* 61
31. The Aryans destroyed this culture down to its foundations. On a Marxist Approach to Indian Chronology,53.
32. There is no characteristically an Aryan pottery, tool, weapon as such. The Aryans regularly adopted whatever suited them, from the people with whom they came into contact. Combined mrthods, 13-14
33. The spears are thin, without a rib; the spearhead would have crumpled up at the first good thrust. There are no swords at all. The sturdy knives and celts are tools, not weapons. The Culture, 64
34. The weapons found at Mohenjo-daro are weak as compared with the excellent tools. The spears are thin, without a rib; the spearhead would have crumpled up at the first good thrust. There are no swords at all. The sturdy knives and celts are tools, not weapons. The Culture, p. 64; Indus weapons found were exceptionally few and feeble. P. 69.
35. Technology amounted mostly to the construction of chariots, tools, and weapons of war; it belonged primarily to the god Tvashtri and his followers, both seemingly of Indus origin. id., p.80.
36. the barbarian invaders who smashed this millennial culture beyond recovery left virtually no kown archaeological deposit. On a Marxist Approach to Indian Chronology, 55
37. But they destroyed the river dams that flooded the land (as the *Rgveda* testifies repeatedly) which broke the pro-ductive basis of the older civilization. *Stages of Indian History* , p. 62.; the *Rgveda* sings of Indra' s having destroyed the cities,

shattered the dams of the Dasyus or Dāsas... *On a Marxist Approach to Indian Chronology,53*

38. At Mohenjo-daro, the city was set on fire the inhabitants slaughtered, and occupation after the massacre was negligible. The Culture, 55
39. On the other hand, the barbarian invaders who smashed this millennial culture beyond recovery left virtually no kown archaeological deposit. The Culture, 56.
40. At Mohenjo-daro, the city was set on fire the inhabitants slaughtered, and occupation after the massacre was negligible. The Culture .. p.55.
41. The second point is a matter of geography. There existed Aryans out- side India, even in the oldest days, and there is no evidence for the hypo-thesis that all spread out from India, so that the Indo-Aryan tribes of the *Ṛgveda* must be taken as invaders, or Ahura-mazda, , *Combined Methods in Indology,108*
42. Next in importance comes Indra, who resembles a human war leader of just such violent, patriarchal, bronze-age barbarians as the Aryans of the first wave patently were. In afct, it still remains an open question whether Indra is not a deified ancestral war leader who had actually led the Aryans in the field, or perhaps a succession of such active human chiefs. Many a time Indra is invited to drink the powerful intoxicant soma (a very heady drink not properly identified) and to lead his Aryan followers to victory.
43. 'The function of the historian is neither to love the past nor to emancipate himself from the past, but to master and understand it as the key to the understanding of the present. Great history is written precisely when the historian's vision of the past is illuminated by insight into the problems of the present. . . Learning from history is never simply a one-way process. To learn about the present in the light of the past also means to learn about the past in the light of the present. The function of history is to promote a profounder understanding of both past and present through the interrelation between them.' E. H. Carr's What is History? (London, 1962), pp. 20, 31, 62. कोसंबी द्वारा उद्धृत, The Culture and Civilization of Ancient India, p.24
44. It is difficult to believe that blond Scandinavians and dark Bengalis belong to the same race, however loosely defined the term 'race' may be. The Culture, 73.
45. perhaps the inability to follow a general discussion in European languages other than English affects the writers here but they manifest a singular reluctance even to state, let alone come to grips with many of the difficulties 'What Constitutes Indian History', Combined Methods..., 792

पन्द्रह

आर्य भाषा और संस्कृति का प्रसार

'आर्य-' पूर्वपद का भाषा के साथ व्यवहार पहले कभी नहीं हुआ था। यदि हुआ है तो समझ में आनेवाली भाषा और भ्रष्ट या दुर्बोधगम्य भाषा जिसके लिए म्लेच्छवाणी का प्रयोग देखने में आता है।[1] आर्य जन का प्रयोग तो सदाचारी, आदरणीय आदि के लिए ही हुआ है। इसलिए हम कोसंबी से सहमत नहीं हो पाते कि किसी भाषा को बोलने वालों के लिए आर्य का प्रयोग हुआ था।[2]

वैदिक और आर्यभाषा

ऋग्वैदिक काल के वणिक आपसी व्यवहार में जिस भाषा का व्यवहार करते थे उसे क्या कहते थे यह पता नहीं। ऋग्वैदिक भाषा के लिए छंद या छांदस्, अर्थात् छंदविधान वाली (metrical) भाषा जिसमें प्रयुक्त छंदों के अक्षर गिने हुए हैं (वाकेन वाकं द्विपदा चतुष्पदाऽक्षरेण मिमते सप्त वाणीः, 1.164.24)। यह छंद ईरानी में ज़ेंद और अंग्रेजी में चैंट (L. *canere*-to sing> *cantere*>E. chant) और कैंटो (L. *canere*>*cantus*, E canto) बन गया है। गायन बचा रह गया है, मीटर गायब हो गया है। स्पष्ट है कि यह सामान्य बोलचाल की भाषा न होकर काव्य-भाषा थी और इसे यह संज्ञा छंदशास्त्र का विकास करनेवालों ने दी थी। प्रत्येक छंद में रचित काव्य के पाठ की एक अलग विधि थी इसका भी संकेत मिलता है (यत् शक्वरीषु बृहता रवेण इंद्रे शुष्मं अदधाता वसिष्ठाः, 7.33.4)। वैदिक कविता पर ध्यान दें तो यह भी स्पष्ट हो जाएगा कि कवियों ने अलंकारशास्त्र का भी सुदृढ़ आधार रख दिया था। गान की रीतियों के लिए वैदिक समाज ने एक अलग शास्त्र विकसित किया था, जिसे साम कहते हैं। यह साम नाम भी दो रूपों में यूरोप तक पहुँचा दिखाई देता है एक है अं. सांग, और दूसरा सैमुएल।[3] छंदशास्त्र का विकास और वैविध्य पूरे भारोपीय परिदृश्य में केवल भारत में दिखाई देता है। अन्यत्र सभ्यता के स्तर के अनुरूप इसके अर्थ में विचलन भी है और अर्थह्रास भी। कारण वैदिक काव्यपाठ बहुत परिपाटीबद्ध था। इसका यह अर्थ नहीं कि बोलचाल की भाषा में भी लोग उसी तरह के स्वराघात और बलाघात का प्रयोग करते रहे होंगे। जो भी हो इस पाठ और विशेष सामविधान से पाठ करने पर, पाठ की शुद्धता पर जितना बल दिया जाता था और इसमें स्खलन से अनिष्ट की आशंका जताई जाती थी, उसके कारण छंद या चैंट के साथ जादुई प्रभाव वाले गायन का आभास बना रह गया था। साम- या सैम- का आगे चलकर पश्चिम

में धर्मग्रंथों के लिए प्रयोग भी धार्मिक कृतियों की स्मृति से जुड़ा लगता है। अकेले वैदिक जन हैं जो बीस छंदों का प्रयोग अपनी रचनाओं के लिए करते थे। शैमन का साम से कोई संबंध है या नहीं यह पता नहीं।[4]

सामान्य बोलचाल की भाषा के लिए वाक् का प्रयोग होता रहा होगा जिससे लातिन के वोचे (vac/vax/voce) और सीधे मुँह से कही बात (viva voce) और अंग्रेजी (voise/voice) का संबंध है। वैदिक में एक और रूप रहा लगता है वाश्। सायण ने वाशी का कई बार अर्थ वाणी किया है (8.12.12- वाङ्नामैतत्; 8.19.23- शब्दकारिणी)। परंतु अधिक संभव यही लगता है कि वे अपनी भाषा को या दूसरे उनकी भाषा को देववाणी कहते रहे हों। कम से कम उस प्राचीन चरण पर जब दूसरों द्वारा उन्हें देव और ब्रह्म कहा जाता था और वे भी अपनी वाणी को यही कहते थे। देव का अर्थ निंदापरक था– 'आग लगाने वाले', पर आगे उनकी हैसियत में बढ़त आने के साथ श्लाघ्य बन गया।

आर्य भाषा का औचित्य

पहले आर्य शब्द भाषा के संदर्भ में प्रयोग में न भी आता रहा हो, परंतु दूसरे अनेक संदर्भों में आर्य विशेषण का प्रयोग होता ही थाः आर्य आचरण (शिष्टाचार), आर्य-व्रत (कृषिकर्म), आर्यावर्त (सभ्य और निरुपद्रव भूभाग), आर्य-सत्य, आर्य-स्थान (ईरान), आर्य देश (ऐरनवेजो) आदि का व्यवहार तो पाया ही जाता है, कुछ लोग अपने को सदाचारियों में सर्वोपरि, आर्यकुलीन आदि भी कहते थे। कुछ लोगों का खयाल है कि आयरलैंड भी आर्यों का ही देश है। अतः आर्यावर्त, आर्याना (हरयाणा, अफगानिस्तान) से लेकर आयरलैंड तक मूल देश के दावेदार कितने हैं यह कोई नहीं बता सकता।

हमारी अपनी समझ यह है कि अर्, अल् अर्थात् खेती का सबसे पुराना साधन ही आर्य शब्द के मूल में है। आगे चलकर इसका विकास कई रूपों में हुआ जिनमें अरि-शत्रु, हिंसक; आर्य-खंती चलाने वाले, किसान, अरा पहिए का आरा या स्पोक, लेखन का 'आरा' या स्टाइलस (यां पूषन् ब्रह्मचोदनीमारां बिभर्ष्याघृणे, तया समस्य हृदयमा रिख किकिरा कृणु, ऋ. 6.53.8), और आरा–लकड़ी चीरने का यंत्र, आला–स्टेथेस्कोप, (लांग)–अल, हल आदि का रूप लिया।

आहार संचयी जनों के बीच ये अन्न उत्पादक अपने को श्रेष्ठ, निष्पाप और सदाचारी समझते थे (वरुणप्रघासेन वै प्रजापतिः अनमीवा, अकिल्विषा, अनागसा प्रजा प्राजायन्त)। दूसरे इन्हें अपने से श्रेष्ठ न भी मानते रहे हों तो, इनसे डरते अवश्य थे। अतः आर्य का अर्थविस्तार आदरणीय, श्रेष्ठ, सदाचारी हो सकता था। व्यापार-वाणिज्य की उन्नति के बाद यह अमीर, आदरणीय, शिष्ट, श्रीमान्, महोदय आदि आशयों में प्रयोग में आने लगा। अतः कुछ लोग अपने शिष्ट और सुसंस्कृत होने पर गर्व करने के लिए अपने को आर्य कहें, अपने को उच्चगुणों से संपन्न पिता की उन्हीं जैसे गुणों वाला कहकर गर्व अनुभव करें, बड़े-बूढ़ों को आर्य (आजा), आर्या (आजी), कहा जाए, स्त्रियाँ अपने पति को आर्यपुत्र कहें, लोग संबोधन में अरे, अले, अरी, अलि प्रयोग में लाएँ यह नितांत

स्वाभाविक था और इन सब के प्रमाण मिलते हैं। बुद्ध चार आर्यसत्यों की बात करते हुए इसे परम की कोटि तक पहुँचा दें, यह अर्थविकास की परिधि में था।

कोसंबी इस बात से परेशान थे कि दुनिया में कुछ लोग ऐसे भी थे जो अपने को आर्य कहते थे, परंतु उन्होंने इस बात की ओर ध्यान नहीं दिया कि जनों या जातियों के नामों के आधार क्या होते हैं। यह समस्या पहले की ही नहीं आज की भी है। तलाश करने चलें तो अपने को आर्य और अनार्य कहनेवाले आज भी मिल जाएँगे। ऐयर भी और नैयर/नायर भी। श्रेष्ठतासूचक शब्द कुलनाम या जातिनाम कैसे बन जाते हैं इसका नमूना सेठ, सेठी, चेट्टियार, महाजन, साहू, लाल (रत्न), गोस्वामी/ गोसांई/ गोसयाँ आदि तो हैं ही वे उपाधियाँ, पद आदि जो उत्तरमध्य काल में दी गईं वे भी हैं जिनमें काजी को छोड़कर शेष -कानूनगो, दीवान, मुंशी, मजूमदार, पोद्दार, मलिक, आदि–धर्मसीमा के पार भी देखने को मिलेंगे।

आर्य के पर्याय श्रेष्ठ (सेठ, सेठी, सेठिया, चेट्टियार), साधु (साहू) या महाजन आदि का प्रयोग वैश्यों के लिए होता है, पहले भी वैश्य वर्ण के लिए आर्य और साधु का प्रयोग होता था। परंतु कोसंबी मानते हैं आदरसूचक प्रयोग बाद में अर्थपरिवर्तन के कारण होने लगा, जो, जैसा कि हम देख आए हैं, गलत नहीं है। परंतु उनका यह कथन कि सबसे पहले इसका प्रयोग किसी विशेष कबीले या समान वंशधरता वाले कबीलों के लिए हुआकरता था[5], वास्तविकता से कुछ दूर है। वह बताते हैं, संस्कृत में और उसी के प्रभाव से अनेक भारतीय भाषाओं में इसका अर्थ है 'जन्मना स्वतंत्र, चरित्रवान, या तीन उच्च वर्णों का सदस्य'[6] हो गया।

ऋग्वेद में केवल एक स्थल है जिससे तीन उच्च वर्णों के लिए आर्य या श्रेष्ठ का प्रयोग हुआ लगता है (तिस्रः प्रजा आर्या ज्योतिरग्राः, ऋ.7.33.7) फिर भी दासों या शूद्रों के लिए इसका प्रयोग तो हो ही नहीं सकता था। जैसा हमने वर्ग और वर्ण के प्रसंग में कहा है, यह भेद वर्णव्यवस्था में सदा रहा है और किसी न किसी रूप में आज भी सक्रिय है। अतः आर्य और दास का भेद या विभाजन अपेक्षा के अनुरूप ही है।

दास और गुलाम

जन्मना स्वतंत्र अर्थात् फ्रीबॉर्न की अवधारणा संस्कृत में या भारत की किसी भाषा में न रही है, न है। यह उन देशों, समाजों या व्यवस्थाओं की उपज है जिनमें बहुत प्राचीन काल में ही गुलामी की प्रथा स्थापित हो गई थी। इसी तरह स्वतंत्र चिंतन या स्वतंत्र चिंतक (फ्री थिंकिंग या आजाद खयाल) जैसे शब्द, जिनका हम आज प्रयोग करते हैं और कुछ कम्युनिस्ट देशों, संगठनों आदि में इस पर प्रतिबंध लगने के कारण, आज के संदर्भ में ये प्रयोग स्वाभाविक लगते हैं, इनका प्राचीन भारतीय साहित्य में अभाव मिलेगा, क्योंकि चिंतन अपनी प्रकृति से ही स्वतंत्र होता है, उसकी अभिव्यक्ति पर अलग-अलग तरह की मर्यादाएँ अवश्य रही हैं। परंतु जबान काटने, होंठ सिलने, जबाँबंदी नहीं। ये अवधारणाएँ सांस्कृतिक भिन्नता की उपज हैं, मध्यकाल से पूर्व के भारत के लिए

अकल्पनीय हैं। पर मुँह पर ताला लगने, होंठ सिलने और मुँह बंद रखने के मुहावरे हमारी भाषा में भी पाए जाते हैं और प्रतीकात्मक प्रतीत होते हैं। दंड संहिताओं में भी इनका विधान नहीं है।

सच कहें तो स्वतंत्रता की अवधारणा भी, पश्चिम के अर्थ में, भारतीय चिंताधारा में नहीं रही है। कारण, शरीर धारण करने के साथ ही प्राणी बंधन में पड़ जाता है। और फिर तो सबहिं नचावत राम गोसांई। किसी से ऋण लेने पर वह प्रतीकात्मक रूप में और न चुका पाने पर वास्तव में बंधन में पड़ जाता था। मुक्ति और मोक्ष की अवधारणा अवश्य रही है, ऋणमुक्ति की भी, जीवनमुक्ति की भी और जीवनचक्र से मुक्ति की भी, परंतु स्वतंत्र जन्मा की नहीं, क्योंकि यहाँ जन्म के साथ ही किसी को उसकी स्वतंत्रता छीनी जा सकती है, यह किसी ने सोचा तक नहीं। यहाँ की दासता में भी व्यक्ति दास होता था, उसकी संतान नहीं, अतः संतान जन्मना स्वतंत्र होती थी। यह गुलामी नहीं, देयता या लाइबिलिटी का मामला है, जो आज भी रिक्थ के अंतरण के साथ अंतरित हो जाती है—यह प्राप्य के साथ देय (assets with liabilities) का वैध मामला है जो आज भी चलता है, न कि स्लेवरी का।

फ्रीबॉर्न की उद्‌भावना कोसंबी को दास और आर्य के साथ-साथ प्रयोग के कारण करनी पड़ी। दास का निकटतम आशय उनके लिए गुलाम है, यद्यपि भारतीय दासता और पश्चिमी गुलामी की अवधारणाएँ अलग हैं और स्लेव के अर्थ में गुलाम का प्रयोग अधिक सही है। अतः आर्य का पर्याय उन्हें फ्रीबॉर्न प्रतीत हुआ। कहें, आर्य शब्द का अर्थ समझने में इसलिए चूक हुई कि वह दास का भी गलत अर्थ कर बैठे।

भारतीय दास या सेवक को उत्पादक कामों पर लगाये जाने के प्रमाण नहीं मिलते हैं। स्वयं कोसंबी ने ही इस बात का उल्लेख किया है कि यदि किसी दास से गर्हित काम कराया जाए अथवा उसके साथ दुराचार किया जाए तो वह इस आधार पर ही दासता से मुक्त हो सकता था। कुछ दास तो आवधिक होते थे, अर्थात् नियत समय तक, जो देय रकम के बराबर आँका जाता था, उतने दिनों तक काम करने के बाद दासता से मुक्त हो जाते थे। भारतीय दासता आदिम अवस्था से निकली थी जिसमें किसी युवती से विवाह करने के इच्छुक युवक के पास उसके पिता की माँग पूरी करने की हैसियत न होने पर उसे उसके यहाँ दास या घरेलू नौकर की तरह उस समय तक काम करना पड़ता था जितने समय के काम को उस मांग के बराबर माना जाता था। यहाँ जुए के खेल में हारने वाले दास बनने को बाध्य होते थे, प्रतिस्पर्धा में हारने वाले दास बन जाते थे और कर्ज न चुकाने वाला तो दास बन ही जाता था। इनके अतिरिक्त क्रीतदास तो मुहावरा ही है, अतः किन्हीं स्थितियों में कुछ असहाय अपने आप या अपनी संतान को भी बेचते रहे होंगे, जिसका इतिहास शुनःशेप की कथा को देखते हुए, ऋग्वेद से भी प्राचीन प्रतीत होता है।

दास को उत्पादक श्रम में नहीं, व्यक्तिगत सेवा में नियुक्त किया जाता था और इस तरह वह आर्थिक दृष्टि से भार होता था। उत्पादन शूद्र का काम था। अतः भारतीय संदर्भ में फ्रीबॉर्न और स्लेवरी और लिबर्टी तीनों का अस्तित्व नहीं था। जैसा कि कोसंबी

ने स्वयं स्पष्ट किया है, इस भिन्नता के कारण ही गुलामी प्रथा का अनुभव रखने वालों को भारत में लंबे समय तक रहने के बाद भी लगता था यहाँ गुलामी की प्रथा नहीं है।[7] वह उस अर्थ में थी भी नहीं, क्योंकि क्रीतदास का भी पुत्र उस स्वामी का दास नहीं होता था। इसमें व्यक्ति मनुष्यता से वंचित नहीं किया या माना जाता था, परंतु व्यवहार में अभद्र व्यक्ति (गँवार), नारी और साहित्य और कला से वंचित व्यक्ति को पशुतुल्य मानने के उदाहरण दिए जा सकते हैं। हम इनके औचित्य पर विचार नहीं कर रहे हैं, फिर भी इन मामलों में अधिकार दंड देने के अधिकार तक सीमित रहा है, मनुष्यता से वंचित करके अपनी संपत्ति की कल्पना उन जनों के संदर्भ में भी अकल्पनीय थी जिन्हें गर्हित कामों पर लगाया गया या जिन्होंने ऐसे कामों को स्वीकार कर लिया या जिन्हें किन्हीं परिस्थितियों में इन्हें करने के लिए बाध्य किए गए।

दासों का सांस्कृतिक स्तर

कोसंबी दासों और दस्युओं को हड़प्पा सभ्यता के निवासी मानते हैं।[8] सायण ने दास का अर्थ 'उपक्षयिता', 'विनाशक' किया है।[9] ग्रिफिथ ने यदा कदा दास का अनुवाद डेमन किया है अथवा दास का ही प्रयोग किया है। उदाहरण के लिए 'अमर्त्यं चित् दासं मन्यमानं', the Dasa, him who deemed himself immortal. 2.11.2; दासीः विशः का the Dasa races. 2.11.4 करते हैं, और 'यः दासं वर्णं अधरं गुहा अकः' का अनुवाद chased away the humbled brood of demon किया है। संदर्भ से भी यह ठीक लगता है। कोसंबी ऐसी व्याख्याओं से प्रभावित नहीं होते। उनके पास यह विश्वास है कि आर्य आक्रमणकारी थे। जिन पुरियों के विनाश का दावा किया गया है वे हैं तो दासों की ही।

परंतु हम कह सकते हैं कि कोसंबी ने उन पुरियों के चरित्र को समझने की चिंता न की, न ही दासों के चरित्र को समझने का प्रयत्न किया। उनका ध्यान उन स्थलों की ओर नहीं गया है जहाँ इनके उपद्रवी कार्यकलाप के हवाले आए हैं।[10] ये अपनी उद्दंडता और हिंसावृत्ति के लिए कुख्यात थे। मोनियर विलियम्स ने वैदिक व्याख्याओं के आधार पर दास का अर्थ दिया है : fiend, demon, Name of certain evil beings conquered by Indra, savage, barbarian. कोसंबी स्वयं भी मानते थे कि हड़प्पा की नागर बस्तियों को छोड़कर शेष भारत अमानुषी या हैवानी अवस्था में था। ऐसे में यदि वह आर्यों को उन बस्तियों का निवासी मान लेते तो किसी तरह का अंतर्विरोध पैदा न होता, भले पूरा भारत इसी दशा में रहा हो या नहीं। आखिर यह तो वह मान ही आए हैं (Combined Methods p. 9) कि आर्य राजा हैवानों को खा जाता था। यह है तो कुछ अन्याय कि आर्यों को नरभक्षी बनाकर हैवानियत की भी सबसे गिरी अवस्था में पहुँचा दिया जाए, जिसने पहले हड़प्पा की आबादी को सफाचट कर दिया और फिर हैवानों को खाने लगा, पर कोसंबी जब अपनी पर आ जाते हैं तो वह बदहवास हो जाते हैं।

विचारणीय प्रश्न यह था कि वे कौन सी परिस्थितियाँ थीं जिनमें वैदिक समाज के किन्हीं लोगों का इनसे पाला पड़ता था। यदि वह वैदिक व्यापारिक गतिविधियों पर ध्यान

देते तो उन्हें इसका उत्तर मिल जाता। परंतु वह पणियों को बनियों के रूप में पहचान लेते हैं जैसे उन्होंने दासों/दस्युओं को सिंधु सभ्यता का नागरिक मान लिया था उसी तरह इन्हें भी मान लेते हैं। आधार पण, जो ऐतिहासिक कालों में सिक्के के लिए प्रयोग में आता रहा। परंतु पण-वण खंडने, में पणि का एक अर्थ हिंसक हो सकता है इसकी ओर उनका ध्यान नहीं गया।[11] सही अर्थ करने के लिए कोश, अनुवाद, भाष्य जरूरी हैं, पर क्या यह जरूरी नहीं है कि हम किसी कृति में उसके प्रयोगों के संदर्भों को देखें और उक्त साधनों से ज्ञात परिधि का सम्मान करते हुए उनका अर्थ निकाले? निर्णायक बिंदु यही है।

असामाजिक और आततायी जनों के दमन का उल्लेख भी ऋग्वेद में अनेक बार आया है।[12] जानपद काल के विषय में कोसंबी बताते हैं कि इनकी सीमाओं की वन्य हैवानों और बाहरी आक्रमणों से बचाने के लिए बहुत बड़े पैमाने पर सुरक्षा व्यवस्था होती थी[13], परंतु सुरक्षा की इस चिंता को वैदिक काल के विषय में वह सोच ही नहीं पाते, क्योंकि उनकी परिभाषा के आर्य तो स्वयं लुटेरे और उठाईगीर थे। उनसे दूसरों को खतरा हो सकता था किसी दूसरे से उन्हें नहीं। यह दूसरी बात है कि पूरे ऋग्वेद में और बाद के साहित्य में भी आर्य जन अपने ऊपर होनेवाले आक्रमणों की और जान-माल की असुरक्षा की बात करते हैं। ध्यान रहे कि दिवोदास ने दासों पर आक्रमण नहीं किया था अपितु स्वयं उनके आक्रमण से किसी तरह बच गए थे (याभिर्महामतिथिग्वं कशोजुवं दिवोदासं शंबरहत्य आवतम्। 1.112.14)। कोसंबी की व्याख्या में तो सुदास आर्य है और दिवोदास स्वयं एक दास सरदार है।[14]

दास, दिवोदास और सुदास

ध्वनि और अंकन में समान परंतु व्युत्पत्ति और अर्थ में भिन्न शब्दों के साथ खींचतान की संभावना अधिक होती है और इनकी सही व्याख्या में पंडितों से भी चूक हो जाती है। परंतु जो आज की जरूरतों से कल को अपनी इच्छानुसार गढ़ रहा हो, उससे इस बात की अपेक्षा नहीं की जा सकती कि वह वस्तुस्थिति को समझे भी। यह भी नहीं कि वह किसी एक ही व्याख्या पर टिका रहे, या जो दावा कर रहा है उसका प्रमाण भी प्रस्तुत करे। वही दिवोदास दासजातीय नेता हो जाता है जिसका आर्यीकरण कर लिया गया है। उसी के लिए इंद्र शंबर की अर्थात् दूसरे दास की पुरियों को ध्वस्त करते हैं। परंतु यदि दिवोदास दास था और दासों की पुरियाँ थीं तो उसकी भी रही होंगी। आर्यीकरण के बाद लगता है उसकी पुरियाँ हवा हो गईं और अब इसका दासत्व आर्यत्व में ढल गया, "इन शत्रुओं में सबसे प्रमुख शंबर था जिसका सहयोगी वर्चिन भी हो गया था। इस शंबर की बहुत सारी पुरियाँ थीं। यह दिवोदास का शत्रु था।...दिवोदास के पास या उसके उत्तराधिकारियों के पास कोई नगर नहीं था।[15]

कोसंबी बताते हैं कि ऋग्वेद काल में अनेक दिवोदास रहे होंगे, और इनमें एक था अतिथिग्व। अतिथिग्व का अर्थ है 'वह व्यक्ति जिसकी गायें जहाँ जी आए वहाँ चर सकती

थीं।'[16] पैजवन सुदास इसी अतिथिग्व का उत्तराधिकारी था और वह शुद्ध रक्त का था। वह बताते हैं कि सुदास लिखने में तो सुदास लिखा जाता था पर उसका उच्चारण 'सुदाह' था। 'ह' के लिए अलग लिपि संकेत होते हुए सुदाह को सुदास क्यों लिखा जाता था?

ईरानी स्रोतों में दास के लिए दहए प्रयोग है। ये कबीले आमू दरया के आस-पास के क्षेत्र में थे। उच्चारण से अधिक महत्त्वपूर्ण था इस बात पर ध्यान देना कि इसका हड़प्पा से सीधा संबंध है या नहीं। हड़प्पा के लोगों को किन परिस्थितियों में उनका सामना करना पड़ता रहा होगा। उस दशा में आक्रमणकारी कौन सिद्ध होगा। हम जानते हैं कि उत्तरी अफगानिस्तान और मध्येशिया से हड़प्पा के व्यापारिक संबंध थे। अपनी यात्राओं में उन्हें इनके उपद्रव का सामना अवश्य करना पड़ता रहा होगा। यही ऋग्वेद के विवरणों से भी स्पष्ट है। कोसंबी इस प्रश्न को उठाते ही नहीं। हम इस पर आगे विचार करेंगे।

पिजवन और दिवोदास

प्रमाण इस बात के हैं कि सुदास दिवोदास के पुत्र थे (दिवोदासं न पितरं सुदास : 17.18.25)। दाशराज्ञ सूक्त में देवता (वर्ण्य विषय) के रूप में सुदाः पैजवन नाम आया है। कोसंबी ने इसका अर्थ पिजवन का पुत्र किया है। यह चूक दूसरों से भी हुई है। परंतु अपत्यार्थक पैतृक और आनुवंशिक दोनों के लिए प्रयोग में आता है। यह कुछ वैसे ही जैसे राम के लिए दासरथी के विकल्प रघुवीर, राघव, रघुकुलकेतु, रघुकुलतिलक आदि प्रयोग आते हैं। राम के मामले में हम जानते हैं कि राघव और रघुवीर का अर्थ रघु का पुत्र नहीं, रघुकुल में उत्पन्न होता है? रघुकुलकेतु के आशय में ही ऋग्वेद में सुदास के लिए पिजवनकुलकेतु (पैजवनस्य केतः) कहा गया है।[17] मैक्डनल और कीथ और उनसे भी पहले यास्क 'पैजवन' को पिजवनपुत्र मानने की भूल कर चुके हैं, ''इनकी ठीक-ठीक पैतृकता अनिश्चित है, क्योंकि इन्हें पैजवन (पिजवन का पुत्र; इस पैतृक नाम की यास्क ने इसी प्रकार व्याख्या की है) कहा गया है। यदि यह व्याख्या ठीक है तो दिवोदास इनका पितामह रहा होगा। यदि यह दिवोदास के पुत्र थे तो पिजवन को अपेक्षाकृत अधिक प्राचीन पूर्वज मानना होगा।''[18] इस तरह वह वंशक्रम को उलट देते हैं। सायण इस समस्या का एक अलग हल निकालते हुए बताते हैं कि पिजवन दिवोदास का ही दूसरा नाम था– दिवोदास इति पिजवनस्य नामांतरं , ऋ. 7.18.25 पर सायण। जैसा हमने देखा, अनिश्चय की कोई गुंजायश नहीं है क्योंकि दिवोदास को स्पष्टतः सुदास का पिता बताया गया है और पैजवन का अर्थ पिजवन का पुत्र उतने ही औचित्य से हो सकता था जितने औचित्य से पिजवनवंशी हो सकता था। परंतु पिजवनवंशी होने के साथ नाम के आधार पर अपने को दास कहनेवाले हड़प्पीय कबीले का औचित्य समाप्त हो जाता है।

मौलिक उद्भावना

कोसंबी इस उलझन का एक विलक्षण हल निकालते हैं जो उनके ही वश की बात थी। वह दिवोदास और सुदास को दो पृथक् गणों के नायक मानते हैं। दिवोदास में जो '-दास'

उपपद है उससे यह प्रकट होता है कि आर्यों और अनार्यों का 1500 ई.पू. से पहले ही मिश्रण हो गया था।[19] अतः दिवोदास तो मिश्ररक्त वाले आर्य हुए, परंतु सुदास जिस भरत गण के 'सरदार' थे और जिसके नाम पर भारत अर्थात् 'भारतों का देश' नाम पड़ा है ये उन मिश्रित आर्यों से अलग हैं। ये भारत निश्चित रूप से आर्य हैं।[20] कोसंबी शुद्ध रक्त की तलाश में किस सीमा तक जा सकते हैं, इसका यह एक उदाहरण है।

आर्य और दास वर्ण

जो भी हो दास का उल्लेख एक वर्ण या एक पक्ष या वर्ग (यो दासं वर्णं अधरं गुहाकः, ऋ. 2.12.4) और आर्य का एक भिन्न वर्ण (हत्वी दस्युन् प्रार्यं वर्णं अवत्, ऋ.3.34.9) के रूप में हुआ है। यह भेद वर्णविभाग के परवर्ती अर्थ में नहीं हो सकता, क्योंकि दास उनके समाज का हिस्सा थे ही नहीं। यह सभ्य और चोरों, लुटेरों के बीच किया गया भेद है। दासों के लिए एक बार 'कृष्णयोनीः' विशेषण का प्रयोग हुआ है। इससे कोसंबी को लग सकता था कि रंग या वर्ण के आधार पर ही आर्य-दास का विभाजन हुआ है।

कोसंबी वैश्यों को हड़प्पा सभ्यता का उत्तराधिकारी मान सकते थे, क्योंकि वह मानते हैं कि 'आर्यों ने उस सभ्यता को जड़मूल से समाप्त कर दिया था और दूसरी बहुत सी चीजें नष्ट हो गई थीं फिर भी मान और बाट के मानक नहीं बदले।[21] परंतु तब उन्हें यह मानना पड़ता कि नागर सभ्यता के उत्तराधिकारी वैदिक काल में भी विद्यमान थे और अन्य जो भी क्षति हुई हो, नगरों को आर्यों ने कोई क्षति नहीं पहुँचाई।

वह बताते हैं कि सच्चे आर्य भारत (भरतवंशी या सुदास के वंशधर) ही पूर्व की ओर बढ़ गए थे और कोसल और मगध को आबाद किया था। "ईसा पूर्व की दूसरी शताब्दी में पश्चिमोत्तर पंजाब में हुए संस्कृत वैयाकरण पतंजलि अध्युक्ति (रिडंडेंसी) को स्पष्ट करते हुए 'पूर्वी भारतों' का उदाहरण देते हुए कहते हैं जब 'भारत' पूर्व को छोड़कर कहीं पाए ही नहीं जाते तो फिर 'पूर्वी' लगाने की क्या तुक।" पूर्व की ओर प्रयाण का प्रमाण अन्य उद्धरणों से भी मिलता है।[22]

क्या दास काले थे

दिवोदास छठे मंडल के पात्र हैं। इसे प्राचीन बताया जाता है। दासों ने सबसे अधिक परेशान उन्हें ही कर रखा था और उनके समय में ही उनका दमन आरंभ हो गया था।[23] ये दास और पणिगण भी आर्यों के निवास से बहुत-बहुत दूर (जगुरिः पराचै) के ऐसे ही क्षेत्र के निवासी थे। इनका भारत में बसे जनों से कोई संबंध नहीं हो सकता था। कृष्णयोनि का जो अर्थ कोसंबी ने लिया है वह संदिग्ध है। योनि का अर्थ चमड़ी नहीं, (1) बैठने की जगह या आसनी (सादया योनिषु त्रिषु, 1.15.4; आ यद् योनिं हिरण्ययं वरुणं मित्र सदथः 5.67.2; सीदन् ऋतस्य योनिम् आ, 9.32.4); (2) स्थान (मम योनिः अप्सु अंतः समुद्रे, 10.125.7); (3) निवास (सयोनिः); (4) मार्ग या प्रवाहपथ (समानं योनिमनु संचरंती, 3.33.3; समानं योनिमनु संचरंतं, 10.17.11); (5) हराई (कृते योनौ वपतेह बीजम्, 10.

101.3), (6) गर्भ (यस्ते गर्भं अमीवा दुर्णामा योनिं आशये, 10.162.2); (7) खान (आ रत्नधा योनिम्, 9.107.4); (8) जीवकोटि (मनुष्ययोनि), (9) उद्भव स्थान (प्रजानन् अग्ने तव योनिं ऋत्वियम्, 10.91.4) आदि तो होता है, परंतु त्वचा का रंग नहीं होता। यहाँ अदृश्य कंदराओं, गह्वरों से एकाएक बाहर निकलकर आक्रमण करनेवालों के संदर्भ में निवास क्षेत्र मानना होगा। इसलिए ग्रिफिथ ने कृष्णयोनि दास का अर्थ किया है the Dasa hosts who dwelt in darkness. यह अर्थ वास्तविकता से मेल खाता है। सायण ने इसे हीनता से जोड़ा है ('कृष्णयोनीः दासीः सेनाः' का अर्थ निकृष्टजातीः उपक्षयित्रीरासुरीः सेना किया है।) जो अपेक्षा से कुछ हट कर है।

दासों का निवास क्षेत्र

दासों को पर्वतीय क्षेत्र का निवासी बताया गया है (उत दासं कौलितरं बृहतः पर्वतादधि, 4.30.14; शम्बरं पर्वतेषु क्षियंतं, 2.12.11; अहन्नहिं पर्वते शिश्रियाणं, 1.32.2; पर्वतेष्ठामद्रोघवाचं, 6.22.2)। इस तरह की उक्तियाँ उनकी ही हो सकती हैं जो स्वयं पर्वत पर नहीं, अपितु मैदान में रहते रहे हों। अवेस्ता में भी जिन्हें दाही (Pliny, VI.17; Aeneis VIII, ng,) कहा गया है और जिन्हें चीनी ता-हिआ कहते थे[24] उन्हें उपद्रवी जनों के रूप में ही चित्रित किया गया है। इन्हें आमू दरया के निकट बसा बताया गया है। ये कबीले वैदिक काल में भी भारत के मैदानी क्षेत्र में नहीं पाए जाते थे। भारतीय भूभाग में आर्य जन हैं तो पर्वतीय क्षेत्र में वे दास जिनसे वैदिक आतंकित रहते हैं और जिनको अपने मार्ग की बाधा मानकर (बाधमाना अप द्विषः, 1.90.3; न वरंते परिबाधो अदेवीः, 5.2.10) वे देवताओं से याचना करते हैं कि वे उन्हें रोके रहें (बाधस्व दूरे निर्ऋतिं पराचैः कृतं चिदेनः प्रमुमुग्धि अस्मत्, 1.24.9 आदि)। जब जीने-मरने का सवाल आ जाता है तभी उन पर प्रहार करते हैं। ह्वीलर से पहले के सभी पुरातत्त्वविद् हड़प्पा के नगरों और बस्तियों के संदर्भ में पश्चिमोत्तर की पहाड़ियों से होते रहनेवाले ऐसे ही उपद्रवों की चर्चा करते रहे हैं। ह्वीलर ने इस सच्चाई को ही उलट दिया और कोसंबी ने अपनी ओर से इस पर विचार ही नहीं किया और उसे अंतश्चेतना का अंग बना लिया।

ऐसी कौन सी विवशता थी जिससे उन्हें उन उपद्रवी जनों के आक्रमण का खतरा उठाकर भी उनके क्षेत्र से होकर गुजरना पड़ता था। व्यापारिक गतिविधि से अलग कोई कारण हमें दिखाई नहीं देता। यह मात्र अनुमान की बात भी नहीं है, इसके स्पष्ट उल्लेख हैं (सुगोत ते सुपथा पर्वतेष्ववाते अपस्तरसि स्वभानः। सा न आ वह पृथुयामन्नृष्वे रयिं दिवोदुहितरिषयध्यै, 6.64.4)। कोसंबी ने पुरंदर के सभी संदर्भों को सामने रखकर इसका अर्थ नहीं किया।[25] ह्वीलर की सूझ से वह एक कदम भी आगे नहीं बढ़े। यदि उन्होंने ऐसे अंशों पर ध्यान दिया होता जिनमें भयभीत आर्यों का चित्रण है और इस भय के होते हुए वे देवताओं से अपना कुशल मनाते हुए अपनी यात्रा पर जाते हैं तो उन्हें उनकी गतिविधि भी दिखाई पड़ जाती। कोसंबी का सबसे बड़ा अवदान सूचना के विविध स्रोतों का समन्वयन है, जिसे उन्होंने 'समायोजित पद्धतियाँ' की संज्ञा दी है, परंतु समन्वित

पद्धति में यदि सूचना के संकलन और वर्गीकरण में ही असावधानी बरती जाए तो यह पद्धति हमारी समझ को प्रखर बनाने के स्थान पर उसे और धुँधला ही बनाएगी।

कोसंबी ने ही नहीं, दूसरे किसी अध्येता ने भी वैदिक कवियों के संरक्षकों के भय, असुरक्षा की भावना, प्रयाण की विवशता, खतरों का सामना करने की तैयारी, इसमें सभी देवताओं की कृपा और सहायता की याचना के पहलुओं की ओर ध्यान नहीं दिया, परंतु कोसंबी से हमें विशेष शिकायत इसलिए है कि वह समन्वित पद्धतियों के हिमायती हैं। उन्हें 'पुरंदर' के साथ 'पुरंधी' पर भी ध्यान देना चाहिए था। यह भी इंद्र का ही विशेषण है, और जहाँ पुरंदर का प्रयोग कुल 11 बार हुआ है वहाँ परंधी का 49 बार। अनुसूची में इसका उल्लेख ठीक पुरंदर के नीचे ही है। कोसंबी सांख्यिकी के विद्वान हैं और सांख्यिकी में आँकड़ों में मामूली हेर-फेर से बहुत भयानक चूक हो जाती है। यहाँ तो दूसरी तस्वीर पेश करनेवाले आँकड़े ही गायब हैं।

उनका ध्यान विजय की आकांक्षाओं की ओर तो गया, परंतु उन कातर गुहारों की ओर नहीं गया जो ऋग्वेद में ही नहीं बाद के साहित्य में भी सभ्य समाज के आतंक को प्रकट करता है। त्राहि, पाहि, अव की पुकार पूरे ऋग्वेद में गूँजती है और इसी से वे कामनाएँ और याचनाएँ पैदा होती हैं जिनमें उपद्रवियों के विनाश की अपेक्षा की जाती है। हमने केवल त्राहि की पुकार वाले कुछ अंश दिए हैं[26] जिनसे वैदिक कालीन संकट का पता चल जाएगा।

जिन संचलनों का ऋग्देव में बारंबार उल्लेख मिलता है, उनकी प्रकृति, प्रयोजन और गठन को कोसंबी ने समझने का प्रयत्न ही नहीं किया। इससे संबंधित मात्र एक ऋचा का उल्लेख इसके लिए पर्याप्त होगाः

स्वस्ति पन्थां अनु चरेम सूर्याचंद्रमसौ इव।
पुनर्ददता अघ्नता जानता सं गमेमहि ॥ 5.51.15

ग्रिफिथ ने इसका अनुवाद बहुत संतोषजनक नहीं किया है न ही सायण ने अपने भाष्य में व्यापारिक संदर्भ को समझा है परंतु दोनों में यह स्पष्ट है कि यह विघ्नबाधा से रहित, शांतिपूर्ण, और समृद्धि की आकांक्षा से की जानेवाली यात्रा है। ग्रिफिथ का अनुवाद निम्न प्रकार है।

Like Sun and Moon may we pursue in full prosperity our path, And meet with one who gives again, who knows us well and slays us not.

ऋग्वेद में अर्थव्यवस्था के चारों स्तंभ -पशुधन, कृषि, उद्योग और वाणिज्य–बहुत उन्नत और सुदृढ़ दिखाई देते हैं। बाद के तीन की ओर से आँख मूँदते हुए पहले पर ही अधिक जोर दिया जाता रहा और वैदिक समाज को चरवाहों की जमात बताया जाता रहा जबकि वास्तविकता यह है कि वैदिक समाज में एक स्वामिवर्ग उत्पन्न हो चुका है जिसके पशुओं को चराने, खेतों की जोताई आदि के काम और औद्योगिक उत्पादन करनेवाले दूसरे हैं। केवल एक प्रसंग ऐसा है जिसमें कक्षीवान के पुत्र के भेड़ें चराने का हवाला इसलिए मिलता है कि उन भेड़ों में से सौ को भेड़िये खा गए थे और इस पर उसकी

ऐसी पिटाई हुई थी कि उसकी आँख ही फूट गई थी या दीखना बंद हो गया था और अश्वनीकुमारों ने अपनी चिकित्सा से उसकी आँख की रोशनी वापस लौटाई थी।

ऋग्वेद में गोचारण के बहुत कम उल्लेख हैं। कुछ लोगों का विचार है कि चरागाह के लिए ऋग्वेद में गव्यूति का प्रयोग होता था। परंतु केवल एक स्थल पर गोरुओं के गव्यूति की ओर जाने की उपमा दी गई है। अन्य प्रसंगों में गोवंश का उल्लेख नहीं मिलता।[27] गय का एक अर्थ धन है और दूसरा निवास, घर। गव्यूति या कहें गो-ऊति का अर्थ भी निवास या गायों को घेरकर रखने का स्थान हुआ। परंतु यह बाड़ा यायावरी का निषेध करता है, स्थायी निवास के बिना यह बन ही नहीं सकता। यायावरी में पशुधन को हिरा कर खुली जगह में ही एक साथ घेर कर रखा जाता है जैसा कि भेड़ पालने वाले गड़रिये धाँगर करते हैं। कोसंबी बताते हैं कि धाँगर एक साल में 400 मील तक का चक्कर लगा लेते हैं।[28] बाड़ बनाने के लिए तो ठिकाना चाहिए, इस यात्रा में तो इसकी नौबत आने से रही।

यायावरी, आक्रमण, केवल पशुधन पर निर्भरता तथ्य के विपरीत और नितांत काल्पनिक हैं, परंतु इस बात के ठोस और अकाट्य प्रमाण हैं कि किसी विशेष तंत्र के माध्यम से एक भाषा और संस्कृति बहुत थोड़े समय में पुराने सभ्य जगत के इतने विशाल क्षेत्र में फैल गई जितने बड़े क्षेत्र में यह काम जनसंख्या के विस्थापन से न तो हो सकता था, न ही किसी जन या किन्हीं जनों के आक्रमण और सत्ता पर अधिकार से। ऐसी दशा में तलाश उस तंत्र की होनी चाहिए थी जिसके माध्यम से ऐसा संभव हो सकता था और देखना यह था कि उस तंत्र के प्रसार के प्रमाण उपलब्ध हैं या नहीं।

संस्कृतियों के तुलनात्मक उत्कर्ष और प्रबलता का विवेचन करते हुए कोसंबी बताते हैं कि जहाँ खेती से प्रति वर्ग किलोमीटर सौ आदमियों का गुजारा हो सकता है, आखेट और आहार संचय से एक आदमी का भी गुजर नहीं हो सकता और समृद्धतम चरवाही जीवन से तीन से कम लोगों का ही गुजर हो सकता है।[29] अतः पहला प्रश्न यह है कि घसियारी संस्कृति में इतना अपार जनबल कहाँ से उमड़ पड़ा कि वह चतुर्दिक् विजययात्रा पर निकल पड़े और अपने से सुदृढ़ संस्कृतियों को परास्त कर दें जबकि ताम्र युग में लगभग वे ही हथियार सभी द्वारा प्रयोग किए जा रहे थे। दूसरा प्रश्न यह उन्नत हड़प्पा सभ्यता पर घसियारों की संस्कृति हावी कैसे हो गई?

पहले प्रश्न का उत्तर देते हुए वह इसका श्रेय उनकी अतुलनीय गतिशीलता, गोधन के कारण आहार की सचल आपूर्ति और अश्वचालित सामरिक रथ को देते हैं।[30] अन्यत्र वह बताते हैं कि आर्यों की सामरिक सफलता का रहस्य है, घोड़े का उपयोग, आहार की सचल आपूर्ति और लोहे का ज्ञान।[31] परंतु लोहे का प्रसंग आने पर बताते हैं कि भारत में इसका युग गंगाघाटी में, 800 ई.पू. से, आरंभ होता है।[32] कोसंबी के इस कथन को अधिक महत्त्व नहीं दिया जा सकता, क्योंकि वह उस सांस्कृतिक पर्यावरण की ओर ध्यान नहीं दे सके हैं जिसमें कोई आविष्कार या नव प्रवर्तन होता है। जब पकी ईंटों के वैदिक जनों द्वारा व्यवहार का प्रश्न है, कोसंबी इसे यह कहकर अमान्य कर देते हैं कि भला

घुमक्कड़ चरवाहों का ईंट से क्या लेना देना। परंतु वह यह नहीं सोचते कि पहियागाड़ी का उनके लिए क्या उपयोग हो सकता था जब उनके पास ढोने को कुछ था ही नहीं। वे गाड़ी पर अपने जानवरों को लाद कर तो ले नहीं जाएँगे। यदि मामूली सामान ओढ़ने बिछाने का हुआ, तो उसे उन जानवरों की पीठ पर ही लादा जा सकता था। इसलिए गाड़ी की आवश्यकता और पहिए का आविष्कार उनके द्वारा ही संभव था जिनको मालवहन के उन्नत साधनों की तलाश थी।

कोसंबी हड़प्पा की एक मुद्रा पर एक रेखांकन (नीचे 84 ए तथा 85) को देखकर मान लेते हैं कि यह उनके जुताई या जमीन में खरोंच डालने का साधन रहा होगा। वह इसी तरह मेसोपोटामियाई मुहर पर अंकित एक चिह्न को वहाँ प्रयुक्त उन्नत हल का अंकन मान लेते हैं, परंतु हड़प्पा की मुद्राओं पर बार-बार होनेवाले प्रयोग छः अरों वाले पहिए के अंकन (नीचे 70 और 82) को देखकर यह समझ में नहीं आता कि यह अरायुक्त पहिए का अंकन है :

68	 = tṛ-papat(ppat)-rā-ā = tṛ-papat-rā.	79	 = catus-ka
		80	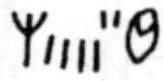 = pa‖catus-ka
69	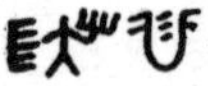 = trā-ṛha-hā = trā-ərhahā	81	 = pa‖catus-ha
		82	 = pat‖catus-ka
70	 = pat‖ma-k-tṛ-śae-¦śa¦ = pat‖ma-ka-trasae-sa(h).	83	[a] 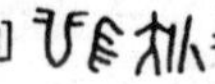 = t-tra-hā-ā = ttrahā. [b]  = catus-a
71	 = dva-ś-śā-tṛ-ppa-ā = dyu-sāsa-tra-papā.	84	[a]  = ḥha-pa [b] 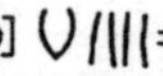 = catus-a
		85	[a] 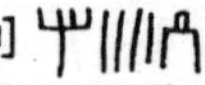 = sa-catus-ha.

एस आर राव की पुस्तक डिसाइफरमेंट आफ द इंडस स्क्रिप्ट से साभार

अतः प्रमाण इस बात के नहीं हैं कि मध्येशिया में अरायुक्त पहिए और रथ का आविष्कार हुआ था और वह आक्रमणकारी आर्यों के साथ वहाँ से भारत आया था, अपितु यह कि यह आविष्कार हड़प्पा सभ्यता के काष्ठशिल्पियों ने किया था और वे आर्य भाषी तो हो गए थे परंतु मूलतः द्रविड़ोपम भाषाई पृष्ठभूमि से आए थे। वैदिक या कहें हड़प्पाई व्यापारतंत्र के माध्यम से इसका ज्ञान मध्येशिया को हुआ था। दोनों की कालरेखा पर ध्यान दिया जाना चाहिए था। कोसंबी उस ऋचा से परिचित हैं जिससे प्रकट होता है कि कि पहिया निर्माण में दक्षता भृगुओं की थी[33], और ये उन ब्राह्मणों में आते हैं जो आर्येतर पृष्ठभूमि से आए थे। वह बच्चों की गाड़ियों के नमूनों को देखकर यह मान लेते हैं कि हड़प्पा सभ्यता के लोग यदि पहिए से परिचित थे भी तो वे ठोस

पहिए ही हो सकते थे।[34]

भाषा और संस्कृति के प्रसार में विजय और प्रशासन की भूमिका की उपेक्षा नहीं की जा सकती, परंतु यह तभी संभव है जब समूचे अथवा समाज के वृहत्तम भाग को शिक्षित करने की व्यवस्था हो, उस शिक्षा के बाद सभी के लाभान्वित होने के अवसर भी हों। ऐसा पहले कभी नहीं हुआ था। एक दूसरा कारक है धर्म जिसका दूर-दूर तक प्रचार हो सकता है, परंतु इसमें भाषा का पूरा रूपांतरण नहीं होता, अपितु सामान्य व्यवहार की भाषा के साथ धर्म की भाषा और उस पर अधिकार करके अपनी जीविका अर्जित करनेवालों का एक वर्ग अस्तित्व में आता है। परंतु सबसे प्रबल कारण आर्थिक है जो पहली दो स्थितियों में भी काम करता है अतः उन्नत अर्थव्यवस्था से लोग स्वतः, अपनी पहल से जुड़ना चाहते हैं और उससे उस कारोबार के लिए प्रयुक्त भाषा और उस समुदाय के विश्वास का प्रसार बहुत कम समय में होता है। अतः उत्पादन, तकनीकी तथा व्यापार भाषाओं के प्रसार में सबसे महत्त्वपूर्ण भूमिका निभाते रहे हैं और इनसे अनेक मामलों में स्थानीय प्रशासन पर भी अधिकार स्थापित हो जाता है, जैसा कि प्राचीन भारत में दक्षिण-पूर्व एशिया के भूभाग में और आधुनिक युग में यूरोपीय उपनिवेशों के मामले में हुआ जो व्यापारिक अड्डों के रूप में आरंभ होकर क्षेत्रीय अधिकार और प्रशासन तक पहुँच गए और जिनसे भाषा विशेष का प्रसार उनके संपर्क में आनेवालों के बीच हुआ।

कोसंबी मार्क्सवादी होने का दावा करते हैं परंतु आर्थिक आधार के स्थान पर नस्ली व्याख्या पर उतर आते हैं। उन्होंने जब अपना काम आरंभ किया तब भारत में एक समृद्ध और व्यापक प्रसार वाली सभ्यता के प्रमाण मिल चुके थे और अब उन्हें सांस्कृतिक प्रसार के सबसे सशक्त कारक पर ध्यान देना चाहिए था। वह संस्कृतज्ञ थे और पुरातत्त्व की जानकारी रखनेवाले विद्वान थे परंतु उन्होंने अपने ज्ञान का दुरुपयोग करते हुए उन्नीसवीं शताब्दी की मान्यताओं को सही ठहराने के लिए जीतोड़ प्रयत्न किए।

अब हम समाहार करते हुए कोसंबी के ही सिद्धांत निरूपण के आधार पर एक चित्र बनाएँ तो वह इस प्रकार होगा :

1. उत्पादन के उच्चतर स्तर पर पहुँची संस्कृति अपने से पिछड़ी संस्कृति पर अपनी भाषा और विश्वास लादने में समर्थ होती है।[35] जिसे वह आर्यभाषा कहते हैं वह उत्तरी इराक, लघु एशिया की उन्नत संस्कृतियों पर शी अपना प्रभाव जमा सकी थी, पशुचारण से ही अपना निर्वाह करनेवाले मध्येशिया से लेकर उत्तरी यूरोप तक के समुदायों पर तो उसने अपनी धाक जमाई ही थी। अतः यह संस्कृति हड़प्पा सभ्यता से इतर कोई नहीं हो सकती।
2. बाहर से आर्यों के आने का कोई प्रमाण आज तक नहीं मिल पाया परंतु हड़प्पा सभ्यता के मध्येशिया से लेकर इराक तक फैले होने की सच्चाई से कोसंबी स्वतः परिचित थे। अतः पुरातात्त्विक प्रमाण कहते हैं कि हड़प्पा सभ्यता के क्षेत्र से भाषा और संस्कृति का प्रसार हुआ और यह प्रसार प्रभावशाली रूप में इसके नागर चरण पर आरंभ हुआ, जिसे ही अनेक लोग आर्यों के अपने

मूल निवास से दूर-दूर तक फैलने की बात करते रहे हैं।

3. आर्य जनों का कोई निश्चित भांड नहीं है, जो इस भाषा के पूरे प्रसार क्षेत्र में पाया जाता हो। इसका भी यही रहस्य है कि व्यापारी अपने कुम्हारों को लेकर व्यापार पर नहीं निकलते। कबीले अवश्य अपना सब कुछ साथ लेकर चलते हैं। परंतु इसका यह अर्थ नहीं कि वे अपने मूल देश में अपने पात्रों का प्रयोग नहीं करते थे। उनके मूल क्षेत्र में उनके पात्रों की पहचान ऋग्वेद में आए बर्तनों के प्रकार और आकार से तो हो ही सकती है। जहाँ इनकी स्थायी बसावट हो गई थी वहाँ हड़प्पा के भांड भी मिल जाते हैं। अन्यथा अपने साथ उनके पात्र लेकर चलने का प्रश्न नहीं था।
4. ऋग्वेद में कतिपय प्रसाधित आहारों–धाना, सत्तू और अपूप–का और सोम का उल्लेख बार-बार आता है। ये पथ्य अर्थात् पाथेय, यात्रियों के लिए सबसे सुकर आहार थे और इनके लिए भांडों की भी आवश्यकता न थी।
5. कोसंबी यह पाते हैं कि भारतीय आर्यों का लघु एशिया के आर्यों के साथ संपर्क बना हुआ था, यद्यपि यह बीच-बीच में टूट भी जाता था। यह मूल देश के साथ ही संभव है। इसका भी संकेत यही था कि लघु एशिया में पहुँचे जन भारत से वहाँ गए थे न कि वहाँ से आए थे। कोसंबी यह तो मानते ही हैं कि लघु एशिया के आर्य वहाँ के मूल निवासी नहीं थे।
6. आर्य भाषा और संस्कृति की जिन भी क्षेत्रों से पहचान हुई है वे सभ्य अथवा सभ्यता की ओर बढ़नेवाले अंचल हैं अतः आर्यों को बर्बर, घुमक्कड़, लुटेरा कहनेवाले स्वयं इतिहास के साथ बर्बरता से पेश आते रहे हैं। इसके लिए आर्य उत्तरदायी नहीं हो सकते। आर्य तो बर्बर नहीं सिद्ध होते पर उन्हें इस रूप में चित्रित करनेवाले बर्बर अवश्य रहे हैं।

अंततः जिस पक्ष को रेखांकित करना आवश्यक है वह यह कि वैदिक सभ्यता के निर्माण में और वैदिक भाषा के विकास और प्रसार में किसी एक भाषाई या जातीय समुदाय का हाथ नहीं था। सिंधु सरस्वती सभ्यता के पूरे प्रसार क्षेत्र की भाषा संस्कृत या वैदिक नहीं थी। आज के भाषायी वर्गीकरण के अनुसार इसमें द्रविड़ और मुंडारी क्षेत्र और समुदाय सम्मिलित थे जो आपसी व्यवहार में अपनी भाषाओं का या उनमें से अधिक प्रभावशाली बोली का प्रयोग में आनेवाली भाषा का प्रयोग करते थे, परंतु व्यापक संपर्क भाषा के रूप में उस भाषा का प्रयोग करते थे जिसका साहित्यिक रूप हमें वैदिक सूक्तों में मिलता है। इसी तरह विदेशी प्रसार में में भी इन सभी का प्रसार हुआ। आरंभ में संस्कृत पर ध्यान केन्द्रित करने के कारण इन भाषाओं के प्रसार को लक्ष्य नहीं किया गया और जब लक्ष्य किया गया तो इसकी व्याख्या उल्टे-सीधे तरीके से की गई। अन्यथा यदि ईरान में वैदिक का प्रवेश हुआ तो उसके पास ही एलामी क्षेत्र में द्रविड़ोपम बोलियों का प्रभाव भी लक्ष्य किया गया। जिस कुर्गान क्षेत्र में आर्यों की बस्तियाँ पहचानी गईं वहीं पर द्रविड़ और मुंडारी के भी प्रमाण मिले। ठीक यही स्थिति पश्चिम एशिया की थी। ध्यान रहे

कि जिस किक्कुली की अश्व-प्रशिक्षण की पोथी में आर्य भाषा के शब्द मिलते हैं उसका नाम मुंडारी है।

सन्दर्भ सूची

1. मुखबाहूरुपज्जानां या लोके जातयो बहिः। म्लेच्छवाचश्चार्यवाचः सर्वे ते दस्यवः स्मृताः॥ मनु.10.45
2. it is reasonable to conclude that only some of the people who spoke Aryan. *Culture*, 73; The people who first used the vedas as their sacred text, who first spoke the Sanskrit language and worshipped a particular group of deities led by Indra, called themselves *ārya. Intro.* P.80
3. "either of two narative and historical books of cannoninical Jewish and Christian Sciptures." Webster on line.
4. shamon: a priest or priestess who uses magic for the purpose of curing the sick, divining the hidden, and controlling events.
5. The word, like so many others, changed its meaning through the centuries. Though used in later days as the equivalent of the formal term of respect 'Sir', it designated some special tribe or tribes as an ethnic group at the earliest stage. The Culture.., p.72
6. THE word arya in Sanskrit, and from that language in most Indian tongues, means 'free-born', or 'of noble character', or a member of the three higher castes.
7. Further, India never had a slave-holding economy in the same sense as Greece and Rome, so that one of the stages may be taken as missing here. Stages of Indian History 59
8. There we read of the chief Aryan war-god Indra, a model of the marauding bronze-age chieftain, as busy ceaselessly looting the stored treasures of the godless: *nidhīn adevan amṛṇad ayāsyah (RV.* 10.138.4). This presumably refers to the Indus valley settlers, for whom two major terms are used : The *Dasyus* or *Dāsas* later to mean' conquered people. *Intrduction*, 72
9. दासं (2.11.2) सर्वस्य उपक्षयितारं (3.34.1) दस्यते अनेन तम इति दासो वासरः।
10. यो नो अग्ने अभिदासत्यंति दूरे पदीष्ट सः। अस्माकमिद् वृधे भव॥ 1.79.11; इंद्रासोमा दुष्कृते मा सुगं भूद् यो नः कदा चित् अभिदासति द्रुहा॥ 7.104.7; उपस्तिः अस्तु सः अस्माकं यो अस्मान् अभिदासति॥ 10.97.23; यो न इंद्राभिदासति सनाभिर्यश्च निष्ट्यो।10.133.5
11. and *paṇi,* which means 'trader,' as do its descendants, *vaṇik,* and the modern *baniyāh; paṇa* means coin in classical Sanskrit, *paṇya* is "com. modity." Presumably, these are two major classes of the Indus valley people. *Intro*
12. उत दासस्य वर्चिनः सहस्राणि शतावधीः। अधि पंच प्रधीँरिव।4.30.15 देखें 2.20.6; 4.18.9; 5.30.7-9; 6.20.6; 10.23.2 आदि भी।
13. The frontiers of each janapada were heavily guarded against attack, whether a raid by the savages or foreign invasion. The Culture, 147
14. Divodasa means 'servant of heaven', but Dāsa was then a non-Aryan tribal name too. The termination makes it likely that here is not merely abstract devotion to heaven, but that a Dāsa had been adopted into the Aryan fold.. Introduction, 94.
15. The most prominent of these enemies was Sambara with whom Varcin was allied. Sambara held many pur strongholds "being enemy of Divodasa ... Divodasa had no city, nor did any of his descendants, as far as vedic information goes. Introduc-

tion, 93-94

16. there may be more than one Divodasa in the Ṛgveda, the most famous being called *atithi-gva,* he whose cattle are welcome to graze wherever they like. Introduction, 94.

17. इमं नरो मरुतः सश्चतानु दिवोदासं न पितरं सुदासः।
अविष्टना पैजवनस्य केतं दूणाशं क्षत्रामजरं दुवोयु॥ 7.18.25

18. Vedc Index of Names and Subjects, II, trans. Ram Kumar Rai, Chowkhamba, 1962, Sudas.

19. That so early name of an Aryan king should end in *dāsa* means that there 'Was some recombination between Aryans and non-Aryans soon after 1500 B.C. *ibid.*

20. The tribe over which Sudas was chief is given the Bharatas, or perhaps a special branch of the Bharatas called the Tritsus. The modern official name Bhārat for India means 'land and of the Bhāratas'. These Bharatas were definitely Aryans.

21. The later Indian standards of weight and apparently measure (this part is not so clear) often went back directly to those at Mohenjo-daro and Harappa. The Cuture, p.71

22. For that matter, the grammarian Patinjali, writing in the north-west Panjiib early in the second century B.C., gives 'eastern Bharatas' as an example ofredtmdancy: 'for there are no Bhāratas except in the East'. In general, the eastward movement is clear from these and other citations. *The Culture*..., 81-82 ध्यान रहे कि कोसंबी ने भरत पर सर्वत्रा विकारी चिह्न लगा कर भारत लिखा है और हमने उद्धृत करते समय उसे बदला नहीं है, अन्यथा जन का नाम भरत था और भारत जैसा कि उन्होंने बताया है भरतों का देश।

23. (याभिर्महामतिथिग्वं कशोजुवं दिवोदासं शंबरहत्य आवतम्। ऋ. 1.112.14;
अतिथिग्वाय शंबरं गिरेरुग्रो अवाभरत्। महो धनानि दयमान ओजसा विश्वा धनान्योजसा॥ 1. 130.7;

24. James Darmestater, SBES, XXIII, 227.

25. हमने पुरंदर के एक अर्थ की ओर ध्यान दिलाया है। परंतु जैसे दूसरे वैदिक प्रयोगों के एकाधिक अर्थ हैं वैसे ही पुर के भी हैं। पुर का अर्थ किलाबंद बस्ती और इसलिए नगर करना ठीक नहीं लगता। ग्राम और पुर दोनों बहुलता के सूचक हैं और इनका भौतिक अर्थ दल (शूरग्रामः, 9.90. 3; अपश्यं ग्रामं वहमानं आरात् अचक्रया स्वधया वर्तमानम् ।10.27.19), और बहुत से लोगों की एकत्रा बसावट दोनों है। अतः हम गमनशील ग्राम 'गव्यं ग्राम', 3.33.11 और 'चरिष्णु पुर' के प्रयोग के साथ ग्रामणी 'गांव का प्रधान' और पूर्पति व्यवस्थित बस्ती के द्योतक हैं और ये कोसंबी की भाषा में कहें तो आर्यों की अपनी बस्तियाँ हैं। आयसी पुर को निश्चय ही प्राकारयुक्त बस्ती माना जा सकता है। हत्वी दस्यून् पुर आयसीर्नि तारीत् ॥ 2.20.8;शतं मा पुर आयसीररक्षन्, 4.27.1;आयसीमतरत्पुरम्, 8.100.8

26. (अग्ने त्रातारममृतं मियेध्य यजिष्ठं हव्यवाहन।। 1.44.5; देवस्त्राता त्रायतामप्रयुच्छन्, 106.7; ओजिष्ठ त्रातरविता...कं चिदद्रिवो रिरिक्षंतं चिदद्रिवः, 1.129.10;त्वं त्राता त्वमु नो वृधे भूविद्यामेषं वृजनं जीरदानुम्। 1.178.5; सुनीतिभिर्नयसि त्रायसे जनं...बृहस्पते महि तत् ते महित्वनम्, 2.23. 4;...आ वो हार्दि भयमानो व्ययेयम्। त्राध्वं नो देवा निजुरो वृकस्य त्राध्वं कर्तादवपदो यजत्राः, 2. 29.6;त्रिधातु राय आ सुवा वसूनि भग त्रातर्धिषणे सातये धाः, 3.56.6; यस्त्वा स्वश्वः सुहिरण्यो अग्न उपयाति वसुमता रथेन, तस्य त्राता भवसि तस्य सखा यस्त आतिथ्यमानुषग्जुजोषत्, 4.4. 10; को वस्त्राता वसवः को वरूता द्यावाभूमी अदिते त्रासीथां नः, 4.55.1; देवैर्नो देव्यदितिर्नि पातु देवस्त्राता त्रायतामप्रयुच्छन्, 4.55.7;अग्ने त्वं नो अंतम उत त्राता शिवो भवा वरूथ्यः, 5.24.1; पातं नः रुद्रा पायुभिरुत त्रायेथां सुत्रात्रा, 5.70.3; त्वं त्राता तरणे चेत्यो भूः पिता माता सदमिन्मानुषाणाम, 6.1.5;यदेजानिंद्र त्रातोत भवा वरूता, 6.25.7; भुवद् वाजेष्वविता भुवद् वृध उत त्राता तनूनाम्, 6.48.2; अभिक्षदामर्यमणं सुशेवं त्रातृंदेवान् सवितारं भगं च, 6.50.1;

अभिक्षदामर्यमणं सुशेवं त्रातृंदेवान् सवितारं भगं च, 6.50.1; शं नो देवः सविता त्रायमाणः, 7.35. 10; द्यावाभूमी अदिते त्रासीथा नो, 7.62.4; उपायातं दाशुषे मर्त्याय रथेन वाममश्विना वहंता। युयुतमस्मदनिराममीवां दिवा नक्तं माध्वी त्रासीथां नः॥ 7.71.2; अद्याद्या श्वःश्वः इंद्र त्रास्व परे च नः। विश्वा च नोजरितृन्सत्पते अहा दिवा नक्तं च रक्षिषः, 8.61.17; द्यावा नो अद्य पृथिवी अनागसो मही त्रायेतां सुविताय मातरा। 10.35.3;

27 परा में यंति धीतयो गावो न गव्यूतीरनु।1.25.16; ऊर्वी गव्यूति, 5.66.3; अगव्यूति क्षेत्र, 6.47. 20; आ नो गव्यूतिमुक्षतं घृतेन, 7.62.5; परोगव्यूत्यनिरामप क्षुधमग्ने सेध रक्षस्विनः॥ 8.60.20; उर्वी गव्यूतिरदितेर्ऋतं यते, 9.74.3; जहि शशत्रुमंतिके दूरके च य उर्वी गव्यूतिमभयं च नस्कृधि॥ 9.78.5; उर्वीं गव्यूतिं महि शर्म सप्रथः,9.85.8; उरुगव्यूतिरभयानि कृण्वन्, 9.90.4;नैषा गव्यूतिरपभर्तवा उ, 10.14.2

28. The Dhangars have now become an adjunct of afrming. Their main source of food is not the meat of the sheep or produce gathered from the jungle, but the grain (or money) given by the afrmers on whose land they pen the sheep by agreement for two or three nights. The sheep droppings fertilise the land and increase the yield. The route of the drover's round, which may cover as much as 400.miles in the eight dry months, has obviously changed from the original pasturage booly track to afrmland. The Culture, 42

29. Where agriculture will support as many as a hundred people per square kilometre, the most efficient hunting and food-gathering could not support even one person, and the richest pastoral life less than three on a rough calculation. The Culture,51.

30. What gave these people their importance in world history was precisely their unequalled mobility due to the movable food supply in cattle, the horse-chariot for war, and ox-carts for heavy transport. The Culture, 76.

31. Aryan military superiority depended upon their use of the horse, a mobile food supply in cattle, and knowledge of iron. Stages of Indian History 62

32. the date 800-700 BC, therefore, seems to me a reasonable beginning for the iron age in India, meaning thereby specifically the Gangetic basin where iron was most needed and most likely to have been worked. Iron Age, Combined Methods.., 217.

33. रथं ये चक्रुः सुवृतं नरेष्ठां ये धेनुं विश्वजुवं विश्वरूपाम्। त आ तक्षन्त्वृभवो रयिं नः स्ववसः स्वपसः सुहस्ताः। ऋ.4.33.8

34. (In Indus culture) carts with solid wheels as is proved by clay and bronze models. 'Introduction to the Study of Indian History, Combined Methods…p. 56.

35. when two cultures are in contact the stronger form of production often imposes its language upon the other. p.43

सोलह

ऋग्वैदिक सभ्यता

यह कहने की आवश्यकता नहीं कि कोसंबी सभ्यता जैसा शब्द ऋग्वैदिक समाज के साथ लगाने की सोच भी नहीं सकते थे। वह उसे ऐसी छवि में उतारते हैं जिसे सभ्य नहीं कहा जा सकता।[1] उन्हें पक्का पता है कि पहले जत्थे के आर्य खूँखार, पितृसत्ताक और बर्बर लोग थे और इंद्र इनका ही मानव युद्धनायक था।[2]

साहित्य का पाठ

ऋग्वेद में वैदिक समाज को समझने के लिए प्रचुर सामग्री है। कोसंबी का ध्यान सीधे उस पर नहीं जाता। वह पहले पश्चिम की ओर देखते हैं कि क्या वहाँ कोई ऐसा सूत्र मिलता है जो वैदिक समाज को समझने में मदद करे। जो ढूँढ़ता है उसे मिल भी जाता है और जो प्राप्त है उसे ही ढूँढ़ रहे हों तो अधिक गहरे पैठना भी नहीं पड़ता। कोसंबी को भी मिल जाता है।

'निर्ऋति जिसे ऋग्वेद में आपदा की देवी के रूप में चित्रित किया गया है, उसका ध्वनि साम्य जर्मन के नेर्थुस से बैठता है जिसे वहाँ भूदेवी के रूप में दिखाया गया है। अब टैसिटस ने अपनी पुस्तक जर्मेनिया में जर्मन समाज के विषय में जो कुछ लिखा है उसे कोसंबी शब्दशः ऋग्वैदिक समाज पर घटित करके वैदिक समाज को समझने और समझाने का प्रयत्न करते हैं। उसमें नर बलि आम थी। कबीलों का मुख्य काम युद्ध करना था। भूमि बारी-बारी से दलों को और दलों में भी ऊँची श्रेणी दी जाती, परंतु जोताई साँसत का काम था इसलिएं बहुत कम लोग खेती करने को तैयार होते थे। खेती का तरीका इतना भोंड़ा था कि जोत की भूमि को हर साल बदलना पड़ता था। सरदार को कर लोगों के स्वैच्छिक परंतु नियमित उपहार के रूप में मिलता था। सरदार का चुनाव होता था और उसके सहचर दिल खोल कर अपनी माँगें करते थे और सरदार उनकी माँगों को खुले दिल से पूरा करता था। आतिथ्य का यह हाल था कि एक निवाला भी है तो उसे अतिथि को देने में संकोच नहीं किया जाता था। मदिरापान और जुआ बहुत बड़े पैमाने पर प्रचलित थे फिर भी लोग नशे में उस तरह धुत नहीं होते थे जैसे रोम के ऊँचे तबके के लोग हुआ करते थे।'[3]

यदि ऋग्वैदिक समाज को जर्मन समाज के आइने में देखा जा सकता है, तो यजुर्वेद कालीन समाज को कैसर कालीन गालों के आइने में। 'इसके विपरीत यजुर्वेदकाल कैसर के गालों के निकट प्रतीत होता है, जो भी आर्य थे परंतु वे कुछ ही समय पहले के अपने आयुधजीवी अतीत से कुछ नरम पड़ गए थे। उन्होंने स्थायी कृषि, कुछ व्यापार और अपने कबीले के भीतर एक वर्गीय ढाँचा तैयार कर लिया था। "आम लोगों के साथ गुलामों जैसा व्यवहार होता था, जो अपनी पहल से कोई काम करने का साहस नहीं कर सकते थे और जिनसे किसी समस्या पर राय नहीं ली जाती थी। उनमें से अधिकांश ऋण या भारी कर-उगाही या अधिक शक्तिशाली लोगों के दमन से पिसे रहते थे और ऊँचे दर्जे के लोगों की सेवा के लिए बँध जाते थे। इसके दो सुविधासंपन्न वर्ग थे, द्रुइद्स और नाइट जो पूरी तरह ब्राह्मणों और क्षत्रियों के अनुरूप थे। इनमें से द्रुइद आश्रमों में रहकर कर्मकांड की शिक्षा देते थे और अपने धर्मग्रंथों को लिपिबद्ध करने से इंकार करते थे। इन्हें सैन्य सेवा और कर-उगाही से मुक्ति मिली हुई थी। यज्ञ-बलि इनके नियंत्रण में था। भारत की तरह, यज्ञ से निष्कासन गालों को दिया जानेवाला सबसे कठोर दंड था। यह सामाजिक-बहिष्कार के समान था।[4]

इसी की रोशनी में कोसंबी ने वैदिक साहित्य का उल्टा पाठ किया था और यह भी नहीं सोचा कि यदि उनके द्वारा नियत या स्वीकृत कालरेखा को देखते हुए वैदिक साहित्य के कई चरणों के समरूप पश्चिमी दुनिया में, कालक्रम की दृष्टि से, एकाधिक सहस्राब्दी बाद की हैं, तो यह सांस्कृतिक और भाषाई प्रसार किस चरण पर हुआ हो सकता है और इससे ऋग्वेद और यजुर्वेद की कालरेखा कितने पीछे जाती है। कारण, यदि यजुर्वेद की समाजव्यवस्था और संस्कृति यूरोप तक पहुँची थी तो यह हड़प्पा संस्कृति के बाद नहीं पहुँच सकती थी। उसके बाद भारत लंबे समय तक विदेशी संपर्क से कटा रहा था।

परंतु यह कोसंबी की चिंता में आता ही नहीं। इसे ध्यान से पढ़ें तो पता चलेगा कि वह 1750, 1500, 1200, 1000, 600 ईसापूर्व के आर्यों, आर्य प्रभावों, संपर्कों की बात करते हैं, उसके पीछे यह ध्वनि है कि पहले आक्रमणकारी जर्मन थे, दूसरे मध्येशियाई, तीसरे लघुएशियाई जिनसे भारत का संपर्क बाद में भी बना रहा। कोसंबी के पास इनमें से किसी का कोई प्रमाण न था सिवाय इसके कि वर्णव्यवस्था के सुदृढ़ हो जाने के बाद भारतीय व्यापारियों और उनके संकट के समय बुलावों पर उनकी रक्षा के लिए भारतीय राजाओं, क्षत्रियों ने उन देशों में प्रवेश किया था और वहाँ सत्ता पर अधिकार करने में सफल हुए थे। कोसंबी को भारतीय साहित्य में ऐसी सामग्री मिलती ही नहीं जो इतिहासलेखन में सहायक हो सके। यदि मिले तो उसे इस हद तक तोड़ते-मरोड़ते हैं कि कालक्रम का भी सत्यानाश कर देते हैं। इसके लिए साहित्य को तः दोष नहीं दिया जा सकता। सच यह है कि हमने इस दृष्टि से अपने साहित्य का मंथन किया ही नहीं और जिन्होंने किया उनकी रुचि उन विवरणों की अनदेखी करने में थी।

कोसंबी लघुएशिया और उत्तरी ईरान तक आर्यभाषा और संस्कृति के पहुँचने पर अटकलें लगाते हैं, जबकि गोपथ ब्राह्मण (1.33) में उस नगर का हवाला है जहाँ आर्यों

(इंद्र) की राजधानी थी। उसके उस इतिहास का भी क्षीण आभास है जिसमें उनको असुरों ने परेशान कर दिया था और उन्हें भारतीय राजाओं से सहायता माँगनी पड़ी थी फिर कहीं उनका बचाव हुआ था। भारतीय साहित्य में बहुत कुहरिल रूप में असुरों से इंद्र की रक्षा के लिए भारतीय राजाओं–दुष्यन्त, दशरथ आदि–के जाने और वापस आने का वर्णन मिलता है जिसको सही संदर्भ कभी दिया ही नहीं गया। कारण बहुत प्राचीन घटना होने के कारण इसमें स्मृतिदोष से कुछ वायवीयता आ गई थी। अनेक ऋषियों की जिनमें एक नारद भी हैं धरती (स्वदेश) से लेकर स्वर्ग (सुदूर केंद्र जहाँ इनका स्थायी निवास हो गया था) तक आते जाते रहने की कहानियाँ भी उसी धुँधली स्मृति का परिणाम हैं। यदि पश्चिम एशियाई नामों में दशरथ और राम जैसे नाम मिल जाएँ तो इसमें अचरज की बात नहीं। हम तलाशने चलें तो हजारों सिकन्दर आज भी इस देश में ही मिल सकते हैं। उनके शौर्य और कीर्ति के चलते उनके नाम पर पर संतानों और परवर्तियों का नामकरण बहुत स्वाभाविक है। भारत में ही तीन चार चंद्रगुप्त तो राजा बने मिलते ही हैं।

कोसंबी जैसे तुक्कों से इतिहास रचते हैं उसमें अगर उल्टी दिशा होती या कालक्रम आड़े न आता तो वह कैसर कालीन गालों को गालव ऋषि की संतान बता सकते थे। समानताएँ आदिम चरण से आज तक इतनी तलाश की जा सकती हैं कि भिन्नताओं को लक्ष्य न किया जाए तो किसी समाज को कुछ भी सिद्ध किया जा सकता है। जिस जुए, मदिरापान आदि का उल्लेख वह गालों में करते हुए वैदिक समाज की ऐसी ही बुराइयों की ओर संकेत करना चाहते हैं, उनका आज के समाज में भी–जुआ (कैसिनो, सट्टाबाजी, लॉटरी), पियक्कड़ी के लिए शराब की भट्ठियों और कारखानों का उल्लेख ही काफी है, और धार्मिक पोथियों को प्रकाशित करने से परहेज के संदर्भ में ध्यान दें सीक्रेट डाक्युमेंट्स आज भी सार्वजनिक नहीं किए जाते। आदि।

जिन विवरणों से वह दूसरी शताब्दी के जर्मन समाज की बर्बरता को चित्रित करते हैं उनसे ऋग्वैदिक समाज को समझना तो दूर, जर्मन समाज को भी वह समझ नहीं पाए हैं। यदि जोताई इतनी कठिन थी कि कोई खेती की हिम्मत ही न जुटा सके तब अगले साल जोत की भूमि को छोड़कर नई परती तोड़ने का साहस कोई कैसे करेगा? यदि लोग खेती नहीं करना चाहते थे तो वे सामूहिक रूप में भी जमीन क्यों लेंगे? फिर यह वितरण हैसियत के अनुसार क्यों होगा? क्या खेती के अनिच्छुक पर खेती करने को बाध्य किए जानेवाले ये जत्थे भूदास नहीं थे? इसी दशा में जिस भूमि को एक साल वे जोत कर तैयार करते थे, उसे ताकतवर लोग उनसे छीन लेते थे और फिर उन्हें परती को जोत कर खेती करने को बाध्य करते थे। परती तोड़ने में तो किसान की साँसत होगी ही। जिस भूमि को कोसंबी बारी-बारी से समूह को देने की बात करते हैं, उसका अर्थ हुआ प्रभावशाली वर्ग द्वारा जोत कर तैयार की गई भूमि को अपने कब्जे में कर लेना, कल तक यह भूमि उनके पास नहीं थी अब उनके हाथ आ जाती है। विवश किसानों को उससे वंचित करके उन्हें नई परती जमीन दी जाती है। ये दबंग लोग ही सरदार को प्रसन्न करने के लिए स्वेच्छा से चढ़ावा देते रहे हो सकते हैं। आदि, आदि।

वैदिक समाज का निर्माण अनेकानेक भाषाई और सांस्कृतिक पृष्ठभूमियों से निकले लोगों के मिलने से हुआ था जो क्रमशः द्विभाषी बनकर वैदिक बोलने लगे थे और अपनी बोलियों के अनुरूप व्याकरण की गलतियाँ भी कर रहे थे। उनके बीच जिस तरह की भिन्नताएँ थीं उन्हें ऋग्वेद या वैदिक कृतियों से नहीं समझा जा सकता। बहुत कुछ उसमें समाहित ही नहीं हो पाया है।

वैदिक रचनाकारों में ऐसे लोगों की संख्या सचमुच बहुत प्रभावशाली थी जो 'अनार्यभाषी' पृष्ठभूमि से आए थे और विविध गतिविधियों में लगे हुए थे। इसके कारण, यह इतनी गड्डमड्ड हो गई थी कि कोई नियम ऐसा नहीं है जिसके वैकल्पिक रूप इसमें न मिलते हों।[5] इस समस्या को समझते हुए भी कोसंबी इसलिए नहीं समझ पाते क्योंकि उनका ध्यान केवल ब्राह्मणों पर टिका रहता है जिनको वह हड़प्पा सभ्यता का उत्तराधिकारी मान लेते हैं।[6] यह एक प्रविधिगत दोष है क्योंकि नए सूत्रों और संकेतों की टोह में कोसंबी ने आशा की थी कि उन स्तरों को टटोलते हुए नई ऐतिहासिक सामग्री और दृष्टि उपलब्ध हो सकेगी। गोत्र और ब्राह्मण वर्ण का जितना गहरा विवेचन कोसंबी देते हैं वह चमत्कृत करनेवाला है, और इससे सिद्ध होता है कि ब्राह्मणों की जड़ें भी भारतीय आदिम समाज में हैं। कोसंबी का अध्ययन कुलीनता की खोज तक सिमट कर रह जाता है, सामाजिक शक्तियों को उजागर नहीं कर पाता।

यदि ऋग्वैदिक ब्राह्मण हड़प्पा के पुजारियों के वंशधर थे और उनका सारा प्रभाव उनके मंत्रशक्ति के प्रचार से पैदा हुआ था, जिसे वे गूढ़ बनाकर रखते थे, तो वे 'आर्यों' की भाषा के मंत्र नहीं हो सकते थे। वे आर्यों को इस बात से भी प्रभावित नहीं कर सकते थे कि उनके मंत्रों में इतना बल है कि उससे वे युद्ध में उनकी रक्षा कर सकेंगे और उनके शत्रुओं का नाश कर देंगे। यह होता तो उन्होंने स्वयं अपनी रक्षा कर ली होती, आक्रमणकारियों का विनाश कर दिया होता। यह प्रभाव तभी कायम हो सकता था जब उनको उस समय तक कोई गंभीर विफलता न झेलनी पड़ी हो। ऋग्वेद की भाषा ही भारोपीय समस्या का मूलाधार है। दूसरी सारी बातें उसकी व्याख्या के प्रयत्न में की गई कल्पनाएँ या अटकलबाजियाँ हैं जो जाँचने के साथ ही खंडित होने लगती हैं। इस स्थापना की तार्किक परिणति इस बात की स्वीकृति है कि आर्यों का क्रोड क्षेत्र हड़प्पा का प्रसार क्षेत्र है।

कोसंबी अपने ही सुझाव की तार्किक परिणति तक इसलिए नहीं पहुँच पाते क्योंकि उन्होंने इस समस्या को रंगभेद के सिरे से समझना और समझाना चाहा।[7] चमड़ी के आनुवंशिक रंग से इस सवाल का जवाब नहीं मिल सकता कि ठंडे देशों के लोग काले क्यों नहीं हैं, और गर्म देशों में काले ही क्यों मिलते हैं? इस प्रश्न का भी नहीं कि फिनलैंड और उक्रेन में मुंडारी बोलियों से निकटता रखनेवाली बोलियाँ बोलने वाले गोरे क्यों हैं?[8] यात्रा किसी भी सिरे से आरंभ की जाए, यह समस्या तो बनी ही रहेगी कि गोरा काला कैसे हो गया या काला गोरा कैसे बन गया? चमड़ी के रंग की समस्या भी स्वयं कोसंबी ने नहीं उठाई थी। यह भी उन्नीसवीं शताब्दी के आरंभ में ही उठाई जा चुकी थी और उसकी भाषा भी लगभग वही थी जिसमें कोसंबी ने इसे प्रस्तुत किया।

कोसंबी को पश्चपदी यात्रा करनी पड़ती है, हड़प्पा सभ्यता के निर्माता काले थे और आर्य गोरे। ब्राह्मणों में काले रंग वालों की प्रभावशाली संख्या इसलिए है कि वे अनार्य हैं और अनार्य होकर भी इतने प्रभावशाली बन गए। गोरे रंग पर काला रंग हावी हो गया फिर भी वह अपने ही रचे साहित्य में कालों की भर्त्सना करता रहा।

समस्या वैदिक समाज में केवल पुजारियों को घुसाने से हल नहीं हो पाती। सांस्कृतिक गतिविधियों में विविध भूमिकाओं में सक्रिय समुदायों को सीधे हड़प्पा से लाना पड़ता है। वह भृगुओं को और त्वष्टा को भी हड़प्पा सभ्यता के कारीगर मानने को बाध्य है। जिन पेशों का ऋग्वेद से पता चलता है, जैसे तक्षा, चर्मम्ण, कर्मार (लोहार), द्रवी (सोनार), वासोवाय, कुलाय, कारु, भिषज, रथकार, मणिकार, आदि, उनका कोई उल्लेख उनके यहाँ नहीं मिलता। हड़प्पाकालीन मान और बाट के क्रम और मानांक नागर सभ्यता के विनाश के बाद भी नहीं बदले इसका उल्लेख कोसंबी ने अवश्य किया है। ये मेसोपोटामियाई या ईरानी बाटों से मेल नहीं खाते। इनका चलन तभी जारी रह सकता था जबकि इनका उपयोग करनेवाले बचे रहते और जिन प्रयोजनों से इनका उपयोग होता था उनसे किसी न किसी स्तर पर होता रहता। कोसंबी के अपने ही तर्क से ऋग्वैदिक समाज में बनिये भी थे और ये भी हड़प्पा सभ्यता के ही उत्तराधिकारी थे।

यदि उनका ध्यान उनकी पुस्तकों की समीक्षा के क्रम में इस ओर दिलाया गया होता तो एक-एक कर वह सभी को हड़प्पा सभ्यता का उत्तराधिकारी बताते चले जाते, क्योंकि चरवाहा समाज में कार्यविभाजन तो था ही नहीं और अंत में अपनी ही स्वीकृतियों से पाते कि हड़प्पा सभ्यता का कार्यविभाजन, वर्णविभाजन सब कुछ ऋग्वेद में है। फिर यदि हड़प्पा के पुरातत्त्व की जाँच ऋग्वेद के हवालों से करते तो पाते हड़प्पा के साहित्य का अवशेष ऋग्वेद ही है।[9] अवशेष इसलिए कि जिन कारणों से नागर सभ्यता नष्ट हो गई, नागर उपलब्धियाँ लुप्त हो गईं, उन्हीं कारणों से उसके साहित्य का भी बहुत बड़ा अंश नष्ट हो गया। आज जो कुछ उपलब्ध है उसे बहुत प्रयत्न से जुटाया गया था। भारतीय परंपरा इस तथ्य को कई रूपों में दुहराती है कि वेद खो गए थे और उनका उद्धार बहुत कठिनाई से किया गया था।[10] यह अवश्य है कि इसके बाद इस बात का हर संभव प्रयत्न किया गया कि इसका एक भी अक्षर इधर से उधर न हो और इसके लिए लेखन और कंठ दोनों का सहारा लिया गया। परंतु कोसंबी मानते हैं कि ऋग्वेद अपनी रचना के समय से यथातथ्य बचे रहे हैं[11] इसलिए उनके विचार क्षेत्र में नष्ट साहित्य आता ही नहीं।

देवकथा का सत्य

कोसंबी बताते हैं कि हड़प्पा की एक मुहर पर त्वष्टा के पुत्र विश्वरूपा (त्रिशिरा) के वध का चित्रण है जिसकी कथा ऋग्वेद में आई है। इंद्र ने इसका सिर काट लिया था। फिर वह पाते हैं कि अवेस्ता में भी यह कथा पाई जाती है। भारतीय परंपरा में यह मिथक इतनी गहराई तक उतरा हुआ है कि इसके बाद हम चतुरानन, पंचानन, दशानन, त्रिनेत्र जैसी विचित्र कल्पनाएँ पाते हैं। कोसंबी बताते हैं कि विश्वरूपा के तीनों सिर तीन प्राणियों

में बदल गए। इनसे तीन ब्राह्मण गोत्र बने हैं (गोत्रविमर्श का इससे रोचक पक्ष क्या होगा कि कहानियों तक से गोत्र नाम निकाल लिए गए हैं)। इसकी छाया पशुपति की अवधारणा पर भी है और इसे वह मूलतः चंद्रमा से जुड़ा मिथक मानते हैं। इससे मिलती-जुलती कहानियाँ मेसोपोटामिया तक पाई जाती हैं।[12] इन तथ्यों का सरल पाठ यह हुआ कि (1) ऋग्वेद सैंधव सभ्यता का साहित्य है, कवियों ने जिसे शब्दों में बयान किया है कलाकारों ने उसी को प्रतीकों, रेखांकनों आदि में ढाला है; (2) कि भाषा-संस्कृति और देवशास्त्र का प्रसार हड़प्पा सभ्यता के व्यापारिक प्रसार क्षेत्र में हुआ था; (3) कि जिन पश्चिमी समाजों में ये मिथक पाए जाते हैं, वे भारत से गए हुए अथवा उनके संपर्क और प्रभाव में रहे हैं; (4) ईरानी और मध्येशियाई क्षेत्र में भी भाषा और संस्कृति का प्रसार उसी तंत्र के माध्यम से हुआ था न कि बड़े पैमाने पर आबादी के विस्थापन से।

कोसंबी के प्रिय ग्रंथों में से एक है अर्थशास्त्र। उसमें राजस्व में हेराफेरी के कुछ नमूने पेश किए गए हैं, उनमें से वे जो साक्ष्यों को मिटाने या बदलने के लिए प्रयोग किए जाते हैं निम्न प्रकार हैं :

> पूर्वं सिद्धं पश्चादवतारितं, पश्चात् सिद्धं पूर्वमवतारितं, साध्यं न सिद्धं, असाध्यं सिद्धं, सिद्धं असिद्धंकृतं, अल्पसिद्धं बहुकृतं, बहुसिद्धमल्पं कृतं, अन्यत् सिद्धं अन्यत्कृतं...संक्षेपो विक्षेपः कृतः, विक्षेपः संक्षेपो वा। 2.8

कोसंबी का इतिहास यही है। अतः यहाँ भी वह प्रमाण को अप्रमाण मानकर अप्रामाणिक को प्रामाणिक बनाते हैं। उनकी व्याख्या विचित्र है। वह मानते हैं कि ऋग्वेद में इस कथा के आने का अर्थ यह है कि हड़प्पाकालीन पुरोधाओं को इसका पता था। वे वैदिक आर्यों में घुल मिल गए थे। इसका भी यह एक प्रमाण है कि उतनी पूर्ववर्ती कथा ऋग्वेद में आई।[13] परंतु हड़प्पा की मुद्राएँ तो व्यापारियों के उपयोग के लिए थीं जो पितृसत्ताक थे। मातृसत्ताक पुजारियों को उनकी मुहरों की इतनी गहरी समझ क्यों होने लगी? जो भी हो, मेसोपोटामिया में भी यह भावांकन कुछ विकृत रूप में मिलता है यह किस बात का प्रमाण है? ईरानी में बहुत मामूली अंतर से इसे दुहराया गया है। यह ईरान में कहाँ से पहुँचा। अवेस्ता को दो ढाई हजार ईसापूर्व तो वह ले नहीं जाते। यदि लघु एशिया से आनेवाले आर्यों के माध्यम से आया तो उसमें उस तरह की विकृति या रूपांतर क्यों न हुआ?

परंतु ऐसा करना सर्वत्र संभव नहीं होता। वृत्र के प्रसंग को खींचतान से उन्होंने हड़प्पा सभ्यता के बाँधों को आर्यों द्वारा तोड़े जाने का प्रमाण बनाया है, अतः वह यह नहीं कह सकते थे कि कथा पुरानी है या यह कि वृत्र ईरान में था, उसके साथ जो कुछ हुआ वहाँ हुआ और यह कथा वहाँ से आई। यहाँ उन्हें स्वीकार करना पड़ता है कि यह कथा भारत से ईरान पहुँची थी।[14]

एक तीसरी कथा यम की है। यम और यमलोक की मूल कथा को फिर वह मूलतः ईरानी पृष्ठभूमि से जोड़ते हैं। परंतु यम और यमलोक की अवधारणा तो हड़प्पा में भी मिलती है जिसका काल अवेस्ता से बहुत पुराना है। कथाएँ दूसरी भी हैं, त्रित आप्त्य

की, अथर्वांगिरस की और सही मीमांसा के बाद सभी वैदिक समाज से वहाँ हड़प्पा काल में फैली हुई और कुछ परिवर्तन के साथ गढ़ी गई सिद्ध होती हैं।

कालक्रम की अनर्गलता

कोई इतिहासकार कालक्रम की उपेक्षा नहीं कर सकता। जहाँ सही तिथि का निर्धारण संभव न हो वहाँ भी पूर्वापर निर्धारण जरूरी होता है। कोसंबी स्वयं भी इसके कायल हैं और भारतीय कृतियों की इस मामले में विश्वसनीयता कम होने के कारण इनकी इतिहास के लिए इनकी उपादेयता को खारिज भी कर देते हैं। परंतु कामक्रम के विषय में जितनी मनमानी और गड़बड़ी उनके यहाँ पाई जाती है, उतनी किसी साहित्यिक कृति में भी नहीं मिलेगी। इसका कुछ नमूना तो ऊपर के विवेचन में भी है। परंतु इस पर अलग से चर्चा जरूरी है।

कोसंबी तथाकथित आर्यों को हड़प्पा सभ्यता के ह्रास के अंतिम चरण पर मध्येशिया से सीधे या टेढ़े पहुँचने की कहानियों को दुहराते हैं और उसमें अपनी ओर से 1750 ई.पू. की तिथि जोड़ देते हैं और फिर भी बात बनती न देख इसमें कई तरह के हेर-फेर करते हैं यह हम देख आए हैं। इससे इतना ही पता चल पाता है कि किसी कहानी को कहानीकारों की जरूरत से काल और दिक में कितनी बार और किन-किन युक्तियों से किस हद तक घटाया और बढ़ाया जा सकता है! सच का एक पाठ होता है झूठ के अनगिनत।

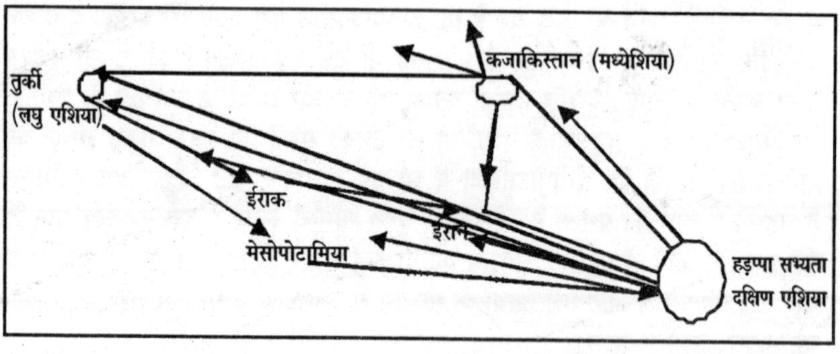

पहली समस्याः यदि वे दूसरी सहस्राब्दी के मध्य में किसी भी कारण से अपने मूल स्थान से चारों ओर फैल गए तो पशुचारी अवस्था में उस क्षेत्र में उनकी आबादी का घनत्व क्या था? विकल्प यह कि चारों ओर नहीं, केवल भारत की ओर बढ़े। परंतु अपने प्रस्थान से ढाई सौ साल पहले ही भारत में कैसे पहुँच गए? यह तब और विचित्र लगेगा जब पता चले कि वे बरास्ता ईरान आए थे और वहाँ इतने समय तक रहे थे कि वहाँ की नदियों आदि का नया नाम रखा था और उस क्षेत्र से इतना लगाव पैदा हो गया था कि भारत में पहुँचने पर उन्होंने एक नदी का नाम वहाँ की नदी के नाम पर रखना जरूरी समझा। ईरान में उन्हें उस दशा में 2000 ई.पू. में तो पहुँचाना ही

होगा। परंतु भारत में 1750 की तिथि को और पीछे ले जाना होगा। कारण कोसंबी के अनुसार इस समय उन्होंने हड़प्पा के नगरों को मटियामेट कर दिया था। उससे पहले इन नगरों पर हमले होते रहे थे, जिसके पुरातात्त्विक प्रमाण हैं। फिर इस तिथि को कम से कम 2000 ई.पू. ले जाना होगा। और यदि बाद की तिथि 2600-2000 मानें तो इस उपद्रव काल को दो ढाई सौ साल और पीछे ले जाना होगा और ईरान की तिथि और पीछे माननी होगी। इसी तर्क से एक-एक रुकावट का जोड़-तोड़ निकालते हुए प्रत्येक स्थल की तिथि, रास्ता, और दौर घटाना-बढ़ाना होगा और झूठ के पाँव नहीं होते वाले निष्कर्ष पर ही पहुँचना होगा। यह गड़बड़ी केवल इस मामले में नहीं है। इस इतिहास की एक-एक कड़ी पुआल बट कर तैयार की गई है। देखने में मजबूत खींचते ही तिनका-तिनका। इसके दृष्टांत हम पहले से देते आए हैं और आगे भी देंगे। इसका सबसे बड़ा दोष ऐतिहासिक विकास को समझने के लिए जिस काल विस्तार की आवश्यकता है, उसका निषेध और नृतत्त्व के महासमुद्र को नृतत्त्व का महाशून्य सिद्ध करने की हठधर्मिता।

पशुपालन का अर्थशास्त्र और मनोविज्ञान

कोसंबी पशुपालन और बाड़बंदी के बीच अंतर तो समझते हैं, परंतु कुछ धुँधले रूप में ही। पशुपालक समाज उसे माना जा सकता है जो अपने पशुधन के उत्पादों से और उनके बदले में मिलने वाली चीजों से अपना जीवनयापन करता है। वास्तव में वह उन दूसरी चीजों के लिए स्थायी आबादी वालों पर निर्भर करता है, इसलिए स्थायी बसे लोगों के साथ उसकी सहयोगपूर्ण भूमिका होती है, न कि विरोध की। बाड़बंदी करनेवाला समाज भले अपने पशुओं को काटने से पहले तक उन्हें घेर कर चराता हो या चारे का प्रबंध करता हो, उसका ध्यान उनके उत्पाद पर नहीं, उनके मांस और चमड़े पर रहता है। कहें उसके लिए बाड़बंदी शिकार का विकल्प है। भारत में पशुपालन का आरंभ हुआ या नहीं इस पर विवाद हो सकता है। परंतु यह सच है कि भारत के पशुपालक न केवल अपने पाले हुए पशुओं का वध नहीं करते, वे मांसाहार नहीं करते रहे हैं। इसलिए कुछ विद्वानों का यह सुझाव ठीक लगता है कि पशुपालन कृषि के बाद आरंभ हुआ, जबकि बाड़बंदी कृषि के आरंभ से बहुत पहले से चलती आ रही है। उसका अर्थ था शिकार में दैनिक आवश्यकता से अधिक जानवर फँसा लेने पर तात्कालिक जरूरत पूरी करने के बाद, बचे पशुओं को खिला-पिला अर्थात् पोस कर उन दुर्दिनों के लिए रखना जब किन्हीं कारणों से शिकार दुर्लभ हो। इस अंतराल में पैदा हुए बच्चों को भी इसी प्रयोजन से पोसना। इन्हें पशुपोषक कहा जा सकता है, पशुपालक नहीं कहा जा सकता। ये आखेटजीवियों के उत्तराधिकारी हैं।

पशुचारण का एक अर्थशास्त्र है। वह अर्थशास्त्र इस बात से संचालित होता है कि एक व्यक्ति या परिवार कितने जानवरों की देखभाल कर सकता है। उसे अपने पशुओं को चराने के लिए कितना बड़ा क्षेत्र चाहिए। यदि वह अपनी उदरपूर्ति के लिए दिन में

दो बार, या एक बार ही सही, एक जानवर काटे तो वह उसको काटकर खाने के साथ अपने रेवड़ के संतुलन को बनाए रख पाएगा या नहीं। जानवरों को कुत्तों और घोड़ों की सहायता से घेर कर एक व्यक्ति बहुत अधिक जानवरों को रख सकता है। परंतु कुत्ते और घोड़े दूध निकालने में सहायता नहीं कर सकते। अतः एक व्यक्ति एक सीमा तक ही दोहन कर सकता है जो निश्चय ही उसकी आवश्यकता को देखते बहुत अधिक हो सकता है, और जिसे वह दूसरों को देकर उनके बदले आवश्यक चीजें पा सकता है। गोपालन के मामले में वह इसी तरह बछड़ों को काटने की जगह उनको किसानों को देकर बदले में चीजें पा सकता है। घेर कर रखनेवाले के लिए यह जरूरी नहीं। वैदिक जन खेती करते थे, पशुपालन करते थे और उनके समाज में ऐसे लोग थे जो केवल पशुपालन करते थे जिनके प्रसंग में यादवों का नाम आया है (याद्वानां पशुः) और व्यापार में पशुपालकों की भूमिका अनन्य थी चाहे वह घरेलू आवश्यकता की पूर्ति के लिए हो अथवा निर्यात के लिए। ऋग्वेद में रास्ते से, बहुत बड़ी संख्या में–शतिनी सहस्रिणी–गोरुओं के चलने के विवरण इस व्यापार से ही संबंधित हैं।

इसका मनोवैज्ञानिक पक्ष यह है कि पशुपालकों का अपने पशुओं के साथ वही संबंध बन जाता है जो आपका पाले हुए कुत्ते, बिल्ली, या पक्षी के साथ बन जाता है। आप उन्हें प्यार करने लगते हैं और उसकी मृत्यु से उसी तरह दुखी होते हैं जैसे किसी आत्मीय की मौत से। कहें, इन्हीं भौतिक और आत्मीय कारणों से भारत का पशुपालक समुदाय मांसाहारी नहीं दिखाई देता। पशु का मांस वे ही खा सकते हैं जिन्होंने उस पशु को पाला न हो। वैदिक समाज में ब्राह्मण मांस खाता मिल सकता है, परंतु किसान गाय को अपनी माँ समझता है। उसकी दो माताएँ हैं -धरती माता और गोमाता और धरती को भी वह गो के रूप में ही कल्पित करता है।

शांतिप्रेमी 'आर्य' चरवाहे

कोसंबी का तर्क है कि भारत में प्रवेश करनेवाले पहले जत्थे के चरवाहे ही इतने दुर्दांत और क्रूरकर्मा थे। दूसरे जत्थे के नहीं। परंतु उन्हें पहले जत्थे से पहले घुसने वाले चरवाहों को भी शांतिप्रेमी मानना पड़ता है। वह बताते हैं कि मैसूर (कर्नाटक) में ब्रह्मगिरि की महापाषाणी संस्कृति का संबंध रायचूर जिले के नवपाषाण काल के गोपालकों की राख की ढेरियों से है, यह पत्थर के औजारों और भांडों के स्तरसाम्य से सिद्ध है। राख की ढेरी की तिथि रेडियोकार्बन से तीसरी सहस्राब्दी से कुछ ही पहले की है। उनके सलेटी भांडों के साथ एक भिन्न किस्म के भांडों और साथ ही यत्र-तत्र मिलने वाली काँसे की चीजों के दूसरी सहस्राब्दी के निक्षेपों में पाए जाने की बिना पर कुछ 'पुरावादियों' ने ईरानी संपर्क तक का सुझाव रख दिया। यदि ऐसा है तो इतने पहले इस विसरण (प्रसार) का तंत्र एक पहेली बनकर रह जाता है। वह हतप्रभ होकर पूछते हैं, क्या आद्य आर्यों का एक शांतिप्रेमी जत्था सैंधव क्षेत्र से होकर उस समय ही आगे बढ़ आया था, जब नागर संस्कृति अपने वैभव पर थी?[15]

ऋग्वेद का पाठ पश्चिम एशिया में बैठकर

कोसंबी को वैदिक संस्कृति के विषय में कोई जानकारी इसलिए नहीं है कि जो जानकारी उपलब्ध है उसे वह सचेत रूप में तार-तार कर देते हैं फिर पश्चिम की ओर से कोई तार यहाँ तक कि बेतार भी मिल गया तो अपनी कल्पना से उसे जोड़कर इसे फिर अपने ढंग से गढ़ते हैं। वह विचारणीय विषय से हटकर अप्रासंगिक ब्यौरे देते हुए एक धुंध सी पैदा करते हैं और उस धुंध में से अपने कयास को एक नई सूझ के रूप में पेश कर चमत्कार पैदा करने के प्रयत्न में रहते हैं। वह वेद के आगे बाइबिल को रखकर उस पर बात करते हैं और बताते हैं कि ऋग्वेद में इतिहास की उतनी सूचनाएँ नहीं हैं जितनी बाइबिल में।[16] फिर वह पश्चिम एशिया के पुरातत्त्व की विश्वसनीयता की प्रशंसा करने लगते हैं। वह वैदिक संस्कृति के स्थान पर आर्यों की जीवनशैली पर बात करते हैं और जीवनशैली यह कि आर्य हमेशा चलते रहते थे और नदियों और पहाड़ों के नाम उनके साथ चलते रहते थे। फिर वह बताते हैं कि सरस्वती मूलतः अफगानिस्तान की नदी हेलमंद (हरह्वती) थी।[17] वह भूल जाते हैं कि हरह्वती का उच्चारण भारतीय आर्यभाषा की ध्वनिप्रकृति के विपरीत न था, अतः भारतीय आर्यों को हरह्वती को बदलकर सरस्वती करने की आवश्यकता न थी। यह सरस्वती है जिसका उच्चारण ईरानी ध्वनिसीमा के कारण हरह्वती हो सकता है।

वह इस बात का भी ध्यान नहीं रखते कि किसी नदी या पहाड़ के साथ लगाव उसके पास बसे होने पर पैदा होता है, यायावर जहाँ से गुजरते हैं वहाँ के नदी नाम लेकर नहीं चलते कि अगली नदी मिली तो उसे वह नाम दे देंगे। फिर सरस्वती से पहले तो बहुत सी नदियाँ थीं जिनको यह नाम पश्चिम से आनेवाले दे सकते थे। अतः तार्किक परिणति यह है कि सरस्वती तट पर स्थायी रूप से बसे लोगों ने किन्हीं परिस्थितियों में अफगानिस्तान पहुँचने पर वहाँ की एक नदी को यह नाम दिया। पता यह लगाया जाना चाहिए था कि वह हमला था, या चरागाह की तलाश या व्यापारिक तंत्र जिसके उजागर होने पर सांस्कृतिक चरित्र अपने आप उजागर हो जाता।

ऋग्वेद में उन्हें कोई धनात्मक चीज तो नहीं मिलती, परंतु हड़प्पा सभ्यता के नगरों के विनाश की एक ऋणात्मक बात अवश्य मिलती है।[18] फिर वह आर्यों से उन युद्धों का और पुरों के विनाश का विस्तार से वर्णन करते हैं जिन पर हम विचार कर आए हैं। वह ह्वीलर को बिना उनका हवाला दिए शब्दशः दुहराते हैं। रोचक यह कि हड़प्पा के लोगों ने ठीक वही जीवनशैली अपना रखी थी जो अंग्रेज हाकिमों ने। जैसे ये अपनी गर्मी के दिन काटने के लिए पहाड़ों पर चले जाते थे, वैसे ही लगता है हड़प्पा के निवासी अपने शारदीपुरों में चले जाते थे।[19] अपनी मौलिक सूझ से वह बताते हैं कि इंद्र वर्षा के देवता नहीं थे, यह उन्नीसवीं शताब्दी के भाषाविदों की चूक थी। वर्षा के देवता तो पर्जन्य थे। वह यह बताते हैं कि कैसे इंद्र ने हड़प्पाकालीन बाँधों को तोड़ दिया और गौर करें कि तोड़ा भी कुछ इस तरह कि वे फिर बाँधे ही नहीं जा सके क्योंकि सिकंदर के आक्रमण के समय कोई बाँध नहीं था। जब बाँध तोड़ दिए गए तो भूमि रेगिस्तान में बदल गई।[20]

कोसंबी ने जिस काल-फलक के भीतर इस समस्या का समाधान तलाशना चाहा उसमें भारतीय देवशास्त्र के विकास को समझा ही नहीं जा सकता अतः वह एक जड़ इकाई के रूप में प्रस्तुत किया जाता है। संक्षेप में कह दें कि वर्षा का देवता पर्जन्य नहीं है जिस सूक्त के आधार पर उन्होंने यह सोचा है उसका देवता पर्जन्य है। देवता का अर्थ वर्णविषय है, न कि अंग्रेजी का डीटी या गॉड। वर्षा के देवता मरुद्गण, वरुण, वृषाकपि और इंद्र हैं। विकासक्रम में इनकी भूमिकाएँ बदलती गई हैं और सबसे बाद में इंद्र आते हैं और बने रह जाते हैं। इसके विस्तार में यहाँ जाने का अवकाश नहीं है, परंतु इतना संकेत तो किया ही जा सकता है कि अपने पुराने दावे ये भूलते नहीं। इन सभी की इंद्र से स्पर्धा भी बनी रहती है और इसीलिए इंद्र को सबसे ऊपर सिद्ध करने के लिए बहुत से सूक्त भी लिखे गए हैं।

इतिहास के केंद्र में दस्तरख्वान

हम वैदिक समाज और संस्कृति को समझने के लिए कोसंबी को नहीं पढ़ सकते। सभ्यता की विकासप्रक्रिया को समझने के लिए कोसंबी को नहीं पढ़ सकते। परंतु अपने समय की सबसे जीवंत और ओजस्वी संस्कृति को नष्ट कैसे किया जा सकता है इसके लिए वह बहुत उपयोगी इतिहासकार हैं। जिन प्रमाणों से अपने इरादों के विपरीत निष्कर्ष निकलते हों उन्हें देखते ही कैसे आँखें बंद कर ली जाएँ यह कोसंबी से सीखा जा सकता है। इतिहासकार के रूप में उनकी प्रासंगिकता मात्र इतनी ही है।

यह नकारात्मक दृष्टि ऋग्वेद को समझने के लिए नहीं, उसे नष्ट करने के लिए अपनाई गई थी। नासमझी में नहीं इरादतन। पहले उस सभ्यता के साहित्य को उसके पुरातत्त्व से तर्क और औचित्य के विपरीत काटकर अलग किया गया और फिर उसके पुरातत्त्व में प्रतिबिंबित समाज को समूल नष्ट या लुप्त कर दिया गया, और साहित्य में प्रतिबिंबित उसी समाज को अपनी ही सभ्यता को नष्ट करनेवाली बर्बर और नगरद्रोही जमात में बदल दिया गया। यातायात के मार्गों, वसुवाहनों (माल से लदी गाड़ियों)[21] की आवाजाही, विशाल यातायात के विविध मार्गों और साधनों की—बैलगाड़ी, घोड़ागाड़ी, ऊँटगाड़ी, छकड़ा आदि और जलमार्गों और नौकाओं की चर्चा तक नहीं और ऐतिहासिक विमर्श के केंद्र में दख्तरखान आ गया और उत्पादन के साधन, स्रोत और उत्पादक किनारे फेंक दिए गए। दख्तरखान पर भी केवल गोमांस! रोटी तक नहीं।

इस दस्तरखान को इतिहास मानने वालों के लिए कोसंबी आज भी सबसे आप्त इतिहासकार हैं। परंतु गौर करें तो पाएँगे कि आर्य तो गोमांस खाते ही न थे। मांस खाने पर सबसे अधिक जोर ब्राह्मणों का था और वे हड़प्पा सभ्यता के पुजारियों के वंशज थे। ध्यान दें तो पाएँगे कि कोसंबी गोमांसाहार को ब्राह्मणों की दरिद्रता का प्रमाण बनाकर पेश करते हैं। परंतु वे जो उन चरवाहों के साथ घूमते रहते थे और घूमते हुए अपने ही भाई-बंधुओं को लूटने के लिए ललकारते और लूट को सफल बनाने के लिए मंत्र पाठ करते रहते थे वे दरिद्र के दरिद्र क्यों रह जाते थे कि उन्हें बूढ़ी, मरणासन्न और ठठरीमात्र

रह गई गायों के मांस से अपना पेट भरना पड़ता था, यह समझ में नहीं आता। इससे अच्छा तो यह होता कि विजय के लिए मंत्र पढ़ते हुए वे उसके उच्चारण में स्वर या वर्ण की ऐसी चूक कर देते कि उसी से हमलावरों का सत्यानाश हो जाता, क्योंकि यह 'शक्ति' भी उनके मंत्र में थी ही।

इतिहास के सच को नकार कर इतिहास को नहीं समझा जा सकता। परंतु सच यह भी है कि कोसंबी गोमांस की इतनी सारी बातें करने के बाद भी इसको एकांगी रूप में प्रस्तुत करते हैं। उनके विवेचन में यह कहीं नहीं आता कि ऋग्वेद के समय में भी गाय को मां कहा जाता था और इंद्र के सहायक मरुद्गण इसी कारण गाय की संतान–गोमातरः–कहे जाते हैं; कि धरती को मां भी वे ही मानते हैं और इसलिए उन्हें पृश्निमातरः भी कहा गया है। जलधाराओं को माता कहनेवाले तो इस समाज में हैं ही, सरस्वती अम्बितमा कही ही गई है। भारतमाता, गोमाता, गंगामाता का जो श्रद्धागर्भित भाव भारतीय जनमानस में है वह उस काल से ही चला आ रहा है। कोसंबी इस बात का कहीं उल्लेख नहीं करते कि यद्यपि वैदिक समाज में गोमांस खाने वाले लोग भी थे, परंतु साथ ही जोरदार अभियान चल रहा था कि गोवध बंद किया जाए; कहा जा रहा था कि गाय देवोपम है, वह रुद्रों की मां है, वसुओं की दुहिता है, आदित्यों की बहन है, अमृत का स्रोत है, सर्वथा निरपराध है इसलिए हम समझदार लोगों से आग्रह करते हैं, वे गोवध न करें।'[22] उनके विवेचन में यह नहीं आता कि गाय का एक पर्याय अघ्न्या था और यह अवेस्ता में भी पाया जाता है। इसकी तार्किक परिणति यह थी कि पहले गोवध होता था, गोमांस खाया जाता था, फिर कृषि में इसकी उपादेयता को देखते हुए इसे अवध्य या अघ्न्या कहा जाने लगा और ईरान में आर्य इस चरण के बाद पहुँचे थे।

उनके विवेचन में यह एकांगिता सचेत रूप में इसलिए है कि कृषि की स्थापना पहली बार पहली सहस्राब्दी ई.पू. के आस-पास सिद्ध करने के लिए ऋग्वैदिक काल से इसे हटाकर बौद्ध काल या कम से कम कोसल-विदेह के उत्थान-काल पर लाना चाहते हैं। सच यह है कि इस समाज का दृष्टिकोण घोर उपयोगितावादी था। उसमें अनुपयोगी पशुओं के वध और उनके मांसाहार पर रोक न थी। ऊक्षण या ऐसे बछड़े जिनका बधियाकरण न हो सका और ऐसी अवस्था को पहुँच गए कि अब यह संभव भी न था, उनसे नस्ल खराब हो सकती थी, अतः उनका मांसाहार चलता था। केवल एक ही स्थल पर यज्ञ में अष्टापदी की बलि का उल्लेख है, जिसका अर्थ गर्भिणी गाय किया गया है, और यह किसी बहुत प्राचीन बलिप्रथा का कर्मकांडीय अवशेष हो सकता है, अन्यथा मांसाहार के प्रसंग में वशा और ऊक्षण, अश्व, भेड़ा, बकरा आदि का ही प्रयोग मिलता है। सबसे बड़ी बात यह कि भोजन और पकवान के अन्य रूप भी हैं–धाना, अपूप, करंभ, खीर (दुग्धोदन), सोमपाक आदि, दस्तरख्वान पर इनको भी तो सजाया जाना चाहिए था। क्या आपको पता है कि वैदिक समाज छुहारे का भी बहुत प्रेमी था। वैदिक क्षु से ही व्युत्पन्न है हमारा परिचित छुहारा। खाड़ी देशों से यह सबसे बड़ा आयात था–क्षुमंतं वाजं शतिनं सहस्रिणं मक्षू गोमंतमीमहे, 8.88.2 सैकड़ों हजारों बैलों पर लाद कर लाए जानेवाले छुहारे आदि

की इस आकांक्षा के विषय में किसी टिप्पणी की आवश्यकता नहीं। परंतु नितांत दुराग्रहपूर्ण कतर-ब्यौंत से जो इतिहास गढ़ा गया ऐसी सचाइयों के लिए स्थान नहीं।

ऋग्वेद और कृषिकर्म

कोसंबी अपने विवेचन में पाते हैं कि आर्यजन कृषिकर्मी थे। ऋग्वेद में प्रयुक्त पंचजनों पर विचार करते हुए वह बताते हैं कि "ऋग्वेद में कई बार पाँच कबीलों—पंचजन, पंचजातों, पंचमानुषों, पंचकृष्टियों, पंच चर्षणियों का उल्लेख है।" वह इनके संदर्भ देते हुए यह स्वीकार करते हैं कि इनमें से अंतिम दो पद उसी कृष् धातु से व्युत्पन्न किए जा सकते हैं जिसका अर्थ खरोंचना या चीरना होता है और जो बाद की संस्कृत में हलवाही से संबंधित रहे हैं।"[23] हम यहाँ यह भी जोड़ दें कि मानुष और मनुष्य का अर्थ भी सभ्य और कृषिकर्मी होता है। मनु को आदि कृषिकर्मी माना जाता है जिन्होंने गोरूपा उस धरती का जिसने सभी ओषधियों को अपने भीतर छिपा लिया था, बछड़ा बनकर दोहन किया था और इस तरह कृषिकर्म का आविष्कार किया था। इस तर्क से मनुष्य या मानुष का अर्थ मात्र मनु की संतान ही नहीं होता, अपितु बहुत पहले से कृषिकर्म में संलग्न समाज का सदस्य भी होता है। इसके विपरीत अमानुष का अर्थ है अकर्मण्य, कृषि से इतर उपायों से आहार प्राप्त करनेवाला, दस्यु, दास आदि (अकर्मा दस्युरभि नो अमंतुः अन्यव्रतः अमानुषः, त्वं तस्य अमित्रहन् वधः दासस्य दम्भय। ऋ.10.22.8)।

पंच का अर्थ करने में तो यास्क और सायण से लेकर कोसंबी तक सभी ने गलती की है। पंच, सप्त, दश, शत और सहस्र के दुहरे अर्थ हैं। पहला है, सटीक संख्यामान और दूसरा है सभी, बहुत अधिक। अतः तीन लोक को सप्त लोक और शतदल को सहस्रदल, दशारित्र को शतारित्र कहने का औचित्य बना रहता है। लोक में आज तक यह समझ बची रह गई है। पंचायत का अर्थ पाँच लोगों की बैठक नहीं है। यही स्थिति पंचजन, पंचकृष्टी, पंचजात, पंचक्षिती (य एकश्चर्षणीनां वसूनामिरज्यति। इंद्रः पञ्च क्षितीनाम्। ऋ. 1.7.9; यस्य विश्वानि हस्तयोः पञ्च क्षितीनां वसु। ऋ. 1.176.3), पंच उक्षण (अमी ये पंचोक्षणो मध्ये तस्थुर्महो दिवः, ऋ. 1.105.10), पंच अध्वर्यु (3.7.7) पञ्चहोता (5.42.1), पञ्च देवाँ (10.55.3), आदि में पंच का प्रयोग सभी के अर्थ में हुआ है। यहाँ स्मरण दिला दें कि क्षिती का अर्थ भी स्थायी निवास वाला है।

कोसंबी ने पंच के साथ प्रयुक्त दूसरे पदों को छोड़ दिया, एक विशेष आशय निकालने के लिए प्रयुक्त पदों को ही लिया। वह भी तब जब वह मानते हैं कि ऋग्वेद में कहीं इन पाँचों का नामतः उल्लेख नहीं हुआ है।[24] केवल एक प्रसंग में पाँच गणों का नामतः उल्लेख है परंतु वहाँ 'पंच-' का प्रयोग नहीं हुआ है, और अपनी ओर से यह तय कर दिया गया कि इन्हीं पाँचों के लिए पंच का प्रयोग हुआ होगा।

सांख्यिकीय विश्लेषण

कोसंबी सांख्यिकी के विशेषज्ञ थे। सांख्यिकी के निष्कर्ष अकाट्य होते हैं। जिन समस्याओं पर लगातार उधेड़-बुन में रहते हुए भी हम उलझन में पड़े रहते हैं, उनका सांख्यिकीय

विश्लेषण करने पर वास्तविकता दिन के उजाले की तरह सामने आ जाती है। परंतु आँकड़ों के संकलन में, उनके वर्गीकरण में किसी तरह की चूक होने पर परिणाम इतने उल्टे निकलते हैं कि संख्या की आड़ में जो चाहें दिखाया जा सकता है। ऋग्वेद में धन के जो विविध रूप मिलते हैं–कृषिभूमि, आवास, अन्न, पशुधन, वस्त्र, सोना, चाँदी, मणि, रत्न, ताँबा[25],-उन में से कोसंबी की दृष्टि केवल गोरु तक पहुँचती है।[26] धातु के प्रचलन के बाद इसके नियत मान के खंडों का चलन अपरिहार्य है क्योंकि न तो किसी अन्य रूप में इसको बेचा जा सकता है न ही खरीदा। ऐसे धातुखंड सोने और चांदी के संदर्भ में सिक्के के पूर्वरूप अर्थात् नियतमान के टिक्कलों का आकार ले लेते हैं और इन्हें प्रत्येक चरण पर खरेपन और भार की जाँच से गुजरना पड़ता है। इनका चलन मेसोपोटामिया में भी था, हड़प्पा में भी और इनका उल्लेख ऋग्वेद में भी हुआ है।[27]

आवास के लिए विविध आकारों के भवनों के उल्लेख मिलते हैं जिनमें हड़प्पा के वे आवास भी हैं जिनकी दीवारों की मोटाई को देखकर कोसंबी ने ठीक ही अनुमान लगाया था कि चोरों से रक्षा के लिए इतनी मोटी बनाई जाती थीं। ऋग्वेद में इसे अच्छिद्र (अच्छिद्रं शर्म भुवनस्य गोपा, 5.62.9) कहा गया है और पुष्करिणी युक्त देवोपम सुंदर और दास दासियों से भरा भवन (भोजस्येदं पुष्करिणीव वेश्म परिष्कृतं देवमानेव चित्रम्, 10.107.10) भी आता है।

हड़प्पा सभ्यता के संदर्भ में और यजुर्वेद के काल में कोसंबी इनका उल्लेख करते हैं परंतु ऋग्वेद के संदर्भ में उन्हें इनमें से कुछ दिखाई नहीं देता। धन के अर्थ में रयि, रेक्ण, नृम्ण, द्रविण, द्रव्य, अर्थ, धन, वसु (खनिज द्रव्य), वित्त, वेदस्, मह, मघ, आदि के उल्लेख हैं, उनकी ओर भी उनका ध्यान नहीं जाता। केवल नृम्ण की ओर मोहेंजोदाड़ो के संदर्भ में उसका अपनी ओर से नार्मणीपुर संज्ञा देने के लिए और यह सिद्ध करने के लिए जाता है कि अपने शत्रुओं के जिस नार्मणीपुर को अग्नि ने जला दिया था, वह यही है। कहें दो ही प्रधान नगर और दोनों के नाम–हरियूपीया और नार्मणी- वैदिक। सभ्यता अवैदिक। आक्रमण करनेवाले वैदिक आर्य। हरियूपीया को भी पहले सरस्वती की तरह अफगानिस्तान में ही तलाश लिया गया था। कोसंबी की जैसी सोच है उसमें वह भी उसके प्रबल समर्थक बन जाते, परंतु हड़प्पा के नगरों की बर्बादी का एक तर्क वह अपने हाथ से नहीं जाने देना चाहते थे।[28]

गो के अतिरिक्त धन के कुछ और पर्यायों पर भी कोसंबी की दृष्टि गई है। ये हैं वसु, रयि और धन। वसु की ओर उनका ध्यान उर्वशी के उस कथन के कारण गया है जिसमें वह पुरूरवा से कहती है, मैं अपने ससुर के लिए वसु और वय देती रही–सा वसु दधती श्वशुराय वय उषो यदि वष्टि अंतिगृहात्। सायण ने वसु की व्याख्या करते हुए लिए लिखा है, वासकम्।[29] अतः वह इसका अर्थ वस्त्र करते हैं जो सही भी है।[30] परंतु इससे आगे ही वह ब्राह्मणी पुनर्जागरण को इस बात के लिए कोसते हैं कि इसने बाद में 'वसु' को सम्पदा मात्र का पर्याय बना दिया।[31] हम यहाँ कोसंबी से सहमत नहीं हो पाते। सायण ने वसु का सर्वत्र वस्त्र ही अर्थ नहीं किया है, अपितु एक मोटा अर्थ

किया है, आच्छादित-वस आच्छादने। यह वैदिक काल में भी समस्त खनिज द्रव्यों का द्योतक था। धरती का नाम वसुधा/वसुमती/वसुंधरा इसके गर्भ में पड़े द्रव्यों के कारण ही पड़ा है और वसुगण के आठ होने की कल्पना भी इसी पर आधारित है। सभी खनिज द्रव्यों के लिए एक वसु की कल्पना, जो ऋग्वेद में भी विद्यमान है अतः इनका उल्लेख बहुवचन में भी होता है–वसवः। संपारण वसु या ढो कर लाया जा सकने वाला वसु वस्त्र के लिए प्रयुक्त नहीं होगा, खनिज द्रव्य के लिए होगा। सभी धातुओं का उल्लेख ऋग्वेद में हो या नहीं, यह उसके अध्येता का काम है कि वह भौतिक सीमाओं में यह निर्धारित करे कि वे आठ वसु या खनिज द्रव्य क्या रहे हो सकते हैं–(1) चाँदी, (2) सोने का उल्लेख है, (3) अयस् जो अब धातुपिंड या अयस्क के लिए रह गया है ताँबे के लिए प्रयोग में आता रहा है। (4) मणि, (5) रत्न, (6) कृशनम् या मोती, (7) संखिया और (8) गिलट जिसको ताँबे में मिलाकर काँसा बनाया जाता था, इन आठ का द्योतक मान लें तो कुछ गलत नहीं होगा। फिर भी इस पर विवाद हो सकता है कि क्या आठ वसुओं का ठीक इन्हीं से आशय रहा हो सकता है।

कोसंबी धन के बोधक जिन दो अन्य शब्दों का यहाँ उल्लेख करते हैं, वे हैं रयि, जिसका वह एक मौलिक अर्थ करते हैं। 'धन का पुराना अर्थ कीमती धातुएँ, और खुली लूट रहा हो सकता है और गोमत् को देखते हुए रयि तो निश्चित रूप से गोरू और घोड़े के लिए प्रयोग में आया है।'[32]

दुर्भाग्य से ये दोनों व्याख्याएँ कोसंबी के अज्ञान को नहीं प्रकट करतीं। धन का अर्थ 'बहुमूल्य धातुएँ' करते ही वह सामान्य लूट के लिए इसके प्रयोग से क्या सिद्ध करना चाहते थे और क्यों सिद्ध करना चाहते थे, इस पर टिप्पणी की आवश्यकता नहीं है, परंतु दोनों अर्थ गलत हैं यह तो उससे अधिक निश्चित है जितना रयि के सही अर्थ पर उनका विश्वास। आश्चर्य है कि उन्होंने धन का अर्थ धेनु क्यों नहीं किया जिसका प्रयोग ऋग्वेद में बार-बार हुआ है और जिसका धन से तिर्यक संबंध भी है। धन और खाद्य के जितने भी रूप हैं उनका प्राथमिक अर्थ जल रहा है। द्रव्य तो आज भी पदार्थमात्र के लिए प्रयोग में आता है। इसी तर्क से दूध भी धन है और दूध देने के कारण धेनु की भी यह संज्ञा है, धाना भी धन से ही व्युत्पन्न है। जिस योग्यता के कारण अग्नि और इंद्र को धनंजय कहा गया है वह जल बरसाने से संबंधित है। धनंजय का वही अर्थ है जो अब्जित का है। जलर्थक धन से ही धन्य शब्द निकला है, जिसका अर्थ तृप्त, तुष्ट और अर्घ्य आदि है। सभी धातुएँ गलाई जाती हैं और इस तरह द्रव अवस्था में आ जाती हैं अतः धातुज धन के लिए द्रविण, द्रव्य का भी प्रयोग चलता है और धन समस्त प्रकार के धनों का बोधक हो जाता है। अर्थविकास की यह प्रक्रिया ऋग्वेद के समय तक पूरी हो चुकी थी, इसलिए इनमें से अधिकांश का धन के सामान्य अर्थ में भी प्रयोग देखने में आता है। वे धनार्जन के लिए समुद्र पार के देशों की यात्राएँ करते थे (रयिं समुद्रात्...धत्तं पुरुस्पृहम्, 1.47.6; समुद्रस्य चिद् धनयंति पारे, 1.167.2) वे जलयानों से लाए जानेवाले प्रचुर धन (रयिं बहुलं संतरुत्रं, 3.1.190) के स्वामी हैं। बहुलं संतरुत्रं रयिं में, चाँदी रूपी रयि (चंद्रं

रयिं, 6.6.7) आदि से इनके अर्थ समझे जा सकते हैं।

कोसंबी जैसा कि हम देख आए हैं पणियों का संबंध पण से है जोड़ते हुए उन्हें वणिक सिद्ध करते हैं। यह विचार उनसे पहले कई लोगों का रहा है, परंतु वे इन्हें वैदिक समाज का अंग बताते रहे हैं। कोसंबी इन्हें दासों, और दस्युओं की तरह हड़प्पा का उत्तराधिकारी सिद्ध करते हैं।[33] उनकी समझ से वैश्यों को शूद्रों से ठीक ऊपर और सवर्णों में सबसे नीचे रखने का और कई बार वैश्यों के साथ शूद्रों जैसा व्यवहार करने का भी एक कारण यही है।[34]

अर्थव्यवस्था के प्रसंग में यहाँ तीन बातें प्रासंगिक हैं। (1) यदि पणि व्यापारी थे, तो पशुपालक नहीं हो सकते और इस तथ्य के बावजूद कि बनियों के कई 'गोत्र' गो-पूर्वपद वाले हैं (गोयल, गर्ग) और वैश्यों के कार्य में कृषि, वाणिज्य के साथ गोरक्षा भी सम्मिलित माना जाता रहा है। इसका यह अर्थ नहीं कि जो व्यापार करता था वही खेती भी करता था, अपितु यह कि व्यापार, खेती और पशुपालन करनेवालों को, अर्थात् संपदा के सभी पक्षों से सीधे जुड़े लोगों को वैश्य माना जाता था। व्यापार करनेवाला पशुधन का भी व्यापार कर सकता था और ऋग्वेद में इसके अनगिनत हवाले हैं; वह अनाज का भी व्यापार कर सकता था, किसान अपनी जरूरत के पशुओं का पालन करता ही रहा है, पशुचारण करनेवाले यदि मांसाहारी न हुए तो वे अपने बछड़ों को किसानों के हाथों बेच सकते थे, पर नियमित पशु व्यापारी नहीं हो सकते थे। परंतु एक ही व्यक्ति कृषि, गोपालन और व्यापार, ये तीनों काम नहीं कर सकता था। अतः व्यापार करनेवाले पशुपालन नहीं कर सकते थे। और सबसे बड़ी बात यह कि पणि तो पण या ठोस धातु के पणों के कारोबारी थे।

पशुपालन की यायावरी और पशुव्यापार की यात्रा में एक अंतर है। पहला चरागाह से चरागाह की ओर जाता है और दूसरा यातायात के मार्गों से होकर गुजरता है। कोसंबी ने पथ के पर्यायों, उनकी आवर्तिता, पशुओं के अथवा गाड़ियों के उन मार्गों से होकर गुजरने पर ध्यान नहीं दिया जिससे पता चल जाता कि यायावरी और परियात में अंतर क्या है। (2) यदि इस व्याख्या के अनुसार सिंधु सभ्यता में पशुपालक थे ही तो आक्रमणकारी पशुपालकों का चरागाहों के लिए उनसे संघर्ष होना चाहिए था न कि नगरों और नगरवासियों से। इस दशा में पणियों से जो उनकी व्याख्या के अनुसार व्यापारी थे, चरवाहों का कोई विरोध हो ही न सकता था। (3) पणियों के पास पण्यवस्तु है, यह हवाला तो नहीं आता, उनके पास चट्टानों में छिपी गायें अवश्य हैं और इस लाचारी में ही कोसंबी को ट्रेडर के साथ ही पशुपालक जोड़ना पड़ा क्योंकि गो के लिए पणियों से संघर्ष के संदर्भ को छोड़कर उनका कहीं उल्लेख नहीं आता। (4) कोसंबी ने गो के विविध अर्थों में से एक ही अर्थ लिया है। वे यथासंभव एक और केवल एक अर्थ करते हैं और इसी से सुनिश्चितता का दावा करते हैं। जहाँ भी पणियों का हवाला है, वहाँ हर बार चट्टानों को तोड़ कर गायों को निकालने का उल्लेख क्यों आता है? इसमें मुख्य भूमिका अंगिरसों की होती है जो, खनिकर्मी और धातुकर्मी हैं। बैताल की अवधारणा पर कोसंबी ने अनेक स्थलों

पर काफी लिखा है[35], परंतु यदि अंगिरा की परंपरागत व्याख्या, अंगिरा के कारनामे (अद्रिभेदन) और एक अंगिरा के लिए स्पष्टतः अयास्य विशेषण की ओर ध्यान दें तो स्पष्ट हो जाएगा कि भस्मासुर और अगियाबैताल के मिथक का आधार अंगिरा के विलक्षण कारनामे ही हैं।[36] श्मशान के पास जहाँ आग में नश्वर पदार्थ को भस्म करके आत्मा को उससे मुक्त किया जाता है, उसके पास उनकी प्रतिष्ठा होना स्वाभाविक ही है। वे अग्नि से जन्म लेने वाले आगरिया समुदाय के थे। अनार्यभाषी पृष्ठभूमि से आए खनिकर्मी। अब जिन गायों को वे चट्टानें तोड़कर निकालते हैं वे जव के दानों जैसे आकार की 'जैसे सूप में जव' (यवमिव स्थिविभ्यः) हैं, वे साधु, अर्य, अतिथिनी, गम्य, सुंदर रंग वाली, अनवद्य रूप हैं, जो चमक रही हैं, वे गायें हैं या गो का अर्थविस्तार, धन हैं। (5) अंतिम बात उन्होंने सरमा नाम की कुतिया पर तो विचार किया है[37], पर यह न देखा कि पणि इंद्र को नहीं जानते, कि सरमा कई नदियों को पार कर दुर्गम और बहुत-बहुत दूर (जगुरिः पराचै) क्षेत्र में बसे पणियों तक पहुँची थी, अर्थात् आर्य जिस क्षेत्र में हैं, पणियों का निवास या देश उससे बहुत दूर पर्वतीय क्षेत्र में है। यदि आर्य सिंधु क्षेत्र में हैं तो पणिगण कहाँ हो सकते हैं यह विचारणीय है। हमने उन्हें उत्तरी अफगानिस्तान के उत्तरी क्षेत्र का निवासी माना है।[38] कोसंबी के विवेचन की विशेषता यह है कि सरमा के अंत्याक्षर -मा को वह मातृत्व का प्रत्यय मानकर, उमा, रमा का उदाहरण देते हुए सुझाते हैं कि यह मातृदेवी है।[39] -मा से अंत होनेवाले दूसरे शब्द, अमा, समा, प्रमा, अर्यमा, अणिमा, गरिमा हैं। इनको भी मातृदेवियाँ ही होना चाहिए। कोसंबी की इस निराली सूझ से 'मा' तो मातृदेवी का द्योतक हुआ अतः नाम हुआ उ, र, आदि।

समुद्री व्यापार

ऋग्वेद में नौवहन और समुद्री व्यापार के इतने जीवंत वर्णन हैं जितने कृषि के भी नहीं हैं, गोचारण के तो हैं ही नहीं। परंतु कोसंबी इसका उल्लेख केवल एक बार, और वह भी कुछ इस तरह जैसे यह एक अनहोनी सी बात हो, करके उन व्यापारिक गतिविधियों से मुँह मोड़ लेते हैं।[40] लाचारी है। ईंट की चर्चा आने पर कहते हैं, घुमंतू चरवाहों को ईंट से क्या लेना। ऐसे ही प्रत्येक कठोर और अकाट्य प्रमाण को वह किनारे फेंकते चले जाते हैं पर एक बार भी यह नहीं सोचते कि कहीं वह खयाल ही तो गलत नहीं जिसका एक भी निर्णायक प्रमाण इतनी खोज के बाद भी नहीं तलाशा जा सका। तरणी का हवाला ऋग्वेद में 16 बार आया है, नौका का 51 बार, समुद्र का 142 बार। फिर भी कोसंबी का ध्यान इस ओर नहीं गया कि उनके आर्य नौकाओं का क्या उपयोग कर रहे थे। समुद्रगम्य नौकाओं का तो नाम उन्होंने ले भी लिया, नौवहन के इन विवरणों का हवाला तक नहीं। उनका ध्यान इस बात की ओर भी नहीं गया कि नदियों को वारिपथ के रूप में ही क्यों याद किया जा रहा है और उनके माध्यम से मालवहन कौन कर रहा है (प्र क्षोदसा धायसा सस्र एषा सरस्वती...रथ्येव याति, ऋ.7.95.1; प्र ते अरदत् वरुणः यातवे पथः सिंधुः यत् वाजाँ अभि अद्रवः त्वम् ।10.75.2)? सरस्वती के विषय में क्यों कहा जा

रहा है कि इसने इससे इतना लाभ मिला कि वह कभी खत्म न हो?[41]

वह वरुण को ग्रीक औरनॉस (ouranos) का प्रतिरूप मानते हैं, जो आकाश के देवता हैं, जो इंद्र की तुलना में अधिक क्षमाशील हैं, फिर मनुष्यों को एक बीमारी के द्वारा दंडित करते हैं और इंद्र ने इनसे ऊपर स्थान पा लिया था।[42] कालक्रम की कोई चिंता ही नहीं, वरुण के इतिहास पर भी कभी विचार न किया। सच्चाई यह है कि वरुण जल के पुराने देवता हैं जो नौवहन की उन्नति के साथ समुद्र और नौवहन के देवता बन गए हैं और उनको समुद्र यात्रा संबंधी सभी जानकारियाँ हैं।[43] एक स्थल पर यह कहा गया है कि उनकी नौका पर सवार होने पर झूला झूलने जैसा अनुभव होता है।[44] वे आज भी सिंधियों के सबसे प्रधान देवता हैं और उन्हें झूलेलाल के नाम से ही पुकारा जाता है। जिस बीमारी से वह दंडित करते हैं वह जलोदर है जो नौचालकों को अधिक होता है। इसी बीमारी से ग्रस्त होने के बाद प्रायश्चित रूप में की जानेवाली नरबलि से शुनःशेप का प्रसंग जुड़ा हुआ है जिस पर ऋग्वेद के प्रथम मंडल के 24-30 तक सात सूक्तों की रचना हुई है और ऐतरेय ब्राह्मण (ऐतरेय ब्रा. 7.13.18) में इसकी व्याख्या की गई है। इनसे कोसंबी अवगत हैं और इसकी व्याख्या करने का प्रयत्न भी करते हैं परंतु इकहरे रूप में।[45] प्राचीन विश्वास के अनुसार समुद्र धरती पर ही नहीं आकाश में भी है। अतः उनका शासन आकाश पर भी चलता है।[46] संभवतः वह उसी आकाशीय समुद्र से नीचे की ओर यह देखते हुए चलते हैं कि कौन सत्य पर चल रहा है कौन अनृत का सहारा ले रहा है।[47]

नारायण की व्याख्या करते हुए वह कहते हैं कि इसमें प्रयुक्त 'ना' और 'रा' आर्येतर पद हैं। इनका इतिहास संभवतः सिंधु सभ्यता तक जाता है। नारायण की अवधारणा और यह शब्द संस्कृत में बाद में प्रकट होता है जिससे प्रतीत होता है कि इन जनों का समाज में शांतिपूर्वक अंतर्विलय हो गया था।[48] यह बहुत महत्त्वपूर्ण सिद्धांत निरूपण है। इसे लागू करें तो पाएँगे इंद्र 'आर्यों' के देवता हैं और रुद्र शिव आर्येतर देवता हैं। 'विजेताओं' ने उनको ऋग्वेद के समय में ही इंद्र से भी ऊपर स्थान देते हुए महेंद्र, ज्येष्ठ और श्रेष्ठ कैसे मान लिया गया? वरुण अनार्य देवता हैं परंतु उनका साम्राज्य, उनका प्रताप, उनका दंडविधान आर्यसमाज पर कैसे लागू किया जाने लगा? 'आर्यों' के परम देव अग्नि राजा हैं, परंतु वरुण सम्राट हैं। उन्हीं के साम्राज्य में सभी हैं—साम्राज्यं वरुणस्य। उनको इंद्र के साथ इंद्रावरुण, मित्र के साथ मित्रावरुण संयुक्त करते हुए अपनत्व कैसे प्रकट किया जा सकता है? निश्चय ही यह एक शांतिपूर्ण प्रक्रिया सहयोगी भावना का प्रमाण है। कोसंबी अपने ही सिद्धांत को निष्पक्ष होकर अमल में लाते तो आर्य आक्रमण की कहानी की निस्सारता का एक और प्रमाण मिल जाता।

हड़प्पा सभ्यता के संदर्भ में वह वृषभ, हाथी, गैंडे, भेड़े, भैंसे, आदि के हवाले देते हैं[49], परंतु उनके ऋग्वैदिक विवेचन में गोरू छोड़कर किसी पशु का उल्लेख नहीं आता जबकि वे सभी पशु, यहाँ तक कि दैवी प्रतीक और बहुमिश्र अंकन तक ठीक उसी रूप में उपलब्ध हैं जैसे हड़प्पा की मुहरों पर मिलते हैं। वह बताते हैं कि भैंस से वैदिक समाज

अपरिचित था जबकि हड़प्पा के लोग परिचित थे, यद्यपि ऐसा नहीं लगता कि इसे पालतू बनाया गया था, क्योंकि एक मुहर पर एक भैंसे को अपने सींग पर एक या एकाधिक शिकारियों को उठा कर झटकते दिखाया गया है। जाहिर है वह मुहरों पर अंकित पशुओं के प्रतीक विधान को समझ नहीं सके हैं। परंतु हम यहाँ ऋग्वैदिक समाज की चर्चा कर रहे हैं इसलिए केवल यही शिकायत कर सकते हैं कि इनका उल्लेख वैदिक संदर्भ में किया जाना उस असंतुलन को दूर करने के लिए जरूरी था जिसमें वैदिक समाज को केवल गोप्रजाति और गोधन से परिचित दिखाकर उन्हें गोपालक बताया जाता रहा। वे अज, अवि, और गाय का पालन करते थे और हिरन, सूअर, भैंस(यदि प्रवृद्ध सत्पते सहस्रं महिषाँ अघः, 8.12.8; सोमं सुतं महिषेवाव गच्छथः ।8.35.7), गधा, गैंडा, अश्व (जंगली गधा), हाथी, ऊँट से परिचित थे और अंतिम तीन का अपने परिवहन में प्रयोग करते थे।

दासराज्ञ प्रकरण

सातवें मंडल के अठारहवें सूक्त में दासराज्ञ युद्ध का हवाला है। यह युद्ध हो नहीं पाया था, इसका संकेत एक अन्य सूक्त में है, जहाँ कहा गया है कि दस राजा युद्ध के लिए एकत्र हुए थे, लेकिन इंद्र और वरुण की कृपा से वे सुदास से युद्ध नहीं कर सके।[50] हुआ यह था कि रावी में आकस्मिक बाढ़ आने के कारण सुदास के शत्रु नदी में बह गए थे और सुदास बच गए थे। साथ ही शत्रुओं का माल-मता भी सुदास के हाथ लग गया था और इस घटना के बाद उनका प्रभाव बहुत अधिक बढ़ गया था। वसिष्ठ ने इस चमत्कारी घटना का श्रेय लेते हुए समझाया था कि उन्होंने इंद्र की स्तुति की और उसके कारण ही ऐसा हो पाया।[51] उक्त सूक्त की आठवीं ऋचा में आया है—दुराध्यः अदितिं स्रेवयंतो अचेतसः विजगृभे परुष्णीम्॥ इसका सायण ने जो भाष्य किया है और ग्रिफिथ ने जिस रूप में अनुवाद किया है, वह संतोषजनक नहीं माना जा सकता। 'बेवकूफों ने अपनी नासमझी से उसके जल को बर्बाद करने के लिए अजस्रा परुष्णी को दो भागों में बाँट दिया (fools, in their folly wain to waste her waters, they parted inexhaustible Parushni)। इसकी पाद टिप्पणी में वह कहते हैं: 'उस संघ से जुड़े दूसरे जो सुदास और त्रित्सुओं पर आक्रमण करने के इरादे से नदी के दूसरे तट पर थे, लगता है उन्होंने नदी को काटकर एक अलग धारा इस आशा में निकाल ली कि इससे नदी का पानी दूसरी दिशा में मुड़ जाएगा और इस तरह वे नदी को पार कर पाएँगे जो, लगता है, उलट कर अपनी पुरानी पेटी में वेग से प्रवाहित हुई और उन लोगों को डुबा दिया जो नदी पार कर रहे थे।[52]

ग्रिफिथ ने असमंजस की स्थिति में ऐसी अनेक अटकलबाजियाँ की हैं और इनमें सायण का सहारा लिया है। सायण के सामने चरवाही करनेवाले आर्य नहीं थे। ग्रिफिथ के सामने हड़प्पा का पुरातत्त्व न था। होता तो भी उसका वह कोई लाभ उठा पाते ऐसा नहीं लगता, अन्यथा गेल्डनर तो उससे बच ही पाए होते। प्रश्न यह था कि यदि बाँध तोड़ या बाँध कर या किसी रूप में जलधारा को मोड़ने की समस्या थी तो इस प्रयास

का विरोध कौन कर रहा था। सुदास इस तर्क से हड़प्पा के हितों से जुड़ा था या नहीं? उसके शत्रु जिनमें कुछ आर्येतर थे, इस धारा को मोड़ने का प्रयत्न कर रहे थे। वे हड़प्पा के हितों के विपरीत आचरण कर रहे थे? परंतु इन अटकलबाजियों को छोड़ दें तो क्या रावी की धारा को रोकने या मोड़ने के लिए अपेक्षित इंजीनियरी उस काल में विकसित हो पाई थी। यदि हो पाई थी तो भी पानी के बँटवारे की समस्या किसानों की है अथवा चरवाहों की? पानी तक खेत चलकर नहीं आ सकते, अतः पानी को उनके पास लाना पड़ता है। जानवर स्वतः पानी तक पहुँच सकते हैं इसलिए उनके लिए किसी धारा को मोड़ने, बाँटने या इसका विरोध करने का कोई प्रश्न ही नहीं उठता।

वास्तविकता यह है कि कोसंबी वैदिक संस्कृति के विकासक्रम को समझने में असमर्थ रहे हैं। विविध जनों के खेतिहर समाज में आकर मिलने की जिस प्रक्रिया को वह बाद के कालों में देख पाते हैं, उसे वैदिक काल में भी लक्ष्य करते हैं परंतु इन विविध लक्षणों को एकस्यूत करते हुए यह नहीं स्वीकार करते कि यह प्रक्रिया बहुत प्राचीन काल से चली आ रही थी, जबकि सिद्धांततः इसे मानते हैं।[53]

इन विविध सीमाओं के कारण कोसंबी ने आर्यों की संस्कृति तक की बात नहीं की है। उनका अधिकांश विवेचन उनको एक जाति सिद्ध करने तक सीमित था।[54] उनके जीवन स्तर या जीवनशैली पर ऋग्वेद के माध्यम से चर्चा न करके उस चरण की पाश्चात्य बर्बरता को आर्यों के संदर्भ में दुहराने, हड़प्पा सभ्यता के विनाश के लिए उनको उत्तरदायी मानकर उन्हें कोसने और उनकी वास्तविक उपलब्धियों को कुतर्क और अर्धसत्यों से नकारने और जहाँ नकारना संभव नहीं वहाँ इसका श्रेय किसी अन्य सभ्यता को देने का प्रयत्न उनकी ज्ञानव्यवस्था की गड़बड़ी का परिणाम है।

सन्दर्भ सूची

1. The society described above can hardly be called civilised. The Culture, 88.
2. Indra, who resembles a human war leader of just such violent, patriarchal, bronze-age barbarians as the Aryans of the first wave patently were… Culture,78
3. An excellent description of Aryans in the Ṛgvedic stage is to be found in the *Germānia* of Tacitus, apart from the Aryan language and perhaps some common deities such as Nerthus (Vedic Nirrti), whom the Germani equated with Mother Earth. Human and animal sacrifices were common, war the main tribal business. Lands were allotted to groups in rotation, and within the groups by rank; but ploughing them was a tribulation that few of the men cared to-undergo. Agriculture was so crude in any case that plough-lands had to be changed every year. The chiefs received their taxes in the form of voluntary but regular gifts. The companions of the chief (an elective office), selected for valour, were prodigal in their demands, which were always generously met by the tribal -leader. Hospitality was an obli-gation satisfied to the last scrap of food, after which both host and guest went off to find someone else with surplus to share. Drinking and dicing were astoundingly prevalent, yet without the systematic debauch and licence fashionable in high Roman society. *Intro.* 111-12

4. By contrast. the Yajurvedic stage seems nearer to that of Caesar's Gauls who were Aryans too, softened from a recent martial past. They had developed settled agriculture, some trade and a strong class-structure within the tribe. "The common people are treated almost as slaves, never venture to act on their own initiative. and are not consulted on any sub-ject. Most of them, crushed by debt or heavy taxation or the oppression of more powerful persons. bind themselves to .serve men of rank. . ." This describes the Yaiurvedic *viś* settlers, except that the existence of the sti1l lower *Śūdra* made the posi-tion of .the *vaiśya* easier. The two priviledged classes of Druids and Knights correspond exactly to brahmin and *kṣatriya.* The former had their groves for instrnction in ritual, and refused to commit scriptures to writing. They were exempt from military service as well as taxation. The sacrifices were under their control. Exclusion from sacrifice was the heaviest punishment that could be meted out to any Gaul; as in India, it would presumably amount to casting out from the community.
5. भगवान सिंह : अप्रैल, 2009 आर्षत्वात् साधुः, नया ज्ञानोदय, अंक 74
6. the priest class of the Aryan conquerors was largely recruited from the conquered. Early Stages of the Caste System in Northern India, 192; There is good reason' to believe that the first brahmins were a result of interaction between the Aryan Priesthood and the ritually superior priesthood of the Indus culture. Introduction,102;
7. the only caste difference in the earliest Veda was of colour between light-skinned Aryans and their darker enemies. The Culture, 82
8. The latest analyses claim to have proved what was an old contention: that the Gond language (and perhaps those of some of our other primitive tribes) belongs to the Finno-Ugrian group. But it would be laughable to think of those dark, slim and physically under developed savages as of the same stock as the Finns and the Basques. Race and Immunity in India 769
9. भगवान सिंह : 1995 The Vedic Harappans,Aditya Prakashan, New Delhi
10. राम को इस बात से आश्वस्त करते हुए कि वह सीता को खोज निकालेंगे सुग्रीव लुप्त वेद और श्रुति के उद्धार की उपमा देते हैं, ' भार्यावियोगजं दुःखं नचिरात्वं विमोक्ष्यसे। अहं तामानयिष्यामि नष्टां वेदश्रुतीमिव। 4.6.5
11. The vedas (particularly the RV) were preserved intact without change, by a most rigid discipline which we know from the practice of the later priest-class, the brahmins. 86
12. Perhaps the most imprtant of these common myths which may be collated with the seals is that of Indra's decapitation of the three-headed son of Tvaṣṭṛ. The feat is described in *RV.* 10.8 by the 'son' himself, though he is supposed to have been killed. ...His 'killing' left an indelible mark upon brahmin myth, as the first case of a king's decapitation of his own fire-priest, a dangerous precedent. The three heads became three varieties of partridges, of which at least two have left brahmin clan-names behind them. This legend[4] gains in significance with the discovery of a *three-afced* god on Indus seals (fig. 18) ; the three afces make it is certain that he is a lunar deity like the later Śiva who bears the crescent moon as his crest. Remarkably. enough, the myth occurs also in the Avestā, though Indra drops out, as transformed into a demon *(daevā,* earlier, god) by the Zoroastrian reform and mentioned as a demon elsewhere by the Avestā. The three--headed opponent

beheaded there is Azi Dahaka, the Zohāk of the *Shah Nameh.....Introduction.* p.90 और आगे।

13. This is only one of the many features of the Ṛgveda which lead us to believe that there was assimilation both of extra-Indian and of Indic pre-Aryan material, hence of people as well. Intro.,91
14. The same word was transferred as verethraghna in Iranian to the supreme Zoroastrian god of light Ahuramazda.Culture, 79
15. There is some connection between the Agastya clan and Aryan pene-tration south of the Vindhyas, but this still belongs to the realm of myth, tempting though it may be to relate it to the southern megaliths. The megaliths at Brahmagiri in Mysore state are related to the ash mounds left by neolithic cattle-keepers in Raichūr district. The stone tools and the pottery sequences prove this. The ash mounds are dated by radiocarbon to a little before the end of the third millennium. Their grey ware as well as the occasional piece of bronze found with pottery of a different type in sporadic second-millennium deposits on the Narmada have led some antiquarians to suggest Iranian contacts. If so, the mechanism of this early diffusion remains a puzzle. Was there a peaceful wave of 'proto-Aryans' which percolated through the Indus region when the urban culture was at its zenith? *Culture*, p. 90-91
16. The historical value of the Veda is rather small in comparison that of the Old Testament of the Bible was always presented as history by people who retained contact with their particular land. The archaeology of Palestine, much more advanced and more scientifically conducted than in India, provides ample confirmation of many Biblical events. Cutlure, 78
17. The Aryans, on the other hand, were always on the move. The names of rivers and mountains often travelled with them. The Sarasvati river, sacred in the Vedas, was once the Helmand in Afghanistan (Harahvaiti in old Persian, Araqatti in Assyrian); then a river in the eastern Panjab which dried up after the Rigveda, probably by the first millennium. Ibid, 78
18. Taking the Rigveda as it stands, for lack of anything better, we have at least confirmation of the negative action, the ruin of the Indus cities. Ibid, 78
19. The pre-Aryans did have many stockades and fortified places, some seasonal (for the autumn'), others strong enough to be called 'brazen'.
20. Only when the irrigation system was allowed to afll into disrepair did the civilisation ultimately collapse with reversion of food-producing land to desert.P.71
21. सुदासे दस्रा वसु बिभ्रता रथे पृक्षो वहतमश्विना। रयिं समुद्रादुत वा दिवस्पर्यस्मे धत्तं पुरुस्पृहम्॥ 1.47.6;आ न उप वसुमता रथेन गिरो जुषाणा सुविताय यातम्। 1.118.10;आ न उप वसुमता रथेन गिरो जुषाणा सुविताय यातम्। 1.118.10; आ नः रत्नानि बिभ्रतावश्विना गच्छतं युवम्। 5. 75.3, आदि।
22. माता रुद्राणां दुहिता वसूनां स्वसादित्यानाममृतस्य नाभिः।
    प्र नु वोचं चिकितुषे जनाय मा गामनागामदितिं वधिष्ट, ऋ.8.101.15
23. The *Ṛgveda* refers several times to the 'Five Tribes' (as *janāh* in *RV.* 3.37.9; 3.59.8; 7.11.4; 8.32.22; 9.65.23; 9.92.3; 10.45.6; 10.53.4-5 and *jātāh in6.61.12).* The 'Five Humans' *(mānuṣāh) occur in RV.* 8.9.2, 'Five Nations' *(kṛṣtayah)* in *RV.* 3.2.10; 3.53.16 and 'Five Mobile Peoples' *(carṣaṇyah)* are cited *in RV.* 5.86.2; 7.15.2; 9.10.9. The last two designa-tions may be traced to the same root *kṛṣ,* to

haul or drag, which is closely associated with ploughing in later Sanskrit. 'The Vedic 'five Tribes', *Journal of the American Oriental Society,* vol. 87, no. I (1967), pp. 33-9

24. The Five are nowhere explicitly named in any early source. However, a set of five tribal names occurs in just one place, *RV.* 1.108.8: Yadu, Turvasa, Anu, Druhyu, Pūru. Each of these is mentioned separately in other *Ṛgvedic* hymns.
25. भूमि (उर्वरा, ऋ.2.21.1; 4.41.6; 6.25.4; 8.21.3; 8.91.6;10.142.3), अन्न (सूक्त 1.187; 3.36.8; 4.12.1; 7.91.3; 10.29.4 आदि), पशुधन, वस्त्र (1.26.1; 1.134.4;1.140.1;1.152. 1;2.14.3 आदि), सोना (हिरण्य, 1.33.8;1.117.12;1.122.14; 1.162.16;4.32.19), चाँदी (चंद्रम्, ऋ. 1.135.4;3.50.4;5.42.3;5.57.7;6.6.7;7.100.2 आदि), मणि (1.33.8;1.122.14;), रत्न (1.1.1; 15.3; 20.1; 7;1.164.49;3.62.4 आदि), ताँबा (राध, 1.135.4;3.30.20;5.57.7; 3.50.4 आदि)। इनमें जहाँ तक राध का प्रश्न है, यह स्पष्ट नहीं है कि यह धन के सामान्य अर्थ में प्रयोग में आ रहा है या धातुपिंड के रूप में। रत्न समुद्र से निकले मूल्यवान वस्तुओं और चट्टानों से मिलने वाले रत्नों दोनों के लिए प्रयोग में आता रहा है। अतः इसमें शंख, कपर्द, मोती सभी की गणना हो सकती है, नीलम, लाल आदि के लिए तो हो ही सकता है। अनेक स्थलों पर काम्य वस्तु के लिए भी इसका प्रयोग हुआ परंतु हमने ऐसे स्थलों को छोड़ दिया है।
26. Their main source of food and measure of wealth was cattle, which they pastured across vast stretches of the continent. Culture, 76
27. शतं राज्ञो नाधमानस्य निष्कान् छतमश्वान्प्रयतान् त्सद्य आदम्। 1.126.2; दशाश्वा न् दश कोशा न् दश वस्त्राधिभोजना। दशो हिरण्यपिण्डान् दिवोदासादसानिषम्॥ 6.47.23
28. the Hariyūpiya of *RV.* 6.27.5 was once identified not with the city of Harappa but with the Haliāb or Ariob river, a tributary of the Kurum, the whole battle being laid in Afghanistan. *Introduction,* p.86.
29. We are now in a position to understand why in x.95.4 arvaśi claimed (as an Uṣas) to have given clothing and food to her father-in-law. That is, though she had a dread ritual to perform as *viduṣi* in x. 95 .11, she was initiated into certain arts as well which had been the prerogative, of her sex, and weaving was one of them. Thus the Sāyaṇa gloss *vasu=vāsakmn,* clothing, is quite correct.. *Myth,* 70
30. vasu, I take it, meant primarily wealth manuafctured and worn, like clothing. ogh]
31. The word later comes to mean wealth in general, and the Brahmanical renaissance with its spicing and embalming of the Sanskrit language makes this synonymous with all other forms of wealth. वही,
32. dhana would indicate precious metals, loot in general; Rayi must have originally denoted wealth in cattle and horses, seeing that gomat is used as its adjective so often. वही,
33. The *Dasyus* or *Dāsas* later to mean' conquered people,' and *paṇi,* which means 'trader,' as do its descendants, *vaṇik,* and the modern *baniyāh; paṇa* means coin in classical Sanskrit, *paṇya* is "commodity." Presumably, these are two major classes of the Indus valley people. *Intro.*, p.72
34. The *vaisya* (settler husbandman) and the *Śūdra* (helots), are to be exploited for advantage of the ruling warrior caste, the *Kṣatriya* ‹with the brahmin priest's help.*Intro.*, p.100
35. *Myth* , p.89-91; 136-37; *Intro.* 31, 35-37; *Culture* , 22, 47, 48, 49, 170 etc.
36. भगवान सिंह : स्मासुर और भारतीय संस्कृति, नया ज्ञानोदय (53), जुलाई, 2007
37. Myth , p.54, 61-62; Intro. 92, ; Culture 80.
38. हड़प्पा सभ्यता और वैदिक साहित्य, खंड 1, पृ.221-27; 230-31 देखें नया ज्ञानोदय।

39. In *RV.* 10.108, we have a afmous though late dialogue in which the goddess Saramā appears as messenger of Indra to the paṇis. She is a canine female deity, but the termination *-mā* shows that she was a mother goddess, like the later *Umā, Ramā,* () and others. Her demand, or rather Indra's, is for cattle from the paṇis. *Intro.* 92.
40. even the Ṛgveda, which deals primarily with the upper Punjab, speaks occasionally of ships (with as many as a hundred oars) being driven three days distance from nearest land *(RV.* 1.116.4-5). *Intro.*, p.84
41. इयं अददात् रभसं ऋणच्युतं दिवोदासं वध्य्रश्वाय दाशुषे। ऋ. 6.61.1
42. A god he superseded was Varuna the Greek ouranos, a sky deity of more benign aspect but able to strike mortals down with some disease in punishment. Introduction, 87
43. वेद नावः समुद्रियः, 1.25.7; वेद वातस्य वर्तनिमुरोर्ऋष्वस्य बृहतः। वेदा ये अध्यासते, 1.25.9;न यं दिप्संति दिप्सवो न द्रुह्वाणो जनानाम्। न देवमभिमातयः, 1.25.14;
44. आ यद् रुहाव वरुणश्च नावं प्र यत्समुद्रमीरयाव मध्यम्। अधि यदपां स्नुभिश्चराव प्र प्रेङ्ख ईङ्खयावहै शुभे कम्, 7.88.3
45. *On the Origin of Brahmin Gotras, Combined Method., p.114-15*
46. अमी य ऋक्षा निहितास उच्चा नक्तं ददृश्रे कुहचित् दिवेयुः। अदब्धानि वरुणस्य व्रतानि विचाकशच्चंद्रमा नक्तमेति, 1.24.10;
47. ...समुद्रार्था याः शुचयः पावकास्ता आपो देवीरिह मामवंतु, 7.49.2
यासां राजा वरुणो याति मध्ये सत्यानृते अवपश्यञ्जनानाम्।...7.49.3
48. The word *nā rā* (plural for 'the waters' is not Indo-Aryan. Both the word and the god might conceivably go back to the Indus Valley. The later appearance in Sanskrit only means that the peaceful assimilation of, the people who transmitted the legend was late. *Myth and Reality*, 21; The point is that leaving tribal life for agriculture would mean a great increase of population. If the change were peaceful, the old gods in the agreed cult-spots would still be remembered and worshipped at the great annual festivals, though every village has its red-daubed stones for normal cult purposes. Intro. 47
49. The Indus seals portray two types of cattle, the fine humpbacked 'afta characteristically Indian 'zebu' specimens as well as a flat backed urus type now extinct in India. The rhinoceros, elephant, ram, and many composite animals partly one or the other are shown too. The argument that the region had more rain and that many wild arumals then moved about is not valid. The, rhinoceros was known and hunted in the Panjab even in the sixteenth century. The Himalayan elephant became extint in feudal times. But the first was of no importance in the Indus economy and the second probably had not been tamed. The water-bufaflo, now so common in India, occurs only on a few seals; it is shown on one seal tossing one or more hunters, so was probably not tamed at the time. The seals, however, had a different purpose rom e portrayal of animal life or life in general of their day. One has a three-afced god surrounded by animals, a prototype of the later Siva, lord of beasts (pasupati). The Culture , 60.
50. दश राजानः समिता युयुत्सवः सुदास इंद्रावरुणा न युयुधुः, ऋ. 7.83.7
51. वसिष्ठस्य स्तुवत इंद्रो अश्रोदुरुं तृत्सुभ्यो अकृणोदु लोकम् ऋ. 7.33.5; देखें 7.60.9 भी।
52. दुराध्यः(दुष्टाभिसंधयः) अदितिं(अदीनां) स्रेवयंतः अचेतसः(मंदमतयः) विजगृभ्रे (विग्रहः कूलभेदः, तमकुर्वन्, परुष्ण्याकूलं विभिदुः) परुष्णीम्। मह्ना(इंद्रप्रसादलब्धेन महिम्ना) अविव्यक्(तदैव व्याप्नोत्) पृथिवीं पत्यमानः(पलायमानः) पशुः(यागे संज्ञप्तः पशुरिव) कविः(कविनामा) अशयत् (अशेत,

सुदासा निहत) चायमानः(चयमानस्य पुत्रः)॥ 7.18.8 पर सायण।
"Fools, in their folly afin to waste her waters, they parted inexhaustible Parusni. Lord of the Earth, he with his might repressed them: still lay the herd and the affrighted herdsman."Griffith

52. "The confederate who were on the other or right bank of Parushni, intending to attack sudas and the Tritsus, appear to have made the river fordable by digging channels and so diverting the water, which, it seems rushed back into the natural bed, and drowned the men who were crossing the stream..."
53. These examples show that acculturation in India was a continuous process extending over the millennia, very difficult to date fot that very reason. It was not at base a violent action, since both the more advanced and the less advanced elements in the formation of a new society borrowed from each other. Intro. 50
54. The, Aryan kinship terminology is startlingly uniform. Father, mother, brother, father-in-law, widow, etc., are named by very similar words in the lan-guages mentioned. We might conclude that the original social organisation was the same and that the people were really one. Culture, 75

सत्रह

हड़प्पा सभ्यता

कोसंबी के समय तक हड़प्पा सभ्यता पर अधिकांश काम सिंधु घाटी क्षेत्र में ही हुआ था। उस समय इसे सिंधु सभ्यता कहा जाता था। आज भी कुछ लोग इसी संज्ञा का प्रयोग करते हैं, परंतु आगे चलकर इसके विस्तार को देखते हुए उस स्थल के नाम पर इसे हड़प्पा सभ्यता कहा जाने लगा जिसका पता सबसे पहले चला था। हमने इसी का प्रयोग किया है। स्वतंत्रता के बाद की खोजों, पड़तालों और खुदाइयों से अब इन स्थलों की संख्या में अपार वृद्धि हुई है। कोसंबी इस सभ्यता का विवेचन करते हुए लगातार पश्चिम एशिया के हवाले देते चलते हैं। इन हवालों की सबसे रोचक बात यह है कि पश्चिमी सभ्यताओं के वैशिष्ट्य यदि भारतीय पक्ष में नहीं मिलते तो उनका आरोपण करते हुए अपने मनोगत को वस्तुगत बनाने के लिए जो सिद्धांत-निरूपण करते हैं, उसमें तथ्यगत चूक सैद्धांतिक विक्षेप में बदल जाती है। इन दोनों कारणों से विषयांतर विषय पर भारी पड़ता है। विचलनों का अनुपात इतना अधिक है कि भारतीय संस्कृति और सभ्यता पर उनकी पुस्तक में इस पर केंद्रित 18 पन्नों के अध्याय में लगभग एक तिहाई स्थान ही इसकी अंतर्वस्तु को मिल पाया होगा और उसका भी बड़ा अंश तथ्यगत न होकर उद्भावनापरक है।

नगर सभ्यता का उदय

हड़प्पा सभ्यता कई संस्कृतियों के समन्वय और पारस्परिक निकटता का परिणाम है और इसका नागर पक्ष लगभग एक चमत्कार के रूप में प्रकट होता है। अपनी पूर्णता से आरंभ होनेवाली इस सभ्यता की जड़ें आज भी एक रहस्य बनी हुई हैं। अतः पाश्चात्य विद्वान, कई बहानों से, दबे स्वर में, संकेत देते रहे हैं कि इस सभ्यता को पश्चिम एशियाई सभ्यताओं ने प्रेरित किया होगा। यही कारण है कि वे इसके नागर चरण की विकास-प्रक्रिया को अधिक से अधिक दो तीन सौ सालों के भीतर घटित मानते हैं, यद्यपि इसकी देशज जड़ें इसके उदय से चार हजार साल पीछे तक जाती हैं और उससे भी पीछे के कई हजार साल के विकास का कुछ ढीला-ढाला चित्र अन्य स्रोतों के सहारे तैयार किया जा सकता है।[1]

हड़प्पा सभ्यता को ऋग्वेद की सहायता के बिना नहीं समझा जा सकता। इसकी मुद्राओं का वाचन हो जाए तो भी। सच तो यह है कि वैदिक स्रोतों की नासमझी ही

विश्वसभ्यता की भी नासमझी के रूप में व्यक्त होती है। सुमेरी सभ्यता कहाँ से खाड़ी क्षेत्र में पहुँची थी, मिस्री सभ्यता के निर्माण और विकास में इसकी क्या भूमिका थी और खाड़ी क्षेत्र की बाद की सभ्यताओं को इसने कितना प्रभावित किया, हित्ती, मितन्नी, कस्सी और अशुर कहाँ से पश्चिम एशियाई रंगभूमि पर उपस्थित हो जाते हैं, यह किसी को पता नहीं। सब कुछ इतने नाटकीय रूप में सामने आता है जैसे एक परदा हो और अभिनेता उसके पीछे से अपनी भूमिका के साथ मंच पर आ पहुँचते हों और इस तरह पटाक्षेप और दृश्यांतर होता जाता हो। उपेक्षा और उसी के अनुपात में नासमझी इतनी प्रबल है कि अधिकांश लोगों को इस सुझाव पर हँसी आ सकती है कि वैदिक सभ्यता की जड़ों को समझने पर विश्व सभ्यता का इतिहास समझ में आ जाएगा। अपने आर्यवादी दुराग्रहों के कारण, कोसंबी दोनों में विरोध तो देख सकते थे, परंतु सायुज्य नहीं।

ह्वीलर ने केवल विचारों को पंख लगा कर यह संकेत किया था कि भारत को नगर सभ्यता की प्रेरणा पश्चिम एशिया की नगर सभ्यताओं से मिली होगी। कोसंबी उससे आगे बढ़ कर बताते हैं कि हड़प्पा सभ्यता के निर्माता आक्रमणकारी थे। किस पर आक्रमण किया था, यह पता नहीं, परंतु इसका कुछ अनुमान लगाया जा सकता है। यत्र तत्र नगण्य संख्या में बिखरे हुए हैवानों पर।[2] सावधानी के लिए वह सुझाते हैं कि वे बड़ी संख्या में नहीं आए थे, क्योंकि इसे किसी अन्य नागर संस्कृति से, जैसे सुमेरिया से, उधार नहीं लिया गया है।[3]

इसके चरित्र से लेकर इसकी बुनावट तक को वह बहुत धुँधले रूप में ही समझ सके हैं इसलिए अंतर्विरोधी बातें करने लगते हैं। उदाहरण के लिए भारत में ''प्राचीनतम प्रगतिशील चरण, जिसके विषय में हमें कोई साक्ष्य प्राप्त है, वह हड़प्पा संस्कृति का है।''[4] परंतु 'अपने जीवन में पूरे हजार साल के दौर में इसमें कोई परिवर्तन हुआ ही नहीं, यह ठहराव की अवस्था में पड़ी रही।'[5] ठहराव का चरण प्रगतिशील चरण कैसे हुआ? प्रगतिशील चरण तो ओझल है।

सिंधु और उसकी सहायिकाओं के तट पर नगर बस्तियाँ परिपक्व चरण पर आरंभ होती हैं। इनके आर्थिक आधार, तकनीकी कौशल, सामाजिक गठन, और मूल्यव्यवस्था का विकास कहीं अन्यत्र हुआ, इसमें कोई दुविधा नहीं। परंतु उतना ही सुनिश्चित यह भी है कि यह परिघटना भारतीय भूभाग की ही है। कोसंबी के अनुसार भी यह उत्तर से दक्षिण एक हजार मील में फैली हुई थी और पूर्व से पश्चिम का इसका प्रसार भी लगभग इतना ही था।[6] अतः यहाँ कुछ लोगों को चुपके से घुसाने से काम नहीं चलेगा। सभ्यता के पूरे प्रसार क्षेत्र में ऊपरी समानता के नीचे सांस्कृतिक भिन्नताएँ ऐसी हैं कि यदि आक्रमण कराए बिना काम न चले तो किसी एक आक्रमण से या किसी एक सांस्कृतिक क्षेत्र से होनेवाले आक्रमणों से काम नहीं चलेगा। बहुत सारे आक्रमण कराने होंगे, परंतु सबसे पहले उस क्षेत्र या क्षेत्रों की तलाश करनी होगी, जो उन सभी अपेक्षाओं की पूर्ति करता हो या करते हों।

कोसंबी पश्चिम एशिया से अपनी तुलनाओं में जिस नतीजे पर पहुँचते हैं वह भी खासा अटपटा है। भवनों की ऊँचाई के लिए प्रयुक्त विशेषणों को वह बिना पड़ताल के अभिधा में ग्रहण कर लेते हैं। गगनचुंबी का अर्थ सचमुच गगनचुंबी तो नहीं होता, जबकि कवियों के वर्णन में ये इतने ऊँचे होते थे कि सूर्य के मार्ग में रुकावट पड़ जाती थी-अभ्रंलिहाग्रान् रविमार्गभंगान्। कविकल्पना लोकविश्वास में भी बदल जाती थी। इसी तरह जिग्गुरात का अर्थ यदि पहाड़ होता भी, तो इससे इतना अधिक अर्थ दोहन करना कि सुमेर के लोग मूलतः किसी पहाड़ के रहनेवाले थे और इसलिए उन्होंने अपने प्रमुख देवमंदिरों को पहाड़ जैसा बनाया, मनोगत को वस्तुगत में बदलने जैसा है।[7] वास्तविकता यह है कि कुछ बाद में बननेवाले कालजयी पिरामिडों से पहले ये मूलतः बाढ़जयी निर्माण थे।[8] मंदिरों के पुजारियों की शक्ति और आतंक की वृद्धि के साथ देवताओं को स्वर्ग के निकटतम पहुँचाने की कोशिश में इनकी ऊँचाई बढ़ती चली गई थी।

सुमेरी सभ्यता सभ्यता की सभी योग्यताओं से लैस होकर इराक के दक्षिणी भूभाग में पहुँची थी। हड़प्पा सभ्यता अपने चरम उत्कर्ष पर पहुँचने के बाद किसी अपरिहार्य कारण से खिसक कर सिंधु घाटी में पहुँची थी। आपदा का स्वरूप और आयाम जो भी रहा हो, परंतु यह किसी ऐसी नदी से अवश्य जुड़ा था जिसमें भयानक बाढ़ आ जाया करती थी। विशेषज्ञों के अनुसार मोहेंजोदाड़ो को बसाने से पहले लगभग 37 फुट (12 मीटर) का आधार (प्लिंथ) तैयार किया गया था। नगर बसाने वाले स्वामिवर्ग ने इस बात की व्यवस्था की थी कि बड़ी से बड़ी बाढ़ से भी उन्हें कोई क्षति न पहुँचने पाए। आधारभूमि को ऊँचा करने के लिए दोनों ने एक ही युक्ति अपनाई थी—कच्ची ईंटों से चिनाई।

एक ने बाहर से आकर स्थानीय जनों को अपना दास बना लिया था, दूसरी ने अपने सेवक वर्ग को भी मानवीय सुविधाएँ देने की व्यवस्था की थी। भारतीय स्रोतों के आधार पर एक को विरोचन की परंपरा में रखा जा सकता है तो दूसरी को इंद्र की परंपरा में। एक में जादू टोने और तंत्र में अधिक विश्वास था और दूसरी में इसको निंदनीय माना जाता था और यातुधान को सबसे कठोर गाली समझा जाता था। अंतर बहुत थोड़ा था। एक का विश्वास था कि जादू से विश्व की चालक शक्तियों या देवों/देवियों को वश में किया और असंभव काम कराया जा सकता है। दूसरों का मानना था कि उन्हें प्रसन्न और तुष्ट रखें तो वे हमारी समस्याओं के समाधान में सहयोग करेंगे। इन्हें अनात्मवादी और आत्मवादी परंपरा भी कहा जा सकता है अर्थात् एक के लिए भौतिक पक्ष ही सब कुछ है, देह ही आत्मा भी है, दूसरे के अनुसार देह आत्मा का निवास है। परम तत्त्व आत्मतत्त्व ही है। यदि स्रोत सामग्री पर भरोसा करें तो विशाल निर्मितियाँ पहले असुरों ने ही तैयार की थीं।[9] वास्तविकता यह है कि स्थापत्य से लेकर अन्य सभी कौशलों के लिए देव असुरों पर ही निर्भर थे। अतः निर्माण करनेवालों में उतना अंतर नहीं था जितना स्वामिवर्ग की अभिरुचि, लोकदृष्टि और नैतिकता में। कोसंबी की दृष्टि इन बातों की ओर नहीं जाती। वह मूलभूत समस्या को पुजारीवाद की धुंध से ओझल कर देते हैं।

हड़प्पा के नगरों की विशेषता

कोसंबी हड़प्पा के नगरों की योजना, समृद्धि, व्यवस्था आदि के विषय में जिन तथ्यों को रेखांकित करते हैं, उनके लिए ऋग्वेद में प्रयुक्त पदों की ओर ध्यान देना उपयोगी होगा। ''नगर के भवन कई तल्लों वाल[10], प्रासाद जैसे[11] थे और अच्छी तरह पकी ईटों से मजबूती से बने थे।[12] उनमें स्नानगृह और शौचालय जैसी सुविधाएँ थीं।[13] भांड उत्तम कोटि के थे[14] और चाक पर तैयार किए गए थे, यद्यपि उनको बहुत अलंकृत नहीं किया गया था।[15] नगर विन्यास (छंद/कल्प) अनन्य था।[16] मूलतः इसे 200 × 400 गज के खंडों में कल्पित किया गया था, जिनमें चौड़ी सड़कें और गलियाँ थीं।[17] अन्यत्र कहीं भी इतने प्राचीन चरण पर इतना सुनियोजित, जटिल और उत्कृष्ट नगर-व्यवस्था नहीं पाई जाती।[18] मिस्र के नगर अपने शासकों के पर्वताकार मकबरों की तुलना में नगण्य थे। सुमेरिया, अक्कद, बेबीलोन हड़प्पा के नगरों से कुछ निकट थे, परंतु वे यूँ ही पसरते चले गए थे। इन सभी मामलों में, और रोम, लंदन, पेरिस, और कहें बाद के भारतीय नगरों के मार्ग भी गाँवों की तरह बेतरतीब रहे हैं।[19] हड़प्पा के नगरों की आवास-योजना सचमुच आश्चर्यजनक है। इसके सीधे मार्ग एक दूसरे से लंबवत, या कहें समकोणीय चौराहों (विषूची)[20], पर मिलते हैं, साथ ही इसमें बरसाती पानी (नाळी)[21] और मल निकास की प्रणाली (सूर्मियों, 8.69.12), कचरे को साफ करने के लिए बने खत्तों (काकुद)[22] की व्यवस्था थी। आधुनिक समय तक भारत का कोई नगर इसकी समकक्षता में नहीं आ सका। इसमें विशालकाय अन्नागार (ऊर्दर)[23] थे। ये इतने विशाल हैं कि ये किसी के निजी अधिकार में नहीं रहे हो सकते। इनसे बहुत बड़े पैमाने पर व्यापार का प्रमाण मिला है, जिसमें से कुछ समुद्री मार्ग (समुद्र संचरण) से भी किया जाता था।''[24]

वह बताते हैं कि 'सोने, चाँदी और रत्नों के प्रयोग का प्रमाण उनके खोए हुए धन से मिला है।'[25] इसका सच यह है कि हड़प्पा और मोहेंजोदाड़ो की खुदाइयों में कुछ आभूषण फर्श में गड़े हुए मिले थे। इसके अधिक प्रामाणिक विवरण ऋग्वेद से मिलते हैं। फर्श में सोना-चाँदी किसी पात्र या कलश में डाल कर गाड़ दिए जाते थे, यदि गाड़ने वाला किसी कारण से मरने से पहले अपने स्वजनों को इसके बारे में न बता सका तो उसे निकाला भी नहीं जा सकता था। इसका विवरण भी कुछ स्थलों पर ऋग्वेद में मिलता है। एक में कवि कामना करता है कि ईश्वर की कृपा ऐसी हो कि उसे सोने से भरे दस कलश मिल जाएँ[26] और दूसरे स्थल पर उपमा में गाड़े हुए सोने से भरे कलश का उल्लेख है।[27] दस घड़े सोने के गड़े होने की संभावना ही समाज के एक वर्ग की असाधारण समृद्धि का द्योतक है। धन को गाड़ कर रखने के तीन उल्लेख और हैं (निखातं चित् यः पुरुसंभृतं वसु उत् इत वपति दाशुषे, ऋ.8.66.4) और (शुभे रुक्मं न दर्शतं निखाते उत् ऊपथुः अश्विना वंदनाय, ऋ.1.117.5)। एक स्थल पर वंदन के किसी गड्ढे में गिर जाने के बाद अश्वनीकुमारों द्वारा उनको निकालकर बाहर लाने की तुलना छिपाकर गाड़ी गई निधि को बाहर निकालने से दी गई है (यद् विद्वांसा निधिं इव अपगूळ्हं उत् दर्शतात् ऊपथुः वंदनाय, ऋ.1.116.11)।

वह हड़प्पा सभ्यता के सांस्कृतिक पक्ष का जो चित्र तैयार करते हैं उससे इसकी उत्कृष्टता और स्वविशिष्टता ढेर हो जाती है। बताते हैं कि मोहेंजोदाड़ो का विशाल स्नानागार स्नान के लिए नहीं, सुमेरी पुजारियों की तरह हड़प्पा के पुजारियों की रतिलीला के लिए था। सुमेरी पुजारियों की रतिलीला भी काल्पनिक अधिक है। प्रेरणा बेबीलोनियाई देवी इश्तर से ली गई है। हड़प्पा के नगरों में कहीं मंदिर नहीं मिला है तो कोसंबी ने बैशम से प्रेरित होकर इसके विशाल स्नानागार को ही मंदिर बना दिया; उर्वशी, वसिष्ठ और मित्रावरुण की अनूठी व्याख्या से पुजारी जमात भी पैदा कर दी और पुरातत्त्वविदों की व्याख्या को किनारे डाल दिया।[28] रोचक यह कि जहाँ आवश्यकता होती है सैंधव और वैदिक अनन्य हो जाते हैं, और फिर वह इन्हें अलगा भी लेते हैं।

सुरक्षा व्यवस्था

कोसंबी मानते हैं कि हड़प्पा के कारीगरों के औजार बहुत उत्कष्ट हैं पर इनके हथियार किसी काम के नहीं। भाला तो ऐसा कमजोर कि पहले ही प्रहार में मुड़ जाए। तलवार है ही नहीं। छुरियाँ और कुठार तो मजबूत हैं, पर वे औजार हैं।[29] जिसे कोसंबी युद्ध में प्रयोग किया जानेवाला भाला मानते हैं, वह मछली मारने का गोंफा या साँप मारने की बर्छी हो सकता है, क्योंकि ताँबे की कमी के कारण ये इतने हल्के नहीं बनाए गए थे।[30] उस समय का प्रमुख हथियार धनुष और बाण है और इसे बहुत कुशलता से बनाया जाता था। जिन आर्य आक्रमणकारियों को वह इस सभ्यता के विनाश के लिए उत्तरदायी मानते हैं वे भी अपने शत्रुओं पर बाण से ही प्रहार करते थे।[31]

कोसंबी बताते हैं कि हड़प्पा सभ्यता की एक मुद्रा पर भावरेख एक धनुर्धर का है परंतु खेद प्रकट करते हैं कि बाण के फल काँसे के नहीं, पत्थर के हैं। यदि वह संस्कृत के 'शिलीमुख' पर ध्यान देते तो खेद कुछ कम होता। 'आर्य' अपने बाणों के फल के लिए पत्थर, सींग (रुरुशीर्ष्णी) आदि का प्रयोग करते थे और उन्हें विषाक्त (आलाक्त) भी बनाते थे, परंतु धातु के फलक भी प्रयोग में लाते थे (उतो अस्या अयो मुखम्) और हड़प्पा के अवशेषों से भी ऐसे फलक मिलते हैं। कोसंबी अज्ञानवश इनको नकारते हैं[32] या केवल यह विश्वास दिलाने के लिए कि हड़प्पा के निवासियों के बाण कम मारक थे, इसलिए आक्रमणकारी थोड़ी संख्या में होते हुए भी उन्हें परास्त करने में सफल रहे[33], और एक बर्बर और घुमक्कड़ संस्कृति उन्नत नागर सभ्यता पर हावी हो गई[34], यह तय करना कठिन नहीं है। हथियारों के उन्नत न होने से लगता है, "जो भी प्राधिकारी इन नगरों का नियंत्रण करता था, वह अधिक बल प्रयोग नहीं करता था।"[35] यह कथन ठीक भी है। स्वेच्छाचारी शासक अपनी जनता को उत्पीड़ित करते हैं, इसलिए पूरी जनता उनका शत्रु होती है। उन्हें आतंक पैदा करने के लिए बहुत अधिक बल प्रयोग करना पड़ता है। सभ्य समाज में नैतिक और नागरिक अपेक्षाओं के कारण लोग उससे अधिक विनम्र बने रहते हैं जितने आतंक की छाया में रहनेवाले गुलाम। परंतु कठोरता के बिना नियमों का पालन नहीं कराया जा सकता था।

हड़प्पा के अवशेषों से पता चले या नहीं, ऋग्वेद से यह पता चलता है कि इसमें सभी तरह के तत्त्व थे। अतः चरों की व्यवस्था थी। इसका ही प्रतिबिंबन यमलोक के राजा, उनके दूतों, टंक लिपि में भाग्य या किए के फल (लाभ-हानि/ प्राप्य और देय) के लेखन, और चित्रलिपि में हिसाब लिखनेवाले—चित्रगुप्त—की कल्पना में तो है ही, देवताओं के स्पर्शों में भी है। ऋग्वेद से आभास होता है कि रात के समय भी पहरे की व्यवस्था थी और कुछ मार्गों पर प्रकाश का भी प्रबंध था, भले वह मशालों के द्वारा ही रहा हो।[36] पहरेदार चौकन्ने रहते थे जिसे अपलक रखवाली करने के रूप में प्रकट किया गया है।[37] ऐसा लगता है कि संदेह होने पर वे शोर मचाते हुए अपराधी का पीछा करते थे और इससे नागरिक भी जाग कर उनका पीछा करने लगते थे।[38] अपराधियों को पाश या निधा (निधयेव बद्धान्, ऋ 10.73.11) से अच्छी तरह बाँध कर लाया जाता था।[39] कारागार के अध्यक्ष को निधापति कहा जाता था। ऐसा प्रतीत होता है कि सद्कार्य के लिए लोगों को पुरस्कृत भी किया जाता था।[40] मृत्युदंड पाने वाले को काठी में त्रिबद्ध किया जाता था।[41] ऋण न चुका पाने की स्थिति में भी बाँध कर ले जाया जाता था।[42] जुए में हारी हुई रकम न चुकाने पर भी कारागार या बंधन में रहना पड़ता था। यह रोचक है कि जुआरी के पासे हड़प्पा में हैं, और इसकी भर्त्सना ऋग्वेद में। परंतु यह व्यवहार नियम और व्यस्था का उल्लंघन करनेवालों के साथ किया जा रहा है न कि कामचोर गुलाम या शत्रु के साथ।

लेखन और लिपि

कोसंबी हड़प्पा की मुहरों पर टिप्पणी करते हैं कि 'इनमें से किसी का पाठ नहीं हो पाया है। इसके अलावा ये अभिलेख मुद्राओं की छाप और भांडों पर मिले खँरोच मात्र हैं। लिपि अज्ञात है और आज तक इसे पढ़ा नहीं जा सका है। इसे पढ़ा गया होता तो भी इससे जो जानकारी मिलती उससे व्यक्तिनामों का, संभवतः वाणिज्य संगठनों का और एक दो देवों का ही पता चल पाता।'[43] परंतु कोसंबी यह भी मानते हैं कि हड़प्पा काल में ताड़पत्र या भूर्ज पत्र अथवा कपड़े जैसे नश्वर उपादानों का लेखन के लिए उपयोग किया जाता रहा होगा।[44]

कोसंबी के अपने ही सिद्धांत से यदि किसी समाज में मान और बाट की परिशुद्धता है तो उसमें लेखन अवश्य मिलेगा। उसका रूप क्या था, यह अनिश्चित अवश्य हो सकता है। वह बताते हैं कि हड़प्पा कालीन बाट ही बाद तक चलते रहे और वे उस दौर में भी चलते रहे जब उनके अनुसार आर्यों ने हड़प्पा का विनाश कर दिया था। फिर तो वैदिक काल में लेखन कला बची रही, भले उससे आर्य चरवाहे अनभिज्ञ रहे हों।[45]

उनका ध्यान ऋग्वेद के उस सूक्त पर गया भी है जिसमें ससर्परी वाक् की चर्चा है। इसका अर्थ सायण ने 'शब्दरूपतया वाग्देवता' किया है। इसे सौरी या प्रकाश देने वाला, कहें 'दिपि' भी कहा गया है। अतः यह लिखित वाणी का प्रसंग है। कवि विश्वामित्र कहते हैं कि उन्होंने यह वाक् (संकेतचिह्नों का ज्ञान) जमदग्नि से प्राप्त किया है। इस

वाक् में उतर आने के बाद देवों की ख्याति अजर-अमर हो जाती है।[46] यहाँ लेखनी के लिए 'पक्ष्या' का अर्थात् पेन का प्रयोग हुआ है। परंतु ताड़पत्र पर लिखने के लिए नुकीले आरा का प्रयोग होता था।[47] ध्यान रहे कि केवल हड़प्पा लिपि का ही पाठ नहीं हो पाया, संदर्भहीन होने के कारण आज तक ऋग्वेद का भी पाठ नहीं हो पाया। दावे लिपि पढ़ने के अनेक ने किए हैं, ऋग्वेद के अनुवाद भी अनेक हुए हैं, परंतु दोनों मामलों में असंतोष इसलिए बना रहता है कि विवेचन हवा में किया जाता रहा।

कृषि-व्यवस्था

कोसंबी का मानना है कि सिंधु के क्षेत्र में नहरों का प्रमाण नहीं मिलता[48] अतः खेती सिंधु के कछार की संकरी सी पट्टी में ही होती रही होगी। इस दृष्टि से यह मिस्र और मेसोपोटामिया की अपेक्षा कम संपन्न थी। यही कारण है कि नगर भी कम हैं और ग्रामीण बस्तियाँ भी अधिक नहीं हैं। इस यांत्रिक सोच का असर दूसरों पर भी पड़ा है। ऐसे लोग तुलनात्मक अध्ययन में भूभौतिक परिस्थितियों, इनकी अपेक्षाओं और वैकल्पिक योजनाओं की पड़ताल तक नहीं करते। दजला और फरात में बाढ़ पहाड़ों की बर्फ पिघलने के साथ आती थी, जबकि उसे नहरों से फैलाना उपयोगी था। भारत में बाढ़ बरसात में आती है जब नहरें बन जाने के बाद भी उनको बंद कर दिया जाता है। यहाँ मिस्र की तरह मात्र एक नदी नहीं, नदियों का एक जाल सा था। जाड़े के दिनों में जब जव, गेहूँ आदि को मामूली सिंचाई की आवश्यकता होती है, नदियाँ पेटी में सिमट जाती हैं। भारतीय परिस्थितियों में सिंचाई के लिए नहर बनाना तत्कालीन तकनीकी सीमाओं में सुविधाजनक न था। परंतु आवश्यकता होने पर वे नहरें निकालते थे, यह कुल्या (महांतं कोशमुदचा नि षिञ्च स्यन्दन्तां कुल्या विषिताः पुरस्तात्। घृतेन द्यावापृथिवी व्युन्धि सुप्रपाणं भवत्वघ्न्याभ्यः, 5.83.8) शब्द से प्रकट है जिसका अर्थ कृत्रिम सरि अर्थात् नहर है।

मिस्र या मेसोपोटामिया हड़प्पा क्षेत्र से अधिक समृद्ध नहीं। कोसंबी ने और दूसरे विद्वानों ने इनके भौतिक पक्ष पर ही ध्यान दिया है, सांस्कृतिक पक्ष पर ध्यान देने पर उस समय की सभी सभ्यताएँ हड़प्पा की तुलना में बौनी सिद्ध होती हैं। मिस्र और मेसोपोटामिया की भव्य निर्मितियाँ इनके उत्पादक वर्ग के आर्तनाद का शिलीभूत रूप हैं। उत्पादकों से क्रूरतापूर्वक उनके उत्पाद का अधिकतम वसूल करके केवल एक व्यक्ति और उसकी सेवा और रक्षा में लगे लोगों के दंभ प्रदर्शन के लिए उसका उपयोग आर्थिक अपरिपक्वता और सांस्कृतिक पिछड़ेपन और नैतिक गिरावट का द्योतक है। कोसंबी इन पहलुओं पर ध्यान देने की जगह मेसोपोटामियाई अर्थव्यवस्था तक को हड़प्पा सभ्यता पर लाद कर छुट्टी पा लेते हैं[49], वह भी तब जबकि हड़प्पा की आर्थिक परिपक्वता उसके उस नागर चरित्र में व्यक्त है जिसके लिए कोसंबी स्वयं यह कहते हैं कि भारत में अथवा आधुनिक काल से पहले विश्व में इसकी समकक्षता में कोई नगर नहीं आता। हड़प्पा सभ्यता में कामगारों को प्राप्त आवास-सुविधा बीसवीं शताब्दी के मजदूरों से अच्छी थी, जबकि सुमेरिया में फलों के बागों में काम करनेवाले मजदूरों की आँखें तक निकाल जी

जाती थीं, कि वे टटोल कर फल तो तोड़ेंगे, पर इस डर से कि कोई देख न रहा हो, खाने का साहस नहीं जुटा पाएँगे। मिस्र में मजदूरों को जेल जैसी व्यवस्था में घेर कर रखा जाता था कि रात में वे चोरी से भाग न निकलें।

विचारणीय यह है कि यदि हड़प्पा में नहरें नहीं मिलतीं तो उसकी जलव्यवस्था क्या थी। नहरों की जगह विशाल नदियों को ही बाँधने का शेखचिल्लीपन इसकी तलाश तक में बाधक है। सिंचाई के जिन साधनों का उल्लेख ऋग्वेद में है उन्हीं को हड़प्पा सभ्यता भी प्रमाणित करती है और उसी पर वह भी निर्भर करती थी और यह व्यवस्था मोटे तौर पर बीसवीं शताब्दी तक जारी थी।

कोसंबी सिंधु सहित पंजाब की विशाल और वेगवान नदियों को बाँध कर उनके जल को फैलाने की कल्पना कर लेते हैं। वे बाँध बाँधना तो जानते थे और क्षीणतोया धाराओं को बरसात के बाद बीच में बाँध कर पानी को रोकते और नालों नालियों से कुछ दूर तक ले भी जाते रहे होंगे। जैसे रस्सी से किसी को बाँधा जाता है उसी तरह जलधारा को सेतु से बाँधा जा सकता है। सोम या गन्ने की गाँठों की तुलना इन सेतुओं से की गई है–पदे पदे पाशिनः संतु सेतवः, ऋ.9.73.4। सिंचाई के लिए वे कूप, सर, पुष्कर, ह्रद, कुल्या के साथ प्रकृत रूप में और कृत्रिम रूप से धरती को खोद कर निकाले गए जल–सभी का उपयोग करते थे (या आपो दिव्या उत वा स्रवंति खनित्रिमा उत वा याः स्वयंजाः, ऋ.7.49.2)।[50] इन साधनों का विकास करनेवाली सभ्यता बाढ़ के पानी और कछार के प्रसार क्षेत्र पर पूरी तरह निर्भर रहने को बाध्य न थी। हड़प्पा सभ्यता का कृषिक्षेत्र अन्य समकालीन सभ्यताओं से उसी अनुपात में अधिक बड़ा था जिस अनुपात में हड़प्पा सभ्यता के अन्नागार पश्चिमी सभ्यताओं के राजकीय अन्नागारों से बड़े थे।[51]

पशुधन

हड़प्पा की मुहरों पर पशुओं के अंकन का आशय समझने में भी कोसंबी से चूक हुई है। इस पड़ताल में गए बिना कि सभी अंकित पशु नर ही क्यों हैं[52], वह उसी समाज के किसानों और व्यापारियों में भेद पैदा कर बैठते हैं। किसान मातृप्रधान, व्यापारी पितृप्रधान।[53] परंतु इन्हीं नगरों में मातृदेवियों के पुजारियों और उनकी पुष्कर लीला भी रचा देते हैं। इस तथ्य की ओर भी उनका ध्यान नहीं गया कि मुहरों पर अंकित लगभग सभी पशुओं का, और अंकन के भावों का यथातथ्य चित्र ऋग्वेद से उभरता है। इनके आधार पर पालतू बनाए गए पशुओं के विषय में उनका अनुमान भी सतही रह जाता है। उदाहरण के लिए वह सोचते हैं कि हाथी को संभवतः पालतू नहीं बनाया गया था। इसे समझने में ऋग्वेद ही सहायक हो सकता है जिसमें हाथी के संदर्भ में अंकुश का उल्लेख है (इमं बिभर्मि सुकृतं ते अंकुशं येनारुजासि मघवन् शफारुजः, ऋ.10.44.9)। कोसंबी की कल्पनाशीलता को देखते हुए सोचा जा सकता है कि वह यह सुझा सकते थे कि इन हाथियों पर सवार होकर आर्य चरवाहे अपने रेवड़ को घेर कर रखते रहे होंगे। भैंस के विषय में भी उनका अनुमान है कि इसको पालतू नहीं बनाया गया था, क्योंकि

मुहरों पर अंकित भैंसा अपने सींग पर शिकारियों को उछालता हुआ दिखाया गया है। ऋग्वेद में ऐसे संकेत हैं कि इसे पालतू बनाया जा चुका था, यद्यपि वन्य भैंस प्रचुरता से उपलब्ध थी। मांस के उपलक्ष्य में विशेषतः भैंसे के हवाले बड़ी संख्या में आते हैं, भैंस के नहीं। एक स्थल पर भैंस की तरह दुह कर सोम लता से रस निकालने की श्लिष्ट उपमा है (तं मर्मृजानं महिषं न सानौ अंशुं दुहंति उक्षणं गिरिष्ठाम्, 9.95.4)। अन्यत्र भैंसे को पशुओं में सबसे श्रेष्ठ (महिषो मृगणाम्, ऋ. 9.96.6) बताया गया है। भैंसे को फँसाने का भी संकेत (निरुद्धश्चिन्महिषः तर्ष्यावान्, 10.28.10) मिलता है जिससे पता चलता है कि भैंसों का दल जब पानी पीने के लिए झुकता था उसी समय चमड़े के पट्टे से बने फंदे से उसे फँसा लिया जाता था।

व्यापार

कोसंबी बताते हैं कि समुद्र पार खाड़ी देशों से हड़प्पा का व्यापारिक संबंध था। उसका आयाम क्या था इसका मुहरों आदि से तो पता चलता ही है, उससे अधिक मुखर रूप में ऋग्वेद से (समुद्रस्य धन्वन् आर्द्रस्य पारे त्रिभी रथैः शतपद्‌भिः षळश्वैः, 1.116.4) चलता है। इनमें से एक में बहुत-बहुत दूर के रेगिस्तान का हवाला है जहाँ द्वेषियों से बचाते हुए अग्नि पहुँचाते हैं (यो परस्याः परावतः तिरो धन्व अतिरोचते, स नो पर्षदति द्विषः, 10.187.2)। संसार की आठों चोटियों, तीनों रेगिस्तानों और सातों नदियों को सविता देव उदय के साथ ही प्रकाशित कर देते हैं (अष्टौ व्यख्यत् ककुभः पृथिव्याः त्री धन्व योजना सप्त सिंधून्, हिरण्याक्षः सविता देव आगात् दधत् रत्ना दाशुषे वार्याणि, ऋ. 1. 35.8)।[54] समुद्र मार्ग से चल रही व्यापारिक गतिविधियों की प्रखरता के कारण ही समुद्रमंथन की कल्पना को बल मिला था। इसके विवरण ऋग्वेद में भरे पड़े हैं। यहाँ इनको दुहराने का औचित्य नहीं। जिन कौओं और कबूतरों की सहायता नौचालक लेते थे[55], उन पर ऋग्वेद में क्रमशः दो (2.41 व 42) और एक (10.165) पूरे सूक्त हैं। कपोत का प्रयोग तट का पता लगाने के लिए नहीं, संकट की सूचना देने के लिए किया जाता था, यह भी ऋग्वेद से ही जाना जा सकता है।

वह भारत से निर्यात होनेवाली चीजों में ताँबा, हाथीदाँत, हाथी दाँत के सामान, मोर, बंदर और सूती कपड़ा, मोती आदि का उल्लेख करते हैं। ताँबे के नगों के लिए ही राध का प्रयोग ऋग्वेद में हुआ है और पश्चिम एशिया में पहुँच कर इसका उच्चारण रयूद हो जाता था जिससे मैलॉरी अंग्रेजी के रेड (red) और रूड (rude) का संबंध मानते हैं।[56]

उस इभ का प्रयोग, जिससे पश्चिम में आइवरी शब्द निकला है, ऋग्वेद में है ही मोर, बंदर, मोती (ऋ. कृशनम्) के उल्लेख के साथ ही उन अन्य पक्षियों का भी उल्लेख है–शुक, सारिका (रोपणाका)–जिनके पिंजरे हड़प्पा के नगरों से मिले। एक पक्षी और है जिसे चक्रवाक कहते हैं। इसके विषय में कुछ कहना जरूरी नहीं क्योंकि वह एक कविसत्य था और इसकी पुष्टि भी ऋग्वेद से होती है, परंतु उसे पालतू नहीं बनाया गया था।

जहाँ तक कपड़े का प्रश्न है कताई के तकुए हड़प्पा के घरों में मिलते हैं और उनकी बुनाई के मार्मिक चित्र ऋग्वेद में पाए जाते हैं। इसका विनोदी पक्ष यह है कि विद्वान सुझाते रहे हैं कि ऋग्वैदिक समाज सूती वस्त्रों से अनभिज्ञ था।

जिस सोम को वह सिर घुमा देने वाला नशा मानते हैं वह मधुर था, मधुरों में सबसे मधुर-मधुमत्तम् था और इसकी इतनी माँग थी कि इससे कुछ भी खरीदा जा सकता था।[57] यदि पश्चिम को निर्यात किए जानेवाली शक्कर का ध्यान रहे तो पता चलेगा हड़प्पा के व्यापारी इसका भी व्यापार करते थे।

व्यापार की एक और सामग्री थी, इमारती लकड़ी। एक स्थल पर नदी के रास्ते बहती (बहा कर ले जाई जाती) लकड़ी को दरिद्रता निवारक बताया गया है[58] और दूसरे स्थल पर जंगल काटकर झाड़-झंखाड़ जलाने और अच्छी लकड़ी (सुद्रवं) को नदी की पेटी (वक्षणा) में रखने का उल्लेख है जो लकड़ी को बहा कर लाने की प्रचलित विधि थी।[59] ऊर के मंदिर में भारतीय टीक की लकड़ी लगी थी और हड़प्पा और मोहेंजोदाड़ो में इमारती लकड़ी के रूप में देवदारु का प्रयोग हुआ था।

अन्य वस्तुओं में अंजन, गंधद्रव्य, संभव है चंदन भी और सौख्य प्रसाधनों और लेपों के निर्यात हैं। इनका पता हमें ऋग्वेद से भी मिलता है। कोसंबी का ध्यान इन महत्त्वपूर्ण पण्य वस्तुओं की ओर नहीं गया।

अपने 'निर्यात के बदले वे चाँदी लाते और कुछ और सामान लाते थे जिनकी प्रकृति अनिश्चित है।'[60] चाँदी के लिए रजत को वैदिक पद मानकर और इसके मात्र एक बार प्रयोग के आधार पर यह सुझाया जाता था कि आर्यों को चाँदी का ज्ञान ही नहीं था। चाँदी के लिए ऋग्वेद में चंद्रम् का प्रयोग हुआ है जिसका तद्भव चाँदी है। इसका बहुत प्रचुरता से प्रयोग देखने में आता है।

एक अन्य आयात 'क्षु' या छुहाड़ा था। छुहाड़ा क्षु का ही प्रतीत होता तद्भव है।[61] इसके बीज हड़प्पा के दौर में भी पाए गए हैं। कहें मेसोपोटामिया के नगर भारतीय माल के बाजार थे। हड़प्पा के कारीगर दूर-दूर तक की खनिज संपदा का दोहन कर रहे थे, उनसे अविश्वसनीय रूप में सुंदर पण्य वस्तुएँ तैयार कर रहे थे, अपना माल सीधे और पश्चिमी बाजारों के माध्यम से दूर-दूर तक बेच रहे थे। उन्होंने यदि घरेलू स्तर पर हाथी जैसे विशाल जानवर को पालतू बनाया था तो सुदूर कुर्गान और शिंतास्ता[62] क्षेत्र में पहुँचकर वहाँ के घोड़ों को पालतू बनाकर बेच रहे थे। उन्होंने अरायुक्त पहिये और रथ, गाड़ी (अनस) और छकड़े (शकटी) का आविष्कार करके परिवहन और मालवहन में एक नया अध्याय जोड़ा था। तकनीकी दृष्टि से भारत अपनी समकालीन सभ्यताओं से आगे था। इसकी भाषा के सूदूर क्षेत्रों तक प्रसार के पीछे उनका माल, उनकी तकनीकी और सांस्कृतिक अग्रता थी और थे इसके व्यापारिक उपकेंद्र।

हड़प्पा सभ्यता का अंत और दाय

हड़प्पा के संदर्भ में कोसंबी प्रश्न करते हैं, 'आखिर ऐसा नगर बिना कोई उत्तराधिकारी या निशान छोड़े लुप्त कैसे हो गया?'[63] नष्ट नहीं हो सकता न ही उसकी उपलब्धियाँ

पूरी तरह लुप्त हो सकती हैं, यह उनके सिद्धांत में ही निहित है। पर जैसा कि हम देख आए हैं, कोसंबी उसे समूल नष्ट करने के लिए मोहेंजोदाड़ो में आग लगवा देते हैं और नागरिकों का संहार करा देते हैं। इनके ऊपर के स्तरों को वह आक्रमणकारी आर्यों का बता देते हैं पर साथ ही यह भी सुझाते हैं कि इसके बाद उनका निवास कुछ ही समय तक रहा।[64] हड़प्पा में उनको इसका प्रमाण नहीं मिला पर वह कल्पना करते हैं कि ऐसा ही–आगजनी और नरसंहार–हड़प्पा में भी हुआ होगा। इतिहास की यह पहली घटना होनी चाहिए जिसमें आक्रांताओं ने नगर जलाने के बाद उसकी राख पर सड़ती हुई लाशों के बीच आराम से रहने का चुनाव किया और जब बदबू कम हो गई तो नगर ही छोड़कर भाग गए।

सिद्धांतविवेचन में कोसंबी पश्चिम एशिया के हवाले कहते हैं, "इराक में जिन लोगों ने विजय पाई वे नगरों पर कब्जा किए रहे। बेबीलोनिया का सत्रहवीं शताब्दी का महान नीतिकार हम्मूरबी भी ऐसे ही विजेताओं में से था जो पहले बर्बर थे। ऐसा ही मिस्र में भी हुआ। इस अधिकार को बनाए रखने की अपेक्षा भारत में भी की जानी चाहिए, परंतु यहाँ यह लुप्त पाई जाती है।[65] कहें, कोसंबी की यह कल्पना सिद्धांतों और दृष्टांतों के विपरीत है अपितु कोसंबी के मानसिक असंतुलन को भी प्रकट करती है, क्योंकि पहले वह इन्हीं नगरों पर उनसे कब्जा कराते और हड़प्पा समाधि स्थल एच के पूरे काल में बसा मानते हैं और फिर जिस जादू से इन नगरों की समूची आबादी को गायब करते हैं, ठीक उसी जादू से इन पर अधिकार जमाए विजेताओं को भी वहाँ से लुप्त कर देते हैं।

नगर लुप्त हो गए, उन पर हमला हुआ था, परंतु देहात के किसान भी लुप्त! कोसंबी वृत्र को अपनी व्याख्या से नदी की धारा को रोकने वाले बाँधों में बदलकर उन्हें आर्यों से तोड़वा कर, भूमि को रेगिस्तान में बदल देते हैं।[66] अब नदी का वही कछार जिसकी उर्वरता से स्थायी बस्तियाँ बसी थीं, खेती आरंभ हुई थी, कछार रह ही नहीं जाता। किसान जो जबरन वसूली करनेवाले उनके कल्पित पुजारियों के भाग जाने पर अधिक खुशहाल रह सकते थे, वे भी गायब हो गए।

फिर भी गाँवों के लोग तो इधर-उधर जाएँगे और अन्यत्र खेती बारी करेंगे ही। कोसंबी इसका भी तोड़ निकालते हैं, नगर सभ्यता भारत के छोटे से कोने तक, आज के पाकिस्तान तक, सिमटी हुई थी। उससे आगे के पूरे देश में पाषाण युग की विरल आहार संग्रही इकाइयाँ विचरती थीं[67], इसलिए वह सभ्यता पूरी तरह नष्ट हो गई और सबसे बड़ा नुकसान यह हुआ कि ई.पू. तीसरी-दूसरी सहस्राब्दियों का इतिहास सँजोने का स्रोत ही पूरी तरह क्षतिग्रस्त हो गया। यहाँ तक कि हड़प्पा सभ्यता के अदृश्य मंदिरों के वे पुजारी जिनके नियंत्रण में ही खेती का पूरा प्रबंध था, अपना जादू टोना सँभाल कर जंगलों में चले गए और आहारसंग्रही जीवन अपना लिया।[68] जो पुरोधा पुरावृत्तों को बचा कर रखते थे उनका उस क्षेत्र से कई शताब्दियों के लिए संबंध कट गया।[69] फिर जब आर्य आपस में ही लड़ने लगे तो वे धीरे-धीरे साहस जुटा कर बाहर आए और उनके पुजारी बन गए।[70]

अपने जादू से आर्यों को प्रभावित किया, क्योंकि जादू ही ब्राह्मण को ब्राह्मण बनाता है।[71] इन जादूगर पुजारियों ने आर्यों की भाषा सीखी, उनके लिए जादू और यज्ञ करने लगे और इतने प्रभावशाली हो गए कि सामाजिक वर्गों में सर्वोपरि हो गए और अपने विजेताओं से अपनी पूजा कराने लगे। हद तो यह कि वह इन्हीं ब्राह्मणों की जुगत से मूल आर्यों को भी गायब करा देते हैं।[72]

इसके बाद कोसंबी आर्यों के आक्रमण पर पहुँचते जाते हैं। उन्हें पढ़ते हुए यह भ्रम होता है कि अन्य बातों के विषय में उनके मन में दुविधा रही हो सकती है, परंतु इस मामले में वह पूरी तरह आश्वस्त रहे होंगे कि हड़प्पा सभ्यता का विनाश हुआ था, ह्रास नहीं और इसके लिए आर्य ही दोषी हैं। परंतु बात ऐसी भी नहीं है। वह जानते हैं कि पुरातत्त्वविदों के अनुसार पतन के कारण भिन्न हो सकते हैं।[73]

कोसंबी के द्वारा सब कुछ मिटाए जाने के बाद भी ऐसा नहीं है कि कुछ बचा ही न हो। सबसे पहले तो वह मुहर ही है जिसे कोसंबी यज्ञ-मुद्रा मानते हैं।[74] वह त्रिशिरासुर के वध की मुद्रा को भी ऋग्वेद से जुड़ा मानते ही हैं।[75] वह मानते हैं हड़प्पा के शिल्प और व्यापार का भी कुछ बचा रह गया होगा। और मान और बाट तो अभी कल तक हड़प्पा के ही चलते आए थे। फिर कुछ मिथक और गल्प अवश्य बचे रहे होंगे।[76] इसके बाद कोसंबी फिर मेसोपोटामिया की ओर बढ़ जाते हैं और वहाँ से आर्यों को उन मिथकों के साथ भारत लाते हैं जो हड़प्पा से पश्चिम एशिया में पहुँचे थे।

विश्व सभ्यता का उदय

कोसंबी के इस निष्कर्ष से सहमत हुआ जा सकता है कि तीनों नदी उपत्यकाओं की सभ्यताओं के मूल में कोई एक चौथी सभ्यता है।[77] पश्चिम एशियाई रंगमंच पर उपस्थित होनेवाले सुमेरी, असुर, कश (कस्सी), मितन्नी, और सुर सभी के तार भारत से जुड़ते हैं। परंतु यह तलाश नगर सभ्यता से पहले के उस घटनाक्रम में ही हो सकती है जिसे हम देवासुर संग्राम की भयंकरता में पाते हैं और जिसकी अनुगूँज पूरी भारतीय चेतना में विद्यमान है। इनकी भाषाएँ अलग थीं, संस्कृतियाँ अलग थीं, परंतु पर्यावरण एक था जिससे उनमें से कुछ जन जुड़े हुए थे, जिन्हें प्रवास या पलायन के लिए बाध्य होना पड़ा था।[78] इस पलायन की कहानियाँ भी उस संघर्ष से जुड़ी हैं जिनका चित्रण ब्राह्मणों, महाकाव्यों और पुराणों में तो हुआ ही है, उनकी जातीय स्मृति में भी बची रह गई हैं। इसे उस विकास प्रक्रिया से ही समझा जा सकता है जिसकी परिणति नगर सभ्यता थी और जिसका निर्माण और चरम उत्कर्ष सरस्वती घाटी में हुआ था और जिसका ठहराव सिंधु घाटी की बस्तियों में दिखाई देता है।

दूसरे शब्दों में कहें तो हड़प्पा सभ्यता के दो चरण हैं। पहला सारस्वत चरण और दूसरा सैंधव चरण जिसका विस्तार कच्छ और गुजरात तक होता है। ऋग्वेद के संदर्भ में कहें तो इसके पुराने मंडलों का चरण सरस्वती घाटी के दौर में आता है परंतु इसका भी निर्माणकाल उन प्रत्न कवियों के कृतज्ञतापूर्ण स्मरण में आता है जिन्होंने प्रगति के

मार्ग का आविष्कार किया था।[79] इस दौर में सरस्वती सबसे प्रधान नदी बनी रहती है। सरस्वती के आत्मघाती पटाव के साथ इसके अनुपयोगी बनते जाने के कारण यहाँ से विस्थापन आरंभ हुआ था। इस विस्थापन का एक सिरा सुमेरिया से जुड़ता है और दूसरा मोहेंजोदाड़ो से। यह विस्थापन एक दिन में ही नहीं हो गया। साहित्यिक विवरणों के अनुसार, सुमेर की ओर विस्थापन हड़प्पा से कुछ पहले हुआ था। कहें सारस्वत चरण के बाद सुमेरी और सैंधव चरण आते हैं। सुमेरियनों की भाषा और संस्कृति की भिन्नता अवश्य विचारणीय है। इस तथ्य को हम बार-बार रेखांकित करते आए हैं कि हड़प्पा के पूरे प्रसार में सांस्कृतिक और भाषाई भिन्नताएँ थीं। इसके नगरों में भी मोहेंजोदाड़ो ऊपरी तौर पर हड़प्पा जैसा ही लगता है, परंतु कुछ मामलों से यह उससे भिन्न है और एक भिन्न सांस्कृतिक तस्वीर उपस्थित करता है।

ऋग्वेद के नए माने जानेवाले सूक्तों में से एक (10.75) में सिंधु की महिमा उसी आवेग और आत्मीयता से, लगभग उसी सुर में गाई गई है जिससे पुराने मंडलों में सरस्वती की गाई गई है। सिंधु तट पर आने के बाद भी मात्र सरस्वती जातीय स्मृति में पवित्र देवी बनी रहती है। सिंधु को अपनी विशालता के बाद भी वह सम्मान नहीं मिल सका जो सरस्वती को प्राप्त है। दूसरी सभी नदियाँ, गंगा तक, सरस्वती के समक्ष निस्तेज दिखाई देती हैं। परंतु जो सरस्वती को ही पहचान नहीं पाए वे सभ्यता के इस जटिल तंत्र को कैसे समझ सकते थे!

सभ्यता का उदात्त रूप

जब हम विश्व की प्राचीन सभ्यताओं की बात करते हैं तो यह ध्यान रखना चाहिए कि हड़प्पा सभ्यता आज तक के इतिहास की अप्रतिमान सभ्यता है। भौतिक समृद्धि और तकनीकी क्षेत्रों में आज तक जो प्रगति हुई है उसे देखते हुए ऐसा दावा कुछ विचित्र लगेगा, परंतु हम समस्त सभ्यता संदर्भों की बात कर रहे हैं जिसमें अल्पतम शक्तिप्रयोग से अधिकतम की खुशहाली और निरुद्विग्नता को कसौटी बनाना होगा। मात्र भौतिक और तकनीकी दक्षता में तो अपार वैभव, समृद्धि और आतंककारी शक्ति रखनेवाली इसकी समकालीन सभ्यताएँ ही इतना हत्प्रभ कर सकती हैं कि हड़प्पा सभ्यता की उपलब्धियों को हेय प्रमाणित किया जा सके। कुछ लेखकों ने भव्य वास्तुकृतियों और तुलनात्मक जनसंख्या का प्रश्न उठाया भी है।

वैदिक समाज सभ्यता की कसौटियों पर जितना खरा उतरता है उतना अशोक कालीन भारत को छोड़कर दूसरा कोई दौर नहीं। इसके जीवनमूल्य(सत्य, ऋत, स्वस्ति और शांति), सामाजिक सरोकार (न कश्चित् दुःख-भाग् भवेत्), आकांक्षाएँ (जिनमें प्रधान हैं श्रव या ख्याति और प्राकृतिक 'शक्तियों की तरह अविचल अपने पथ का अनुसरण और किसी को दुख न पहुँचाना[80]), खान-पान (धाना, सक्तू, करंभ, अपूप, मधु, मेवों (छुहारा आदि) खाद्य पदार्थों से भरपूर या पुरुक्षु[81], क्षीरपाकोदन या खीर और पेय में सोम, ध्यान रहे, सोम सुरा से अलग है।

कोसंबी सोम को शराब से भी नशीला मानते हैं और इसे हेडी ड्रिंक बताते हैं। वैदिक समाज जिस सोम का सेवन करता था वह नशा नहीं करता, एक हल्की तंद्रालसता पैदा करता है, अतः मद अर्थात् मधुपान के बाद की तृप्ति और दुर्मद जिसे सुरा का प्रभाव बताया गया है–दुर्मदासः सुरां इव–में अंतर किए बिना इसके स्वाद और प्रभाव दोनों को नहीं समझा जा सकता। जिस तरह सूत कातने और कपड़ा बुनने का काम हड़प्पा काल में छोटे बड़े सभी घरों में होता था, उसी तरह सोम का रस निकालने का काम भी घर घर में होता था (ऋ.1.28)। इसका उत्पादन गृह उद्योग का रूप ले चुका था और इसके बदले में कोई भी चीज खरीदी जा सकती थी। भारतीय शर्करा उद्योग को समझे बिना न यह समझा जा सकता है कि सोम क्या था, न यह कि इसे धाना, करंभ, दूध और दूध उत्पादों के साथ खाया जा सकता था, दाँत से चूसा जा सकता था, और इसे देखकर छोटे-बड़े आनंदित हो जाते थे। सोम अमृत है, इसका निवास चंद्रमा में है।

आवास, वस्त्र, सौख्य-प्रसाधन(जिसमें आंजन, केशसज्जा के अनेकानेक रूप, और गंधलेप आते हैं) और अलंकार (आपादमस्तक अलंकृति), इनकी भाषा (जिसके परिष्कार को छोड़ दें तो इसमें उद्दंडता या अभिमान, हिंसा के प्रति अरुचि के कारण वे अपने शत्रुओं को रिष, निजुर और वृक अर्थात् हिंसक कहते हैं। उनकी तुलना वे वृक (भेड़िया) और अहि (साँप) से करते हैं। उन्हें अकर्मा, अनप्न (निर्धन), अयज्ञ (अनुत्पादक), वनर्गू कहते हैं। कोसंबी जैसे विद्वानों का कमाल कि जिनके पास कुछ है ही नहीं उन्हीं को लूट कर वे उन संपदाओं से संपन्न हो जाते हैं जिन्हें वे स्वयं पैदा करते हैं। उनके व्यक्तिनाम भी श्रुतर्य, विमद, वसुमान, विश्वामित्र, विश्वबंधु, आदि नम्रता, ज्ञान, धनार्जन, आदि के प्रति उनके लगाव को प्रकट करते हैं। कोसंबी को पता था कि वे बहुत गर्व से अपने को आर्य कहते थे और दूसरे लोग भी उनको इसी रूप में आदर देते थे।[82]

सत्य और सुव्यवस्था (ऋत) का जैसा आग्रह वैदिक समाज में है, शांति की जितनी उत्कट आकांक्षा वैदिक काल में देखने में आती है, उद्दंडता और विक्षोभ के प्रति जैसी अरुचि देखने में आती है, वह विश्व सभ्यता के किसी चरण पर किसी समाज में दृष्टिगोचर नहीं होती।[83]

वे साधुता और सत्य के मार्ग पर चलने को[84], सत्य पर अटल रहने[85] को कितना महत्त्व देते हैं यह उनके विशेषणों में-सत्य सुनने वाला, सत्यश्रुत, सत्य आचरण करनेवाला (सत्यधर्मन्), सत्यप्रियता के कारण विख्यात (सत्यश्रवा), सत्य का मनन करनेवाला (सत्यमंत्र), सत्यबोलने वाला (सत्यवाक्), सत्यमत् (सत्ययुक्त)-में भी देखा जा सकता है, यद्यपि सचमुच के अर्थ में भी सत्य का प्रयोग हुआ है। उनका विवेक इतना विकसित है कि वे कहते हैं, सत्य और असत्य कथन में प्रतिस्पर्धा चलती रहती है–सच्चासच्च वचसी पस्पृधाते अर्थात् असत्य सत्य पर हावी होना चाहता है और सत्य अपने प्रकाशन से उसको छिन्न-भिन्न करता रहता है।

इसका यह अर्थ नहीं कि पूरा समाज आदर्श जीवन-मूल्यों का निर्वाह करता था, या यह कि उसमें वे बुराइयाँ थीं ही नहीं जिनके लिए वे अपने शत्रुओं की निंदा करते थे।

नागर बुराइयाँ—जुआ, मद्यपान, लंपटता, कलह, चोरी, ईर्ष्या, सूदखोरी, आदि—सामाजिक जीवन में देखी जा सकती हैं। परंतु वे भी नागर बुराइयाँ हैं।

इसके प्रशासन में नियमोल्लंघन को कठोरता से दंडित किया जाता था, परंतु प्रशासन लोकहितकारी था। आदर्श राजा हितैषी मित्र जैसा (उपक्षेति हितमित्रो न राजा, 1.73. 3; 3.55.21) होता है। अतः राजा से जनता का लगाव इतना गहरा और आत्मीय है जैसे पहिए के घेरे का अरों से होता है (सेदु राजा क्षयति चर्षणीनां अरान् न नेमिः परि ता बभूव, ऋ.1.32.15)। उसके विशेषण हैं धृतव्रत, शुचिव्रत, ऋतावान्, ऋतस्य गोपा, ऋतजात, राजा स्वयं जनता के बीच उसकी दशा देखने और नियम और व्यवस्था की पड़ताल करने जाता था (यासां राजा वरुणो याति मध्ये सत्यानृते अवपश्यन् जनानाम्। 7.49.3)। इसी परंपरा का अनुकरण करते हुए अशोक स्वयं जनता के बीच जाता और उनकी दशा को देखता था और अपने अधिकारियों से भी अपेक्षा करता था कि वे भी जनता से सीधा संपर्क रखें। सूचना के लिए चरों की व्यवस्था थी जो रात-दिन चौकसी बरतते थे जिससे बाद के कालों में राजा को चरचक्षु कहा जाता था। परंतु कोसंबी न तो इनको सही संदर्भ में रख पाते हैं, न ही इनका सही अर्थ कर पाते हैं। वह राजा को कबीले या गण का सरदार बना देते हैं, जबकि कबीलाई सरदारों के लिए वर्षिष्ठ का प्रयोग हुआ है[86] और गण के नेता के लिए प्रयुक्त पद गणपति से हम अच्छी तरह परिचित हैं।

नगर प्रशासन

नगर से लेकर बस्ती तक के लिए पुर/पुरी शब्दों का प्रयोग होता आया है। इस तरह दिल्ली में ही कई पुर और पुरियाँ हैं। पुः/पुर का मूल अर्थ जल है, परंतु यह आगे चलकर बहु का और फिर दल अथवा बस्ती का द्योतक हुआ जो किसी भी आकार की हो सकती है। ठीक यही अर्थ ग्राम का भी है और आज भी समूह के लिए -स्वरग्राम, ध्वनिग्राम आदि- प्रयोग में आता है। गव्य ग्राम-चलता हुआ जन समुदाय, और चरिष्णु पुर ही नहीं जगत, राष्ट्र और संसार का भी मूल आशय चलनेवाला है। ग्रामणी—ग्राम का नेतृत्व करनेवाला, उसे लेकर चलनेवाला और पूर्पति का भी अर्थह्रास समुदाय के रक्षक के रूप में किया जा सकता है। अतः सही अर्थ निर्धारण में केवल संदर्भ और संगति ही सहायक हो सकती है। कोसंबी जर्मन विद्वान राउ द्वारा किए गए इनके हीनार्थ को ग्रहण करते हैं[87], संदर्भ उनके सामने रहता ही नहीं, या कहें वह अपनी कल्पना से इन्हें एक अटपटे संदर्भ से जोड़ लेते हैं। वह बताते हैं कि ग्राम ग्रीष्मकाल में अपने जत्थे और रेवड़ लेकर पानी और नए चरागाह की ओर चल देते थे।[88] कल्पना करें, पशुओं का एक रेवड़ है और उसके पीछे एक पूरा दल चल रहा है, ऐसा दृश्य जानवरों के रेवड़ के पीछे आदमियों के रेवड़ में बदल जाएगा जिसे चलाने वाले भाषा की जर्मन समझ रखनेवाले राउ और कोसंबी जैसे विद्वान हैं। जर्मन विद्वानों की महिमा व्युत्पादन से हीनार्थों के आविष्कार करने की उनकी योग्यता के अनुपात में ही बढ़ती जाती है। मजे की बात यह कि वह इसके प्रमाण में संग्राम का हवाला देते हैं जो उनकी समझ से दो गाँवों के बीच युद्ध

होता था।[89] युद्ध और संघर्ष के सभी पर्याय जिन संकल्पनाओं से जुड़े हैं[90] उनमें से एक है भीड़ या जुटान या साथ चलना (संग्राम, समिति, संगर, समर, समरण, भर, संगथ)। दूसरा स्रोत है आगे बढ़ना–जिसमें आक्रमण, क्रमण, ऐडवान्स, ऐग्रेसन आदि आते हैं। तीसरा स्रोत असाधारण शोर है जिससे आहव, आक्रन्द, दंगा आदि आते हैं। प्रहार आदि से जुड़े शब्द बिरल हैं और छोटे स्तर के टकरावों से संबंधित हैं–जैसे गुत्थमगुत्था होने या उलझने से युद्ध, लड़ाई, मुठभेड़, भिड़ंत आदि हैं। जो विद्वान मूल संकल्पनाओं और उनके अर्थ विकास को समझे बिना व्युत्पत्ति के आधार पर उनका हीनार्थ करते हैं, उनकी महिमा अपार है।

कुलपति शब्द ऋग्वेद में नहीं आया है। केवल एक बार कुलपा का प्रयोग हुआ है जिसका अर्थ सायण ने पुत्र किया है और ग्रिफिथ ने lord of clans किया है। प्रसंग अपना माल असबाब लेकर गंतव्य स्थल के रास्ते में डेरा डाल कर दोपहर को खाने-पीने बैठे तीन व्यापारियों–शिबिरौशीनरः, काशिराज प्रतर्दनः, रौहिदश्व वसुमनाः–का है। अतः इसमें उपमा कुलपा का प्रयोग व्राजपति या सार्थ के नेता के लिए हुआ है। कहें जो अपने दल बल के समस्त लोगों का ध्यान रखता है। अब हम कुलपति, ग्रामणी, विश्पति, राजक या सामंत, राजा[91], सम्राट, सेनानी, पूर्पति, अध्यक्ष, सभा, सभासह (सभासद), कारु (वंदीजन), उपमंत्री (बाद के कालों का विदूषक), पुरोहित आदि पर एक दृष्टि डालें तो एक सर्वांगीण प्रबंध और व्यवस्था मिलेगी और इसे मूक उपादानों से भरपूर हड़प्पा सभ्यता स्वयं नहीं बता सकती। इसमें शिष्टाचार का बहुत अधिक ध्यान रखा जाता था। कोई व्यक्ति ऊँची आवाज में नहीं बोलता था।[92] सभा में किसी की खुली भर्त्सना या कठोर आलोचना नहीं की जाती थी। अपेक्षा की जाती थी कि सभासदों की भाषा सांकेतिक अर्थात् वस्त्रालंकार से ढकी स्त्री की तरह अर्थगर्भित और विषयकेंद्रित हो।[93]

विधि-विधान और व्यवस्था

कोसंबी खींच-तान कर हम्मूरबी का प्रकरण लाते हैं जिसे पहला संहिताकार (लागिवर) बताया जाता है। भारतीय परंपरा में मनु को पहला विधान निर्माता मानने की जो परंपरा है उसकी पुष्टि ऋग्वेद से होती है। उस समय एक मान्य संहिता थी जिसकी कुछ झलक ऋग्वेद में विपणन, ऋण, उत्तराधिकार, पत्नी के अधिकार, अविवाहिता बहन के अधिकार, दत्तकपुत्र के अधिकार आदि के प्रसंग में मिलती है।[94]

दंड के लिए न्यायविचार की व्यवस्था थी। अपराधी को तत्काल दंडित करने के स्थान पर बाँधकर ले जाने से भी ऐसा प्रतीत होता है। सत्य और अनृत पर नजर रखने से भी ऐसा ध्वनित होता है। किसी की ओर से बात करनेवाले के लिए अधिवक्ता का प्रयोग हुआ है।[95] मर्यादा के उल्लंघन और गलतबयानी (अपवाद) को बहुत खेदजनक माना जाता था।[96] अग्नि सामान्य जनों की दशा को देवों को बताने वाले उपवक्ता (उपवक्ता जनानाम्, ऋ. 4.9.5) हैं और विश् के दूत (अग्ने दूतो विशामसि, 1.36.5) हैं। उनको इसी अर्थ में दूत भी कहा गया है। दूत के वरण (अद्या दूतं वृणीमहे वसुमग्निं पुरु प्रियम्,

1.44.3) से लगता है पारस्परिक विचार विमर्श के बाद सबसे उपयुक्त व्यक्ति को प्रशासक के पास अपनी समस्या से अवगत कराने को भेजा जाता था।[97] इसके लिए लोकप्रिय (पुरुप्रिय), देखने में सुंदर (सुरूप), किंचित् वृद्ध (पलित), फिर भी चुस्त (जीर), समझदार (प्रचेतस्), जानकार (कविक्रतु), मर्मज्ञ (अंतर्विद्वान्) मधुरभाषी (मधुजिह्व), निर्भीक (अदब्ध) और आत्मविश्वासी (स्वधावान्) ब्राह्मण (द्विज) का ही चुनाव किया जाता था।[98] दूत अमर्त्य होता था अर्थात् उसका वध नहीं किया जा सकता था। संभवतः एक प्रशासक द्वारा दूसरे को संदेश भेजने के लिए राजदूत भी हुआकरते थे। इस प्रसंग में भी अग्नि का ही हवाला आता है परंतु दूत के स्थान पर अरति (उशिक् पावकः अरतिः सुमेधा 10.45.7; आ यत् वां सत्यो अरतिः ऋते भूत्, 6.67.8) कहा गया है। हड़प्पा सभ्यता के प्रशासनिक चरित्र और जनता की दशा के विषय में उपादान नहीं बोलेंगे, और जैसा कि कोसंबी भी मानते हैं, मुद्राओं का पाठ हो भी गया तो वे अधिक नहीं बोल पाएँगी। इसका परिचय उसके साहित्य–ऋग्वेद के नए मंडलों–से ही मिल सकता है।

भारतीय सभ्यता के प्रतिमान आरंभ से ही पाश्चात्य से इतने भिन्न हैं कि इनको पश्चिमी सभ्यताओं पर आरोपित करके न तो उनको समझा जा सकता है, न पश्चिमी मानदंडों और व्यवहारों को भारतीय सभ्यता पर आरोपित करके इसे समझा जा सकता है। इसके बाद भी सिंधु सभ्यता के उपकेंद्र पश्चिमी सभ्यताओं में थे जहाँ से इसका व्यापार संचालित होता था, इसलिए अपने प्रसार क्षेत्र में इनके कतिपय मूल्यों और विश्वासों और सांस्कृतिक प्रतीकों का भी प्रभाव पड़ा और इन्हें वहाँ अपने ढंग से अपनाया गया।

यह अकेली सभ्यता थी जिसका इतने विशाल जगत पर असर पड़ा और इसके सीमांत केंद्र अकेले थे जिन्होंने उत्प्रेरक का काम किया और इस तरह वह दावा जो विद्वानों की नासमझी के कारण हास्यापद सा लगता था कि भारत विश्व सभ्यता का जनक है, इस दृष्टि से देखने पर एक तथ्यकथन बन जाता है। वे जिनके भी संपर्क में आते हैं, वे अपने को उन जैसा बनाने का प्रयत्न करते हैं और अपने को आर्य कहने में गर्व अनुभव करते हैं, न कि वे जहाँ भी जाते हैं, जिसके भी संपर्क में आते हैं, उसके सर्वोत्तम गुणों को अपना लेते हैं, यद्यपि अपने संपर्क क्षेत्र और कार्यव्यापार में उन्होंने उनसे भी बहुत कुछ सीखा होगा, परंतु इसका चरित्र आयातों की तरह ही स्पष्ट नहीं है। इस सभ्यता के प्रसार को तीन श्रेणियों में बाँटा जा सकता है :

(1) स्वदेशी विस्तार क्षेत्र जिसके विषय में आज हमारी जानकारी पहले से अधिक स्पष्ट है, यद्यपि उतनी नहीं जितनी हो सकती है।

(2) औपनिवेशिक या देशांतर की बस्तियों का क्षेत्र जो एशियाई सीमांत तक के क्षेत्र में जहाँ तहाँ बसे द्वीपों जैसा था। इनमें सुरक्षा की व्यवस्था के साथ हड़प्पा के व्यापारी स्थायी अथवा अस्थायी रूप में जमे हुए थे। इनका उन देशों में जानेवाले व्यापारियों से सीधा संपर्क था। इन प्राचीर-रक्षित बस्तियों को आर्यस्थान कहा जाता था। आर्यावर्त की परिभाषा करते हुए एक बड़ी रोचक बात कही गई है–वह जहाँ अनार्य आसानी से आक्रमण नहीं कर पाते और यदि किया

भी तो टिक नहीं पाते। इसकी अवधारणा इन सुरक्षित बस्तियों से ही विकसित हुई लगती है। यही आर्यावर्त आगे चलकर उनसे प्रभावित एक विशाल भूभाग का नाम पड़ गया।

(3) इन बस्तियों की गतिविधियों से जुड़े होने के कारण अपनी जीवन पद्धति में यत्किंचित परिवर्तन लानेवाले जन समाज जिनमें आर्यों का न तो सीधा प्रवेश था न ही सीधा व्यापारिक संपर्क। इनमें पहले और दूसरे को आर्यभाषा का क्षेत्र माना जाता है और तीसरे में दूसरे के प्रत्यक्ष या परोक्ष संपर्क में यूरोपीय भाषाएँ आती हैं।

इस प्रसार क्षेत्र के केंद्र दो मार्गों से जुड़े हुए थे। स्थल मार्ग से तुर्कमीनिस्तान और काला सागर के ऊपर का डानेट क्षेत्र जुड़ा था और समुद्री मार्ग से खाड़ी क्षेत्र और नदी मार्ग से लघु एशिया तक का क्षेत्र। इन दोनों के उपनिवेशों या बस्तियों के भी तार क्षीण रूप में जुड़े हुए थे। इस तथ्य को समझे बिना हड़प्पाकालीन या सच कहें तो वैदिककालीन पुरातत्त्व को, आर्यभाषा के प्रसार तंत्र को, और इसकी धाक और धौंस को समझा ही नहीं जा सकता। यह प्रभाव सामरिक अग्रता और युयुत्सा के बल पर नहीं कायम किया गया था। यह अपने आचरण, सौहार्द, पण्यवस्तु की श्रेष्ठता और व्यापार तंत्र के संजाल से कायम किया गया था क्योंकि किसी प्राचीन सभ्यता के पास यह संजाल था ही नहीं। वे अपनी क्षेत्रीय सीमाओं तक सिमटी हुई थीं। इससे जुड़ने वालों का भाग्योदय हो जाता था। भाषा तो एक विवशता थी और धीरे-धीर भाषा सीख लेने के बाद उसके माध्यम से प्राप्त होनेवाले विचार और विश्वास और देखने-समझने में परिवर्तन इसके गौण पक्ष थे। यह ठीक वही प्रक्रिया थी जिससे भारत के संस्कृतेतर भाषी जुड़ते, मिलते और सांस्कृतिक प्रक्रिया के संवाहक बनते चले गए थे। इस तंत्र को न समझ पाने के कारण कोसंबी इसे जाति और गोत के सिरे से समझने की कोशिश में स्वयं संभ्रमित होते हैं और अपने पाठकों को भी संभ्रमित करते हैं। वह ऐसे मार्क्सवादी हैं जो गोत्र और रिचुअल के सिरे से अर्थतंत्र पर आते हैं और लगता है कि अर्थतंत्र गोततंत्र की उपज है, अधिरचना आधार की जनक है, अन्न विचार और विश्वास से पैदा होता है।

सन्दर्भ सूची

1. देखें, भगवान सिंह, भारतीय सभ्यता की निर्मिति, इतिहासबोध प्रकाशन, 2004.
2. The rest of the land was very thinly occupied by food-gatherers who went their own several ways in tiny Stone Age tribal units. The Culture..p.58
3. The immigrant city-builders did not invade in large numbers. The Indus construction and general technique is special and peculiarly characteristic, not borrowed from some other large-scale urban culture such as Sumeria. The Culture, 65
4. The oldest progressive stage of which we have any evidence is the Indus valley culture. Stages of Indian History 60
5. Its stagnant nature is further revealed by the virtual absence of change over a thousand years Stages of Indian History, 61.

6. Its range was vast but of a special nature, about a thousand miles from the north to the sea-coast, and perhaps as afr along the sea-coast to the west. The Culture..58
7. Sumerians were also not indigenous to the Tigris-Euphrates river banks; they came originally from some mountainous area. Their principal temples were erected on mud-brick platforms 70 feet or more high, called ziggurats, which were really artificial mountains. The Culture, 65.
8. जिग्गुरात/जिक्कुरात जकारु से व्युत्पन्न शब्द है जिसका अर्थ है ऊँची भूमि पर निर्माण। उबैद काल, चौथी सहस्राब्दी ई.पू., में ये नदियों की बाढ़ से बचने के लिए ऊँची वेदी या प्लेटफार्म की शक्ल में आरंभ हुए और इन पर भवन निर्माण हुआ। बाद में ये क्रमशः उठते हुए सात स्तरों तक पहँचने लगे और इन पर देवगृह बनने लगा जिन तक पुजारियों के अतिरिक्त किसी की पहुँच न थी और इन्हें स्वर्ग या आकाश के अधिक निकट होना ही था। मिस्र के पिरामिडों की प्रेरणा इनसे ही मिली हो सकती है। अतः कोसंबी की यह सूचना कि इन्हें पहाड़ कहा जाता था या पहाड़ों के अनुकरण पर बनाया गया था, अतः ये किसी पहाड़ी क्षेत्र से वहाँ पहुँचे थे, पुनर्विचार की माँग करता है। विकीपीडिया से साभार।
9. ते वा असुरा इमानेव लोकान् पुरोऽकुर्वत।..ते वा अयस्मयीमेवेमामकुर्वत। ...ते देवा अब्रुवन् ... पुरो वा इमेऽसुरा इमाल्लोकानक्रत्। ऐतरेय ब्रा.4.6; असुराणां एषु लोकेषु पुर आसन् अयस्मय अस्मिंल्लोके रजतांतरिक्षे हरिणी दिवि, ते देवा संस्तम्भं संस्तम्भं पराजयंता ह्यासं स्त एताः प्रतिपुरोऽमिन्वत, मैत्रायणी सं.3.8.1; ततोऽसुरा एषु लोकेषु पुरश्चक्रिरेऽयस्मयीमेवास्मिल्लोके रजतामंतरिक्षे हरिणीं दिवि। शतपथ ब्रा. 3.4.4.3
10. स नो देवः सविता शर्म यच्छत्वस्मे क्षयाय त्रिवरूथमंहसः। 4.53.6; इंद्र त्रिधातु शरणं त्रिवरूथं स्वस्तिमत्। 6.46.9; नः त्रिवरूथः शिवो भव॥ ऋ. 6.15.9
11. नराशंसं सुधृष्टमपश्यं सप्रथस्तमम्। दिवो न सद्ममखसम्। 1.18.9; देवमानेव चित्रम्॥ 10.107. 10;
12. नराशंसं सुधृष्टं अपश्यं सप्रथस्तमम्। दिवो न सद्ममखसम्। 1.18.9 यदि कोसंबी ने इन भवनों की उन विशेषताओं का भी उल्लेख किया होता जिसमें पर्दे का ध्यान रखते हुए किसी आवास में खिड़कियाँ न थीं, दरवाजे गली में निकलते थे न कि मुख्य मार्ग पर तो 'अपश्य' आवासों, अर्थात् जिनमें ताक-झाँक न की जा सके को समझने में आसानी होती।
13. ऐसे प्रसंगों का उल्लेख साहित्य में आए इसकी आशा नहीं की जा सकती, फिर भी व्यंग्य के रूप में अपने अंगों को निहारती, ऊपर से पानी गिराती अथवा खड़ी होकर खुले आम नहाती उषा का एक चित्र है–एषा शुभ्रा न तन्वो विदाना ऊर्ध्व एव स्नाती दृशये नो अस्थात्, ऋ.5.80.5.
14. पात्रं अमृक्तं अमर्त्यं, ऋ.2.37.4.
15. कारण यह था कि मिट्टी के बर्तन यदि खान-पान के हों तो उनको एक बार प्रयोग में लाने के बाद जूठा मानकर फेंक दिया जाता था। यदि पकाने के पात्र हों तो उनका कोई स्पर्श नहीं कर सकता था और उन्हें अग्निदग्ध करके निर्विष किया जाता था और फिर उपयोग में लाया जाता था। नैतिक या कहें आरोग्य के नियम इसमें बाधक थे। ये मनोरचना को प्रभावित करते हैं और सादगी को अलंकृति की अपेक्षा अधिक वरणीय बनाते हैं, अन्यथा कुछ पात्र तो ऐसे थे ही जिनके अलंकरण की अपेक्षा होती, जैसे सुराधानी, सोमधान। परंतु ध्यान देने की बात यह है कि यदि हड़प्पा के अवशेषों से अलंकृत पात्र नहीं मिलते तो पात्रों के प्रसंग में ऋग्वेद में भी ऐसा कोई संकेत नहीं मिलता।
16. कासीत् प्रमा प्रतिमा किं निदानं आज्यं किं आसीत परिधिः क आसीत्। छंदः किं आसीत् प्रउगं किं उक्थं यद् देवा देवं अयजंत विश्वे॥ 10.130.3. यह सूक्त सृष्टि की रचना, विश्व भुवन के संदर्भ में है। यह नगर योजना को प्रतिबिंबित करती है, जिसे नाप कर पूरी योजना के साथ बनाया जाता था। परंतु यह उन्हीं नगरों और बस्तियों के अनुरूप है जिन्हें सैंधव चरण पर बनाया गया था, अर्थात् जहाँ कोई पहले की बस्ती न थी (न कुछ था) वहाँ बसाया गया। अतः ऐसे हवाले उन मंडलों में ही आते हैं जिन्हें बाद का या मॉडर्न कहा जाता है।
17. ऋग्वेद में मुख्यमार्ग, उपमार्ग अनुमार्ग और भीतर, संभवतः दुर्ग के अथवा सुरंग के, मार्गों का

उल्लेख है- आपथयः विपथयः अंतस्पथा अनुपथाः, ऋ.5.52.10

18. ऋग्वैदिक में जो कुछ भी बनाया जाता है वह बहुत अच्छी तरह बनाया जाता है। केवल आवास (सुकृत दुरोण) ही नहीं, आकाश तक : नि पर्वता अद्मसदो न सेदुस्त्वया दृळ्हानि सुकृतो रजांसि॥ 6.30.3। सुकृत के प्रति आग्रह–सुकृत्वनि सुकृत्तराय सुक्रतुः॥ 8.46.27;

19. यहाँ कोसंबी के ही सिद्धांत निरूपण के आधार पर कहा जा सकता है कि गाँव भी एक तरह के नहीं रहे हैं। कुछ ऐसे रहे हैं जो भूस्वामीयों के या अपेक्षाकृत खुशहाल लोगों के होते थे जिनमें इस बात का ध्यान रखा जाता था कि बैलगाड़ी प्रत्येक घर तक पहुँच सके। कहें इसका भी खाका अपने ढंग से हड़प्पा से अलग न था, भले उससे सीधे आया हो या वस्तुस्थिति की देन हो। फिर भी इसका ध्यान रखनेवाली कोई संस्था, भाई चारा या पंचायत, सभी में थी। दूसरी बस्तियाँ कामगारों की थीं, उन तक न गाड़ी में भर कर माल पहुँचना था, न ही उन नियमों का निर्वाह होता था जिनसे सवर्ण बस्तियाँ नियोजित होती थीं।

20. सध्रीचीना पथ्या सा विषूची, 3.55.15

21. इदं यमस्य सादनं देवमानं यदुच्यते।
इयमस्य धम्यते नाळीरयं गीर्भिः परिष्कृतो॥ 10.135.7

22. अनुक्षरंति काकुदं सूर्म्यं सुषिरामिव॥ 8.69.12

23. अध्वर्यवो यो दिव्यस्य वस्वो यः पार्थिवस्य क्षम्यस्य राजा।
तमूर्दरं न पृणता यवेनेंद्रं सोमेभिस्तदपो वो अस्तु॥ 2.14.11

24. The city houses had been many-storied. palatial, solidly built of well-baked bricks and supplied with such amemtles as excellent bathrooms and lavatories. The pottery was very good in quality, mass-produced on the afst wheel, though not too well decorated. Gold, silver, jewels, and other evidence of lost wealth came to light. The layout was unique, originally in rectangular blocks about 200 X 400 yards, with wide main streets and good minor lanes. Nowhere else was civic organisation of such complexity and excellence to be found so carefully planned at so early a date. The Egyptian cities were architecturally insig-nificant compared to the mountainous tombs of their rulers, and to the great temples. Sumeria, Akkad, Babylon had brick-built cities nearer to the Indus type, but they just grew. The streets in all these cases, as in Rome, London, Paris: and for that matter in later Indian towns followed irregular country paths. (The Indus cities show town planning of a truly amazing nature. Besides the straight streets meeting at right-angles, there was a superb drainage system for carrying away rain-water and cesspools for clearing the sewage) No Indian city possessed anything of the sort till modern times; afr too many still lack these amenities. There were enormous granaries, too large to be in private possession. They were accompanied by small tenement- houses in regular blocks which must have accommodated the special class of workers or slaves who pounded and stored the grain. There was evidence of considerable trade, some of it across the ocean. The Culture,54

25. Gold, silver, jewels, and other evidence of lost wealth came to light.ib.

26. दश ते कलशानां हिरण्यानामधीमहि। भूरिदा असि वृत्रहन्॥ 4.32.19

27. हिरण्यस्येव कलशं निखातं उत् ऊपथुर्दशमे अश्विन अहन्, ऋ.1.117.12।

28. The apsaras could not marry a husband and settle down to permanent, normal family life. This would explain the use of the peculiarly constructed rooms at the 'Great Bath'. It was part of the ritual for men not only to bathe in the sacred water but also to cohabit with the female attendant representatives of the mother goddess to whom the citadel complex belonged. This is not afr-fetched. The temples of Ishtar in Sumer and Babylon had similar practices in which girls of the leading

families had also to participate. The Culture, 68.

29. The weapons found at Mohenjo-daro are weak as compared with the excellent tools. The spears are thin, without a rib; the spearhead would have crumpled up at the first good thrust. There are no swords at all. The sturdy knives and celts are tools, not weapons. The Culture, 64
30. The copper ore came from Rajasthan and was available in sufficient quantity for export of thc metal to the west. id.59
31. ऋ.1.33.3; 39.10; 64.10; 5.57.2; 6.75.5; 10.95.3; 103.2; 3.
32. The archer becomes an ideogram symbol; but there were no bronze arrowheads, only stone. ib.
33. The Aryans could not have been a vast horde of invaders, because the land from which they came could not support a greater population than most of the civilised and cultivated regions they invaded. The Culture, 76.
34. pastoral second-millennium beginning of ancient Indian culture really meant the victory of barbarism over a afr older and decidedly supenor urban culture. id., 55.
35. Whatever authority controlled the people did so without much force.ib.
36. या नः पीपरदश्विना ज्योतिष्मती तमस्तिरः । तामस्मे रासाथामिषम् ।। ऋ.1.46.6; वैश्वानरः वावृधे जागृवद्भिः॥ 7.5.1; देखें ऋ.8.89.1; 10.91.1
37. अनिमिषं रक्षमाणा, 7.61.3; अस्य स्पशः न निमिषंति भूर्णयः पदे-पदे पाशिनः संति सेतवः, ऋ. 9.73.4; न तिष्ठंति न नि मिषंति एते देवानां स्पश इह ये चरंति, ऋ.10.10.8
38. यद्यति चीत्कार करते हुए युद्ध में कूदने के प्रसंग में यह ऋचा आई है, परंतु ऐसा उन पहरेदारों–स्पशों–द्वारा भी किया जाता रहा होगा : सङ्क्रंदनेन अनिमिषेण जिष्णुना युत्कारेण दुश्च्यवनेन धृष्णुना, ऋ.10.103.2
39. सुबद्धां अमु तस्करम्, ऋ.10.85.25; तनूत्यजेव तस्करा वनर्गू रशनाभिः दशभिः अभ्यधीताम्, ऋ. 10.4.6
40. गृभ्णाति रिपुं निधया निधापतिः सुकृत्तमा मधुनो भक्षमाशत्, ऋ. 9.83.4।
41. त्रिषु द्रुपदेषु बद्धः, ऋ.1.24.13
42. पिता माता भ्रातर एनमाहुर्न जानीमो नयता बद्धमेतत्॥10.34.4
43. None of the Indus records have been deciphered. Besides, these records are merely brief legends on seals of seal-impressions, plus a few scratches on potsherds. The alphabet is unknown and as yet unread. Even had it been read, the information yielded would have been a few personal names, perhaps names of trade-orgarnsations and of a god or two.p. 70.
44. The merchants' records might have been on cloth, palm-leaf, or some such perishable material; but with restricted local transactions, they did not need many records, because memory would serve.ib.
45. arban routine, trade, and the careful accounting implied by the accurately weighed silver coinage from about 700 B.C. would not have been possible without literacy; just what the alphabet was and to what extent it was used remains to be determined. *The Cultrue*, 88; The existence of regular trade is indirectly vouched for by the treatment of gold. We read again and again that "gold is immortality" *(TS.* 5.2.7 &c.) which has ritual psychologic explanations. The gold, hmvever, was doled out to the priest according to *TS.* 2.3.2 in units of four *kṛṣṇalās* each from a piece of 100 *kṛṣṇalās* weight. The *kṛṣṇalā* or *gunjā* is a seed of the *Abrus precatorius,* red with black spot, still used by Indian goldsmiths to make up small weights. The significant feature of this is that the earliest silver coins known in India are of the

32 kṛṣṇalā standard, amounting to almost exactly 54 grains; moreover, this standard goes back to weights of class 'D', found at Mohenjo-daro and Harappā. *Intro.* 120

46. ससर्परीरमतिं बाधमाना बृहंमिमाय जमदग्निदत्ता।
आ सूर्यस्य दुहिता ततान श्रवो देवेष्वमृतमजुर्यम् ॥
ससर्परीरभरत् तूयमेभ्योऽधि श्रवः पाञ्चजन्यासु कृष्टिषु।
सा पक्ष्या नव्यमायुर्दधाना यां में पलस्तिजमदग्नयो ददुः ॥ 3.53.15-16
47. यां पूषन् ब्रह्मचोदनीमारां बिभर्ष्याघृणे।
तया समस्य हृदयमा रिख किकिरा कृणु॥ 6.53.8
48. The lack of change on the Indus was not due to mere sloth or conservatism but to much deeper causes. It was a deliberate refusal to learn when innovation would have greatly improved matters. The merchants surely knew about canal irrigation in Babylon and Sumeria. No canals are discernible in any of the air photographs of the Indus region, apart from modern irrigation works.ib.
49. The grain would be collected and distributed by the great temple. The granaries belonged to the citadel mound, being part of the complex or close to it. The work of processing the grain was done by people who lived in adjacent quarters built to a uniform but rather mean pattern. These might have been temple slaves, of the sort known in Mesopotamia as qallu (gallu). To what extent the temple participated in the processes of manuafcture is not known, but the participation must have been full, to judge by foreign parallels. The Culture, 70
50. कोसंबी पुष्कर का अर्थ ऐसा सरोवर करते हैं जिसमें कमल खिलते हों। पुष् का अर्थ जल (अर्थविस्तार दूध, आहार) है जिससे ठंड के महीने के लिए पौष, पोषण और पूषा की उत्पत्ति हुई है।
51. देखें, भगवान सिंह, हड़प्पा सभ्यता और वैदिक साहित्य, खंड 1, 104, 113, 14। हड़प्पा सभ्यता के अन्नागारों की तुलना में मिस्री राजाओं के अन्नागार इतने विपन्न प्रतीत होते हैं कि दोनों में कोई तुलना नहीं फिर भी कोसंबी मिस्र और मेसोपोटामिया की उपज को हड़प्पा से अधिक बताते हैं। मार्क्सवादी हैं को यह देखने की याद नहीं कि विरल भव्यता और सार्वजनिक दरिद्रता और उत्पीड़न सभ्यता की अग्रता का नहीं, उसके पिछड़ेपन का प्रमाण है।
52. See, Bhagwan Singh, The Vedic Harappans, 1995, 109-19.
53. It is notable, however, that the merchants seals do not show any female deity. The totem animals are male without exception. The very few human figures, where identifiable, seem also to be male. One possible implication is that the traders developed their own secondary cults in which the mother goddess had no direct share. The Culture, 70-71
54. Griffith: The earth's eight points his brightness hath illumined, three desert regions and the Seven Rivers.God Savitar the gold-eyed hath come hither, giving choice treasures unto him who worships.
55. If driven out of sight of the land, the crew released a crow, which would fly towards the nearest point of the coast. This is precisely the method followed by Noah in the Bible, when he first released a crow from the Ark to find out in which direction the land lay, and then a homing pigeon to make sure that the land was fertile. Culture, 60.
56. J.P. Mallory, 1989 In Search of the Indo-Europeans, London.
57. विश्वा वसूनि बिभ्रत, 9.108.11; विश्वा वसूनि संजयन्, 9.29.4
58. ऋ.अदो यद् दारु प्लवते सिंधोः पारे अपूरुषम्। तदारभस्वदुर्हणो तेन गच्छ परस्तरम्॥ 10.155.3
59. देवासरायन् परशूँरबिभ्रन् वना वृश्चंतो अभि विड्भिरायन्। नि सुद्रवं दधतो;वक्षणासु यत्रा कृपीटमनु

तद्‌दहंति॥ ऋ.10.28.8

60. In return they received silver and other commodities and other commodities whose exact nature is still unsettled.ib.

61. क्षुमद्वाजवन्मधुमद् सुवीर्यम, 9.86.18; स्पार्हा इषः क्षुमतीर्विश्वजन्याः, 10.2.6

62. शिंतास्ता में शिंत सिंध का बिगड़ा हुआ रूप है और स्ता स्थान का पर्याय। अर्थ हुआ सिंधियों का निवासक्षेत्र। जो वहीं बसे रह गए वे आज भी अपने को सिंदोइ अर्थात् सिंधी कहते हैं, भले सिंध से स्मृति हट गई हो और कुछ अपने समाज में गंगा के तट से आए वेदवुदस या वेदविद के शिष्य मानते हों जैसे लैटविया, लिथुआनिया और स्लाविया के लोग मानते रहे। देखें, सुनीतिकुमार चटर्जी, बाल्ट ऐंड आर्यनस इन देयर इंडोयूरोपियन बैकग्राउंड, शिमला, 1968 और माइकल विट्ज़ेल, आर्यों के भारतीय मूल की कल्पना : इतिहास में मिथक का मिश्रण, ग्रन्थशिल्पी, 2004 में इसका उल्टा पाठ।

63. But then why should-such city vanish without successors or trace? The Culture, 54-55.

64. occupation after the massacre was negligible. Culture, 55.

65. In Iraq, those who conquered the cities continued in occupation. The great Babylonian king and lawgiveer Hanmmurabi .(seventeenth century B.C.) came from such conquerors, origmally barbarians: Similarly in Egypt. This expected continuity of urban culture was missing in India. The beginning of India's main cultural development and the possibility of writing Indian history of the second and third millennium B.C. have both been seriously damaged. Culture, 58

66. देखें Culture, 71

67. The destroyers and the destroyed functioned in a corner of the sub-continent, actually in what is now west Pakistan. The rest of the land was very thinly occupied by food-gatherers who went their own several ways in tiny Stone Age tribal units.

68. The Brāhmaṇa sages in the wilderness when correspond to Abra-ham, who left ar of the Chaldees for a nomadic life when the days of the city's glory had passed; of course, the Brāhmaṇas may have been driven out by the ruin of their cities, and had in any case a afirly hard time of it: retreat to the wilderness, *Early Stages of the Caste System in Northern India,200*

69. The line of priests who maintained the tradition had lost all contact with that region for many centuries, Culture, 78

70. We have here one possible mechanism by which the conquered sages could appear as priests of the conquerors, for by this time the Aryans had unquestionably begun to fight against each other, having advanced as afr east as the Yamuna river. Early Stages of the Caste System in Northern India, p200

71. Brāhmaṇic works on statecraft; in afct, the commonest Sanskrit word for minister, *mantrin,* means the possessor of a magic formula, which implies a Brāhmaṇa. *Early Stages of the Caste System in Northern India, 207.*

72. Vedic genealogies had been closed a long time earlier, the original vedic tribes having vanished or being regarded as barbarians by newer brahmins. Intro. 124

73. Indus valley culture,…culture that may have been destroyed by Aryan invaders or died out because of the shift of the Indus, . Early Stages of the Caste System in Northern India 200

74. The" sacrifice" seal (fig. 11) with the seven sages, a greater figure performing some rite, and another floating between heaven and earth could easily be the origin of the Visvamitra legend, where that sage, in gratitude, raised king Triśanku

to the heavens, only to have the gods throw him down. As a compromise, the unfortunate prince remains suspended as a constellation in the sky. The tree within which the figure with three-peaked crown hovers is shown by its leaves to be the pipal *(Ficus religiosa).ibid, 78*

75. The Culture, p.80
76. Certainly, a great deal that was connected with craftsmanship and trade did survive. The later Indian standards of weight and apparently measure (this part is not so clear) often went back directly to those at Mohenjo-daro and Harappa. Certain myths and legends must have survived as well, Culture, 71.
77. The best explanation would seem to be as follows. The people who touched off these mighty river cultures came from some restricted but developed locality or localities; restricted, in that there could have been no room in each case for expansion in the original, unknown homeland; developed, because each of the three great ancient civilisations shows knowledge of agriculture, brick-making, construction and proper grouping of houses and some military technique. The last was needed for two reasons. id, p.65.
78. देखें, भगवान सिंह, जो लोग यहाँ थे अब भी यहीं कहीं हैं, नया ज्ञानोदय (65), जुलाई, 2008, 96-100; कहँ कासी कहँ ऊसर मगहर, नया ज्ञानोदय (66), अगस्त 2008 63-67; पूरब का पच्छिम, नया ज्ञानोदय (67), सितम्बर, 2008, 96-101; इतिहास का सीधा पाठ, नया ज्ञानोदय (68), अक्तूबर, 2008 68-73; कच्चा चिट्ठा, नया ज्ञानोदय (69), नवम्बर, 2008.
79. इदं नम ऋषिभ्यः पूर्वजेभ्यः पूर्वेभ्यः पथिकृद्भ्यः॥10.14.15; देखें ऋ.1.30.9;1.87.5; 1.176.6 आदि भी
80. स्वस्ति पन्थामनु चरेम सूर्याचंद्रमसाविव। पुनर्ददताघ्नता जानता सं गमेमहि॥ ऋ. 5.51.15
81. भाष्यकार और अनुवादक इसका अर्थ करते समय खासे अनिश्चय में दिखाई देते हैं। उन्हें उस 'क्षु' पर ध्यान देना था जिसका क्षुधा से संबंध है। पुरुक्षु का अर्थ होगा क्षुधा मिटाने के लिए पुरु या विविध प्रकार के उत्तम आहार। सायण और ग्रिफिथ ने जो आशय ग्रहण किए हैं वे निम्न प्रकार हैं: पुरुक्षुः (1.68.10) बहु अन्नः, rich in food पुरुक्षुं (2.40.4) बहुकीर्ति, great store of treasure; (7.5.9) बहुअन्नंम्; पुरुक्षोः (3.54.21) बहुअन्नोपेत, of foodful. Riches; (6. 50.11) बहुभिर्कीर्तनीयस्य। जैसा हमने कहा, छुहारा क्षु का ही तद्भव है और इसके सहारे कई दिन तक क्षुधा का निवारण किया जा सकता है।
82. there actually were people in antiquity who called themselves Aryans and were called Aryans by others. Culture, 73
83. सत्य और ऋत तो स्रष्टा के तप से पैदा हुए प्राथमिक गुण हैं जिनसे सृष्टि रची गई और जो सृष्टि में व्याप्त हैं (ऋतं च सत्यं चाभीद्धात्तपसोध्यजायत, 10.190.1)।
84. अभूदु पारमेतवे पन्था ऋतस्य साधुया, 1.46.11; ऋतस्य पन्थामन्वेति साधु, 1.124.3;ऋतस्य पन्थामन्वेति साधु, 1.124.3; विश्वे देवाः समनसः सकेता एकं क्रतुं अभि वि यंति साधु, 6.9.5; क्षेति क्षेमेभिः साधुभिर्नकिर्यं घ्नंति हंति यः, 8.84.9; यथाहान्यनुपूर्वं भवंति यथा ऋतव ऋतुभिर्यंति साधु, यथा न पूर्वमपरो जहात्येवा धातरायूंषि कल्पयैषाम्, 10.18.5; ऋतस्य पन्थामन्वेमि साधुया, 10.66.13; त्वं देहि सहस्रिणं रयिं नोघ्द्रोघेण वचसा सत्यमग्ने, 3.14.6;
85. अग्निर्होता कविक्रतुः सत्यश्चित्रश्रवस्तमः, 1.1.5; तेन सत्येन जागृतमधि प्रचेतुने पदे। इंद्राग्नी शर्मयच्छतम्। 1.21.6; सेदु होता सत्यतरो यजाति यथा देवानां जनिमानि वेद, 3.4.10; आ होता मंद्रो विदथान्यस्थात् सत्यो यज्वा कवितमः स वेधाः। विद्युद्रथः सहसस्पुत्रो अग्निः शोचिष्केशः पृथिव्यां पाजो अश्रेत्, 3.14.1; उतो हि वां पूर्व्या आविविद्र ऋतावरी रोदसी सत्यवाचः। नरश्चिद् वां समिथे शूरसातौ ववंदिरे पृथिवी वेविदानाः, 3.54.4; त्रिरस्य ता परमा संति सत्या स्पार्हा देवस्य जनिमान्यग्नेः। अनंते अंतः परिवीत आगाच्छुचिः शुक्रो अर्यो रोरुचानः, 4.1.7; सत्यमेनमनु विश्वे मदंति रातिं देवस्य गृणतो मघोनः, 4.17.5; सत्यमेनमनु विश्वे मदंति रातिं देवस्य गृणतो मघोनः॥

4.17.5; ते सत्येन मनसा दीध्यानाः स्वेन युक्तासः क्रतुना वहंति। 7.90.5; सत्यस्य नावः सुकृतमपीपरन् ॥ 9.73.1;

86. अधि बृबुः पणीनां वर्षिष्ठे मूर्धन्नस्थात्। उरुः कक्षो न गांग्यः॥ 6.45.31

87. The word *grāma* had still the major connotation of a pastoral group on the move *(Rau* 51-4), for the settlement was only for a few months of the year, the greater part of which was spent in a seasonal transhumance (boolying) of men and cattle *to* the east, and back. When-ever two such mobile groups came together, there was bitter fighting. The word *samgrāma* meant" battle" ever afterwards in Sanskrit. There seem *to* have been *no* cities. The *grāma* was settled by a *sajāt* kinship group under their own leader *(grāmaṇī)* responsible to the tribal chief-king *(Rau* 55-7). Besides this official, who represented self-government *for* the *sajātas,* the king usually appointed - over the fixed settlements - a *grāmin (Rau* 57) who was a ksatriya *or* a brahmin. *Intro.,* 140

88. The lowest unit was the *grāma.* Later to mean 'village', it was at this time only a kinship group *(sajāta),* generally on the move with its cattle and sudras, led by its own *grāmani* who ranked as an officer of the tribe responsible to the chief. The *grama* in summer would take its human beings and cattle to good pasture near the water. In the rains they would move back to higher ground above the normal reach of floods, to cultivate some grain.*The Culture*, 87-88.

89. There was always trouble when two *gramas* even of the same tribe came together on the march. This is shown by the new word *sam-grāma,* literally 'the meeting of *grāmas'*, which is Sanskrit for 'battle'. The various *grāmas* of a tribal kingdom *(rāshtra)* would gather together only for the common sacrifices or to oppose some common enemy. *The Culture*,88.

90. देखें, भगवान सिंह, 1987, खंड 1, पृ. 167-68.

91. कोसंबी को राजा कबीले के अभिजात वर्ग में प्रथम होता था जो या तो वंश परंपरा से सरदारी पाता था अथवा चुना जाता था : The king over such people was normally the first among a whole set of tribal oligarchs who held the chieftainship as often by rotation or election as by hereditary privilege. The word *rājanya,* 'fit to rule', is used equally for 'prince', 'king', or kshatriya in general. उनकी यह धारणा राजा के विषय में आए कुछ विशेषणों या लक्षणों के पाठ पर आधारित है, जैसे 'असमो जनाना', 'हितमित्रो न राजा' प्रथम होता था। यह निकटता भी भारतीय राजतन्त्र की विशेषता को प्रकट करता है और इसे दूसरे लक्षणों और विशेषों के साथ पढ़ा जाना चाहिए।

92. ऋ. 1.29.5.

93. गुहा चरंती मनुषः न योषा सभावती विदथ्येव सं वाक्, 1.167.3.

94. देखें भगवान सिंहः ऋग्वैदिक परंपरा, प्रकाश्य।

95. विश्वा अहा इन्द्रः अधिवक्ता नो अस्तु, (इंद्र हर समय पर मेरे पक्ष में ही बात कहें) ऋ.1.100. 19; 102.11; बृहस्पति तुम हमारे शरीर के रक्षक हो, हमारे अधिवक्ता हो, हम तुम्हारी गुहार लगा रहे है–त्रातारं त्वा तनूनां हवामहे अवस्पर्तः अधिवक्तारं अस्मयुम्, 2.23.8

96. अपदे पादा प्रति धातवेऽकः उतापवक्ता हृदयाविधश्चित्॥ 1.24.8

97. प्र त्वा दूतं वृणीमहे 1.36.3; जुष्टः हि दूतो असि हव्यवाहन, 1.44.2;

98. वह्निं यशसं विदथस्य केतुं सुप्राव्यं दूतं सद्योअर्थम्। द्विजन्मानं रयिमिव प्रशस्तं रातिं भरद् भृगवे मातरिश्वा।। 1.60.1; देखें 1.36.5; पुरु प्रियम् (1.44.3); प्रचेतसं जीरं दूतं अमर्त्यम्। 1.44.11, अन्तर्विद्वाँ, 1.72.7; दूतेव हव्या जन्या पुरुत्रा, 2.39.1; आशुं दूतं अजिरं प्रत्नं ईड्यं श्रुष्टी देवं सपर्यत, 3.9.8, आदि भी।

अठारह

गंगा घाटी में आर्य

कोसंबी के अनुसार गंगा घाटी में नगर सभ्यता इसलिए जन्म नहीं ले सकती थी कि इसकी उपजाऊ भूमि में घने जंगल थे। इनकी कटाई के लिए लोहे के आविष्कार की प्रतीक्षा थी और लोहे को भारत तक लेकर आनेवाले आर्यों की जरूरत थी। उन आर्यों की जिनके हथियार तक अनार्य असुर बनाते थे, जो अपने हाथ को भाँजना पसंद करते थे, परंतु उनसे कोई उत्पादक काम करना अपनी हेठी समझते थे। उत्पादन और वितरण का सारा काम वैश्यों और शूद्रों का था जो वर्णव्यवस्था में सबसे नीचे थे। कोसंबी को यह पता नहीं था कि धातुविद्या में आर्यों की अग्रता उन असुरों की दक्षता का परिणाम थी जिनको वह हैवान और सभ्यता के विकास के लिए अपेक्षित सभी योग्यताओं से शून्य मानते थे। बालू से तेल निकालना मुश्किल माना जाता है, पर यह मुहावरा गलत सिद्ध हो चुका है। बालू से तेल भी निकल सकता है और सभ्यताएँ भी।

नगर सभ्यता और रेगिस्तान

कोसंबी यह सिद्ध करने के लिए कि प्राचीनतम नागर सभ्यताएँ रेगिस्तानी क्षेत्रों में ही क्यों विकसित हुईं, एक सैद्धांतिकी तैयार करते हैं। वह प्रश्न करते हैं कि 'इस उपमहाद्वीप में आखिर पहला नगरीय विकास एक ऐसी नदी के तट पर क्यों हुआ जो मुख्यतः एक मरुस्थल से होकर प्रवाहित होती थी?' और कहते हैं, 'उत्तर बहुत आसान है। नदी पानी और एक प्रमुख आहार, मछली के स्रोत के लिए जरूरी थी। बाद में यह लंबी दूरियों के परिवहन का साधन बन गई। इससे पहले तो आदिम आबादी में तेजी से वृद्धि हुई। फिर रेगिस्तान से बहने वाली नदी के कछार की अपनी ही महिमा है। इससे प्राचीन आबादी नदी से सटी एक पतली पट्टी तक सिकुड़ जाती है। एक सीमा से आगे बढ़ने पर आहार संग्रह असंभव हो जाता है क्योंकि जंगल के नाम पर जहाँ-तहाँ झाड़-झंखाड़ ही होते हैं। इस असुविधा की दूनी क्षतिपूर्ति इस बात से हो जाती है कि भारत के सघन जंगलों की अपेक्षा जंगली जानवरों और खतरनाक साँप-गोंजर और कीड़ों से बचाव की कम जरूरत पड़ती है। दूसरे खेती की संभावना और जरूरत बढ़ जाती है। जमीन की सफाई बहुत आसान होती है, क्योंकि केवल आग लगा कर ही यह काम किया जा सकता है, जबकि भारत के मानसूनी जंगलों की सफाई लौहयुग से पहले हो ही नहीं सकती थी।'[1] फिर

वह दृष्टांत देते हैं कि पूरी दुनिया में सभ्यताओं का उदय रेगिस्तानी क्षेत्रों की नदी घाटियों में क्यों हुआ।

यह एक तथ्य है कि नगर सभ्यता का जन्म ऐसी नदी घाटियों में हुआ जो मरुस्थल से होकर बहती थी। परंतु इससे इस तथ्य के पीछे के विकास का सही परिचय नहीं मिलता। आखिर वह हरबा-हथियार कहाँ और कितने लंबे समय में तैयार हुआ जिसको ये सभी नगर सभ्यताएँ अपनी नींव से ही काम में लाती हैं? जैसा व्याधियों के मामले में होता है कि उनका एक लंबा इतिहास होता है जिसके बाद वे प्रबल हो जाती हैं, फिर भी व्याधि कहीं और होती है और उसके लक्षण कहीं और प्रकट होते हैं, और नादानी में हम उन लक्षणों से उस बीमारी के आरंभ को जोड़ लेते हैं, वैसा ही ऐसी प्रत्येक अभिव्यक्ति के साथ होता है जिसे हम आरंभ मान लेते हैं। सभ्यताओं का विकास अदृश्य रूप में बहुत लंबे समय में होता है। जो लोग इनकी प्रबल अभिव्यक्ति को इनका आरंभ मान लेते हैं वे उन लोगों जैसे हैं जो नदी की धारा जहाँ मैदान में उतरती है उसे ही उसका उद्गम मान लेते हैं।

इससे जो यह निष्कर्ष निकाला गया है कि गंगा घाटी में स्थायी बस्तियाँ लौहयुग से पहले नहीं बस सकती थीं वह और भी गलत है, क्योंकि यहाँ बहुत प्राचीन बस्तियों के प्रमाण मिले हैं जिनमें से एक का इतिहास सातवीं सहस्राब्दी ईसापूर्व तक जाता है।

एक आयामी सोच

हम सर्वांगीणता की जितनी भी बात करें, अधिकांश लोग, और विशेषतः अपने को असाधारण विदग्ध समझने वाले लोग, इकहरी सोच या एक आयामी समझ के लिए ही जाने जाते हैं। इसमें पूरी ऊर्जा एकदिश हो जाने के कारण बहुगुणित हो जाती है और प्रहार के लिए इसी विधि को अपनाया जाता है। कहें इससे उन्हें अपने तर्क को धारदार बनाने में मदद तो मिलती है पर पूरी सच्चाई सामने नहीं आ पाती। प्राचीन सभ्यताओं के उदय के प्रसंग में जिन पहलुओं पर कोसंबी का ध्यान नहीं गया उनमें से एक की ओर चाइल्ड ने कुछ अटपटे रूप में संकेत दिया था, और दूसरे की ओर ह्वीलर ने। पहला कृषिक्रांति या खाद्य संग्रह से उत्पादन की दिशा में पहल के पीछे पश्चिम एशिया में विगत हिम युग के दौर में उत्तर से, यूरोप से, पलायन करके वहाँ के निवासियों का पश्चिम एशिया में पहुँच जाना, और दूसरा पाषाण युगीन पश्चिमोत्तर भारतीय उद्योग के प्रसंग में भूमध्यसागर तक पाए जानेवाले हथियारों में कुछ समानताएँ।

कोसंबी इन दोनों के विचारों से परिचित हैं और इनका सम्मान भी करते हैं। उनके पास वह सूत्र था जिससे सभ्यता के विकास की सही व्याख्या कर सकते थे। वह था अतिप्राचीन जीवन अनुभवों को सँजोने वाले प्राचीन भारतीय लिखित स्रोत, रीतिविधानों आदि में प्राचीनतम अवस्थाओं के अवशेष, भारतीय नृतत्त्व या बहुजातीय सामाजिक, भाषाई और सांस्कृतिक पर्यावरण पर पुनर्विचार। इनका भी कोसंबी को काफी अच्छा ज्ञान था। वह यह याद दिलाते हैं कि विगत हिमयुग में भारतीय भूभाग पर अपेक्षाकृत

बहुत कम प्रभाव पड़ा था और जहाँ तक पूर्वी भारत का प्रश्न है वह इस दौर में युन्नान और बर्मा की ओर से प्रागैतिहासिक मानवों के प्रवेश का भी हवाला देते हैं। इस पूरे प्रसार में औजारों की समानताओं की ओर ध्यान भी दिलाते हैं।[2] वह इस तथ्य पर कुछ अधिक ही बल देते हैं कि आहार संचय की दृष्टि से भारतीय भूभाग अधिक समृद्ध था।[3] फिर भी आप्रवास के पूरे आयाम का आभास उनके लेखन में नहीं मिलता। पश्चिम की दिशा से भी कुछ जत्थे आए होंगे, इसका संकेत उनके यहाँ हिमयुगीन फ्रांस के गुहावासियों की परंपरा के भारतीय बहुमिश्र अंकनों में उतरते देखकर भी नहीं मिलता।

भारतीय भूभाग में उसी प्राकृतिक आपदा से रक्षा के लिए ध्रुव प्रदेश से लेकर बीच में पड़ने वाले अनगिनत मानव समुदायों का आगमन सीधे या टेढ़े रास्तों से हुआ था? वह यह क्यों नहीं देख सके कि अनुभव, ज्ञान और दृष्टि की इन भिन्नताओं ने अपने सह-अस्तित्व और संघर्ष दोनों में जिस तरह की ऊर्जा और सर्जना को और साथ ही साथ विकट समस्याओं को जन्म दिया, उसका आभास उन ग्रंथों—ब्राह्मणों, आरण्यकों, उपनिषदों आदि—में मिलता है जिनका अन्य कारणों से उन्होंने भरपूर उपयोग किया है। वह इस अविश्वसनीय रूप से सुदूर प्राचीन अवशेषों के स्तरभेद को नहीं समझ सके और अधिकांश को उनके लेखन काल में सीमित रखकर समझना चाहा। जिस कृषिक्रांति की कल्पना गोर्डन चाइल्ड ने पश्चिम एशिया के विषय में की थी, उसके आदिम चरण की डरावनी यादें तो इन कृतियों में ही बची रह गई हैं।

जनसंख्या के इस भारी दबाव के चलते जीवन रक्षा के लिए विकट संघर्ष होते रहे। इनके कारण हिमययुग के बाद भी दक्षिण एशिया से पलायन करके भूमध्यसागर तक ही नहीं उत्तर की ओर भी जहाँ-तहाँ लोग जाते रहे। उनके पदचिह्नों को झुठलाया नहीं जा सकता। इसे कुछ-कुछ ज्वार-भाटे के साम्य से समझा जा सकता है।

इसके कारण पश्चिम एशिया से लेकर पश्चिमी और मध्यउत्तर भारत एक अंतर्क्रिया क्षेत्र में बदल गया था। इन्हीं गतिविधियों का परिणाम था नवपाषाणी संस्कृतियों का इस पूरे क्षेत्र में जहाँ-तहाँ इतने कम समय में उदय कि अब यह तय करना कठिन है कि स्थायी निवास और कृषिकर्म सबसे पहले कहाँ आरंभ हुआ। कोसंबी के समय में भारतीय नवपाषाण के विषय में हमें जानकारी थी ही नहीं, अतः उनकी इस सीमा को समझा जा सकता है।

पूर्वी उत्तर प्रदेश में भी गंगा की सहायिकाओं के तट पर स्थायी बस्तियाँ उसी कालावधि में बसनी आरंभ हुई थीं जिनमें पश्चिम एशिया की जर्मो, जेरिका, शतलहुयूक आदि में। इनमें से एक की खुदाई राकेश तिवारी के दल ने अभी हाल में की और इससे बाद की परंतु आरंभिक हड़प्पा काल और उसके बाद की अन्य बस्तियों की खुदाई पुरुषोत्तम सिंह आदि द्वारा की गई थी। हड़प्पा सभ्यता के दौर में इनकी संख्या में भारी वृद्धि हुई थी, परंतु यह पक्ष भी कोसंबी के अवसान के बाद ही उजागर हुआ। विंध्य के पहाड़ी क्षेत्र और गंगा के कछार (प्रतापगढ़) आदि के विषय में भी तब तक कुछ ज्ञात नहीं था।

कोसंबी यह जानते थे और पश्चिमी एशिया की तुलना करते हुए इस बात की शिकायत भी करते हैं कि भारतीय पुरातत्त्व अभी अपनी शैशवावस्था में है। परंतु इसके बाद भी जो कुछ उनके समय तक पता था, उसे भी घटा कर, जो बचता था उसे भारतीय पुरातत्त्व की कुल लब्धि मानकर उन्होंने अपने सिद्धांत गढ़े और इतिहास विवेचन किया। अतः उनका यह सिद्धांत कि केवल रेगिस्तानी·क्षेत्र की नदियों के कछारों में ही खेती हो सकती थी, मानो गंगा, जमुना और उनकी सहायिकाओं के कछार ही न थे, या थे तो उनमें खेती नहीं हो सकती थी, का खंडन करने की भी जरूरत नहीं। इसमें खेती लौहयुग के बाद आरंभ हुई यह गलत सिद्ध हो चुका है। भारत में खेती यव और गेहूँ से आरंभ हुई यह गलत सिद्ध हो चुका है क्योंकि श्यामाक व्रीहि से पूर्ववर्ती है और फिर व्रीहि और यव के समास में पहले व्रीहि आता है। खेती का जो इतिहास ब्राह्मणों से तैयार होता है उसमें भी वे धान की खेती वाले क्षेत्र से यव के क्षेत्र में आए। वे बताते हैं कि उन्होंने दूसरी सभी ओषधियों का रस यव में डाला इसीलिए उसका नाम यव पड़ा और इसी कारण जब दूसरी फसलें कुम्हलाने लगती हैं तब भी जौ हरा रहता है।

नौवहन के विकास और सिंधु तट की नगर सभ्यता के विकास में गंगाघाटी की एक महत्त्वपूर्ण भूमिका है। इसकी धाराओं के कछार क्षेत्र सिंधु की अपेक्षा अधिक चौड़े रहे हैं। गंगा तो अपने चौड़े कछार (उरु कक्ष) के लिए ही याद की गई है। राप्ती जैसी छोटी नदी की धारा बदलती रहने के कारण इसके कछार आठ-दस किलोमीटर तक चौड़े हैं जिनमें जहाँ-तहाँ जंगल भी उगे रहे हैं परंतु अन्यथा पूरा फैलाव चरागाह और खेती दोनों के लिए सुलभ रहा है।

सरस्वती घाटी में सुदूर यात्राओं के लिए नौवहन के विकास के पीछे भी उत्तरी गंगाघाटी से कुरुक्षेत्र में आकर बसने वालों की भूमिका हो सकती है। कहें, जिस सुझाव के लिए कोसंबी पार्जिटर की आलोचना करते हैं, वह एक वास्तविकता है भले पौराणिक विवरणों में इतनी प्राचीन घटना को बहुत सुलझे रूप में न रखा जा सका हो।[4] नौचालन उस मानसून बहुल क्षेत्र की अनिवार्य आवश्यकता थी। इसमें वर्ष के कुछ महीनों में किसी प्लव के बिना कुछ मील की दूरी पार करना तक असंभव हो जाता था। बर्तन बनाने की कला सीखने के बाद तो मिट्टी की भी डोंगियाँ बन सकती थीं और घड़े को दो लट्ठों के बीच बाँध कर प्लव बनाए जा सकते थे। परंतु तरी का इतिहास इससे बहुत पुराना है और इसका विकास बहुत लंबे समय में हुआ।

कहें रेगिस्तान ने नवपाषाण, स्थायी आवास और क्रमिक नगरीकरण को प्रेरित नहीं किया, बल्कि इसके कारण भिन्न थे। भारत में एक साथ तीन महत्त्वपूर्ण विकास हुए जो सभ्यता के मूलाधार हैं। नौवहन से सुदूर यातायात को ही प्रोत्साहन नहीं मिला; नए, उर्वर और निरापद क्षेत्रों की तलाश भी आरंभ हुई। इसका ही परिणाम था पश्चिम एशिया की नगर सभ्यताओं की जननी, सुमेरी सभ्यता का आरंभ और फिर मिस्र तक इसका विस्तार। इसमें दक्षिणपूर्वी एशिया की ओर से आए उन्हीं निषाद जनों की अग्रणी भूमिका थी जिन्हें कोसंबी हैवान मानकर यह सोच लेते हैं कि सभ्यता के विकास में इनकी कोई

भूमिका रही ही नहीं हो सकती। इन्होंने आश्चर्य में डालने वाली समुद्री दूरियाँ पार की थीं। उनकी भाषा या भाषाएँ क्या थी/थीं, यह खोज का विषय है, उसकी कुछ समानता किसी भारतीय 'हैवानी' बोली से थी अवश्य। भाषावैज्ञानिक आधार पर कोसंबी सुनीतिकुमार चटर्जी के इस प्रस्ताव का उपहास करते हैं, परंतु सच्चाई सामने आने पर स्थिति बदल जाती है। इतना तय है कि सुमेरिया में पहुँचने वाले नौका के सहारे सुमेर में पहुँचे थे, दजला और फरात के निचले हिस्से में ही बस गए थे। वे वहाँ सभ्यता निर्माण की पूरी तकनीक और कुछ अनुभव लेकर पहुँचे थे। उनको कृष्णशिरस्क (ब्लैक-हेडेड) कहा जाता था, और उनकी भाषा के अनेक शब्द अथर्ववेद के एक सूक्त में पाए जाते हैं[5] और उनके व्याकरण की कुछ विशेषताएँ मुंडारी बोलियों में और कुछ एक संस्कृत तक में पाई जा सकती हैं। इनमें वह कारण चिह्न भी है जिसे 'जैसे' के लिए प्रयोग में आता था और जिसे संस्कृत में -वत् (रामवत् न रावणवत्) की कोटि का माना जा सकता है। अतः सभी साक्ष्य इस बात की ओर संकेत करते हैं कि वह सारस्वत क्षेत्र से ही वहाँ पहुँचे हो सकते हैं और उनका निर्वासन या बहिर्गमन उस संघर्ष का परिणाम रहा हो सकता है जिसमें असुरों को देवों से जान बचा कर समुद्र में भी जाने को बाध्य होना पड़ा था। ध्यान रहे कि जलप्रलय के नोआ (Noah) का भी अर्थ होगा नाववाला और यह उस विशाल जहाज की कल्पना के मूल में है जिसे आर्क कहा जाता है।

श्रम विभाजन का प्राथमिक चरण

कोसंबी मानते हैं कि 'सबसे पहले श्रम विभाजन पुरुषों और स्त्रियों में हुआ; सबसे पहले बर्तन बनाने, टोकरी बुनने और नुकीले डंडे या खुरपी से खेती स्त्रियों ने आरंभ की।'[6] यह बात सच भी है। कंद, मूल और फल जुटाने, इनको ढोकर लाने की जुगत बैठाने, टोकरी और बर्तन बनाने, सूखे अनाज को भूनने और आगे चलकर खाना पकाने, कपड़े बुनने, सीने आदि के विविध काम सीमित परिधि में किए जा सकते थे और ये स्त्रियों के अनुरूप थे। खेती की सूझ भी उसे ही हो सकती थी, अतः अनाज बोने और फसल तैयार होने तक उसकी रखवाली करने तक का काम भी उन्होंने ही किया होगा। शिकार और मछली मारने का काम जिसमें दौड़-भाग और खतरा अधिक रहता था, पुरुषों के हिस्से में था। शिकार को कई ओर से घेरने या हिंस्र पशुओं से अपने बचाव के लिए उन्हें दल बनाकर निकलना पड़ता था, और एक साथ दल बनाकर रहना पड़ता था, अतः पूरा जत्था ही परिवार की तरह रहता था।

वह मानते हैं कि 'पशुपालन के साथ समाज पुरुषप्रधान हो गया।[7] परंतु इसमें कुछ सुधार की अपेक्षा है। पशुपालन के कई चरण हैं। इनमें से भेड़-बकरी पालन, गोरू-घोड़ा पालन से बहुत पुराना है। रेवड़बंदी या घारीबंदी तो और भी पुराना। यह संभव है कि आहार-संग्रह और आखेट के चरण पर भी छोटे पैमाने पर बकरी पालन का आरंभ हो चुका हो। यदि यह सच हो तो इसका आरंभ भी महिलाओं ने उन छौनों को बचा कर ही किया होगा जो आए दिन की जरूरत को पूरी करने के बाद भी बच रहते थे। इन्हें

उन अभाव के दिनों के लिए बचा और पोस कर रखा गया होगा जब फलों, कंदों-मूलों और सागों की कमी हो जाती थी। इस बीच ही उनके प्रजनन के बाद यह सूझा हो कि मादा को मारने से अच्छा है बच्चा जब दूध पी रहा हो तो उसे पीने से रोककर स्वयं वह दूध दुह लिया जाए और उसका पान किया जाए। इसका अर्थशास्त्र यह था कि बकरी तीन चार महीने में ही एक साथ कई बच्चे पैदा करती है इसलिए थोड़े समय में ही इसकी संख्या में इतनी बढ़त हो सकती है कि यह शिकार का विकल्प बन सके। बकरियों के मींग आदि से धरती की उर्वरता बढ़ने से झूम खेती के स्थान पर स्थायी खेती संभव हो सकी हो। कहें, खेती में ही नहीं, पशुपालन में भी महिलाओं की अग्रणी भूमिका रही हो और दुहिता का सचमुच अर्थ दूध का दोहन करनेवाली रहा हो, जिसका कोसंबी बहुत जोरदार ढंग से खंडन करते हैं।[8] कोसंबी की इस धारणा पर कि आर्य जन सदा से गाय पालते थे और 'स्थायी बस्ती उस चरण पर आरंभ हुई जब मनुष्य ने गोरू पाल कर नियमित खेती आरंभ की और पशुओं के गोबर से भूमि की उर्वरता बढ़ाई जाने लगी और झूम पद्धति की समाप्ति हुई,[9] पुनर्विचार अपेक्षित है।

पशुपालन का इतिहास बकरीपालन से आरंभ होता है। बकरी देवयुग या आरंभिक कृषियुग का पालतू पशु है और गोरू को मानवयुग का पालतू पशु माना गया है। स्थायी बस्तियाँ बहुत पहले मेहरगढ़, गणेश्वर, बागोर, गिलन्द, भिर्राना, लूकनसर, कोल्डिहवा, महगरा, चौपानीमंडो और लहुरादेवा में बस गई थीं, और यह जरूरी नहीं कि ये अपने चरण की सबसे प्राचीन बस्तियाँ हों। गोरूपालन आज से छह सात हजार साल पहले आरंभ हुआ। अर्थात् अजपालन से कम से कम दो हजार साल बाद। इससे पहले उन्होंने गधा या टट्टू पालना आरंभ कर दिया था।

प्रतीक भाषा में जो सूचनाएँ, इस विषय में, कई हजार साल तक हस्तांतरित होती रहीं उनमें से कुछ का अंकन शतपथ ब्राह्मण में हुआ है। इसमें एक स्थल पर अज को यज्ञ के शिखर या शिर के खेद (शोक) से पैदा बताया गया है। यह अग्नि ही मनुष्यों का पालक (प्रजापति) है। अग्नि ने आत्मघात किया तो उस राख से अज पैदा हुआ। अज सभी ओषधियों को चबाता है इसलिए उसके रस में सभी ओषधियों के रस मिले होते हैं।[10] कहीं-कहीं अज को ही प्रजापति कहा गया है। इसकी व्याख्या इस रूप में होनी चाहिए कि जिन ओषधियों-शाकों आदि को, हम स्वयं खाकर जीवित रह सकते हैं, उनके अतिरिक्त जो कंटीले, मनुष्य के लिए विषाक्त पौधे हैं, उनका रस भी हमें बकरी के दूध के माध्यम से मिल सकता है, अतः बकरी स्वयं ही प्रजा का पालन करनेवाली (प्रजापति) है।

अज पालन का लाभ देखकर ही दूसरे पशुओं को भी पालने की दिशा में ध्यान गया। आरंभ में ढुलाई का काम भी अज से ही लिया गया। इसका संकेत छागवाहन पूषा से मिलता है। इसके बहुत बाद में, गोरू पालने का महत्त्व समझ में आया। इसलिए उस प्राचीन काल में जिसे देव युग कहा गया है, अजा के दूध से निकाला गया घी प्रयोग में लाया जाता था। इसी का खान-पान में भी व्यवहार होता था। कर्मकांड का रूप ठीक

क्या था यह पता नहीं परंतु यज्ञ में प्रयुक्त गोघृत को भी आज्य कहते हैं, जिसका अर्थ है कि इसका आरंभ अजपालन के दौर में ही आरंभ हो गया था।[11]

बकरी के बाद और गाय को पालतू बनाने से पहले गधे को पालतू बनाया गया। जहाँ खेती बारी होती थी वहीं पत्थर मिल जाए यह जरूरी नहीं था। औजार और अनाज़ कूटने पीसने के लिए सिल बट्टा तैयार करने के लिए पत्थर के टुकड़े काफी दूर से लाए जाते थे। उस प्रतीकात्मक इतिहास में अज और रासभ दोनों की उत्पत्ति एक साथ दिखाई गई है। हिरण्यगर्भ अंडा फटा तो उससे जो अश्रु लगा रह गया वह अश्व बना, जो बह चला वह रासभ हुआ, जो छिलके से चिपका रह गया, वह अज हुआ और छिलका स्वयं पृथ्वी बना।[12]

गोपालन के बाद ही हल-आधारित खेती संभव थी, परंतु उसमें भी आरंभिक अवस्था में किस तरह के प्रयोग किए गए इसका एक संक्षिप्त विवरण तैयार किया जा सकता है।[13] कोसंबी सिद्धांत में यह तो मानते हैं कि पाषाणकाल से लेकर आधुनिक काल तक के इतिहास के कुछ चिह्न रीतिविधानों, प्राचीन कृतियों और आदिम समाजों के जीवन में आज भी पाए जा सकते हैं, परंतु सांस्कृतिक विकास की, जिसमें प्रमुख आहार-उत्पादन का इतिहास आता है, उस गहराई में उतरकर तलाश नहीं कर पाते, जबकि ये सूचनाएँ लोकजीवन में और उन ब्राह्मणों आदि में सुरक्षित हैं जिनका उपयोग वह अपनी रुचि की सामग्री के लिए करते हैं। इसका परिणाम यह होता है कि उन्हें सब कुछ बना-बनाया आयात करना पड़ता है और इस आयात के लिए आक्रमण कराना पड़ता है। गोपालन चरवाही के साथ आरंभ नहीं हुआ, गोधन की उपादेयता देखते हुए यह एक समानांतर उत्पादन प्रणाली में बदल गया। गाय के दूध और दूध के उत्पादों का उपयोग स्वयं किया जा सकता था और बछड़े किसानों को खेती के लिए देकर बिना खेती के ही कृषि उत्पाद पाए जा सकते थे। इसलिए गोपाल भी उत्पादक हैं और इनको बर्बर कहना ठीक नहीं है। कम से कम भारतीय संदर्भ में यह उत्पादन और व्यवसाय रहा है, यद्यपि कृषि की तुलना में कम लाभकर और कृषि मजदूरी की तुलना में अधिक वांछनीय।[14]

इनका अभिलिखि रूप हमें पहली बार ब्राह्मणों में मिलता है। कारण ऋग्वेद में हल आधारित उन्नत कृषि का मार्मिक विवरण है जिसको कोसंबी ने भी लक्ष्य किया है, जबकि ब्राह्मणों में पूर्व-इतिहास के रूप में इन प्राथमिक प्रयोगों का विवरण है। परंतु इतिहास के एक छात्र के रूप में हमारे लिए यह जानना जरूरी है कि ऋग्वेद में बोए जानेवाले अनाजों में सबका नाम भले न गिनाया गया हो, उनकी दस किस्मों का उल्लेख है।[14]

कृषि क्षेत्र और आर्य

खेती के विकास में कम से कम दो क्षेत्रों में पहल के संकेत मिलते हैं। एक बरसाती फसलों का क्षेत्र जिसमें धान, साँवा अदि उगाया जाता था, और दूसरा जाड़े की फसलों वाला क्षेत्र जिसका प्रमुख उत्पाद गेहूँ, जौ आदि था। पूर्वी (बरसाती) क्षेत्र से पश्चिम की ओर आकर बसने और यव की खेती पर मुख्य रूप में निर्भर करने के आख्यान बचे रह

गए हैं।[15] पुरातत्त्व से भी इसकी पुष्टि होती लगती है।[16] इनमें से मध्य गंगाक्षेत्र में उत्तरी पहाड़ी क्षेत्र से स्थायी खेती आरंभ करनेवालों को ही आर्य (कृषिकर्मी) कहा जा सकता है। इस मामले में कोसंबी का भी मत कुछ उलझा हुआ है। वह बताते हैं कि यमुना तक के भूभाग में पेड़-पौधे विरल थे इसलिए इनकी सफाई आग से भी की जा सकती थी। अतः वे यमुना तक फैल गए थे।[17] 'आर्यों में से कुछ पूर्व की दिशा में बढ़े परंतु यमुना से आगे का हिस्सा अधिकाधिक घने जंगलों से भरा था। बस यमुना और गंगा के कछार की पतली सी पट्टी में जंगल न थे। और ऊपर के पहाड़ी क्षेत्र में तो मामूली झाड़ झंखाड़ और विरल पेड़ थे, अतः इन्हें जलाकर साफ किया जा सकता था। इन्हीं को जलाते हुए जमीन को साफ करते हुए वे आगे बढ़े और सदानीरा अर्थात् गंडकी के दलदल में उतर गए और उसे भी जलाकर कृषियोग्य बना लिया और इस तरह कोसल-मगध का उत्थान हुआ।'[18]

यदि हम इसका कुछ ध्यान से पाठ करें तो पाएँगे, कि इससे यह पता नहीं चलता कि उन्होंने चरवाही छोड़कर खेती करना कब आरंभ कर दिया या यह विद्या किससे सीख ली। कारण उनके अनुसार सिकंदर के साथ आए ग्रीक लेखकों ने बताया था कि सिंधु के तटीय भाग में कुछ कबीले अपने को आर्य कहते थे और उस समय तक पशुपालन ही करते थे। कछार के विस्तार के लिए बने बाँधों का ध्वंस आक्रमणकारी आर्यों ने कर दिया था इसलिए वह रेगिस्तान में बदल गया था। फिर जब वे यमुना तक पहुँच ही गए थे, और खेती का इरादा इतना मजबूत था, रुकावट जंगलों की सघनता के कारण थी, तो इसके कछार में खेती करते हुए गंगाघाटी तक तो पहुँच ही सकते थे। फिर ये दोनों घाटी क्षेत्र कोसल विदेह तक अपने आप पहुँच जाते। इन नदियों और इनकी सहायिकाओं के कछार बहुत उपजाऊ हैं, इनमें आज भी हल चलाने की आवश्यकता नहीं होती और छींटा पद्धति से ही बहुत अच्छी फसल तैयार हो जाती है। चरागाह के लिए भी यह कछार बहुत उपयुक्त है। अतः लौह युग से पहले यह पूरा क्षेत्र समृद्ध हो चुका होता। इसके किनारे के जंगलों को इस क्षेत्र में बसने वाले धीरे-धीरे काटकर साफ करते जाते। सच्चाई भी यही है, परंतु कोसंबी इसे देख नहीं पाते। यह क्षेत्र ताम्रयुग में ही आबाद हो चुका था इतना तो उन ताम्र निक्षेपों से पता चलता ही है जो इस पूरे क्षेत्र में पाए गए हैं।[19]

कोसंबी यह बताते हैं कि ये व्यापारियों के माल रहे होंगे।[20] असंभव तो नहीं है, और फिर जब कोसंबी कहते हैं तब तो और भी नहीं। परंतु इसके लिए वह जो तर्क देते हैं कि जो उन जैसा विद्वान ही दे सकता है, "आदिवासियों ने इन्हें नहीं बनाया था, क्योंकि तामे के शोधन के लिए नियंत्रित आग की आवश्यकता थी, जिसका अर्थ है, अच्छे आँवे। ऐसे आँवों से मिट्टी के बहुत उम्दा बर्तन भी बनाए जा सकते थे, ऐसा विश्वास भी किया जाता है कि ये सबसे पहले बर्तन पकाने के आँवे से निकाले गए थे। परंतु इन खजानों के साथ जो एक मात्र बर्तन मिला है वह गेरुए लेप का निहायत भोंड़ा बर्तन है और इतना सेवर है कि खुदाई के दौरान ही टुकड़े-टुकड़े हो जाता है।"[21] बर्तन जितने भोंड़े हैं उससे भी भोंड़ी यह समझ और विश्वास है जो धातुविद्या और कुम्हारी

के बीच फर्क न करने का और इस अहंकार का परिणाम है कि आदिम अवस्था का मनुष्य निरा पशु (हैवान) था और किसी तरह की दक्षता, कल्पनाशीलता और प्रयोगशीलता से शून्य। हमें आगे की अवस्थाओं की उपलब्धियों से पैदा हुए और पैदा किए गए अहंकार के कारण इस भ्रम का शिकार होने से बचना चाहिए कि आदिम मानव बौद्धिक दृष्टि से हमसे बहुत पिछड़ा हुआ था, जो उस दूसरे भ्रम से मेल खाता है कि हमारे पूर्वज सर्वज्ञ थे, या शायद उससे भी पिछड़ा विचार है। इसी का पर्याय यह है कि जब मनुष्य के पास आधुनिक औजार, तकनीक और उद्योगविद्या न थी तब वह हमें अचरज में डालने वाले काम नहीं कर सकता था।

बर्तन पकाने के लिए उपले आदि के ईंधन का प्रयोग किया जाता रहा है, लकड़ी या कोयले तक का नहीं। उपले की आँच के भी तेज हो जाने पर बर्तनों का पिघल कर सट जाना, टेढ़ा हो जाना सामान्य सी बात थी। धातु गलाने वाले या औजार बनाने वाले ठीक उन्हीं स्थलों के निवासी नहीं हो सकते, परंतु आदिम स्तर पर जीने वाले धातुशोधन नहीं कर सकते यह तथ्यों के विपरीत है। तामे के आयात और तामे से बने उपकरणों के आयात में अंतर है। गंगाघाटी में कोई धातु नहीं पाई जाती। सभी धातुएँ आयात की जाती हैं परंतु सभी धातुओं के सामान बनाने वाले पाए जाते हैं। कुछ में तो इनका जोड़ ही नहीं। परंतु हमारे लिए महत्त्वपूर्ण है इस क्षेत्र में लोह युग से पहले से तामे के बड़े पैमाने पर उपयोग का प्रश्न, न कि तामे का उत्पादन करनेवालों की नस्ल। लौह युग में लोहा तामे के स्थान पर काम में आने लगे यह स्वाभाविक है, परंतु लोहे के औजारों से जो काम लिया जाने लगा वह पहले से तामे के औजारों से लिया जा रहा था।

पहाड़ी और तराई क्षेत्रों में जंगल कम सघन नहीं रहे हैं। हड़प्पा काल से लेकर आधुनिक काल तक इन जंगलों की कटाई और उसका व्यापार होता रहा है। इससे उनकी भूमि का क्षरण भी हुआ है। जंगल फिर भी खत्म नहीं हुए। अतः यदि आर्यों ने खेती के लिए इतना बड़ा अभियान चलाया। इनको काट और जलाकर खेती के लिए जमीन तैयार की तो वहाँ उन्हें टिक कर रहना भी चाहिए था। उसका प्रमाण नहीं मिलता। इनमें आदिम जनों का ही आवास रहा है, ऊँची सामाजिक स्थिति वाले लोग ऐतिहासिक काल में मैदानी भाग से जाकर वहाँ बसे हैं।

जंगलों की सफाई

यद्यपि कोसंबी मानते हैं कि गंगाघाटी को आबाद करने के लिए लोहे के कुल्हाड़ों की जरूरत थी। इसलिए आर्यों का एक दूसरा जत्था लोहे की जानकारी लेकर आया और उसने लोहे के भंडारों तक की यात्रा हिमालय की निचली पहाड़ियों के जंगलों की सफाई आग से करते हुए पूरी की। "इतना तो साफ है कि पंजाब के सभी आर्य गोपालन ही नहीं करते थे। दूसरी सहस्राब्दी में निश्चय ही कुछ लोग ऐसे थे और खास तौर से आर्यों के दूसरे विशाल जत्थे जिनमें नेतृत्व के अपेक्षित गुण, अध्यवसाय और साहसिकता भरी हुई थी। वे अच्छे योद्धा थे जिन्हें धातुविद्या, विशेषतः लोहे का कुछ ज्ञान था, जो पहली

सहस्राब्दी ईसापूर्व में एशिया से उस समग्र क्षेत्र में आम हो चुकी थी जिससे होकर इन आर्यों को भारत पहुँचना था।''[22]

यह आक्रमण पहले से बसे हुए आर्यों पर होना चाहिए था, कुछ समय अपना कब्जा जमाने में लगना चाहिए था, परंतु ऐसा कुछ हुआ नहीं लगता। ये कुछ अधिक जल्दबाजी में थे इसलिए कृषिविद्या का प्रचार करने के लिए पूर्व की ओर चल दिए।

कोसंबी ने यह पूरा कल्पनावितान जिस आधार पर खड़ा किया है, वह है शतपथ ब्राह्मण में आया अनावृष्टि और कुवृष्टि के बहुत लंबे समय तक चलनेवाले दुर्भिक्ष का दृष्टांत। उसका विस्तार से उद्धरण देते हुए[23] वह यह सुझाते हैं कि यह भूमि की सफाई करने का आर्यों का अपना तरीका था, जिसकी पुष्टि ऋग्वेद के अंशों से भी होती है जिसमें अग्नि को जंगलों का भक्षक, परशु, वह जो अपने पीछे काला निशान छोड़ता चलता है[24] आदि कहा गया है। प्रसंगवश अग्नि के लिए परशु, कुठार, कुलिश तीनों शब्दों में से कोई प्रयुक्त नहीं लगता, जो ही ऋग्वेद में ऐक्स के पर्याय हो सकते हैं।

विदेघ माथव अपने पुरोहित राहूगण गोतम के साथ सरस्वती घाटी से उत्तर की ओर बढ़ कर पूर्व की दिशा में जंगलों की सफाई करते हुए बढ़े थे। आगे उनकी यात्रा हिमशैल-पोषित नदी के कारण रुक गई, परंतु बाद में वह इससे पूर्व की ओर बस गए।[25] 'जिस नदी तक पहुँचे थे उसका नाम सदानीरा दिया गया है। उसे बाद में करतोया के नाम से पहचाना गया। आज जिसे करतोया (कुरुत्ती) कहते हैं वह बंगाल में है। पहले यह और पश्चिम में रही होगी। अतः गंडक ही वह नदी है जिसे उन्होंने पार किया था।'[26]

कोसंबी बताते हैं कि शतपथ के इस विवरण में कहीं हिमालय और गंगा के बीच के जंगलों की सफाई की चर्चा नहीं है।[27] निवेदन है कि इसमें कहीं जंगल साफ करने का या उत्तर की दिशा में जाने का, या पहाड़ियों से रास्ता बनाने का या जंगल में आग लगाने का जिक्र है ही नहीं। जंगलों की सफाई से इस कथा का कोई संबंध होता तब तो उनकी सफाई की बात आती। वह भी कोसंबी की कल्पना की ही उपज है। यदि जिक्र है तो उस भयानक सूखे का जिससे दूसरी सभी नदियाँ सूख (सर्वा नदीरतिददाह) गई थीं और सदानीरा के न सूखने का जिसका कारण यह बताया गया है कि यह उत्तर गिरि या हिमालय से सीधे निकलती है (सदानीरा इति उत्तर गिरेः निर्धावति तां ह एव न अतिददाह)। परंतु साथ ही संकेत है कि यह भी इससे अप्रभावित नहीं थी, केवल पूरी तरह नहीं सूखी थी। इस कथा में यह संकेत नहीं है कि उनकी यात्रा इससे बाधित हुई थी और बाद में उन्होंने इसे पार किया था। उल्लेख यह है कि इससे पहले ब्राह्मण इसको पार नहीं करते थे और इसका कारण बताया गया है कि यह क्षेत्र दलदल था अर्थात् अग्नि वैश्वानर ने इसको अच्छी तरह नहीं सुखाया था (अनतिदग्धा अग्निना वैश्वानरेण)। इस विकराल सूखे में यह दलदल क्षेत्र भी सूख कर निवासयोग्य हो गया था।

इस घटना को वेबर ने सरस्वती क्षेत्र से पूर्व की ओर आर्यों के अभियान का प्रमाण बनाने का प्रयत्न किया था। एगलिंग ने अपने अनुवाद में एक पाद टिप्पणी में अपनी ओर से कोई टिप्पणी किए बिना इसे रख दिया था। वहीं से बिना जाँचे-परखे इसे कोसंबी

ने उठा लिया था। वेबर की सूझ थी कि 'पहले चरण में आर्यों की बस्तियाँ पंजाब में सरस्वती तक बढ़ आई थीं जहाँ उन्होंने ऋग्वेद के सूक्त रखे। वहाँ से विदेघ माथव के नेतृत्व में पूर्व की ओर सदानीरा के पार तक पहुँचे।' सदानीरा तक आकर रुकने की कल्पना भी वेबर की ही थी और सदानीरा को बाद की करतोया मानने और करतोया अर्थात् कुरुत्ती के बंगाल में होने की बात भी उसी में आई थी।[28]

कोसंबी ने इस संकेत को तो ग्रहण किया ही, इसमें अपना मौलिक योगदान भी किया जो न मूल पाठ में था, न अनुवाद में, न ही उस पादटिप्पणी में जिसका एक अंश हमने उद्धृत किया है। 'आर्यों की बस्तियाँ एक शृंखला के रूप में हिमालय की तलहटी को पकड़े नेपाल के दक्षिण में पूर्व की ओर फैल गई थीं। फिर चंपारन (छपरा) जिले में इस विशाल नदी के किनारे नीचे उतर आई थीं। भूमि की सफाई जंगलों को जलाकर की गई थी। जो कि गंगा के निकट संभव न था। यह तरीका पहले गंडक के पश्चिम तक की तराई तक ही सीमित था, इसकी व्याख्या शतपथ के प्रसिद्ध ब्राह्मण में हुई है। यह घटना 700 ई.पू. से पहले की होनी चाहिए। परंतु चंपारन से होते हुए दक्षिण की ओर धातु के क्षेत्र तक पहुँचने के प्रयोजन से मुड़ना पड़ा।'[29]

धातु अर्थात् लौह अयस्क के भंडार का पता उन्हें कैसे चला? इसका पता तो ऋग्वेद कालीन ब्राह्मणों ने ही लगा लिया था। 'उचथ के पुत्र दीर्घतमस की एक साहसिक समुद्री यात्रा का असंदिग्ध प्रमाण ऋग्वेद में है। इससे लगता है कि कुछ साहसी नौचालकों ने जलमार्ग से पूर्व की यात्रा की थी और उनके माध्यम से उन्हें इसकी जानकारी हुई थी।'[30] उन्हें इसकी जानकारी हुई हो या नहीं, परंतु कोसंबी को इस बात की जानकारी थी कि ऋग्वैदिक काल में इसके व्यापारियों द्वारा साहसिक समुद्री यात्राएँ की जा रही थीं जिसे वह आर्यों की चरवाही और घुमक्कड़ी के प्रतिकूल पाकर वहाँ तो नकारते हैं, और जब दूसरे दौर में सहारे की आवश्यकता होती है तो उस दौर में साहसिक नौयात्राओं की बात स्वीकार करते हैं। इस तरह की सचेत फेर-बदल से उनकी सद्भाविता संदिग्ध हो जाती है।[31]

कोसंबी ने कारण नहीं बताया कि विदेघ माथव सदानीरा के इस पार अर्थात् पश्चिम में क्यों नहीं बसे। नदी रुकावट बन रही थी। आगे का क्षेत्र दलदल था। उस दलदल में आग लगा कर उसे सुखाने से अच्छा था इस ओर ही बस जाना। वास्तविकता यह है कि कोसल राज्य का विस्तार सदानीरा तक था। कहें इस कथा से ही स्पष्ट है कि गंडकी पर्यंत गंगाघाटी अर्थात् गंगा और हिमालय के बीच पड़ने वाले क्षेत्र में वैदिक सभ्यता का प्रसार पहले से था। यह कथा गंडक के पार इसके प्रसार की कथा तो कहती है, परंतु इसको जिस तरह घुमाकर कोसंबी ने आबाद दिखाया है उसमें उन्होंने बहुत अधिक छूट ली है।

इस प्रसंग में कोसंबी की मौलिकता यह है कि (1) उन्होंने सरस्वती तट से आगे बढ़ने को आर्यों के दूसरे आक्रमण में बदल दिया; (2) इस दूसरे जत्थे को कृषि और लोहे के ज्ञान से लैस कर दिया; (3) पूर्व की दिशा में बढ़ने का एक मौलिक रास्ता

तैयार किया जो पहले उत्तर की ओर बढ़ता है, फिर हिमालय की निचली पहाड़ियों के जंगलों को आग से जलाता रास्ता बनाता जिसकी पतली पट्टी में आर्य बसते जाते हैं, परंतु जैसा कि हम कह आए हैं, इस पट्टी में पिछली शताब्दी तक आदिम जनों का ही निवास रहा है जो इसके कच्चेपानी, मलेरिया और मच्छर के प्रति प्रतिरोध क्षमता पैदा कर चुके थे।

यदि हम इस मौलिकता के पीछे के कारणों को समझना चाहें तो (1) कोसंबी को दूसरे जत्थे के आक्रमणकारियों का आविष्कार करने की आवश्यकता इसलिए पड़ी कि वह समझाना चाहते थे कि आर्यों के इस दूसरे जत्थे ने ही भारत में कृषि का प्रचार किया, प्रगति का मार्ग प्रशस्त किया, जो पहली जमात के गोपालक आर्यों के वश का भी नहीं था, यहाँ के हैवानों के वश का तो था ही नहीं। (2) इसके लिए उन्हें कल्पना से एक जनशून्य परंतु खतरनाक जंतुओं से भरे हुए ऐसे अभ्रदोही महाकांतार (रेन फारेस्ट) की कल्पना करनी पड़ी जो यमुना से सदानीरा तक फैला हुआ था और किसी चमत्कार से वहाँ समाप्त हो गया था या था तो इतना ज्वलनशील और सघन कि इसे जलाकर कृषि के उपयुक्त भूमि ही नहीं पक्की जमीन भी मिल सकती थी जिसमें बसा जा सके। (3) कोसंबी की समझ से हिमालय की निचली पहाड़ियों के जंगल जलाकर भी आगे बढ़ा जा सकता है, यद्यपि इस बात का कुछ हिसाब होना चाहिए कि एक पहाड़ी से दूसरी पहाड़ी पर पहुँचने के लिए कितनी लंबी छलांग लगानी होगी क्योंकि पहाड़ियाँ शृंखलाकार तो होती हैं परंतु प्रत्येक कड़ी उन्नतोदर होती है और उसकी सौ मीटर की चढ़ाई या उतार के लिए हजार मीटर की सर्पिल राह तय करनी होती है। इस बात का भी कुछ हिसाब रखना होगा कि एक वनखंड जलाने के बाद—क्योंकि उससे पहले आगे बढ़ना संभव होता तो वे जंगलों को जलाते ही क्यों—उन्हें जंगल के जलने, बुझने और ठंडा होने तक कितनी बार और कहाँ-कहाँ, कितने समय के लिए रुकना पड़ा होगा और इस गति से आगे बढ़ते हुए विदेघ माथव अपने जीवन काल में ही सदानीरा तक पहुँच सकते थे, या नहीं। मुझे कोसंबी से सहानुभूति नहीं है, पर उनकी कहानी के आर्यों से है जो अपनी रसद पीठ पर लाद कर चले नहीं थे, यात्रा में एक ही पाथेय हो सकता था, वन्य उत्पाद। उनको वे पहले ही जला देते थे, फिर महीनों की उस लंबी अवधि में वे न कुछ खा पाते न आराम से सो पाते रहे होंगे।

कोसंबी बताते हैं कि यह कथा आर्यों के जंगल की सफाई के तरीके को प्रकट करती है, जबकि यह लंबे सूखे और झुलसती गर्मी से प्राण रक्षा के लिए पूर्व की ओर पलायन करनेवाले शरणार्थियों की त्रासदी है। हिमालय की निचली पहाड़ियों के जिन जंगलों को वह जलाने की बात करते हैं वे सघन जंगलों से भरी रही हैं। ये जंगल हड़प्पा काल से आज तक लकड़ी के प्रधान स्रोत रहे हैं। यदि उसे जलाकर साफ किया जा सकता था तो गंगा घाटी के जंगलों को क्यों नहीं जलाया जा सकता था?

कोसंबी ने पहाड़ियों की चढ़ाई चढ़ते-उतरते, जंगलों को जलाते, आग लगे जंगलों की आग शांत होने तक प्रतीक्षा करने, आदि का जो संकट अपने आर्यों पर डाल दिया

उसकी जरूरत न थी। क्योंकि अग्निवैश्वानर (सर्वत्र गमन करनेवाले अग्नि या सूर्य) के इस प्रकोप के कारण सभी नदियाँ सूख गई थीं। यदि यमुना से आगे का समस्त भूभाग महाकांतारों से भरा था तो कम से कम नदी की सूखी पेटी से यात्रा करते हुए वे अधिक निरापद रूप में पूर्व की ओर अपना प्रयाण जारी रख सकते थे। हम यहाँ इस कथा के केवल इस पक्ष की ओर ध्यान दिलाना चाहते हैं कि जिस समय यह कथा लिखी जा रही थी उससे बहुत पहले यह घटना घटित हो चुकी थी। लेखक दृष्टांत देते हुए बताता है कि आज भी जब कुरु-पांचाल का क्षेत्र प्रचंड गर्मी (जघन्ये नैदाघे) प्रज्वलित समी की तरह दहकता रहता है (समिवैव कोपयति) तब भी पूर्व का यह तराई क्षेत्र इसलिए ठंडा रहता है कि इसे अग्निवैश्वानर ने बहुत अधिक सुखाया नहीं (तावच्छीतानतिदग्धाग्निनावैश्वानरेण)।

कोसंबी ने न तो मूल पाठ को ध्यान से देखा, न व्यवहारबुद्धि (कामनसेंस) से काम लिया, और एक इतनी मौलिक स्थापना कर दी। सबसे बड़ी बात यह कि आर्य लोहे का ज्ञान रखते हैं, उपयोग तामे और कांसे के उपकरणों का ही करते हैं, परंतु उन्हें इस बात का पता चल गया है कि भारत में लोहे के भंडार कहाँ हैं और वे सीधे उस खनिज भंडार तक पहुँचना चाहते हैं इसलिए यह यात्रा करते हैं क्योंकि लोहे के कुल्हाड़े बनाकर उन्हें गंगा के मैदान के सघन जंगलों को काट और जलाकर खेती के योग्य बनाना है। इतना ऊँचा हवाई किला जो फूँक मारते ही बिखर जाए, सत्ता के समर्थन से लौहदुर्ग की तरह अचल रहा।

उनके ऐसे तर्कों से उनका आग्रह तो प्रकट होता है, समझ नहीं। उदाहरण के लिए उनका यह मानना कि हस्तिनापुर से लेकर चंपारन तक और फिर राजगीर तक के जंगलों की सफाई तो आग से की जा सकती थी, परंतु लोहे के फाल के बिना इसे बसाया नहीं जा सकता था। बस्ती के बसाने में लोहे के फाल की अपनी भूमिका है, यह सबकी समझ में आनेवाली बात नहीं है।[32] बात उन्नत खेती की होती तो कुछ विचारणीय होती, परंतु ताँबे और काँसे के फालों से तब तक पूरी दुनिया में खेती होती आई थी फिर गंगा के मैदान में ही ऐसा क्यों संभव न था।

हम उस महादुर्भिक्ष का उल्लेख पीछे कर आए हैं जिससे बाल्टिक सागर से लेकर पूर्वी भारत तक का क्षेत्र प्रभावित हुआ था। यह इतने लंबे समय तक चलनेवाला दुर्भिक्ष था कि इसके ऊपर युगसंधि की कल्पना की गई जिसमें कुछ भी घटित हो सकता है। इसका दौर दूसरी सहस्राब्दी के आरंभ से इसके अवसान तक किसी न किसी रूप में बना रहा। यह क्रमशः उग्र होता गया और अपनी पराकाष्ठा पर पहुँच कर धीरे-धीरे उतार पर आया परंतु इसके कुछ परिणाम आज तक बने हुए हैं। जलवायु का इतना विचित्र विपर्यय हिमयुग के बाद इतिहास में कभी घटित न हुआ। कृषि का आधार नष्ट हो गया, सरस्वती घाटी रेगिस्तान में बदलती चली गई और सिंचाई के नए उपक्रमों से ही इसके एक हिस्से का भाग्य बदला है। नगर केंद्र जो कुछ पहले से ही अनेक प्राकृतिक विपर्ययों से प्रभावित हो रहे थे, उजड़ गए। सिंधु और सरस्वती की तटीय

बस्तियाँ उजड़ती चली गईं। लोग अपना धैर्य खोकर जीवन रक्षा के लिए इधर-उधर भागने लगे। इस दौर में जलाशय या तो सूख गए अथवा सिकुड़ कर बहुत छोटे हो गए। बस्तियाँ नदियों की पुरानी तट रेखा के भीतर तक बसने लगीं। पानी के स्रोतों और उपलब्धता के स्थलों पर कब्जा जमाने के लिए मारकाट होने लगी। अराजकता से पहले की सामाजिक, प्रशासनिक व्यवस्था नष्ट हो गई। दुनिया का सबसे शिक्षित समाज निरक्षरों की भीड़ में बदल गया। अपने को सभ्य कहनेवाले असभ्यता के पर्याय बन गए। इसका प्रभाव सामाजिक संबंधों पर भी पड़ा। ब्राह्मण कहने को सर्वोपरि रह गया, परंतु उसकी आर्थिक दशा और बौद्धिक अग्रता बहुत घट गई। जिनके पास बाहुबल था वे अपने-अपने साहस और पराक्रम से छोटे-छोटे भूभागों के राजा बन गए। वैश्यों की स्थिति में भारी गिरावट आई। उनके गिल्ड बिखर गए। विदेश व्यापार समाप्त हो गया। स्थानीय बाजार भी उजड़ गए। इसका ही असर शिल्प पर भी पड़ा। कहें एक भरीपूरी अर्थव्यवस्था, समाजव्यवस्था, और सांस्कृतिक प्रणाली कालदेव के हाथों अस्थिपंजर मात्र रह गई।

इसी दुर्गति की कहानी शतपथ की उस कथा में वर्णित है जिसका कुपाठ करनेवालों में कोसंबी ने सबको पीछे छोड़ दिया। कोसंबी ने महाभारत पर बहुत काम किया है और उसके हवाले प्रायः देते हैं। उसमें इस भयानक और लंबे अकाल की कहानी को अधिक से अधिक बारह साल के अकाल के रूप में कल्पित किया गया। कवि कल्पना भी इसकी दीर्घता को छूने में असमर्थ थी फिर भी इसे युगसंधि के रूप में रखते हुए इसके बहुत लंबे समय तक चलते रहने की बात कही गई है। मूल के कुछ अंश इस प्रकार हैं :

त्रेता द्वापरयोः संधौ पुरा दैवविधिक्रमात्। अनावृष्टिरभूद्घोरा राजन्द्वादशवार्षिकी।
प्रजानामभिवृद्धानानां युगांते पर्युपस्थिते।....
नद्यः संक्षिप्त तोयौघाः क्वचिदंतर्गताभवन्।
सरांसि सरितश्चैव कूपाः प्रस्रवणानि च।...
उपशुष्क जलस्थाया विनिवृत्तसभाप्रपा। निवृत्तयज्ञस्वाध्या निर्वषट्कारमंगला।
उत्सन्नकृषिगोरक्ष्या निवृत्तविपणापणा। निवृत्तपूगसमयासंप्रनष्ट महोत्सवा।
अस्थिकंकालसंकीर्णा हाहाभूतजनाकुला। शून्यभूयिष्ठनगरा दग्धग्रामनिवेशना।
कचिच्चौरैः कचिच्छस्त्रैः कचिद्राजभिरातुरैः। परस्परभाच्चैव शून्यभूयिष्ठनिर्जना।
गतदैवसंकल्पा वृद्धबालविनाकृता। गोजाविमहिषैर्हीना परस्परहराहरा।
हतविप्रा हतारक्षा प्रनष्टौषधि संचया। श्यावभूतनरप्राया बभूव वसुधा तदा।
तस्मिन्प्रतिभये काले क्षीणे धर्मे युधिष्ठिर। ब्रभ्रमुः क्षुधिता मर्त्याः खादंतश्च परस्परम्।
ऋष्यो नियमांस्त्यक्तवा परित्यज्याग्निदैवताः। आश्रमान्संपरित्यज्य पर्यधावंनितस्ततः॥[33]

इतने कम शब्दों में इस युगांतरकारी त्रासदी का विवरण इतने प्रभावशाली ढंग से केवल दृश्य-श्रव्य माध्यमों की रपट में ही किया जा सकता है। परंतु इस वेधकता के बाद भी कोसंबी इसको नहीं समझ सके, क्योंकि वह इसे सही संदर्भ नहीं दे सके और

यह मानकर बैठ गए कि यह किसी दुर्भिक्ष का गुप्तकालीन कवि द्वारा किया गया अतिरंजित वर्णन होगा। इस आख्यान में तीन बातें बहुत स्पष्ट हैं :

- इससे एक नगर सभ्यता सदा के लिए नष्ट हो गई थी। इसकी शिक्षा संस्थाएँ और साथ ही पूरा ढाँचा नष्ट हो गया था।
- नष्ट होनेवाली नगर सभ्यता वैदिक काल की थी।
- इस विनाश काल में चोरी, लूट, हत्या, यहाँ तक कि नरभक्षण की नौबत आ गई थी और आदमी आदमी को देखकर डरने लगा था।

कोसंबी की दृष्टि इस अध्याय की ओर न गई हो यह संभव नहीं है, फिर भी अपनी विचित्र सोच के कारण न तो वह इसे सही संदर्भ दे पाए न ही भारतीय इतिहास के सबसे महत्त्वपूर्ण मोड़ को समझ पाए और इसे जातीय प्रतिद्वंद्विता के रूप में पेश करते रहे।

भारत में कृषि मुख्यतः वर्षा पर निर्भर रही है और कुछ वर्षों के अंतराल पर दुर्भिक्ष पड़ते ही रहे हैं। ऐसे अकाल और दुष्काल ऋग्वेद के समय में भी पड़े थे और बाद के ऐतिहासिक कालों में भी पड़े, परंतु वे इतने व्यापक नहीं होते थे। इनसे यदि देश का एक भाग प्रभावित होता था तो दूसरे इसके प्रभाव से बच जाते थे और क्षुधार्त भिक्षुकों का पलायन इनकी ओर ही हुआकरता था।

ऋग्वेद के समय में पड़े जिस अकाल का उल्लेख हुआ है वह वामदेव गोतम के एक सूक्त में है। कोसंबी उस अकाल कथा की भी बहुत भोंड़ी व्याख्या करते हैं, परंतु हम केवल इस तथ्य की ओर ध्यान दिलाना चाहते हैं कि वामदेव कहते हैं कि उस अकाल में उन्होंने अपनी पत्नी का शीलभंग होते देखा, उन्हें अपनी मर्यादा त्याग कर कुत्ते की अंतड़ी पका कर पेट भरना पड़ा। उस दुखद काल में कोई देवता हमारी रक्षा को नहीं आया। इंद्र तुम ही हो जिसने वर्षा करा कर हमें खुशहाल किया। अतः विदेघ की कथा में वामदेव गोतम का स्थान गोतम राहूगण ले लेते हैं। महाभारतकार को यह सह्य नहीं कि वामदेव गोतम की यह दुर्दशा की जाए तो उनके स्थान पर विश्वामित्र को उसी तरह अपनी जीवन रक्षा करते दिखा कर वामदेव को बचा लिया। विश्वामित्र तो वसिष्ठ के प्रतिद्वंद्वी होने के कारण कई तरह की विचलनों के लिए उत्तरदायी बनाए जाते हैं और उन्हें बाद की परंपरा क्षत्रिय के रूप में प्रस्तुत भी करती है। परंतु मनुस्मृतिकार दोनों कथाओं से परिचित है अतः आपद्धर्म में दोनों का उल्लेख करता है।

जो विद्वान इतिहास को समझने के लिए पुरातत्त्व को साहित्य से अधिक महत्त्वपर्ण मानते हैं, उन्हें इस बात पर ध्यान देना चाहिए कि साहित्य कभी-कभी पुरातत्त्व से अधिक विश्वसनीय हो सकता है और पुरातत्त्व के अधूरेपन को हर हालत में दूर कर सकता है। बस हमें साहित्यिक सामग्री के झूठ की प्रकृति और प्रेरक ताकतों को समझते हुए इसके सच तक पहुँचने की आदत डालनी होगी। हड़प्पा सभ्यता की वैदिक प्रकृति के संबंध में जितनी भी आशंकाएँ उठाई जाती हैं उन सबका उत्तर महाभारत के इस विवरण में है। मुहम्मद रफीक मुगल ने सरस्वती घाटी के छोलिस्तान रेगिस्तान से इसकी पुष्टि अपने अध्ययनों से की है। अमलानंद घोष ने जैसलमेर की अपनी पड़ताल में इसको मुगल से

बहुत पहले प्रमाणित किया था। जगतपति जोशी और पोसेल आदि ने इस पलायन का तटीय क्षेत्रों पर प्रभाव दिखाया है। परंतु इनमें से कोई उन प्रश्नों का अचूक समाधान करने में समर्थ नहीं जिनका समाधान महाभारत का यह आख्यान करता हैः हड़प्पा लिपि, इसकी मुहरें, इसके सुथरे बर्तन, इसके नगर क्या हुए और ब्राह्मीलिपि सामी लिपि के इतने निकट और हड़प्पा लिपि से अधिक दूर क्यों दिखाई देती है, बीच के लगभग एक हजार साल का इतिहास अंधकार के गर्त में क्यों चला गया, पुरानी समाज व्यवस्था में इतना बदलाव क्यों हो गया, इस तरह के सभी प्रश्नों का उत्तर यहाँ मिल जाएगा। और सूदूर देशों तक से वेद का उद्धार करनेवालों को पश्चिम एशिया में प्रभावशाली रूप में अपनी बस्तियाँ बसा कर यथासंभव वैदिक रीतिनीति से रहनेवालों से क्या सहायता मिली हो सकती है, इसका उत्तर भी साहित्य से मिल सकता है।[34]

विदेघ आख्यान की वास्तविकता यह है कि यह पलायन केवल पूर्व की ओर ही नहीं हुआ था। उत्तर, कश्मीर और दक्षिण तटीय क्षेत्र की ओर भी हुआ था। कुछ लोग इस दौर में भी पश्चिम एशिया की ओर भागने में सफल हुए होंगे, जो इस दुर्विपाक से अप्रभावित रह गया था परंतु सीधे मध्येशिया, सिंताश्ता, कुर्गानक्षेत्र आदि से पलायन करनेवालों के कारण आबादी का दबाव इस क्षेत्र पर बढ़ा अवश्य होगा। भारतीय भूभाग से पश्चिम की दिशा में पलायन का प्रश्न ही नहीं था जो स्वयं इस विपर्यय से प्रभावित था। उल्टे वे लोग जो वहाँ व्यापार आदि के प्रयोजन से बसे हुए थे, और उनके अतिरिक्त भी कुछ लोगों ने भारत की ओर ही पलायन किया होगा। इनमें उत्तर कुरु और उत्तर मद्र में बसे हुए वे लोग भी रहे होंगे जिनका संपर्क भारत से बना रहा था। यह ध्यान में रखना होगा कि महाभारत की घटना का काल इसी दौर से संबंध रखता है।

इस तरह हम पाते हैं कि कोसल विदेह के उत्थान, गंगा घाटी के आवास और और भी पूर्व की दिशा में प्रसार और हल आधारित खेती के आरंभ सभी के विषय में जो कुछ कोसंबी ने लिखा है वह सचेत और अचेत दोनों रूपों में तथ्यों की अनदेखी, मूल अंशों की अवहेलना या तोड़-मरोड़ और अपनी कल्पना को सत्य बनाने के दुराग्रह के कारण है। यही कहानी आज भी उन पर अनन्य भरोसा करनेवालों, कोसंबी के शब्दों में आर्मचेयर हिस्टोरियंस, द्वारा दुहराई जा रही है[35], क्योंकि इससे पढ़ने-लिखने से ही नहीं, सोचने समझने तक से छुट्टी मिल जाती है।[36] जिन तथ्यों को उन्होंने जानते हुए छोड़ा अथवा तोड़ा-मरोड़ा वे हैं :

1. ऋग्वैदिक काल की हल आधारित खेती जिसके उसमें कई स्थलों पर उल्लेख हैं, जिनसे पता चलता है कि उस समय के किसान भूमि की प्रकृति को देखते हुए तीन तरह के हलों का प्रयोग करते थे। एक था लांगल, दूसरा वृक्ण और तीसरा सीर।
2. सिंचाई के विकसित साधनों की उपेक्षा और खेती को घाटी क्षेत्र तक सीमित करना और उसके लिए काल्पनिक बाँधों का निर्माण।
3. व्यापारिक गतिविधियों, यातायात और परिवहन के साधनों की उपेक्षा

4. गाय को देवोपम मानने का आग्रह जिसमें उसे रुद्रों की माँ, वसुओं की पुत्री, आदित्यों की बहन, और अमृत की नाभि बताते हुए उसका वध न करने की हृदयस्पर्शी अपील की गई है।
5. गोमांस पर एकांगी बल, जबकि वह स्वीकार करते हैं कि ब्राह्मणों में से अधिकांश जनजातियों में से आए थे। इन जनजातियों में से कुछ में, यहाँ तक कि वर्णव्यवस्था में सम्मिलित शूद्रों में से कुछ में आज तक गोमांस खाया जाता रहा है।
6. गाय को छोड़कर धन के दूसरे सभी रूपों की उपेक्षा और वह भी तब जब पणियों का अलग अर्थ करने के लिए पण के चलन तक का सुझाव दे बैठते हैं।
7. इस कसमसाहट में सभी तिथियों में मनमानी हेर फेर, जिसमें कालक्रम का कोई अर्थ ही नहीं रह जाता।
8. वैदिक यज्ञों की प्रकृति, प्रयोजन और आयाम की उपेक्षा।
9. कोसल और मगध के उत्थान में लोहे की भूमिका को कारण मानना जबकि कोसल सरस्वती घाटी से भागे हुए लोगों के मगध और विदेह में पहुँचने से बहुत पहले आबाद था और मगध को बसाने वाले लोहा खोजते हुए मगध नहीं पहुँचे थे, अपितु लौहयुग में दूसरे सभी क्षेत्रों की तरह उन्होंने भी लोहे का ताँबे के औजारों के बदले अधिक बड़े पैमाने पर उपयोग आरंभ किया था।
10. कोसंबी स्वयं लोहे के बारे में विरोधी बातें करते दिखाई देते हैं। एक ओर तो वह मानते हैं कि वैदिक काल में ही भारत को लोहे का ज्ञान था। ऋग्वैदिक नाविकों ने पूर्वी भारत तक की यात्राएँ की थीं और उनके माध्यम से ही भारत में लोहे और लोहविद्या का ज्ञान लेकर भारत पहुँचने वाले आर्यों को इसके खनिज भंडारों का पता चला था और दूसरी ओर इससे पूर्ववर्ती भारत को लोहे और लोहविद्या से अनभिज्ञ बताते हैं। इस जानकारी का उपयोग वे आर्यों के बिना कर ही नहीं सकते थे।

एक ऐसा इतिहासकार जो एक प्रसंग में जिन चीजों को नकारता हो उन्हें ही दूसरे स्थल पर इस्तेमाल करता हो, वह हल्ला बोल के लिए तो उपयोगी हो सकता है, इतिहास के लिए किसी के उपयोग का नहीं। आज तक उसका उपयोग हल्लाबोल घराना ही करता रहा है।

सन्दर्भ सूची

1. Why should the first great urban development on the sub-continent have taken place along a river that flows through a virtual desert? The answer is afirly simple. The river is necessary for water and as a source of fish, a main food. Later, it becomes a handy means of heavy transport by boat over long distances. This enables the primitive population to increase at the first stage. The alluvial desert

is as imortant in its own way. It means that the early population is confined to a strip along the river. Foof gathering, beyond a certaim stage and range is impossible, the forest being at best thin scrub. This disadvantage is greatly outweighed by two advantages: First, protection against wild animals, dangerous reptiles and insects is less necessary than in the dense Indian jungle. Secondly, agriculture becomes not only necessary but also becomes feasible without clearing away a heavy growth of forest. Fire would do for the clearing and even stone tools are enough, whereas the real Indian monsoon-fed wilderness cannot be brought under cultivation without an ample supply of metal-iron.

2. The last Ice Age was neither so hard nor so extensive over the Indian sub-continent as over Europe. Hereafter, India is taken as a geographical unit also including Pakistan with a part of Afghanistan and at times of Burma. No political claims or motives should be imputed to this extension. Whereas there was an Ice Age in the north, the south and south-east escaped altogether. There is every likelihood that the eastern parts of India proper were penetrated by prehistoric people from Yunnan and Burma. The movement may even have continued well into historic times. The stone tools of this eastern region show common materials and technique. The Culture, 33-34.
3. Secondly, food gathering apart from hunting or fishing remained much easier over most of india and had a afr greater range than in Europe or elsewhere on the Eurasian continent. Where half a dozen cereals, peas and beans make up almost the entire variety of European staple foods, even a region of average fertility like Maharashtra has over forty kinds of iniligenous staples, most of which are cultivated but can also be found wild. All are suitable for storing. These include rice and wheat, millet, sorghum, barley; with a considerable variety of vegetable proteins, and seeds like sesamum that produce edible oil. Pepper and spices give good taste as well as vitamins. A balanced diet is possible without killing any living creatures, especially as milk, butter, curds and cheese, fruit and vegetables can be had without taking animal life.ib.
4. Among them may be mentioned Pargiter, who concluded that a Gangetic civilization preceded the RV., ignoring the afct that the Gangetic basin could not have been cleared as early as 1500 B. C., for lack of metals. Intro. 135
5. कोसंबी इसके साथ भी तोड़ मरोड़ करते दिखाई देते हैं। वह कहते हैं, A afnciful conjecture is that the obscure *tābuvan* in *AV.* 5.13.10 is the South Sea Islanders' *tabu,* hence Austric ; this may be disposed of by pointing to the - equally meaningless- variant *tāvucam* in some texts, and the afct that the *AV* gives an exorcism against snake-poison without any implication of *tabu. An Intro., 112.* परंतु प्रश्न केवल ताबु या तावे का नहीं है, उसी सूक्त में आलिगी, बिलिगी, उरुगूला, घेत्व, तस्तुवं, आदि का भी है, जिनका हवाला कोसंबी नहीं देते जब कि इस सूक्त का संदर्भ देते हैं।
6. The first division of labour was between men and women; women were the first potters, basket-weavers, agriculturists - with hoe cultivation, or the digging-stick (dibbler). *Intro.*, p.22
7. The change to male dominance came only when the special property of men developed. Generally this meant cattle, which were first herded for meat, later for milk-products and skins

8. The English word *daughter,* Geerman *Tochter, thygater* in Greek, *dear* in Irish,. Lithuanian *dukte, dock* in Russian are of common derivation with the Sanskrit *duhitr.* The Sanskrit root *duh* means' to milk,' so the word was according to this theory, originally *dogdhrī* = 'she who milks,' to indicate that it was the daughter of the primitive Aryan family who did the milking. This charming picture seems to have been drawn first by Lassen, quoted with approval by Max Müller, plagiarised by various Indian authors in deservedly obscure writings, re-adopted from the Marathi, and now gains an unforeseen sanctity by translation of the last such repetition[8] into Russian…Intro., 6
9. With regular agriculture, cattle manure fertilised land quickly exhausted by older tribal slash-and-bum cultivation; so permanent occupation of a field became, the norm, tending towards private property in land. Intro, 23
10. प्रजापतेर्वै शोकादजा समभवत् प्रजापतिरग्निः नः वाऽआत्मा आत्मानं हिनस्ति अहिंसायै यत् एव वा अजायाऽअजा ह सर्वाऽओषधीः अत्ति सर्वासां एक एनां एतत् ओषधीनां रसेन शृणत्ति। शतब्रा.6.4.2.16
11. आज्यं वै देवानां सुरभि। घृतं मनुष्याणाम्॥ ऐतरेय ब्रा. 1.3
12. अथ यो गर्भांतरासीत् सोऽग्निरसृज्यत स यदस्य सर्वस्राग्रमसृज्यत तस्मादग्रिरग्रिर्ह वै तमग्निरित्याचक्षते ...अथ यदश्रु संक्षरितमासीत् सो अश्रुरभवदश्रुर्ह वै तमश्वइत्याचक्षते... अथ यः कपाले रसो लिप्त आसीत् सो अजोऽभवत अथ यत्कपालासीत्सा पृथिवी अभवत्। 'शतपथ ब्रा.' 6.1.1.11
13. देखें, भगवान सिंह, 'सभ्यता की दिशा में प्रथम चरण', हड़प्पा सभ्यता और वैदिक साहित्य, खंड 2, में, 1987, पृ.33-52
14. मंदामहे दशतयस्य धासेः द्विः यत् पञ्च बिभ्रतः यंति अन्ना, 1.122.13
15. इसका कुछ विस्तार से उल्लेख हमने हड़प्पा सभ्यता और वैदिक साहित्य, खंड 2, 1987 में किया है।
16. The rice that one finds in the early Harappan Haryana (Balu and Kunal) could have been only of eastern derivation. Dilip K. Chakrabarty, Who Owns the Indian Past ? The case of the Indus civilization.
17. The Aryans had little difficulty in pene trating to within 50 miles of the Yamuna river. The thinner forest of the region could be burnt down. But the social organisation necessary forsettling the land cleared by fire went beyond the simple tribe.
18. Not all Aryans moved to the east, nor was the advance steady. It was not a simple matter of more Aryans entering India to push their predecessors afrther ahead. As has been said, the Purus maintained themselves in the Panjñb till the end of the fourth century B.C., though they had to send out colonies and branches; their original territory could support only a limited number of pastoral tribesmen. The southward expansion was restricted by desert. To the east, near the Yamuna, lay increasingly heavy jungle which could not profitably be cleared without iron, except for a narrow strip on the low watershed between the Panjab and the Gangetic basin and another along the Himalayan foothills where fire could clear the shallow soil fairly well. The Culture, 84.
19. Slag and clinker deposits of unknown date are found where the copper ore lies, and hoards of copper objects of about 1000 B.C. are found all over the Gangetic

plain. Some are afshioned as harpoons, shouldered celts, semihuman figures, etc. The largest bar celts, about 2 feet long with a crude chisel-end, are too unwieldy to have been tools. These objects clearly form traders' hoards. The Culture, 79.

20. These objects clearly form traders' hoards.ib.
21. They were not made by the aborigines themselves, because copper-refining means controlled fire, hence good kilns. Such kilns would also produce excellent pottery, and it is believed that they were, in afct, first derived from pottery kilns. But the only pottery found with these copper hoards is unspeakably crude, badly fired, ochre-washed ware that goes to pieces even in the digging. The Culture, 90
22. Clearly not all Aryans settled down to cattle-raising in the Panjab. There were certainly people in the second millennium, particularly in the second major Aryan wave, with all the hardihood and daring needed for pioneers. They were good fighters with some knowledge of metallurgy, especially of iron, which had become common by the beginning of the first millennium all over that part of Asia through which these Aryans had to reach India. ogh., 90
23. The *Satapatha Brāhmaṭṇa (ŚB.* 1.4.1.14-17) des-cribes the Aryan method of land-clearing: (14) .. Mathava, the Videgha, was at that time on the (river) Sarasvati. He (the sacred fire, Agni) thence went burning along this earth towards the east; and Gotama Rahugaṇa (the priest) and Videgha Māthava (the king) followed after him as he was burning along. He burnt over (dried up) all th,ese rivers. Now that (river) which is called Sadanirli (' always with water ') flows from the northern (Himalaya) mountain: that one he did not burn over. That one the brahmins did not cross in former times, thinking, 'it has not been burnt over by Agni Vaisvanara '. (15) Nowadays, however, there are many brahmins to the east of it. At that time it (the land east of the Sadanirli) was very uncultivated, very marshy, because it had not been tasted by Agni Vaiśāvānara. (16) Nowadays, how-ever, it is very cultivated, for the brahmins have caused (Agni) to taste it through sacrifices. Even in late summer that (river), as it were, rages along: so cold is it, not having been burnt over by Agni Vaiāvānara. (17) Māthava the Videgha. then said (to Agni), . Where am I to abide?' 'To the east of this (river) be thy abode '. said he. Even now this (river) forms the boundary of the Kosalas and Videhas; for these are the Mathavas (or descendants of Mathava)."
24. The Aryans, as they advanced eastwards, burnt over the forest along the Himalayan foothills. The deforested land dried up. ..This method is confirmed by various adjectives for Agni in the RV: The swallower of forests, the axe, he who leaves a black furrow. Intro., 123
25. Progress was retarded for a time by a glacier-fed river, but they later settled to the east, by the same method of land-clearing.
26. The river-name was later identified with the Karatoya which survives as the modem Kurrattee in Bengal; but it has obviously been displaced east-wards. The original Karatoya should have been somewhere about the Gaṇdak. वही ।
27. वया इदग्ने अग्नयस्ते अन्ये त्वे विश्वे अमृता मादयंते।
वैश्वानर नाभिरसि क्षितीनां स्थूणेव जनॉं उपमिद् ययन्थ॥
मूर्धा दिवो नाभिरग्निः पृथिव्या अथाभवदरती रोदस्योः।
तं त्वा देवासोऽजनयंत देवं वैश्वानर ज्योतिरिदार्याय॥

28. In the first place the settlements of the Aryans had already been extended from the Punjab (where they were settled in the times of the hymns of the Rig-veda) as far as the Sarasvati. They thence pushed forward, led by Videgha Mathava and his priest, according to our legend, as far east as the river Sadanira (that is 'she that was always filled with water'), which according to Sayama is another name for Karatoya (the modern Kurutti on which Bogra lies), which formed the eastern boundary of the Bidehas; or more probably the Gandaki...SBES, part I, p.104 footnote,.
29. The Gangetic riparian jungle was still too thick for agrarian settlement. The main Aryan settle-ments therefore extended eastwards in a chain, a thin line along the Himalayan foothills to southern Nepal, and then swung south through the Camparan district of Bihar to the great river. The land was cleared *by* burning over, which would not have been possible nearer the Ganges. This method, which limited the original expansion to the foothills west of the Gandak river, is explained in a afmous passage of the *Satapatha Brāhmana.* The date should be earlier than 700 B.C. But the turn through Camparan to the south was meant only to reach the ores, which lay beyond, the hills of Rajgir, the one early Aryan settlement south of the great river.
30. A tag verse in the Rigveda makes Dirghatamas, brahmin son of Ucathya and Mamatā, a.river pilot in his old age. Ships with a hundred oars and voyages on water three days from the nearest land receive passing mention in the oldest Veda, so that the Aryans knew how to manage boats. The sole possible explanation is that the sea was reached and the ores found by these daring pioneers of unknown name early in the first millennium; otherwise there is no reason or explanation for the eighth-century pre-embankment deposits at Banaras fort, on the Ganges. वही।
31. प्रसंगवश उल्लेख करें कि समुद्र यात्रा अंधतमस ने नहीं तुग्र के पुत्र भुज्यु ने की थी। अंधतमस सूक्त के ऋषि हैं। वह उचथ्य के पुत्र नहीं हैं, उशिज के अपनी दासी ममता से उत्पन्न पुत्र हैं। अंधतमस की एक ऋचा से यह अवश्य पता चलता है कि लुटेरों ने उनको एक बार हाथ-पाँव बाँध कर नदी में फेंक दिया था, परन्तु किसी चमत्कार से वह जीवित बच गए थे (न मा गरन् नद्यो मातृतमा दासा यदीं सुसमुब्धमवाधुः, ऋ.1.158.5)। ब्राह्मणों में इसकी अटपटी व्याख्याएँ हैं।
32. The land may be cleared by fire, like the whole chain of (foothill) settlements from Hastinapura to Champaran district and hence south to Rajgir; but it cannot be settled permanently without the iron ploughshare. Iron Age., Combined Methods..., p.215.
33. महाभारत, भंडारकर प्राच्यविद्या संशोधन मंडाल, 1974, शांतिपर्व, 139.13-25
34. सामीलिपि का जिस क्षेत्र में विकास हुआ उसमें पहले कीलाक्षर लिपि चलती थी। वहाँ यह नई लिपि किसकी पहल से विकसित हुई? क्या इसमें वहाँ बसने वाले भारतीय व्यापारियों की कोई भूमिका हो सकती है? क्या इसके कारण ही सामी हड़प्पा लिपि का विकास और ब्राह्मी सामी लिपि का विकास नहीं लगती? हम इस पर अधिक कुछ कहने के अधिकारी नहीं हैं, परंतु यदि इसको जाँच के बाद सही पाया जाए तो संभव है हड़प्पा लिपि के कतिपय चिह्नों का ध्वनिमूल्य निर्धारित करने में मदद मिले।

35. See, Irafn Habib and Vijay Kumar Thakur, The Vedic Age and the coming of Aryans- c. 1500-700, A Peoples History of India, 3, Aligarh Historians Society, Tulika Books, 2003
36. Field work has one disadvantage for arm-chair linguists (read historians, BS). The amazing deftness with which world-shaking conclusions can be drawn without moving out of the study becomes less serviceable. Combined Methods in Indology, p.5.

उन्नीस

बुद्ध और उनका धर्म

कोसंबी के पिता आचार्य धर्मानंद कोसंबी बौद्ध साहित्य के अप्रतिम विद्वान थे। कोसंबी स्वयं भी बौद्ध साहित्य से भलीभाँति परिचित थे। आशा यही कि कम से कम मौर्य वंश को प्रभावित करनेवाले (चंद्रगुप्त मौर्य बाद में जैन साधु हो गया था और अशोक ने बौद्ध मत अपना लिया था) इन दोनों मतों को समझने में चूक नहीं होनी चाहिए।

कोसंबी ने बड़ी पीड़ा के साथ यह दिखाया है कि बौद्ध धर्म कितने कम समय में पूरी दुनिया में प्रत्यक्ष या परोक्ष रूप में फैल गया, इसने कितनी गहराई में विश्व मानस को प्रभावित किया, इसका ईसाई और यहूदी धर्मों पर, चीनी चिंताधारा पर, ईसाई मठ-व्यवस्था और संगठन पर कैसा प्रभाव पड़ा, इसने स्थापत्य, चित्रकला, नाट्यकला और मूर्तिकला को किस तरह प्रेरित किया और यह सारा काम बिना किसी बलप्रयोग या प्रलोभन के किया गया, फिर भी उस देश में ही जहाँ इसका जन्म हुआ, इसका निशान मिट गया।[1]

परंतु इसके विवेचन में उनसे जो असावधानियाँ होती हैं, वे कल्पनातीत हैं। बौद्ध धर्म के बारे में वह कहते हैं कि यह मूलतः जैन मत से लिया गया था।[2] फिर उन्हें याद आता है कि संन्यास और अध्यात्म चिंतन की यहाँ बहुत लंबी परंपरा रही है, 'बुद्ध और महावीर समकालीन तो थे ही, दोनों का भौगोलिक क्षेत्र भी आस-पास था। उनके धर्मों में धर्मशास्त्रीय विवाद और प्रतिवाद होने के बाद भी, दर्शन या मठ-व्यवस्थाओं के मामले में दोनों में बहुत कम अंतर है। संन्यास की बहुत लंबी परंपराएँ पहले से चली आ रही थीं। इन दोनों ने इसमें अपने-अपने ढंग से योगदान किया जिससे वे अपने चरम उत्कर्ष पर पहुँचीं। अंतिम बात यह कि दोनों एक खास किस्म के क्षत्रिय हैं, अर्थात् उन जातियों के लोग जो बाभनी कर्मकांड का पूरा पालन किए बिना भी अपनी आर्य वंशधरता के प्रति गर्व अनुभव करते हैं।'[3]

आगे वह लिखते हैं, 'शाक्य एक आर्य भाषा बोलते थे और अपने आर्य होने पर गर्व करते थे। इनका नाम शाक्य और हक्खमनी सम्राट दारा प्रथम के छठीं शताब्दी ईसापूर्व के अभिलेख में पालि उच्चारण वाला नाम सक्क अंकित है। दोनों में कोई संबंध हो यह जरूरी नहीं, परंतु इससे यह संभवना बढ़ जाती है कि शाक्य मूलतः आर्य थे।

इस गण में कोई ब्राह्मण नहीं होता था, न ही जाति या वर्ण थे, न ही इस बात की कोई सूचना मिलती है कि शाक्य उच्च वैदिक रीति-नीति का पालन करते थे। क्षत्रिय होने के नाते वे आवश्यकता होने पर हथियार उठा लेते थे।'[4] वह उनके आर्यत्व के विरुद्ध कुछ भी सुनने को तैयार न थे। विंसेंट स्मिथ ने सुझाव रखा था कि शाक्य नेपाल के पहाड़ी थे और आज के थारू उन्हीं के उत्तराधिकारी हैं। कोसंबी इसका दृढ़ता से प्रतिवाद करते हैं।[5] विंसेंट स्मिथ सही हैं या नहीं, यह निर्णय करना हमारे अधिकारक्षेत्र में नहीं आता, परंतु कुछ बातें स्मिथ के पक्ष में जाती हैं, जैसे यदि थारूओं को उनका उत्तराधिकारी या वंशधर न माना जाए तो शाक्यों का लोप हो जाएगा। इसे कोसंबी जानते हैं। दूसरे थारू स्थविर का तद्भव है और स्थविर बौद्धों का एक संप्रदाय रहा है। अपने जीवन में थारू नितांत संयमी पाए जाते हैं और अहिंसा का हाल यह कि वे अपनी गायों का दूध तक नहीं निकालते, उनका पालन केवल उनके बछड़ों के लिए और खाद के लिए उनके गोबर के लिए करते हैं। वे ठीक उसी क्षेत्र में पिछली शताब्दी तक पाए जाते थे और आज भी वहीं बचे रह गए हैं जिसे कोसंबी भी शाक्यों का क्षेत्र मानते हैं।[6] शाक्यों के विषय में वह स्वयं बताते हैं कि वे कोसल के राजा प्रसेनदि के अधीन थे, उनकी गिनती मामूली किस्म के क्षत्रियों में होती थी और वे हल जोतने में संकोच नहीं करते थे।[7] कोसंबी के पास उन्हें आर्य सिद्ध करने का कोई ऐसा प्रमाण नहीं जिसको भरोसे का माना जाए। उल्टे वह यह बताते हैं कि मठ-परंपरा की जड़ें आहार-संग्रही परंपरा में हैं[8], और शाक्यों के पड़ोसी अभी आर्य बनने की दिशा में बढ़ रहे थे।[9] मल्ल और लिच्छवी भी इसी प्रक्रिया से गुजर रहे थे।[10] वास्तविकता यह है कि ब्राह्मणीकरण की प्रक्रिया ही आर्यीकरण की प्रक्रिया है।[11]

बौद्धमत क्षत्रिय ब्राह्मण संघर्ष का परिणाम

आर्य लड़ने के आदी थे। पहले उन्होंने हड़प्पा पर आक्रमण और नरसंहार किया और फिर बाहर की तरह भारत में भी आपस में लड़ते रहे।[12] उनके नरसंहार से बचे हुए ब्राह्मण जो जंगलों में भाग गए थे वे चुपके से आकर उनके पुरोहित बन गए। पुरोहित कोई भी बन सकता था। वर्ण व्यवस्था थी नहीं। भेद केवल चमड़ी के रंग का था।[13] फिर ये अपने विजेताओं को अपने से नीचा मानने लगे। क्षत्रियों ने पुरोहितों की श्रेष्ठता को मान भी लिया क्योंकि वे उनको विजयी बनाने के लिए ही यज्ञ करते थे। जैसे यह समझ में नहीं आता कि विजेताओं ने इन विजित ब्राह्मणों को अपने सिर क्यों चढ़ाया, उसी तरह यह भी समझ में नहीं आता कि वर्णक्रम में अपनी स्थिति को स्वीकार कर लेने के बाद ब्राह्मणों को नीचा दिखाने की आवश्यकता क्यों पैदा हो गई? यदि हुई ही तो हथियार से ब्राह्मणों का दमन क्यों नहीं किया जबकि इंद्र ने अपने ही पुरोहित विश्वरूपा का वध कर दिया था? हथियार के स्थान पर बौद्धिक प्रतिस्पर्धा में उनको नीचा दिखाने की आवश्यकता कैसे पैदा हो गई? वह भी इतने लंबे समय बाद!

कोसंबी कहते हैं कि क्षत्रियों का यह असंतोष और विरोध तो बहुत पहले से चला आ रहा था, 'यह सिद्ध करना आसान है कि ब्राह्मणों और क्षत्रियों की यह शत्रुता पुरोहिती

शक्ति में होनेवाली वृद्धि के कारण बाद के कालों में पैदा नहीं हुई।'[14] वह विश्वामित्र को क्षत्रिय और वसिष्ठ को ब्राह्मण बताते हुए उनके बीच शत्रुता के प्रमाण देते हैं। विश्वामित्र सुदास के पुराने पुरोधा थे, इसलिए क्षत्रिय हुए और बाद में उन्हें क्षत्रिय राजा बताया भी जाता रहा। परंतु विश्वामित्र को तो उनके पद से सुदास ने ही हटाया था। अतः यह दो व्यक्तियों में राजा की पुरोहिती का झगड़ा तो हो सकता है दो वर्णों या जातियों का नहीं।

यद्यपि ऋग्वेद में विश्वामित्र और वसिष्ठ के बीच कलह के प्रमाण हैं और कोसंबी इस सीमा तक ठीक हैं, विश्वरूपा के वैभव से चिढ़ कर इंद्र द्वारा उसके वध की भी पुष्टि ऋग्वेद से होती है, परंतु कोसंबी भी जानतें और मानते हैं कि ऋग्वेद में ऐसा कुछ नहीं है जिसे जातीय कलह बताया जा सके। परंतु बाद में ऐसी कहानियाँ गढ़ी गईं जिनमें जातीय प्रतिद्वंद्विता के स्पष्ट उल्लेख हैं। इनमें सुदास द्वारा वसिष्ठ के सौ पुत्रों की हत्या, जमदग्नि की एक क्षत्रिय द्वारा हत्या, बदले में परशुराम द्वारा धरती को 21 बार निश्क्षत्र करने, विश्वामित्र का मेनका द्वारा तपभंग, उससे उत्पन्न संतान के नाम पर भारत का नामकरण, विश्वामित्र द्वारा एक अलग सृष्टि, भृगु और वसिष्ठ की गायों को छीनने और उनके प्रताप से छीनने वाले के पराभव, दिलीप द्वारा वसिष्ठ की असाधारण माया और महिमावाली गाय को चराना, उसका प्राण संकट में पड़ने पर अपने उसके बदले सिंह से अनुरोध करना कि वह नंदिनी के स्थान पर उनको खा जाए, पुत्रेष्टि यज्ञ से पुत्र पैदा कराने, कृपाचार्य, द्रोणाचार्य आदि अनेक शस्त्रविदों की उद्भावनाएँ और विचित्र कथाएँ आती हैं। विचारणीय यह था कि एकाएक ऐसी कथाएँ क्यों और कब गढ़ी जाने लगीं। कोसंबी ने ऐसा न करके इन सभी में से कुछ को उपयोगी पाकर काट और सीकर एक आटोप तैयार कर दिया जो भानुमती के कुनबे की याद दिलाता है।[15] इनमें से एक दो का क्षीण संकेत कुछ ब्राह्मणों में मिलता है। इन्हीं में परशुराम भी है। ऋग्वेद में एक स्थल पर 'राम' का उल्लेख कतिपय महान पुरुषों के साथ आया है जिनकी वंदना करने का दावा कवि करता है। इसमें असुर पद का प्रयोग हुआ है। इसे ही खींच-तान कर यह सिद्ध किया जाता है कि यह परशुराम हो सकते हैं। पर इस बात की चिंता नहीं की जाती कि यहाँ इन सभी पुरुषों को आदरणीय (प्रवाच्य) और धनाढय (मघवान) माना गया है अतः किसी प्रकार के तनाव का प्रश्न ही नहीं। भ्रमनिवारण के लिए इसके मूल और ग्रिफिथ ने इसका जो अनुवाद किया है उसे देखा जा सकता है।[16] एक सूक्त में ब्राह्मण की पत्नी के अपहरण और पुनः लौटाने के आख्यान का हवाला देते हैं। उनके इस निष्कर्ष से हम सहमत नहीं हो पाते। इसमें कहीं यह नहीं है कि ब्राह्मणों की पत्नियों का क्षत्रिय अपहरण कर लेते थे। यद्यपि सोम द्वारा बृहस्पति की जूहू जो ब्राह्मणी बताई गई है, ग्रहण किए जाने पर सप्तर्षियों द्वारा इससे होनेवाले अनिष्ट की चेतावनी से चंद्रमा ने उसे बृहस्पति को लौटा दिया था। इसी के माध्यम से यह धमकी अवश्य दी गई है कि ब्राह्मण की पत्नी बहुत भयानक होती है और उसके साथ कोई अन्य संभोग करे तो उसका अनिष्ट हो जाता है। जो राजा ऐसा होने दे उसका राज्य संकट में पड़ जाता है। इसीलिए यदि

कोई व्यक्ति कोई किसी ब्राह्मण की पत्नी को जबर्दस्ती रख ले तो विचारशील राजा उसे उसके पति को वापस करा देते हैं।[17] इस तरह के खतरे ब्राह्मणों को अपने छात्रों तक से रहा करते थे और वे गुरुतल्पगामिता के भी भयानक परिणामों का डर दिखा कर उनकी अन्यगामिता पर एक बाड़ लगाने का प्रयत्न करते थे। वह बिना किसी आधार के क्षत्रियों द्वारा ब्राह्मणों के संहार की कल्पना करते हैं।[18] कोसंबी की ऐसी व्याख्याएँ और उद्‌भावनाएँ उनके मनोविक्षेप के कारण हैं।

ऐसी दशा में जैन और बौद्ध मत उन्हें ब्राह्मणवाद विरोधी क्रांतिकारी क्षत्रिय धर्म-चिंतन प्रतीत हो तो आश्चर्य क्या। पार्श्वनाथ, महावीर, बुद्ध सभी क्षत्रिय ही तो हैं। अश्वपति और प्रवाहण जैवलि भी ऐसे चिंतक हो सकते हैं जिनके पास ब्राह्मण उपदेश ग्रहण करने के लिए आए होंगे।[19] शिक्षा के लिए किसी क्षत्रिय के पास ब्राह्मण तक आ सकते हैं, क्षत्रिय का यह दर्प ब्राह्मण की बौद्धिक श्रेष्ठता की स्वीकृति है, जैसे रैदास का यह कथन कि राम की कृपा से ब्राह्मण तक उनको दंडवत करते हैं। उपदेश के लिए उपस्थित होना शत्रुता का नहीं, ज्ञान के आदर और विनम्रता का प्रमाण है न कि विरोध या प्रतिस्पर्धा का।

परंतु कोसंबी मानते हैं कि बुद्ध का विरोध ब्राह्मण जाति से न था, यज्ञों से था।[20] क्यों और कैसे था, यह समझ में नहीं आता। परंतु उनके दावे से ही उनकी इस मान्यता का खंडन भी हो जाता है। वह स्वीकार करते हैं कि बुद्ध ने स्वयं पहले से चले आ रहे पाँच महान यज्ञों–अश्वमेध, नरमेध, सम्यकपाश, वाजपेय और निरर्गल की चर्चा की है। इनमें से अश्वमेध, नरमेध और वाजपेय का ही पता वैदिक साहित्य से चलता है। इससे वह यह आशय निकालते हैं कि यज्ञ अधिकाधिक जटिल होते जा रहे थे और यह कि ये यज्ञ दूसरी तरह के थे। यदि दूसरी तरह के थे तो पहले से चले आ रहे यज्ञों से इनकी भिन्नता क्या थी, इसका पता भी नहीं चलता।

वह स्वीकार करते हैं कि कर्मकांड पर ब्राह्मण का नियंत्रण सदा बना रहा, बौद्धों ने कभी इसका या देववाद या जाति या सामाजिक वर्गों का विरोध नहीं किया। देववाद में यद्यपि उन्होंने बुद्ध को शामिल नहीं किया, पर वैदिक देव बौद्ध कथाओं में बुद्ध का आदर करते दिखाए गए हैं।[21]

'अनेक विदेशी, जो हिंदू समाज में सम्मिलित होना चाहते थे उन्होंने पहले जैन या बौद्ध धर्म अपनाया और अपनी हैसियत के अनुसार हिंदू समाज में प्रवेश किया।'[22]

ब्राह्मणों का क्षत्रियों ने कभी अनादर किया हो इसका एक भी प्रमाण नहीं मिलता जिसे भरोसे का माना जा सके। ऐसा तो बौद्ध और जैन मठों को उदार दान और संरक्षण के समय में भी नहीं हुआ। जैन और बौद्ध दोनों मतों में सबसे पहले ब्राह्मण ही दीक्षित हुए थे और इन दोनों मतों से पहले जो अनेक निग्रहवादी विचारधाराएँ थीं उनके प्रति भी ब्राह्मणों के मन में आदर था और उनका प्रभाव इन नए मतों पर भी पड़ा था।[23]

ब्राह्मण स्वयं अर्थ उत्पादन (खेती, उद्योग या व्यापार) नहीं करता था। उसका निर्वाह उसे मिलने वाले दान, पुरस्कार और उपहार से होता था। इन दोनों धर्मों और इनके भिक्षुओं की जमात के साथ दो प्रतिस्पर्धी दानग्राही पैदा हो गए। उसका दानभाग कम हो गया।

इसका उसकी आय पर प्रभाव पड़ा और इसकी पीड़ा में ब्राह्मणों ने अपना क्रोध विविध रूपों में क्षत्रियों पर निकाला, क्योंकि इन धर्मों के प्रवर्तक क्षत्रिय थे। यह पूरा प्रचार गालियों और गाली देने के शैलीभेद से भरा पड़ा है। जैन और बौद्ध इसे सहन करते हैं, प्रतिवाद तक नहीं करते। हिंसा—मन, कर्म, वचन तीनों से उनके लिए पातक थी। बौद्ध धर्म के विषय में कोसंबी यह शिकायत करते हैं कि किसी ने यह सोचने का कष्ट नहीं किया कि यह उस समय ही क्यों पैदा हुआ और इतनी तेजी से क्यों बढ़ा।[24] यही शिकायत कोसंबी से की जा सकती है कि उन्होंने भी यह सोचने का कष्ट नहीं किया कि जिन कहानियों को उन्होंने प्रमाण बनाया है वे बौद्ध और जैन धर्मों की लोकप्रियता के बाद की रचनाओं—पुराणों और महाकाव्यों—में ही क्यों रचीं और अतीत-कथा के रूप में भरी गईं?

बुद्ध की अहिंसा

बुद्ध अहिंसा को जीवन संग्राम का अनिवार्य गुण मानते हैं। यदि उनका भक्त कोई राजा शत्रु पर विजय के लिए उनसे सलाह माँगे तो उसे सलाह भी देने में संकोच नहीं करते। उनकी अहिंसा एक भिन्न प्रकार की है और यह है पर पीड़ा से विरति। दुख से मुक्ति। कोसंबी कहते हैं, "जैन धर्म ने अहिंसा को अति पर पहुँचा दिया था, जो पूरे समाज के लिए अव्यावहारिक था, जबकि बौद्धों ने इसे मुख्य रूप से मनुष्यों और खेती के जानवरों तक सीमित रखा। बुद्ध सुत्तनिपात के ब्राह्मणधम्मिक सुत्त में कहते हैं, 'गोरू हमारे माता-पिता और नातेदारों की तरह हमारे हितैषी हैं, क्योंकि खेती उन्हीं पर निर्भर है। उनसे हमें आहार, बल, कांति और आनंद मिलता है। इस बात को जानते हुए पुराने समय के ब्राह्मण (ज्ञानीजन) गोवंश का वध नहीं करते थे'।"[25]

यहाँ तीन तथ्यों को रेखांकित करना जरूरी है। पहली यह कि गोवध पर पहली बार प्रतिबंध बुद्ध के समय में नहीं लगा। दूसरी यह कि जिन कारणों से गोवध की निंदा बुद्ध कर रहे थे, उन्हीं कारणों से उनसे पहले की परंपरा इसकी निंदा करती रही, जिसका बहुत प्रभावशाली रूप में समर्थन करते हुए भी असंयम के कारण याज्ञवल्क्य स्वयं इसका सम्यक् पालन नहीं कर पाते थे। इससे कोसंबी परिचित भी हैं और इसका हवाला भी देते हैं, परंतु अपने सुपरिचित तोड़-मरोड़ के साथ।[26] याज्ञवल्क्य कहते हैं, जो गाय और बैल ही हमारा भरण करते हैं, इसलिए जो इनका मांस खाता है वह अपनी गर्भस्थ संतान (अद्‌भुतम्) का भक्षण करता है। अतः इनका मांस किसी भी हालत में नहीं खाया जाना चाहिए। परंतु वह स्वयं लाचार है कि यदि मुलायम गोमांस मिल जाए तो वह खा लेते हैं।' यह एक आत्मग्लानि भरी स्वीकृति है, न कि कर्मकांडीय कथन। कोसंबी यह भी याद दिलाना नहीं भूलते कि इसमें साँड़ की बात तो आई ही नहीं। वह बुद्ध के उक्त कथन में भी नहीं आई है।

बुद्ध की अहिंसा उपयोगितावादी थी। यह दृष्टि बुद्ध के साथ नहीं पैदा हुई थी, बहुत प्राचीन काल से चली आ रही थी। इसका प्रमाण है ऋग्वेद में गो के लिए अघ्न्या विशेषण का प्रयोग, गोवध के विरुद्ध वह अभियान जिसकी चर्चा हमने पहले की है। इसमें गाय

को रुद्रों, वसुओं, आदित्यों से संबंधित किया गया है और इसे निरपराध और अमृत की नाभि कहकर इसका वध न करने का अनुरोध किया गया है। वैदिक किसान गाय को माँ कहते थे। उन्हें गोमातर कहा जाता था। यह देखकर विस्मय होता है कि मांस का ऋग्वेद में केवल दो बार और वह भी अश्वमेध के प्रसंग में प्रयोग हुआ है।

कोसंबी अहिंसा, सत्य आदि के प्रथम प्रवर्तक पार्श्वनाथ को मानते हैं और उनको बुद्ध से दो तीन सौ साल पहले रखते हैं,[27] परंतु हम पाते हैं कि मुनियों की परंपरा, सत्य और अहिंसा का आंदोलन, ऋत के निर्वाह के आग्रह की जड़ें बहुत पीछे जाती हैं। इसे समझने के लिए ऋग्वेद को कुछ ध्यान से पढ़ा जाना चाहिए। हाँ पार्श्वनाथ का और यदि महावीर ने इसे उस चरम पर पहुँचाया तो उन्हें इस बात का श्रेय या अश्रेय अवश्य दिया जा सकता है कि उन्होंने अहिंसा को आत्मपीड़न की सीमा तक पहुँचा दिया, सत्य को अपने आप में ध्येय बना दिया और जबकि इससे पहले ऐसा नहीं था और बुद्ध ने भी इसे इस रूप में नहीं स्वीकारा और संभवतः इसी अतिवादिता और व्यावहारिकता के प्रश्न पर दोनों एक दूसरे की कटु आलोचना भी करते थे।

कोसंबी सिद्धांत-निरूपण करते हुए कहते हैं कि रीतिविधान और कर्मकांड में हजारों साल पहले के अवशेष पाए जाते हैं। जीवन में लुप्त, रीतिविधान में चालू। यज्ञबलि इसी का हिस्सा था। इसका इतिहास बहुत लंबा है। इसमें बहुत प्राचीन काल में कभी नरबलि भी दी जाती थी। नरबलि विशाल निर्माणकार्यों से पहले करने का चलन ऐतिहासिक कालों तक जारी रहा, इससे भी कोसंबी अवगत हैं। नरबलि नरभक्षण से भिन्न है।

शतपथ ब्राह्मण में वर्णित यज्ञ विधान में आए परिवर्तनों को भी वह नहीं समझ पाते अन्यथा वह पाते कि बौद्धकाल से बहुत पहले यज्ञ को अध्वर या हिंसा रहित बनाने का वह अभियान पूरा हो गया था जिसके लिए प्रयत्न ऋग्वेद के समय से ही आरंभ हो गया था परंतु पुरातनपंथियों के कारण उस समय तक इसमें सफलता नहीं मिली थी।

कोसंबी यज्ञों का हवाला पशुबलि के प्रमाण के रूप में देते हैं। वह यज्ञ में बलि दिए जानेवाले जिन प्राणियों का नाम गिनाते हैं, उनके विषय में भी सही दृष्टिकोण नहीं अपना पाते। वह ऐतिहासिक विकास को जुलूस के रूप में प्रस्तुत करते हैं। शतपथ ब्राह्मण के जिस अंश का हवाला उन्होंने दिया है उसमें कहा गया है कि पहले (धरती की उर्वरता बढ़ाने के लिए) पुरुष की बलि दी गई। जैसा कि पुरुष सूक्त में कहा गया है, यह पूरी सृष्टि ही आदि पुरुष की यज्ञबलि से उत्पन्न हुई थी। यही यज्ञ का प्राचीनतम रूप था (यज्ञेन यज्ञं अयजंत देवाः तानि धर्माणि प्रथमानि आसन्, ऋ.1.164.50)। फिर उससे यज्ञ का जी भर गया। वह उससे उछलकर अलग हो गया। उसके बाद वह अमुक पशु में समा गया और फिर कुछ समय बाद उससे भी जी भर गया। अब वह अमुक-अमुक पशुओं में क्रमशः प्रवेश करता और उनसे उचटता गया और अंत में वह पृथ्वी में प्रवेश कर गया। उसे भूमि को खोद और जोतकर बाहर निकाला गया। आखेट से मनुष्य कृषि उत्पादन तक कैसे पहुँचा इसको तो इससे समझा ही जा सकता है, यज्ञ का अर्थ और प्रयोजन क्या है इसे भी समझा जा सकता है जिसे कोसंबी अपने लेखन में समझने

से लगातार इंकार करते पाए जाते हैं। यह संभव नहीं है कि ये अंश उनको दिखाई ही न दिए हों या इनका कोई अन्य अर्थ किया जा सके। इसी का अंत इस रूप में होता है कि अब आटे का पशु बनाकर उसकी बलि दी जाती है। यह पशुबलि की पुरानी अपेक्षाओं की पूर्ति कैसे करता है, इसके लिए एक रूपक (मैं नहीं जानता कि इसे सर्वोपमा कहेंगे या सर्वांग रूपक) गढ़ा गया है, जिसमें आटे की पिंडी को बलिपशु के समान सिद्ध किया गया है।[28] यह इस बात का प्रमाण है कि इस काल में पशुबलि भी प्रतीकात्मक हो गई थी। कहें अहिंसा का आग्रह एक दिन में पैदा नहीं हो गया। इसका भी एक लंबा इतिहास है। उसी ब्राह्मण में युद्ध को इसलिए निन्ध माना गया है कि इसमें क्रूरता का प्रदर्शन होता है—युद्धे वै क्रूरं क्रियते। कोसंबी इन बातों को गोल कर जाते हैं। कोसंबी अकादमिक अपेक्षाओं का निर्वाह क्यों नहीं करते, यह इतिहास की एक समस्या है।

अंतर्विरोध यह है कि एक ओर वह मानते हैं कि लौह युग में क्षत्रिय की सामाजिक स्थिति ऊँची हुई, दूसरी ओर बताते हैं कि ब्राह्मण की शक्ति में निरंतर वृद्धि हुई और क्षत्रिय आंदोलन उसी की काट था। परंतु पुरोहित स्वयं अपने विधान से यज्ञ में क्षत्रिय को आसन पर बैठा रहा है और स्वयं नीचे बैठ रहा है, विवाहादि के अवसर पर आज भी अपने से ऊँचे आसन पर दूल्हे को जिसको तिलक के साथ ही राजोपम मान लिया जाता है, और स्वयं सामान्य आसन पर बैठता है और इसके लिए उसे कोई बाध्य नहीं करता, अपितु स्वयं अपने ही विधान से करता है। इसे क्षत्रिय की श्रेष्ठता और ब्राह्मण की सामाजिक स्थिति में ह्रास के रूप में नहीं पेश किया जा सकता।

आत्मवादी चिंतन का उदय

कोसंबी अपनी एक समीक्षा में प्रश्न करते हैं कि जैन, बौद्ध, आजीवक, और दूसरे बहुत से मत एक समय में ही कैसे पैदा हो गए? क्या इनका मगध के साम्राज्य विस्तार से कोई संबंध नहीं है? इस तथ्य को लक्ष्य न करने के लिए वह लेखकों और संपादकों की खबर भी लेते हैं।[29] परंतु वह वस्तुस्थिति को समझने में स्वयं भी चूक करते हैं। आजीवकों का यह मानना कि पाप-पुण्य अच्छा-बुरा कुछ नहीं है। लाशों का पहाड़ लगा दो तो भी कोई पाप नहीं लगेगा, एक भयानक त्रासदी का स्मरण दिलाता है जिसमें जीवन रक्षा केंद्रीय समस्या बन गई थी। इसके ठीक दूसरे छोर पर बौद्ध और जैन मत हैं, जिनकी चेतना में भी किसी भी कीमत पर जीने वालों के कारण अमानवीय कृत्यों से परहेज नहीं किया जा रहा था। इनमें से जैन मत तो कोसंबी के अनुसार पहले से चला आ रहा था। इस समय उदय केवल बौद्धमत का होता है जो इन अतिवादों के बीच एक संतुलन लाने का प्रयत्न करता है और जैसा कि कोसंबी ने कहा है, इसे उपनिषदीय चिंतन से प्रेरणा मिली थी। बुद्ध को वेदांतज्ञ—वेदंतगू—कहा भी गया है। इनमें से किसी के लिए बड़े राज्य की स्थापना अनिवार्य शर्त नहीं थी, परंतु पूर्वी उत्तरप्रदेश और पश्चिमी बिहार की पश्चिमी भारत की तुलना में संपन्नता अवश्य थी। हाँ बौद्ध और जैन मतों के तेजी से प्रसार और

इनको श्रेष्ठियों से मिलने वाले समर्थन के लिए इस दौर में आई व्यापारिक गतिविधियों में तेजी और व्यापार के सुचारु संचालन के लिए अपेक्षाकृत बड़े राज्यों की स्थापना अवश्य महत्त्वपूर्ण थी। कहें इनके उत्थान के कारण भिन्न हैं, परंतु शांति और अहिंसा की बात करनेवाले और दुर्दांत और हैवान समुदायों को इस दिशा में प्रेरित करने वाले धर्मों की व्यापारियों को जरूरत थी और उन्होंने इन्हें भरपूर समर्थन दिया। इसे कोसंबी स्वयं रेखांकित करते हैं[30], साथ ही यह भी बताते हैं कि इस तरह के समर्थनों से ही आगे चलकर बौद्धमत में गिरावट आई, वह अलोकप्रिय और व्यर्थ सा हो गया और इससे ब्राह्मणवाद की वापसी का रास्ता साफ हुआ।[31] कहें यह भी इन मतों के जिन्होंने आंदोलन का रूप ले लिया था, जन्म के कारण तो नहीं बने, पतन के कारण अवश्य बने। जीवन को दुखमय मानने और इसके अंत का उपाय तलाशने वाले बुद्ध के समय तक उस दौर की कहानियाँ अवश्य प्रचलित रही होंगी जिसमें कम से कम कुरु-पांचाल क्षेत्र में त्राहि-त्राहि मची हुई थी।

भारतीय इतिहास का विषाद पर्व

हम पीछे महान अस्थिरता के उस दौर की चर्चा कर आए हैं जिसको समझे बिना न तो यज्ञ के प्रति मोहभंग को समझा जा सकता है, न सभ्यता की गिरावट और केंद्रों के सिंधु-सारस्वत क्षेत्र से खिसक कर उत्तर, पूर्व और तटीय क्षेत्र में पहुँच गए थे और यज्ञों की वृद्धि और नए-नए यज्ञों के आविष्कार को समझ सकते हैं, न क्षत्रियों की शक्ति में वृद्धि और उनकी मनस्विता में मोड़ को समझा जा सकता है, न ही उन दर्शनों के अंतःसत्य को समझा जा सकता है जिनका उदय इस दौर में हुआ, न इस बात को कि इनके उदय और विकास में क्षत्रियों की क्या भूमिका थी, और जैसा कि हम कह आए हैं, यज्ञ की प्रकृति और उसके कर्मकांड को समझा जा सकता है। भारतीय पुरातत्त्व और इतिहास के एक लंबे दौर को भी नहीं समझा जा सकता जो सचमुच अंधकार का दौर था। यह ह्रास का नहीं विनाश का दौर है। अनावृष्टि, अकालवृष्टि और कुवृष्टि के कारण जो सामाजिक और आर्थिक पतन और बौद्धिक असमंजस घटित हुआ था उसकी तुलना में भारतीय इतिहास का सबसे दुखद अध्याय भी उतना डरावना नहीं लगता। विदेघ माथव के जिस आख्यान का विवेचन हमने किया है, उसका आरंभ वीतिहोत्र अर्थात् अन्न और पशुधन की वृद्धि के लिए, कहें, वर्षा कराने के लिए आयोजित यज्ञ के हवाले से होता है। वहाँ भी भाषा कर्मकांडीय (कृत्रिम दुरूहता पैदा करके चमत्कृत करनेवाली) ही है– ''वह एति और प्रेति का उच्चारण करता है। ऐसा कहकर वह गायत्री को आगे और पीछे की ओर जोतता है। इनमें प्रेति देवों को उनका भाग पहुँचाता है और एति मनुष्यों का पालन करता है (स वा एति च प्रेति च अन्वाह। गायत्रीं एव एतत् अर्वाची च पराची च युनक्ति। पराची ह देवेभ्यो यज्ञं वहति अर्वाची मनुष्यान् अवति)...प्रेति से रेतःसेक होता है एति से उत्पादन होता है (प्रेति वै रेतः सिच्यत एति प्रजायते)। इस यज्ञ के विफल हो जाने के बाद, पुरोहित के भी निराश हो जाने के बाद उन्हें पलायन करना पड़ता है, जिसे कोसंबी ने लौहयुगीन कृषि अभियान बना दिया था।

यह प्रतीक कथा यज्ञ की विफलता और लंबे समय से चले आ रहे मोहभंग पर केंद्रित है। किसी भी कीमत पर जान बचाने के इस निराशा भरे दौर में शिक्षा और बौद्धिक चर्चा लुप्त हो जाती है और केंद्र में आ जाता है—जीवन क्या है? इसका अंत क्या है? सह संसार अस्तित्व में कैसे आया? इसका परम चालक कौन है? उसने दुख क्यों बनाए? दुख से मुक्ति का उपाय क्या है? क्या उसके निवारण में वह परम तत्त्व सहायक हो सकता है जिसके वश में था कि वह प्राणियों को दुखी बनाता ही नहीं? आदि।

जिसे हम आत्मचिंतन, ब्रह्मचिंतन और ब्रह्मविद्या कहते हैं, उसके बीज पहले भी थे, इस दौर में यही केंद्रीय प्रश्न बन गया। उपनिषद और बौद्ध तथा जैन मतों के इस दौर के उपदेष्टा क्षत्रिय ही क्यों थे? इसके पीछे घोर अभाव था। दुर्भिक्ष (जब कोई भीख तक न दे) के इस दौर में ब्राह्मणों की आर्थिक दुर्गति और बाहुबल के कारण क्षत्रियों की छवि में उत्कर्ष स्वाभाविक था। न्याय, व्यवस्था और सामाजिक मर्यादाएँ समाप्त हो गई थीं। अराजकता के इस लंबे दौर में भारतीय इतिहास में पहली बार माइट इज राइट अर्थात् वीर भोग्या वसुंधरा अर्थात् मत्स्य न्याय प्रधान हो गया था। दुर्गति के उस दौर का सबसे अधिक प्रभाव ब्राह्मण पर पड़ना स्वाभाविक था। क्षत्रिय केवल शक्तिशाली ही नहीं हो गया था, वह उद्धत हो गया था। वह वैश्य से बलात् वसूली कर सकता था। वैश्यों की दशा कम बुरी न थी, फिर भी उत्पादन और वितरण के नाम पर जो कुछ था, वह उनके ही अधिकार में था।

ब्राह्मण बल से किसी से वसूली नहीं कर सकता था। छल से वसूली करने का एक ही तरीका था यज्ञों की असाधारण शक्ति में और रीतिविधान के सम्यक् निर्वाह में समाज का विश्वास पुनः अर्जित करना। उसको ठगने के नए उपाय निकालना।

पुराने यज्ञ विफल हुए थे, तो यह लो नए यज्ञ। जिनका प्रमाण पहली बार मिलने पर कोसंबी कहते हैं कि इस काल में यज्ञ पहले से अधिक जटिल हो गया था। फिर यह कहते हैं ये नई तरह के यज्ञ थे, परंतु इनके नएपन के लक्षण नहीं देख पाते। जहाँ इनका मुखर रूप मिलता है उनको वह नस्लवादी दायरे में पहुँचा देते हैं, जैसे ब्राह्मणों के बताए हुए तरीकों और यज्ञों से इच्छित फल पाने का आश्वासन। हताश ब्राह्मण अपनी प्रतिष्ठा के लिए अव्यावहारिक परंतु लोक विश्वास के लिए जरूरी तरीकों से इच्छित फल पाने के दावे करता है। राजा हो तो उसे पुत्रेष्टि करना होगा, परंतु राजा कितने मिलेंगे। अतः साधारण हैसियत का व्यक्ति भी, भले उससे ब्राह्मण को कुछ न मिले, पर उसके बताए हुए रास्ते पर चलकर जैसी चाहो वैसी संतान मिल सकती है। कोसंबी ने इसे देखा, इसकी व्याख्या की परंतु रंगभेद की फासिस्ट मानसिकता के तहत। यह न समझ पाए कि ये मिथ्या सिद्ध होनेवाले सुझाव यज्ञ से मोहभंग के ही परिणाम हैं। नए यज्ञों का आविष्कार भी इसलिए किया जा रहा था कि यदि पुराने यज्ञ बेकार हो गए हैं तो इस नए यज्ञ से लाभ मिलेगा। जिन लाभों के लिए पहले यज्ञ नहीं होते थे, कुछ टोने-टोटके होते थे, उनके लिए भी यज्ञ को प्रभावकारी बताया जा रहा था। इच्छित फल, इच्छित रूप, रंग और मेधा की संतान के नुस्खे सुझाए जा रहे थे। फिर

भी इनके विफल होने पर यह सफाई दी जा रही थी कि यज्ञ एक विज्ञान है, इसमें तनिक भी चूक होने से यह निष्फल अथवा अनिष्टकर हो सकता है। ये सभी प्रयत्न उस छटपटाहट और घबराहट के कारण हो रहे थे जिसे एक शब्द में जनता का मोहभंग कहा जा सकता है।

कहें, जलवृष्टि कराने में यज्ञ की सर्वविदित विफलता के कारण और इस दौर के सर्वव्यापी आर्थिक दुर्दशा के कारण ब्राह्मण की पूछ कम हो गई थी। इस दौर की कामनाएँ भी टुच्ची हो गई थीं। छोटे-बड़े झगड़े बढ़ गए थे, असुरक्षा की भावना बढ़ गई थी। अतः अब यज्ञ के साथ छोटे लाभ, भूमि का विस्तार, पशुओं की वृद्धि, संतान वृद्धि, शत्रुओं का अहित जैसे प्रलोभन दिए जा रहे थे। तरह-तरह के पापों से मुक्ति के लिए भी यज्ञ कराने का सुझाव दिया जा रहा था। परंतु आर्थिक गिरावट के इस दौर में यह एक रिरियाहट बनकर रह गया था। क्षत्रिय या आयुधजीवी जनों की दशा अच्छी थी क्योंकि बलप्रयोग को नियंत्रित करनेवाली मर्यादाएँ, विधान और शासन समाप्त सा हो गया था।

कहें क्षत्रियों के वर्चस्व के कारण नहीं कर्मकांड से मोहभंग के कारण ब्राह्मण उस दैन्य के शिकार हो गए थे जिसे कोसंबी ने उषस्ति चाक्रायण के व्याज से प्रस्तुत किया है।[32] अन्न ही ब्रह्म है, वह न मिले तो चेतना ही लुप्त हो जाती है, यह बोध उपनिषद् काल का इसी दौर के अनुभव का परिणाम था अतः आर्थिक दृष्टि से अपेक्षाकृत अधिक स्थिति में होने के कारण और उत्पादक श्रम से स्वयं भी ब्राह्मणों की तरह मुक्त रहने के कारण क्षत्रिय स्वयं यजमान से उपदेष्टा बनता दिखाई देता है। उसने ब्राह्मण को प्रतिस्पर्धा में गिराया न था। उसने उस शून्य को भरा था जो कर्मकांड की अविश्वसनीयता से पैदा हुआ था और हताशा से भरे पर्यावरण में आशा और विश्वास की एक नई जमीन तैयार की थी।

परंतु ये चिंतक और उपदेष्टा बहुत अधिक शिक्षित रहे हों, इसका प्रमाण नहीं मिलता। उनका चिंतन उस कोटि का है जिसमें शिक्षाजन्य ज्ञान साधक और उसका अभाव बाधक नहीं बनता। वे विविध विद्याओं को हेय स्तर का ज्ञान बता कर मात्र ब्रह्मचिंतन की पहेलियाँ गढ़ रहे थे और जो सुनना चाहे उसे समझा रहे थे। उनका चिंतन बहुत बाद में हुए संत कवियों के सर्वाधिक निकट था और वे ही उनके सच्चे उत्तराधिकारी बने।

इस चिंतन का एक सिरा पिछली कई शताब्दियों की अराजकता, दुख और लूट पाट से समाज को मुक्त करने की समस्या से जुड़ा था। इसका समाधान यह कि प्रकृति में जो कुछ उपलब्ध है वह सबका है अतः भोग भी त्यागपूर्वक, अर्थात् यह सोचते हुए करना चाहिए कि इनकी जरूरत सबको है।[33] वे उस हाहाकार के बाद शांति और सौमनस्य की, मधुविद्या की बात कर रहे थे और बता रहे थे कि समस्त सृष्टि मधुमय है, सर्वत्र एक ही परम तत्त्व की व्याप्ति है। जैसे मधुमक्खी विविध प्रकार के फूलों का रस ग्रहण करती है पर जो मधु तैयार करती है उसमें उनका भेद मिट जाता है, उसी प्रकार तत्त्वविद्

की चेतना में नीच-ऊँच की भावना नहीं रहती। वह सभी के भीतर उसी प्राणतत्त्व का दर्शन करता है जो उसमें विद्यमान है। जैसे सूर्य की किरणें सड़ी, गली, बदबूदार सभी तत्त्वों की आर्द्रता सोखकर, वायु के सहारे अपने भीतर खींच लेती हैं, परंतु जब वर्षा के साथ वही जल नीचे आता है जो वह गंध और दूषण से मुक्त शुद्ध जल होता है। यह समभाव ही, दूसरों में अविरोध का दर्शन और प्राणतत्त्व की एकता का बोध ही मधुविद्या है। इसका ज्ञान दध्यंग अथर्वा के माध्यम से इंद्र को मिला था। इंद्र ही तो मधु वृष्टि कराते हैं। उसके बाद यह ज्ञान बहुत जुगत से अश्वनीकुमारों अर्थात् गर्दभीपुत्रों ने प्राप्त किया था। जैसे माल ढोता हुआ गधा इस ओर से निःसंग रहता है कि उसके ऊपर लदा क्या है, उसी तरह अनासक्ति या निःसंगता भी इस मधुविद्या का ही रूप है। मधुविद्या अपनी प्रकृति से ही वर्णविरोधी है, परंतु यह आर्थिक विषमता का भी विरोध करती है, ऐसा नहीं लगता। किसी अन्य के धन की लालच न करो या देखि पराई चूपड़ी क्यों ललचावे जीभ में आर्थिक यथास्थितिवाद का समर्थन है।

इस चिंतन में नवीन कुछ है तो ज्ञान और बोध के स्तर पर नहीं, बल के स्तर पर है। मधुविद्या का दर्शन ऋग्वेद के समय से ही चला आ रहा है, ब्रह्म की अवधारणा उस समय से चली आ रही है, मनसा ध्यान भी यज्ञ और स्तुति के समानांतर ऋग्वेद में विद्यमान है। परंतु अब यज्ञ का कर्मकांडीय पक्ष ब्राह्मण के पास रह जाता है और उसकी ओर से लगभग उदासीन होकर तत्त्वचिंतन अलग चला जाता है और यही ब्राह्मण और क्षत्रिय विचारधाराओं की भिन्नता के रूप में दिखाई देता है। यदि ब्राह्मण की सामाजिक स्थिति या ज्ञान का उसका दावा समाप्त हो जाता तो अजातशत्रु इस बात पर गर्व न करते कि देखो ब्राह्मण भी मुझसे ज्ञान लेने आते हैं, न जनक वैदेह कुरु-पांचाल आदि के ब्राह्मणों को वादयुद्ध के लिए आमंत्रित करते।

संन्यास की परंपरा

बुद्ध और महावीर ने जो दर्शन प्रतिपादित किया उसकी ईंटें उसी वैदिक परंपरा की भट्ठी में पकी थीं जिससे उनको विद्रोह करते दिखाया गया है। बुद्ध को प्रतिष्ठा देने के लिए उनको आंगिरस कहा जाना, वैदिक परंपरा के प्रति उनके लगाव को प्रकट करता है।[34] आत्मचिंतन ऋग्वेद के समय में ही आरंभ हो गया था, इसका आभास तक कोसंबी के विवेचन में नहीं मिलता। उनकी समझ से पूरा ऋग्वेद यज्ञ के समय पढ़े जानेवाले मंत्रों का संग्रह था, यज्ञ पशुबलि का आयोजन था। निरक्षर और उजड्ड चरवाहों के वश में इससे अधिक हो भी क्या सकता था।

न वह वैदिक कविता के सौंदर्य को समझ सकते थे, न इस तथ्य को कि वैदिक समाज विविध विचारदृष्टियों, जीवनदृष्टियों, संस्कृतियों का संगम था। जो लोग वैदिक देवों को नहीं मानते थे वे कम प्रभावशाली नहीं थे, वे एक प्रतिस्पर्धी के रूप में अपने विचारों पर आरूढ़ थे। ऋग्वेद में अग्नि, सूर्य और वायु की तुलना तीन केशियों (साधकों) से की गई है जिनमें से एक वर्ष में एक बार मुंडन कराता है, दूसरा सर्वदर्शी है और तीसरे

की गति का तो पता चलता है, रूप दिखाई नहीं देता।[35] एक स्थल पर वातरशना मौनेयों या मौन साधना करनेवाले मुनियों की महिमा का गद्गद् भाव से गान किया गया है। योग की शब्दावली का प्रयोग और योगी की मुद्रा योगसाधना की भी प्राचीनता का द्योतक है। महावीर से बहुत पहले हो चुके जिन 24 जैन मुनियों की बात की जाती है जरूरी नहीं कि इनकी संख्या ठीक यही रही हो। या संभव है श्रमण परंपरा का उत्स वैदिक मौनेयों से हुआ हो जिनकी महिमा अलौकिक है।[36] इंद्र, वरुण और रुद्र के पूजकों में एक दबा हुआ भेद या अलगाव दिखाई देता है। आनंद लोक की कल्पना जहाँ कामनाएँ निःशेष हो जाती हैं, शुद्ध आनंद प्राप्त होता है, ऋग्वेद में पाया जाता है।[37] कोसंबी स्वयं मानते हैं कि संन्यास की परंपरा बुद्ध से बहुत पहले से चली आ रही थी।[38] अतः इसे क्रांति और विद्रोह के रूप में प्रस्तुत करने का कोई तुक नहीं है।

क्या बुद्ध उपषिदों की रचना से पहले हुए

कोसंबी का मानना है कि उपनिषद बाद में लिखे गए और बुद्ध उनकी रचना से पहले हो चुके थे। वह ओल्डेनबर्ग और कीथ के इस मत का खंडन करते हैं कि उपनिषद पहले लिखे गए थे और बौद्धमत पर उनके चिंतन का प्रभाव था। अपने प्रतिवाद में वह तर्क देते हैं कि पालि साहित्य के उपनिषदों का कहीं उल्लेख नहीं है। यदि वे पहले से रहे होते तो उनका उल्लेख अवश्य होता। फिर ब्रह्मा और इंद्र और तैंतीस देवों को बुद्ध की प्रशंसा करते दिखाया गया है।[39] हमें ऐसे स्थलों पर कोसंबी के तर्क को समझने में कठिनाई होती है। कारण अन्यत्र वह स्वीकार करते हैं कि पुराने उपनिषदों ने बौद्ध मत को प्रभावित किया था।[40] वह भी मानते हैं कि पालि साहित्य बुद्ध के अवसान के बाद लिखा जाना आरंभ हुआ और बहुत बाद तक लिखा जाता रहा। देवताओं के द्वारा बुद्ध की प्रशंसा का अर्थ समझ में ही नहीं आता। ये तो बहुत पहले से थे ही और इनके द्वारा बुद्ध की प्रशंसा की कहानियाँ तो और भी बाद की हैं।

कोसंबी अपनी इस मान्यता पर स्वयं भी नहीं टिके रहते। ब्राह्मणों और आरण्यकों में दार्शनिकता का अभाव दिखाने के लिए वह पुराने उपनिषदों से उनकी तुलना करते हुए स्वीकार करते हैं कि इनका बुद्ध के चिंतन पर प्रभाव पड़ा था।[41]

व्यक्तिगत संपत्ति

कोसंबी के विचार से महावीर और बुद्ध दोनों ऐसे युग में पैदा हुए थे जिसमें भूमि पर पूरे गण का अधिकार होता था, ऐसे समाजों को ही राष्ट्र कहा जाता था। इसका प्रमाण? प्रमाण यह कि ये दोनों तो अपने संघ के साथ बेरोक-टोक भ्रमण करते हुए अपने उपदेश देते रहे, परंतु बाद में अशोक से पहले की दो शताब्दियों में जिन लोगों का राजकीय भूस्वामीत्व वाले खेतिहर गाँवों (सीता ग्राम) में आने से वर्जित किया गया था उनमें मजदूर संगठन, व्यापारिक संगठन (श्रेणी), तो आते ही थे, धर्मोपदेशक और धर्मांतरण करनेवाले भी आते थे। इन सीता गाँवों का उल्लेख बौद्ध और जैन साहित्य में नहीं मिलता। इन

सीता गाँवों का कोई व्यक्ति अपने आश्रितों के निर्वाह का प्रबंध किए बिना या अपनी समस्त संपत्ति का बँटवारा किए बिना परिव्राजक नहीं बन सकता था। किसी स्त्री को इस विषादियों की जीवन पद्धति को अपनाने नहीं दिया जा सकता था।[42]

बुद्ध अपने पिता के कर्मांत या खलिहान की बात करते हैं जहाँ वे पहली बार समाधि की अवस्था में चले गए थे। यह निजी खेती और संपत्ति का द्योतक है न कि सामूहिक खेती का। बुद्ध से पहले धर्मांतरण कराने या किसी भी वर्ण और वर्ग के व्यक्ति को दीक्षित करने का प्रश्न नहीं था। यह नई समस्या उनके बाद पैदा हुई। सीता भूमि राजकीय भूमि थी और सीता ग्राम उसमें खेती करनेवालों के गाँव थे। उन मजदूरों को कोई बहकाए, दीक्षित करके संघ में मिलाए, अथवा कोई महाजन जाकर उनका अनाज स्वयं खरीद ले इससे राजकीय आय प्रभावित होती थी। सीताभूमि से निजी भूसंपदा नहीं प्रमाणित होती, एक भिन्न भूव्यवस्था का परिचय मिलता है। यह व्यवस्था पहली बार चाणक्य ने की, इसका पीछे की दो शताब्दियों पर विस्तार नहीं किया जा सकता।

सन्दर्भ सूची

1. To hundreds of millions outside the country, India is simply the land of the Buddha. Buddhism, and not any political system or material export, still remains for all time the most important discovery of India for the great majority of Asian people. The art and architecture of Burma, Thailand, Korea, Japan, and China, and he-nee world art, would be much poorer without Buddhist motifs developed under Indian influence. The Buddhist scriptures constitute by afr the greater part of classical Mongol and Tibetan literature. The entire state machinery of Tibet consisted till 1959 of a few Buddhist monasteries and their nominees. The people of Ceylon, Burma, Thailand, and Indo-China not only follow the Buddhist creed (as they understand it), but regard that religion as the prime civilising influence at the dawn of their various histories. The powerful and indi-spensable role of Buddhist monasteries in the economic dev1opment of China, especially of the hinterland during the fifth and sixth centuries A.D., has only recently been realised. Countless pilgrims from many distant countries braved and still suffer the rigours of deserts, high snow-clad mountains, and typhoon-swept ocean to visit Indian sites connected with incidents in the Buddha's life. The westward spread of the religion was even more marked in its day than that to the east. The gigantic 60-metre- high statues of the Buddha carved out of the living rock at Bamian (Afghanistan) would by themselves be sufficient testimony. Innumerable ruined *stupas* (relic monuments) in central Asia bear further witness.... The Culture, 96-97.
2. It was originally borrowed from Jainism, a much older religion. Early Stages of the Caste Ssystem in Northern India, 191
3. The Buddha and Mahavira are not only contemporaries but also close in geograph-ical situation. Their religions differ by very little- in spite of bitter theo-logical controversies and polemics- in philosophy or in the organization of their monastic orders. Both these teachers made their own contribu-tions as the culmination of various systems proposed by a long line of ascetic predecessors.

Finally, both are *kşatriyas* of one particular type, namely men belonging to clans that are proud of their Aryan descent without following the highly Brahminized Vedic ritual. *Combined Methodsm,* 222

4. The Sakyans spoke an Aryan language and claimed to be Aryans. The name in the precise Pali form Sakka is reported for a conquered tribe in the Elamite version of the inscriptions of the Achaemenid emperor Darius I, late in the sixth century. There may be no direct connection between the two, but the Aryan origin of the Sakyans becomes plausible. There were no brahmins or caste-classes within the tribe, nor have high Vedic observances ever been reported of the Sakyans. In spite of being kshatriyas who wielded arms at need, the Sakyans also worked at agriculture. All Sakyans including the Buddha's afther put their hands to the plough. The Culture…,108
5. Vincent Smith wanted to make the Sakyans non-Aryans, "sturdy hillmen" from Nepal. This is meaningless as 'Aryan' had already come to mean a way of living which the Sakyans followed, while their language was certainly Aryan. Intro. 152
6. The Buddha's own people, the Sakyans, were a small tribe just beyond the present Nepal frontier. ib.
7. Their pride of ancestry survived the loss of indepen-dence, for they were under the suzerainty of the Kosalan king Pasenadi (Prasenajit) who had powers of life and death in extreme cases. The Sakyans were otherwise left to their own devices, as petty Kşatriyas who did not disdain to set their hands to the plough. Intro., 152.
8. It should be noted that Indian monastic tradition also has deep roots in the food-gathering tradition. Combined 19
9. An eighth share of the Buddha's incinerated remains went (483 B. C. or 543 B. c.) to the Koliyans at Rama-gama, their tribal headquarters; but an old traditional verse at the end of *DN.* 16 *(gathā* 28) relates that the Nagas worshipped those remains at Rama-gama. Therefore, some Koliyans were still Nagas* in 5000 B.C. The Buddhist Vinaya texts contain an injunction that Nagas were not to be admitted[10] to the Order. *Intro* 129
10. What we see is a whole series of tribes, some most primitive but learning from the Aryans, defending themselves with bow and arrow, sometimes being Aryanized in turn. Some had advanced to the stage of kingdoms, with small capital cities that had been tribal headquarters. Others, like the Vajjis (also called Licchavis) and Mallas remained oligarchs with a nomadic past. Intro 135
11. This Brahminization reflects the underlying change from food-gathering in independent tribal units to food-production in a society that preserved endogamy and a (hierarchicaņ commensal tabu as features of its caste system. *Combined, p.* 19
12. However, the Aryans of the Vedas, just-like other Aryans outside India fought each other as regularly as they battled with non-Aryans and pre-Aryans. The Cutlure, 73
13. The original priest had been Visvamitra of the Kusika ('owl') clan. The priestly function was not as yet specialised to anyone caste in the Rigveda, and in afct the only caste difference in the earliest Veda was of colour between light-skin Aryans and their darker enemies.
14. It is easy enough to show that this enmity between the Brahmaņa and the Kşatriya is not merely a later growth with the increasing power of the priesthood;

Combined Methods in Indo logy 117

15. The rivalry between the Visvamitras and the upstart Vasişthas is plentifully attested in later tradition, while III .53.21-4 are stanzas which still pass as curses against the Vasişthas, so strong that were one of them to hear the particular verses, his head would split into a hundred pieces (they are still capable of giving anyone a headache!). On closer reading, these stanzas actually do seem to be a mixture of curse and lament that the Bharatas are beginning to prefer strangers to their own, the ass to the horse; there is no reason to doubt that they reflect the displacement of the Kusikas by the Vasişthas. We are told *(Brhaddevatā* v.112-20) that Visvamitra was deprived of his senses by Vasiştha and speech *(vāk sasarpari)* had to be supplied by Jamadagni. The brief hymn x.167 to Indra is given joint authorship of Visvamitra and Jamadagni, which sup-ports this close association. It follows that here Jamadagni is not on the same side as Vasiştha and their separate rivalry is attested by *Tait. Sam.* iii.I.7; v.4.11. Later tradition makes Jamadagni a sage at once hot tempered and forbearing; capable of stopping the sun yet killed unresist-ing by Ksatriyas; in revenge his son Parasurama completely wipes out all Kşatriya from the afce of the earth thrice seven times-though the Vedas have nothing of all this (Jamadagnya being merely the supposed author of x.llO). This is one more of the inversions, with passage of time and rise of the Brahmins: it was the Kşatriya who did the killing, and not conversely. In afct, even the Vasişthas are supposed not to have escaped unscathed, for the *Brhaddevatā* vi.28, 33.4 reports, 'Now in the fifteenth and in the eighth (stanza) of the hymn *(RV.* vii. 104)' the son of Varuṇa (Vasiştha), while as it were lamenting, his soul being overwhelmed with pain and grief, utters a curse. Vasiştha was at that time pained as his hundred sons had been slain by Sudasa who, in consequence of a curse, had been transformed into a demon *(rakşas).* Such is the sacred tradi-tion.' Again, the *Ṛgveda* does not report this but the *Tait. Sam.* vii.4.7 does; such a tradition in the afce of all the favour supposedly shown Vasiştha by Sudas cannot be devoid of truth. 15 I suggest that *some* Vasişthas were so killed, *On the Origin of Brahmin Gotras* 115
16. प्र तत् दुःशीमे पृथवाने वेने प्र रामे वोचं असुरे मघवत्सु।
ये युक्त्वाय पंच शता अस्मयु पथा विश्रावि एषाम्॥ 10.93.14
This to Duhsima Prthavana have I sung, to Vena, Rama, to the nobles, and the King.
They yoked five hundred, and their love of us was famed upon their way.
17. पुनर्वै देवा अददुः पुनर्मनुष्या उत।
राजानो सत्यं कृण्वाना ब्रह्मजायां पुनर्ददुः॥ 10.99.6
18. One sign of conflict between the Brahmin and Kşatriya castes, after full development of the system appears in the original meaning of x.109, which seems to have been composed for the return of a Brahmin's wife abducted by a Kşatriya. One obvious reason for the later appearance of the Jamadagnis and the still later rise to pre-eminence of Bhrgu is this previous enmity. These people were still being killed by the Kşatriyas when the Visvamitras were being ousted by the Vasişthas from the Bharatan priesthood. *On the Origin of Brahmin Gotras* 118

19. The evidence for original and revolutionary Kṣatriya religious philosophy is overwhelming, in that Parsvanatha, Mahavira, Buddha, and the leaders of the oldest *śramaṇa* sects are all Kṣatriyas. Thus Aśvapati Kaikeya *(Ch.* 5.11) and Pravahaṇa laivali are not improbable teachers of the Brahmins, who had to learn in order to effect the assimilation. *Combined Methods in Indo logy. p. 96*

20. The Buddha himself speaks of five great traditional *yajnās;* the *aśvamedha,* the human sacrifice, the *samyakpāśa,* the *vājapeya,* and the *nirargala.* Of these the first two are Vedic and even the fourth is known to Vedic literature, though more com-plicated. But the remaining two are not generally known and there is no reason to doubt that sacrifices were growing in complexity and magnitude. The Buddhist protest is therefore against sacrifices rather than against caste[24] as such, though naturally it would affect the caste that lived by sacrificial fees, the Brāhmaṇas. On the other hand, these sacrifices imply other types of killing than at the fire-altar, for their main pur-pose is success in war. The older type of society has passed. *Early Stages of the Caste System in Northern India,* 203

21. Control of ritual always vested in the Brāhmaṇas, the Buddhist never having disputed it nor the cults of deities[32] (of whom the Buddha is *not* one though Vedic gods are made to do him honour in Buddhist legends); caste, after all, we have seen to correspond to social classes, when view-ed as a whole. . *On the Origin of Brahmin Gotras,* 207

22. In fact, many foreigners in later times seem to have used conversion to Jainism or Buddhism as an intermediate (though not indispensable) step towards en-rolment- a generation or two later as Brāhmaṇas or Kṣatriyas, their social position permitting. *Early Stages of the Caste System in Northern India207*

23. The original proponent of the new ideas for society was the Jaina *tirthamkara* Parsva, who laid emphasis two centuries before the Buddha upon the active social practice of non-killing, truthfulness, non-violence. There were other lines of teachers[28] who had developed from the ascetic hermits whom Brāhmaṇism itself regarded so highly and Buddhist as well as Jain teachers found the pre-existing ascetic form of life one which gave the preacher greatest influence. . *Early Stages of the Caste System in Northern India* 205

24. It was originally bor-rowed from Jainism, a much older religion. The questions that no one troubles to answer are: why did Buddhism start where it did? Why did it spread so rapidly?*Early Stages of the Caste System in Northern India, 191*

25. Jain *ahimsā* was carried to unpractical extremes for society as a whole, while the Buddhist applied primarily to human beings and agricultural animals: for the Buddha says in the *Brāhmaṇadhammika-sutta* of the *Suttanipāta* 'Cattle are our friends just as parents and other relatives; for, cultivation depends upon them. They give food, strength, freshness of complexion, and happiness. Knowing this, ancient Brāhmaṇa as did not kill cattle.' *Early Stages of the Caste System in Northern India* 205

26. A modern orthodox Hindu would place beef-eating on the same level as cannihalism, whereas Vedic brahmins had afttened upon a steady diet of sacrificed beef. The *Satapatha Brāhamana* gives ritual arguments in a afmous passage why the flesh of cow and cartox *(anaduh;* nothing is said about the bull) should not be eaten. The whole passage ends in a blunt and now embarrassing statement'

by the leading brahmin party of Yajnyavalkya: 'That may very well be; but as long as (it puts) flesh on (my) body, I shall continue to eat it.' *The Culture*, 102.

27. The original proponent of the new ideas for society was the Jaina tirthamkara Parsva, who laid emphasis two centuries before the Buddha upon the active social practice of non-killing, truthfulness, non-violence. Early Stages of the Caste System in Northern India 205
28. पुरुषं ह वै देवाः। अग्रे पशुं आलेभिरे तस्य आलब्धस्य मेधः अपचक्राम सः अश्वं प्रविवेश ते अश्वं आलभंत तस्य आलब्धस्य मेधः अपचक्राम सः अविं प्रविवेश, तस्य आलब्धस्य मेधः अपचक्राम सः गां प्रविवेश, तस्य आलब्धस्य मेधः अपचक्राम सः अजं प्रविवेश तस्य आलब्धस्य मेधः अपचक्राम सः इमां पृथिवीं प्रविवेश। तं खनंतं इव अन्वीषुः तं अनु अविंदन् तौ इमौ व्रीहि यवौ तस्मात् अपि एतौ हि खनंतं अनु अविंदन (इसलिए ये -धान और यव, अर्थात् बरसात की उपज और जाड़े की उपज–जुताई-खुदाई के बाद ही मिल पाते हैं। ...यदा पिष्ठानि अथ लोमानि भवंति, यत् आपः आनयति अथ त्वक् भवति, यदा संयोति (गूँथता है) अथ मांसं भवति... शतपथ ब्राह्मण, 1.2.3.
29. Why do Buddhism, Jainism, the Ajivikas, and so many other contemporary religious sects of the type arise in Magadha, all becoming prominent at about the same time? Does this have no connection with the imperial expansion of Magadha, of which so much is made in volume II? What Constitutes Indian History 792
30. Clearly, the traders and householders needed a settled rule, peace and freedom from robbers who infested the jungles between city-states, some form of 'universal' monarchy; it must again be noted that Buddhism and the other non-killing religion Jainism are most popular with this class, which is otherwise silent in Indian history. Early Stages of the Caste System in Northern India 205
31. It would be centuries before Buddhism in its turn became uneconomic by growth of rich monasteries, and useless to the masses by its isolation. In that interval, the Brāhmaṇa had learned to adjust himself to reality without afcing it. *Early Stages of the Caste System in Northern India* 206
32. Intro., F.n.9 to Chapter IV, p.108.
33. ईशावास्यमं इदं सर्वं यत् किं च जगत्यां जगत्। तेन त्यक्तेन भुंजीथाः मा गृधः कस्वस्वित् धनम्। ईशावास्योपरिषद्।
34. the Buddha is called Angirasa, but this means 'sun' in Pali, just as it means 'light-god' so often in the Rgveda. The Brahmin Clans, 183
35. त्रयः केशिन ऋतुथा वि चक्षते संवत्सरे वपत एक एषाम्।
विश्वमेको अभि चष्टे शचीभिर्ध्राजिरेकस्य ददृशे न रूपम्। 1.164.44
36. मुनयो वातरशनाः पिशङ्गा वसते मला।
वातस्यानुध्राजिं यंति यद् देवासो अविक्षत्॥
उन्मदिता मौनेयेन वाताँ आ तस्थिमा वयम्।
शरीरेदस्माकं यूयं मर्तासो अभि पश्यथ॥
अंतरिक्षेण पतति विश्वा रूपावचाकशत्।
मुनिर्देवस्यदेवस्य सुकृत्याय सखा हितो॥ 10.136.2-4
37. यत्र ज्योतिरजस्रं यस्मिन् लोके स्वर्हितम्।
तस्मिन् मां धेहि पवमानामृते लोके अक्षित इंद्रायेंदो परि स्रव॥
यत्र राजा वैवस्वस्तो यत्रावरोधनं दिवः।

यत्रामूर्यह्वतीरापस्तत्र माममृतं कृधींद्रायेंदो परि स्रव॥
यत्रानुकामं चरणं त्रिनाके त्रिदिवे दिवः।
लोका यत्र ज्योतिष्मंतस्तत्र माममृतं कृधींद्रायेंदो परि स्रव॥
यत्र कामा निकामाश्च यत्र ब्रध्नस्य विष्टप।
स्वधा च यत्र तृप्तिश्च तत्र माममृतं कृधींद्रायेंदो परिस्रव॥
यत्रानंदाश्च मोदाश्च मुदः प्रमुद आसते।
कामस्य यत्राप्ताः कामास्तत्र माममृतं कृधींद्रायेंदः परि स्रव॥ 9.113.7-11

38. We know that the ascetic tradition in India goes back to a period afr earlier than that of the Buddha, and that many of these ascetics were specially learned, as well as versed in the mysteries. For a development purely within the jungle, this would be impossible. On the Origin of Brahmin Gotras 142

39. In any case the Oldenberg-Keith view that the *Upaniṣads* must necessarily precede their derivative, Buddhism, is not only refuted by the lack of mention of any *Upaniṣad* in Pali literature, but also by the position accorded to Brahmā - just a divine admirer of the Buddha along with Indra and the *tryattimśat* gods. *Early Brahmins and Brahminism,196*

40. This contrasts greatly with the much more philosophic if somewhat later *Upaniṣads,* the earliest of which have strongly influenced Buddhism and are undoubtedly of Kṣatriya origin. *Early Stages of the Caste System in Northern India, 191*

41. There are liturgical books ampli-fied in associated works called *Brahmaṇa*[9] and *Araṇyaka.* These script-ures concentrate upon ritual, any philosophy or history having to be painfully extracted, as with most early Brahmanic sources. This con-trasts greatly with the much more philosophic if somewhat later *Upaniṣads,* the earliest of which have strongly influenced Buddhism and are undoubtedly of Kṣatriya origin. *Early Stages of the Caste system in Northern India,* 191

42. ... no workers' associations or trade guilds, none of the new religious preachers and proselytisers were permitted entry into the crown village; at most an individual non-preaching hermit might pass through. (This is why *sitā* villages receive no mention in Buddhist or Jain tales....) No *sītā* villager was allowed to become a monk *(parivrājaka)* without first making provision for his dependents and distributing all his property. A woman was not to be . converted at all to the penitent's life. *The Culture*, 150

परिशिष्ट

एक

कर्ण की ऐतिहासिकता

कोसंबी मिथकीय चरित्रों की ऐतिहासिकता या वास्तविकता की पड़ताल में इस सीमा तक चले जाते हैं कि वे पहले से अधिक वायवीय और अयथार्थ बन जाते हैं। कर्ण की पड़ताल करते हुए वह बताते हैं, 'मनोविश्लेषकों ने हमें सिखाया है कि कर्ण की तरह अपनी माँ द्वारा नदी में प्रवाहित करने और उसे एक पालनहार पिता द्वारा बचा लिये जाने की कहानियों को, जन्म की प्रतीकात्मक प्रस्तुति माननी चाहिए।[1] हम संदर्भ और कृतित्व को देखते हुए क्या यह मान सकते हैं कि कर्ण जन्म की प्रतीकात्मक प्रस्तुति है?

मिथकीय आवरण में कर्ण एक कुमारी माँ की संतान बताया गया है जिसे उसने सूर्यदेव के साहचर्य से प्राप्त किया था और लज्जा निवारण के लिए उसने उसे नदी में प्रवाहित कर दिया था और उसे एक सूत (बढ़ई) ने बचाकर पाला-पोसा था।

इस कथा की बुनावट में कुछ गाँठें हैं, जिनको खोलने का कोई प्रयत्न कोसंबी ने नहीं किया है। सूर्य का आह्वान करने और उससे संतान प्राप्त करने की पहली गाँठ के साथ ही दूसरी गाँठ है कर्ण का जन्म के साथ ही कवच और कुंडल से अलंकृत होना। फिर सूत द्वारा इसका पालन और कर्ण और कुंती दोनों को अपने संबंध की जानकारी होना।

हम कोसंबी के ही एक मंत्र को लेकर इसका समाधान करने चलें तो समस्या का दो टूक निदान हो जाएगा। यह है वर्तमान रीतियों आदि में सुदूर इतिहास की अतिजीविता की खोज। यदि किसी स्त्री की संतान न हो रही हो या होकर बालमृत्यु का शिकार हो जाया करती हो तो, महिलाएँ अपनी कामना की पूर्ति के लिए सूर्य को नियमित जल चढ़ाया करती हैं और माना जाता है कि उनकी कृपा से ही यह संतान मिली या बची है। शिशुओं की मृत्यु के बाद अगले शिशु के जन्म लेते ही उसकी नाक या कान छेद दिया जाता है और अतिरिक्त सावधानी के तौर पर उसे ताबीज (यंत्र) जिसके लिए हमारे यहाँ कवच और वर्म का प्रयोग होता रहा है, पहना दिया जाता है। इसको अधिक अचूक बनाने के लिए बच्चे को कुछ समय के लिए पत्तल पर रखकर घूरे पर रख दिया जाता है, और किसी हीन जाति को नाममात्र का धन या हेय अन्न लेकर उसे बेच दिया जाता है।

इन सुरक्षा के उपायों के अनुसार ही उनका नामकरण भी कर दिया जाता है। अतः कर्ण, कनछेदी, कानू, नकछेदी, छेदी, घुरई, घुरहू, घुरपतरी, कतवारू, कोदई (कोदो के मोल बेचा हुआ), कौड़ी, कौड़ीमल, तीनकौड़ी, छदामी, भीखू, मांगेलाल जैसे नाम रख दिये जाते

हैं। यदि ऐसे नामधेयों के विषय में और कुछ न मालूम हो, तो भी हम उनके नाम से ही समझ सकते हैं कि उनका जन्म कई संतानों के मरने के बाद हुआ और वे अपने भाइयों में सबसे बड़े हैं। सामान्यतः यह देखा गया है, कि इससे जो मनौवैज्ञानिक आश्वस्ति मिलती है, उसके कारण ये संतानें सचमुच अकाल मृत्यु का शिकार नहीं होतीं और उनके बाद की संतानें भी जीवित रहती हैं।

कर्ण की कथा के साथ चार टोटके एकसाथ अपनाये गए लगते हैं। पहले सूर्योपासना, दूसरे जन्म के साथ ही कान छेद देना। छेद भरने न पाए इसके लिए कुंडल भी पहनाया जाता है। तीसरे कवच या मंत्र लिख कर यंत्र या ताबीज पहनाना, और चौथे संतान को एक सूत के हाथ बेच देना। इसी दशा में कर्ण को, उस सूत को और कुंती को (सच कहें तो सबको) यह पता हो सकता है कि कर्ण और कुंती के बीच क्या संबंध है। सूर्यदेव से प्रथम संतान पाने की कथा का ही विस्तार बाद की संतानों के साथ करते हुए उनको इंद्र और पवन का और पुनः सपत्नी की संतानों को भी अश्विनीकुमार से प्राप्त करने की कथा चरित्रों की असाधारणता प्रकट करने के लिए कर ली गई।

अब इस दृष्टि से देखने पर मिथकीय आवरण के भीतर से सच्चाई यह उभर कर आती है कि (1) कर्ण कुमारी माँ की संतान न थे, अपितु एक ऐसी विवाहिता स्त्री की संतान थे जिसकी पहली संतानें जीवित नहीं रह पाती थीं। इसी के आधार पर पांडु की पुंसकता के विषय में भी कहानियाँ गढ़ी गईं जबकि उसके बाद उनके पाँच पुत्र और पैदा हुए। (2) महाभारत की कथा में एक विचित्र मोड़ उत्तराधिकार के प्रश्न पर आता है जब द्यूतक्रीड़ा में सिद्धहस्त और किसी अन्य पराक्रम के लिए न जाने जानेवाले तथाकथित धर्मराज यह सुझाते हैं कि राज्याधिकार उनका है क्योंकि कर्ण को तो सूत को बेचा गया था अतः वे बड़े होते हुए भी सूतपुत्र होने के नाते राज्याधिकार के पात्र नहीं। इस चालाकी का विरोध सुयोधन करता है और कर्ण को सम्मान देते हुए उसे एक 'प्रांत' का शासक बनाता है। युधिष्ठिर की इसी चालाकी के कारण उस समय के सबसे न्यायप्रिय और आदर्शवादी जन पांडवों के विरुद्ध और धृतराष्ट्र और उनकी संतानों के समर्थक बन जाते हैं। इस जुआरी को धर्मराज बनाने के लिए कहानी गढ़ ली गई, सत्याचरण से सत्यज्ञान की, परंतु परीक्षा की घड़ी में उसी कृति में वह उस कसौटी पर सही नहीं उतरता। इतिहास विजेता की महिमा प्रकट करने के लिए लिखा जाता रहा है अतः नैतिक पक्ष को उलटने ही नहीं, अपितु नाम तक उलटने (सुयोधन–दुर्योधन, सुशासन–दुस्साशन) तक के नमूने देखने को मिलते हैं। कर्ण की मृत्यु तक के साथ युधिष्ठिर की दुरभिसंधि जुड़ी हुई है, इसे हम जानते हैं।

सन्दर्भ सूची

1. Psychoanalysts have taught us to regard such themes as Karṇa's being set afloat on the river by his mother and drawn from the waters by his foster-parents as a symbolic representation of birth. *Early Stages of the Caste System in Northern India, 201.*

दो

महिषासुरमर्दिनी

कोसंबी यह जानते और मानते हैं कि खेती का आरंभ महिलाओं ने किया था। अतः उन्हें महिषासुरमर्दिनी के साथ मातृदेवी के शाकंभरी, लक्ष्मी के पूर्वरूप अन्नपूर्णा पर भी ध्यान देना था। तब पाते कि जंगली भैंसे खेती के लिए कितने उपद्रवकारी होते रहे होंगे और कृषि की देवी के लिए उनका वध एक जरूरी काम था। कामाख्या में भैंसे की बलि आज भी यदा-कदा दे दी जाती है, यद्यपि दूसरे मंदिरों से भैंसे की बलि की प्रथा उठ गई। उनका ध्यान इस ओर भी जाना चाहिए था कि यदि ऋग्वेद में जहाँ बड़ी संख्या में पशुबलि का हवाला आता है वहाँ बलि भैंसों की दी जाती है।[1] ध्यान रहे कि इंद्र भी कृषि के ही देवता हैं। इनकी शक्ति इंद्राणी ही अपने अपार प्रजनन और कामाचार पर दर्पोक्तियाँ करती हैं। आगे चलकर जब भैंस को भी पालतू बना लिया जाता है, तब उससे वह वैर भाव समाप्त हो जाता है। अब वही मातृदेवी पहले जिसका वध करती थी, उससे विवाह कर लेती है। अब यह मातृप्रधानता से पितृप्रधानता की कथा न रहकर कृषि के आदिम अनुभवों और पशुपालन के विकास की प्रतीक कथा बन जाती है। यदि शिव सचमुच महिषासुर का ही विकास हों और उनके प्रति वैदिक समाज की भयमिश्रित श्रद्धा को इस संदर्भ में समझना हो तो कहना होगा, यह विनाशकारी देव के रूप में कृषिकर्मियों के भय और सम्मान को प्रकट तो करता है। इससे शिव के यज्ञद्रोही या मखनाशन रूप और यज्ञ में उनका भाग न होने का समाधान हो जाता है। परंतु इस चरण तक इस कथा में कई तार जुड़ चुके हैं जिनके विस्तार में यहाँ जाना आवश्यक नहीं। केवल इतना ही कहा जा सकता है कि रुद्र शिव बन चले हैं, इंद्र से भी बड़े देव (ज्येष्ठ, श्रेष्ठ और महेंद्र) के रूप में स्वीकृति पा चुके हैं। गोघ्न, पूरुषघ्न और क्षयद्वीर बदलकर जलाषभेषज और शंकर हो चुके हैं।

कोसंबी की व्याख्या में कृष्ण नामक गोपाल का बहुत सी स्त्रियों से विवाह तो कृषि के चरण की समाज व्यवस्था से शायद ही मेल खाए। शिव के शव पर खड़ी काली तो पुरुष-प्रधान समाज पर मातृप्रधानता की विजय का प्रतीक मानी जाएगी। विकास क्रम यह होगा कि पहले समाज पुरुषप्रधान था, बाद में स्त्रीप्रधान हो गया।

कोसंबी कृष्ण और गोपियों की कथा में गोपियों को पहले की स्वतंत्र मातृदेवियों का विकास मानते हैं। अब वे एक ही पुरुष की पत्नियाँ बन जाती हैं। एक ही वीर्यवान पुरुष बहुत सी स्त्रियों का पति बन जाता है। वह म्हसोबा को महिषासुर का पूर्वरूप या प्रतिरूप बताते हैं। वह मातृदेवी को महिषासुरमर्दिनी से जोड़ते हैं, जिसमें महिषासुर पुरुष प्रधानता का प्रतीक

है। महिषासुर का साम्य वह पशुपति महादेव से जोड़ते हैं। वह कलकत्ता के काली मंदिर में शिव के शव पर खड़ी काली के साम्य को भी दिखाते हैं। फिर मातृदेवी का म्हसोबा से और पार्वती का शिव से विवाह मातृप्रधानता के पितृप्रधानता में बदलने का प्रमाण बन जाता है।[2]

उनकी ऐसी व्याख्याओं को हम चामत्कारिक मानते हुए भी लंगड़ी इसलिए पाते हैं कि निर्णायक स्वर में ऐसी स्थापनाएँ देते समय वह सभी पक्षों का ध्यान नहीं रखते। उदाहरण के लिए वह गोपियों के साथ कृष्ण की लीला के इतिहास पर ध्यान नहीं देते। मंदिरों की समृद्धि, देवदासियों और गोपिकाओं के बीच कोई संबंध है या नहीं इस ओर उनका ध्यान नहीं जाता। उनका ध्यान राधा और वैदिक राध अर्थात् धन, और लक्ष्मी के चरित्र (भाग्य चक्र) में अस्थिरता की ओर नहीं जाता। यह राध मेसोपोटामिया से यूरोप तक की यात्रा में जितने रूप बदलता है उसका अंत अंग्रेजी के रूड और रेड में मिलता है। यह ताँबे के पिंडों के लिए प्रयोग में आता था। इसके ही छोटे खंडों के लिए पण का प्रयोग होता रहा होगा। इसका हड़प्पा के किसी स्थल से कोई अवशेष नहीं मिला है, परंतु राध के खंडों की हड़प्पा के स्थलों से और ऋग्वेद में प्रयुक्त बहुवचन रूपों–राधांसि–से अवश्य पुष्टि होती है। यदि पण अर्थात् खंड इसी के लिए प्रयोग में आता रहा हो तो इसका दावा करने के पास हमारे पास और कोई आधार नहीं। परंतु लगभग तीन साढ़े तीन हजार साल तक दबे रहने के बाद राध का राधा के रूप में, कृष्ण के विष्णु का अवतार बनने के बाद ही, लक्ष्मी के राधा संज्ञा और पुरातन लक्षणों के साथ लक्ष्मी का नए रूप में उद्भावना भारतीय परंपरा के अलक्ष्य कोनों अँतरों की ताकत के प्रमाण हैं।

कोसंबी के विवेचन में यह जटिल पक्ष आता ही नहीं है। आता है तो रतिलीला वाला पक्ष जिसमें पहले जो मातृदेवियाँ स्वतंत्र थीं वे अब एक वीर्यवान व्यक्ति की पत्नियाँ बन जाती हैं। नीत्शे अपने सुपरमैन की नैतिकता को संभवतः इसी रूप में देखता था। बलवान और वीर्यवान अधिकतम महिलाओं के साथ संभोग करे जिससे नस्ल में सुधार हो, और अल्पवीर्य लोगों को संभोग से वंचित रखा जाए नहीं तो ये नस्ल को खराब कर देंगे। तरीका साँड़ों को खुला छोड़ने, बधियाकृत पशुओं के पेशीय बल का उपयोग करने और बधियाकरण से बच रहे नरों (ऊक्षण) जिनको न तो काबू में रखा जा सकता था न जो नस्ल के सुधार में सहायक हो सकते थे, उनकी बलि देने का था। इसका संकेत ऋग्वेद में तो मिलता ही है।

कोसंबी मातृदेवियों के चरित्र को समझने में भी इसलिए असफल रहते हैं क्योंकि उन्हें सभी देवियाँ मातृदेवियाँ और मातृप्रधानता मात्र की सूचक रह जाती हैं। वह बताते हैं कि यदि किसी आदिम समाज में समृद्धि आ गई तो उनकी देवियों का ब्राह्मणीकरण करके उन्हें लक्ष्मी, दुर्गा आदि बना दिया गया और उनका ब्याह वैदिक देवों से करा कर उनके मंदिर आदि बनाकर उन्हें प्रतिष्ठित कर दिया गया।[3] इसमें मंदिर को समृद्धि से जोड़ना तो सही है पर देवियाँ कारोबार के लिए पैदा भी की जा सकती हैं।

मेरे अपने गाँव के आसपास कोई मंदिर नहीं था न ग्रामदेवी–काली और ग्राम देवता डीह–के चबूतरों को छोड़कर कोई देवस्थान। कहते हैं एक ब्राह्मण ने उन्नीसवीं शताब्दी के अंतिम दशकों में एक दिन अभुआना आरंभ किया कि उसने सपने में सम्मै माई का

दर्शन किया है और ऊसर भूमि में जम कर पूजा पर बैठ गया और धीरे-धीरे वहाँ मेला जुट गया और मेला लगने लगा। एक नीम के पेड़ के नीचे मिट्टी की घोड़े हाथी की मूर्तियाँ रख दी गईं और पूजा आरंभ हो गई।

मंदिर बनाने का चलन संपन्न बौद्ध मठों की प्रतिस्पर्धा में आरंभ हुआ लगता है। जहाँ तक इनको लक्ष्मी और दुर्गा के रूप में स्वीकार करने की बात है, यह मातृदेवियों के साथ आरंभ से जुड़ा रहा है। कोसंबी इन्हें दो भिन्न सांस्कृतिक धाराओं के बीच टकराव के रूप में देखते हैं जिससे सहमत नहीं हुआ जा सकता। हमारी जानकारी में उन्होंने कहीं यह स्पष्ट नहीं किया कि बहुदेवीवाद की आधारभूत संकल्पना क्या है? बहुदेवीवाद का बहुदेववाद से क्या संबंध है? इनका प्रादुर्भाव किस सीमा तक कृषि से जुड़ा हुआ है। वैदिक परंपरा के अनुसार वह भूमि जिसमें अन्न उगाया जाता है, स्वयं देवी (धरती माता) है, हलाई सीता देवी है, उगता हुआ बिरवा या सस्य या प्रकृतिप्रदत्त वनस्पति लक्ष्मी है, तैयार फसल अन्नपूर्णा है, और अकाल और सूखे का प्रकोप निर्ऋति और निशा और मृत्यु काली। काली की एक अमूर्त अवधारणा काल (काल भैरव) या समय के देव-करण से जुड़ी है, जिसका देवी-करण काली के रूप में हुआ है, अतः समय जो पुलिंग है उसको भी लोक में देवी रूप में कल्पित किया गया है। उर्वर भूमि इळा, जलधाराएँ, विशेषतः फैले कछारों वाली नदियाँ कछार के विस्तार के अनुरूप ही महत्त्वपूर्ण मातृदेवियाँ हैं। बार-बार आह्वान की जानेवाली देवियों–इळा, सरस्वती और मही–में दो तो सीधे धरती से जुड़ी हैं, और इनमें अपने चौड़े और उथले कछार के कारण सरस्वती भी आ जाती है। यद्यपि आगे चलकर नदियों का विशेष महत्त्व उनके जलपथ बन जाने के कारण है परंतु उन्हें बहुत पहले से माँ के रूप में कल्पित किया जाता रहा है। कहें बहुदेवीवाद और बहुदेववाद दोनों के आधार प्रकृति में निहित हैं, जिसकी ओर कोसंबी कहीं कोई संकेत नहीं करते।

सन्दर्भ सूची

1. त्री यच्छता महिषाणामघो मास्त्री सरांसि मघवा सोम्यापाः, कारं न विश्वे अह्वंत देवा भरमिंद्राय यदहिं जघान॥ऋ. 5.29.8; पचत् शतं महिषाँ इंद्र तुभ्यम्। ऋ.6.17.11; शतं महिषान्क्षीरपाकमोदनं वराहमिंद्र एमुषम्॥ ऋ.8.77.10 यदि प्रवृद्ध सत्पते सहस्रं महिषाँ अघः। आदित्त इंद्रियं महि प्र वावृधे॥ ऋ.8.12.8
2. Kṛṣṇa the mischievous and beloved shepherd lad is not incompatible with Krisna the extraordinarily virlie husband of many women. His 'wives' were originally local mother-goddesses, each in her own right. The 'husband' eased the transition from mother-right to patriarchal life, and allow ed the original cults to be practised on a subordinate lare!. This is evell better seen in the marriage of Siva and Parvati which was supplemented by the *Ardha-narisvara* hermaphrodite [half Siva, half Parvati. 13) just to prevent any separation]. Mahalasura (Mhasobā), the demon "killed" by that once independent gaddess, is still occasionally worshipped near her temple (as at the foot of Pārvati hill in Poona....Myth and Reality, 28
3. The mother-goddesses are, whenever the number and wealth of their worshippers warrants it, identified with Durga, Lakṣmī, or the like, 'married' to the corresponding god and worshipped in suitably endowed temples.

तीन

ऋग्वेद का सबसे पुराना मंडल

कोसंबी ने चौथे मंडल को ऋग्वेद का सबसे पुराना मंडल माना है। इसमें कुछ ऋचाएँ वैदिक सभ्यता को समझने की दृष्टि से बहुत महत्त्वपूर्ण हैं। इसी मंडल में दो बैलों से जोते जानेवाले उन्नत हल से की जा रही जोताई का हवाला है। इसमें सामाजिक आर्थिक विभाजन इस प्रकार का है कि भूस्वामी (क्षेत्रपति) कोई है और खेत में जोताई करनेवाले (कीनाश) दूसरे। अर्थात् अपने प्राचीनतम चरण पर ही अर्थव्यवस्था कृषि आधारित है, न कि पशुपालन पर निर्भर। इसमें कुछ अत्यन्त गूढ़ आध्यात्मिक आशयों की ऋचाएँ हैं जिनसे प्रकट होता है कि जन्म-जन्मांतर चक्र की अवधारणा विकसित हो चुकी थी और वे गूढ़ोक्तियाँ रची जाने लगी थीं जिनको हम समस्यापूर्ति की प्रतिस्पर्धाओं, उलटबासियों और पहेलियों आदि के रूप में लोकजीवन में लंबी भारतीय परंपरा में पाते हैं। इसमें ही एक भयानक आपदा का वर्णन है।[1] कहें यह अकेला मंडल उन समस्त अर्धसत्यों का निर्णायक खंडन करने के लिए पर्याप्त है जिनको सच मानकर कोसंबी चल रहे थे।

हम विस्तार भय से उस आपदा की ही चर्चा करेंगे। ऋचा निम्न प्रकार है :

अवर्त्या शुनि आंत्राणि पेचे न देवेषु विविदे मर्डितारम्।

अपश्यं जायां अमहीयमानां अधा में श्येनो मधु आ जभार। ऋ.4.18.13

कोसंबी ने दो ऋचाओं का जो अंग्रजी अनुवाद दिया है वह या तो ग्रिफिथ के अनुवाद में एक दो शब्दों को बदलकर रखा गया है अथवा किसी दूसरे का अनुवाद है जिसने स्वयं ऐसा ही पाठ किया है। इससे फर्क नहीं पड़ता। बारहवीं ऋचा के अनुवाद से भी प्रकट है कि यह गूढ़ोक्ति या उलटबाँसी है और दूसरी में जिस आपदा का वर्णन है वह अकाल से संबंधित है। इसके ही आधार पर संभवतः अहल्या के शीलहरण की कथा गढ़ी गई।

डॉ. भगवान दास ने (पुरुषत्व) अहल्या की कथा को अनावृष्टि के कारण धरती के परती पड़ने अर्थात् जुताई के उपयुक्त न रह जाने के एक जटिल रूपक के रूप में समझाने का प्रयत्न किया है।

कुत्ते की अँतड़ी पका कर खाने के आपद्धर्म का दृष्टांत मनुस्मृति में दिया गया है। ऋग्वेद में जो घटना गोतम के नाम से दी गई है उसे ही महाभारत में विश्वामित्र के नाम से बयान किया गया है। मनुस्मृति में वैदिक और महाभारत वर्णित दोनों अकाल कथाओं

को सत्य मानकर उदाहृत किया गया है। घटना ऐसे भयानक अकाल की है जिसमें जीवन रक्षा के लिए स्त्री अपने शीलहरण के लिए विवश हो सकती थी और पति इसकी ग्लानि को तो संजोए रख सकता था परंतु इतना निरुपाय होकर क्षुधानिवारण के लिए स्वयं भी इसकी अनुमति दे सकता था। इस दुर्दिन से मुक्ति माने के लिए सभी देवों देवियों को गुहार लगाई जा रही है, परंतु अंततः राहत इंद्र की कृपा से वृष्टि होने पर ही मिलती है। इसीलिए इसे इंद्र की महिमा की स्तुति में रचा गया है।

कोसंबी मानते हैं कि इंद्र आर्यों का एक नेता है जिसका ही बाद में चलकर दैवीकरण किया गया। वह वर्षा का देवता नहीं है। वर्षा का देवता तो पर्जन्य है। इंद्र आक्रामक आर्यों का नेता और पुरों को नष्ट करनेवाला है यह ह्वीलर ने अनुमान लगाया था। उसने इंद्र को नगरों के ध्वंस के लिए दोषी माना था।

चौथे मंडल में ही श्वेत कलश का भी उल्लेख है। श्वेत लेप के भांड हड़प्पा और उसके बाद के भांडों से अलग हैं। हड़प्पा की एक खाई से केनोयर को एक श्वेत भांड मिला था। इसे नागर हड़प्पा से पहले की संस्कृतियों से जोड़ा जाता है जिनका अवसान काल तीन हजार ईसापूर्व है। अतः कोसंबी ने ऋग्वैदिक जनों के काल निर्धारण में जो अटकलबाजियाँ की हैं उनका समाधान भी इसी मंडल में है।

सन्दर्भ सूची

1. Vamadeva, author of an entire section in the oldest Veda, speaks of bitter times before the ruthless Indra gave him patron-age: (RV. IV.18.12-13) 'Who made thy mother a widow? Who sought to slay thee in lying still or moving? Which *deva* (god) had compassion for you when thou tookest thy sire by the foot and smashed him? In extreme need I cooked a dog's entrails; among the *devas* I found no comforter. I beheld my wife in degradation. Then the Falcon (Indra) brought me the sweet (mead).'

Bibliography

अथर्ववेद संहिता

सं. श्रीपाद दामोदर सातवलेकर, स्वाध्याय मंडल, पारडी।

अवेस्ता

सं. कांगा, एफ. एर्वाद न सोनटक्के, पूना।

ऋग्वेद संहिता

सं. एस.एन. सोनटक्के व सी.जी. काशीकर, 5. खंडों में, वैदिक संशोधन मंडल, पूना।

सं. सातवलेकर, स्वाध्याय मंडल, पारडी।

ऋग्वेद का सुबोध भाष्य

सातवलेकर, स्वाध्याय मंडल, पारडी।

ऐतरेय ब्राह्मण

2. खंडों में, आनंदाश्रम, पूना।

काठक संहिता

सं. सातवलेकर, स्वाध्याय मंडल, पारडी।

गोपथ ब्राह्मण

भाष्य. क्षेमकरण शास्त्री, अथर्ववेद भाष्य कार्यालय, इलाहाबाद।

छान्दोग्योपनिषद्

गीताप्रेस, गोरखपुर।

निघंटु और निरुक्त

मोतीलाल बनारसीदास, 1967

बृहदारण्यक उपनिषद्

गीताप्रेस, गोरखपुर।

बृहद्देवता

सं. मैकडनल, मोतीलाल बनारसीदास, दिल्ली।

महाभारत

भंडारकर ओरिएंटल रिसर्च इंस्टीट्यूट, पूना।

मत्स्यपुराण

आनंदाश्रम, पूना।

मैत्रायणी संहिता

सं. सातवलेकर, स्वाध्याय मंडल, पारडी।

यजुर्वेद संहिता
सं. सातवलेकर, स्वाध्याय मंडल, पारडी।
शतपथ ब्राह्मण
सं. चिन्नस्वामी शास्त्री, पट्टाभिराम शास्त्री व रामनाथ दीक्षित, चौखम्बा, वाराणसी।
श्रौतकोश
सं. काशीकर, 2 खंडों में, वैदिक संशोधन मंडल, पूना।
मनुस्मृति
चौखम्बा, दिल्ली, 1987।
अग्रवाल, वासुदेवशरण
भारतीय कला, पृथ्वी प्रकाशन, वाराणसी, 1966।
भारत सावित्री, सस्ता साहित्यमंडल, नई दिल्ली, 2003।
पाणिनिकालीन भारत, चौखंबा विद्याभवन, 1996
हर्षचरित एक सांस्कृतिक अध्ययन, बिहार राष्ट्रभाषा परिषद्, पटना
कादंबरीः एक सांस्कृतिक अध्ययन, चौखंबा संस्कृत प्रतिष्ठान, 1988
अरविन्द
वेद रहस्य, अरविन्द सोसायटी, पांडिचेरी, 1972।
काणे, पांडुरंग वामन धर्मशास्त्र का इतिहास, 5 खंडों में,
अनु. अर्जुन चौबे काश्यप, हिंदी समिति, लखनऊ, दू. सं.।
चतुर्वेदी, गिरिधर शर्मा
वैदिक विज्ञान और भारतीय संस्कृति, पटना, 1881(शकाब्द)।
42. चाटुर्ज्या, सुनीति कुमार
भारतीय आर्यभाषा और हिंदी, बिहार राष्ट्रभाषा परिषद्, पटना, (मूलतः 1940), राजकमल, 1954।
शर्मा, रामविलास
भाषा और समाज, पीपुल्स पब्लिशिंग हाउस, दिल्ली, 1961
भारत के प्राचीन भाषा-परिवार और हिंदी, खंड-1, राजकमल, दिल्ली, 1979-81
सिंह, भगवान
आर्य द्रविड़ भाषाओं की मूलभूत एकता, लिपि प्रकाशन, नई दिल्ली 1973
हड़प्पा सभ्यता और वैदिक साहित्य, राधाकृष्ण, नई दिल्ली, 2987
भारतीय सभ्यता की निर्मिति, इतिहासबोध, इलाहाबाद, 2004
इतिहास की राजनीति, नया ज्ञानोदय, फरवरी, 2006, 9-28
नयी कविता आंदोलन : पाँच हजार साल पहले, नया ज्ञानोदय, जून, 2007, (52), 14-17
भस्मासुर और भारतीय संस्कृति, नया ज्ञानोदय (53), जुलाई, 2007 16.19
क्यों भृगु मारी लात, नया ज्ञानोदय (54), अगस्त, 2007, 27.30
ब्राह्मणः कस्य मुखमासीत्, (ब्राह्मण : कस्य मुखमासीत)नया ज्ञानोदय (56), 9.12
देवता का जन्म, नया ज्ञानोदय (57), नवम्बर, 2007, 13.18
देवनिर्मित देश, नया ज्ञानोदय (58), दिसम्बर, 2007, 114.118

देवलोक का भूगोल, नया ज्ञानोदय (59), जनवरी 2008

ऐसे स्वर्गों को क्या कहे कोई, नया ज्ञानोदय (60), फरवरी, 2008, 16

आसमान में इंद्रसभा, नया ज्ञानोदय (61), मार्च, 2008 81.85

युगों की बात, नया ज्ञानोदय (62), अप्रैल, 2008, 96.101

युगों का अवदान, नया ज्ञानोदय (63), मई, 2008, 96.100 (युगों का

विट्जेल, माइकल

आर्यों के भारतीय मूल की कल्पना : इतिहास में मिथक का मिश्रण, ग्रंथशिल्पी, 2004

Agrawal, D.P.

C-14 Dates, Banas Culture and the Aryan's, *Current Science*, 35, March, 5, 1968, 114-17.

'Harappan Chronology : A Re-examination of Evidence', Studies in *Pre-history, Robert Bruce Foot Memorial Vol.*, Calcutta, 1968, 139-48.

Agrawal, V.S

Vaidik Trayii Vedya, Summer School of Vedic Studies, Coollege of Indology, BHU, 1960.

Terracotta Figurines of Ahichchatra, (Photocopy ?)

India as Described by Manu, (Phoyocopy?)

Ali, Mohammad

'Aryana : Or Ancient Afghanistan', *Afghanistan*, XII, 1, 1957, 29-57.

'A Glance at Afghanistan Cultural Heritage', *Afghanistan*, XVI, 3, 1961, 1-8.

Ali, S.A.

The Geography of the Puranas, Delhi, 1973.

Allchin, Bridget and Raymond Allchin

The Birth of Indian Civilisation, Penguin, Harmondsworth. 1968

Aurobindo

On the Veda, Pondicherry, 1956.

Bagchi, P.C.

Pre-Arayan and Pre-Dravidian in India(ed. & tr.), 1929.

Basham, A.L.

The Wonder that was India, London & New Delhi, 1967.

Bloomfield, M.

Hymns of the Atharvaveda, SBES, XLII (1964 edn.) Delhi

Rigvedic Repetitions (1981 edn.), Delhi.

Boas, Franz

Race, Language and Culture, New York, 1955.

Brown, W. Norman

'Indian Games of Pachisi, Choupar and Chausar' Antiquity, VI, 3, 1964] 32-35.

Buhler, G.

'Note on Professor Jacobi's Age of the Veda and on Professor Tilak's Orion', Ritambhara, (1986) 106-15.

Burrow, T.

The Sanskrit Language, 1955, London.

Collected Papers on Dravidian Linguistics, Annamalai, 1968.

Burrow, T and Emeneau

A Dravidian Etymological Dictionary, London, 1961.

Cauldwel, (Rev.) R.
A Comparative Grammar of the Dravidian or South Indian Family of Languages, eds. R.L. Wyatt and T. Ramakrishna Pillai, London, 1913.
Chakravarti, D.K.
'Origin of Ahar Culture', Man in India, XLI, April-June, 1968, 97-105.
'Beginning of Iron and Social Change in India', *Indian Studies, Past and Present*, 14, 1973, 329-38.
'The Beginning of Iron in India', *Antiquity*, L, 1976, 114-24.
'Iron in Early Indian Literature', *JRAS*, 1979, 22-30.
'The Issues of the Indian Iron Age', *Paper in the Seminar on Recent Advances in India Archeology*, Decan College, Poona, 1983.
'Origin of the Indus Civilisation: Theories and Problems', *FIC*, 1984, 43-50.
Who Owns the Indian Past ? The case of the Indus civilization. Lecture at IIC.
1Chand, R.P.
The Indo-Aryan Races, Rajshahi, 1916.
Chatterji, S.K.
The Origin and Development of the Bengali Language, Calcutta, 1926.
'Some More Austric Words in Indo-Aryan', *PAPDI*, Calcutta, 1929.
'Sir William Jones', *Sir William Jones Centenary Volume*, 1948, 81-86.
'Contribution from different Language Groups', *CHI*,. 1958
'Linguistic Survey of India : Languages and Scripts', *CHI*, 1958, 53-75.
'Race Movements and Prehistoric Cultures', *The Vedic Age*, 1965.
Balts and Aryans in their Indo-EuropeUn Background, Simla, 1968
Chattopadhyay, D.P.
Lokayat, New Delhi, 1959.
Chattopadhyay, Brajadulal.
D.D.Kosambi : Combined Methods in Indology, *Combined Methods in Indology and other Essays*, (*Combined Methods)* ed. Brajadulal Chattopadhyay, Oxford University Press, New Delhi) 2002
Childe, G.
What Happened in History, Penguin, Harmondsworth, 1942
New Light on the Most Ancient East. London, 1952.
Man Makes Himself, London, 1965.
Curzon, A.'
'On the Original Extension of Sanskrit Language over Certain Portions of Asia and Europe', *JRAS*, XVI, 1856, 172 ff.
Dales, George F.
'Harappan Outpost on the Makaran Coast', 1962.
Dange, S.A.
India from Primitive Communism to Slavery, New Delhi, 1972.
Dani, A.H. and V.M. Masson
The Dawn of Civilization: Earliest Times to 700 B.C., (eds.), UNESCO.1992.
Dani, A.H. and B.K.Thapar
'Indus Civilization'.in *The Dawn of Civilization: Earliest Times to 700 B.C.* 1992
Eggling, Julius
Satpath Brahman, SBES, XII, XXV, XLI, XLIII and XLIV, Delhi.1978.

Emeneau

Language and Linguistic Area: Essays by Murray B. Emeneau. ed. by Anwar Dil, California, 1980.

Fairservis. W.A.

The Roots of Ancient India, Chicago,1975.

Francfort, Henri Paul

'The Early Period of Shortugai (Harappan) and the Western Bactrian Culture of Dishly', *SAA*-1981,1984, 170-75.

'The Harappan Settlement of Shortugai', *FIC*, 1984, 301-10.

Frankfurt, Henri

The Birth of Civilisation in the Near-East, London, 1954.

Gadd, C.J. and Sidney Smith

'The New Links between Indian and Babylonian Civilisation', *ILN*, Oct. 4, 1924, 614-16.

Ghosh, A.

'Archaeology in India', *Expedition*, 6, 3, 1964, 12-17

Ghosh, B.K.

'The Aryan Problem', *The Vedic Age*, Bombay.1965.

Ghurney

The Hittities, Baltimore.1952.

Gimbutas, Marija

The Balts, London, 1960.

Ghurye, G.S.

Caste and Race in India, Bombay, 1969.

Griffith, Ralf T.H.

The Hymns of the Rigveda, Varanasi, 1971 edn.

Guha, B.S.

'Racial Affinities of the Peoples of India', *Census of India*, Delhi, 1931, 1, 3.

Gupta, S.P.

'The Mountaneous Neolithic Cultures of Central Asia and Northern India', *The Anthropologist,* XIV, 2, Sept., 1967,125-36.

'Prehistoric Indian Cultures in Soviet Central Asia', *ICWTC*, 1970, 239-48.

Disposal of the Dead and Physical Types in Ancient India, Delhi, 1972.

Archaeology of Soviet Central Asia and the Indian Borderlands, Delhi. Vol I, 1979

The Indua-sarasvati Civilization: Origins Problems and Issues,Delhi, 1996

Haddon Alfred, C.

History of Anthropology, London, 1934.

Harlan, Jack R.

A Wild Wheel Harvest and Turkey, *Archaeology*, 20, 3,1967, 197-201.

Heras, S.J.

The Religion of Mohenjo-daro People according to Inscriptions, *JUB*, 5,1936, 1-29.

The Story of Two Mohenjo-daro Signs, *JBNU*, 2, 1937, 1-36.

'Were the Mohenjodarians Aryan or Dravidians?', *JIH* XI,1942, 23-33.

Herzfeld, Ernst

Zoroaster and his World, Princeton, 1947.

Hunter, G.R.
The Script of Harappa and Mohenjodaro and its Connection with other Scripts, London, 1934.

Hutton, J.H.
Caste in India, Cambridge,1952.

Ingalls,
My Friendship with D.D. Kosambi, on Internet,

Irfan Habib and Vijaya Kumar Thakur
The Vedic Age and the coming of Iron, C. 1500-700 BC, Tulika Books, 2003.

Jacobi, H.
'On the Date of the Rigveda',1894, tr. Marrison, Indian Inquiry 23, 154-59, Reprinted, *Ritambhara*, pt. II, 91-97.

Jarrige, J.F.
'Excavations at Mehragarh', *HC*, 1982,79-84.
'The Indus Civilization and the Civilization of Ancient India', *South Asian Conference*, Madison, 5th. Nov.1994

Jarrige, J.F. and Meadow
'The Anticidents of Civilization to the Indus Valley,' *Scientific American*, 243,1980, 102-110.

Jones, (Sir) William
On the Gods of Greece, Italy and India, (Originally pub. 1784 and since revised), Varansi,1972.
Third Annual Discourse, *Asiatic Researches*, I,1988, 422-23.

Joshi,J.P.
'Interlocking of Late Harappa Culture and Painted Grey Ware in the light of Recent Excavations', *Man and Environment*, 2. 1978.

Keith, Arthur
Review of B.S. Guha's 'Racial Affinities of the People of India', *Man*, 29, London, 1936.

Keith, A.B.
Mythology of All Races, Vol. 4, Boston, 1917.

Kenoyer, J.M.
'Indus Valley Tradition of Pakistan and Western India,' *Journal of World Prehistory*, 5, 31991, 31-85.

Kopf, David
British Orientalists and Bengal Renaissance, Calcutta, 1969.

Kosambi, D.D.
Race and Immunity in India *New Indian Antiquary,* vol. 6 (1943-44), pp. 29-33
Caste and Class in India *Science & Society,* vol. VIII, no. 3, Summer 1944.
'Early Stages of Caste System in Northern India', *JBRAS*, New Series, 1946, 22 ff.
Early Brahmins and Brahminism, *Journal of the BBRAS,* vol. 23 (1947), 39-46.
Marxism and Ancient Indian Culture *ABORI,* vol. 29, 1948, 271-7, published 1949.
On the Origin of Brahmin Gotras, *Journal of the BB RA S,* vol. 26 (1950), 21-80

'On a Marxian Approach to Indian History', *BORI*, XXXI, 258-66.1951.
On a Marxist Approach to Indian Chronology, (Indian Chronology) *Combined Methods*, 49-56
Ancient Kosala and Magadha *JBBRAS* (N. S.) vol. 27, pt. II.1951-52, 80-213.
'Brahmin Clans', *JAOS*, 73, 4,1953, 202-208.
'The Study of Ancient Indian Tradition', Indica. *The IHRI Silver Jubilee Commemn.* Vol., Bombay, 1953, 196-214.
The Quality of Renunciation in Bhartrhari's Poetry, in *Combined Methods*
'What Constitutes Indian History', *BORI*, XXXV,1955, 194-201.
The Working Class in the *Amarakosa, JOR*, vol. XXIV (Madras, 1954-5), 57-9.
The Basis of Indian History, *JOAS*, 75, 1955, 1, 41.
Introducing Vidyakara's *Subhāṣitaratnakoṣa**Selected sections from *The Subhaṣtitaratnakoṣa compiled by Vidyākara*, edited by D.O. Kosambi and V.V. Gokhale, with an Introduction by D.O. Kosambi (Harvard Oriental Series, volume forty-two), Massa-chusetts, 1957).
Myth and Reality, Bombay, 1962.
The Beginning of the Iron Age in India *Joumal of the Economic and Social History of the Orient*, vol.. 6 (1963),pp.309-18
Piklihal Excavations: *By F.R. Allchin. Andhra Pradesh Govt. Archaeol. Ser., No.* I, *Hyderabad, 1960. A Review.*
Neolithic Cattle- Keepers of South India: A Study of the Deccan Ash-Mounds: *By F.R. Allchin. London (C.U.P.)*, 1963. *A review.*956-57), pp. 108-20.
'Indo-Aryan' Nose Index, in *Combined methods*,. 524-35
Living Prehistory in India, (living Prehistory) in *Combined Methods*, p 30-48
Stages of Indian History, (Indian History) in *Combined Methods*,. 57-74
Origins of Feudalism in Kasmir *Journal of the BBRAS*, vols 31-2 (1956-57), pp. 108-20.
The Basis of Dispotism (Dispotism), *The Economic Weekly*, vol. IX, no. 44, November 2, 1957. [a review of *Oriental Despotism: A Comparative Study of Total Power* by Karl A Wittfogel. Yale aniversity Press 1957].
The Vedic 'Five Tribes' *Journal of the American Oriental Society*, vol. 87, no. I (1967), pp. 33-9.
The Emergence of National Characteristics Among Three Indo-European Peoples, p. 753
" Race and Immunity in India, p. 764
The Culture and Civilization of India, Bombay, 1965 .

Krammer, S.N.
'Dilmun : Quest for Paradise', *Antiquity*, XXX VII, 1963, 111-15.

Lal, B.B.
'Proto-historic Investigations', *Ancient India*, 9, 1953, 80-102.
'Excavations at Hastinapur and other Explorations in Upper Ganges and Sutlej Basin, 1950-52', *Ancient India*,1954-55, 10-11.
The Earliest Civilization of South Asia, *Aryan Books International, New Delhi*, 1997
India,1947-1997 : New Light on The Indus Civilization Aryan Books...1998
The Sarasvati Flows on: The Continuity of Indian Culture, Aryan Books, 2002

The Homeland of the Aryans: Evidence of *Rigvedic Flora and Fauna and Archaeology*, Aryan Books, 2005.

Lal, B.B. and B.K. Thapar

'Excavation at Kalibangan : New Light on the Indus Civilisation', *Cultural Forum*, 34, 78.88.

Langdon, S.H.

'The Indus Script'. *Mohanjodaro and the Indus Civilization*, Vol. II, 1931, 423-55.

Lattimore, Richmond

The Illiad of Homer, 1962, Chicago.

Macdonell, A.A.

The Brihaddevata, 1904 (Text trns) 2 Vols, Cambridge Mass., U.S.A.

'Sanskrit Litrature', Ch, VI. *The Empiral Gazetter of India*, Oxford, Vol. II, 206-69.

Vedic Grammar,Motilal Banarasidas, Varanasi,1980..

Vedic Mythology, Delhi, etc., 1981.

Macdonell and Keith

Vedic Index, Hindi tr. Ramkumar Rai, Chwkhamba Vidyabhavan, Varanasi, 1962.

Mackay, Ernst J.H.

Further Excavations at Mohenjodaro, 1927-31, 2 Vols, New Delhi, 1938.

Mallory, J.P.

In search of the Indo-Europeans, London, 1989..

Marshall, (Sir) John

Mohenjodaro and Indus Valley Civilisation, London,.1931.

Masson, V.M.

'The Decline of the Bronze Age Civilization and Movement of the Tribes,' in Dani and Masson, *History of Central Asia*, 1992, UNESCO, 337-378.

Max Muller, F.

Ancient Sanskrit Literature (so far as it illustrates the Primitive Religion of the Brahmanas), London, 1859.

Chips from a German Work-shop, 2 Vols., London, 1867-68.

Selected Eassays on Language, Mythology and Religion, 2 Vols., London, 1881.

Biographies of the Words and the Home of the Aryans, London, 1888.

The Science of Language,London, 1891.

Mill, L.H.

The Zend Avesta (Pt. III), SBES, XXXI, Delhi, 1981edn..

Monier Williams

Sanskrit English Dictionary, Delhi, 1981 edn.

Mookerji, R.K.

A History of Indian Shipping, Orient Longman, 1957.

Motamedi, Ahmed Ali

'Some Notes on the Mythology of Kafirs of the Hindukush (Before 1898); *Afghanistan,* XII, 4, 1957, p.7 ff.

Mughal,M.Rafique

The Early Harappan Period in the Greater Indus Valley and Northern Baluchistan C. 3000-2400 BC, Ph.D. Dessertation., University of Pensylvania,

1970.

New Archaeological Evidence from Bahawalpur, in *The Indus Civilization: New Perspectives,* (ed.) Ahmad Hassan Dani, Islamabad, 1981, 33-43.

'Further Evidence of the Early Harappan Culture in the Greater Indus Valley: 1971-90', *South Asian Studies*, No. 6,1990, 175-99.

R.P. Nene

Personal Reminiscences of D.D.Kosambi as told to Arvind Gupta, *Internet.*

Nesfield, J.C.

Tribes and Castes of the North-Western Provinces and Oudh, Allahabad, 1885.

Pandey, G.C.

Studies in the Origins of Buddhism, 1957.

Pargiter, F.E.

The Puranic Texts of TheDynasties of Kali Age. London, 1913.

Ancient Indian Historical Tradition, Oxford, 1922.

Paul, Friedrick

'Proto Indo-European Trees', *IE & IEs*, 1970, 11-34.

Piggot, Stuart

Prehistoric India to 1000 B.C., London,1950.

The Dawn of Civilisation, London, 1961.

Przyluski, Jean

'Non-Aryan Loans in Indo-Aryan', PAPDI, 1929, 3-32.

'Further Notes on Non-Aryan Loans in Indo Aryan', *PAPDI*, Calcutta, 1929, 129 ff.

Pusalkar, A.D.

'Mohenjodaro and the Rigveda', *Bharat Kaumudi, Studies in Indology in honour of Dr. Radha Kumud Mookerji,* Allahabad, II,1947, 551-63.

'Indus Valley Civilisation', *The Vedic Age*, Bombay, 1965, 169-200.

Rao, S.R.

'Further Excavations at Lothal', Lalit Kala, 11, 1962, 14-30.

'Shipping and Maritime Trade of the Indus People', *Expedition*, 1965, 7, 3, 30-37.

Lohal–A Harappan Port town, Delhi, 1980.

The Decipherment of the Indus Script, Delhi. 1982

Yhe Dawn and Devolution of Indus Civilizationm Delhi, 1992.

Roy, Kusum.

Kosambi on Question of caste. Sunday, August 24, 2008, from Ourblogtemplates.com 2008.

Sarkar, Sumit

On Kosambi, *Wikipedia.*

Singh, Bhagwan

The Vedic Harappans, Aditya, New Delhi, 1995

Singh, Gurdip

The Indus Valley Cultures seen in the Context of Palaeodacial Climate and Ecological Studies', *A Source Book of Archaeology*, Delh, 1979

Thapar, B.K.

'The Aryans : A Reappraisal of the Problem', *ICWTC*, 1970,147-64,

'Kalibangan : A Harappan Metropolis beyond the Indus', *Expedition*, 17,

2, 1975, 19-32.

Tilak, B.G.

The *Arctic Home in the Veda*, Poona, 1903

Toynbe, Arnold

A Study of History, Vol. I, London, 1951

Vats, Madho Sarup

'Indus Valley Civilisation', *CHI*, I, 1958, 110-28.

Wheeler, R.E.M.

'Harappa, 1946 : The Defence and the Cemetery R. 37', *Ancient India*, 3, 1947, 81-83.

Civilisation of the Indus Valley and Beyond, London, 1953.

Early India and Pakistan, London, 1968.

Review of the Birth of Indian Civilisation, by Allchin and Allchin, in *Antiquity*, 169, 1969, 72-73.

Winternitz, M.

A History of Indian Literature, Vol. I Calcutta, 1927.

Wooley, (Sir) C. Leonard

The Sumerians, Oxford, 1928.

Ur Excavations II, Royal Cemetery. London, Philadelphia, 1934..

❑❑❑